Boller

Wirtschafts- und Sozialkunde

Situationen – Informationen – Kompetenzen

Bankkaufmann/Bankkauffrau

Boller

Wirtschafts- und Sozialkunde

Situationen – Informationen – Kompetenzen

Bankkaufmann/Bankkauffrau

Merkur
Verlag Rinteln

Wirtschaftswissenschaftliche Bücherei für Schule und Praxis
Begründet von Handelsschul-Direktor Dipl.-Hdl. Friedrich Hutkap †

Verfasser:

Dr. Eberhard Boller
Studiendirektor in Siegen

unter Berücksichtigung von Texten von **Gernot B. Hartmann,** Dipl.-Hdl., **Sabine Knauer** und **Dr. Hermann Speth,** Dipl.-Hdl.

Die Erarbeitung und Umsetzung der didaktischen Jahresplanung ist zentrale Aufgabe einer dynamischen Bildungsgangarbeit. Um diesen Prozess anzustoßen, wird auf der Internetseite des Verlags zu den Lernsituationen des Schulbuches eine **modellhafte didaktische Jahresplanung** angeboten (→ www.merkur-verlag.de, Schlagwort „0858“).

Das dort verwendete Schema zur **Dokumentation von Lernsituationen** integriert die **Kategorie Digitale Kompetenzen.** In dieser Kategorie wird durch die Dokumentation des digitalen Kompetenzerwerbs sichergestellt, dass und in welcher Weise die Integration von Aspekten digitaler Kompetenzförderung erfolgt.

Umschlagfotos:

Bild rechts oben: Kzenon – www.colourbox.de
Bild rechts unten: #1970 – www.colourbox.de
Bild unten: #85 – www.colourbox.de

* * * * *

4. Auflage 2026

Gesamtherstellung:
MERKUR VERLAG RINTELN Hutkap GmbH & Co. KG, 31735 Rinteln

E-Mail: info@merkur-verlag.de
lehrer-service@merkur-verlag.de
Internet: www.merkur-verlag.de

Merkur-Nr. 0858-04
ISBN 978-3-8120-1264-5

Vorwort

Zentrales Ziel von **Berufsschule** ist es, die **Entwicklung umfassender Handlungskompetenz** zu fördern. Handlungskompetenz wird verstanden als die **Bereitschaft** und **Befähigung** des **Einzelnen,** sich in **beruflichen, gesellschaftlichen** und **privaten Situationen sachgerecht** durchdacht sowie **individuell** und **sozial verantwortlich** zu verhalten.

Die Gliederung des Schulbuchs folgt dem Rahmenlehrplan für den Ausbildungsberuf „Bankkaufmann/Bankkauffrau" vom 13.12.2019. Der Rahmenlehrplan ist mit der Verordnung über die Berufsausbildung zum Bankkaufmann und zur Bankkauffrau vom 05.02.2020 abgestimmt.

Das **Schulbuch** zielt von seiner gesamten **Konzeption** darauf ab, die **Entwicklung** einer **umfassenden Handlungskompetenz zu fördern.** Deshalb baut das Buch konsequent auf den folgenden **drei Säulen** auf: **Lernsituation, Information** und **Kompetenztraining.** Mit der didaktisch begründeten **praktischen** Umsetzung – zumindest aber der **gedanklichen Durchdringung** – aller Phasen einer **beruflichen Handlung** in **Lernsituationen** wird dabei Lernen in und aus der Arbeit vollzogen.

Handlungsorientierter Unterricht im Rahmen der **Lernfeldkonzeption** orientiert sich prioritär an **handlungssystematischen Strukturen.** Nach lerntheoretischen und didaktischen Erkenntnissen wurden bei den hier **vorliegenden Lernsituationen** folgende **Orientierungspunkte** berücksichtigt:

- Lernen vollzieht sich in **vollständigen Handlungen,** möglichst **selbst** ausgeführt oder zumindest **gedanklich** nachvollzogen.
- Handlungen fördern das **ganzheitliche Erfassen der beruflichen Wirklichkeit** in einer zunehmend globalisierten und digitalisierten Lebens- und Arbeitswelt.
- Handlungen greifen die **Erfahrungen der Lernenden** auf und **reflektieren** sie in Bezug auf ihre gesellschaftlichen Auswirkungen.
- Handlungen berücksichtigen auch **soziale Prozesse,** zum Beispiel die **Interessenerklärung** oder die **Konfliktbewältigung,** sowie **unterschiedliche Perspektiven** der **Berufs- und Lebensplanung.**

Die **Kompetenzorientierung** und der damit einhergehende **Aufbau dieses Buches** zielt darauf ab, dass die Lernenden:

- sich **anwendungsbereites Wissen** aneignen, also Kenntnisse, Fähigkeiten und Fertigkeiten, die **Handeln** ermöglichen;
- ihre **Einstellungen** und **Werte** bewusst **reflektieren;**
- einen **differenzierenden** Unterricht erleben können, der **individuelle Lernwege** ermöglicht;
- durch die **Praxis- und Lebensnähe** die oft theoretischen Inhalte wesentlich **leichter gedanklich durchdringen** können;
- befähigt werden, **Prüfungssituationen** besser zu bewältigen;
- in die Lage versetzt werden, **selbstständiger** zu **lernen.**

Zu diesem Schulbuch ist eine **passgenaue didaktische Jahresplanung** auf der Homepage der Merkur Verlages hinterlegt.

Wir wünschen Ihnen einen guten Lehr- und Lernerfolg!

Sommer 2026

Die Verfasser

Aufbau des Buches

Lernsituationen

Jedes Kapitel beginnt mit einer Lernsituation, die darauf abzielt, die **Thematik** in der **Lebenswirklichkeit** der Lernenden zu **verorten,** um die **Lernmotivation** zu fördern.

Situativer Ausgangspunkt ist dabei häufig eine berufsbezogene Problemstellung in der **Kundenbank AG.** Die Kundenbank AG ist eine Modellbank, die sowohl Privat- als auch Firmenkunden betreut. Die Kundenbank AG hat die Zufriedenheit ihrer Kunden zum wesentlichen Kern ihrer Unternehmensphilosophie gemacht. Wie im Firmenlogo versinnbildlicht, soll der Kunde „König" sein und im Zentrum jeglicher Beratungsaktivitäten stehen.

Lernsituation 1: Die Rechtsabteilung der Kundenbank AG stellt ihre Aufgabenbereiche vor

Die Ausbildung bei der Kundenbank AG startet jedes Jahr mit den Einführungstagen rund um die Ausbildung. So erhalten die neuen Auszubildenden einen guten Überblick über den Ausbildungsbetrieb und die vielfältigen beruflichen Entwicklungsmöglichkeiten bei der Kundenbank AG.

Nach einigen Workshops am Vormittag findet nach der Mittagspause eine kurze Powerpoint-Präsentation statt. Dabei stellt Dr. Silke Para-Graf die Rechtsabteilung der Kundenbank AG mit ihren vielschichtigen Aufgabenbereichen vor. Die Referentin gibt zunächst einen groben Einblick in die Struktur und Arbeitsweise der Rechtsabteilung der international tätigen Kundenbank AG.

Danach führt Sie aus, dass man innerhalb der Rechtsabteilung mit den unterschiedlichsten Rechtsnormen des privaten und öffentlichen Rechts zu tun hat, wie z. B. mit Gesellschafts-, Kapitalmarkt-, Arbeits-, Steuer-, Bank-, Kredit-, Wettbewerbs-, Handels-, Bankaufsichts- und Zahlungsverkehrsrecht bis hin zu Verbraucherschutz-, Datenschutz- und IT-Recht. Schließlich weist sie noch darauf hin, dass die Kundenbank AG als international agierende Bank unter anderem auch das EU-Recht ständig im ...

Am Ende des Vortrages weist sie darauf hin, dass die Beschäftigten der Kundenbank AG mit einem großen Spektrum an Rechtssubjekten und Rechtsobjekten im laufenden Geschäftsbetrieb konfrontiert werden. Tagtäglich werden in den Filialen der Kundenbank AG tausende Willenserklärungen von Kunden in unterschiedlichster Weise abgegeben. Diese Willenserklärungen führen wiederum zu einer Vielzahl unterschiedlicher Rechtsgeschäfte. Ganz nebenbei gilt es dann auch noch darauf zu achten, dass trotz der vorherrschenden Vertragsfreiheit gerade bei Bankgeschäften zahlreiche Ausnahmen bezüglich der Formvorschriften zu beachten sind.

Insgesamt erfordere dies von der gesamten Belegschaft in allen Sparten des Bankgeschäfts zumindest ein Grundwissen in derartigen Angelegenheiten. Schließlich könne man als Kundenberater und -beraterin nicht bei jeder Kleinigkeit den Kunden warten lassen und erst einmal mit der Rechtsabteilung Rücksprache halten. Das werfe kein gutes Licht auf die Qualifikation der Beschäftigten und sei auf Dauer für die Kundenbank AG auch geschäftsschädigend.

Am Ende des Vortrags schauen sich die beiden neuen Auszubildenden Filiz und Amelie recht erstaunt an. Schließlich sagt Filiz: „Ich hatte gar nicht gewusst, dass man hier während der Ausbildung zur Bankkauffrau nebenher noch ein Jurastudium absolvieren muss. Hoffentlich ist das nicht alles viel zu schwer für ...

Der Lernsituation schließen sich **kompetenzorientierte Arbeitsaufträge** an, die die Lernenden sowohl zum Thema hinführen als auch theoretisches Wissen auf praktische Anwendung lenken oder durch **vollständige Handlungen** im Kontext von Lebenswirklichkeit ein Handlungsergebnis verlangen.

Aufgabenstellungen, die umfangreiche Handlungsergebnisse abverlangen, sind mit einem speziellen Symbol gekennzeichnet.

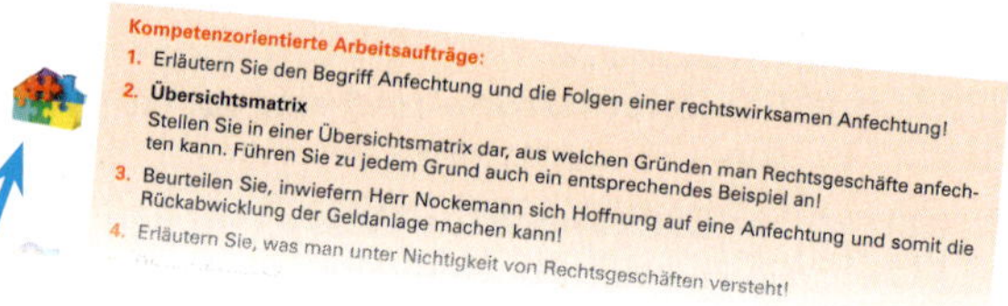

Kompetenzorientierte Arbeitsaufträge:

1. Erläutern Sie den Begriff Anfechtung und die Folgen einer rechtswirksamen Anfechtung!
2. **Übersichtsmatrix**
   Stellen Sie in einer Übersichtsmatrix dar, aus welchen Gründen man Rechtsgeschäfte anfechten kann. Führen Sie zu jedem Grund auch ein entsprechendes Beispiel an!
3. Beurteilen Sie, inwiefern Herr Nockemann sich Hoffnung auf eine Anfechtung und somit die Rückabwicklung der Geldanlage machen kann!
4. Erläutern Sie, was man unter Nichtigkeit von Rechtsgeschäften versteht!

Vorlagen im PDF-Format zum Download

Um die Erarbeitung zu erleichtern und die Präsentation der Arbeitsergebnisse methodisch variieren zu können, stehen für eine Vielzahl der Aufgaben ausfüllbare **Vorlagen im PDF-Format** bereit. Diese können Sie über die Mediathek des Verlages (www.merkur-verlag.de, Suche: „0858") herunterladen. Im Buch sind diese Aufgaben mit dem Symbol DOWNLOAD gekennzeichnet.

Informationen

Die jeweiligen Informationen im Anschluss an die Situation sind zu klar abgegrenzten Lerneinheiten zusammengefasst. **Merksätze** sowie zahlreiche praxis- und lebensnahe **Beispiele, Übersichten** und **Grafiken** veranschaulichen die Lerninhalte und erhöhen die **Einprägsamkeit** der Informationen.

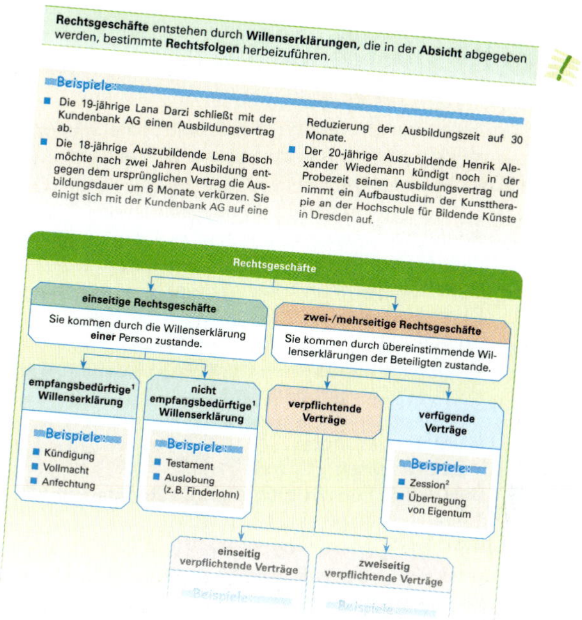

Rechtsgeschäfte entstehen durch **Willenserklärungen,** die in der **Absicht** abgegeben werden, bestimmte **Rechtsfolgen** herbeizuführen.

Beispiele:

- Die 19-jährige Lana Darzi schließt mit der Kundenbank AG einen Ausbildungsvertrag ab.
- Die 18-jährige Auszubildende Lena Bosch möchte nach zwei Jahren Ausbildung entgegen dem ursprünglichen Vertrag die Ausbildungsdauer um 6 Monate verkürzen. Sie einigt sich mit der Kundenbank AG auf eine Reduzierung der Ausbildungszeit auf 30 Monate.
- Der 20-jährige Auszubildende Henrik Alexander Wiedemann kündigt noch in der Probezeit seinen Ausbildungsvertrag und nimmt ein Aufbaustudium der Kunsttherapie an der Hochschule für Bildende Künste in Dresden auf.

Kompetenztraining

Am Ende eines jeweiligen Abschnitts finden sich umfangreiche Möglichkeiten für die Lernenden, die angestrebten Kompetenzen zu trainieren. Dabei bieten die Autoren ein **breites Spektrum** an Aufgabenstellungen und legen besonders großen Wert auf die **Anwendung** der Inhalte.

Aufgaben zur **Internetrecherche** sind mit einem speziellen Symbol gekennzeichnet.

Zudem gibt es in jedem Kompetenztraining **mindestens eine** mit dem nebenstehenden Symbol gekennzeichnete **Aufgabe, die gezielt** auf die **Abschlussprüfung** vorbereitet.

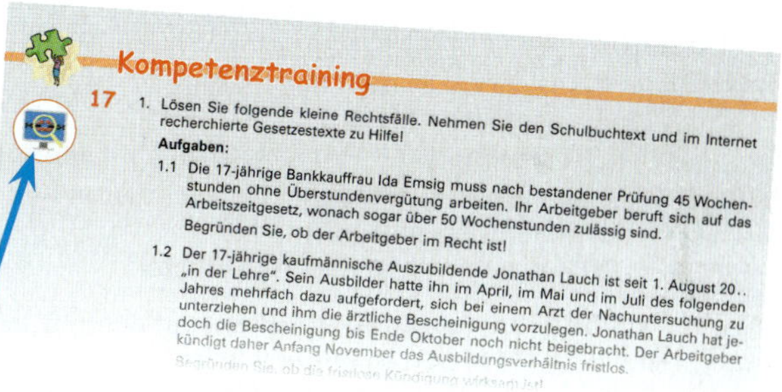

Kompetenztraining

17 1. Lösen Sie folgende kleine Rechtsfälle. Nehmen Sie den Schulbuchtext und im Internet recherchierte Gesetzestexte zu Hilfe!

Aufgaben:

1.1 Die 17-jährige Bankkauffrau Ida Emsig muss nach bestandener Prüfung 45 Wochenstunden ohne Überstundenvergütung arbeiten. Ihr Arbeitgeber beruft sich auf das Arbeitszeitgesetz, wonach sogar über 50 Wochenstunden zulässig sind. Begründen Sie, ob der Arbeitgeber im Recht ist!

1.2 Der 17-jährige kaufmännische Auszubildende Jonathan Lauch ist seit 1. August 20.. „in der Lehre". Sein Ausbilder hatte ihn im April, im Mai und im Juli des folgenden Jahres mehrfach dazu aufgefordert, sich bei einem Arzt der Nachuntersuchung zu unterziehen und ihm die ärztliche Bescheinigung vorzulegen. Jonathan Lauch hat jedoch die Bescheinigung bis Ende Oktober noch nicht beigebracht. Der Arbeitgeber kündigt daher Anfang November das Ausbildungsverhältnis fristlos.

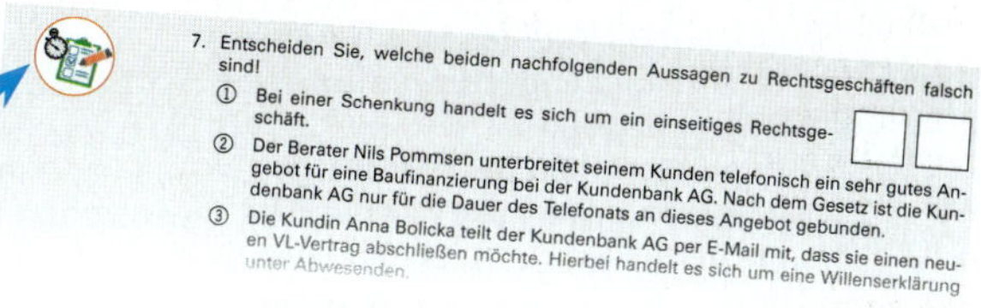

7. Entscheiden Sie, welche beiden nachfolgenden Aussagen zu Rechtsgeschäften falsch sind!

① Bei einer Schenkung handelt es sich um ein einseitiges Rechtsgeschäft.

② Der Berater Nils Pommsen unterbreitet seinem Kunden telefonisch ein sehr gutes Angebot für eine Baufinanzierung bei der Kundenbank AG. Nach dem Gesetz ist die Kundenbank AG nur für die Dauer des Telefonats an dieses Angebot gebunden.

③ Die Kundin Anna Bolicka teilt der Kundenbank AG per E-Mail mit, dass sie einen neuen VL-Vertrag abschließen möchte. Hierbei handelt es sich um eine Willenserklärung unter Abwesenden.

Methoden zur Erstellung von Handlungsergebnissen

Ein kompetenzorientierter Unterricht verlangt bestimmte **Handlungsergebnisse.** Im Anhang des Buches stellen die Autoren ausgewählte Methoden zur Erstellung von Handlungsergebnissen vor.

Inhaltsverzeichnis

Lernfeld 1 Die eigene Rolle im Betrieb und im Wirtschaftsleben mitgestalten

Lernfeld 6 Marktmodelle anwenden

Lernfeld 10 Gesamtwirtschaftliche Einflüsse analysieren und beurteilen

Methoden zur Erstellung von Handlungsergebnissen

1 Sich über Grundzüge des Privatrechts informieren sowie als Mitarbeiter/-in und Privatperson am Wirtschaftsleben teilnehmen

Lernsituation 1: Die Rechtsabteilung der Kundenbank AG stellt ihre Aufgabenbereiche vor

Die Ausbildung bei der Kundenbank AG startet jedes Jahr mit den Einführungstagen rund um die Ausbildung. So erhalten die neuen Auszubildenden einen guten Überblick über den Ausbildungsbetrieb und die vielfältigen beruflichen Entwicklungsmöglichkeiten bei der Kundenbank AG.

Nach einigen Workshops am Vormittag findet nach der Mittagspause eine kurze Powerpoint-Präsentation statt. Dabei stellt Dr. Silke Para-Graf die Rechtsabteilung der Kundenbank AG mit ihren vielschichtigen Aufgabenbereichen vor. Die Referentin gibt zunächst einen groben Einblick in die Struktur und Arbeitsweise der Rechtsabteilung der international tätigen Kundenbank AG.

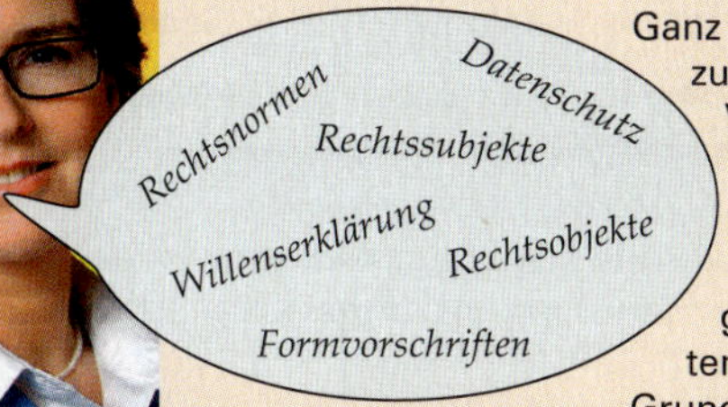

Danach führt Sie aus, dass man innerhalb der Rechtsabteilung mit den unterschiedlichsten Rechtsnormen des privaten und öffentlichen Rechts zu tun hat, wie z. B. mit Gesellschafts-, Kapitalmarkt-, Arbeits-, Steuer-, Bank-, Kredit-, Wettbewerbs-, Handels-, Bankaufsichts- und Zahlungsverkehrsrecht bis hin zu Verbraucherschutz-, Datenschutz- und IT-Recht. Schließlich weist sie noch darauf hin, dass die Kundenbank AG als international agierende Bank unter anderem auch das EU-Recht ständig im Auge haben muss.

Kundenbank AG

Am Ende des Vortrages weist sie darauf hin, dass die Beschäftigten der Kundenbank AG mit einem großen Spektrum an Rechtssubjekten und Rechtsobjekten im laufenden Geschäftsbetrieb konfrontiert werden. Tagtäglich werden in den Filialen der Kundenbank AG tausende Willenserklärungen von Kunden in unterschiedlichster Weise abgegeben. Diese Willenserklärungen führen wiederum zu einer Vielzahl unterschiedlicher Rechtsgeschäfte. Ganz nebenbei gilt es dann auch noch darauf zu achten, dass trotz der vorherrschenden Vertragsfreiheit gerade bei Bankgeschäften zahlreiche Ausnahmen bezüglich der Formvorschriften zu beachten sind.

Insgesamt erfordere dies von der gesamten Belegschaft in allen Sparten des Bankgeschäfts zumindest ein Grundwissen in derartigen Angelegenheiten. Schließlich könne man als Kundenberater und -beraterin nicht bei jeder Kleinigkeit den Kunden warten lassen und erst einmal mit der Rechtsabteilung Rücksprache halten. Das werfe kein gutes Licht auf die Qualifikation der Beschäftigten und sei auf Dauer für die Kundenbank AG auch geschäftsschädigend.

Am Ende des Vortrags schauen sich die beiden neuen Auszubildenden Filiz und Amelie recht erstaunt an. Schließlich sagt Filiz: „Ich hatte gar nicht gewusst, dass man hier während der Ausbildung zur Bankkauffrau nebenher noch ein Jurastudium absolvieren muss. Hoffentlich ist das nicht alles viel zu schwer für uns!“

Kompetenzorientierte Arbeitsaufträge:

1. Erläutern Sie, was man unter Rechtsnormen versteht!
2. Erklären Sie den Unterschied zwischen öffentlichem und privatem Recht!

3. Grenzen Sie die beiden Begriffe Rechtsobjekte und Rechtssubjekte voneinander ab!
4. Erläutern Sie, was man unter Willenserklärungen versteht!
5. Erklären Sie den Begriff der Vertragsfreiheit!
6. Erläutern Sie die folgenden gesetzlichen Formen für Verträge und bilden Sie jeweils zwei Beispiele:

Gesetzlichen Formen:
- Schriftform
- Textform
- notarielle Beurkundung
- elektronische Form
- öffentliche Beglaubigung

7. **Übersichtsmatrix**
   Fertigen Sie eine Übersichtsmatrix zu den Rechtsgeschäften an!
8. **Mindmap**
   Erstellen Sie zur Wiederholung für eine Klausur eine Mindmap, die die wesentlichen Inhalte dieses Kapitels abdeckt!

1.1 Rechtsnormen als Grundlage rechtlichen Denkens und Handelns verstehen

Grundsätzlich regeln Rechtsnormen das **menschliche Zusammenleben.** Sie enthalten Ge- und Verbotsvorschriften für das **Handeln** des Menschen in der Gemeinschaft.

- **Rechtsnormen** sind **gesetzliche Regelungen,** die für jedermann **verbindlich** sind.
- Die **Rechtsordnung** ist die **Gesamtheit** aller geltenden Rechtsnormen.

Im Gegensatz zu Sitte, Brauch und Moral kann Recht **erzwungen** werden. Verstößt jemand gegen **Sitte** und **Brauch,** so wird diese Handlung als **ungehörig** oder **unanständig** empfunden.

Beispiel:

Ein Berater der Kundenbank AG begrüßt einen Kunden und reicht ihm dazu die Hand. Der Kunde verweigert jedoch den Handschlag und erwidert auch nicht den Gruß.

Moral beruht unter anderem auf Religion oder Sozialmoral einer Gesellschaft. Im Gegensatz zu den Rechtsnormen kann Moral jedoch nicht erzwungen werden.

Beispiel:

Ein Kunde der Kundenbank AG kauft gezielt Aktien von weltweit agierenden Konzernen der Rüstungsindustrie. Wegen diverser Unruhen auf verschiedenen Kontinenten rechnet er bei diesen Unternehmen mit hohen Umsatz- und Gewinnsteigerungen und somit auch mit steigenden Kursen.

Rechtsnormen **entstehen** u.a. durch:

- **gesetztes Recht**: Hierzu zählen **Gesetze** (durch Parlamentsbeschluss gem. §§ 70ff. Grundgesetz im Bundestag), **Rechtsverordnungen** (durch Verwaltung und Minister geschaffen) oder **Satzungen** (z.B. Gemeindesatzung).

- **Gewohnheitsrecht:** Hierbei handelt es sich um **ungeschriebenes** Recht, das auf lang **andauernder Anwendung** von Regeln beruht, die die Beteiligten im Rechtsverkehr als **verbindlich** akzeptieren.

Beispiel:

Die Incoterms (Handelsklauseln) der internationalen Handelskammer in Paris.

- **Richterrecht:** Es entsteht z. B. durch die **Konkretisierung** von Generalklauseln und **unbestimmten** Rechtsbegriffen sowie durch Ausfüllen von **Gesetzeslücken.**

Beispiel:

Ein Mitarbeiter der Kundenbank AG hat einen teuren Farbdrucker durch auslaufenden Kaffee zerstört. In den Arbeitsverträgen der Kundenbank AG ist geregelt, dass Beschäftigte für grob fahrlässig verursachte Schäden finanziell aufkommen müssen. Nachdem der Mitarbeiter sich weigert, den entstandenen Schaden zu begleichen, muss ein Gericht darüber entscheiden, ob ein grob fahrlässiges Verhalten des Mitarbeiters vorlag.

Die **Verfassung** ist die rechtliche Grundordnung eines Staates und enthält die Rechtsregeln für das Zusammenleben in einem Staat. Sie ist zumeist in einer Verfassungsurkunde niedergelegt. Die Verfassung der Bundesrepublik Deutschland ist im **Grundgesetz** geregelt.

Die **nationalen** Rechtsvorschriften werden zunehmend durch **EU-Recht** geprägt, wobei zwischen Primärrecht und Sekundärrecht unterschieden wird. Das **Primärrecht** basiert auf den innerhalb der EU ausgehandelten **Verträgen,** welche die Grundlage für das Tätigwerden der EU darstellen. Aus diesen in den Verträgen festgelegten Grundsätzen und Zielen werden die **sekundären** Rechtsvorschriften, also Verordnungen, Richtlinien, Entscheidungen und Beschlüsse, abgeleitet.

Das Europa-Recht (EU-Recht) ist **supranationales**[1] **Recht** und steht somit über dem nationalen Recht. Das bedeutet, dass sich die nationalen Gesetze nicht darüber hinwegsetzen dürfen und dass bestehende nationale Gesetze erforderlichenfalls so geändert werden müssen, dass sie dem EU-Recht entsprechen.

Das EU-Recht kennt mehrere **Arten von Rechtsakten:**[2]

Verordnungen	Sie haben allgemeine Geltung und sind in allen Mitgliedstaaten unmittelbar geltendes Recht.
EU-Richtlinien	Sie legen Ziele fest, an die sich die Mitgliedstaaten halten müssen. Es bleibt den einzelnen Staaten überlassen, wie sie in nationales Recht umgesetzt werden. So können z. B. bestehende nationale Gesetze so geändert werden, dass sie den Vorgaben der EU entsprechen.
Beschlüsse	Sie richten sich an bestimmte Adressaten (z. B. Regierungen, Unternehmen) und sind für diese verbindlich.

1 **Supranational** (lat.): überstaatlich.

2 **Rechtsakt**: rechtlich wirksame Maßnahme; **Rechtshandlung. Akt** (lat.): Handlung.

Gesetzgebungsorgane sind das **Europäische Parlament** und der **Rat.** Im ordentlichen Gesetzgebungsverfahren, das für einen großen Teil der EU-Gesetzgebung angewendet wird, sind Rat und Parlament gleichberechtigt. Das Gesetzgebungsverfahren wird in der Regel von der **Kommission** eingeleitet.

Neben dem ordentlichen Gesetzgebungsverfahren sind in bestimmten vertraglich vereinbarten Fällen besondere Verfahren vorgesehen, bei denen entweder das Parlament oder der Rat den Ausschlag gibt.

Über die Einhaltung des EU-Rechts wacht der **Europäische Gerichtshof** (EuGH).

So kommt ein europäisches Gesetz zustande

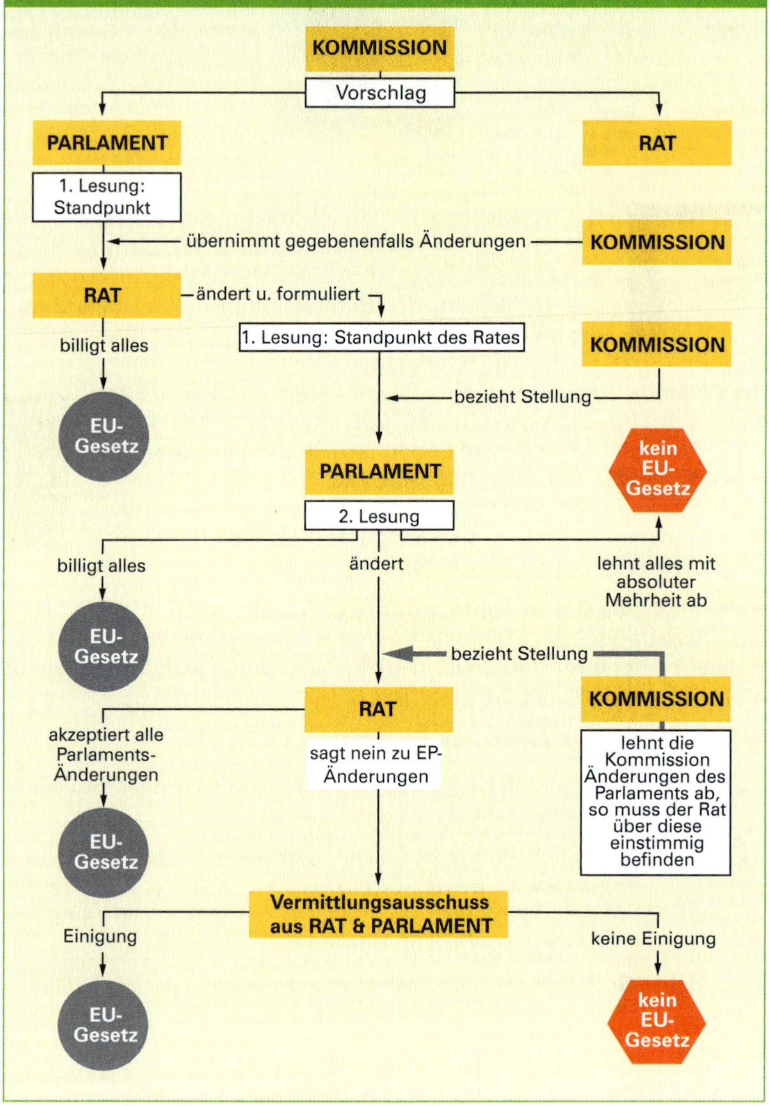

Quelle: www.europarl.europa.eu (Europäisches Parlament)

1.2 Gebiete der Rechtsordnung abgrenzen

In der Bundesrepublik Deutschland werden die Rechtsnormen **entweder** dem privaten oder dem öffentlichen Recht zugeordnet. Einige **wenige** Teilbereiche der Rechtsordnung, insbesondere das Arbeitsrecht, enthalten Rechtsnormen, die **sowohl** zum privaten als auch zum öffentlichen Recht gehören.

(1) Privatrecht

- Das **Privatrecht** regelt das **Recht der einzelnen Rechtssubjekte**[1] **für sich** und **im Verhältnis zu anderen** auf der Grundlage von **Selbstbestimmung** und **Gleichordnung.**
- Kennzeichnend für dieses Rechtsgebiet sind **Vertrag** und **Vertragsfreiheit.**[2]

Beispiel:

Lars Weber überlegt sich, ob er ein E-Auto kaufen will. Er kann sich frei entscheiden, ob er überhaupt und wenn ja, ob er ein neues oder gebrauchtes E-Auto erwerben will. Er hat die Wahl, in welchem Geschäft er kaufen will. Der Verkäufer andererseits kann es ablehnen, an Lars Weber zu verkaufen. Käufer und Verkäufer können über den Preis verhandeln. Lars Weber will sich ein Rücktrittsrecht vorbehalten, der Verkäufer geht darauf nicht ein. Lars Weber schließt deshalb den Kaufvertrag nicht ab.

Bereiche des Privatrechts sind z. B.

- das Bürgerliche Recht [BGB],
- das Handelsrecht [HGB],
- das Gesellschaftsrecht [AktG, GmbHG, GenG],
- Teile des Urheberrechts [PatG, DesignG, GebrMG].

(2) Öffentliches Recht

- Das **öffentliche Recht** regelt die Rechtsverhältnisse der Träger öffentlicher (staatlicher) Gewalt untereinander sowie die Rechte und Pflichten des einzelnen Staatsbürgers zum Staat.
- Im Rahmen des öffentlichen Rechts ist der einzelne Staatsbürger dem **Staat untergeordnet (Grundsatz der Unterordnung).**

1 **Rechtssubjekte** sind Personen, die durch die Rechtsordnung mit Rechten und Pflichten ausgestattet sind. Zu unterscheiden sind natürliche Personen und juristische Personen (z. B. Aktiengesellschaft, Gemeinde). Vgl. Kapitel 1.3.

2 Vgl. Kapitel 1.4.3.

Kennzeichnend für dieses Rechtsgebiet sind Befehl, Verbot, Pflicht, Bescheid, Weisung, Anordnung und schließlich Strafe.

Bereiche des öffentlichen Rechts sind z. B. die Verfassung, das Verwaltungsrecht, das Strafrecht, das Steuerrecht, das Wehrrecht, die Straßenverkehrsordnung sowie Teile des Arbeits- und Sozialrechts.

Beispiele:

- Wer einen Steuerbescheid erhält, kann nicht nach dem Grundsatz der Gleichberechtigung und Gleichordnung mit dem Staat (mit der betreffenden Behörde) über die Höhe der Steuerzahlung verhandeln und – wenn man sich nicht einigen sollte – die Steuerzahlung einfach ablehnen.
- Ein schulpflichtiger Schüler kann, wenn anders sein regelmäßiger Schulbesuch nicht zu erreichen ist, mithilfe der Polizei zwangsweise der Schule zugeführt werden.

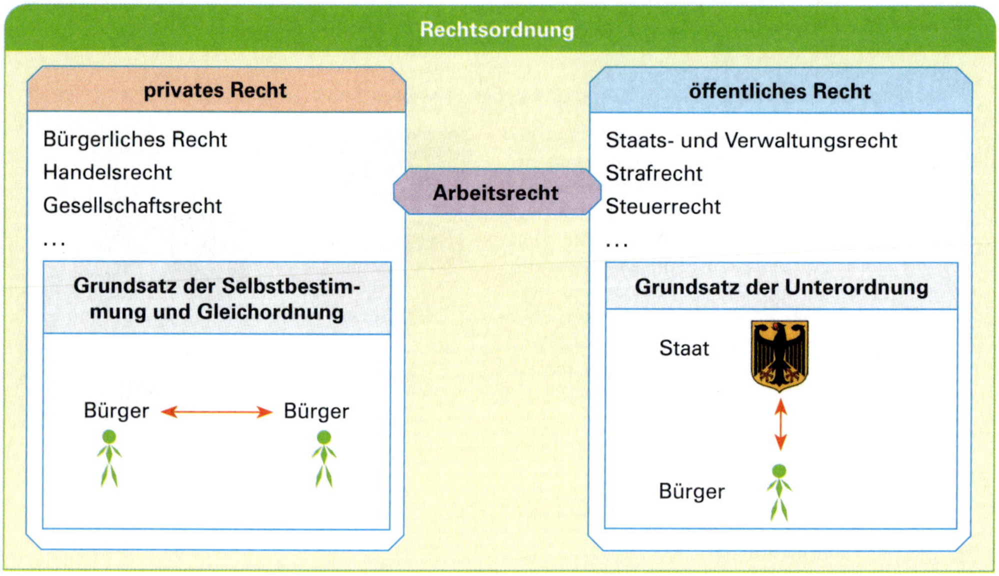

Kompetenztraining

1

1. Die Kfz-Zulassungsstelle der Stadt Ingolstadt verlangt bei der Zulassung eines Fahrzeugs, dass der Fahrzeughalter ein SEPA-Lastschriftmandat für das Finanzamt erteilt, damit dieses die Kfz-Steuer vom Konto des Halters abbuchen kann. Die Zulassungsstelle weigert sich, das Fahrzeug zuzulassen, wenn der Kunde das Mandat nicht unterschreibt.

   Aufgaben:

   1.1 Entscheiden und begründen Sie, ob es sich bei diesem Vorgang um öffentliches oder privates Recht handelt!

   1.2 Recherchieren Sie, ob das Verhalten der Zulassungsstelle rechtlich korrekt ist!

2. Das Versandhandelsunternehmen Autoteile Freier KG liefert Ware nur aus, wenn der Kunde im Voraus eine Bankeinzugsermächtigung erteilt.

   Aufgaben:

   2.1 Beurteilen Sie, ob die Freier KG berechtigt ist, den Vertrag so zu gestalten!

   2.2 Recherchieren Sie, welche Möglichkeiten ein Kunde im Privatrecht oder im öffentlichen Recht besitzt, wenn er keine Bankeinzugsermächtigung erteilen will!

3. Nennen Sie je drei Rechtsgebiete des Privatrechts und des öffentlichen Rechts!

4. Entscheiden Sie, welche zwei Rechtsgebiete dem Privatrecht zuzuordnen sind!

   ① Verfassungsrecht
   ② Eherecht
   ③ Handelsrecht
   ④ Steuerrecht
   ⑤ Verwaltungsrecht
   ⑥ Strafrecht

5. Entscheiden Sie, in welchem der nachfolgenden Fälle es sich um öffentliches Recht handelt!

   ① Die Stadt Köln möchte von der Kundenbank AG ein Grundstück erwerben, um dort eine neue Kindertagesstätte zu errichten. Der Vertrag wird notariell beurkundet.

   ② Die Kundenbank AG spendet der Flüchtlingshilfe des Landes Bayern ein Elektroauto, das für den Transport Jugendlicher zu Ausflugszielen im Allgäu genutzt werden soll.

   ③ Eine Mitarbeiterin der Kundenbank AG zahlt die Grundbesitzabgaben für ihre Eigentumswohnung an die Stadt Hamburg.

   ④ Die Ausbilderin der Kundenbank AG sagt dem Bewerber Sinan Arslan im Anschluss an das Bewerbungsgespräch einen Ausbildungsvertrag zu.

   ⑤ Die Kundenbank AG kauft für die Stadt Düsseldorf auftragsgemäß fünftausend RWE-Aktien.

   ⑥ Ein Mitarbeiter der Stadt Leipzig zahlt bei der Kundenbank AG die Tageseinnahmen aus dem Stadtbad auf das Konto der Stadt Leipzig ein.

1.3 Rechtssubjekte und Rechtsobjekte unterscheiden

1.3.1 Rechtssubjekte

(1) Begriff

Die Rechtsnormen benötigen zwingend einen Rechtsträger. Diese Rolle übernehmen die Rechtssubjekte.

Rechtssubjekte sind **Personen,** denen das Recht **Pflichten** auferlegt und **Rechte** einräumt.

Bei den Rechtssubjekten unterscheidet man zwischen den **natürlichen** und den **juristischen** Personen.

Rechtssubjekte

- **natürliche Personen** sind **Menschen.**
- **juristische Personen** des
  - **privaten Rechts**

    Beispiele:
    - AG
    - GmbH
    - Genossenschaft (eG)
    - Verein (e. V.)
    - Stiftungen[1] des privaten Rechts
  - **öffentlichen Rechts**

    Beispiele:
    - Körperschaften
    - Anstalten
    - Stiftungen des öffentlichen Rechts

(2) Natürliche Personen

§ 1 BGB

Natürliche Personen sind **alle Menschen.** Der Gesetzgeber verleiht ihnen **Rechtsfähigkeit.**

Beispiele:

- Das Recht des Erben, ein Erbe antreten zu dürfen.
- Das Recht des Käufers, Eigentum zu erwerben.
- Die Pflicht, Steuern zahlen zu müssen. (Das Baby, das ein Grundstück erbt, ist Steuerschuldner, z. B. in Bezug auf die Grundsteuer.)

Die **Rechtsfähigkeit des Menschen** (der **natürlichen Personen**) **beginnt** mit der Vollendung der Geburt und **endet** mit dem Tod. **Jeder Mensch** ist rechtsfähig.

1 **Stiftungen** entstehen durch das Stiftungsgeschäft und die staatliche Genehmigung.

(3) Juristische Personen

Juristische Personen sind „künstliche" Personen, denen der Staat die Eigenschaft von Personen **kraft Gesetzes** verliehen hat. Sie sind damit rechtsfähig, d. h. Träger von Rechten und Pflichten.

Juristische Person öffentlichen Rechts	Erläuterungen	Beispiele
Körperschaften	Körperschaften haben **Mitglieder** und sind in ihrer Existenz **unabhängig** vom Wechsel der Mitglieder. Sie nehmen **öffentliche Aufgaben** wahr und unterliegen einer **staatlichen Aufsicht.**	■ Gebietskörperschaften (Bund, Länder, Kommunen, Städte, Kreise) ■ Personalkörperschaften (Universitäten, Kirchen, Handels- und Handwerkskammern, Berufsgenossenschaften)
Anstalten	Anstalten haben **Nutzer.** Sie sind eine Zusammenfassung **personeller und sachlicher Mittel** in der Hand eines **Trägers** öffentlicher Verwaltung, die **dauerhaft** einem besonderen **öffentlichen Zweck** dienen. Sie besitzen ein **Selbstverwaltungsrecht.**	■ Deutsche Bundesbank ■ Kreditanstalt für Wiederaufbau (KfW) ■ Städtische Verkehrsbetriebe ■ Öffentlich-rechtliche Rundfunkanstalten (ARD, ZDF) ■ Sparkassen
Stiftungen des öffentlichen Rechts	Die **Gründung** einer Stiftung des öffentlichen Rechts erfolgt **durch die öffentliche Hand.** Sie entstehen durch die rechtliche Verselbstständigung einer **öffentlichen Vermögensmasse,** die **dauerhaft** einen **bestimmten Zweck** verfolgt.	■ Stiftung Warentest ■ Stiftung Berliner Philharmoniker ■ Stiftung Preußischer Kulturbesitz ■ Stiftung Haus der Geschichte der Bundesrepublik Deutschland ■ Bayerische Landesstiftung

Neben den juristischen Personen gibt es auch die **quasi-juristischen Personen** wie z. B. die OHG oder KG. Hierbei handelt es sich um **nicht-rechtsfähige Personenvereinigungen,** die jedoch vielfach **wie juristische** Personen **behandelt** werden.

1.3.2 Rechtsobjekte

Im Gegensatz zu den Rechtssubjekten nehmen die Rechtsobjekte nur **passiv** am Rechtsverkehr teil. Rechtsobjekte sind also **nicht** Träger von Rechten und Pflichten, vielmehr beziehen sich die Rechte und Pflichten der Rechtssubjekte **auf** die Rechtsobjekte.

- **Rechtsobjekte** sind **Gegenstände,** die der **Rechtsmacht** der **Rechtssubjekte** unterliegen.
- Allgemein unterscheidet man bei den Gegenständen zwischen **körperlichen** und **unkörperlichen** Gegenständen, kurzum zwischen **Sachen** und **Rechten.**

§ 90 BGB

(1) Sachen

Sachen lassen sich nach unterschiedlichen Kriterien einteilen, und zwar nach:

§ 91 BGB

- **der Vertretbarkeit**

Bezeichnung	Erläuterungen	Beispiele
vertretbare Sachen (Gattungssachen)	Eine Sache ist vertretbar, wenn sie **austauschbar** ist. Das ist dann der Fall, wenn sie sich von anderen Sachen der gleichen Art **nicht** durch besondere **Individualisierungsmerkmale** abgrenzt. Sie wird im Rechtsverkehr nach Maß, Zahl oder Gewicht bestimmt.	■ Euronoten und -münzen ■ Kopierpapier ■ neu geprägte Goldmünzen ■ neuer Textmarker ■ Superbenzin ■ neue Büromöbel ■ Bio-Eier Größe M
nicht vertretbare Sachen (Speziessachen)	Eine Sache ist nicht vertretbar, wenn sie **einzigartig** und somit **nicht austauschbar** ist. Das ist dann der Fall, wenn sie sich von anderen Sachen der gleichen Art durch besondere **Individualisierungsmerkmale abgrenzen.**	■ Gebrauchtwagen ■ ein Hund ■ Originalgemälde von Picasso ■ maßgeschneidertes Brautkleid ■ antikes Möbelstück ■ gebrauchtes Tablet

§ 92 BGB

- **dem Verbrauch**

Bezeichnung	Erläuterungen	Beispiele
verbrauchbare Sachen	Eine Sache ist verbrauchbar, wenn sie nur **einmalig** verwendet werden kann. Die Sache ist nicht für den Gesondern den Verbrauch bestimmt. Hierzu zählen auch Sachen, die zu einem **Warenlager** gehören.	■ Kopierpapier ■ Druckertinte ■ Flüssigseife ■ Papierhandtücher ■ Tafel Schokolade
nicht verbrauchbare Sachen	Eine Sache ist nicht verbrauchbar, wenn ihr bestimmungsmäßiger Gebrauch die **Benutzung** ist, sie also **mehrmalig** verwendet werden kann.	■ Kopierer ■ Smartphone ■ Auto ■ Kaffeevollautomat

- **der Beweglichkeit**

Bezeichnung	Erläuterungen	Beispiele
Mobilien	Zu den Mobilien zählen alle **beweglichen** Sachen.	■ Kühlschrank ■ Beratertisch
Immobilien	Zu den Immobilien zählen alle **unbeweglichen** Sachen.	■ Grundstücke ■ Wohnungseigentum ■ Schiffe (werden rechtlich wie Grundstücke behandelt)

- **den Teilen einer Sache**

Bezeichnung	Erläuterungen	Beispiele	
wesentlicher Bestandteil	Das sind Teile einer zusammengesetzten Sache, die durch eine **Verbindung** miteinander ihre **Selbstständigkeit verloren** haben. Die Verbindung ist zeitlich **dauerhaft** gewollt bzw. die Gegenstände wurden aufeinander **angepasst**. Sie können nicht voneinander getrennt werden, **ohne** dass der eine oder der andere Teil **zerstört** oder in seinem Wesen **verändert** wird. Eine Wesensänderung tritt ein, wenn durch die Trennung die **wirtschaftliche Nutzung** der Bestandteile oder der Restsache in der **bisherigen** Art **nicht** mehr möglich ist.	■ Wohnhaus ■ Stromleitungen eines Gebäudes ■ eingebaute Fenster ■ Heizungsanlage ■ maßangefertigte Einbauküche ■ verlegter Parkettboden ■ Bäume eines Grundstücks	§§ 93–94 BGB
unwesentlicher Bestandteil („Scheinbestandteile")	Die unwesentlichen Bestandteile teilen zwar grundsätzlich das Schicksal der Hauptsache. Allerdings können sie aus der Hauptsache **herausgelöst** werden, **ohne** dass die Sache **zerstört** wird.	■ Backofen einer Einbauküche ■ Motor eines Pkw ■ Lattenrost eines Bettes ■ Fertiggarage	§ 95 BGB
Zubehör	Zubehör einer Sache sind **selbstständige bewegliche** Sachen, die dem **wirtschaftlichen Zweck** der Hauptsache dienen. Sie sind **nicht** wesentliche Bestandteile der Hauptsache und stehen zu dieser in einem entsprechenden **räumlichen** Verhältnis.	■ Schreibtische einer Bankfiliale ■ Möbel eines Wohnhauses ■ Fahrradhalterung eines Pkw ■ Gabelstapler eines Industriebetriebes ■ Tische und Stühle in der Berufsschule	§ 97 BGB

Tiere sind nicht als Sachen anzusehen und werden durch **gesonderte** Gesetze geschützt. Sie werden aber nach den für die Sachen geltenden Vorschriften behandelt, soweit nicht etwas anderes bestimmt ist. Der Eigentümer eines Tieres hat bei der Ausübung seiner Befugnisse die besonderen **Vorschriften** zum **Schutz des Tieres** zu beachten. § 90 a BGB

(2) Rechte

Die Rechte lassen sich in absolute und relative Rechte unterteilen.

Bezeichnung	Erläuterungen	Beispiele
absolute Rechte	Die absoluten Rechte können gegen **jedermann** geltend gemacht werden. Zu diesen Rechten zählen die **Persönlichkeitsrechte,** die persönlichen **Familienrechte,** die **Sachenrechte** sowie die **Immaterialgüterrechte.**	■ Eigentumsrecht ■ Besitzrecht ■ Pfandrecht ■ Urheberrecht ■ Namensrecht
relative Rechte	Relative Rechte sind subjektiv und können nur gegen **bestimmte** Personen geltend gemacht werden.	■ Nutzungsrecht an einer Mietsache ■ Kaufpreisforderung aufgrund des Kaufvertrages

Kompetenztraining

2

1. Der Unternehmer K. will zur Förderung digitalen Berufsschulunterrichts eine Stiftung gründen. Er will 3 Mio. EUR zur Verfügung stellen.
   Recherchieren Sie, wie diese Stiftung ihre Rechtsfähigkeit erhält!

2. 2.1 Geben Sie an, ob es sich bei den folgenden Personen um natürliche Personen oder um juristische Personen des privaten bzw. des öffentlichen Rechts handelt!

   2.2 Recherchieren Sie bei den juristischen Personen des öffentlichen Rechts, ob es sich um eine Körperschaft oder eine Anstalt handelt!

   DOWNLOAD

   a) Anton Hirschmann
   b) Kegelclub Gut Holz e.V.
   c) Deutsche Bank AG
   d) Stadt Frankfurt am Main
   e) Freistaat Bayern
   f) Verwaltungs-Berufsgenossenschaft
   g) Industrie- und Handelskammer
   h) Hessischer Rundfunk
   i) Rechtsanwaltskammer
   j) Bundesagentur für Arbeit

3. Die Auszubildende Zilan kauft sich für ihre Ausbildung zur Bankkauffrau einen Laptop.
   Prüfen Sie, ob es sich bei dem Kaufobjekt um eine Sache handelt!

4. Die Metallbau GmbH erwirbt in den USA eine Lizenz zum Bau einer elektronisch gesteuerten Drehbank.

   4.1 Geben Sie Auskunft, was Gegenstand (Objekt) dieses Vertrages ist!

   4.2 Nennen Sie drei weitere Beispiele für diese Art von Rechtsobjekten!

5. Bestimmen Sie, ob es sich bei den folgenden Rechtsobjekten um vertretbare Sachen (= Gattungssachen) oder um nicht vertretbare Sachen (= Speziessachen) handelt bzw. wie solche behandelt werden müssen!

DOWNLOAD

Rechtsobjekt	Zuordnung des Rechtsobjektes
5.1 1 Tüte Hafermilch	
5.2 Originalbrautkleid von Kate Middleton	
5.3 Zigaretten Marke „Gift"	
5.4 Originalgemälde „Mona Lisa"	
5.5 Kunstdruck der „Mona Lisa"	
5.6 Rennpferd „Morgenluft"	
5.7 Goldfisch in der Tierhandlung	
5.8 1 neue Jeanshose	
5.9 Spezialdrehbank (Sonderanfertigung)	
5.10 10 Liter Superbenzin	
5.11 Grundstück, Hamburg, Am Alstersteg 127	

6. Begründen Sie, in welchen Fällen es sich um verbrauchbare Sachen handelt!
   - 6.1 Olivenöl in einem Privathaushalt
   - 6.2 Karnevalskostüm
   - 6.3 Käse in einer Pizzeria
   - 6.4 Eigentumswohnung
   - 6.5 Gemälde bei einem Antiquitätenhändler

7. Bestimmen Sie, in welchen zwei Fällen es sich bei den Rechtsobjekten um vertretbare Sachen handelt.
   - ① Balu, der Hund von Familie Mertens
   - ② Giraffenstofftiere als Geschenk zum Weltspartag
   - ③ Modell einer Spezialmaschine
   - ④ Maßgeschneiderter Anzug von Coco Chanel
   - ⑤ Ein der Kundenbank AG als Sicherheit übereigneter Lkw
   - ⑥ Ein bei Medimops gekauftes WSP-Übungsbuch
   - ⑦ Signiertes Fußballtrikot der deutschen Nationalmannschaft
   - ⑧ weiße DIN-A4-Briefumschläge ohne Fenster

1.4 Willenserklärungen als Grundlage für Rechtsgeschäfte verstehen und Formvorschriften beachten

1.4.1 Rechtsgeschäfte

Rechtsgeschäfte ermöglichen den Beteiligten, ihre rechtlichen Beziehungen zu regeln.

Rechtsgeschäfte entstehen durch **Willenserklärungen,** die in der **Absicht** abgegeben werden, bestimmte **Rechtsfolgen** herbeizuführen.

Mittels Willenserklärungen werden neue Rechtsverhältnisse geschaffen, bestehende Rechtsverhältnisse abgeändert oder aufgelöst.

Beispiele:

- Die 19-jährige Lana Darzi schließt mit der Kundenbank AG einen Ausbildungsvertrag ab.
- Die 18-jährige Auszubildende Lena Bosch möchte nach zwei Jahren Ausbildung entgegen dem ursprünglichen Vertrag die Ausbildungsdauer um 6 Monate verkürzen. Sie einigt sich mit der Kundenbank AG auf eine Reduzierung der Ausbildungszeit auf 30 Monate.
- Der 20-jährige Auszubildende Henrik Alexander Wiedemann kündigt noch in der Probezeit seinen Ausbildungsvertrag und nimmt ein Aufbaustudium der Kunsttherapie an der Hochschule für Bildende Künste in Dresden auf.

Die Rechtsgeschäfte lassen sich mit Blick auf die erforderlichen Willenserklärungen in verschiedene Kategorien unterteilen.

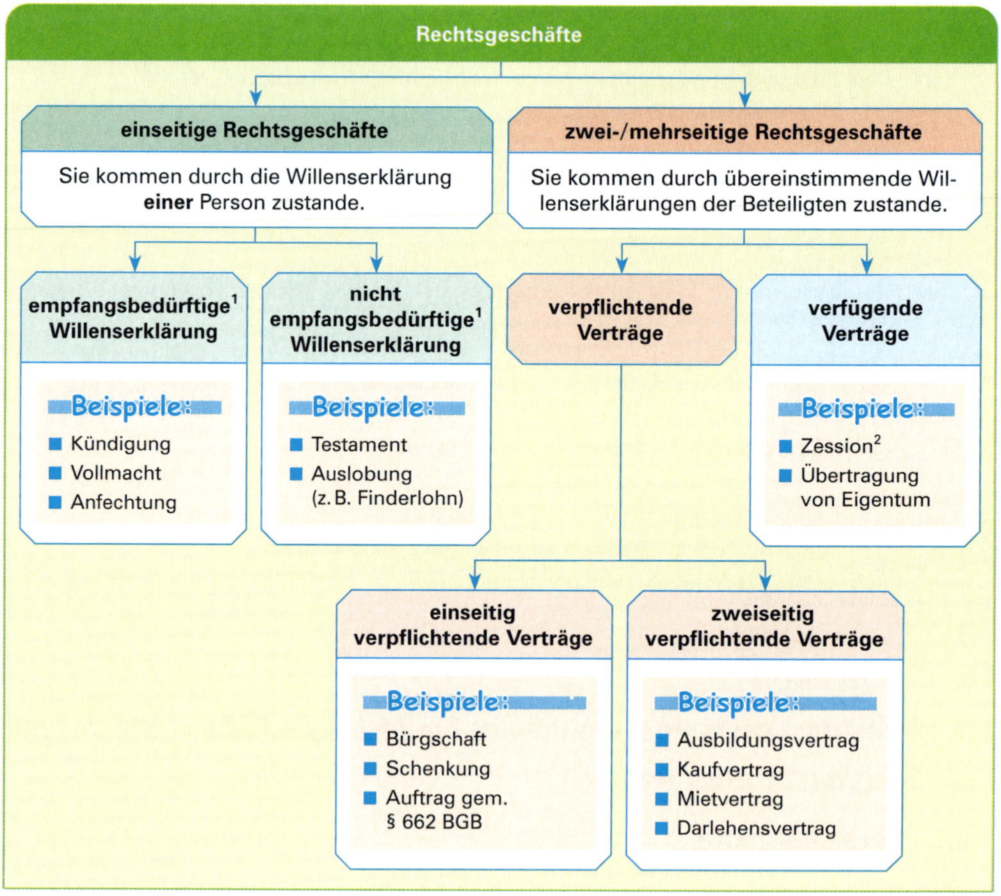

1 Vgl. Kapitel 1.4.2.

2 Unter einer **Zession** versteht man die Abtretung von Forderungen. Der ursprüngliche Gläubiger (der Zedent) überträgt seine Forderungen gegenüber dem Schuldner an einen neuen Gläubiger (den Zessionar). Zedent und Zessionar (z. B. eine Bank) schließen einen Zessionsvertrag.

1.4.2 Willenserklärungen

Rechtliches Handeln erfolgt durch **Willenserklärungen.** Es ist ein **Wille und** eine **Erklärung** erforderlich. Der Wille ist das subjektive, die Erklärung das objektive Element der Willenserklärung.

Willenserklärungen sind **Äußerungen** bzw. **Handlungen** von Personen, die darauf abzielen, eine **rechtliche Wirkung** herbeizuführen.

(1) Elemente der Willenserklärung

Handlungswille	Der Erklärende muss **wollen,** was er zum Ausdruck bringt. So ist z.B. eine Äußerung unter einer Drohung **keine gewollte** Handlung.
Erklärungs-bewusstsein	Der Erklärende muss **wissen,** dass seine Handlung rechtliche Wirkungen erzeugt. Dies ist z.B. **nicht** der Fall, wenn jemand bei einer Versteigerung einer Bekannten zuwinkt, der Auktionator dies als Mehrgebot ansieht und den Zuschlag erteilt.
Geschäftswille	Der Erklärende muss ein **bestimmtes** Rechtsgeschäft **herbeiführen** wollen. So ist eine Einladung zu einem gelegentlichen gemeinsamen Theaterbesuch **keine** rechtsverbindliche Willenserklärung.

Der Wille muss **erklärt** werden. Daraus folgt, dass die Willensäußerung **äußerlich wahrnehmbar** sein muss.

(2) Arten der Willenserklärungen

Willenserklärungen können nach verschiedenen Kriterien eingeteilt werden:

- **nach der Art der Willensäußerung**

Arten	Beispiele
a) Ausdrückliche Willenserklärungen Der Wille wird gegenüber dem Empfänger der Willensäußerung durch z.B. Sprechen oder Schreiben geäußert.	■ Telefonischer Auftrag ■ Veranlassung einer Echtzeitüberweisung
b) Schlüssiges (konkludentes) Handeln Der Wille wird ohne Sprechen oder Schreiben, sondern durch ein Verhalten ausgedrückt. Dem Willensempfänger ist der dem Verhalten zugrunde liegende Wille aber bekannt.	■ Kauf in einem Supermarkt durch Auflegen der Ware auf das Kassenband ■ Bargeldabhebung am Geldautomat ■ Benutzen der U-Bahn

Arten	Beispiele
c) Schweigen Grundsätzlich ist bloßes Schweigen keine Willenserklärung. **Ausnahmen:** ■ **Gesetzliche** Regelungen	
§ 108 Abs. 2, S. 2 BGB – Schweigen gilt als Ablehnung.	Schweigen auf die Aufforderung zur Genehmigung des Vertragsabschlusses eines Minderjährigen
§ 516 Abs. 2, S. 2 BGB – Schweigen gilt als Zustimmung.	Schenkungsannahme
Nr. 7 Abs. 2, S. 2 AGB-Banken ■ **Vertragliche** Vereinbarung über die Bedeutung von Schweigen.	Das Unterlassen rechtzeitiger Einwendungen gegen einen Rechnungsabschluss gilt als Genehmigung.

■ **nach der Notwendigkeit der Äußerung gegenüber dem Erklärungsgegner**

Arten	Beispiele
a) Empfangsbedürftige Willenserklärungen Eine Willenserklärung ist empfangsbedürftig, wenn sie gegenüber einem anderen abzugeben ist.	■ Kündigung eines Vertrages ■ Rücktrittserklärung vom Vertrag ■ Annahme eines Angebots
b) Nicht empfangsbedürftige Willenserklärungen Diese Willenserklärungen sind nicht an eine andere Person gerichtet. Ihre Gültigkeit ist **nicht** an einen **Zugang** gebunden.	■ Testament ■ Auslobung (öffentliches Versprechen einer Belohnung)

■ **nach der Anwesenheit des Erklärungsgegners**

Arten	Beispiele
a) Willenserklärung unter Anwesenden Diese liegt vor, wenn der Erklärungsempfänger bei der Abgabe der Willenserklärung anwesend ist. Das gilt auch bei einer Willenserklärung durch Telefon oder der Übergabe eines Schriftstücks an einen Anwesenden.	■ Ein Berater der Kundenbank AG unterbreitet einem Kunden telefonisch ein Angebot. Dies gilt nur für die Dauer des Telefonats. Beendet eine Partei das Gespräch, ist die Willenserklärung des Beraters nicht mehr gültig. ■ Findet ein Beratungsgespräch in der Kundenbank AG statt, sind die abgegebenen Willenserklärungen nur für die Dauer des Gesprächs gültig.
b) Willenserklärung unter Abwesenden Dem nicht körperlich Anwesenden Erklärungsempfänger wird die Erklärung durch Brief, Boten oder via Internet übermittelt.	■ Kündigungsschreiben durch Brief nach Einwurf des Briefes beim Empfänger. ■ Testament nach ordnungsgemäßer Errichtung

(3) Wirksamwerden von Willenserklärungen

Empfangsbedürftige Willenserklärungen werden wirksam, wenn dem Erklärungsempfänger die Erklärung **zugegangen** ist, dieser also **Kenntnis nehmen konnte.**

Dazu zählt auch der Eingang der Willenserklärung in der **Mailbox** (elektronischer Briefkasten). Der **Widerruf** einer Willenserklärung ist **vor** oder spätestens **gleichzeitig** mit dem Zugang möglich. § 130 Abs. 1 BGB

Nicht empfangsbedürftige Willenserklärungen werden mit ihrer **Abgabe** wirksam.

(4) Auslegung von Willenserklärungen

Falls **Zweifel über die Auslegung von Willenserklärungen** von Rechtssubjekten bestehen, ist der **wirkliche Wille** zu erforschen und **nicht** an dem **buchstäblichen** Sinne des Ausdrucks zu haften. Es ist also im Zweifel zu erforschen, was der Erklärende wirklich gemeint hat. § 133 BGB

1.4.3 Vertragsfreiheit

Vertragsfreiheit bedeutet, dass jeder prinzipiell die Freiheit hat zu entscheiden, ob und mit wem ein Vertragsabschluss vorgenommen und wie der Inhalt eines Vertrages ausgestaltet wird.

Die Rechtsordnung der Bundesrepublik Deutschland beruht auf dem **Grundsatz der Vertragsfreiheit.** Die Vertragsfreiheit ist im Grundgesetz durch die persönlichen Freiheitsrechte verfassungsrechtlich verbrieft und nur in bestimmten Fällen **gesetzlich** eingeschränkt. Art. 2 GG

Die Vertragsfreiheit ist durch folgende **Merkmale** gekennzeichnet:

Merkmale der Vertragsfreiheit	
Abschlussfreiheit	Sie besagt, dass jeder in eigener Verantwortung selbst darüber entscheiden kann, ob, wann und mit wem er ein Rechtsgeschäft (z. B. einen Vertrag) abschließen will oder nicht abschließen will. Niemand wird zum Abschluss von Rechtsgeschäften gezwungen. Es besteht somit kein Abschlusszwang.
Inhaltsfreiheit, Vertragsgestaltungsfreiheit	Sie besagt, dass jeder Einzelne bzw. die Vertragspartner das Recht hat (haben), über den Inhalt der abgeschlossenen Rechtsgeschäfte selbst bestimmen zu können. Treffen die Vertragspartner keine Abmachungen, dann gilt die gesetzliche Regelung.
Auflösungsrecht	Wurden Rechtsgeschäfte für eine bestimmte oder auf unbestimmte Zeit abgeschlossen (z. B. ein Miet-, Pacht-, Leih- oder Dienstvertrag), so ist es den Vertragspartnern grundsätzlich möglich, diese Rechtsgeschäfte im Rahmen der hierüber getroffenen Vereinbarungen auch wieder aufzulösen (z. B. den Miet-, Pacht-, Leih- oder Dienstvertrag unter Wahrung bestimmter gesetzlicher oder vertraglich vereinbarter Fristen zu kündigen).

1.4.4 Besondere Formvorschriften für Rechtsgeschäfte

1.4.4.1 Formfreiheit

Formfreiheit bedeutet, dass die Rechtsgeschäfte in **jeder möglichen** Form abgeschlossen werden können.

Die meisten Geschäfte können mit beliebigen Mitteln, z. B. **durch Worte** (mündlich, telefonisch, schriftlich, mittels E-Mail), **durch schlüssige Handlungen** (Kopfnicken, Handheben, Einsteigen in ein Taxi usw.) und in bestimmten Fällen sogar **durch Schweigen** abgeschlossen werden.

1.4.4.2 Formzwang

Für einzelne Gruppen von Rechtsgeschäften schreibt das **Gesetz** bestimmte Formen vor. Dieser sogenannte Formzwang dient vor allem

- der **Beweissicherung,**
- dem **Schutz vor voreiligen Verpflichtungen** (z. B. des Schenkers und des Bürgen) und
- einer genauen **Abgrenzung zwischen unverbindlichen Vorverhandlungen und verbindlichen Aufzeichnungen** (z. B. beim Testament und Erbvertrag).

§ 126 BGB

(1) Schriftform

Die Schriftform verlangt, dass die Erklärung niedergeschrieben und vom Erklärenden **eigenhändig durch Namensunterschrift unterzeichnet** wird. Bei Verträgen muss die Vertragsurkunde grundsätzlich von allen Vertragsparteien unterschrieben sein.

Mögliche Anwendungsbereiche:

- Verbraucherdarlehensverträge
- Beendigung von Arbeitsverhältnissen durch Kündigung oder Aufhebungsvertrag
- Mietvertrag mit einer Laufzeit von mehr als einem Jahr

§ 126 a BGB

(2) Elektronische Form

Die **gesetzliche Schriftform** kann grundsätzlich (soweit im Gesetz nichts Abweichendes bestimmt ist) durch die **elektronische Form ersetzt werden.** Zur Rechtswirksamkeit muss der Aussteller der Erklärung seinen Namen hinzufügen und das elektronische Dokument mit einer qualifizierten elektronischen Signatur versehen werden.

Mögliche Anwendungsbereiche:

- Onlinebanking
- Kreditkartennutzung
- Eintragung ins Handelsregister
- elektronische Ausweispapiere

(3) Textform

§ 126 b BGB

Die Textform verlangt, dass die Erklärung in einer Urkunde abgegeben, die Person des Erklärenden genannt und der Abschluss der Erklärung durch eine Nachbildung der Namensunterschrift (Faksimile) oder anders erkennbar gemacht wird. Geeignet hierfür sind z. B. eine Website im Internet, eine E-Mail oder ein Computerfax.

Mögliche Anwendungsbereiche:

- Berufsausbildungsvertrag
- Belehrung über das Widerrufsrecht beim Fernabsatzvertrag seitens des Unternehmens gegenüber dem Verbraucher
- Garantieerklärungen beim Verbrauchsgüterkauf

(4) Öffentliche Beglaubigung

§ 129 BGB

Die öffentliche Beglaubigung ist eine Schriftform, bei der die **Echtheit der eigenhändigen Unterschrift des Erklärenden** von einem Notar beglaubigt wird. Der Notar beglaubigt nur die Echtheit der Unterschrift, nicht jedoch den Inhalt der Urkunde.

Mögliche Anwendungsbereiche:

- Vorsorgevollmachten
- Handelsregisteranmeldungen
- Ausschlagung einer Erbschaft

Beispiel für die Beglaubigung einer Unterschrift

Urkundenrolle Nummer: 333

Vorstehende, vor mir vollzogene (bzw. anerkannte) Unterschrift des Herrn Franz Müller, Kfz-Mechatroniker, wohnhaft in Karlsruhe, Benzstraße 57, geboren am 1. Januar 1982, beglaubige ich. Herr Franz Müller wies sich durch seinen Personalausweis aus.

Karlsruhe, den 5. März 20 . .
(Ort und Datum)

(5) Notarielle Beurkundung

§ 128 BGB

Sie erfordert ein Protokoll, in welchem der Beurkundungsbeamte die vor ihm abgegebenen Erklärungen beurkundet. Der Notar beurkundet die **Unterschrift** und den **Inhalt der Erklärungen.**

Mögliche Anwendungsbereiche:

- Grundstückskaufverträge
- Schenkungsversprechen
- Erbverzichtsverträge
- Erbverträge

§ 125 BGB

- Rechtsgeschäfte, die **nicht** in der vom **Gesetz vorgeschriebenen Form** erfolgt sind, sind grundsätzlich **nichtig.**
- Die jeweilige **strengere** („höhere") Form kann die **weniger** strenge („niedere") Form **ersetzen.**

Kompetenztraining

3

1. Erklären Sie den Begriff „Rechtsgeschäft"!

2. Begründen Sie, warum eine Willenserklärung zugleich ein Rechtsgeschäft sein kann und sich in anderen Fällen die Begriffe Willenserklärung und Rechtsgeschäft nicht decken!

3. Prüfen Sie, ob in folgenden Fällen eine Willenserklärung vorliegt! Wenn ja, notieren Sie in welcher Form die jeweilige Willenserklärung geäußert wurde!
   3.1 Sie werden von Ihrem Ausbildungsbetrieb zum Essen eingeladen.
   3.2 Sie steigen in Stuttgart mit gültigem Fahrschein in die Straßenbahn ein.
   3.3 Sie möchten mit Ihrem Freund nach dem Kinobesuch mit dem Taxi nach Hause fahren. Durch „Handheben" veranlassen Sie ein vorbeifahrendes Taxi zu halten, in das Sie dann unter Angabe Ihrer Wohnung einsteigen.
   3.4 Sie entnehmen in einem Selbstbedienungsladen im Regal lagernde Waren und legen diese auf das Laufband der Kasse.

4. Prüfen Sie, ob ein- oder zweiseitige Rechtsgeschäfte vorliegen und welche Art von Willenserklärungen jeweils abgegeben wurde!
   4.1 Der Hauseigentümer schließt mit Ihren Eltern einen Vertrag über die Benutzung von Wohnräumen ab.
   4.2 Nele Kaiser bestellt im Onlinehandel eine Jacke.
   4.3 Der Angestellte Max Lehmann kündigt seinen Arbeitsvertrag.
   4.4 Alexander Thein verliert seinen wertvollen Ring und lässt öffentlich bekannt geben, dass er dem ehrlichen Finder 150,00 EUR Finderlohn zahlt (man nennt dies „Auslobung").
   4.5 Ein Unternehmen nimmt eine ohne Auftrag gelieferte Maschine in Betrieb.

5. 5.1 Erklären Sie den Unterschied zwischen einseitig verpflichtenden und zweiseitig verpflichtenden Verträgen!
   5.2 Nennen Sie zwei einseitig und drei zweiseitig verpflichtende Verträge!

6. Begründen Sie, inwieweit es rechtlich von Bedeutung ist, ob eine empfangsbedürftige Willenserklärung unter Anwesenden oder unter Abwesenden abgegeben wurde!

7. Entscheiden Sie, welche beiden nachfolgenden Aussagen zu Rechtsgeschäften falsch sind!

   ① Bei einer Schenkung handelt es sich um ein einseitiges Rechtsgeschäft. ☐ ☐

   ② Der Berater Nils Pommsen unterbreitet seinem Kunden telefonisch ein sehr gutes Angebot für eine Baufinanzierung bei der Kundenbank AG. Nach dem Gesetz ist die Kundenbank AG nur für die Dauer des Telefonats an dieses Angebot gebunden.

   ③ Die Kundin Anna Bolicka teilt der Kundenbank AG per E-Mail mit, dass sie einen neuen VL-Vertrag abschließen möchte. Hierbei handelt es sich um eine Willenserklärung unter Abwesenden.

   ④ Im Schalterraum der Kundenbank AG hängt folgender Aushang: „Border Collie entlaufen, Fell: schwarz-weiß, Name: Socke, Finderlohn 150,00 EUR, Tel.:0151-12345678". Hierbei handelt es sich um ein einseitiges Rechtsgeschäft mit nicht empfangsbedürftiger Willenserklärung.

   ⑤ Der Kunde Hamid Kutucu zahlt am Kundenterminal 500,00 EUR Münzgeld auf sein Geschäftskonto ein. Im vorliegenden Fall handelt es sich um eine konkludente Handlung.

⑥ Der 19-jährige Auszubildende Louis-Malte denkt an Silvester über seine Zukunft nach und entschließt sich, seinen Ausbildungsvertrag bei der Kundenbank AG zu kündigen. Um den Entschluss sofort Wirklichkeit werden zu lassen, verfasst er noch am 31.12. die Kündigung, sodass diese auch nach seiner Unterschrift wirksam ist.

4

1. Begründen Sie die Notwendigkeit gesetzlicher Formvorschriften!
2. Erklären Sie, welchen Zweck die Vertragsparteien verfolgen, wenn diese für die abzuschließenden Rechtsgeschäfte eine bestimmte Form vereinbaren!
3. Die Eheleute Thomas und Simone Holzmann besitzen mehrere Grundstücke. Sie wollen ihrer Tochter Stina an deren 18. Geburtstag ein Grundstück übertragen.

   Aufgabe:

   Nennen Sie die Form, die für die Übertragung des Grundstücks erforderlich ist!
4. Katrin Weber hat bis zum 31. Juli d.J. bei der Kundenbank AG eine Ausbildung absolviert. Ihr wurde versehentlich kein Ausbildungszeugnis erteilt. Jetzt ruft sie in der Personalabteilung der Kundenbank AG an und bittet darum, ihr möglichst sofort ein Ausbildungszeugnis per E-Mail zu übermitteln.

   Aufgabe:

   Prüfen Sie, ob dieses Verfahren grundsätzlich für diesen Zweck einsetzbar ist! Lesen Sie hierzu § 630 BGB!
5. Erläutern Sie den Zweck, den das BGB verfolgt, wenn es bestimmt, dass Rechtsgeschäfte, die nicht in der vorgeschriebenen gesetzlichen Form erfolgt sind, grundsätzlich nichtig sind!
6. Stellen Sie dar, in welchem Zusammenhang die elektronische Form verwendet wird!
7. Entscheiden Sie, welche der nachfolgenden Aussagen richtig ist!

   ① Die B. Trug GmbH möchte sich in das örtliche Handelsregister eintragen. Die hierzu erforderliche Anmeldung zum Handelsregister bedarf der notariellen Beurkundung.

   ② Die Auszubildende Leonie möchte von ihrem Konto bei der Kundenbank AG Geld per Onlinebanking überweisen. Zur Bestätigung gibt sie eine entsprechende TAN ein. Bei der Überweisung handelt es sich um eine Schriftform.

   ③ Der 19-jährige Felix Kottner erhält einen Ausbildungsvertrag bei der Kundenbank AG. Dieser Vertrag bedarf grundsätzlich der Schriftform.

   ④ Selma ist Auszubildende der Kundenbank AG und wünscht sich sehnlichst einen neuen Kleinwagen. Ihre Großmutter verspricht ihr einen Geldbetrag in Höhe von 15 000,00 EUR zu schenken, wenn sie die in wenigen Wochen stattfindende Abschlussprüfung mit der Note „sehr gut" besteht. Zur Gültigkeit dieses Versprechens muss sich Selma das Ganze notariell beurkunden lassen.

   ⑤ Die Bankkauffrau Christina Mansfeld möchte sich ein kleines Einfamilienhaus kaufen. Im Internet entdeckt sie ihr Traumhaus in unmittelbarer Nähe ihrer Mietwohnung. Mit dem Verkäufer erzielt sie rasch Einigung über den Kaufpreis. Um keine Zeit zu verlieren, setzen beide schriftlich einen Vertrag auf und unterschreiben diesen. Somit ist der Kaufvertrag rechtswirksam abgeschlossen.

   ⑥ Die 20-jährige Auszubildende Viktoria hat einen Ausbildungsvertrag bei der Kundenbank AG erhalten. Wegen der großen Entfernung zu ihrem jetzigen Wohnort, entschließt sie sich für die Dauer der Ausbildung eine Mietwohnung in der Stadt zu nehmen. Dieser Mietvertrag kann in Textform abgeschlossen werden.

Lernsituation 2: Auszubildende der Kundenbank AG diskutieren über die Rechtslage

Michel, Paul und Lennard haben vor drei Wochen bei der Kundenbank AG eine Ausbildung zum Bankkaufmann begonnen. Die drei Auszubildenden verbringen die Mittagspause stets gemeinsam. Wie so oft in den letzten Monaten ist das Thema Auto und Führerschein Gegenstand ihrer Pausengespräche.

Der 18-jährige Michel berichtet, dass er nach bestandener Führerscheinprüfung nunmehr ganz kurz vor dem Kauf eines eigenen Pkw steht. Da alle drei auf dem Land wohnen und der Weg sowohl zum Ausbildungsbetrieb als auch zur Berufsschule mit den öffentlichen Verkehrsmitteln zeit- und nervenaufreibend ist, stellt Michel eine baldige Fahrgemeinschaft in Aussicht. Dies würde ihnen viel Zeitersparnis bringen.

Lennard ist begeistert und interessiert sich dafür, wann Michel denn Eigentümer eines Autos wird. Michel führt aus, dass er seinen „Traumwagen" bereits bei einem örtlichen Händler bis morgen hat reservieren lassen. Jetzt hänge alles davon ab, ob Konstantin, der Sohn des Nachbarn, seinen Motorroller heute Nachmittag kauft. Schließlich würde er als künftiger Autofahrer den Roller nicht mehr benötigen.

Michel ergänzt, dass der 15-jährige Konstantin sich ohne Wissen seiner Eltern den Roller für drei Tage zum Probefahren ausgeliehen hat. Bisher sei er so begeistert, dass er bereit wäre, ihm den Roller für 800,00 EUR abzukaufen, auch auf die Gefahr hin, sich mit seinen eigenen Eltern anzulegen. Das Geld hätte er schließlich in den letzten 10 Jahren nach und nach gespart. Jetzt könne er sich endlich mal etwas Sinnvolles davon kaufen.

Sogleich schaltet sich Paul in das Gespräch mit der Bemerkung ein, dass der Nachbarsjunge noch gar nicht volljährig sei und somit den Roller gar nicht kaufen könnte. Also würde sich nach seinem Verständnis am gemeinsamen Busfahren wohl künftig nichts ändern. Michel ist ziemlich erstaunt über Pauls Einwand. Er versteht nicht, was Paul damit meint. Schließlich habe der Junge das Geld auf seinem eigenen Sparkonto bei der Kundenbank AG und könne deshalb damit machen, was er möchte. Und außerdem wäre er rechtsfähig und könne deshalb Verträge abschließen. Danach sieht Michel zu Lennard und sagt: *„Nun äußere dich doch auch mal dazu!"* Lennard zuckt nur ahnungslos mit den Schultern.

Kompetenzorientierte Arbeitsaufträge:

1. Paul zweifelt mit Blick auf das Alter an der Geschäftsfähigkeit von Konstantin. Erläutern Sie, was man unter Geschäftsfähigkeit versteht und grenzen Sie die einzelnen Arten der Geschäftsfähigkeit voneinander ab! Prüfen Sie in diesem Zusammenhang abschließend die Geschäftsfähigkeit von Konstantin!
2. Erläutern Sie, ob Konstantin gegen den Willen seiner Eltern seine Ersparnisse zum Kauf des gebrauchten Rollers rechtswirksam verwenden kann!
3. Prüfen Sie, wer im vorliegenden Fall Eigentümer und wer Besitzer des Rollers zum jetzigen Zeitpunkt ist!
4. Angenommen Michel würde sich am Nachmittag mit den Nachbarn und deren Sohn über einen Kauf des Rollers rechtswirksam einig werden. Stellen Sie dar, wie dann im vorliegenden Fall die Eigentumsübertragung stattfinden würde!

5. Erläutern Sie, wie die Eigentumsübertragung stattfinden würde, wenn
   5.1 Konstantin den Roller zwischenzeitlich schon wieder an Michel zurückgegeben hätte,
   5.2 Michel den Roller nach Rückgabe bereits an seinen Freund Lennard verliehen hätte und die Eigentumsübertragung trotzdem umgehend vollzogen werden soll!

1.5 Rechtsfähigkeit erklären und die Geschäftsfähigkeit prüfen

1.5.1 Rechtsfähigkeit

Rechtsfähigkeit ist die Fähigkeit von Personen, **Träger** von **Rechten** und **Pflichten** sein zu können.

Rechtsfähig sind **natürliche Personen (Menschen)** und **juristische Personen.**

Bei natürlichen Personen **beginnt** die Rechtsfähigkeit mit **Vollendung** der Geburt. § 1 BGB

1.5.2 Geschäftsfähigkeit

(1) Begriff Geschäftsfähigkeit

Geschäftsfähigkeit ist die Fähigkeit von Personen, Willenserklärungen **rechtswirksam** abgeben, entgegennehmen (empfangen) und widerrufen zu können.

(2) Gesetzliche Regelungen zur Geschäftsfähigkeit

- **Geschäftsunfähigkeit** § 104 BGB

Kinder **vor** Vollendung des **siebten** Lebensjahres sind **geschäftsunfähig.** Den Kindern sind Menschen, die sich in einem **dauernden** Zustand krankhafter Störung der Geistestätigkeit befinden, gleichgestellt.

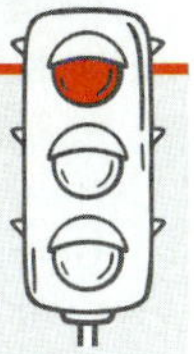

Rechtsfolge:

Geschäftsunfähige können **keine** rechtswirksamen Willenserklärungen abgeben. Verträge mit Kindern und Geschäftsunfähigen sind **immer nichtig,** d. h. von vornherein ungültig.

Da Geschäftsunfähige keine Rechtsgeschäfte abschließen können, brauchen sie einen **Vertreter,** der für sie handeln kann. Bei Kindern sind dies in der Regel kraft Gesetzes die Eltern. Man bezeichnet die Eltern daher auch als **„gesetzliche Vertreter“.**

§ 106 BGB

Beschränkte Geschäftsfähigkeit

Minderjährige, die zwar das **siebte** Lebensjahr, aber noch **nicht** das **achtzehnte** Lebensjahr vollendet haben, sind **beschränkt geschäftsfähig.**

Rechtsgeschäfte mit einem beschränkt Geschäftsfähigen bedürfen der **Zustimmung des gesetzlichen Vertreters.**

§§ 107, 183 BGB
- Diese Zustimmung kann **im Voraus** erteilt werden. Sie heißt dann **Einwilligung.**

§§ 108, 184 BGB
- Sie kann aber auch **nachträglich** gegeben werden. Die nachträglich erfolgte Zustimmung heißt **Genehmigung.**

Rechtsfolge:

Solange die Genehmigung des gesetzlichen Vertreters fehlt, ist ein durch den beschränkt Geschäftsfähigen abgeschlossenes **Rechtsgeschäft schwebend unwirksam.** Dies bedeutet, dass z.B. ein Vertrag (noch) nicht gültig, wohl aber genehmigungsfähig ist. Wird die **Genehmigung verweigert,** ist der **Vertrag von Anfang an ungültig.** Wird sie erteilt, ist der Vertrag **von Anfang an wirksam.**

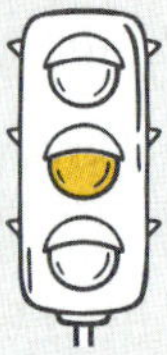

§ 111 BGB **Ausnahme:** Ein **einseitiges** Rechtsgeschäft, das der Minderjährige **ohne** die erforderliche **Einwilligung** des gesetzlichen Vertreters vornimmt, ist **nichtig.**

Keiner Zustimmung bedarf ein beschränkt Geschäftsfähiger für folgende Rechtsgeschäfte:

§ 107 BGB Geschäfte, die lediglich einen **rechtlichen Vorteil bringen.**

§ 110 BGB Geschäfte, die er mit **Mitteln** begleicht, die ihm
- zu diesem Zweck,
- zu freier Verfügung von dem gesetzlichen Vertreter oder
- mit dessen **Zustimmung** von einem **Dritten**

überlassen worden sind **(„Taschengeldparagraf").**

Diese Regelung gilt **nicht** für Ratenkäufe und Handyverträge, da über **zukünftiges** Taschengeld nicht verfügt werden darf.[1]

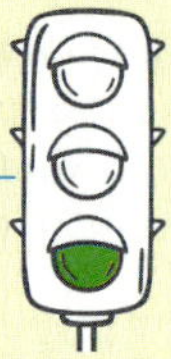

§ 112 BGB Sämtliche Geschäfte im Rahmen eines **selbstständig** betriebenen Erwerbsgeschäfts, zu dem ihn der **gesetzliche Vertreter** mit Genehmigung des **Familiengerichts** ermächtigt hat.

Ausnahme: Rechtsgeschäfte, zu denen der Vertreter der **Genehmigung** des **Familiengerichts** bedarf (z.B. Übernahme einer Bürgschaft).

§ 113 BGB Geschäfte, die ein **Arbeitsverhältnis** betreffen, dem der gesetzliche Vertreter zugestimmt hat. Hierzu zählen auch Rechtsgeschäfte, welche die **Eingehung** oder **Aufhebung** eines Dienst- oder Arbeitsverhältnisses der **gestatten** Art betreffen. Ein **Ausbildungsverhältnis** ist **kein** Arbeitsverhältnis im Sinne des § 113 BGB.

1 Die über einen längeren Zeitraum angesammelten **Ersparnisse** gelten im Sinne des Gesetzes **nicht** als Taschengeld.

Unbeschränkte Geschäftsfähigkeit

Personen, die das achtzehnte Lebensjahr vollendet haben, sind **unbeschränkt geschäftsfähig.** Ausnahmen bestehen nur für Menschen, die sich in einem dauernden Zustand krankhafter Störung der Geistestätigkeit befinden. § 2 BGB

Rechtsfolge:

Die unbeschränkte Geschäftsfähigkeit bedeutet, dass von dem Erklärenden (der natürlichen Person) jedes Rechtsgeschäft, soweit dies gesetzlich erlaubt ist, **rechtsgültig** abgeschlossen werden kann. Eine Zustimmung gesetzlicher Vertreter und/oder die Genehmigung eines Familiengerichts ist nicht (mehr) erforderlich.

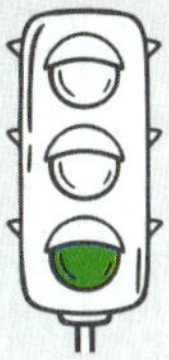

Kompetenztraining

5

1. Unterscheiden Sie die Begriffe Rechtsfähigkeit und Geschäftsfähigkeit!
2. Erklären Sie, welche Rechtsgeschäfte eine beschränkt geschäftsfähige Person ohne Einwilligung des gesetzlichen Vertreters abschließen darf! Bilden Sie hierzu jeweils ein Beispiel!
3. Begründen Sie, warum das BGB bei den Stufen der Geschäftsfähigkeit feste Altersgrenzen zugrunde legt! Nennen Sie die Altersgrenzen!
4. Erklären Sie, welche Rechtsfolgen eintreten, wenn geschäftsunfähige, beschränkt geschäftsfähige oder voll geschäftsfähige Personen Willenserklärungen abgeben!
5. Der 17-jährige Auszubildende Finn wohnt und arbeitet mit Zustimmung seiner Eltern in Stuttgart, während seine Eltern in Mannheim zu Hause sind.

   Aufgaben:

   5.1 Am Monatsende ist die Miete zu zahlen. Begründen Sie, ob Finn aus rechtlicher Sicht mit seiner Ausbildungsvergütung die Miete bezahlen darf!

   5.2 Finn möchte sich von seiner Vergütung ein Smartphone für 1 200,00 EUR kaufen. Erläutern Sie die Rechtslage!

   5.3 Erklären Sie, ob Finn, falls er 1 200,00 EUR ohne Wissen seiner Eltern von seiner Oma geschenkt bekommt, das Smartphone kaufen kann!

   5.4 Begründen Sie, wie im Fall 5.1 zu entscheiden ist, wenn Finn von zu Hause fortgelaufen ist und seit mehreren Monaten ohne Wissen der Eltern unter falschem Namen in Tübingen arbeitet!
6. Die 12-jährige Schülerin Lisa erhält von ihrer Großmutter ohne Wissen der Eltern 1 200,00 EUR geschenkt. Mit diesem Geld kauft sie sich ein Notebook, welches sie auch gleich aus dem Geschäft mitnimmt.

   Aufgaben:

   Stellen Sie die Rechtslage dar, wenn

   6.1 keine Einwilligung der Eltern vorliegt,

   6.2 eine Einwilligung der Eltern vorliegt,

6.3 die Eltern den Kauf nachträglich genehmigen,

6.4 die Eltern nach Aufforderung durch den Verkäufer die Genehmigung verweigern!

7. Ein Kranker, der sich in einem Zustand dauernder Störung der Geistestätigkeit befindet, erhält von seinem Bruder ein Mietshaus geschenkt. Prüfen Sie rechtlich, ob der Kranke Eigentümer des Hauses und wegen der Mieteinkünfte steuerpflichtig werden kann!

8. Das Finanzamt verlangt von einem 4 Jahre alten Kind die Bezahlung rückständiger Steuern. Recherchieren Sie die Rechtslage!

9. Entscheiden Sie, in welchen beiden der nachfolgenden Fälle ein Rechtsgeschäft wirksam zustande gekommen ist! Falls nur in einem Fall ein Rechtsgeschäft wirksam zustande gekommen ist, tragen Sie in das zweite Kästchen eine ⑨ ein!

① Die 16-jährige Mayram kauft von ihrem Taschengeld ein Paar neue Schuhe. Da diese sehr teuer sind, vereinbart sie mit dem Verkäufer, dass sie die Schuhe in den nächsten drei Monaten mit ihrem Taschengeld vollständig bezahlt.

② Der 17-jährige Luca arbeitet mit Zustimmung seiner Eltern stundenweise bei einem Computer-Dienstleister. Voraussetzung hierfür ist jedoch, dass er einen eigenen Laptop besitzt. Deshalb kauft sich Luca von seinem ersten Gehalt ein gebrauchtes Gerät für 400,00 EUR.

③ Der 6-jährige Ben ist bei seiner Oma zu Besuch. Bevor er sich auf den Nachhauseweg macht, steckt ihm die Oma 10,00 EUR zu.

④ Die 15-jährige Nele kauft sich in einem Modegeschäft eine Lederjacke für 300,00 EUR. Das Geld hat sie zuvor ohne Wissen der Eltern von ihrer Patentante geschenkt bekommen.

⑤ Der 17-jährige Moritz beginnt eine Ausbildung zum Pferdewirt. Der Ausbildungsvertrag wurde von ihm und seinen Eltern bereits unterschrieben. Nunmehr eröffnet Moritz für die Ausbildungsvergütung ein Konto bei der Kundenbank AG.

⑥ Der 5-jährige Leon tauscht mit seinem 8-jährigen Bruder ein Spielzeugauto gegen einen Fußball.

10. Überprüfen Sie die nachfolgenden Aussagen und entscheiden Sie, welche der Aussagen richtig ist! Ist keine der Aussagen richtig, dann tragen Sie bitte eine ⑨ in das Kästchen ein!

① Rechtsfähigkeit ist die Fähigkeit von Personen, Willenserklärungen rechtswirksam abgeben, entgegennehmen und widerrufen zu können.

② Die Rechtsfähigkeit des Menschen beginnt mit der Volljährigkeit und endet mit dem Tod.

③ Minderjährige, die zwar das siebte Lebensjahr, aber noch nicht das achtzehnte Lebensjahr vollendet haben, sind beschränkt rechtsfähig.

④ Rechtsgeschäfte mit einem Geschäftsfähigen bedürfen der Zustimmung des gesetzlichen Vertreters.

⑤ Ein einseitiges Rechtsgeschäft eines Minderjährigen ist nichtig, auch wenn die gesetzlichen Vertreter es genehmigen.

1.6 Besitz und Eigentum unterscheiden

1.6.1 Besitz

(1) Besitz und dessen Übertragung

Besitz ist die **tatsächliche Gewalt** über eine Sache.

Der Besitz wird bei **beweglichen Sachen** durch **Übergabe,** bei **unbeweglichen Sachen** durch **Gebrauchsüberlassung** verschafft. § 854 BGB

(2) Formen des Besitzes

Wie die nachfolgende Übersicht zeigt, lassen sich **verschiedene Formen** von **Besitz** unterscheiden.

Fall	Formen des Besitzes	
Die Kundenbank AG stellt den Mitarbeitern am Arbeitsplatz einen Laptop zur Verfügung.	Die Mitarbeiter sind nur **Besitzdiener** des PC, nicht aber Besitzer.	§ 855 BGB
Die Kundenbank AG hat aus Gründen der Kostenersparnis gemeinsam mit der Kreditbank AG an kleineren Standorten Räumlichkeiten angemietet, in denen beide Vertragspartner eine Filiale gemeinsam betreiben.	An den Räumlichkeiten haben beide Banken einen **Mitbesitz.** Weiterhin üben beide Parteien den **unmittelbaren** Besitz über die Räumlichkeiten aus, da sie die **tatsächliche** Gewalt über die Sache haben. An den **eigenen** Filialen hat die Kundenbank AG **Alleinbesitz.**	§ 866 BGB
Vermieter der Räumlichkeiten ist die Immo Deutschland GmbH.	Der Vermieter ist **mittelbarer** Besitzer, da er die tatsächliche Herrschaft über eine Sache durch einen unmittelbaren Besitzmittler ausüben lässt.	§ 868 BGB
Drei Auszubildende der Kundenbank AG haben eine Wohnung mit drei Zimmern und einer Wohnküche gemietet. Jeder Auszubildende hat ein abgeschlossenes Zimmer.	Die **abschließbaren** Zimmer stellen einen **Teilbesitz** dar, die gemeinsam benutzte Wohnküche hingegen **Mitbesitz.**	§ 865 BGB
Die Ausbilderin der Kundenbank AG bringt ihren eigenen Laptop mit zur Arbeit. Für eine Präsentation leiht sie den Laptop einer Auszubildenden.	Die Ausbilderin als Eigentümerin gibt für die Dauer der Präsentation ihren **Eigenbesitz** auf, die Auszubildende erwirbt für diese Zeit den **Fremdbesitz,** sie ist nicht Eigentümerin.	§ 872 BGB

1.6.2 Eigentum

(1) Begriff Eigentum

Eigentum im Privatrecht (BGB) ist die **rechtliche Verfügungsgewalt** einer Person über Sachen [§ 903 BGB].

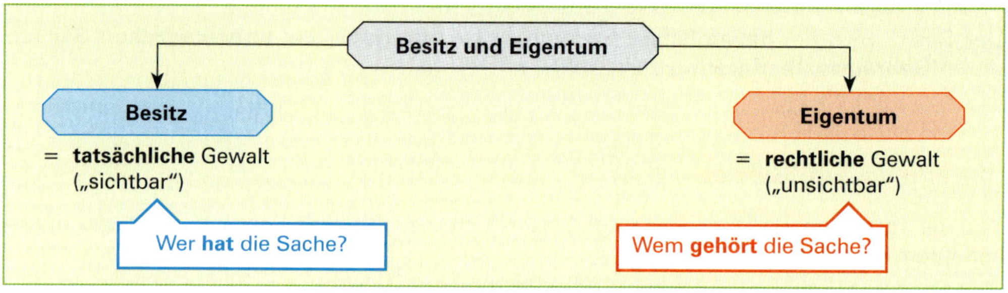

Beispiel:

Jonas hat sich in einer Buchhandlung ein Wiso-Übungsbuch für Bankkaufleute gekauft und gleich mitgenommen. Er ist Eigentümer und Besitzer des Buchs. Sein Klassenkamerad Tim borgt

sich das Buch für ein paar Tage aus, um für die bald anstehende Wiso-Klausur zu üben. Jonas bleibt Eigentümer, während Tim Besitzer wird.

(2) Formen des Eigentums

Wie die nachfolgende Übersicht zeigt, lassen sich **verschiedene** Formen von **Eigentum** unterscheiden.

	Fall	Formen des Eigentums
§ 903 BGB	Die Auszubildende Filiz erhält beim Onboarding der neuen Azubis von der Kundenbank AG ein „welcome-package“.	Filiz erwirbt **Alleineigentum** an dem welcome package.
§§ 741 ff. BGB	Die Kundenbank AG finanziert den Eheleuten Lars und Lara Neugebauer ein Einfamilienhaus, das beiden zu gleichen Teilen gehört.	Die Eheleute erwerben an der Immobilie **Miteigentum** nach Bruchteilen. Im Grundbuch werden sie wie folgt eingetragen: Eheleute Lars und Lara Neugebauer zu je $\frac{1}{2}$.
§ 719 BGB	Carla Heintz und Ole Lobinger gründen die „Heilo Food OHG“. Carla erbringt ihre Einlage in Form eines Lieferwagens im Wert von 45 000,00 EUR.	Der Lieferwagen ist **Gesamthandeigentum**, da Carla nicht mehr gesondert über diesen Wagen verfügen kann.
§ 930 BGB	Das Bauunternehmen Schotter & Söhne GmbH finanziert einen neuen Bagger bei der Kundenbank AG. Als Sicherheit für diesen Kredit übereignet sie den Bagger an die Kundenbank AG.	Die Kundenbank AG erwirbt **Treuhandeigentum (fiduziarisches Eigentum)**, da sie nur formell Eigentümerin wird. Die **wirtschaftliche Nutzung** des Baggers verbleibt beim **Sicherungsgeber** (Kreditnehmer) **(wirtschaftliches Eigentum).**

(3) Eigentumsübertragung an beweglichen Sachen

Ausgangssituation	Eigentumsübertragung durch:	Beispiele	
Ware ist beim Verkäufer (Eigentümer).	**Einigung** und **Übergabe**	Beim örtlichen Elektrofachmarkt kauft die Kundenbank AG für die neuen Auszubildenden 24 Tablets. Die vorbestellten Tablets werden im Fachgeschäft abgeholt.	§ 929, S. 1 BGB
Ware ist bereits beim Käufer.	**Einigung,** dass das Eigentum auf den Käufer übergehen soll.	Die Kundenbank AG hat sich von einem Elektrofachmarkt einen 85-Zoll-Fernseher und einen hochwertigen Beamer in einem Seminarraum aufstellen lassen, um diese auszuprobieren. Nach drei Tagen teilt sie dem Händler mit, dass sie diese Geräte erwerben möchte. Stimmt der Händler dem zu, wird die Kundenbank AG Eigentümerin. Hinweis: Der Eigentumsübergang hat nichts damit zu tun, dass die Geräte bereits bezahlt wurden.	§ 929, S. 2 BGB
Käufer soll Eigentümer werden, Verkäufer bleibt Besitzer.	**Einigung** und **Besitzkonstitut** (d.h. Veräußerer bleibt im Besitz der Sache).	In einer Kunstgalerie erwirbt die Kundenbank AG einige sehr hochwertige Gemälde für die Ausstattung von Beratungsräumen im Private Banking. Mit der Galerie wurde vereinbart, dass die Gemälde noch für die Dauer der Ausstellung dort verbleiben und somit erst in vier Wochen ausgeliefert werden.	§ 930 BGB
Verkäufer (Eigentümer) ist nicht im Besitz der Sache.	**Einigung** und **Abtretung des Herausgabeanspruchs** an den Käufer.	Die Kundenbank AG verkauft ein Fahrzeug aus dem Fuhrpark für den Außendienst an einen Mitarbeiter. Das Fahrzeug steht zwecks Inspektion zurzeit in der Vertragswerkstatt und soll dort auch von dem Käufer abgeholt werden.	§ 931 BGB

(4) Eigentumsübertragung an unbeweglichen Sachen

Ausgangssituation	Eigentumsübertragung durch:	Beispiele	
Verkäufer verkauft ein Grundstück bzw. Gebäude.	**Einigung (Auflassung)** und **Eintragung** des Eigentumsübergangs **im Grundbuch.**	Die Einigung zwischen dem Eigentümer und dem Erwerber ist ein **zweiseitiges** Rechtsgeschäft mit dem Inhalt, dass das Eigentum vom bisherigen Eigentümer (Verkäufer) auf den Käufer übergehen soll. Da ein Grundstück nicht wie eine bewegliche Sache „übergeben" werden kann, tritt **anstelle** der **körperlichen** Übergabe die **Eintragung** ins Grundbuch, aus dem jeder, der ein berechtigtes Interesse hat, ersehen kann, wie die Eigentumsverhältnisse bei einem bestimmten Grundstück sind.	§§ 873, 925 BGB

(5) Eigentumsübertragung an Rechten

Die Eigentumsübertragung an Rechten erfolgt durch **Einigung** und **Abtretung des Forderungsrechts (Zession).**

(6) Sonderfall: Gutgläubiger Eigentumserwerb

§§ 932–934 BGB Konnte ein Erwerber nicht wissen, dass sich der erworbene Gegenstand nicht im Eigentum des Veräußerers befand, wird er Eigentümer (gutgläubiger Eigentumserwerb).

Beispiel:

Die Bürowelt Meier KG hat von einem Großhändler 100 Schreibtische unter Eigentumsvorbehalt[1] gekauft und die Rechnung bis heute nicht bezahlt. Die Kundenbank AG benötigt für ein neues Beratungscenter 15 Schreibtische. Auf die Anfrage der Kundenbank AG hin unterbreitet die Bürowelt Meier KG ein Angebot für die Schreibtische. Beide Parteien einigen sich und die Bürowelt Meier KG liefert die Schreibtische noch am selben Tag aus. Mit der Einigung und Übergabe der Schreibtische wird die Kundenbank AG Eigentümerin. Sie wusste nicht, dass die Schreibtische wegen des auf ihnen lastenden Eigentumsvorbehalts nicht im Eigentum der Bürowelt Meier KG standen.

§ 935 BGB **Gutgläubiger Erwerb** ist **nicht möglich,** wenn es sich um **gestohlene, verlorene** oder **sonst abhandengekommene** (z. B. unterschlagene) **Sachen** handelt.[2]

Eine **Ausnahme** von der Regel, dass an gestohlenen Sachen trotz guten Glaubens kein Eigentum erworben werden kann, besteht beim **Geld,** bei **Inhaberpapieren** (z. B. Inhaberaktien) und Sachen, die **öffentlich versteigert**[3] werden. Diese können aus Gründen der
§ 935 II BGB Rechtssicherheit auch dann gutgläubig erworben werden, wenn sie gestohlen bzw. verloren wurden oder sonst abhandengekommen sind.

1.6.3 Eigentumsvorbehalt

(1) Begriff Eigentumsvorbehalt[4]

§ 449 I BGB Will der Käufer sofort in den Besitz der Kaufsache kommen, aber erst zu einem späteren Zeitpunkt bezahlen, so können Verkäufer und Käufer vereinbaren, dass der Verkäufer **bis zur Zahlung** des Kaufpreises Eigentümer der Kaufsache bleibt.

- Der **Eigentumsvorbehalt** ist eine zusätzliche Vereinbarung beim Abschluss eines Kaufvertrags, wonach der **Käufer** mit der Übergabe der Kaufsache zunächst nur **unmittelbarer Besitzer, nicht aber Eigentümer** werden soll.
- Ein Eigentumsvorbehalt kann nur beim Kauf **beweglicher Sachen** vereinbart werden.

---

1 **Eigentumsvorbehalt:** Gemäß **§ 449 BGB** kann sich der Verkäufer einer beweglichen Sache das Eigentum bis zur Zahlung des Kaufpreises vorbehalten. Dadurch ist im Zweifel anzunehmen, dass das Eigentum unter der aufschiebenden Bedingung vollständiger Zahlung des Kaufpreises übertragen wird (Eigentumsvorbehalt). Näheres hierzu in Kapitel 1.6.3.

2 **Gutgläubiger Erwerb** liegt **nicht vor,** wenn der Erwerber wusste, dass der Veräußerer nicht Eigentümer ist. Versäumt es der Erwerber grob fahrlässig, sich nach den Eigentumsverhältnissen zu erkundigen, ist auch kein gutgläubiger Eigentumserwerb möglich.

3 Öffentliche Versteigerungen sind ein rechtlich geregeltes Verkaufsverfahren und werden von einem eng begrenzten Personenkreis durchgeführt (z. B. öffentlich bestellte Versteigerer, Gerichtsvollzieher).

4 Ein Eigentumsvorbehalt kann nur beim Kauf **beweglicher** Sachen und beim **Werkvertrag, nicht** jedoch beim **Grundstückskauf** [§ 925 II BGB], bei **Forderungen** und sonstigen **Rechten** vereinbart werden.

Die Einigung über den Eigentumsübergang ist zwar erfolgt, der Käufer erwirbt jedoch durch die sogenannte **aufschiebend bedingte Einigung** nur ein Recht auf Erlangung des vollständigen Eigentums an der Kaufsache. Die Vereinbarung des Eigentumsvorbehalts bedarf keiner bestimmten Form.

Beispiel für die Formulierung des Eigentumsvorbehalts:

„Die Ware bleibt bis zur restlosen Bezahlung aller Forderungen aus laufenden Rechnungen unser Eigentum. Ein Weiterverkauf ist bis zur restlosen Bezahlung der Ware nicht zulässig."

§§ 929, 158 I BGB

(2) Zweck des Eigentumsvorbehalts

Der Eigentumsvorbehalt sichert den Anspruch des Verkäufers auf Zahlung des Kaufpreises durch den Käufer **(Mittel der Kreditsicherung).** Der Eigentumsvorbehalt gibt dem Verkäufer einen **Rückforderungsanspruch** (Herausgabeanspruch auf das „Vorbehaltseigentum"), wenn der Käufer nicht zahlt und der Verkäufer vom Kaufvertrag zurückgetreten ist.

(3) Ende des Eigentumsvorbehalts

Der Eigentumsvorbehalt erlischt z. B., wenn die Ware

- vom Käufer bezahlt wird,
- verarbeitet oder umgebildet wird [§ 950 BGB],
- mit einem Grundstück als wesentlicher Bestandteil fest verbunden wird [§ 946 BGB],
- an einen gutgläubigen Dritten veräußert wird [§ 932 BGB],
- zerstört wird, oder wenn
- der Verkäufer vom Kaufvertrag zurücktritt und die Kaufsache zurückverlangt.

(4) Arten des Eigentumsvorbehalts

Da im Wirtschaftsleben die unter Eigentumsvorbehalt gelieferten Waren in aller Regel weiterveräußert, vermischt oder verarbeitet werden, reicht der „einfache Eigentumsvorbehalt" nicht aus. Der Eigentumsvorbehalt muss ausgeweitet werden.

verlängerter Eigentumsvorbehalt	■ Er liegt vor, wenn beim Weiterverkauf der Vorbehaltsware die dadurch entstehende **Forderung im Voraus an den Verkäufer abgetreten wird** (**Vorausabtretung** nach §§ 398ff. BGB). ■ Er ist auch dann gegeben, wenn unter Eigentumsvorbehalt gelieferte Waren verarbeitet und die daraus hergestellten Gegenstände zur Sicherung an den Verkäufer **übereignet** werden.
erweiterter Eigentumsvorbehalt	Hier vereinbart der Verkäufer mit dem Käufer, dass der Eigentumsvorbehalt an **allen (oder mehreren) gelieferten Kaufsachen** erst erlischt, wenn die **gesamten Kaufpreisforderungen** (Summe aller Einzelforderungen) des Verkäufers beglichen sind.

§§ 929 f. BGB

Kompetenztraining

6

1. In den nachfolgenden Abbildungen sind symbolisch zwei verschiedene Möglichkeiten der Eigentumsübertragung durch Rechtsgeschäft dargestellt. Die Symbole bedeuten:

   ⟶ Übergabe einer Sache
   ⟵---⟶ Einigung zwischen Erwerber und Veräußerer
   ◇ Veräußerer
   ○ Erwerber
   ■ bewegliche Sache

   1.1 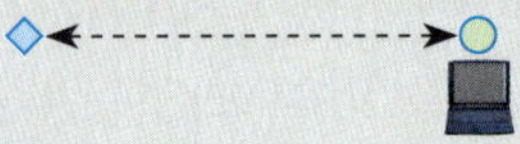

   1.2 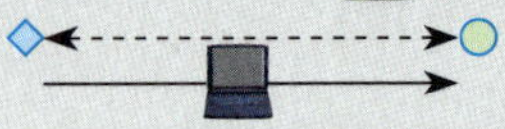

   Aufgabe:

   Beschreiben Sie, welche rechtsgeschäftlichen Möglichkeiten der Eigentumsübertragung dargestellt werden!

2. Herr Schmidt hat sich ein Einfamilienhaus gebaut. Er nennt sich jetzt stolz „Hausbesitzer".

   Aufgabe:

   Beschreiben Sie, inwiefern dieser Ausdruck zutreffend ist, inwiefern nicht! Beschreiben Sie, wie Ihre Antwort lautet, wenn Herr Schmidt das Haus mietet!

3. Beschreiben Sie, warum Eigentum nicht gleich Vermögen ist!

4. Das Eigentum wird vom Gesetz grundsätzlich geschützt. Klären Sie, ob das auch für den Besitz zutrifft!

5. Die Weber GmbH liefert aufgrund des Kaufvertrags vom 15. Februar drei Laptops an die Kundenbank AG unter Eigentumsvorbehalt. Die Übergabe der Ware erfolgt am 18. Februar. Der Rechnungsbetrag in Höhe von 4100,00 EUR ist am 18. März fällig. Der Zahlungseingang bei der Weber GmbH ist am 20. März.

   Aufgaben:

   5.1 Erläutern Sie die Gründe, warum die Unternehmen auf eine pünktliche Bezahlung ihrer Ausgangsrechnungen angewiesen sind!

   5.2 Erklären Sie den Zweck des Eigentumsvorbehalts!

   5.3 Begründen Sie, warum ein Eigentumsvorbehalt nur durch eine Vereinbarung zwischen dem Verkäufer und Käufer und nicht allein durch die Willenserklärung des Verkäufers, nur unter Eigentumsvorbehalt zu liefern, rechtswirksam werden kann!

   5.4 Nennen Sie mindestens vier Gründe, bei deren Vorliegen der Eigentumsvorbehalt erlischt!

   5.5 Nennen und begründen Sie das Datum, an dem die Kundenbank AG Eigentümerin der Ware wird!

   5.6 Grenzen Sie den verlängerten Eigentumsvorbehalt vom erweiterten Eigentumsvorbehalt ab!

6. Lesen Sie nachfolgende Aussagen und ergänzen Sie die fehlenden Begriffe!

DOWNLOAD

Nr.	Aussage
6.1	Keiner Zustimmung bedarf ein beschränkt Geschäftsfähiger für Geschäfte, die lediglich einen rechtlichen … bringen.
6.2	Rechtsgeschäfte mit beschränkt Geschäftsfähigen bedürfen der Zustimmung des gesetzlichen Vertreters. Erfolgt diese im Voraus, handelt es sich um eine …
6.3	Im Sinne des Taschengeldparagrafen gilt ein … nicht als Arbeitsverhältnis.
6.4	Befindet sich eine Sache bei Veräußerung in Besitz eines Dritten, so bedarf es zur Eigentumsübertragung neben der Einigung auch der … des Herausgabeanspruchs.
6.5	Durch die Vereinbarung eines Eigentumsvorbehalts wird der Käufer einer Sache lediglich … Besitzer, nicht aber Eigentümer.
6.6	Geschäftsunfähige benötigen einen …, der für sie handeln kann. Bei Kindern sind dies in der Regel kraft Gesetzes die Eltern.

7. Der 18-jährige Bankazubi Nico Zabel kauft bei dem Fahrradhändler Jonathan Schellhammer ein Mountainbike für 2500,00 EUR. Der Kaufpreis ist in zehn Monatsraten fällig, die Lieferung durch Schellhammer erfolgt unter Eigentumsvorbehalt.

Nachdem Nico Zabel die letzten drei Monatsraten nicht gezahlt hat, veräußert Jonathan Schellhammer das Fahrrad zu einem sehr günstigen Preis an den volljährigen Kunden Tim Helle, dem der komplette Sachverhalt über den Ratenkauf und die ausgebliebenen Ratenzahlungen bekannt ist. Tim Helle soll das Mountainbike selbst bei Nico Zabel abholen.

Aufgabe:

Entscheiden Sie, welche beiden der nachfolgenden Aussagen zu diesem Sachverhalt richtig sind. Ist nur eine Aussage richtig, dann tragen Sie in das zweite Kästchen eine ⑨ ein!

① Nach dem Verkauf des Mountainbikes an Nico Zabel ist dieser mit der Auslieferung des Fahrrades Eigentümer und Besitzer geworden.

② Durch die Vereinbarung des Eigentumsvorbehalts wird Nico Zabel erst nach vollständiger Bezahlung des Kaufpreises unmittelbarer Besitzer des Mountainbikes.

③ Die Vereinbarung des Eigentumsvorbehalts hat zur Folge, dass Jonathan Schellhammer bis zur vollständigen Zahlung des Kaufpreises Eigentümer und unmittelbarer Besitzer des Mountainbikes bleibt.

④ Da Nico Zabel noch Auszubildender ist und es sich um einen Ratenkaufvertrag handelt, ist der Kaufvertrag bis zur Genehmigung durch seine Eltern schwebend unwirksam.

⑤ Als Eigentümer ist Jonathan Schellhammer nach dem Ausbleiben der monatlichen Ratenzahlungen berechtigt, von Nico Zabel die Herausgabe des Mountainbikes zu verlangen.

⑥ Da Tim Helle über den ursprünglichen Kaufvertrag zwischen Schellhammer und Zabel informiert war, handelt es sich nicht um einen gutgläubigen Eigentumserwerb, sodass Nico Zabel weiterhin Eigentümer des Mountainbikes bleibt.

⑦ Tim Helle wird durch die mit Jonathan Schellhammer in dessen Laden getroffene Vereinbarung sofort Eigentümer und unmittelbarer Besitzer des Mountainbikes.

⑧ Nico Zabel ist berechtigt die Herausgabe des Mountainbikes an Tim Helle zu verweigern, da die Rückübertragung des unmittelbaren Besitzes nur an Jonathan Schellhammer möglich ist.

8. Stellen Sie bei den in den nachfolgenden Fällen genannten Personen jeweils fest, ob sie im Anschluss an die beschriebenen Handlungen

   ① Eigentümer und unmittelbarer Besitzer,

   ② Eigentümer, aber nicht unmittelbarer Besitzer,

   ③ unmittelbarer Besitzer, aber nicht Eigentümer,

   ④ weder Eigentümer noch unmittelbarer Besitzer sind!

   Tragen Sie die Lösung in das jeweils dafür vorgesehene Kästchen ein!

   8.1 Nele übergibt ihrer besten Freundin Anna ihr Smartphone mit der Bitte, dies während der Dauer des Sportunterrichts für sie aufzubewahren.

   ☐ Nele ☐ Anna

   8.2 Während Nele am Sportunterricht teilnimmt, geht Anna mit Neles Smartphone in die nahe gelegene Innenstadt in ein Café. Dort lernt sie bei einem Latte Macchiato den 19-jährigen Henry kennen. Da Henry das Smartphone gut gefällt, verkauft sie es an Henry für 100,00 EUR. Sie übergibt Henry das Smartphone und verschweigt ihm, dass sie es eigentlich nur aufbewahren sollte.

   ☐ Nele ☐ Anna ☐ Henry

   8.3 Der 18-jährige Tim verkauft seinem gleichalten Freund Fabian sein Mountainbike für 500,00 EUR, welches jedoch zurzeit noch in der Wohnung seiner Schwester Laura steht. Über den Eigentumswechsel sind sich die beiden Freunde einig, wobei Tim noch den Herausgabeanspruch gegenüber seiner Schwester an Fabian abtritt.

   ☐ Tim ☐ Fabian ☐ Laura

   8.4 Der 18-jährige Louis verkauft an die 19-jährige Emma eine goldene Armbanduhr für 300,00 EUR. Emma weiß bei Abschluss des Vertrages und Übergabe der Uhr jedoch nicht, dass Louis die Uhr seiner Großmutter Henriette gestohlen hat.

   ☐ Louis ☐ Emma ☐ Henriette

   8.5 Der Schreinermeister Eder liefert an den Kunden Holgerson einen Schreibtisch im Wert von 500,00 EUR unter Eigentumsvorbehalt. Obwohl Holgerson den Schreibtisch noch nicht bezahlt hat, verkauft er ihn am nächsten Tag für 600,00 EUR an den ahnungslosen Nachbarn Cepetto, der den Schreibtisch gleich mitnimmt.

   ☐ Holgerson ☐ Cepetto ☐ Eder

1.7 Anfechtbare und nichtige Rechtsgeschäfte unterscheiden

Lernsituation 3: Kundengespräch zu anfechtbaren und nichtigen Rechtsgeschäften

Amelie Neumann, neue Auszubildende der Kundenbank AG, wird von ihrer Mentorin Sarah-Christin Heinevetter ins Büro gebeten. Frau Heinevetter informiert Amelie darüber, dass gleich ein interessantes Kundengespräch ansteht. Vor einer Woche habe sie für den 17-jährigen Fabian einen Kontoeröffnungsantrag für ein Girokonto entgegengenommen. Dabei hatte er angegeben, dass er das Konto vor allem für den seitens der Eltern genehmigten Job als Zeitungsbote benötigt, da der Arbeitgeber die Löhne nur bargeldlos auszahle.

Trotz dieses Hintergrundes mit dem von den Eltern genehmigten Arbeitsverhältnisses verlange die Kundenbank AG grundsätzlich auch in derartigen Fällen die Unterschrift der gesetzlichen Vertreter. Schließlich, so Frau Heinevetter, könne man als Bank ja nicht garantieren, dass über das Girokonto ausschließlich Zahlungen abgewickelt werden, die das Arbeitsverhältnis betreffen.

Nun habe sich gestern der Vater von Fabian, Konstantin Nockemann, telefonisch gemeldet und um einen dringenden Termin gebeten. Dabei habe Herr Nockemann sich nicht nur über die Kontoeröffnung massiv beschwert, vielmehr wolle er bei der Gelegenheit auch noch eine vor zwei Jahren getätigte Geldanlage bei der Kundenbank AG rückabwickeln. Frau Heinevetter weist Amelie darauf hin, dass sie auf diese Weise gleich zu Beginn der Ausbildung lernen könne, wie man mit aufgebrachten Kunden und einer durchaus angespannten Gesprächssituation professionell umgeht.

Kaum hat Frau Heinevetter Amelie diesen Hinweis gegeben, erscheint auch schon Herr

Kundenbank AG

Nockemann, der sehr aufgebracht ist. Zunächst beschwert sich Herr Nockemann, wieso die Kundenbank AG denn überhaupt das Konto für seinen Sohn eröffnet hätte, ohne dass die Eltern im Vorhinein diesem Vorgang zustimmen.

Außerdem hätten weder er noch seine Frau irgendeinen Job für Fabian genehmigt, da er sich jetzt auf sein Abitur konzentrieren soll. Das sei für ihn absolut nicht nachvollziehbar. In seinen Augen sei alles nichtig und sie würden einem solchen Konto niemals zustimmen. Frau Heinevetter geht kurz auf die Ausführungen des Kunden ein und bestätigt ihn zunächst darin, dass sie seinen Ärger verstehen könne. Anschließend führt sie an, dass man bezüglich des Kontos da ganz sicher eine für beide Seiten vernünftige Lösung finden könne. Schließlich sei das Konto noch gar nicht eröffnet, geschweige denn für Fabian in irgendeiner Form freigegeben.

Nachdem Herr Nockemann das erkennbar positiv aufgenommen hat, legt er gleich wieder los. Dabei verweist er auf eine Geldanlage in Höhe von ca. 10 000,00 EUR, die er vor zwei Jahren getätigt hat. Damals habe er auf eigenen Wunsch Aktien eines Automobilherstellers gekauft. Er sei davon ausgegangen, dass diese Aktien steigen. Leider müsse er nunmehr feststellen, dass die Aktien weniger als die Hälfte wert sind.

Aufgrund seines Irrtums möchte er nun das Geschäft anfechten und verlangt von Frau Heinevetter, dass sie den ursprünglichen Anlagebetrag doch bitte wieder seinem Konto gutschreiben solle. Auf diesen Vorschlag reagiert Frau Heinevetter jedoch zur Überraschung des Kunden ganz anders als im ersten Fall. Zwar könne sie verstehen, dass er ungern Verluste bei Aktienkäufen erleide. Eine Rückabwicklung oder gar Erstattung dieser Verluste durch die

Kundenbank AG sei jedoch in diesem Fall nicht möglich.

Daraufhin springt Herr Nockemann wütend auf und verlässt das Beratungszimmer mit den Worten: *„Ich dachte immer, bei Ihrer Bank sei der Kunde König. Aber Ihr Logo scheint wohl doch nur ein leeres Versprechen. Sie hören noch von meinem Anwalt."*

Kompetenzorientierte Arbeitsaufträge:

1. Erläutern Sie den Begriff Anfechtung und die Folgen einer rechtswirksamen Anfechtung!
2. **Übersichtsmatrix**
   Stellen Sie in einer Übersichtsmatrix dar, aus welchen Gründen man Rechtsgeschäfte anfechten kann. Führen Sie zu jedem Grund auch ein entsprechendes Beispiel an!
3. Beurteilen Sie, inwiefern Herr Nockemann sich Hoffnung auf eine Anfechtung und somit die Rückabwicklung der Geldanlage machen kann!
4. Erläutern Sie, was man unter Nichtigkeit von Rechtsgeschäften versteht!
5. **Übersichtsmatrix**
   Stellen Sie in einer Übersicht dar, aus welchen Gründen Rechtsgeschäfte nichtig sind! Führen Sie zu jedem Grund auch ein entsprechendes Beispiel an!
6. Prüfen Sie, ob das Konto für Fabian rechtswirksam eröffnet wurde!
7. **Referat mit Präsentation**[1]
   Der souveräne Umgang mit Kundenbeschwerden ist eine Kernkompetenz im Berufsfeld Bankkaufmann/-frau. Entwickeln Sie in Kleingruppen einen Gesprächsleitfaden für derartige Situationen, der als Richtlinie für Ihre zukünftige berufliche Tätigkeit dienen könnte und präsentieren Sie diesen möglichst kreativ vor Ihrer Klasse!

1.7.1 Anfechtbare Rechtsgeschäfte

§ 142 BGB

(1) Grundlagen

- Die **Anfechtung** ist eine **Willenserklärung,** die darauf abzielt, ein Rechtsgeschäft rückwirkend für ungültig zu erklären.
- Die Anfechtung ist ein **einseitig empfangsbedürftiges** Rechtsgeschäft.
- **Anfechtbare Rechtsgeschäfte** sind bis zu der erklärten Anfechtung **voll rechtswirksam (gültig).** Nach einer **rechtswirksamen** Anfechtung wird das Rechtsgeschäft jedoch **von Anfang an nichtig (ungültig).**

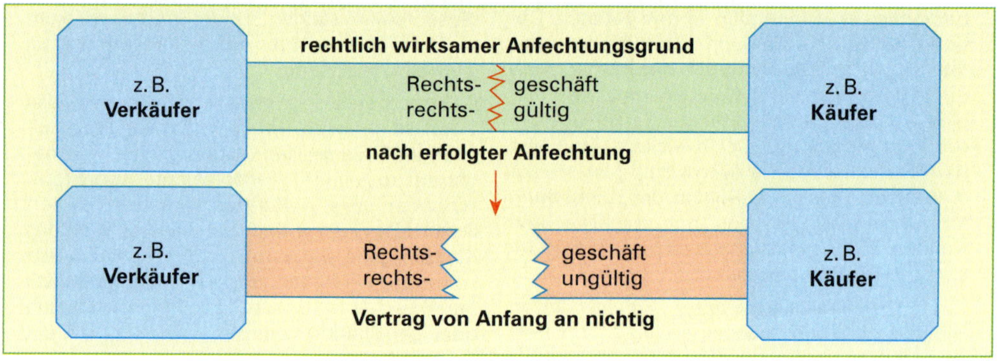

1 Zur Vorbereitung der Präsentation vgl. Lernfeld 1, Kapitel 7.

Die Anfechtung eines Rechtsgeschäfts ist möglich

- bei **Irrtum,**
- bei **arglistiger Täuschung** und
- bei **widerrechtlicher Drohung.**

(2) Anfechtung wegen Irrtum

§§ 119, 120 BGB

Formen des Irrtums	Beispiele
Irrtum in der Erklärungshandlung Hier verspricht oder verschreibt sich der Erklärende.	Ein Mitarbeiter der Kundenbank AG möchte eine Finanzierung zu einem Zinssatz von 5,0 % anbieten, schreibt in seinem Angebot jedoch versehentlich 0,5 %.
Irrtum über den Erklärungsinhalt In diesem Fall hat sich der Erklärende über den Inhalt seiner Willenserklärung geirrt.	Die Ausbilderin der Kundenbank AG reserviert in einer Kölner Braustube 34 Plätze für eine Exkursion der Auszubildenden. Geplant ist ein gemütliches Beisammensein mit einer kleinen warmen Speise im Anschluss an den Besuch der Hauptversammlung einer großen Aktiengesellschaft. Dabei bestellt sie per Mail auch 34 mal „halver Hahn" aus der Online eingestellten Speisekarte der Braustube in der Annahme, dass es sich um halbe Brathähnchen handelt, die gut zu einem Glas Kölsch passen. Sie wusste jedoch nicht, dass dies der rheinische Ausdruck für ein Roggenbrötchen mit Käse und Würzzutaten ist.
Irrtum bei der Übermittlung einer Willenserklärung	Eine Anlageberaterin der Kundenbank AG nimmt telefonisch eine Order zum Verkauf von Aktien entgegen. Der Kunde möchte 500 seiner Bayer Aktien veräußern, um so Kursgewinne zu realisieren. Während der Kunde die Anzahl nennt, ist die Telefonverbindung kurz gestört, sodass die Beraterin hundert statt fünfhundert versteht. Die Order wird mit hundert Aktien im Verkauf ausgeführt.
Irrtum über verkehrswesentliche Eigenschaften einer Person oder einer Sache	Die Kundenbank AG stellt einen Mitarbeiter ein, über den sie nachträglich erfährt, dass dieser bereits mehrfach Unterschlagungen bei seinem früheren Arbeitgeber begangen hat.

In den genannten Fällen muss die Anfechtung unverzüglich[1] nach Entdeckung des Anfechtungsgrunds erfolgen. Der Anfechtende (der Irrende) ist höchstens zum Ersatz des Schadens verpflichtet, den der andere dadurch erlitten hat, dass er auf die Gültigkeit der Erklärung vertraute (sogenannter **Vertrauensschaden**).

§ 121 I, S. 1 BGB

§ 122 I BGB

Hinweis:

Nicht anfechtbar sind Rechtsgeschäfte, deren geplante Folgen nicht eintreten **(Motivirrtum).**

Beispiel:

Ein Anleger kauft eine Aktie in der Erwartung, dass deren Kurs steigt. Sinkt der Kurs, kann er den Kaufvertrag nicht rechtswirksam anfechten.

1 **Unverzüglich** bedeutet **ohne schuldhaftes Zögern** [§ 121 I, S. 1 BGB].

(3) Anfechtung wegen arglistiger Täuschung und widerrechtlicher Drohung

§ 123 BGB

Anfechtungsgrund	Erläuterungen	Beispiele
arglistige Täuschung	Sie liegt vor beim **Vorspiegeln falscher** oder bei der **Unterdrückung wahrer Tatsachen.** Dies geschieht in dem **Bewusstsein,** dass diese falschen oder unterdrückten Tatsachen für die **Willenserklärung** des Vertragspartners **bestimmend** sind.	Ein Verkäufer verkauft einen Unfallwagen, verschweigt dem Käufer jedoch den Unfall, da dieser den Wagen bei Kenntnis des Unfalls nicht gekauft hätte. Der Käufer kann den Kaufvertrag wegen arglistiger Täuschung durch den Verkäufer anfechten.
widerrechtliche Drohung	Dem Betroffenen wird, falls er sich weigert, ein „Übel" (z. B. eine Körperverletzung) angedroht. Die Drohung muss **widerrechtlich** sein und der Drohende muss sich außerdem bewusst sein, dass seine Drohung den **Willensentschluss des Bedrohten herbeiführt oder mitbestimmt** hat.	Ein Gläubiger droht: „Bezahlung der Schulden oder Sie und Ihre Familie werden in Zukunft nicht mehr sicher sein"; oder er droht „sanft": „Wenn Sie nicht zahlen, erzähle ich Ihrer Frau, dass ich Sie am letzten Sonntag mit Ihrer Kollegin Händchen haltend im Park gesehen habe."

Hinweis:

Eine **Widerrechtlichkeit** liegt **nicht** vor, wenn der Betroffene ein Recht auf eine Erklärung des anderen hat und er ihn hierzu mit angemessenen Mitteln zwingt.

Beispiel:

Der Gläubiger droht dem säumigen Schuldner damit, ihn – falls er nicht leistet – „zu verklagen" oder „den Kaufvertrag durch Rücktritt aufzulösen".

1.7.2 Von Anfang an nichtige Rechtsgeschäfte

Rechtsgeschäfte, die nach dem Gesetz **ungültig** sind, gelten als **von Anfang an** nichtig.

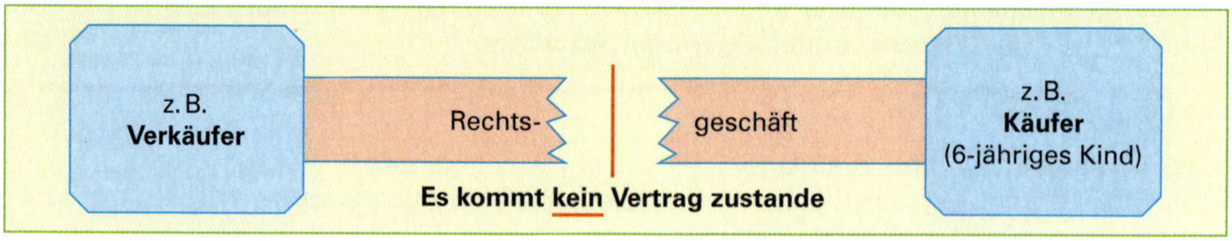

Die folgenden **Mängel** führen dazu, dass Rechtsgeschäfte von Anfang an nichtig sind:

Arten der Mängel	Erläuterungen	Beispiele	
Mangel in der Geschäftsfähigkeit	■ Rechtsgeschäfte von Geschäftsunfähigen. ■ Rechtsgeschäfte beschränkt Geschäftsfähiger, sofern die Zustimmung vom gesetzlichen Vertreter verweigert wird. ■ Rechtsgeschäfte, die im Zustand der Bewusstlosigkeit oder vorübergehender Störung der Geistestätigkeit abgeschlossen werden.	■ Der fünfjährige Kevin schenkt einer Beraterin ein Bonbon. ■ Die 17-jährige Kimya unterschreibt gegen den Willen ihrer Eltern einen Ausbildungsvertrag bei der Kundenbank AG. ■ Der stark angetrunkene und unter Drogen stehende Dennis unterschreibt bei der Kundenbank AG einen neuen Bausparvertrag.	§ 105 BGB
Mangel im rechtsgeschäftlichen Willen	■ Darunter fallen zum Schein abgegebene Willenserklärungen (Scheingeschäft) sowie ■ offenbar nicht ernst gemeinte Willenserklärung (Scherzgeschäft).	■ Grundstückskaufvertrag über 230 000,00 EUR, wobei mündlich ein Kaufpreis von 280 000,00 EUR vereinbart wird, um Grunderwerbsteuer zu sparen.[1] ■ Ein Auszubildender sagt zu einem Berater im Spaß: „Ich habe so einen Durst. Für eine Flasche Wasser würde ich glatt 500,00 EUR zahlen." Der Mitarbeiter hält ihm daraufhin eine Flasche Wasser hin und bittet um Bezahlung.	§§ 117, 118 BGB
Verstoß gegen ein gesetzliches Verbot	Alle Geschäfte, die gegen gesetzliche Verbote verstoßen.	Nicole Bond, Servicekraft der Kundenbank AG, fühlt sich nach diversen Streitgesprächen mit Kunden bezüglich abgelehnter Kontoüberziehungen schon seit längerer Zeit sehr unsicher. Ein Bekannter bietet ihr daraufhin eine Schusswaffe für 900,00 EUR an, die sie sofort kauft.	§ 134 BGB
Verstoß gegen Formvorschriften	Alle Geschäfte, bei denen die vom Gesetzgeber vorgeschriebene Form nicht eingehalten wird.	Ein Mitarbeiter der Kundenbank AG wird als Marktbereichsleiter in eine neue Stadt versetzt und mietet dort eine Wohnung an. Dazu schließt er mit dem Vermieter mündlich einen unbefristeten Mietvertrag ab.	§ 125 BGB

1 Die Grunderwerbsteuer wird auf den im Notarvertrag angegebenen Kaufpreis berechnet. Ein niedriger Preis mindert also die vom Käufer zu zahlende Grunderwerbsteuer. Das **Scheingeschäft** (Kaufvertrag über 230 000,00 EUR) ist nichtig.

Kompetenztraining

7

1. Erklären Sie, worin sich Nichtigkeit und Anfechtbarkeit von Rechtsgeschäften, insbesondere hinsichtlich der Rechtsfolgen unterscheiden!

2. Entscheiden Sie, in welchem der folgenden Fälle der Kaufvertrag zwischen einem Kunden und seinem Händler angefochten werden kann!

   ① Der Händler der Ware kann den Kunden nur verspätet beliefern.

   ② Der Händler erhöht die Preise gegenüber dem Kunden.

   ③ Der Händler stellt fest, dass der Preis im Angebot anstatt mit 510,00 EUR mit 150,00 EUR angegeben wurde.

   ④ Der Händler erfährt, dass der Kunde angeblich Zahlungsschwierigkeiten hat.

   ⑤ Der Kaufvertrag wurde nur mündlich abgeschlossen.

3. Geben Sie für die folgenden Rechtsgeschäfte an, ob sie voll gültig, nichtig, anfechtbar oder schwebend unwirksam sind! Begründen Sie jeweils Ihre Lösung!

   3.1 In einem Angebot werden die Ziffern vertauscht, sodass der Stückpreis mit 58,00 EUR statt mit 85,00 EUR angegeben wird.

   3.2 Die 16-jährige Schülerin Rebecca bestellt eine Zeitschrift im Abonnement. Monatlich sind 18,50 EUR zu zahlen.

   3.3 Ein Handwerker kauft auf Anraten eines gut informierten Freunds Aktien, bei denen Kurserhöhungen mit Sicherheit zu erwarten seien. Schon am nächsten Tag fällt der Kurs dieser Aktien beträchtlich.

   3.4 Der 17-jährige Joel ist vor einem Jahr mit Zustimmung seiner Eltern ein Arbeitsverhältnis eingegangen. Jetzt kündigt er schriftlich seinem Arbeitgeber, ohne seine Eltern gefragt zu haben.

4. Sven Kern kommt in ein Spielwarengeschäft und erklärt, er wolle den Kaufvertrag anfechten, den ein Verkäufer mit seiner sechsjährigen Tochter Leonie abgeschlossen hat. Er begründet seine Erklärung damit, dass Leonie nicht seine Zustimmung gehabt habe.

   Aufgabe:

   Nehmen Sie zu seiner Erklärung Stellung!

5. Entscheiden Sie in folgenden Rechtsfällen und begründen Sie Ihre Lösung mit den §§ des Gesetzes:

   5.1 Der Landkreis Freiburg nimmt das preisgünstige Angebot der Mannheimer Baugesellschaft mbH über 18,2 Mio. EUR zum Bau eines neuen Berufsschulzentrums an. Nach Abschluss des Werkvertrags[1] stellt die Mannheimer Baugesellschaft mbH fest, dass sie sich bei der Abgabe ihres Kostenvoranschlags (Angebots) geirrt hat. Die voraussichtliche Entwicklung der Einkaufspreise für die benötigten Baumaterialien (Zement, Ziegel, Kies, Baustahl usw.) wurde falsch eingeschätzt. Durch die angezogene Baukonjunktur sind die Preise der Baumaterialien stärker als erwartet gestiegen. Ein kostendeckendes Angebot müsste 20 Mio. EUR betragen. Die Mannheimer Baugesellschaft mbH ficht deshalb ihr Angebot über 18,2 Mio. EUR wegen Irrtums in der Erklärungshandlung nach § 119 I BGB an.

   5.2 Der Mannheimer Baugesellschaft mbH ist bei der Addition der Angebotssumme ein Fehler unterlaufen und deshalb beträgt der Angebotspreis nicht 20 Mio. EUR, sondern nur 18,2 Mio. EUR!

1 Beim **Werkvertrag** verpflichtet sich der **Unternehmer** zur **Herstellung** des versprochenen Werks und der **Besteller** zur Entrichtung der vereinbarten Vergütung. Der Unternehmer schuldet den **versprochenen Erfolg,** nicht die Arbeitsleistung [§§ 631–650 BGB].

5.3 Zimmermann kauft von Schulze ein Grundstück. In dem notariell beurkundeten Kaufvertrag wird ein Kaufpreis von 85 000,00 EUR angegeben, obgleich sich Zimmermann und Schulze darüber einig sind, dass 142 000,00 EUR gezahlt werden sollen. Lesen Sie hierzu die §§ 117 I, 311 b I, 125 BGB!

5.4 Konrad kauft aufgrund eines schriftlichen Angebots – „einmalige Gelegenheit" – von Bergmann eine antike Kredenz.[1] Als Anzahlung überlässt er Bergmann einen Barocktisch zum Preis von 600,00 EUR. Bei Lieferung stellt Konrad fest, dass er von dem Möbel eine falsche Vorstellung hatte. Unter „Kredenz" verstand er eine Vitrine. Er ficht den Kaufvertrag an und fordert den Barocktisch zurück.

6. Prüfen Sie, ob die nachfolgenden Rechtsgeschäfte
   ① wirksam,
   ② schwebend unwirksam,
   ③ nichtig
   ④ anfechtbar sind!

   Trifft keine der vorgenannten Angaben zu, tragen Sie bitte eine ⑨ ein!

Nr.	Aussage	
a)	Emil Gärtner möchte für seinen Enkel Max ein Buch über Geologie bestellen. Versehentlich bestellt er ein Buch über Geometrie, was ihm erst auffällt, als er das Buch in der örtlichen Buchhandlung abholt.	
b)	Der Kunsthändler B. Trug verkauft dem Kunden Alexander Geringer ein Ölgemälde als Original von dem Künstler Peter Paul Rubens. Als Herr Geringer das Bild von einem Sachverständigen prüfen lässt, stellt sich heraus, dass es sich um eine Fälschung handelt.	
c)	Der 17-jährige Philip Restle schließt mit einem Getränkehandel mit Genehmigung seiner Eltern einen Arbeitsvertrag ab. Als er die erste Lohnabrechnung erhält, stellt er fest, dass er den gesetzlichen Mindestlohn erhält.	
d)	Der 19-jährige Fahrradmechaniker Fabian Lorch möchte seiner Freundin zum Geburtstag eine Handtasche schenken. So kauft er für 590,00 EUR eine Handtasche eines bekannten Modelabels. Als seine Freundin die Handtasche auspackt, zeigt sie sich sehr enttäuscht, da diese Tasche überhaupt nicht ihrem Geschmack entspricht.	
e)	Die 17-jährige Auszubildende Bankkauffrau Clara kauft von ihrem Sparkonto eine Handtasche eines sehr berühmten Designers für 12 950,00 EUR. Das Sparkonto hatten die Eltern für den Kauf eines Austos über Jahre hinweg bespart.	
f)	Der 15-jährige Simon kauft von seinem Taschengeld im Supermarkt eine Kiste Bärenbräu Bier im Sonderangebot für 9,50 EUR.	
g)	Nachdem Philip Restle (vgl. Fall c) festgestellt hat, dass das Schleppen von Getränkekisten sehr anstrengend ist, kündigt er ohne Wissen seiner Eltern das Arbeitsverhältnis.	
h)	Das Busunternehmen Fernweh Reisen GmbH stellt einen Busfahrer ein. Als der neue Mitarbeiter seinen Dienst antreten will, stellt sich heraus, dass er nicht über die erforderliche Fahrerlaubnis verfügt.	

1 **Kredenz**: Anrichte, Schranktisch.

2 Verträge (Kaufvertrag) abschließen und deren Durchführung prüfen sowie die Rechte als Vertragspartner wahren

Lernsituation 4: Die Kundenbank AG bestellt e-Desks in Abweichung des Angebots

Irina absolviert eine Ausbildung bei der Kundenbank AG und ist für den Zeitraum von zwei Wochen in der Zentrale im Bereich Interner Service/Filialbetreuung eingesetzt. Frau Buschhauser erläutert Irina, dass sie derzeit damit beschäftigt ist, eine größere Filiale mit neuen elektrisch höhenverstellbaren Schreibtischen, sogenannten e-Desks, auszustatten. Hauptgrund für diese Anschaffung ist die Verbesserung der ergonomischen Arbeitsbedingungen für die Beschäftigten, um so auch die Krankenfehltage wegen Rückenverspannungen durch Fehlhaltungen am Arbeitsplatz zu verringern. Um sich einen Überblick über den Markt zu verschaffen, war Frau Buschhauser vor acht Tagen auf der Möbelmessse imm cologne. Dort hat sie die nach ihrer Meinung passenden e-desks für die Kundenbank AG gefunden und den Hersteller gebeten, ihr ein schriftliches Angebot für 100 e-Desk-Grundmodelle zukommen zu lassen.

Frau Buschhauser sagt, dass nach Rücksprache mit ihrem Vorgesetzten zunächst einmal nur 50 e-Desks bestellt werden sollen, um zunächst ein Feedback zu der Eignung dieser Tische von der Belegschaft abzuwarten. Dann legt sie Irina das Angebot der Büromöbel AG mit der Bitte vor, es genau durchzulesen (siehe Folgeseite).

Nachdem Irina fertig ist, sagt Frau Buschhauser: *„So, jetzt bestellen Sie bitte 50 e-Desks zum Preis von 950,00 EUR je Stück abzüglich 10 % Mengenrabatt. Bei den Liefer- und Zahlungsbedingungen geben Sie bitte an: Lieferung frei Haus und 3 % Skonto innerhalb von 14 Tagen, 30 Tage netto."* Irina schaut Frau Buschhauser erstaunt an und fragt: *„Kann man denn einfach so ein Angebot zu seinen Gunsten abändern?"*

Kompetenzorientierte Arbeitsaufträge:

1. Beurteilen Sie die rechtliche Situation in Bezug auf das Zustandekommen eines Kaufvertrages, falls Irina die Bestellung nach den Vorgaben von Frau Buschhauser an die Büromöbel AG weiterleitet!
2. Erläutern Sie die rechtliche Situation, falls die Büromöbel AG im Anschluss an die Bestellung von Irina die e-Desks ausliefert!
3. Berechnen Sie auf der Basis der Bestellung den Überweisungsbetrag sowohl für den Fall der Bezahlung innerhalb der Skontofrist als auch außerhalb dieser Frist. Ermitteln Sie anschließend den Zinssatz p. a. für den von der Büromöbel AG gewährten Lieferantenkredit. Runden Sie das Ergebnis auf zwei Stellen nach dem Komma. Erstellen Sie abschließend – ggf. mithilfe eines Tabellenkalkulationsprogramms (z. B. Excel) – ein Schema zur Kalkulation von Lieferantenkrediten!
4. **Referat mit Präsentation**[1]

   Bereiten Sie ein Referat mittels Power-Point-Präsentation vor, in dem Sie die Möglichkeiten des Zustandekommens von Kaufverträgen anschaulich und mit vielen Beispielen aus der privaten sowie betrieblichen Praxis präsentieren!
5. **Übersichtsmatrix**

   Erstellen Sie zur Wiederholung für eine Klausur mittels digitaler Medien eine kreative Übersicht, die wesentliche Inhalte dieses Kapitels abdeckt.

1 Zur Vorbereitung der Präsentation vgl. Lernfeld 1, Kapitel 7.

BM Büromöbel AG

Büromöbel AG · Industriestr. 5 · 76189 Karlsruhe

Kundenbank AG
Frau Buschhauser
Postfach 12 15 37
60313 Frankfurt

Bei Rückfragen bitte stets angeben:

Kundennummer:	378 665
Ihre Anfrage:	Frau Buschhauser
Telefon:	069 12345678
Anfragedatum:	14.10.20..
Unsere Zeichen:	Georg Pieper
Datum:	17.10.20..

Angebot

Sehr geehrte Frau Buschhauser,

wir bedanken uns für Ihre Anfrage nach unserem e-Desk. Dieser Schreibtisch ist zwischen 680 und 1 200 mm elektrisch beliebig verstellbar. Diese Variabilität unterstützt die Ergonomie am Arbeitsplatz, indem sie wechselnde Arbeitshaltungen erlaubt. Unser Angebot bezieht sich auf das Grundmodell mit weißer Platte und weißem Gestell. Gegen Aufpreis können Sie zwischen vielen Dekoren für die Platte und einem Gestell in Chrom wählen. Der beigefügte Verkaufsprospekt gibt Ihnen einen Überblick über die vielfältige Gestaltungsmöglichkeit und die umfangreiche Auswahl an Materialien.

100 e-Desk Grundmodell mit weißer Platte und weißem Gestell 950,00 EUR/St.

Da Sie mehr als 50 Schreibtische benötigen, können wir einen Rabatt von 10 % gewähren.

Unsere Lieferungs- und Zahlungsbedingungen:

Ab Werk
2 % Skonto innerhalb 10 Tagen oder 30 Tage Ziel
Die Ware bleibt bis zur vollständigen Bezahlung unser Eigentum.

Lieferzeit:

10 Tage nach Auftragseingang.
Wir sichern Ihnen eine sorgfältige Auftragsbearbeitung zu.

Mit freundlichem Gruß

i. V. *Georg Pieper*

Georg Pieper

Büromöbel AG
Industriestr. 5, 76189 Karlsruhe
Registergericht Karlsruhe HRB 84759
USt-ID Nr. DE 68 837 465
Vorstand: Kai Sörensen (Vorsitzender), Thomas Werner, Helene Sims
Vorsitzende des Aufsichtsrats: Sarah Kern

Bankverbindungen:
Commerzbank
IBAN: DE15 6604 0018 0000 6375 26 BIC: COBADEFXXX
Sparkasse Karlsruhe
IBAN: DE13 6605 0101 0006 8734 52 BIC: KARSDE66XXX

2.1 Abschluss des Kaufvertrags beurteilen

2.1.1 Begriff und Zustandekommen von Kaufverträgen (Verpflichtungsgeschäft)

(1) Begriff Kaufvertrag

§§ 433 ff. BGB
§§ 474 ff. BGB

Das Kaufvertragsrecht unterscheidet grundsätzlich in **allgemeines Kaufvertragsrecht** und in den **Verbrauchsgüterkauf**. Diese Unterscheidung wurde unter anderem deshalb notwendig, weil der Gesetzgeber die stark am Verbraucherschutz orientierten Regelungen nicht auf alle Kaufverträge (z. B. nicht auf den zweiseitigen Handelskauf) angewendet haben wollte.

Ein **Kaufvertrag** kommt durch **inhaltlich übereinstimmende, rechtsgültige Willenserklärungen** von mindestens **zwei Personen** – Käufer und Verkäufer – und durch **rechtzeitigen Zugang** der zweiten Willenserklärung beim Erklärungsempfänger zustande.

§ 154 I, S. 1 BGB

Beide Willenserklärungen müssen in allen wesentlichen Vertragsbedingungen übereinstimmen.

(2) Begriff Verbrauchsgüterkauf

Der Verbrauchsgüterkauf ist durch **vier Merkmale** definiert:

- Es muss ein **Kaufvertrag** vorliegen.
- Der **Verbraucher** muss der **Käufer** sein.
- Der **Unternehmer** muss der **Verkäufer** sein.
- Der **Kaufgegenstand** muss eine **bewegliche Sache** sein.

Ein **Verbrauchsgüterkauf** liegt vor, wenn ein **Verbraucher**[1] von einem **Unternehmer** eine **bewegliche Sache** kauft.

§ 474 I BGB

Ein Verbrauchsgüterkauf liegt auch vor, wenn **neben dem Verkauf** einer beweglichen Sache noch eine **Dienstleistung** durch den Unternehmer erbracht wird (z. B. die verkaufte Sache wird montiert, installiert oder angepasst).

---

1 Ein **Verbraucher** ist jede natürliche Person, die ein Rechtsgeschäft zu einem Zwecke abschließt, die **überwiegend weder** ihrer **gewerblichen** noch ihrer **selbstständigen** beruflichen Tätigkeit zugerechnet werden kann [§ 13 BGB].
Vgl. hierzu auch die Ausführungen zum Fernabsatzvertrag in Kapitel 2.4.2.

(3) Verschiedene Möglichkeiten des Kaufvertragsabschlusses (Verpflichtungsgeschäft)

- **Der Verkäufer unterbreitet ein verbindliches Angebot, der Käufer bestellt rechtzeitig und ohne Änderung.**

Der Kaufvertrag ist zustande gekommen, sobald der Verkäufer die Bestellung **rechtzeitig erhalten** hat.

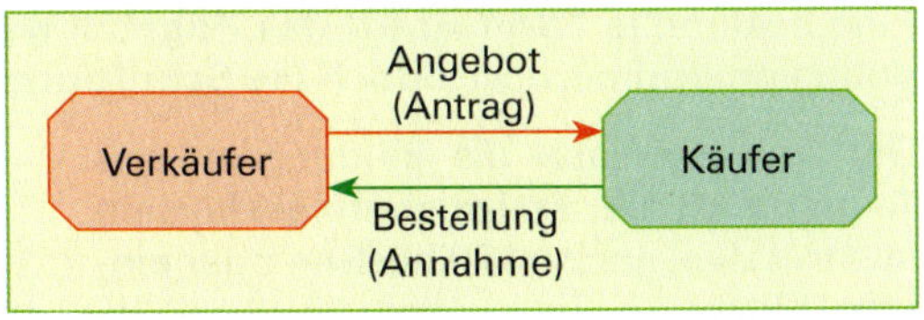

- **Der Käufer bestellt ohne vorhergehendes verbindliches Angebot des Verkäufers und der Verkäufer nimmt die Bestellung rechtzeitig und ohne Änderung an.**

Dies kann z.B. der Fall sein, wenn der Käufer den Verkäufer (seine Waren, Preise) aus früheren Lieferungen kennt und aufgrund gültiger Verkaufsprospekte mit Preislisten oder aufgrund eines freibleibenden (unverbindlichen) Angebots eine Bestellung erteilt.

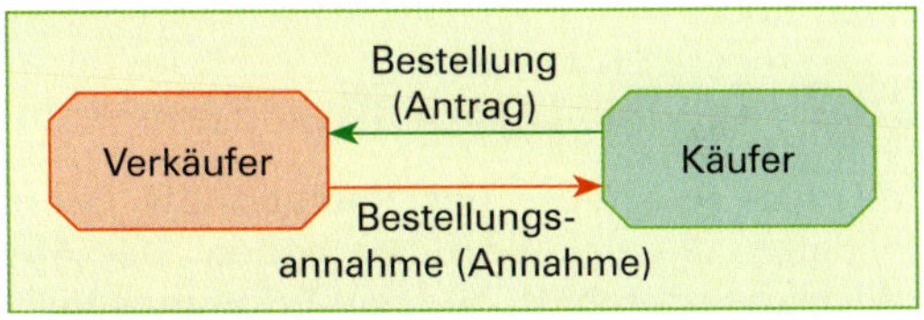

Der Kaufvertrag ist zustande gekommen, sobald die Annahme der Bestellung **(Bestellungsannahme)** des Verkäufers dem Käufer rechtzeitig zugegangen ist.

- **Der Verkäufer unterbreitet ein verbindliches Angebot, der Käufer bestellt jedoch zu spät oder mit Abänderungen des Angebots, z.B. mit kürzerer Lieferzeit, höheren Mengen, niedrigeren Preisen.**

§ 150 I, II BGB

Die verspätete Annahme eines Antrags oder eine Annahme mit Erweiterungen, Einschränkungen oder sonstigen Änderungen gilt als **Ablehnung** des Antrags, verbunden mit einem **neuen Antrag.**

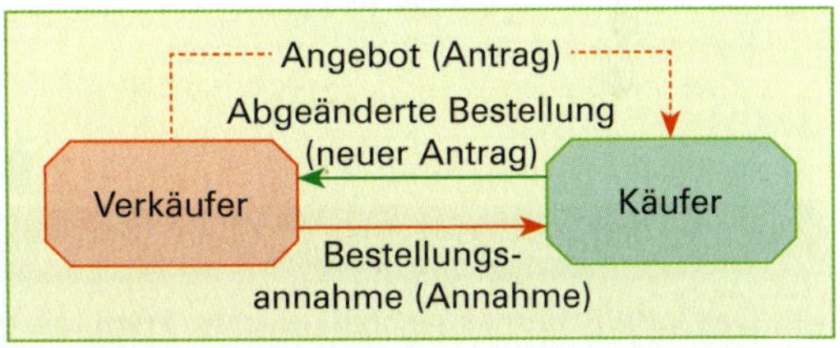

Der Kaufvertrag kommt erst zustande, wenn der Verkäufer die verspätete oder abgeänderte Bestellung des Käufers (neuer Antrag) angenommen hat, d.h. durch die Bestellungsannahme des Verkäufers und nach deren rechtzeitigem **Zugang** beim Käufer.

Hinweis:

Inserate in Zeitungen, im Internet, Schaufensterauslagen, Verkaufsprospekte, Wurfsendungen, Plakate sowie das Aufstellen von Waren in Selbstbedienungsläden sind an die Allgemeinheit gerichtet, somit **nicht bestimmt.** Sie sind deshalb keine Angebote, sondern Aufforderungen an den möglichen Käufer, einen Auftrag zu erteilen.

Beispiele:

Angebote an die Allgemeinheit

Aufstellen eines Automaten, Angebote öffentlicher Verkehrsmittel. Mit dem Geldeinwurf in den Automaten, mit dem Lösen der Fahrkarte, Einsteigen in das Verkehrsmittel wird das Angebot angenommen.

Ausnahme: Wenn nach Sachlage nur ein Angebot an die Allgemeinheit möglich ist und der Anbieter mit **jedem,** der auf das Angebot eingeht, abschließen will, liegt ein Angebot vor.

Eine bestimmte **Form** ist für das Angebot **gesetzlich nicht vorgeschrieben.** Zur Vermeidung von Irrtümern ist jedoch die **Schriftform** angebracht und auch praxisüblich.

Der Anbieter kann die Bindung an das Angebot durch **Freizeichnungsklauseln** ausdrücklich ganz **ausschließen** oder **einschränken.**

Beispiele:

- Das vorliegende Angebot ist unverbindlich.
- Preisänderungen vorbehalten.
- Lieferungsmöglichkeit vorbehalten.

2.1.2 Erfüllungsgeschäft

Mit dem Abschluss des Kaufvertrags übernehmen Käufer und Verkäufer Rechte und Pflichten, die sie zu erfüllen haben. Der Abschluss des Kaufvertrags ist daher ein **Verpflichtungsgeschäft,** dem ein **Erfüllungsgeschäft** folgen muss.

§ 433 I, II BGB

Verpflichtungsgeschäft: Übernahme von Rechten und Pflichten

Pflichten des Verkäufers (Rechte des Käufers)	Kaufvertrag ↔	Pflichten des Käufers (Rechte des Verkäufers)
Er muss die bestellte Sache mängelfrei und fristgemäß übergeben.[1] Er muss das Eigentum an der Kaufsache auf den Käufer übertragen.		Er muss die bestellte Sache abnehmen.[2] Er muss die ordnungsgemäß gelieferte Sache vereinbarungsgemäß bezahlen.

↓

§ 362 BGB

Erfüllungsgeschäft: Erfüllung der eingegangenen Verpflichtungen

- Das Verpflichtungsgeschäft erlischt, wenn die geschuldeten Leistungen nach den Vereinbarungen des Kaufvertrags gegenüber dem **Gläubiger erfüllt sind.**[3]
- Dies ist der Fall, wenn die mängelfreie und fristgemäße Übergabe und Übereignung der Sache durch den Verkäufer sowie die Abnahme der Sache und die Kaufpreiszahlung durch den Käufer vereinbarungsgemäß erfolgt ist.

1 **Übergabe:** Verschaffung des unmittelbaren Besitzes nach § 854 I oder II BGB.

2 Die Abnahme und Annahme des Kaufgegenstands ist rechtlich scharf zu trennen.
- Die **Abnahme** ist die **tatsächliche Entgegennahme** der Ware, wodurch der Käufer (unmittelbaren) Besitz erlangt.
- Die **Annahme** des Kaufgegenstands ist hingegen eine **Willenserklärung** und bedeutet die Erklärung der vertragsmäßigen Erfüllung des Kaufvertrags. Auf die Annahme der Leistung durch den Käufer hat der Verkäufer keinen Anspruch.

3 Bei **„Zug-um-Zug-Geschäften"** (z. B. Käufe im Ladengeschäft, bei denen Waren und Geld „Zug um Zug" übergeben werden) fallen Vertragsabschluss und Erfüllung des Vertrags zeitlich zusammen.
Bei **Zielgeschäften** (Warenlieferung später oder Zahlung später) wird deutlich, dass hinter dem Kauf **zwei Rechtsgeschäfte** unterschiedlicher Art stehen, nämlich ein **Verpflichtungsgeschäft** und ein **Erfüllungsgeschäft.**

2.1.3 Sondervorschriften bei Handelsgeschäften (zweiseitiger Handelskauf) beachten

Handeln zwei Kaufleute untereinander **(zweiseitiger Handelskauf),** haben sie andere Gepflogenheiten und Ansprüche im bzw. an den Geschäftsverkehr als Privatpersonen. Um diesen Gepflogenheiten und Ansprüchen gerecht zu werden, enthält das HGB Sondervorschriften für Handelsgeschäfte. Im Folgenden werden beispielhaft wichtige Sondervorschriften dargestellt, um den Zweck des Handelsrechts zu verdeutlichen. Für den Kaufmann gilt das BGB nur subsidiär.[1] Fehlen entsprechende Regelungen im HGB, gilt das BGB.

(1) Schweigen des Kaufmanns

Bestehen zwischen zwei Kaufleuten **dauerhafte** Geschäftsbeziehungen, kann das Schweigen eines Kaufmanns auf einen Antrag als Annahme des Antrags gewertet werden, da dieser nicht den gleichen gesetzlichen Schutz wie eine Privatperson benötigt. § 362 HGB

Beispiel 1:

Die Kundenbank AG wird von der Weinhold Bürowelt KG einmal monatlich mit Kopierpapier beliefert. Auf den Antrag der Weinhold Bürowelt KG, dass sie auch im November wieder Kopierpapier liefern, antwortet die Kundenbank AG nicht. Die Weinhold Bürowelt KG kann dieses Schweigen als Annahme des Antrags werten.

Beispiel 2:

Zwei Kaufleute vereinbaren mündlich ein Geschäft. Zur Rechtssicherheit verfasst Kaufmann A ein kaufmännisches **Bestätigungsschreiben** und sendet es Kaufmann B zu. Reagiert Kaufmann B nicht auf das Schreiben von Kaufmann A, so kann Kaufmann A das Schweigen von Kaufmann B als Zustimmung werten und ein Vertrag kommt zustande. Auch unwesentlichen Abweichungen vom mündlich Besprochenen wird durch das Schweigen zugestimmt.

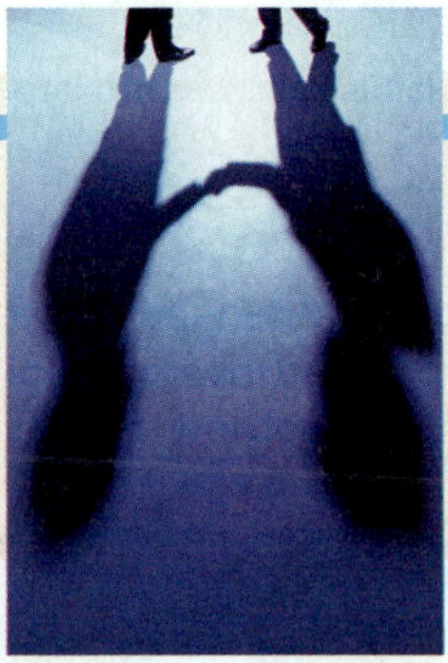

(2) Mängelrüge

Es müssen festgestellte Mängel, sofern sie **erkennbar** sind, bei einer Warenlieferung **unverzüglich** direkt nach der Lieferung der Ware gerügt werden. Diese Regelung dient damit dem Schutz des Verkäufers. Dieser soll vor einer Inanspruchnahme und Beweisschwierigkeiten nach Ablauf von längeren Zeiträumen geschützt werden. Auch soll die im Interesse von Verkäufer und Käufer liegende Schnelligkeit und Effizienz im Handelsverkehr gefördert werden. § 377 HGB

1 **Subsidiär:** zur Aushilfe dienend.

Beispiel:

Die Kundenbank AG erhält von der Weinhold Bürowelt AG eine Lieferung Kopierpapier. Frau Mayr von der Kundenbank AG kontrolliert das Kopierpapier sehr flüchtig, stellt aber trotzdem fest, dass die Papierart in fünf Kartons falsch ist. Leider entgeht ihr, dass in jedem Karton nur 12 Pakete Papier enthalten sind, und nicht wie vereinbart 15.

Bei der jährlichen Inventur vier Monate später werden die fehlenden Pakete bemerkt.

Weil nach § 377 HGB direkt nach Empfang der Lieferung gerügt werden muss, ist eine Reklamation der fehlenden Pakete nicht mehr möglich. Die Kundenbank AG kann weder eine Nachlieferung verlangen noch Geld zurückfordern.

(3) Guter Glaube

§ 366 I HGB

Der gute Glaube, dass ein Kaufmann über eine Sache auch verfügen kann, folgt direkt aus der **Generalklausel von Treu und Glauben.**

Wenn der Erwerber einer Sache im guten Glauben ist, dass der Verkäufer der Sache über diese verfügt, erwirbt er die Sache im guten Glauben und wird Eigentümer, auch wenn der Verkäufer in Wirklichkeit keine Verfügungsbefugnis über die Sache hat.

Voraussetzungen für den § 366 I HGB sind:

- Der Verkäufer muss Kaufmann im Sinne der §§ 1 ff. HGB sein.
- Der Verkauf muss im Betrieb des Handelsgewerbes erfolgen. Nur der Glaube daran, dass es ein Handelsgeschäft ist, reicht nicht aus.
- Der gute Glaube an die Verfügungsbefugnis des Verkäufers muss vorhanden sein.

Beispiel:

Der Kunsthändler Ernesto Moser erhält von einem seiner Lieferanten irrtümlich zwei alte Gemälde. Eigentlich wollte sein Lieferant die Gemälde zum Restaurieren in die Werkstatt schicken. Er hat aber die Adressen vertauscht. Ernesto Moser ist nicht Eigentümer der Bilder, hat also keine Befugnis, die Bilder zu verkaufen. Er stellt die Bilder aber in seinem Verkaufsgeschäft aus und bietet sie zum Verkauf an. Frau Sohler gefällt eines der Bilder so gut, dass sie es von Ernesto Moser erwirbt.

Obwohl Ernesto Moser nicht der Eigentümer des Bildes ist, hat Frau Sohler das Bild im guten Glauben von Ernesto Moser als Kaufmann erworben und wird Eigentümerin des Bildes.

Kompetenztraining

8

1. Beschreiben Sie, unter welchen Bedingungen ein Kaufvertrag bereits mit der Bestellung zustande kommt!

2. Stellen Sie dar, unter welchen Bedingungen ein Kaufvertrag erst mit der Bestellungsannahme zustande kommt!

3. Die Automatenfabrik Lehmann GmbH macht der Kundenbank AG unter dem 24. April 20.. ein vollständiges Verkaufsangebot über einen Geldautomaten zum Preis von 25 000,00 EUR. Unter Bezugnahme auf das Angebot bestellt die Kundenbank AG unter dem 28. Mai 20.. zum Preis von 25 000,00 EUR. Die Automatenfabrik Lehmann GmbH nimmt die Bestellung der Kundenbank AG vom 28. Mai 20.. am 2. Juli 20.. an.

   Aufgabe:

   Erläutern Sie, wie im vorliegenden Fall ein Kaufvertrag zustande kommt!

4. Erklären Sie den Unterschied zwischen Verpflichtungsgeschäft und Erfüllungsgeschäft!

5. Nennen Sie die Hauptpflichten des Verkäufers und des Käufers!

6. Begründen Sie, warum es bei einem Kaufvertrag zwei Gläubiger und zwei Schuldner gibt!

7. Die Elektrogroßhandlung Groß OHG, Tübingen, verfügt über einen Restposten an Kühlschränken. Sie bietet diese in einer Werbemail zum Vorzugspreis von 490,00 EUR je Stück an.

   Aufgaben:

   7.1 Auf die Mail hin bestellt die Kundenbank AG 25 Kühlschränke des angebotenen Modells zu je 450,00 EUR an. Begründen Sie, ob die Groß OHG liefern muss!

   7.2 Aufgrund einer Anfrage der Kundenbank AG gibt die Elektrogroßhandlung Groß OHG am 25. März ein schriftliches Angebot mit folgendem Inhalt ab: „Preis 425,00 EUR bei Abnahme von 50 Stück, Zahlung netto Kasse“.

   Am 10. April bestellt die Kundenbank AG für ihre Filialen 30 Stück zu je 425,00 EUR. Prüfen Sie, ob an die Kundenbank AG geliefert werden muss!

8. Überprüfen Sie die nachfolgenden Aussagen und entscheiden Sie, welche der Aussagen falsch ist! Ist keine der Aussagen falsch, dann tragen Sie eine ⑨ in das Kästchen ein!

   ① Das Kaufvertragsrecht unterscheidet grundsätzlich in allgemeines Kaufvertragsrecht und in den Verbrauchsgüterkauf.

   ② Beim Verbrauchsgüterkauf sind einige gesetzliche Regelungen des allgemeinen Kaufrechts zum Schutz des Verbrauchers abgemildert.

   ③ Der Verbrauchsgüterkauf kommt ebenso wie der Kaufvertrag durch Antrag und Annahme zustande.

   ④ Der Verkäufer kann die Bindung an den Antrag durch sogenannte Freizeichnungsklauseln ausdrücklich ganz ausschließen oder einschränken.

   ⑤ Steht unter einem schriftlichen Angebot der Hinweis „Das vorliegende Angebot ist unverbindlich“, so ist der Verkäufer im Falle einer Annahme durch den Käufer an sein Angebot gebunden.

   ⑥ Auch beim Verbrauchsgüterkauf ist mit dem Abschluss des Vertrages ein Verpflichtungsgeschäft begründet, dem dann ein Erfüllungsgeschäft folgen muss.

9

1. Finn Lohmann, Auszubildender der Kundenbank AG, behauptet, bei einem Handelskauf wird grundsätzlich immer das HGB angewendet.

   Aufgabe:

   Prüfen Sie die Rechtslage! Begründen Sie Ihre Antwort.

2. Die Wunder GmbH bestellt bei der Ziegelfabrik Stein OHG fünf Paletten Ziegel mit integrierter Wärmedämmung. Herr Schneider überprüft für die Wunder GmbH die gelieferte Ware. Bei den gerade eingetroffenen Ziegeln mit integrierter Wärmedämmung haben die Ziegel auf zwei Paletten eine falsche Dämmung. Statt Dämmung aus Pflanzenfasern besteht diese aus Styropor. Die Ziegel auf den anderen Paletten haben zwar die richtige Dämmung, aber es wurde zu wenig von der Dämmung eingefüllt. Dies ist aber für Herrn Schneider von außen nicht erkennbar. Herr Schneider übersieht die falsche Dämmung und die fehlende Füllung. Nach sechs Monaten reklamiert die Baufirma Maurer & Söhne KG die von der Wunder GmbH gelieferten Ziegel. Die Wunder GmbH fordert daraufhin von der Stein OHG Nachbesserung in Form einer neuen Lieferung.

   Aufgabe:

   Zeigen Sie die rechtlichen Möglichkeiten auf, die die Stein OHG hat, um auf die Forderung der Wunder GmbH zu reagieren!

3. Herr Frey, Verkäufer bei der Autohaus Zettler GmbH, kauft von Herrn Härter ein gebrauchtes Auto an. Die beiden vereinbaren, dass die eingebauten Lautsprecher im Wert von 2400,00 EUR ausgebaut und in das Auto eingebaut werden, das Herr Härter bei der Autohaus Zettler GmbH neu bestellt hat. Leider vergisst Herr Frey die mit Herrn Härter mündlich besprochene Vereinbarung. Zwischenzeitlich verkauft Frau Zimmermann, ebenfalls Verkäuferin bei der Autohaus Zettler GmbH, das in Zahlung gegebene Auto von Herrn Härter mit den hochwertigen Lautsprechern an Simone Keller weiter. Herr Härter ist sehr erbost, als er davon erfährt, und fordert, dass die Lautsprecher in das neue Auto eingebaut werden müssen. Frau Keller sagt, die Lautsprecher gehören jetzt ihr.

   Aufgabe:

   Prüfen Sie die Rechtslage! Raten Sie dem Autohaus, wie es sich verhalten sollte!

4. Ergänzen Sie die nachfolgenden Sätze, indem Sie den jeweils fehlenden Begriff notieren!

   ① Die verspätete Annahme oder Änderung eines Antrages gilt als ... des Antrages, verbunden mit einem neuen Antrag.

   ② Der Verkäufer kann die Bindung an das Angebot durch ... ausdrücklich ganz ausschließen oder einschränken.

   ③ Der Abschluss eines Kaufvertrages ist ein Verpflichtungsgeschäft, dem ein ... folgen muss.

   ④ Bestehen zwischen zwei Kaufleuten dauerhafte ..., kann das Schweigen eines Kaufmanns auf einen Antrag als Annahme des Antrags gewertet werden.

   ⑤ Beim zweiseitigen Handelskauf müssen festgestellte Mängel, sofern sie erkennbar sind, bei der Warenlieferung ... im Anschluss an die Lieferung der Ware gerügt werden.

   ⑥ Der gute Glaube, dass ein Kaufmann über eine Sache auch verfügen kann, folgt direkt aus der ... von Treu und Glauben.

2.2 Leistungsstörungen am Beispiel des Kaufvertrags darstellen

Nicht alle Kaufverträge werden den getroffenen Vereinbarungen entsprechend erfüllt. Es kommt zu **Leistungsstörungen.**

Zu einer **Leistungsstörung** kommt es, wenn der Schuldner die geschuldete Leistung nicht, nicht rechtzeitig oder nicht in der geschuldeten Weise erbringt.

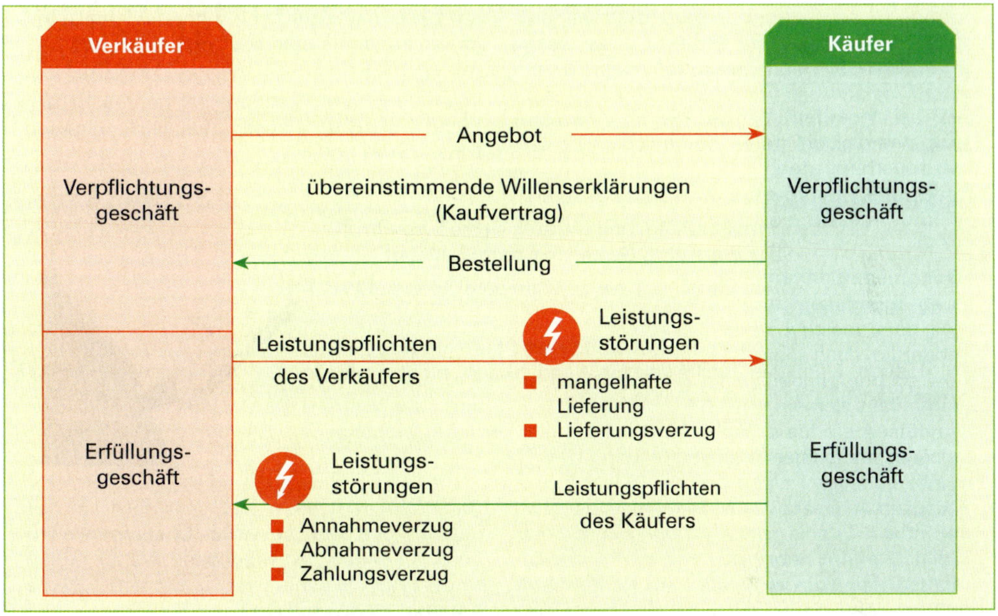

2.2.1 Mangelhafte Lieferung (Schlechtleistung)

Lernsituation 5: Mitarbeiter der Kundenbank AG prüfen die Lieferung auf Mängel

Wenige Tage nach der Bestellung der e-Desks kommt Frau Buschhauser aufgeregt auf Irina zu. *„Die e-Desks sind vor einer halben Stunde angeliefert worden und wir müssen jetzt unverzüglich die Lieferung überprüfen. Das Gute an der Lieferung ist, dass die Büromöbel AG die zu unseren Gunsten abgeänderte Bestellung ganz offensichtlich akzeptiert hat."*

Irina versteht die aufkommende Hektik nicht. Noch auf dem Weg zur Tiefgarage, wo die e-Desks abgeladen wurden, fragt sie Frau Buschhauser, warum denn die Prüfung so zeitnah erfolgen muss? Letzte Weihnachten habe sie von ihren Eltern einen Laptop geschenkt bekommen und der sei noch originalverpackt gewesen. Nach dem Auspacken habe sie dann bemerkt, dass der Rechner nicht hochfährt. Wie sich dann nach Weihnachten herausstellte, war der Prozessor defekt. Der Händler habe sich entschuldigt und den Laptop sofort durch einen baugleichen neuen Laptop ersetzt. *„Wo ist also das Problem?"* fragt Irina.

„Schließlich haben meine Eltern den Laptop ca. fünf Wochen vor Weihnachten im Rahmen einer Sonderaktion beim Fachhändler gekauft und auch nicht sofort geprüft. Und trotzdem wurde die Sache anstandslos vom Händler ganz in meinem Sinne abgewickelt."

Frau Buschhauser antwortet sichtlich genervt: *„Das weiß ich auch nicht, warum mein Chef immer so sehr darauf achtet, dass bei größeren Lieferungen die Prüfung quasi sofort erfolgen soll. Ehrlich gesagt, ich mache meine Arbeit meistens so, wie mein Chef es mir sagt und zerbreche mir weniger den Kopf darüber, warum etwas so oder so gemacht werden soll. Und deshalb werden wir auch jetzt ganz einfach die Tische prüfen."*

Nachdem Frau Buschhauser und Irina alle Schreibtische von der äußeren Verpackung befreit haben, stellen sie sogleich verschiedene Mängel fest. Daraufhin besteht Frau Buschhauser auf eine eingehendere Prüfung der Tische, um sicher zu gehen, dass bei dieser Lieferung nicht noch mehr schiefgelaufen ist, als auf den ersten Blick erkennbar ist.

Als sie schließlich nach ca. zwei Stunden alle Tische auch auf Funktionalität geprüft haben, bittet Frau Buschhauser Irina, sich folgende Hinweise zu notieren:

1. Statt 50 wurden nur 45 e-Desks geliefert.
2. Statt Tische mit weißer Platte und weißem Gestell wurden 10 Tische mit weißer Platte und Gestell in Chrom geliefert.
3. Bei einem Tisch befinden sich bis zu 2 cm tiefe Risse auf der Oberfläche.
4. Zwei Tische haben an der Rückseite kleine Farbabplatzer, die jedoch, wenn die Tische an der Wand stehen, nicht weiter stören.
5. Bei zwei Tischen funktioniert aufgrund fehlerhafter Montage die elektrische Höhenverstellung nicht.

Nachdem Irina sich diese Mängel notiert hat, sagt Frau Buschhauser: *„So, dann sind wir hier unten fertig. Jetzt werden wir mal schnellstmöglich mit der Büromöbel AG Kontakt aufnehmen und ordentlich Dampf machen. So ein Durcheinander habe ich selten erlebt."*

Daraufhin fragt Irina, was denn jetzt konkret passiert und wie die vielen Unstimmigkeiten denn im Sinne der Kreditbank AG zu regeln sind. Frau Buschhauser antwortet: *„Keine Ahnung, woher soll ich das wissen?"*

Kompetenzorientierte Arbeitsaufträge:

1. Stellen Sie Unterschiede bezüglich der Prüf- und Rügepflichten zwischen der Kundenbank AG und Irinas Eltern dar!
2. **Übersichtsmatrix**

   Erfassen Sie in einer Übersichtsmatrix die in der Lernsituation aufgeführten Problemfälle und prüfen Sie jeweils, ob es sich dabei um eine mangelhafte Lieferung handelt! Ordnen Sie, wenn möglich, den einzelnen Fällen konkrete Mangelarten zu! Entscheiden Sie anschließend, welche Rechte die Kundenbank AG bei den einzelnen Positionen gegenüber der Büromöbel AG sinnvollerweise jeweils fordern wird!
3. Nennen Sie die Voraussetzungen, die gegeben sein müssen, damit die Kundenbank AG das Recht „Rücktritt vom Vertrag" verlangen kann!
4. Sammeln Sie aus Ihrem persönlichen Umfeld möglichst konkrete Beispiele von mangelhafter Lieferung und wie diese dann vonseiten des Verkäufers reguliert wurden. Stellen Sie diese Beispiele Ihren Mitschülern vor und diskutieren Sie, inwiefern die von Ihnen geschilderten Vorkommnisse sich mit den Vorschriften im BGB decken!
5. **Mindmap**

   Erstellen Sie eine Mindmap zum Thema „Schlechtleistung" als Vorbereitung für die Klausur oder Prüfung!

2.2.1.1 Begriff mangelhafte Lieferung

- Eine **mangelhafte Lieferung** liegt vor, wenn eine **Sache** vom Verkäufer an den Käufer **übergeben und übereignet** wird und die Sache mit **Mängeln behaftet** ist. Dies stellt eine **Pflichtverletzung** des Verkäufers dar.
- Ein **Sachmangel** liegt vor, wenn die Sache nicht den **subjektiven** oder **objektiven Anforderungen** oder den **Montageanforderungen** entspricht.
- Einem **Sachmangel** steht es **gleich,** wenn der Verkäufer eine **andere Sache** als die vertraglich geschuldete Sache liefert **(Aliudlieferung).**

§ 434 BGB

(1) Arten von Sachmängeln

Die Ware ist **frei** von Sachmängeln, wenn sie beim Gefahrenübergang

	den **subjektiven** Anforderungen,	+ den **objektiven** Anforderungen entspricht	+ und den **Montageanforderungen**
Wann sind die Anforderungen erfüllt?	▪ Die Ware hat die **vereinbarte** Beschaffenheit, ▪ eignet sich für die nach dem **Vertrag** vorausgesetzte Verwendung und ▪ wird mit dem **vereinbarten** Zubehör und den vereinbarten Anleitungen, einschließlich Montage- und Installationsanleitungen übergeben.	▪ Ware entspricht der Art der Sache, ist also für die **gewöhnliche** Verwendung geeignet und weist die übliche Beschaffenheit auf. ▪ Sie entspricht den öffentlichen Äußerungen, die vom Verkäufer, in der Werbung oder auf dem Etikett abgegeben wurden. ▪ Sie entspricht der Beschaffenheit einer Probe oder eines Musters ▪ und wird mit dem Zubehör einschließlich Verpackung, der Montage- oder Installationsanleitung sowie anderen Anleitungen übergeben, deren Erhalt der Käufer erwarten kann.	▪ Montage wurde sachgemäß durchgeführt. ▪ Montage wurde zwar unsachgemäß durchgeführt, dies beruht jedoch weder auf einer unsachgemäßen Montage durch den Verkäufer noch auf einem Mangel der übergebenen Anleitung.
Anforderungskriterien	Menge, Qualität, Funktionalität, Kompatibilität,[1] Interoperabilität[2] und sonstige Merkmale, die **vereinbart** wurden.	Menge, Qualität, Haltbarkeit, Funktionalität, Kompatibilität und Sicherheit	▪ Durchführung der Montage ▪ Montageanleitung

1 **Kompatibilität:** Austauschbarkeit, Vereinbarkeit verschiedener Systeme.

2 **Interoperabilität:** Bezeichnet die Eigenschaft eines Systems, mit anderen Systemen kooperieren zu können.

Beispiele:

- Im Kaufvertrag ist vereinbart, dass die maximale Leistung der vier Personenaufzüge bei 1 000 kg bzw. 13 Personen liegt. Geliefert werden jedoch Personenaufzüge, deren tatsächliche Leistung jedoch nur 800 kg bzw. 10 Personen betragen.
  - ✗ **subjektiver Mangel,** die Sache hat nicht die vereinbarte Beschaffenheit
- Das E-Auto hat eine defekte Steuerungselektronik und liefert keine Motorenleistung.
  - ✗ **objektiver Mangel,** die Sache eignet sich nicht zur gewöhnlichen Verwendung
- Die Kundenbank AG kauft einen Kühlschrank, dessen Energieverbrauch in der Werbung als extrem niedrig beschrieben wird, obwohl er nur geringfügig unter dem durchschnittlichen Energieverbrauch von vergleichbaren Kühlschränken liegt.
  - ✗ **objektiver Mangel,** die Sache entspricht nicht den öffentlichen Äußerungen, die in der Werbung abgegeben wurden
- Der Marktbereichsleiter Kevin Huber kauft eine Küche und übernimmt die Aufstellung der Küche selbst. Aufgrund einer missverständlichen Montageanleitung misslingt der Einbau der Dunstabzugshaube.
  - ✗ Mangel ist bedingt durch eine fehlerhafte Montageanleitung
- Die Kundenberaterin Karola Pardi bestellt für ihre Party 80 Dosen eines Energydrinks, geliefert werden 80 Dosen Karottensaft.
  - ✗ **Falschlieferung (Aliud)**

(2) Rechtsmängel

§ 435 BGB

Ein Rechtsmangel liegt vor, wenn das **Eigentum** bzw. der **unbeschränkte Gebrauch** des Kaufgegenstandes **von Dritten** aufgrund eines privaten oder öffentlichen Rechts **beschränkt** werden kann.

Beispiel:

Das von einem Kunstsammler gekaufte und an ihn gelieferte Bild ist gestohlen.

(3) Fristen für die Mängelrüge

Beim **zweiseitigen Handelskauf** muss der **offene** Mangel dem Verkäufer **unverzüglich** nach der Entdeckung bei der Wareneingangskontrolle angezeigt werden. **Versteckte** Mängel müssen **unverzüglich** nach ihrer **Entdeckung,** spätestens aber innerhalb der Frist für Sachmängelhaftung von **2 Jahren** angezeigt werden.

	Offene Mängel	Versteckte Mängel
zweiseitiger Handelskauf	unverzüglich	unverzüglich, nach Entdeckung, spätestens innerhalb von 2 Jahren

Hinweis:

Versäumt ein Unternehmen einen Mangel termingerecht zu rügen, verliert es **alle Rechte** aus der mangelhaften Lieferung gegenüber dem Lieferer.

Beim **Verbrauchsgüterkauf** ist diese unverzügliche Prüf- und Rügepflicht **nicht** einzuhalten.

Beispiel:

Die Kundenbank AG bestellt 25 Bürodrehstühle mit Armlehnen. Geliefert werden jedoch 25 Bürodrehstühle ohne Armlehne. Der Sachbearbeiter rügt diesen offenen Mangel jedoch erst acht Wochen nach der Lieferung.

2.2.1.2 Rechte des Käufers (Gewährleistungsrechte) erläutern

(1) Überblick

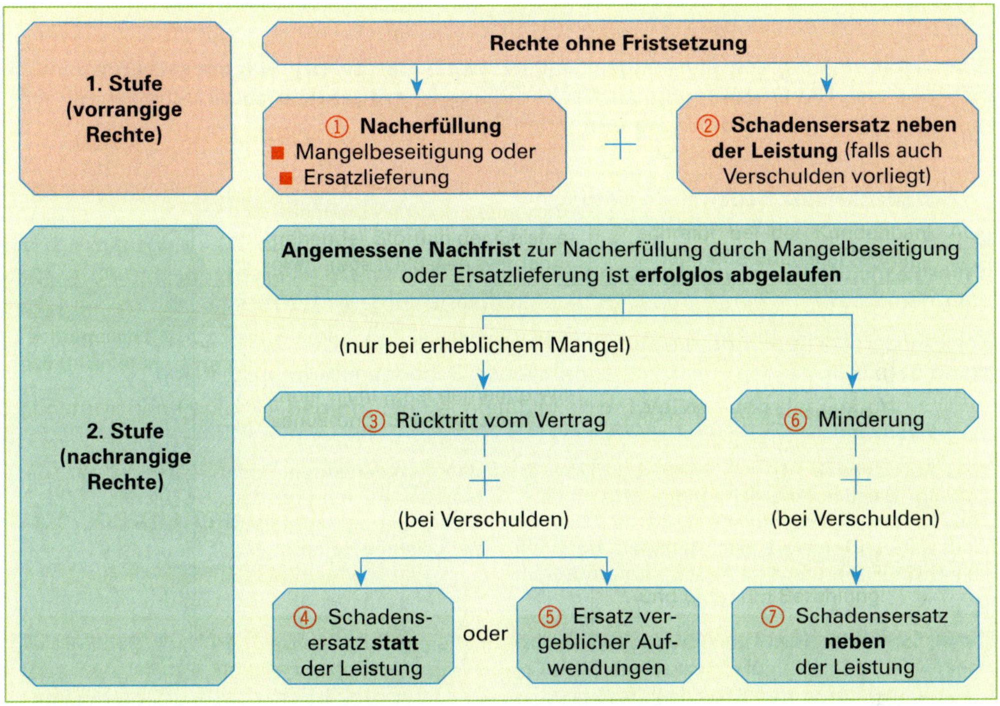

(2) Rechte ohne Fristsetzung

① Nacherfüllung § 439 BGB

Der Käufer kann, **unabhängig vom Verschulden** des Verkäufers, auf **Nacherfüllung** bestehen. Dabei kann der **Käufer** nach seiner **Wahl**

- die **Beseitigung des Mangels** oder
- die **Lieferung einer mangelfreien Sache (Ersatzlieferung)**

verlangen. Er hat hierfür dem Verkäufer eine **angemessene**[1] **Zeit** einzuräumen. Die Kosten der Nacherfüllung hat der Verkäufer zu tragen. Der Verkäufer kann allerdings die Leistung **verweigern,** wenn die vom Käufer gewählte Art der Nacherfüllung für ihn nur mit **unverhältnismäßigen Kosten** verbunden ist. Eine Nacherfüllung ist nur bei **Gattungswaren (Gattungskauf),** nicht aber bei **Speziessachen (Stückkauf)** möglich.

Wurde ein Mangel bereits innerhalb der Gewährleistungsfrist durch eine Reparatur behoben, verlängert sich die ursprüngliche Verjährungsfrist einmalig um zwölf Monate. § 475 e V, BGB

1 **Angemessen** besagt, dass die Frist so lange sein muss, dass der Schuldner die Leistung tatsächlich noch erbringen kann. Allerdings muss sie dem Schuldner nicht ermöglichen, mit der Leistungserbringung erst zu beginnen. Der Schuldner soll nur die Gelegenheit bekommen, die bereits in Angriff genommene Leistung zu beenden.

Beispiel:

Lina Meyer kauft eine Armbanduhr für 60,00 EUR. Nach einer Woche stellt sich heraus, dass das Glas innen mit Feuchtigkeit beschlägt. Lina Meyer verlangt die Reparatur. Der Verkäufer weigert sich und bietet als Alternative eine neue Uhr des gleichen Typs an.

§ 440, S. 2 BGB
§ 281 II BGB

Eine Nacherfüllung gilt als fehlgeschlagen, wenn der **zweite Nachbesserungsversuch erfolglos** war. Die **Fristsetzung** zur Nacherfüllung ist **entbehrlich bei** ernsthafter und endgültiger **Leistungsverweigerung** durch den Schuldner.

§ 280 I BGB

② Schadensersatz neben der Leistung

Neben dem Recht auf Nacherfüllung hat der Käufer **zusätzlich** noch einen **Anspruch auf Schadensersatz neben der Leistung.** Dabei gilt: Der **Verkäufer (Schuldner)** muss gegenüber dem **Käufer** beweisen, dass er die Pflichtverletzung nicht zu vertreten hat.

Schadensersatz neben der Leistung wird der Käufer verlangen, wenn er den **Kaufgegenstand behält** und einen zusätzlich angefallenen **Schaden ersetzt haben will.**

Beispiel:

Die Kundenbank AG will eine neue Filiale eröffnen. Bei der Inbetriebnahme wird übersehen, dass die Stromanlage defekt ist. Die Anlage wird zwar unverzüglich repariert, dennoch kann die Filiale erst drei Tage später in Betrieb genommen werden. Dadurch entsteht der Kundenbank AG ein Schaden von 140 000,00 EUR. Dieser Betrag kann als Schadensersatz neben der Leistung geltend gemacht werden.

Hinweis:

Für alle **Formen des Schadensersatzes** gilt: Der Anspruch hängt davon ab, ob ein **Verschulden vorliegt,** der Verkäufer (Gläubiger) den Mangel also zu vertreten hat.

Ein **Verschulden („Vertretenmüssen")** setzt voraus:

- **Pflichtverletzung**: Sie kann darin bestehen, dass der Schuldner **überhaupt nicht leistet** (z. B. weil die Leistung unmöglich geworden ist), **zu spät leistet** oder **schlecht leistet.**

+

- **Schuldhaftes Verhalten** (Vorsatz oder Fahrlässigkeit)
  - **Vorsätzlich** handelt, wer einen bestimmten Erfolg willentlich herbeiführt und sich dabei der Rechtswidrigkeit bewusst ist. Anders ausgedrückt: Wer vorsätzlich handelt, der **will** die Rechtsverletzung.
  - **Fahrlässig** handelt, wer die im Verkehr erforderliche Sorgfalt außer Acht lässt. Da das Gesetz an dieser Stelle den Begriff „Fahrlässigkeit" nicht näher bestimmt, ist **jede** (!) Fahrlässigkeit gemeint – sowohl grobe als auch leichte.

§ 276 II BGB

(3) Rechte nach Ablauf einer angemessenen Frist zur Mangelbeseitigung (erfolglose Nacherfüllung)

③ Rückritt vom Kaufvertrag

§§ 323–326 BGB

- Durch den **Rücktritt vom Vertrag** wird der **Kaufvertrag rückgängig gemacht.**[1] Bereits gelieferte Ware ist zurückzuschicken, ein bereits gezahlter Kaufpreis ist zu erstatten.
- Das Rücktrittsrecht ist **nicht von einem Verschulden des Verkäufers** abhängig.

Beim Rücktritt muss der Käufer die erhaltene **Leistung zurückgeben** und den **Nutzen** aus der Leistung **ersetzen.**

Beispiel:

Ein Käufer, der einen mangelhaften Pkw erhalten und genutzt hat, muss zum einen den Pkw zurückgeben und zum anderen sich vom Verkäufer ein Nutzungsentgelt anrechnen lassen.

Der Rücktritt des Käufers ist **ausgeschlossen,** wenn der **Mangel unerheblich** ist.

Beispiel:

Befindet sich an einem neuen Pkw ein kleiner Kratzer unter der Motorhaube, ist kein Rücktritt möglich, weil die Schlechtleistung unerheblich ist.

Einen Rücktritt vom Kaufvertrag wird der Käufer z. B. dann verlangen, wenn

- er den Lieferer nicht für leistungsfähig hält,
- der Preis für die Ware in der Zwischenzeit gefallen ist,
- er die Ware nicht mehr benötigt.

④ Schadensersatz statt der Leistung

§§ 325; 280 I, II; 281 BGB

Liegt ein Verschulden des Verkäufers vor, dann kann der Käufer **zusätzlich** zum Rücktritt Ersatz des ihm entstandenen Schadens verlangen.

Damit ist aber der Anspruch auf Erfüllung der Leistung ausgeschlossen.

Einen Schadensersatz statt der Leistung wählt der Käufer, wenn er den gelieferten **Kaufgegenstand zurückgibt** und ihm ein **Schaden entstanden** ist. Abgedeckt wird sowohl der **eigentliche Mangelschaden** als auch ein sich anschließender eventueller **Mangelfolgeschaden.**

1 Als Folge des Rücktritts wird der ursprüngliche Kaufvertrag in ein neues Schuldverhältnis, ein sogenanntes **Rückabwicklungsschuldverhältnis** umgewandelt.

Beispiel:

Die Kundenbank AG kauft für ihre Kundenwartezone eine neue Espressomaschine. Diese ist jedoch fehlerhaft und erzeugt nicht den erforderlichen Druck. Nachdem die Nacherfüllung zweimal fehlgeschlagen ist und der Hersteller die Schuldvermutung nicht widerlegen kann, tritt die Kundenbank AG vom Vertrag zurück und erwirbt bei einem anderen Verkäufer eine gleichartige Maschine **(Deckungskauf).** Dabei entstehen Mehrkosten in Höhe von 180,00 EUR. Außerdem kann eine Woche lang kein Kaffee ausgeschenkt werden. Der dadurch entgangene Gewinn beträgt 250,00 EUR. Die gesamte Schadenssumme in Höhe von 430,00 EUR kann als Schadensersatz statt der Leistung geltend gemacht werden.

§ 284 BGB

⑤ Ersatz vergeblicher Aufwendungen

Anstelle des Schadensersatzes statt der Leistung kann der Käufer auch Ersatz vergeblicher Aufwendungen verlangen. Vergebliche Aufwendungen sind solche, die im Vertrauen auf eine ordnungsgemäße Leistung erbracht wurden, die aber aufgrund der mangelhaften Leistung unnütz geworden sind.

§ 441 BGB

⑥ Minderung

- **Minderung** bedeutet, dass der ursprüngliche Kaufpreis um die Wertminderung, die der Mangel verursacht hat, gekürzt wird.
- Der **Kaufvertrag bleibt bestehen.**

Minderung wird in der Regel verlangt, wenn die Ware nur kleinere Mängel aufweist, sodass der Käufer die Ware weiterverwenden (z. B. verarbeiten oder weiterveräußern) kann.

Das Recht auf Minderung gilt auch für **unerhebliche Mängel.**

Beispiel:

Ein für ein Beratungszimmer angeschafftes Klimagerät mit Wandhalterung, das von der Kundenbank AG für 1 500,00 EUR gekauft wurde, leistet nicht wie vertraglich vorgesehen 3,2 kW, sondern nur 2,6 kW. Da es nicht innerhalb einer gesetzten Frist zur Nacherfüllung durch den Lieferer kommt, verlangt die Kundenbank AG Minderung. Ein Kleingerät mit einer Leistung von 2,6 kW könnte es für 1 050,00 EUR erwerben. Der Kundenbank AG steht ein Minderungsanspruch in Höhe von 450,00 EUR zu.

⑦ Schadensersatz neben der Leistung

Liegt ein Verschulden des Verkäufers vor, dann kann der Käufer neben der Minderung auch noch Schadensersatz neben der Leistung verlangen.

Sonderregelungen zu den Gewährleistungsrechten beim Verbrauchsgüterkauf

- **Gefahrübergang**

Beim Verbrauchsgüterkauf tritt der Gefahrübergang erst ein, wenn der Verbraucher die Kaufsache erhalten hat. § 474 II, S. 2 BGB

- **Beweislastumkehr**

Beim Auftreten eines Sachmangels in den ersten **zwölf Monaten** nach Gefahrübergang wird zugunsten des Verbrauchers gesetzlich **vermutet,** dass der Mangel bereits **beim Gefahrübergang** der Kaufsache vorhanden war.

Bestreitet der Verkäufer, dass der Mangel bereits beim Gefahrübergang bestand, dann muss er dies dem Verbraucher beweisen. Die Beweislastumkehr kann durch „Allgemeine Geschäftsbedingungen" **nicht ausgeschlossen** werden. **Nach** Ablauf der zwölf Monate obliegt die Beweispflicht dem **Käufer.**

Beispiel:

Bei einem im Juli erworbenen Dachfenster tritt im Oktober bei Regen Wasser ein. Es zeigt sich, dass sich Dichtungen im Rahmen großflächig ablösen. Hier spricht die Vermutung für eine von Anfang an fehlerhafte Qualität der Dichtungen bzw. ihrer Verklebung.

- **Verjährungsfristen für Mängelansprüche**

Bei einem Mangel, der sich innerhalb der regulären Gewährleistungsfrist gezeigt hat, tritt die Verjährungsfrist erst **vier Monate nach dem Zeitpunkt ein,** in dem sich der Mangel **erstmals gezeigt** hat. Da die gewöhnliche Verjährungsfrist bei Nacherfüllung im Regelfall zwei Jahre beträgt, kann die neue gesetzliche Regelung zu einer Verlängerung der Verjährung führen. § 475 e IV BGB

Beispiel:

Wird ein Mangel an einem Laptop erst im 23. Monat festgestellt, kann der Verbraucher seine Ansprüche noch bis zum 27. Monat nach Lieferung geltend machen.

- **Abweichende vertragliche Regelungen**

Abweichende Regelungen zum **Nachteil** des Verbrauchers sind **unwirksam.** § 475 I, II BGB

2.2.1.3 Verjährungsfristen von Mängelansprüchen kennen

Der Käufer muss seine Gewährleistungsansprüche innerhalb bestimmter Fristen geltend machen. Werden diese Fristen vom Käufer nicht beachtet, kann er seine Rechte, die sich aus der mangelhaften Lieferung ergeben, nicht mehr gerichtlich durchsetzen.

Verjährungsgegenstand	Verjährungsfrist	Beginn der Verjährung
Ansprüche auf Nacherfüllung, Schadensersatz, Ersatz vergeblicher Aufwendungen.	2 Jahre (Regelfall) 1 Jahr (gebrauchte Sachen)	Unmittelbar mit Lieferung der beweglichen Sache.
Mängelansprüche, bei denen der Verkäufer einen **Mangel arglistig**[1] **verschwiegen** hat.	3 Jahre (regelmäßige Verjährungsfrist)	Mit Schluss des Jahres, in dem der Anspruch entstanden ist und der Gläubiger davon und vom konkreten Schuldner Kenntnis erlangt oder grob fahrlässig nicht erlangt hat.

1 **Arglistig** handelt, wer wahre Tatsachen unterdrückt (der Verkäufer kennt z.B. den erheblichen Mangel der Kaufsache bereits bei Übergabe der Kaufsache an den Käufer) oder falsche Tatsachen „vorspiegelt" (der Verkäufer erklärt z.B. wahrheitswidrig, dass das verkaufte Auto für 100 km Fahrstrecke auch bei Höchstgeschwindigkeit höchstens 6,0 Liter Treibstoff verbraucht).

Kompetenztraining

10 1. Klären Sie folgende Begriffe:

1.1 Leistungsstörung
1.2 mangelhafte Lieferung
1.3 Pflichtverletzung
1.4 Vorsatz
1.5 Fahrlässigkeit
1.6 Sachmangel
1.7 Rücktritt vom Vertrag
1.8 Minderung

2. Alexander Fuchs hat am 8. April 20.. im Baumarkt Baufix KG einen neuen Rasenmäher gekauft. Am 22. Mai 20.. brach beim Rasenmähen der Gashebel ab. Nun verlangt er von der Baufix KG einen neuen Rasenmäher.

Aufgaben:

2.1 Erklären Sie, warum der Rasenmäher wegen des Abbrechens des Gashebels einen Sachmangel hat!

2.2 Stellen Sie dar, wie die Baufix KG auf die Forderung von Alexander Fuchs nach einem neuen Rasenmäher reagieren kann!

2.3 Angenommen, die Baufix KG lehnt alle Gewährleistungsrechte von Alexander Fuchs ab. Sie verweist auf ihre allgemeinen Geschäftsbedingungen, in denen sich nebenstehende Klausel befindet:

> „Unsere Produkte unterliegen einer strengen Qualitätskontrolle. Rechte wegen Mängeln an unseren Produkten können nur gegenüber den Herstellern geltend gemacht werden."

Zeigen Sie auf, ob die Baufix KG einen Anspruch von Alexander Fuchs auf Nachlieferung und/oder Schadensersatz ablehnen darf!

3. Käufer Kimmerle kauft vom Autohaus Veigel e. Kfm. einen Neuwagen. Vier Wochen nach Übergabe funktioniert die Klimaanlage auf langen Fahrten nicht ordnungsgemäß. Der Mangel war für das Autohaus Veigel e. Kfm. trotz intensiver Prüfung des Pkw nicht zu erkennen.

Aufgabe:

Erklären Sie, welche Rechte Kimmerle gegen das Autohaus Veigel e. Kfm. geltend machen kann und welche Voraussetzungen dabei zu beachten sind!

4. Der Kunde Luca Kern kauft im Elektrogeschäft Lisa Vetter e. Kfr. eine Spielkonsole. Beim Auspacken der Spielkonsole stellt Luca kleinere Lackschäden an der Oberseite der Konsole fest, die dem Elektrohaus Lisa Vetter e. Kfr. nicht aufgefallen waren.

Aufgabe:

Begründen Sie, ob Luca Kern Nachbesserung bzw. Neulieferung verlangen kann!

5. Lisa Kramer kauft vom Autohaus Veigel e. Kfm. einen Neuwagen. Nach einigen Wochen stellt sie erhebliche Mängel fest. Außerdem ist ihr durch die Mängel ein Schaden in Höhe von 2 500,00 EUR entstanden.

Aufgabe:

Nennen Sie die Voraussetzungen, die vorliegen müssen, damit Kramer im Normalfall das Recht „Schadensersatz statt Leistung" geltend machen kann!

6. Jona Krimmer kauft vom Autohaus Veigel e. Kfm. ein neues Elektroauto (Marke „SX") des Produzenten Pollux, der in Werbebroschüren mit dem Slogan *„Mit durchschnittlich 10 kWh Strom pro 100 km sind Sie beim SX dabei"* wirbt. Nach Übergabe stellt Krimmer fest, dass der tatsächliche Verbrauch des „SX" bei 30 kWh Strom liegt.

Aufgabe:

Stellen Sie die Rechte dar, die Krimmer zustehen!

7. Der Juwelier Vollmer e. Kfm. verkauft einen 30 Jahre alten Ohrring aus „echtem Gold" an Hannes Krebs. Letzterer entdeckt später, dass der Ring nicht aus Gold, sondern nur aus vergoldetem Messing war. Vollmer konnte hiervon nichts wissen.

   Aufgabe:

   Stellen Sie die Rechte dar, die Hannes Krebs zustehen!

8. Der 24-jährige Bankkaufmann Matteo Krupp kauft von der Vorbach KG ein neues Motorrad. Drei Monate nach Übergabe streikt der Motor. Es ist nicht feststellbar, ob der Mangel aufgrund eines Materialfehlers bereits bei Übergabe vorhanden war oder auf fehlerhafte Bedienung von Matteo Krupp zurückzuführen ist.

   Aufgabe:

   Begründen Sie, ob Matteo Krupp Gewährleistungsrechte geltend machen kann!

9. Prüfen Sie in den nachfolgenden Fällen, ob es sich um einen

   ① Rechtsmangel,

   ② Sachmangel im Sinne eines Mangels in der Beschaffenheit,

   ③ Sachmangel im Sinne eines Mangels in der Montage,

   ④ Sachmangel im Sinne einer Falschlieferung (Aliud),

   ⑤ Sachmangel im Sinne einer Minderlieferung,

   ⑥ Sachmangel im Sinne eines falschen Werbeversprechens handelt!,

   Trifft hingegen keine der vorgenannten Mangelarten zu, tragen Sie eine ⑨ ein!

Nr.	Aussage	
a)	Der Filialleiter Marcel Hinz kauft ein weißes Oberhemd für 119,00 EUR. Nach dem Waschen und Trocknen stellt sich heraus, dass das Hemd stark knittert und gebügelt werden muss.	
b)	Die Auszubildende Anna Brugger bestellt in einem Möbelhaus ein Esszimmer aus Kirschbaumholz. Vereinbarungsgemäß werden Tisch und Stühle separat geliefert. Bei Auslieferung des Tischs stellt sich heraus, dass dieser Lackfehler aufweist.	
c)	Nur wenige Tage nach der Lieferung des Esszimmertischs (vgl. Fall b) werden die bestellten Stühle ausgeliefert. Anna stellt jedoch fest, dass statt der sechs nur vier Stühle geliefert werden.	
d)	Der Auszubildende Fynn Sefzyck bestellt im Internet eine Regenjacke, die als absolut wasserundurchlässig angepriesen wird. Beim ersten Tragen stellt Fynn fest, dass seine Kleidung im Regen trotz Jacke nach fünf Minuten vollkommen nass ist.	
e)	Die 19-jährige Hannah kauft bei einem Schmuckhändler eine Goldkette. Nur wenige Tage später stellt sich heraus, dass es sich bei der gekauften Kette um Diebesgut handelt.	
f)	Lara Mutschler kauft in einem Lederwarengeschäft eine neue Handtasche aus Echtleder. Da ein Reißverschluss im Inneren der Tasche klemmt, wird die Tasche 30,00 EUR günstiger angeboten.	
g)	Als Lara (vgl. Fall f) die Handtasche zu einem örtlichen Schuster zur Reparatur bringt, stellt dieser fest, dass es sich bei der Tasche um Kunstleder handelt.	
h)	Der 19-jährige Noah möchte seinen Eltern zu Weihnachten eine Freude machen und bestellt im Internet ein Kaffeeservice. Nach wenigen Tagen erhält er ein Paket mit einem Teeservice.	

2.2.2 Zahlungsverzug (Nicht-Rechtzeitig-Zahlung)

Lernsituation 6: Die Auszubildende Maja befindet sich im Zahlungsverzug

Die 20-jährige Maja absolviert seit mehr als einem Monat eine Ausbildung zur Bankkauffrau bei der Kundenbank AG. Für diese Ausbildung ist sie aus ihrer ländlichen Heimat im Schwarzwald nach Freiburg in ihre erste eigene Wohnung gezogen.

Damit sie sich in ihrem neuen Umfeld wohlfühlt, legt sie großen Wert auf eine hochwertige und moderne Ausstattung ihrer kleinen Mietwohnung. Zu diesem Zweck hat sie in den letzten Wochen mehrere Möbelhäuser in Freiburg aufgesucht, um sich nach einem für sie perfekten Sofa umzusehen. Schließlich wurde sie fündig und hat sich, trotz des hohen Kaufpreises von 1 785,00 EUR, für ein hochwertiges Echtleder-Sitzmöbel eines namhaften Herstellers entschieden. Vereinbart wurde eine Lieferung auf Rechnung, wobei Maja aushandeln konnte, dass für die Auslieferung keine zusätzlichen Kosten anfallen.

Vier Wochen nach der Bestellung wird das Sofa am 14. November 20.. ordnungsgemäß ausgeliefert und die Rechnung übergeben.

Designmöbel Wonnemann GmbH

Designmöbel Wonnemann GmbH · Schwarzwaldstr. 4 · 79098 Freiburg
Maja Gschwindner
Saulgauer Allee 15
79098 Freiburg

Bei Rückfragen bitte stets angeben:

Rechnungsnummer:	6559/16
Rechnungsdatum:	14.11.20..
Bestellnummer:	9287
Bestelldatum:	14.10.20..
Lieferscheinnummer:	2559/16
Telefon:	0761 47110

Rechnung

Wir berechnen für unsere Lieferung vom 14.11.20..

Artikel-Nr.	Menge	Bezeichnung	Einzelpreis EUR	Gesamtpreis EUR
17-04	1	Lounge Design „New York" Nappaleder, Farbe: Wüstensand	1 500,00	1 500,00
		+ 19 % USt		285,00
		Rechnungsbetrag		1 785,00

Zahlungsbedingungen: Der Rechnungsbetrag ist innerhalb von 10 Tagen ab Rechnungsdatum fällig.

Designmöbel Wonnemann GmbH
Schwarzwaldstr. 4, 79098 Freiburg
Registergericht Freiburg im Breisgau HRB 1502
USt-ID Nr. DE 79 653 658
Geschäftsführer: Heiner Wonnemann

Bankverbindungen:
Deutsche Bank Freiburg im Breisgau
IBAN: DE18680700300000123568, BIC: DEUTDE6FXXX
Sparkasse Freiburg – Nördlicher Breisgau
IBAN: DE18680501010002564789, BIC: FRSPDE66XXX

Die Finanzierung des Rechnungsbetrags hat Maja wie folgt geregelt: Von den Eltern erhält sie einen Zuschuss von 1500,00 EUR. Den Restbetrag will sie von ihrer Ausbildungsvergütung für den Monat Dezember bestreiten. Dann erhält sie nämlich mit dieser Zahlung zusätzlich ein anteiliges Weihnachtsentgelt in Höhe von 350,00 EUR.

Nach Gutschrift der Ausbildungsvergütung inklusive Weihnachtsgeld überweist Maja am 19. Dezember 20.. den offenen Rechnungsbetrag an die Designmöbel Wonnemann GmbH. Am 22. Dezember 20.. kommt Maja gut gelaunt von der Arbeit in ihre Wohnung und freut sich schon auf einen entspannten Fernsehabend auf ihrem neuen Sofa. Vor Betreten der Wohnung leert sie noch schnell ihren Briefkasten und wundert sich über ein Schreiben von der Designmöbel Wonnemann GmbH.

Sofort öffnet sie den Brief und traut ihren Augen kaum. Die Designmöbel Wonnemann GmbH verlangt von ihr die Zahlung von 9,30 EUR. Bei diesem Betrag soll es sich gemäß dem Schreiben um Verzugszinsen handeln, die durch die verspätete Zahlung angefallen sind.

Völlig empört greift sie zum Smartphone und ruft ihre beste Freundin Charlotte an. Nach kurzer Schilderung des aus ihrer Sicht unverschämten Vorgangs führt Maja an, dass sie sich zwar mit der Zahlung etwas Zeit gelassen habe, aber deshalb von dem Möbelhaus keine Mahnung erhalten hätte. Allein schon deshalb sei die Rechnung eine absolute Unverschämtheit und für sie nicht akzeptabel. Außerdem befürchtet Maja, dass die Berechnung der Verzugszinsen doch der SCHUFA gemeldet wird und sie dann ihren Ausbildungsplatz bei der Kundenbank AG los ist.

Nachdem Charlotte sich die Sichtweise von Maja aufmerksam angehört hat, schlägt sie vor, dass Maja sich beruhigen soll und sich doch die Rechnung in Bezug auf die Zahlung noch einmal genau ansehen solle.

Kompetenzorientierte Arbeitsaufträge:

1. Erläutern Sie, was man unter Zahlungsverzug versteht!
2. Der Eintritt des Zahlungsverzugs ist auch davon abhängig, ob der Zahlungszeitpunkt nach dem Kalender genau bestimmt (oder berechenbar) ist oder nicht. Unterscheiden Sie diese beiden Fälle und geben Sie jeweils zwei konkrete Beispiele an!
3. **Übersichtsmatrix**

   Bei Vorliegen von Zahlungsverzug stehen dem Gläubiger unterschiedliche Rechte zu. Erstellen Sie eine Übersicht zu diesen Rechten!
4. Prüfen Sie, ob im oben angeführten Fall die Voraussetzungen für einen Zahlungsverzug vorliegen!
5. Begründen Sie, ob die Designmöbel Wonnemann GmbH zu Recht Verzugszinsen fordern darf!
6. Recherchieren Sie, ob Maja wegen dieser Verzugszinsen einen Eintrag in der SCHUFA erhält!
7. Überprüfen Sie die Höhe der Verzugszinsen bei einem unterstellten Basiszinssatz von 2,5 %! Erstellen Sie anschließend für die Designmöbel Wonnemann GmbH – ggf. mithilfe eines Tabellenkalkulationsprogramms (z. B. Excel) – ein Schema zur Berechnung von Verzugszinsen für private und gewerbliche Kunden!

2.2.2.1 Begriff Zahlungsverzug

Ein Schuldner gerät mit seiner geschuldeten Zahlung **in Verzug,** wenn
- der **Gläubiger** seinen Teil des **Vertrags erfüllt** hat,
- der **Gläubiger** den fälligen Betrag **nicht oder nicht rechtzeitig** erhalten hat und
- der **Schuldner** den Zahlungsverzug **verschuldet**[1] hat.

§ 271 a I BGB

Nach dem „Gesetz zur Bekämpfung von Zahlungsverzug im Geschäftsverkehr" dürfen bei allen **Geschäften zwischen Unternehmen** nur Zahlungsfristen von maximal 60 Tagen[2] vertraglich vereinbart werden. Die Zahlungsfrist beginnt zum Zeitpunkt

- des **Empfangs der Leistung** (z. B. der Waren) oder
- des **Rechnungszugangs** oder
- des in der Rechnung **genannten Zeitpunkts.**

Der Gläubiger muss **in der Regel** den Zahlungspflichtigen **nicht mahnen,** es sei denn, der Zahlungszeitpunkt ist nicht genau bestimmt und nicht berechenbar.

Beim Zahlungsverzug handelt es sich um eine nur **vorübergehende Leistungsstörung.** Die Nachholbarkeit ist grundsätzlich immer möglich.[3]

2.2.2.2 Eintritt des Zahlungsverzugs

(1) Zahlungszeitpunkt nach dem Kalender genau bestimmt oder berechenbar

§ 286 II BGB

Ist der **Zahlungszeitpunkt** nach dem Kalender **genau bestimmt** oder lässt sich der Zahlungszeitpunkt **kalendermäßig genau berechnen,** so tritt der Zahlungsverzug **unmittelbar nach Überschreiten** des Zahlungstermins ein.[4]

§ 286 II BGB

Ein **Zahlungstermin** ist nur dann **genau bestimmt,** wenn er **vertraglich vereinbart** ist.

Eine Leistungszeit kann nicht durch eine einseitige Erklärung bestimmt werden. Durch den bloßen Aufdruck des Zahlungstermins durch den Verkäufer auf einer Rechnung kann somit der Zahlungstermin nicht festgelegt werden.

Beispiele:

- Im Vertrag wird ein **kalendermäßig genau bestimmter Zahlungszeitpunkt** vereinbart:
  - *„Der Kaufpreis ist bis zum 15. Januar auf das vom Verkäufer genannte Konto zu überweisen."* Der Käufer kommt mit Ablauf des 15. Januars in Verzug.
  - *„Der Kaufpreis ist zahlbar im Mai 20.."* Der Käufer kommt mit Ablauf des 31. Mai 20.. in Verzug.

1 Ein Verschulden wird bei Zahlungsverzug immer unterstellt.

2 Im Einzelfall können längere Zahlungsfristen vereinbart werden, sofern sie **ausdrücklich getroffen** werden und den **Gläubiger nicht grob benachteiligen.**

3 Der Käufer kann **nicht** auf eine **unverschuldete Mittellosigkeit verweisen:** „Geld hat man zu haben", gegebenenfalls durch Aufnahme eines Darlehens.

4 Ist der Kunde ein Verbraucher [§ 13 BGB], so muss auf jeden Fall einmal gemahnt werden (Urteil BGH vom 25. 10. 2007, III ZR 91/07).

- Im Vertrag wird ein **kalendermäßig genau berechenbarer Zahlungszeitpunkt** vereinbart:
  - *„Der Kaufpreis ist innerhalb von 10 Kalendertagen nach Rechnungs**datum** zu leisten."* Ist die Rechnung auf den 17. Juni datiert, ist der Käufer mit Ablauf des 27. Juni in Zahlungsverzug.
  - *„Der Kaufpreis ist innerhalb von 8 Kalendertagen nach Mitteilung des Notars vom Vorliegen der Eintragungsvoraussetzungen auf das vom Verkäufer benannte Konto zu überweisen."* Erhält der Käufer die Mitteilung des Notars am 1. Juli, so befindet sich der Käufer mit Ablauf des 9. Juli in Zahlungsverzug.

(2) Zahlungszeitpunkt nicht genau bestimmt und nicht berechenbar

§ 286 I, S. 1 BGB

Ist der Zahlungszeitpunkt weder genau bestimmt noch kalendermäßig berechenbar, dann kommt der Käufer in Zahlungsverzug, wenn er auf eine vom Verkäufer **nach der Fälligkeit erfolgte Mahnung** nicht zahlt.

Beispiele:

- *„Zahlbar 14 Tage nach Rechnungs**erhalt**"*
- *„Zahlbar sofort"*
- *„Zahlbar ab 20. April 20.."*

Hinweis:

§ 286 III, S. 1 BGB

- **Verzichtet der Verkäufer auf eine Mahnung oder verweigert der Käufer die Zahlung** ernsthaft und endgültig, so befindet sich der Käufer **spätestens 30 Tage nach Fälligkeit und Zugang einer Rechnung** in Zahlungsverzug.[1]
- Der **Verkäufer kann** somit **wählen,** ob er z. B.
  - nach Zugang einer Rechnung beim Käufer durch eine **rasche Mahnung nach Fälligkeit** schon **vor Ablauf von 30 Tagen** den Zahlungsverzug herbeiführen will oder ob er
  - durch **bloßes Zuwarten** den Verzug **erst nach 30 Tagen** eintreten lässt.
- Beim **Verbrauchsgüterkauf** gilt diese Regel nur, wenn in der **Rechnung besonders darauf hingewiesen** wurde. Fehlt dieser Hinweis, dann bedarf es einer **Mahnung,** damit Verzug eintritt.

Beispiel:

Die Kundenbank AG erhält am 2. August 20.. von der AMID GmbH München eine Rechnung über gelieferte Bürodrehstühle mit dem Hinweis „Zahlbar sofort". Bei Nichtzahlung ist die Kundenbank AG **ohne Mahnung am 2. September 20..** in Zahlungsverzug.

Erhält die Kundenbank AG am 17. August eine **Mahnung** der AMID GmbH München wegen Nichtzahlung, dann ist sie **ab dem 17. August** in Zahlungsverzug.

1 Die **30-Tage-Regelung** gilt nur für **Entgeltforderungen**.

2.2.2.3 Rechtsfolgen (Rechte des Verkäufers)

(1) Überblick

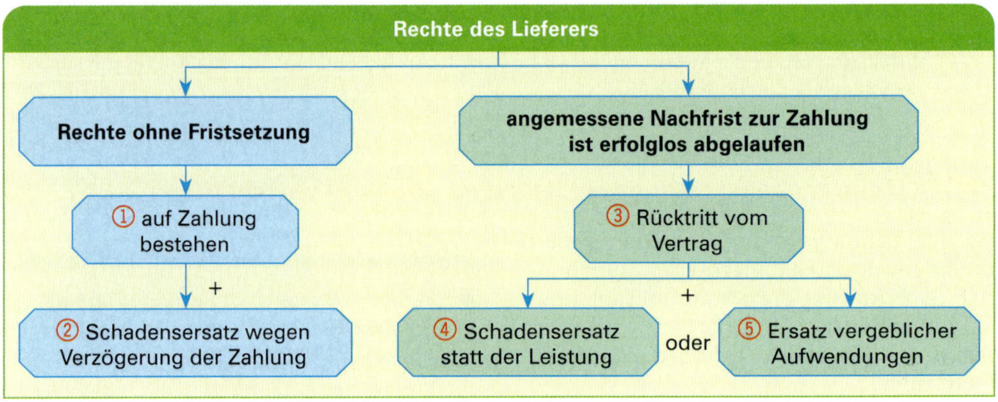

(2) Rechte ohne Fristsetzung

① Auf Zahlung bestehen

Der Verkäufer besteht auf dem vereinbarten Kaufpreis. Zahlt der Käufer nach dem Zahlungstermin, stellt der Verkäufer keine weiteren Ansprüche.

② Schadensersatz wegen Verzögerung der Zahlung

§ 249 I BGB § 288 Abs. 1, 2 BGB

Der Verkäufer ist berechtigt, vom Käufer einen angemessenen Ersatz **aller** durch den Zahlungsverzug bedingten Verzugsschäden zu verlangen. Der Verkäufer ist so zu stellen, wie er vermögensmäßig stehen würde, wenn der Käufer rechtzeitig gezahlt hätte.[3]

Beispiele für Verzugsschäden:

- Gesetzliche Verzugszinsen (beim Verbrauchsgüterkauf **5 Prozentpunkte,** unter Kaufleuten **9 Prozentpunkte** über dem Basiszinssatz)[1]
- Kosten des Inkassobüros,[2] Anwalts- und Gerichtskosten, Porto

Bei **nachgewiesenen höheren** Zinsen kann der Gläubiger abweichend von den gesetzlichen Verzugszinsen diese geltend machen.

(3) Rechte nach erfolgloser angemessener Fristsetzung zur Zahlung

③ Rücktritt vom Kaufvertrag

§ 323 I BGB

Ist eine vom Verkäufer gesetzte angemessene Frist zur Zahlung erfolglos abgelaufen, kann der Verkäufer vom Vertrag zurücktreten. Beim Rücktritt sind alle bereits erbrachten Leistungen zurückzuerstatten, beispielsweise die gelieferte Ware durch den Käufer oder eine erhaltene Zahlung durch den Verkäufer.

---

1 Der **Basiszinssatz** wird von der Europäischen Zentralbank bestimmt. Er beträgt aktuell 1,52 % (Stand Juli 2026).

2 **Inkasso**: Einzug von Geldforderungen.

3 Grundsätzlich kann der Gläubiger jedoch bei jedem Verzugsschaden eine Verzugspauschale von 40,00 EUR beanspruchen [§ 288 Abs. 5 BGB].

Ein Rücktritt ist **nicht möglich,** wenn der **Schaden unerheblich** ist. § 323 V, S. 2 BGB

④ Schadensersatz statt der Leistung

Dies kann der Verkäufer zusätzlich zum Rücktritt vom Vertrag verlangen. Voraussetzung ist, dass den Käufer ein Verschulden trifft. Der Anspruch auf Zahlung ist damit ausgeschlossen.

⑤ Ersatz vergeblicher Aufwendungen

Anstelle des Schadensersatzes statt der Leistung kann der Verkäufer auch Ersatz vergeblicher Aufwendungen verlangen.

Beispiel:

Ein Käufer zahlt nicht. Der Verkäufer nimmt die Ware zurück und verkauft sie anderweitig, jedoch zu einem niedrigeren Preis. Den Preisunterschied, die Rücknahmekosten und gegebenenfalls weitere entstandene Verzugskosten (z. B. Verzugszinsen) hat der Käufer zu tragen.

Kompetenztraining

11

1. Nennen Sie die Voraussetzungen, die geprüft werden müssen, um zu beurteilen, ob ein Zahlungsverzug vorliegt oder nicht!
2. Geben Sie Vertragsformulierungen an, die einer Mahnung bedürfen, damit der Zahlungsverzug eintritt!
3. Nennen Sie die Bedingungen unter welchen eine Mahnung entbehrlich ist!
4. Erläutern Sie die 30-Tage-Regel!
5. Geben Sie für die folgenden Fälle an, wann das Entgelt spätestens zu zahlen ist, wenn Zahlungsverzug vermieden werden soll!

Nr.	Vereinbarte Zahlungsbedingung
a)	Zahlbar innerhalb von 10 Tagen ab Rechnungsdatum unter Abzug von 3 % Skonto, Ziel 30 Tage ab Rechnungsdatum (zweiseitiger Handelskauf)
b)	Ziel 20 Tage ab Rechnungsdatum (zweiseitiger Handelskauf)
c)	Sofort (zweiseitiger Handelskauf)
d)	Sofort (einseitiger Handelskauf, kein Hinweis auf „30-Tage-Regel“)
e)	Keine Zahlungsbedingungen vereinbart (zweiseitiger Handelskauf)
f)	Keine Zahlungsbedingungen vereinbart (einseitiger Handelskauf, mit Hinweis auf „30-Tage-Regel“)
g)	Keine Zahlungsbedingungen vereinbart (einseitiger Handelskauf, Hinweis auf „30-Tage-Regel“ fehlt)

DOWNLOAD

6. Die Kundenbank AG erhält am 2. Juni 20.. von ihrem Lieferer folgende Rechnung über 44000,00 EUR zuzüglich 19 % USt. Als Zahlungsbedingungen wurden vereinbart: Zahlung innerhalb von 10 Tagen ab Rechnungsdatum mit 2 % Skonto oder 30 Tage netto Kasse. Rechnungsdatum ist der 1. Juni 20..

   Aufgaben:

   Erläutern Sie, ob die Kundenbank AG in Zahlungsverzug ist, wenn sie

   6.1 den Rechnungsbetrag abzüglich 2 % Skonto am 12. Juni 20.. überweist,

   6.2 den Rechnungsbetrag ohne Skonto am 15. Juli 20.. bezahlt hat!

7. Privatmann Schneider kauft sich einen Pkw vom Autohaus Gruber OHG. Er leistet eine Anzahlung, der Rest von 25000,00 EUR ist fällig und bereits angemahnt zum 10. November. Der Restbetrag trifft beim Autohaus jedoch erst am 10. Januar ein. Das Autohaus hat in der Zwischenzeit bei seiner Bank einen Kontokorrentkredit zu 10 % Zins über dem Basiszinssatz in Anspruch genommen.

   Aufgaben:

   7.1 Klären Sie rechtlich, ob das Autohaus Gruber OHG die Erstattung der Zinsen verlangen kann!

   7.2 Erläutern Sie die Rechtslage, wenn beide Personen Kaufleute und dieser Kauf für beide ein Handelsgeschäft gewesen wäre!

8. Das Hotel „Goldener Adler" schickt am 20.05.20.. eine Rechnung über 3800,00 EUR zuzüglich 19 % USt an die Kundenbank AG wegen Durchführung einer Schulungstagung. Zugang der Rechnung ist am 22.05.20.. Als Zahlungsbedingung wurde vereinbart: „Zahlung sofort ohne Abzug".

   Aufgaben:

   8.1 Stellen Sie dar, ob sich die Kundenbank AG in Zahlungsverzug befindet, wenn beim Hotel am 10.06. noch keine Zahlung eingegangen ist!

   8.2 Die Kundenbank AG erhält am 12.06. eine Mahnung. Der „Goldene Adler" weist darauf hin, dass die Rechnung bis zum 20.06. gezahlt sein muss. Erläutern Sie, zu welchem Zeitpunkt die Kundenbank AG in Verzug ist!

9. Überprüfen Sie die nachfolgenden Aussagen und entscheiden Sie, welche der Aussagen falsch ist! Ist keine der Aussagen falsch, tragen Sie eine ⑨ in das Kästchen ein!

   ① Bei dem Hinweis auf der Rechnung „Zahlbar ab 15. September 20.." bedarf es einer Mahnung, um den Käufer nach dem 15. September in Verzug zu setzen.

   ② Zu den Rechten des Verkäufers ohne Nachfristsetzung zählt auch, dass er dem Käufer die ihm eventuell wegen der Zahlungsverzögerung entstandenen Anwalts- und Gerichtskosten in Rechnung stellen kann.

   ③ Nach erfolgloser angemessener Nachfrist zur Zahlung kann der Verkäufer vom Vertrag zurücktreten und zusätzlich noch Schadensersatz statt Leistung verlangen.

   ④ Beträgt der Basiszinssatz 1,5 %, so belaufen sich die gesetzlichen Verzugszinsen beim Verbrauchsgüterkauf auf insgesamt 6,5 %.

   ⑤ Der Verkäufer kann das Recht auf Schadensersatz statt der Leistung nur nach erfolgloser angemessener Nachfrist zur Zahlung in Anspruch nehmen.

   ⑥ Steht auf einer Rechnung „zahlbar 14 Tage nach Erhalt der Rechnung", so tritt der Zahlungsverzug auch ohne Mahnung automatisch mit Ablauf des berechenbaren Kalendertages ein.

2.3 Regelmäßige Verjährung darstellen

Lernsituation 7: Charlotte ist überzeugt von der Verjährung ihrer Rechnung

Fortsetzung der Lernsituation 6

Nachdem sich Maja auf den Rat von Charlotte hin die Rechnung noch einmal genauer angesehen hat, ist sie sich darüber im Klaren, dass sie die geforderten 7,50 EUR zeitnah an die Designmöbel Wonnemann GmbH überweisen sollte. Um sich bei Charlotte für den Hinweis zu bedanken, greift sie zum Smartphone. Sie schildert ihrer Freundin kurz den neuen Erkenntnisstand und teilt mit, dass ihr Ärger schon so gut wie verflogen sei.

Daraufhin erzählt ihr Charlotte, dass auch sie heute ziemlich unangenehme Post erhalten habe. Sie hätte sich Anfang vorletzten Jahres im Internet ein reduziertes Oberteil bestellt, dass ihr aber nach dem Auspacken nicht sonderlich gefallen habe. Das Kleidungsstück hätte sie anschließend im Kleiderschrank verstaut und sei deshalb ebenso in Vergessenheit geraten wie die Rechnung. Und nunmehr erhalte sie nach fast drei Jahren erneut eine Rechnung in Höhe von 29,90 EUR. Natürlich habe sie das Kleidungsstück seinerzeit gekauft, doch sie kann nicht so recht daran glauben, dass man nach so langer Zeit noch den Kaufpreis verlangen könne. Nach ihrer Ansicht müsste das doch längst verjährt sein.

Da hätte der Verkäufer sich doch viel früher melden müssen. Am Schluss fragt Charlotte: *„Habe ich da recht oder siehst du das anders?"*

Kompetenzorientierte Arbeitsaufträge:

1. Erläutern Sie, was man unter Verjährung versteht und welche Folgen die Verjährung mit sich bringt!
2. Nennen Sie die Verjährungsfrist für Ansprüche aus Verbrauchsgüterkaufverträgen!
3. Prüfen Sie, ob der Rechnungsbetrag im vorliegenden Fall verjährt ist oder ob Charlotte den Betrag noch zahlen muss!
4. Angenommen, Charlotte hätte das Oberteil damals nach Erhalt gleich bezahlt, aber erst nach ca. 18 Monaten erstmals anprobiert. Dabei stellt sie fest, dass der Reißverschluss defekt ist.

   Prüfen Sie, ob dieser Sachmangel verjährt ist!
5. **Übersichtsmatrix**

   Erstellen Sie zu den Kapitel 2.2 und 2.3 mittels digitaler Medien eine kreative Übersicht als Vorbereitung auf die nächste Klausur!

2.3.1 Begriff Verjährung

- Die **Verjährung** legt den **Ablauf** der **Frist** fest, innerhalb der ein **Anspruch erfolgreich gerichtlich geltend gemacht werden kann.**
- Ein **Anspruch** ist das Recht, von einem anderen ein **Tun** oder ein **Unterlassen** zu verlangen.

§ 214 BGB

Die Verjährung bedeutet **nicht,** dass der Anspruch nach vollendeter Verjährung **erloschen** ist. Dem Schuldner wird nach Ablauf der Verjährungsfrist gesetzlich lediglich das Recht eingeräumt, sich nach seinem freien Ermessen auf die vollendete Verjährung zu berufen und die Leistung zu verweigern. Er hat das Recht zur **„Einrede der Verjährung"**. Erfüllt ein Schuldner also einen bereits verjährten Anspruch, kann er die Leistung nicht mehr erfolgreich zurückfordern.

Beispiel:

In Unkenntnis der bereits eingetretenen Verjährung des Zahlungsanspruchs seines Verkäufers zahlt der Käufer den Kaufpreis. Der Käufer kann die Zahlung nicht nach den Grundsätzen der ungerechtfertigten Bereicherung vom Verkäufer zurückfordern.

Zweck der **Verjährung** ist vor allem, die **Rechts- und Beweissicherheit** des **Rechtsverkehrs** zu erhöhen.

2.3.2 Verjährungsfristen

Für die Verjährung gilt grundsätzlich die **Regelfrist** von **3 Jahren.** Daneben gibt es noch eine Reihe von Sonderregelungen.

(1) Regelmäßige Verjährungsfristen

3 Jahre	
§ 195 BGB **Geltung**	▪ Wiederkehrende Leistungen (Miete, Pacht, Zinsen) ▪ Rechtsgeschäfte zwischen Kaufleuten bzw. Privatleuten ▪ Ansprüche aus unerlaubten Handlungen (z. B. Körperverletzung) ▪ Forderungen aufgrund arglistig verschwiegener Mängel ▪ ...
§ 199 BGB **Fristbeginn**	Mit Schluss des Jahres, in dem der Anspruch entstanden ist.

Beispiel:

Das Autohaus Hoffmann & Kraemer GmbH verkauft an die Kundenbank AG mit Vertrag vom 15. Februar 2026 zwei Neuwagen für die Vorstände. Zu welchem Zeitpunkt verjähren die Ansprüche auf Zahlung des Kaufpreises und Lieferung des Fahrzeugs?

Die Ansprüche sind am 15. Februar 2026 entstanden. Das Autohaus Hoffmann & Kraemer GmbH und die Kundenbank AG haben jeweils Kenntnis von den Anspruch begründenden Umständen und der Person des Schuldners erlangt. Die Verjährung beginnt daher gemäß § 199 I BGB am 31. Dezember 2026. Für das Rechtsgeschäft kommt die dreijährige regelmäßige Verjährungsfrist in Betracht. Die Ansprüche verjähren mit Ablauf des 31. Dezember 2029.

(2) Besondere Verjährungsfristen (Beispiele)

	2 Jahre [§ 438 I, Nr. 3 BGB]	**5 Jahre** [§ 438 I, Nr. 2 BGB]	**30 Jahre** [§§ 197, 199 II, III BGB]
Geltung	Sachmängelhaftung aus Kauf- und Werkverträgen[1]	Sachmängelhaftung aus Kauf von Baumaterial und Bauwerken	■ Rechtskräftige Urteile ■ Forderungen aus Insolvenz ■ Vollstreckungsbescheide ■ Schadensersatzansprüche aus Verletzungen des Lebens oder des Körpers
Fristbeginn	**Ablieferung** der Kaufsache bzw. **Abnahme** des Werkes [§ 634 a I, Nr. 1 BGB]	**Ablieferung** der Kaufsache bzw. **Übergabe** des Bauwerkes [§ 634 a I, Nr. 2 BGB]	Mit dem Datum der **Fälligkeit** des Anspruchs bzw. **Rechtskraft** der Entscheidung [§ 200 BGB]

(3) Hemmung und Neubeginn der Verjährung

Es gibt **Ereignisse, die den Ablauf einer Verjährungsfrist beeinflussen müssen.** Diese werden durch Hemmung und Neubeginn der Verjährung berücksichtigt.

Art	Wirkung	Ereignisse	
Hemmung	Der **Zeitraum,** währenddessen die Verjährung gehemmt ist, wird in die Verjährungsfrist **nicht eingerechnet.**	■ Zwischen dem Schuldner und dem Gläubiger schweben **Verhandlungen** über den Anspruch. Hemmung bis zur Verweigerung der Fortsetzung der Verhandlungen.	§ 209 BGB
		Die Verjährung tritt frühestens **drei Monate nach dem Ende der Hemmung** ein.	§ 203 BGB
		■ Hemmung durch **Rechtsverfolgung,** wie z. B. Zustellung des Mahnbescheids, Erhebung der Klage auf Leistung, Erlass des Vollstreckungsbescheids. Die **Hemmung endet** sechs Monate nach der rechtskräftigen Entscheidung oder anderweitigen Beendigung des eingeleiteten Verfahrens.	§ 204 BGB
		■ Der Schuldner ist aufgrund einer **Vereinbarung** mit dem Gläubiger vorübergehend zur Verweigerung der Leistung berechtigt (z. B. **Stundung**[2]).	§ 205 BGB
		■ Hemmung durch **höhere Gewalt,** wenn der Gläubiger innerhalb der **letzten sechs** Monate der Verjährungsfrist an der Rechtsverfolgung gehindert ist.	§ 206 BGB
		■ Hemmung aus **familiären und ähnlichen Gründen sowie** bei Ansprüchen wegen **Verletzung der sexuellen Selbstbestimmung.**	§§ 207, 208 BGB

1 Vgl. Kapitel 2.5.

2 Vertrag zwischen Gläubiger und Schuldner, durch den die Fälligkeit einer Forderung hinausgeschoben wird.

Beispiel 1:

Die Kundenbank AG veräußert am 14. Dezember 2026 aus dem Fuhrpark ihrer Fahrzeuge für Außendienstmitarbeiter einen Gebrauchtwagen zum Preis von 35 000,00 EUR an die Kundin Lina Block. Das Fahrzeug wird noch am selben Tag übergeben. Auf der Rechnung steht: *„Zahlbar bis 28. Dezember rein netto Kasse."* Nachdem Lina Block nicht gezahlt hat, erhält sie von der Kundenbank AG am 5. Januar 2027 eine Zahlungserinnerung. Noch am selben Tag erscheint die Kundin zum Gespräch und einigt sich mit der Kundenbank AG auf eine Stundung (Aufschub) der Zahlung für drei Monate. Während dieser Zeit ist die Verjährung gehemmt. Der Zeitraum der Stundung verlängert die ursprüngliche Verjährungsfrist um drei Monate.

				zuzüglich 3 Monate
28.12.2026 Fälligkeit der Forderung	31.12.2026 Beginn der Verjährung	05.01.2027 Bitte und Gewährung der Stundung um 3 Monate	31.12.2029 Ende der ursprünglichen Verjährung	31.03.2030 neues Ende der Verjährung

§ 212 BGB

Art	Wirkung	Ereignisse
Neubeginn	Die Verjährung beginnt erneut.	■ Wenn der **Schuldner** dem Gläubiger gegenüber den **Anspruch** durch Abschlagzahlung, Zinszahlung, Sicherheitsleistung oder in anderer Weise anerkennt, oder ■ eine **gerichtliche oder behördliche Vollstreckungshandlung** vorgenommen oder beantragt wird.

Beispiel 2:

Unterstellen wir den gleichen Vorgang wie in Beispiel 1, allerdings mit folgender Änderung: Lina Block leistet nach Erhalt der Zahlungserinnerung am 5. Januar 2027 eine Teilzahlung in Höhe von 5 000,00 EUR. Diese Handlung führt nunmehr dazu, dass die Verjährung ab diesem Tag neu beginnt.

				Verlängerung wegen Neubeginn
28.12.2026 Fälligkeit der Forderung	31.12.2026 Beginn der Verjährung	05.01.2027 Teilzahlung führt zu **Neubeginn** der Verjährung	31.12.2029 Ende der ursprünglichen Verjährung	05.01.2030 neues Ende der Verjährung

Kompetenztraining

12

1. Begründen Sie die Notwendigkeit (den Zweck) der Verjährung!
2. Erläutern Sie, warum die regelmäßige Verjährungsfrist erst mit Ablauf des Jahres, in dem eine Forderung fällig wurde, beginnt!
3. Die Biehler Baustoffhandel KG in Nagold lieferte Fred Manger eine Bohrmaschine mit Rechnung vom 20. April 2026, Rechnungsbetrag 123,00 EUR.

   Aufgabe:
   Nennen Sie das Verjährungsdatum!
4. Julian Fritzmaier schuldet der Schlosserei Karl Klein einen Rechnungsbetrag über 1465,20 EUR. Rechnungsdatum ist der 4. April 20.. Die Rechnung ist Julian Fritzmaier am 6. April 20.. zugegangen.

   Aufgabe:
   Notieren Sie, von welchem Tag an sich Julian Fritzmaier im Zahlungsverzug befindet, wenn die Vertragsparteien ein Zahlungsziel von 30 Tagen nach Rechnungsstellung vereinbart haben!
5. Recherchieren Sie die Dauer der Verjährungsfrist bei einem Verbrauchsgüterkauf von gebrauchten Sachen!
6. Der 20-jährige Kundenberater Tim Wiese hat schon während der Ausbildung für einen Neuwagen gespart. Gleich nach bestandener Abschlussprüfung zum Bankkaufmann bestellt er sich am 15.01.2026 bei dem örtlichen Autohändler Werner Brösel GmbH seinen Traumwagen für 18750,00 EUR, der in voraussichtlich fünf Monaten ausgeliefert werden soll. Die lange Lieferzeit kommt Tim sehr entgegen, da seine derzeitigen Ersparnisse den Kaufpreis noch nicht abdecken. So hat Tim noch einige Monate Zeit, von seinem Gehalt als Berater bei der Kundenbank AG den noch fehlenden Betrag zurückzulegen. Umso überraschender trifft ihn die Mitteilung seines Autohändlers, dass der Pkw bereits am 10. April 2026 eingetroffen ist und zwei Tage später abgeholt werden soll. Am Tag der Übergabe erhält Tim neben dem Pkw auch die Rechnung der Werner Brösel GmbH mit folgender Zahlungsbedingung: „Zahlbar innerhalb von 10 Tagen nach Übergabe des Pkw".

   Da Tim nach wie vor das Geld für den Pkw noch nicht komplett zusammengespart hat, lässt er die Rechnung bis zum Gehaltseingang für den Monat Juni liegen. Am 15. Juni schließlich hebt er von seinem Giro- und Sparkonto den Rechnungsbetrag ab und bringt den Kaufpreis persönlich in bar bei dem Autohändler vorbei. Wenige Tage später erhält er von der Werner Brösel GmbH eine Mitteilung, dass das Autohaus für den Zeitraum der verspäteten Zahlung die gesetzlichen Verzugszinsen geltend macht. Zusätzlich werden noch Verwaltungs- und Portokosten in Höhe von 40,00 EUR in Rechnung gestellt. In dem Schreiben bittet der Autohändler um zeitnahe Begleichung dieses ihm entstandenen Schadens.

   Aufgabe:
   Berechnen Sie die Höhe des Verzugsschadens, den Tim gegenüber der Werner Brösel GmbH noch begleichen muss!

   Hinweise:
   - Unterstellen Sie einen Basiszinssatz von 2,5%.
   - Die Berechnung der Verzugszinsen erfolgt mittels der „deutschen Zinsmethode", d.h., bei der Berechnung wird jeder Monat mit 30 Tagen und das Jahr mit 360 Tagen angesetzt.
7. Der 19-jährige Bankauszubildende Erik Scheibler bestellt am 15.12.2026 in einem Elektrofachgeschäft einen 55-Zoll-Fernseher, der am 04.01.2027 ausgeliefert und angeschlossen wird. Wie beim Kauf vereinbart, erhält Erik mit der Post einen Tag später die Rechnung in Höhe von 595,00 EUR mit folgender Zahlungsklausel: „Zahlbar innerhalb von 15 Tagen nach Auslieferung."

Am 14.02.2027 stellt Erik fest, dass der im Fernseher verbaute Lautsprecher Störgeräusche absondert.

Aufgabe:

Überprüfen Sie die nachfolgenden Aussagen und entscheiden Sie, welche beiden Aussagen falsch sind! Ist nur eine der Aussagen falsch, dann tragen Sie eine ⑨ in das zweite Kästchen ein!

① Erik Scheibler muss den Rechnungsbetrag bis zum Ablauf des 19.01.2027 begleichen.

② Die Kaufpreisforderung verjährt mit Ablauf des 31.12.2030.

③ Der Sachmangel an dem Lautsprecher verjährt mit Ablauf des 04.01.2029.

④ Die zweijährige Verjährungsfrist für den Sachmangel beginnt mit Entdeckung des Sachmangels, also am 14.02.2027.

⑤ Wenn Erik die Rechnung mit Ablauf des 19.01.2027 noch nicht beglichen hat, befindet er sich auch ohne Mahnung in Zahlungsverzug.

⑥ Möchte der Händler nach dem 19.01.2027 Schadensersatz wegen einer Zahlungsverzögerung geltend machen, so muss er im vorliegenden Fall eine angemessene Nachfrist zur Zahlung setzen, die erfolglos verstrichen sein muss.

⑦ Am 05.01.2031 kann Erik Scheibler von dem Recht auf Einrede der Verjährung Gebrauch machen.

⑧ Erik Scheibler sollte dem Händler den Sachmangel zeitnah anzeigen, da mit Ablauf des 04.01.2028 die Beweislastumkehr eintritt.

2.4 Möglichkeiten der Verbraucherberatung darstellen, das Fernabsatzrecht anwenden und die Bedeutung von allgemeinen Geschäftsbedingungen anhand der gesetzlichen Regelungen erläutern

Lernsituation 8: Auszubildende diskutieren über Sonderrechte bei Fernabsatzverträgen

Die Bank-Auszubildenden Lotta, Moritz und Emma stehen gemeinsam auf dem Pausenhof der Berufsschule. Nachdem Lotta und Moritz ausführlich ihre Aktivitäten vom Wochenende geschildert haben, fällt ihnen auf, dass Emma heute ziemlich still wirkt. Schließlich fragt Lotta nach, was Emma so bedrückt.

Nach einigem Zögern schildert Emma, dass sie seit vielen Monaten eine sehr teure Lederjacke eines namhaften Markenherstellers im Internet im Blick hatte. Die ganze Zeit über hatte sie den Kaufpreis von ihrer Ausbildungsvergütung mühsam zusammengespart. Dann schließlich habe sie die Jacke letzte Woche bei dem Onlinehändler bestellt und das Paket pünktlich am Samstag erhalten.

Die Ernüchterung folgte aber unmittelbar nach dem Auspacken. Sie habe die Jacke sofort anprobiert, aber weder die Farbe noch der Schnitt würden ihr auch nur annähernd gefallen. Und nun sei sie um 500,00 EUR ärmer und um eine Jacke, die wahrscheinlich im Kleiderschrank ungetragen hängen bleibt, reicher. Na ja, das Schlimme sei nicht die Enttäuschung über die Jacke, sondern einfach darüber, dass so viel Geld futsch ist. Aber da sei sie ja letzten Endes selbst schuld, man sollte halt Kleidung nicht online bestellen, sondern im Laden kaufen. Da könne man die Sachen vor dem Kauf zumindest anprobieren und sich solche Enttäuschungen und somit eine Menge Geld sparen.

Nach den Ausführungen zu dem Grund ihrer gedrückten Stimmung äußert sich Moritz: *„Aber Emma, was redest du denn da? Das ist doch überhaupt kein Grund, Trübsal zu blasen. Du kannst doch die Jacke problemlos zurückgeben und bekommst dann auch dein Geld wieder."*

Emma schaut Moritz vollkommen verärgert an und erwidert, dass er nicht so einen Unsinn erzählen soll. Schließlich hätte eine gute Freundin von ihr erst kürzlich in einem Laden eine Hose gekauft, ohne sie vorher anzuprobieren. Als sie dann zu Hause feststellte, dass die Hose ihre Figur eher unvorteilhaft betont, hätte sie vergebens in dem Laden versucht, von der Verkäuferin das Geld zurückzubekommen. Wie sollte sie selbst dann bitte schön ihr Geld wiederbekommen.

Moritz schüttelt den Kopf und antwortet: *„Mensch Emma, das mit deiner Freundin ist doch ein ganz anderer Fall. Bei deiner Lederjacke handelt es sich um einen sogenannten Fernabsatzvertrag und da gilt was vollkommen anderes. Um dich da genauer zu informieren, solltest du mal einen Termin mit der Verbraucherberatung unserer Stadt vereinbaren. Die können dir ganz bestimmt weiterhelfen."*

Emma schaut Moritz verdutzt an und erwidert: *„Keine Ahnung, was du da meinst. Ich verstehe hier nur Bahnhof."*

Kompetenzorientierte Arbeitsaufträge:

1. Erklären Sie, welches Ziel die Verbraucherberatung verfolgt! Gehen Sie dabei auch auf mögliche Themen dieser Beratung ein!
2. Erläutern Sie, was man unter einem Fernabsatzvertrag versteht!
3. Beschreiben Sie unter Berücksichtigung der folgenden Merkmale die Besonderheiten der Vertragsart „Fernabsatzvertrag": DOWNLOAD
   - Informationspflichten
   - Widerrufsrecht (inklusive drei Beispiele für Ausnahmen vom Widerrufsrecht)
   - Rückabwicklung nach Widerruf
   - Hin- und Rücksendekosten
4. Skizzieren Sie kurz die Vorgehensweise für Emma, um ihr Geld zurückzuerhalten!

2.4.1 Möglichkeiten der Verbraucherberatung darstellen

(1) Begriff Verbraucherschutz

- Der **Verbraucherschutz** umfasst die Gesamtheit aller Maßnahmen zum Schutz des Endverbrauchers.
- Der Verbraucher soll vor einer Gefährdung seiner **Sicherheit und Gesundheit** sowie vor **Täuschung und Benachteiligung** durch die Anbieter (Verkäufer) von Waren und Dienstleistungen geschützt werden.

(2) Private Verbraucherschutzorganisationen

Hierzu rechnen insbesondere die **Verbraucherzentralen.** Sie sind unabhängige, überwiegend öffentlich finanzierte, gemeinnützige Organisationen.[1]

- Sie beraten rund um den **privaten Haushalt** – beispielsweise zu Kauf- und Dienstleistungsverträgen, falschen Versprechen aus Gewinnspielen, zur Berechtigung von Telekommunikations- und Energieabrechnungen, zu Versicherungen, zur richtigen Altersvorsorge und Krankenversicherung.
- Sie **informieren** Medien und Öffentlichkeit über **wichtige Verbraucherthemen.**

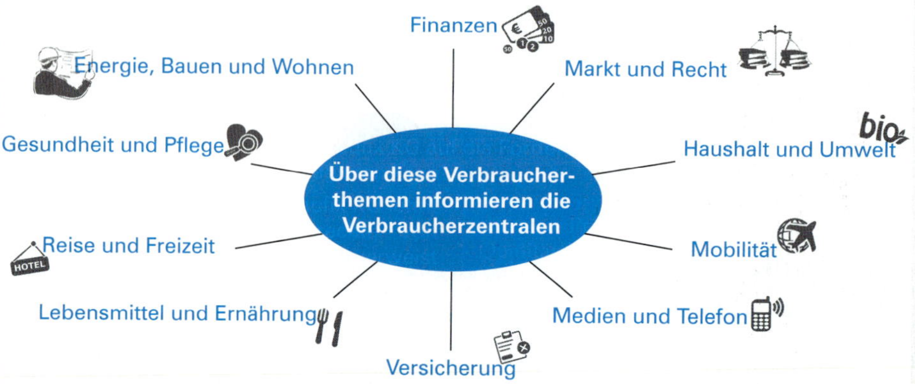

- Sie **verfolgen Rechtsverstöße** (etwa durch irreführende Werbung oder unzulässige Vertragsklauseln) durch **Abmahnungen und Klagen.** Die Verbraucherzentralen sind als einzige Organisationen in Deutschland **zur außergerichtlichen Rechtsberatung befugt.** Das heißt, sie dürfen im Rahmen ihres Aufgabengebietes neben Rechtsanwälten alle Bürgerinnen und Bürger außergerichtlich beraten und vertreten.

  Außerdem haben Verbraucherzentralen die sogenannte **Verbandsklagebefugnis.** Das heißt, sie dürfen Verstöße gegen die Allgemeinen Geschäftsbedingungen [AGB] und gegen das Gesetz gegen den unlauteren Wettbewerb [UWG] abmahnen. Sie können dagegen gerichtlich vorgehen.
- Sie führen verbraucherrelevante **Aktionen, Projekte** und **Ausstellungen** durch.
- Sie arbeiten mit **Schulen** und **Einrichtungen der Jugend- und Erwachsenenbildung** zusammen.

Verbraucherzentralen gibt es in jedem Bundesland – mit insgesamt fast 200 Beratungsstellen. Neben den 16 Verbraucherzentralen in den Ländern sind noch 35 weitere verbraucherpolitisch orientierte Verbände als Mitglieder in der Dachorganisation **Verbraucherzentrale Bundesverband e. V. (vzbv)** zusammengeschlossen (www.vzbv.de).

Neben den Verbraucherzentralen gibt es noch eine Vielzahl weiterer privater Verbraucherschutzorganisationen, die sich teilweise auf spezielle Fachbereiche spezialisiert haben. Hierzu zählen z. B. der

- **Deutsche Mieterbund** (er berät und vertritt Mieter bei Rechtsfragen),
- **Bund der Steuerzahler** (er kämpft gegen Verschwendung von Steuergeldern und für die Rechte der Steuerzahler),

1 https://www.verbraucherzentrale.de

- **EuroConsum e. V.** (Information und Beratung von Verbraucherinteressen),
- **Foodwatch** (Beratung auf dem Gebiet der Lebensmittelproduktion, des Handels mit und des Absatzes von Lebensmitteln).

(3) Publikationen

Eine wichtige Informationsquelle für den Verbraucher sind die vergleichenden **Warentests durch Testinstitute.** Ziel dieser Tests ist es, dem Verbraucher Erkenntnisse zu vermitteln, die er für die Beurteilung von Qualität, Gebrauchseigenschaft und Preiswürdigkeit bestimmter Güter benötigt.

Eine besondere Bedeutung unter den Testinstituten kommt der **„Stiftung Warentest"** zu. Sie wurde 1964 von der Bundesregierung als privatrechtliche Stiftung gegründet und hat die Aufgabe, die Öffentlichkeit über objektiv feststellbare Merkmale des Nutz- und Gebrauchswerts von Waren und Dienstleistungen zu unterrichten. Die Testergebnisse werden in der Monatszeitschrift „test", in test-Jahrbüchern, im test-Kompass und im Internet (www.test.de) veröffentlicht.

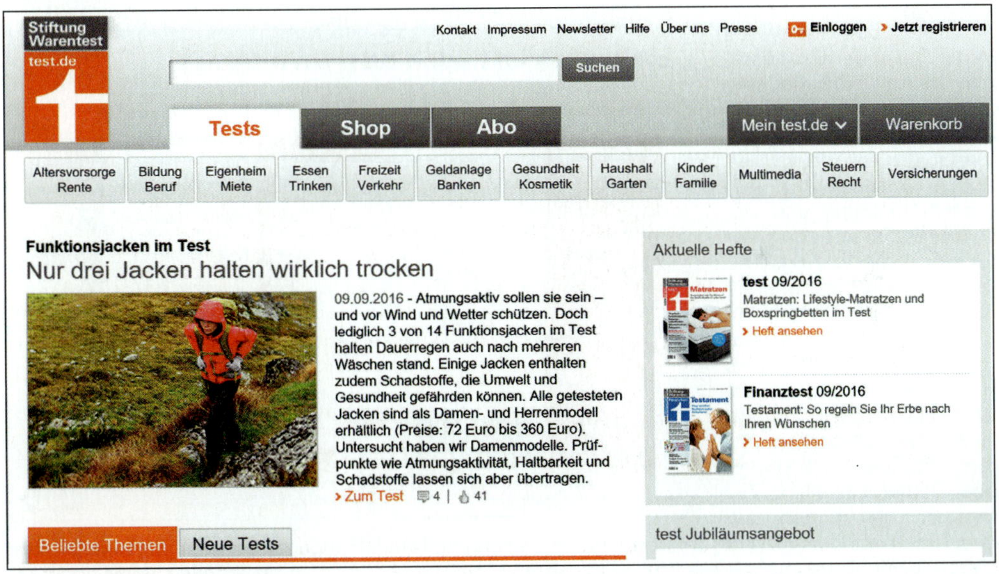

Quelle: www.test.de [12.09.2016]

Neben der Stiftung Warentest gibt es Ratgeber von anderen Verbraucherverbänden, z. B. Deutscher Mieterbund (www.mieterbund.de/shop/broschueren.html), Bund der Steuerzahler (www.steuerzahler.de/Broschueren/1590b602/), Foodwatch (www.foodwatch.org./de/presse/downloads/).

Verbraucherinformationen, aktuelle Urteile zum Kaufrecht, Mieterschutz, Produktsicherheit, Anleitungen zu verbraucherbewusstem Verhalten findet der Verbraucher in fast jeder **Tageszeitung** oder **Fachzeitschrift** sowie in **Hörfunk-** und **Fernsehsendungen**.

2.4.2 Fernabsatzrecht anwenden

2.4.2.1 Fernabsatzverträge

(1) Begriff Fernabsatzverträge

§ 312 c BGB

Fernabsatzverträge sind
- Verträge über die **Lieferung von Waren** oder über die **Erbringung von Dienstleistungen,**
- die zwischen einem **Unternehmer** und einem **Verbraucher**
- unter **ausschließlicher Verwendung von Fernkommunikationsmitteln**[1]
- im Rahmen eines für den Fernabsatz organisierten **Vertriebs- oder Dienstleistungssystems** abgeschlossen werden.

Entscheidend für das Vorliegen eines Fernabsatzvertrages ist das Wort **„ausschließlich".**

Ein typischer Bereich, in dem Fernabsatzverträge geschlossen werden, ist der Onlinehandel.

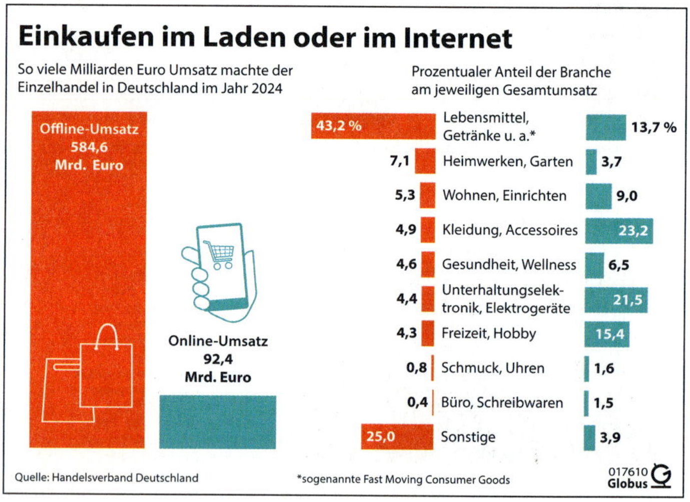

Mode steht besonders hoch in der Gunst der Einkaufenden beim Onlineshopping in Deutschland. Denn im Jahr 2024 stammte fast ein Viertel des im Internet erzielten Umsatzes aus dem Bereich Kleidung und Accessoires. Knapp dahinter folgten Unterhaltungselektronik und Elektrogeräte mit einem Umsatzanteil von 21,5 %. Das geht aus dem Handelsmonitor 2025 des Handelsverbands Deutschland (HDE) hervor. Er zeigt auch, dass Menschen immer öfter per Smartphone oder Tablet bestellen: Zusammen generierten sie zwei Drittel des Umsatzes der Onlinekäufe. Im stationären Handel hingegen sorgten die sogenannten „Fast Moving Consumer Goods" für die meisten Umsätze (43,2 %). Darunter fallen unter anderem Lebensmittel, Getränke und Drogerieprodukte. Online lag der Anteil dieser Güter bei 13,7 % – 0,4 Prozentpunkte mehr als 2023. Damit ist der Anteil dieser Sparte am Online-Umsatz am stärksten gewachsen. Immer bedeutender für den Onlinehandel werden Marktplätze, wobei besonders Anbieter aus Nicht-EU-Ländern profitieren, etwa Temu, Shein oder AliExpress. Der HDE beklagt: EU-Unternehmen können bei diesen Preisen nicht mithalten. Zudem könnten nicht geprüfte Waren gefährlich sein. Der HDE sagt: „Konkurrenz belebt das Geschäft, aber es muss Schluss sein mit Wild-West: Wer hierzulande Waren anbietet, muss sich an alle unsere Regeln halten."

1 **Fernkommunikationsmittel** sind z. B. Briefe, Kataloge, Telefonanrufe, Telefaxe, Internet-Homepages und E-Mails.
Bestimmte Verträge dürfen nicht in der Form eines Fernabsatzvertrages abgeschlossen werden (z. B. Fernunterricht, Veräußerung von Grundstücken, Verträge über Versicherungen und deren Vermittlung sowie Verträge über die Lieferung von Lebensmitteln, Getränken und sonstigen Haushaltsgegenständen des täglichen Bedarfs).

Hinweis:

Die Vorschriften zu Fernabsatzverträgen gelten nur, wenn der Vertragsabschluss im Rahmen eines speziell für den Fernabsatz organisierten Vertriebs- oder Dienstleistungssystems erfolgt. Wird nur **ausnahmsweise** eine Bestellung per Telefon angenommen und dann per Postversand abgewickelt, dann liegt **kein Fernabsatzvertrag** vor.

Ob ein Fernabsatzvertrag vorliegt, hängt somit von den **Bedingungen des einzelnen Falls** ab.

(2) Internetauktionen

Internetauktionen fallen in der Regel unter die Gesetzgebung des Fernabsatzrechts. Das **Angebot in einer Onlineauktion** ist die rechtsverbindliche **erste Willenserklärung (der Antrag),** die **Abgabe des höchsten Kaufgebots** innerhalb des Auktionszeitraums die rechtsverbindliche **zweite Willenserklärung (Annahme).**

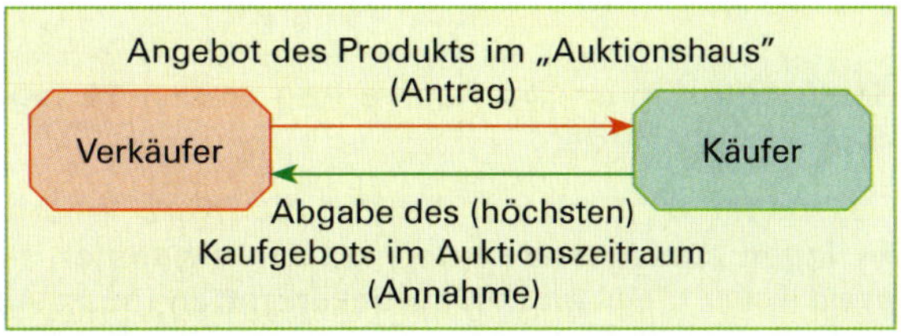

Da auf Online-Auktionsplattformen (z. B. eBay) im Prinzip jeder seine Waren anbieten kann, ist jeweils die Frage zu klären, ob der Verkäufer Unternehmer oder Verbraucher ist. Hier gilt: Wer **planmäßig** und **regelmäßig** Waren bei Auktionsplattformen anbietet, gilt als **Unternehmer.** Dies gilt auch dann, wenn der Verkäufer seine Waren nebenberuflich im Internet anbietet (sogenannte Powerseller). Ist der Verkäufer bei Internetauktionen Unternehmer und der Käufer Verbraucher, so liegt ein Verbrauchsgüterkauf vor.

Beispiel:

Die Bankkauffrau Ella Grafenstein, die in ihrer Freizeit als Künstlerin hochwertigen Modeschmuck aus Gold- und Silberdraht herstellt und diesen planmäßig und regelmäßig im Internet zum Kauf anbietet, gilt bei Onlineauktionen als Unternehmerin.

(3) Informationspflichten

Das Unternehmen muss den Verbraucher rechtzeitig vor Abschluss **eines Fernabsatzvertrags** aufklären über:

- die **Einzelheiten des Vertrags,** z. B. über die Anschrift des Unternehmens, wesentliche Merkmale der Ware oder Dienstleistung, den Gesamtpreis der Ware oder Dienstleistung einschließlich Liefer- und Versandkosten, Zahlungsbedingungen, das Bestehen eines Widerrufsrechts,
- den **geschäftlichen Zweck des Vertrags.**

(4) Widerrufsrecht

§ 312 g BGB

Dem Verbraucher steht ein **14-tägiges Widerrufsrecht** zu. Die Widerrufsfrist beginnt mit dem **Erhalt der Ware.** Der Widerruf muss **keine Begründung** enthalten. Aus Gründen der Beweissicherheit sollte grundsätzlich per E-Mail, in Textform oder auf dem Postweg und nicht am Telefon widerrufen werden. In der Praxis genügt es für einen wirksamen Widerruf, der Rücksendung ein Widerrufsschreiben oder -formular beizulegen.[1]

(5) Rückabwicklung nach Widerruf

§ 357 BGB

Bei Widerruf muss der Kaufvertrag binnen **14 Tagen rückabgewickelt** werden.

Das bedeutet, dass der **Käufer** die Ware **innerhalb von 14 Tagen zurücksenden** und der **Unternehmer** den **Kaufpreis in der gleichen Zeit zurückerstatten** muss. Allerdings darf der Händler die Rückerstattung des Kaufpreises so lange **verweigern,** bis er die **Ware zurückerhalten** hat oder der Verbraucher **nachweist,** dass er die **Ware abgesandt** hat.

(6) Hin- und Rücksendekosten

§ 357 II, VI BGB

Bis zur Höhe einer günstigen **Standardsendung** muss der **Unternehmer** dem Verbraucher die **Hinsendungskosten** bei einem Widerruf **erstatten.**

Für die **Rücksendung** trägt **grundsätzlich der Verbraucher die Kosten,** vorausgesetzt, der Unternehmer hat ihn hierüber vorab **unterrichtet.** Für den Unternehmer besteht auch die Möglichkeit, die Kosten der Rücksendung freiwillig zu übernehmen.

Hinweis:

§ 312 g II BGB

- Kein **Widerrufsrecht** besteht bei bestimmten Fernabsatzverträgen, z. B. bei schnell verderblichen Waren, Sonderanfertigungen, Audio-/Videoaufzeichnungen und Software (sofern die gelieferten Datenträger vom Verbraucher entsiegelt wurden), Lieferung von Zeitungen, Zeitschriften und Illustrierten.
- Von den **verbraucherschützenden Rechtsvorschriften** zu den Fernabsatzverträgen darf grundsätzlich **nicht zum Nachteil des Verbrauchers** oder Kunden abgewichen werden.

1 Für die Erklärung des Widerrufs durch den Verbraucher gibt es ein **EU-einheitliches Formular** (siehe Anlage 2 zu Art. 246 a II, S. 1, Nr. 1 EGBGB). Der Unternehmer **muss** dem Verbraucher das Muster-Formular zur Verfügung stellen und ihn informieren. Der Verbraucher **kann,** muss es aber nicht nutzen.

2.4.2.2 Außerhalb von Geschäftsräumen geschlossene Verträge [AGV]

Außerhalb von Geschäftsräumen geschlossene Verträge sind Verträge,

- die an einem Ort geschlossen werden, der **kein Geschäftsraum des Unternehmens** ist.
- die auf einer **Verkaufs- oder Werbefahrt** geschlossen werden, die der Unternehmer (mit-)organisiert hat.
- die zwar in den Räumen des Unternehmers geschlossen werden, jedoch zuvor **außerhalb** zwischen Unternehmer und Verbraucher **besprochen werden.** § 312 b BGB

Geschäfte bis 40,00 EUR, bei denen die **Leistung sofort erbracht** und **bezahlt** wird, fallen nicht unter den Begriff AGV. § 312 Abs. 2 BGB

Hinweis:
Die Regelungen zum **Widerruf** und der **Rückabwicklung** von Verträgen sind **gleichlautend** für AGV und Fernabsatzverträge.

Quelle: http://www.bmjv.de/DE/Verbraucherportal/KonsumImAlltag/Widerrufsrecht/Widerrufsrecht_node.html [19. 12. 2019]

Kompetenztraining

13

1. Prüfen Sie, in welchen Fällen die Vorschriften des BGB über Fernabsatzverträge Anwendung finden! Nutzen Sie hierzu die §§ 312ff. BGB!
   1.1 Unternehmen kaufen Waren von anderen Unternehmen im Internet.
   1.2 Ein Verbraucher schließt im Internet mit einer Versicherungsgesellschaft einen Kfz-Versicherungsvertrag für seinen neuen Pkw ab.
   1.3 Sarah Müller ruft bei ihrem Bäcker an und bestellt zur Lieferung frei Haus täglich 10 Brötchen. Da Frau Müller in der Nachbarschaft wohnt, ist der Bäcker ausnahmsweise dazu bereit.
   1.4 Sie bestellen telefonisch bei einem Pizza-Lieferservice drei Pizzen zur Lieferung nach Hause.
   1.5 Sie bestellen im Onlineshop des Versandhauses Schön GmbH einen Bademantel.
   1.6 Sie bestellen im Anschluss an eine Dauerwerbesendung auf einem speziellen TV-Vertriebskanal das dort angebotene Fahrrad durch Anruf bei der in der Sendung angegebenen Rufnummer.

2. Sie haben am 15. März d.J. bei der Internetfirma Computer-Versand GmbH nach deren Katalog ein Notebook zum Preis von 418,00 EUR bestellt. Die Lieferung erfolgt nach vier Werktagen. Nachdem Sie das Notebook am Empfangstag gestartet haben, um dessen Qualität zu prüfen, entschließen Sie sich, dieses unter Berufung auf das BGB wieder zurückzugeben. Am nächsten Tag senden Sie das Notebook per Post an den Versender zurück.

   Nach einer Woche erhalten Sie von der Computer-Versand GmbH einen Brief mit der Aufforderung, den Kaufpreis von 418,00 EUR und die bisher entstandenen Versandkosten in Höhe von 14,00 EUR innerhalb von 7 Tagen zu überweisen, da Ihre Rücksendung der Ware nicht berechtigt gewesen sei.

   Aufgaben:
   2.1 Prüfen Sie, ob Sie das Notebook abnehmen und die entstandenen Kosten zahlen müssen!
   2.2 Begründen Sie, ob sich die rechtliche Situation ändert, wenn Sie anstelle des Notebooks ein versiegeltes Softwareprogramm bei der Computer-Versand GmbH bestellt, getestet und zurückgegeben hätten!

3. Daniel Häring arbeitet hauptberuflich als Werkzeugmacher. In seiner Freizeit stellt er Mausefallen und Marderfallen her und bietet diese regelmäßig und ausschließlich auf einer Internetplattform an. Da die Schließautomatik nicht in jedem Fall einwandfrei funktioniert, steht in den Lieferbedingungen der Satz: „Die Lieferung erfolgt unter Ausschluss jeglicher Haftung."

   Aufgaben:
   3.1 Nehmen Sie Stellung zu dieser Lieferbedingung!
   3.2 Begründen Sie, ob sich die rechtliche Situation ändert, wenn Daniel Häring seine Mause- und Marderfallen nur gelegentlich und in großen Zeitabständen auf einer Internetplattform anbietet!

4. Die Rentnerin Klara Gut ließ sich an der Haustür von einem Zeitschriftenwerber dazu überreden, ein Jahresabonnement für die Zeitschrift „Die Gartenlaube" zu unterschreiben.

   Schon am nächsten Tag kommen Klara Gut Bedenken. Erstens braucht Sie diese Zeitschrift gar nicht und zweitens ist ihr Haushaltsgeld ohnedies durch die kürzlich gestiegenen Gas-, Wasser-, Strom- und Heizungskosten knapp.

   Aufgabe:
   Prüfen Sie, ob Klara Gut noch aus dem Vertrag „herauskommt" oder ob der Satz „Vertrag ist Vertrag" gilt!

5. Oma Karin hat sich auf einer Kaffeefahrt vom Verkäufer eine Heizdecke „andrehen" lassen. Schon nach wenigen Tagen merkt sie, dass es sich um einen völligen Fehlkauf gehandelt hat und wirft die Decke weg. Als sie ihrem Enkel davon erzählt, weist dieser Oma Karin auf ihr Widerrufsrecht hin. Dabei stellen beide fest, dass der Verkäufer Oma Karin über ihr Widerrufsrecht nicht belehrt hatte. Oma Karin erklärt darauf umgehend den Widerruf und verlangt den Kaufpreis von 100,00 EUR zurück. Der Verkäufer hält den Widerruf für unwirksam. Jedenfalls könnte Oma Karin den Kaufpreis nicht zurückverlangen, da er von ihr 100,00 EUR für die weggeworfene Decke (Wert: 50,00 EUR) verlangen könnte.

   Aufgabe:

   Stellen Sie die Rechtslage dar!

6. Der 18-jährige Auszubildende Lasse Palmer hat von einem Bekannten erfahren, dass man bei sogenannten Fernabsatzverträgen ein 14-tägiges Widerrufsrecht besitzt. Mit Blick auf Weihnachten hat Lasse in den letzten Tagen viele Geschenke besorgt. Nunmehr überlegt er, bei welchen Einkäufen es sich um einen solchen Fernabsatz handeln könnte.

   Aufgabe:

   Entscheiden Sie, bei welchem der nachfolgenden Geschäfte von Lasse es sich nicht um einen Fernabsatzvertrag handelt. Sollten alle Geschäfte als Fernabsatzverträge gelten, tragen Sie eine ⑨ in das Kästchen ein!

   ① Da seine Großmutter leidenschaftlich gerne strickt, hat Lasse für seine Großmutter zu Weihnachten in einem Onlineshop Strickwolle bestellt. [ ]

   ② Wie Lasse von seinen Eltern erfahren hat, bekommt sein jüngerer Bruder zu Weihnachten ein neues Smartphone. Deshalb hat Lasse bei einem der bekanntesten Onlinehändler über das Internet speziell für dieses Smartphone eine Hülle bestellt.

   ③ Da Lasse am Wochenende ziemlich Langeweile hatte, verbrachte er den Sonntagnachmittag mit Fernsehen. Beim Zappen stieß er dabei zufällig auf einen Vertriebskanal, in dem eine tolle Kochschürze zu einem sensationell günstigen Preis angeboten wurde. Lasse ergriff die Gelegenheit und bestellte per Telefon eine der letzten Schürzen für seine Mutter zu Weihnachten.

   ④ Lasses Vater ist begeisterter Hobbyhandwerker und kann von Werkzeug nicht genug haben. Als Lasse zufällig im Wohnzimmer einen Katalog eines Werkzeugversandhauses entdeckte, bestellte er kurzerhand mit einer dem Katalog beiliegenden Bestellkarte ein Spezialwerkzeug, von dem er weiß, dass sein Vater sich dieses Werkzeug schon seit längerer Zeit wünscht.

   ⑤ Die erst 10-jährige jüngere Schwester Stina hat vor einigen Wochen ihr Lieblingsplüschtier verloren, das man so nicht mehr kaufen kann. Beim Stöbern in ebay entdeckt er das Stofftier in einem guten Zustand. Er kauft das Plüschtier für 10,00 EUR von einem privaten Anbieter.

   ⑥ Für seine Freundin wollte Lasse in einem örtlichen Fachgeschäft ihr Lieblingsparfüm in einer limitierten Sonderedition kaufen. Leider war das Parfüm in dem speziellen Flakon vor Weihnachten schon ausverkauft. Allerdings weist die Verkäuferin ihn darauf hin, dass das Parfüm über das Internet im Onlineshop der Parfümeriekette noch vorrätig ist. Daraufhin bestellt Lasse das Parfüm per Smartphone auf deren Plattform.

2.4.3 Bedeutung von allgemeinen Geschäftsbedingungen anhand der gesetzlichen Regelungen erläutern

Lernsituation 9: Auszubildende haben Probleme mit den AGBs

Fortsetzung der Lernsituation 8

Zwei Wochen nach dem Gespräch zwischen Moritz, Emma und Lotta treffen sich die drei Berufsschüler wieder auf dem Schulweg. Moritz fragt Emma, ob sie denn mittlerweile von ihrem Widerrufsrecht Gebrauch gemacht und den Kaufpreis für die Lederjacke zurückerhalten habe.

Emma wirkt ziemlich sauer und schildert Moritz, dass sie alles genauso gemacht habe, wie er ihr damals geraten habe. Am Wochenende habe sie dann jedoch ein Schreiben von dem **Onlinehändler** erhalten, der den **Widerruf** unter Hinweis auf seine allgemeinen Geschäftsbedingungen ablehnte. Daraufhin habe sie sich in dem Mailverkehr mit dem Unternehmen diese Geschäftsbedingungen nochmals genauer angesehen und festgestellt, dass dort tatsächlich eine Klausel auftaucht, in der ausdrücklich vermerkt ist, dass der Käufer mit der Zahlung des Kaufpreises ausdrücklich auf sein gesetzliches Widerrufsrecht verzichtet.

Bevor Moritz darauf antworten kann, platzt **Lotta** dazwischen: *„Ich kann diesen Unsinn mit den allgemeinen Geschäftsbedingungen nicht mehr hören. Vor vier Monaten habe ich mir in einem ortsansässigen Elektromarkt ein neues **Smartphone** und dazu passend ein mobiles Ladegerät bestellt, da beides nicht vorrätig war. Nach einer Woche haben die mich dann angerufen, dass die beiden Artikel eingetroffen sind. Also habe ich mich gleich auf den Weg gemacht, um die Sachen abzuholen. Als ich dann zur Kasse ging, musste ich **25,00 EUR mehr** für das Smartphone zahlen. Auf meine Nachfrage wurde mir von der Kassiererin mitgeteilt, dass dieses Modell in der Zwischenzeit teurer geworden ist und ich gemäß den allgemeinen Geschäftsbedingungen eine solche Preiserhöhung zu zahlen hätte.*

*Am Wochenende habe ich dann zum ersten Mal das **mobile Ladegerät** ausprobiert und stellte fest, dass es nicht funktioniert. Also bin ich Samstag sofort zum Elektromarkt gefahren, um das Gerät umzutauschen. Das wurde jedoch abgelehnt, denn gemäß den allgemeinen Geschäftsbedingungen sei der Umtausch eines defekten Geräts angeblich nur innerhalb von vier Wochen nach dem Kaufdatum möglich. Leider wäre diese Frist in meinem Fall seit zwei Wochen abgelaufen. Also, erzählt mir bloß nichts mehr über dieses Kleingedruckte. Und ändern lässt es sich dann auch nicht mehr. Oder doch?"*

Moritz schüttelt den Kopf und sagt: *„Ich glaube, hier läuft so Einiges schief bei euch. Denn wer sich so wie ihr nicht richtig auskennt oder informiert, dem kann man wohl fast alles unterjubeln."*

Kompetenzorientierte Arbeitsaufträge:

1. Erläutern Sie, was man unter allgemeinen Geschäftsbedingungen versteht!
2. Stellen Sie dar, unter welchen Voraussetzungen allgemeine Geschäftsbedingungen Vertragsbestandteil werden!
3. Erklären Sie, was man unter der Generalklausel versteht!

4. Beurteilen Sie die in der vorangestellten Situation aufgeführten Fälle auf der Basis der gesetzlichen Vorschriften bezüglich der AGBs!

5. **Internetrecherche**

   Vergleichen Sie im Internet die AGBs von unterschiedlichen Banken und Sparkassen. Erläutern Sie anschließend, was Sie bei Ihrer Recherche festgestellt haben!

DOWNLOAD

2.4.3.1 Zielsetzungen, Begriff und Gültigkeit der allgemeinen Geschäftsbedingungen

(1) Zielsetzungen

Die Unternehmen sind bestrebt, durch **verbindliche allgemeine Geschäftsbedingungen** für sie günstigere vertragliche Vereinbarungen zu erzielen. Außerdem werden allgemeine Geschäftsbedingungen formuliert, um nicht immer wieder in jedem neuen Vertrag dieselben Dinge neu regeln zu müssen (z. B. Festlegung des Leistungsortes, der Zahlungsbedingungen).

(2) Begriff „Allgemeine Geschäftsbedingungen"

§ 305 I BGB

Allgemeine **G**eschäfts**b**edingungen **(AGB)** sind **vorformulierte Vertragsbedingungen,** die **eine** Vertragspartei (z. B. der Verkäufer) der anderen Vertragspartei bei Abschluss eines Vertrags stellt.

(3) Gültigkeit der allgemeinen Geschäftsbedingungen

Allgemeine Geschäftsbedingungen werden nur dann Vertragsbestandteil, wenn der Unternehmer beim Vertragsabschluss den Verbraucher **ausdrücklich** auf sie hinweist und der Verbraucher in zumutbarer Weise vom Inhalt der AGB Kenntnis nehmen kann und mit deren Geltung **einverstanden** ist. § 305 II BGB

2.4.3.2 Vorschriften zum Verbraucherschutz

Um einen Missbrauch durch allgemeine Geschäftsbedingungen zu verhindern und Verbraucher vor Benachteiligungen zu schützen, hat der Gesetzgeber Gesetzesvorschriften erlassen, die die allgemeinen Geschäftsbedingungen inhaltlich auf ihre Rechtsgültigkeit hin überprüfen. In einer **Generalklausel** schreibt das BGB vor, dass Bestimmungen **(Klauseln)** von allgemeinen Geschäftsbedingungen dann **unwirksam** sind, wenn sie den Vertragspartner **unangemessen benachteiligen.** § 307 BGB

Beispiele für verbotene Klauseln sind:

	Klausel	Erläuterungen	Beispiele
§ 305 c BGB	**Überraschungsklauseln**	Klauseln, mit denen der Käufer nicht zu rechnen braucht, sind unwirksam.	Bei einer Autowaschanlage wird die Haftung für Sachschäden auch bei leichter Fahrlässigkeit ausgeschlossen.
§ 438 I, Nr. 3 BGB	**Verkürzung gesetzlicher Fristen zur Sachmängelhaftung**	Die Verkürzung gesetzlicher Fristen zur Sachmängelhaftung beim Verbrauchsgüterkauf sind unwirksam.[1]	Die AGB eines Elektrogeschäftes legen fest, dass der Kunde im Fall einer zu Recht bestehenden Beanstandung lediglich innerhalb 3 Monaten ein Recht auf Beseitigung des Mangels hat.
§ 309, Nr. 5 BGB	**Pauschalierung von Schadensersatzansprüchen**	Das Festlegen einer Mindestsumme für jeden Schadensfall ist stets unwirksam, wenn dem anderen Vertragsteil z.B. nicht ausdrücklich der Nachweis gestattet wird, dass ein Schaden oder eine Wertminderung gar nicht oder nur in wesentlich niedrigerer Höhe eingetreten ist.	In den AGB einer Autovermietung steht: Bei jedem Unfall, bei dem ein Schaden an dem gemieteten Pkw entsteht, wird, ohne dass der Vermieter einen Nachweis zu führen hat, ein Mindestentgelt von 750,00 EUR fällig.
§ 309, Nr. 1 BGB	**kurzfristige Preiserhöhungen**	Räumen die allgemeinen Geschäftsbedingungen die Möglichkeit ein, dass bei einer Warenlieferung innerhalb von 4 Monaten nach Abschluss des Kaufvertrags eine kurzfristige Preiserhöhung erlaubt ist, so ist diese für Verbraucher unwirksam.	In einem am 2. März abgeschlossenen Kaufvertrag über die Lieferung eines Pkw ist als Liefertermin der 15. Mai festgelegt. Eine in der Zwischenzeit eingetretene Preiserhöhung ist für den Käufer ohne Bedeutung.
§ 309, Nr. 2, Nr. 8 BGB	**Leistungsverweigerungsrecht**	Ein Gewährleistungsausschluss bei neu hergestellten Waren und eine Einschränkung des Leistungsverweigerungsrechts sind unwirksam.	■ Die AGB eines Elektrofachgeschäfts legen fest, dass der Kunde im Fall einer zu Recht bestehenden Beanstandung lediglich ein Recht auf Beseitigung des Mangels haben soll. ■ Die AGB eines Baumarkts enthalten folgende Klausel: „Bei Ratenkäufen entbindet auch eine berechtigte Reklamation den Käufer nicht von seiner Verpflichtung zur pünktlichen Ratenzahlung.“
§ 309, Nr. 13 BGB	**Form von Anzeigen und Erklärungen**	Klauseln sind dann unzulässig, wenn sie eine strengere Form als die Textform vorschreiben.	■ In den AGB der Kundenbank AG ist festgelegt, dass die Kündigung eines Depotvertrages der öffentlichen Beglaubigung bedarf. ■ Die Elektro Discount AG hat in ihren AGB´s festgelegt, dass Mängelrügen nur dann Gültigkeit haben, wenn diese notariell beurkundet sind.

1 Die Gewährleistungsrechte verjähren beim Verbrauchsgüterkauf innerhalb von zwei Jahren nach Übergabe der Kaufsache. Eine Verkürzung der Verjährungsfrist ist nicht zulässig.

Kompetenztraining

14 1. Erläutern Sie, welchen Zweck die Vorschriften des BGB zur Gestaltung rechtsgeschäftlicher Schuldverhältnisse durch allgemeine Geschäftsbedingungen [§§ 305–310 BGB] verfolgen!

2. Prüfen Sie, ob folgende Klauseln in allgemeinen Geschäftsbedingungen gegenüber Nichtkaufleuten rechtswirksam sind! Lesen Sie hierzu §§ 305 c, 308, 309, 438 BGB!

   2.1 Im Mietvertrag steht: „Die Zimmertemperatur muss im Winter nur 18 Grad betragen."

   2.2 „Die Gewährleistungszeit für neu hergestellte Sachen beträgt 6 Monate."

   2.3 „Wir sind jederzeit berechtigt, vom Kaufvertrag zurückzutreten."

   2.4 „Kleinere fabrikationstechnisch bedingte Farbabweichungen müssen wir uns vorbehalten."

   2.5 „Verlangt ein Käufer aufgrund berechtigter Reklamation Nacherfüllung, müssen wir eine Nutzungsgebühr in Höhe von 50 % des Barverkaufspreises verlangen."

   2.6 „Reparaturleistungen werden nur gegen Vorauskasse erbracht."

   2.7 „Die gelieferte Ware bleibt bis zur vollständigen Bezahlung des Kaufpreises Eigentum des Verkäufers."

   2.8 „Das Kopierpapier für das gelieferte Kopiergerät ist im ersten Jahr beim Lieferer zu kaufen."

   2.9 „Der Preis richtet sich nicht nach dem Bestell-, sondern nach dem Lieferdatum und zwar auch dann, wenn die Lieferung innerhalb von 4 Monaten erfolgt."

3. Nennen Sie die Voraussetzungen, unter welchen die AGB Vertragsbestandteil werden!

4. Notieren Sie, welchen Vorteil die Formulierung von allgemeinen Geschäftsbedingungen hat!

   4.1 Die AGB führen dazu, dass ein Vertragspartner unangemessen benachteiligt werden kann.

   4.2 Die AGB führen dazu, dass der Käufer stets bessere Bedingungen erhält.

   4.3 Die AGB erleichtern Vertragsabschlüsse, weil sie die Grundlage für viele Verträge bilden.

   4.4 Die AGB erschweren häufig einen Vertragsabschluss.

   4.5 Die AGB werden vom Gesetzgeber festgelegt.

5. Ein Autohaus verweist den Käufer eines Neuwagens bei einem Motordefekt an den Autohersteller.

   Aufgabe:

   Beurteilen Sie diese AGB-Klausel rechtlich!

6. Überprüfen Sie die nachfolgenden Aussagen und entscheiden Sie, welche beiden Aussagen falsch sind! Ist nur eine der Aussagen falsch, dann tragen Sie eine ⑨ in das zweite Kästchen ein!

   ① Allgemeine Geschäftsbedingungen werden formuliert, um nicht immer wieder in jedem neuen Vertrag dieselben Bedingungen neu regeln zu müssen. ☐ ☐

   ② Damit die allgemeinen Geschäftsbedingungen Bestandteil des Vertrages werden, müssen die Verbraucher unter anderem in zumutbarer Weise Kenntnis vom Inhalt der AGB nehmen können.

③ Klauseln, mit denen der Käufer so nicht rechnen musste, sind unwirksam. Diese Klauseln bezeichnet man auch als Generalklauseln.

④ Wenn in den AGB eines Autohändlers geregelt ist, dass der Käufer eines Neuwagens im Fall einer rechtmäßigen Beanstandung bei einem geringfügigen Mangel nur das Recht auf Beseitigung des Mangels hat, so ist diese Einschränkung des Leistungsverweigerungsrechts unwirksam.

⑤ Bestellt ein Kunde am 2. Mai einen Neuwagen mit einer Lieferfrist von maximal drei Monaten, so kann eine im Juli von dem Hersteller verfügte Preiserhöhung von dem Autohändler nicht an den Käufer weitergegeben werden.

⑥ Sehen die allgemeinen Geschäftsbedingungen eines Autohändlers vor, dass im Falle einer Gewährleistung die Beweislastumkehr bei einem Neuwagenverkauf an einen Verbraucher nach acht Monaten einsetzt, so ist diese Abweichung von der gesetzlichen Regelung gegenüber dem Käufer wirksam.

⑦ Steht in den AGB eines Sportgeschäfts, dass bei Sachschäden, die im Rahmen einer Vermietung von Mountainbikes durch den unsachgemäßen Gebrauch des Mieters entstehen, unabhängig von der konkreten Schadenshöhe, grundsätzlich 100,00 EUR in Rechnung gestellt werden, so ist diese Klausel ungültig.

⑧ Entsteht bei der Reinigung eines Anzuges durch das Reinigungsunternehmen ein Schaden an dem Kleidungsstück, so kann die Haftung für diesen Sachschaden auch bei leichter Fahrlässigkeit nicht über die allgemeinen Geschäftsbedingungen ausgeschlossen werden.

2.5 Exkurs: Wichtige Vertragsarten des Bürgerlichen Gesetzbuches[1]

§§ 631 ff. BGB	**Werkvertrag**	Abschluss zwischen **Unternehmer** und **Besteller.** Der Unternehmer verpflichtet sich zur **Herstellung** des versprochenen (vereinbarten) **Werks** und der Besteller zur Entrichtung der vereinbarten Vergütung. Der Unternehmer schuldet den **versprochenen Erfolg,** nicht die Arbeitsleistung an sich. Hierin liegt der **Unterschied zum Dienstvertrag,** der allein die Dienstleistung als solche zum Gegenstand hat. **Beispiel:** Das Werkvertragsrecht bezieht sich z. B. auf unbewegliche Sachen (z. B. Errichten von Gebäuden), auf Verträge, deren Gegenstand keine Sachen sind (z. B. Erstellen von Gutachten, Planungsleistungen, künstlerische Aufführungen) und auf „reine“ Reparaturaufträge (z. B. Reparatur eines Autos).
§§ 535 ff. BGB	**Mietvertrag**	Abschluss zwischen **Mieter** und **Vermieter.** Der Vermieter verpflichtet sich, dem Mieter gegen **Entgelt** (Mietzins) die vermietete bewegliche und unbewegliche Sache während der Mietzeit zum Gebrauch zu überlassen. Keine Fruchtziehung, d. h. keine Gewinnerzielung mit der Mietsache. **Beispiele:** ■ Vermietung eines Segelbootes ■ Vermietung eines Einfamilienhauses

1 Zum Kaufvertrag siehe S. 62 ff.

Pachtvertrag	Abschluss zwischen **Pächter** und **Verpächter**. Der Verpächter verpflichtet sich, dem Pächter den **Gebrauch** des verpachteten Gegenstands und den **Genuss der Früchte** (den Ertrag) während der Pachtzeit zu gewähren. Der Pächter ist verpflichtet, dem Verpächter den vereinbarten **Pachtzins** zu zahlen. Auch Rechte können Gegenstand eines Pachtvertrags sein. **Beispiele:** ■ Verpachtung eines landwirtschaftlich genutzten Ackers ■ Verpachtung eines Ladengeschäfts ■ Verpachtung der Nutzungsrechte aus einem Patent	§§ 581 ff. BGB
Leihvertrag	Abschluss zwischen **Verleiher** und **Entleiher**. Der Verleiher verpflichtet sich, dem Entleiher den Gebrauch der Sache **unentgeltlich** zu gestatten. Der Entleiher ist verpflichtet, die geliehene Sache nach Ablauf der bestimmten Zeit zurückzugeben. **Beispiel:** Die Schülerin Emma S. leiht ihrer Freundin ein BBL-Buch.	§§ 598 ff. BGB
Dienstvertrag	Hier verpflichtet sich ein Vertragspartner zur Leistung der versprochenen Dienste, der andere Vertragspartner zur Zahlung der vereinbarten Vergütung, wobei Dienste jeder Art geschuldet sein können. **Beispiele:** ■ Herr Mooshammer arbeitet bei der Kreditbank AG als Kundenberater. ■ Der Bauunternehmer Grünberg stellt den Architekten Schön als Bauleiter zur Beaufsichtigung der Baustellen ein. Ein Spezialfall des Dienstvertrags ist der **Arbeitsvertrag.** Er liegt vor, wenn Arbeitnehmer mit Weisungsbefugnissen und Fürsorgepflichten ihres Dienstherrn (Arbeitgebers) in ein Unternehmen eingeordnet sind.	§§ 611 ff. BGB
Darlehensvertrag	■ **(Geld)-Darlehensvertrag:** Vertragsparteien sind der Darlehensgeber und der Darlehensnehmer. Durch den Darlehensvertrag wird der Darlehensgeber verpflichtet, dem Darlehensnehmer einen Geldbetrag in der vereinbarten Höhe zur Verfügung zu stellen. Der Darlehensnehmer übernimmt die Verpflichtung, den ihm vom Darlehensgeber überlassenen Geldbetrag bei Fälligkeit zurückzuerstatten und – falls es sich nicht um ein unentgeltliches Darlehen handelt – den geschuldeten Zins zu zahlen. ■ **Sachdarlehensvertrag:** Hier verpflichtet sich der Darlehensgeber dem Darlehensnehmer vertretbare Sachen (oder Wertpapiere) zu überlassen. Der Darlehensnehmer ist bei Fälligkeit zur Rückerstattung von Sachen (bzw. Wertpapieren) gleicher Art, Güte und Menge verpflichtet. Auch das Sachdarlehen kann entgeltlich oder unentgeltlich sein.	§§ 488 ff. BGB §§ 607 ff. BGB

Kompetenztraining

15 Stellen Sie dar, welche Verträge zwischen den Vertragspartnern abgeschlossen wurden. Begründen Sie Ihre Entscheidung!

1. Um bei der Geburtstagsfeier vor Regen geschützt zu sein, stellt Ihnen Ihr Freund Frederik sein großes Partyzelt zur Verfügung.
2. Mit dem zum Geburtstag erhaltenen Geld kaufen Sie sich am nächsten Tag ein E-Bike.
3. Der Kundenberater Brand bringt seinen Geschäftswagen in die Werkstatt, um die Bremsanlage reparieren zu lassen.
4. Für die Zeit der Reparatur des eigenen Wagens besorgt sich Herr Brand einen Wagen der Autoverleih Evis GmbH. Bei der Rückgabe des Wagens zahlt Herr Brand per Karte 75,00 EUR.
5. Der Berater Brand übernimmt bei der Kundenbank AG die Stelle eines Filialleiters.
6. Dem Nachbarn ist das Benzin ausgegangen. Er bittet Herrn Brand: „Kann ich bis morgen aus Ihrem Reservekanister 10 Liter Benzin haben?“ Er bekommt das Benzin und füllt am nächsten Tag den Kanister wieder auf.
7. Die Kundenbank AG übernimmt in einem Vorort die Räume eines bereits bestehenden Geschäfts. Der Eigentümer und bisherige Geschäftsinhaber bekommt monatlich 2 600,00 EUR für die Überlassung.
8. Die Holzer OHG nimmt bei der Kundenbank AG ein Darlehen über 15 000,00 EUR, Laufzeit zwei Jahre, Zinssatz 6 %, auf, um eine notwendige Gebäudereparatur durchführen zu können.
9. Entscheiden Sie, in welchem der nachfolgenden Fälle es sich um einen Pachtvertrag handelt!

   ① Die Kundenbank AG überlässt einem Kunden ein Schließfach für 140,00 EUR pro Jahr.

   ② Die Kundenbank AG überlässt dem Kunden B. Trug 15 000,00 EUR gegen Zahlung von Zinsen.

   ③ Ein Auszubildender der Kundenbank AG erhält unentgeltlich einen Laptop zum Gebrauch.

   ④ Die Kundenbank AG hat aus der Insolvenz eines Kunden einen Weinberg erworben. Der Winzer Fabian von Fallersleben bewirtschaftet diese Fläche gegen Entgelt.

   ⑤ Der Bankkaufmann Alexander Smirnov unterzeichnet einen Vertrag bei der Kundenbank AG und wird auf Provisionsbasis im Außendienst tätig.

   ⑥ Die Kundenbank AG erwirbt ein Ferienhaus auf Sylt und überlässt dieses für jeweils zwei Wochen kostenlos von Kunden ausgezeichneten Beratern.

   ⑦ Die Kundenbank AG least Elektroautos, die von Kundenberatern für Außentermine genutzt werden dürfen.

3 Die Stellung im Betrieb klären und die Rolle als Auszubildende in einem Kreditinstitut erfassen

Lernsituation 10: Moritz Becker beginnt eine Ausbildung bei der Kundenbank AG

Moritz Becker ist 18 Jahre alt und hat am Monatsanfang seine Ausbildung als Bankkaufmann bei der Kundenbank AG begonnen. Mit der Kundenbank AG hat er am 15.04.2026 den folgenden Berufsausbildungsvertrag (Auszug) abgeschlossen:

Berufsausbildungsvertrag
(§§ 10, 11 Berufsbildungsgesetz – BBiG)

Zwischen dem/der Ausbildenden (Ausbildungsbetrieb)
Öffentlicher Dienst ☐

KNR	IHK-Firmenident-Nr.	Tel.-Nr.
123	107247	0761 15710

Anschrift des/der Ausbildenden (Ausbildungsbetrieb): Kundenbank AG
Straße, Haus-Nr.: Basler Straße 100–102
PLZ: 79115 Ort: Freiburg
E-Mail-Adresse des/der Ausbildenden (Angabe freiwillig): info-personal@kundenbank-freiburg.de
Verantwortliche/r Ausbilder/in: Weiken, Anja Geburtsjahr: 1973

und dem/der Auszubildenden männlich ☐ weiblich ☐
Berufsausbildung im Rahmen eines dualen Studiums ☐

Name: Becker Vorname: Moritz
Straße, Haus-Nr.: Burgstraße 27
PLZ: 79312 Ort: Emmendingen
Geburtsdatum: 18.06.2008 Staatsangehörigkeit: deutsch
E-Mail-Adresse (Angabe freiwillig): Mobil-/Tel.-Nr. (Angabe freiwillig):
Gesetzlicher Vertreter[1]: Eltern
Namen, Vornamen der gesetzlichen Vertreter: Becker, Anja und Becker, Max
Straße, Haus-Nr.: Burgstraße 27
PLZ: 79312 Ort: Emmendingen

wird nachstehender Vertrag zur Ausbildung im Ausbildungsberuf Bankkaufmann
mit der Fachrichtung / dem Schwerpunkt / der Wahlqualifikation / dem/den Wahlbaustein/en etc. nach **Maßgabe der Ausbildungsordnung**[2] **geschlossen.**

Änderungen des wesentlichen Vertragsinhaltes sind vom/von der Ausbildenden unverzüglich zur Eintragung in das Verzeichnis der Berufsausbildungsverhältnisse bei der Industrie- und Handelskammer anzuzeigen.

Die beigefügten Angaben zur sachlichen und zeitlichen Gliederung des Ausbildungsablaufs (Ausbildungsplan) sowie die umseitigen Regelungen sind Bestandteil dieses Vertrages.

A Die Ausbildungszeit beträgt nach der Ausbildungsordnung 36 Monate.
☐ Es wird eine Verkürzung der Ausbildungszeit um ___ Monate beantragt
Verkürzungsgrund:
Das Berufsausbildungsverhältnis beginnt am 01.08.2026 und endet am 31.07.2029.

B Die Probezeit (Nr. 1.2) beträgt 3 Monate.[3]

C Die Ausbildung findet statt in [Name/Anschrift der Ausbildungsstätte(n)]
Kundenbank AG
Basler Straße 100–102
79100 Freiburg
und den mit dem Betriebssitz für die Ausbildung üblicherweise zusammenhängenden Bau-, Montage- und sonstigen Arbeitsstellen statt.

D Ausbildungsmaßnahmen außerhalb der Ausbildungsstätte(n) sind für den folgenden Zeitraum in der/den folgenden Ausbildungsstätte(n) vorgesehen (hierzu zählen auch Auslandsaufenthalte) (Nr. 3.12):

E Der/Die Ausbildende zahlt dem/der Auszubildenden eine angemessene Vergütung (Nr. 5); diese beträgt zurzeit monatlich brutto

€	1.313,00	1.374,00	1.446,00	
im	ersten	zweiten	dritten	vierten

Ausbildungsjahr.

F Die regelmäßige Ausbildungszeit in Stunden beträgt täglich[4] ___ und wöchentlich ___.
Teilzeitausbildung wird beantragt (Nr. 6.2): ja ☐ nein ☐

G Es besteht ein Urlaubsanspruch

im Kalenderjahr	2026	2027	2028	2029
Werktage	10	30	30	18
Arbeitstage				

H Der Ausbildungsnachweis wird wie folgt geführt: schriftlich ☐ elektronisch ☒

I Hinweise auf anzuwendende Tarifverträge und Betriebsvereinbarungen; sonstige Vereinbarungen (Nr. 11):

J Die umseitigen Bestimmungen sind Gegenstand dieses Vertrages und werden anerkannt.

Ort, Datum: Freiburg, 15.04.2026

Der/Die Ausbildende: **Kundenbank AG**
i.A. Lohmann
Stempel und Unterschrift

Der/Die Auszubildende: Moritz Becker
Vor- und Familienname

Der/Die gesetzlichen Vertreter/in des/der Auszubildenden:
Max Becker Anja Becker
Vater und Mutter/Vormund

1) Vertretungsberechtigt sind beide Eltern gemeinsam, sowie nicht die Vertretungsberechtigung nur einem Elternteil zusteht. Ist ein Vormund bestellt, so bedarf dieser zum Abschluss des Ausbildungsvertrages der Genehmigung des Vormundschaftsgerichtes.
2) Solange die Ausbildungsordnung nicht erlassen ist, sind gem. § 104 Abs. 1 BBiG die bisherigen Ordnungsmittel anzuwenden.
3) Die Probezeit muss mindestens einen Monat und darf höchstens vier Monate betragen.
4) Das Jugendarbeitsschutzgesetz sowie für das Ausbildungsverhältnis geltende tarifvertragliche Regelungen und Betriebsvereinbarungen sind zu beachten.

Die Kundenbank AG hat im aktuellen Ausbildungsjahr 15 Auszubildende eingestellt. Anja Weiken ist Ausbilderin im Kreditinstitut.

Kompetenzorientierte Arbeitsaufträge:

1. Gemäß dem Berufsbildungsgesetz muss der Ausbildende unverzüglich nach Abschluss des Berufsausbildungsvertrags, spätestens jedoch vor Beginn der Berufsausbildung, den wesentlichen Inhalt des Vertrages schriftlich niederlegen.

   Analysieren Sie den abgebildeten Ausbildungsvertrag und erstellen Sie eine Checkliste mit den wesentlichen Inhalten, die ein Ausbildungsvertrag gemäß dem Berufsbildungsgesetz enthalten muss!

2. **Präsentation**[1]

   Zunächst sollen die Auszubildenden den Betrieb, ihre neue Arbeitssituation und ihre Rechtsposition erkunden.

   Die Ausbilderin Anja Weiken erteilt ihnen folgende Aufträge:

   - *„Lesen Sie Ihren Ausbildungsvertrag, besprechen Sie ihn in Gruppen und notieren Sie offene Fragen."*
   - *„Notieren Sie Ihre Rechte und Pflichten."*
   - *„Schauen Sie nach, wie viel Urlaubstage Sie jeweils haben."*
   - *„Für den Fall, dass es Ihnen bei uns nicht gefällt: Prüfen Sie nach, auf welche Weise Sie in diesem Fall das Ausbildungsverhältnis vorzeitig beenden können."*

   Bearbeiten Sie die Arbeitsaufträge von Anja Weiken und präsentieren Sie Ihre Ergebnisse der Lerngruppe!

3. Neben dem Berufsausbildungsvertrag bilden die Ausbildungsordnung und der Ausbildungsplan die wesentliche Grundlage für die Berufsausbildung.

   Erläutern Sie, worin sich Ausbildungsordnung und Ausbildungsplan unterscheiden!

4. Angesichts der hohen Jugendarbeitslosigkeit in vielen südeuropäischen Ländern wird Deutschland häufig um das Erfolgsmodell „Duale Ausbildung" beneidet. Daher unterstützt Deutschland durch Beratung und Pilotprojekte die europäischen Partnerländer bei der Reform ihrer Berufsbildungssysteme.

   Erklären Sie, welche Elemente die duale Ausbildung so erfolgreich macht!

5. **Übersichtsmatrix**

   Stellen Sie Ihre eigenen Interessen und mögliche Interessen eines Ausbildungsbetriebes an der Durchführung der Ausbildung gegenüber und kennzeichnen Sie Übereinstimmungen (☺) und mögliche Konfliktbereiche (☹) durch Ankreuzen. Erstellen Sie hierzu eine Übersichtsmatrix nach folgendem Muster!

DOWNLOAD

Eigene Interessen	☺	☹	Betriebsinteressen

6. Stellen Sie die Beziehungen zwischen dem Jugendarbeitsschutzgesetz und dem Berufsbildungsgesetz dar!

1 Vgl. hierzu Lernfeld 1, Kapitel 7.

3.1 Konzept der dualen Ausbildung veranschaulichen

Ein **Ausgangspunkt** der beruflichen Ausbildung ist die mittelalterliche **Meisterlehre.**[1] Diese bis ins 18. und 19. Jahrhundert vorherrschende Berufsausbildung wurde von den Zünften betrieben und war eine rein **handwerkliche** Domäne.[2] Ziel der Ausbildung war zum einen die Weitergabe handwerklicher Techniken und die Vermittlung „zünftiger Tugenden" (Ehrbarkeit, Zuverlässigkeit, Fleiß usw.). Zum anderen wurde die Anzahl der Ausbildungsverhältnisse **begrenzt** (z.B. pro Meister ein Lehrling), um die Arbeit der einzelnen Meister abzusichern.

Le relieur. Der Buchbinder. The bookbinder.

Erstmals festgeschrieben wurde das duale Prinzip der Berufsausbildung – praktische Ausbildung im Betrieb und theoretischer Unterricht in der Berufsschule – durch die Gewerbeverordnungsnovelle von 1897. Im Jahr 1938 wurde die Berufsschule als Pflichtschule eingeführt.

Das duale System der Berufsausbildung[3] in der heutigen Form geht auf das **Berufsbildungsgesetz [BBiG]** von 1969 zurück. In diesem Gesetz wurden die Zuständigkeiten des Staates, der Arbeitgeber und Arbeitnehmer für die Berufsbildung geregelt. Danach ist das Bundesministerium für Bildung und Forschung zuständig für den Gesamtbereich berufliche Bildung und die Arbeitgeber in Verbindung mit den Arbeitnehmern (Gewerkschaften) für die Berufsausbildung.

Kennzeichen des gegenwärtig bestehenden dualen Systems sind:[4]

- Die Ausbildung im dualen System findet immer an **zwei Lernorten** statt, dem Betrieb und der Berufsschule.
- Die Inhalte der Ausbildung im Betrieb und in der Berufsschule sind miteinander **verzahnt**. Die für die Betriebe **verbindlichen Ausbildungsordnungen** sind mit den **Unterrichtsfächern** abgestimmt.
- Der **Betrieb** ist mehr für die Vermittlung von **Praxis** zuständig, die **Berufsschule** stärker für die **theoretischen** Inhalte. Der Lehrplan der Berufsschule enthält etwa ein Drittel **allgemeinbildende** Inhalte und etwa zwei Drittel **berufsbezogene** Inhalte.

- Die Ausbildung dauert in der Regel **drei** Jahre.
- **Dreieinhalb** Tage Berufspraxis, **anderthalb** Tage Schule in der Woche – das ist die Grundidee des dualen Systems.

---

1 Quelle hier und im Folgenden: http://www.bpb.de/themen/bildung/dossier-bildung/228391/das-deutsche-duale/ausbildungssystem

2 **Domäne:** Gebiet auf dem sich jemand besonders betätigt.

3 Der Begriff „duales System" wurde erst in dem „Gutachten über das berufliche Ausbildungs- und Schulwesen" von 1964 geprägt. **Dual** (wörtlich): In der Zweiheit auftretend.

4 In der Europäischen Union wird nur in Deutschland, Österreich und Dänemark das duale System praktiziert.

3.2 Rechte und Pflichten der an der Berufsausbildung beteiligten Personen anhand des Berufsausbildungsvertrags und unter Beachtung der gesetzlichen Vorschriften ableiten

3.2.1 Begriffe Ausbildender, Ausbilder, Auszubildender

(1) Begriffe Ausbildender und Ausbilder

- **Ausbildender** ist derjenige, der einen Auszubildenden zur Berufsausbildung **einstellt.**

Beispiel:

Moritz Becker wird von der Kundenbank AG ausgebildet. Die Kundenbank AG ist Ausbildende.

- **Ausbilder** ist derjenige, der vom Ausbildenden mit der **Durchführung** der Ausbildung beauftragt wird.

Beispiel:

In der Kundenberatung wird Moritz Becker von der Angestellten Ella Freiberg ausgebildet. Ella Freiberg ist Ausbilderin.

Ausbilden darf nur, wer **persönlich** und **fachlich** geeignet ist. Die fachliche Eignung umfasst vor allem die für den jeweiligen Beruf erforderlichen Fertigkeiten und Kenntnisse.

Die **Ausbilder** vermitteln die **Fertigkeiten** und **Kenntnisse,** die zur Erreichung des Ausbildungsziels erforderlich sind. Ferner muss der **Ausbildungsbetrieb** in der Lage sein, die **wesentlichen Inhalte** der Ausbildung zu vermitteln.

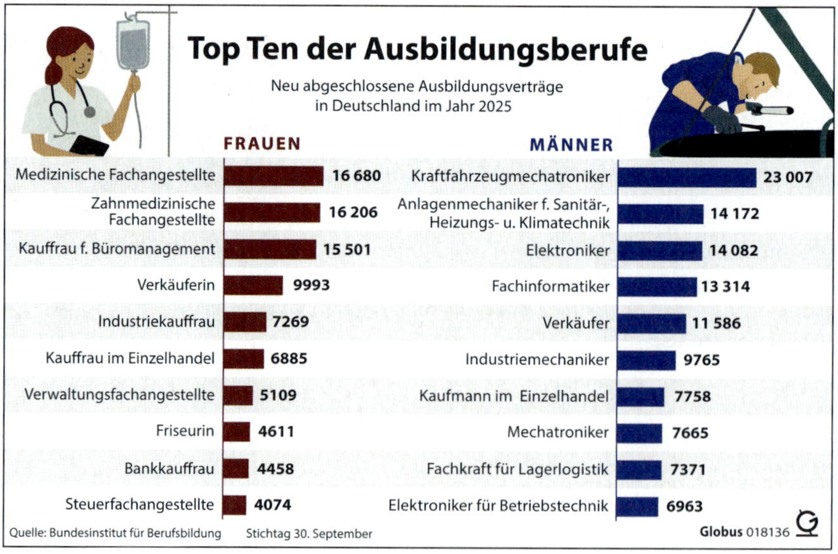

(2) Begriff Auszubildender

Auszubildender ist derjenige, der nach den Bestimmungen des Berufsbildungsgesetzes einen **anerkannten** Ausbildungsberuf aufgrund staatlicher und bundeseinheitlich gültiger **Ausbildungsverordnung** erlernt.

Beispiel:

Moritz Becker schließt mit der Kundenbank AG einen Berufsausbildungsvertrag als Bankkaufmann ab. Moritz Becker ist Auszubildender.

Anforderungen an Auszubildende. Das Unicum Karrierezentrum umschreibt die Anforderungen an Auszubildende im Beruf Bankkaufmann/-frau auf seiner Internetseite folgendermaßen:[1]

- Interesse an **Zahlen,** ständiger Kontakt mit **Menschen** und abwechslungsreiche Aufgaben stellen keine Herausforderungen für dich dar, sondern vielmehr Motivatoren.
- Die **Themen Geld und Finanzen** lassen dich auch in deiner Freizeit nicht los.
- Du bist ein Analytiker und ein Kommunikationstalent, die **Balance zwischen Zahlen und Menschen** ist für dich kein Problem.
- Du lässt dich **niemals** aus der Ruhe bringen und bewahrst immer einen **kühlen** Kopf.
- Du hast **für deine Kunden immer ein offenes Ohr** und stehst ihnen beratend zur Seite.
- Du besitzt **persönliche, soziale, fachliche** und **organisatorische** Kompetenzen.
- **Zuverlässigkeit, Ehrlichkeit, Pünktlichkeit, Kritikfähigkeit** sowie **angemessene Umgangsformen** sind für Dich keine Fremdwörter.

3.2.2 Ausbildungsverhältnis

3.2.2.1 Berufsbildungsgesetz, Ausbildungsordnung und Ausbildungsplan

(1) Berufsbildungsgesetz

Das Berufsbildungsgesetz [BBiG] regelt die **Berufsausbildung,** die **berufliche Fortbildung** und die **berufliche Umschulung.** Die Ausbildung in den verschiedenen Ausbildungsberufen ist durch die Ausbildungsordnung geregelt. § 4 BBiG

(2) Ausbildungsordnung

Die **Ausbildungsordnung** ist die Grundlage für eine geordnete und einheitliche Berufsausbildung in anerkannten Ausbildungsberufen. § 5 BBiG

1 Quelle: https://karriere.unicum.de/berufe/bankkaufmann-voraussetzungen [Zugriff am 11.06.2026].

Sie hat **mindestens festzulegen:**

- die Bezeichnung des **Ausbildungsberufs** (z.B. Bankkaufmann/Bankkauffrau);
- die **Ausbildungsdauer,**
  sie soll nicht mehr als drei und nicht weniger als zwei Jahre betragen;
- das **Ausbildungsberufsbild,**
  es enthält die beruflichen Fertigkeiten, Kenntnisse und Fähigkeiten, die mindestens Gegenstand der Berufsausbildung sind;
- den **Ausbildungsrahmenplan,**
  es handelt sich hierbei um eine Anleitung zur sachlichen und zeitlichen Gliederung der Vermittlung der beruflichen Fertigkeiten, Kenntnisse und Fähigkeiten;
- die **Prüfungsanforderungen.**

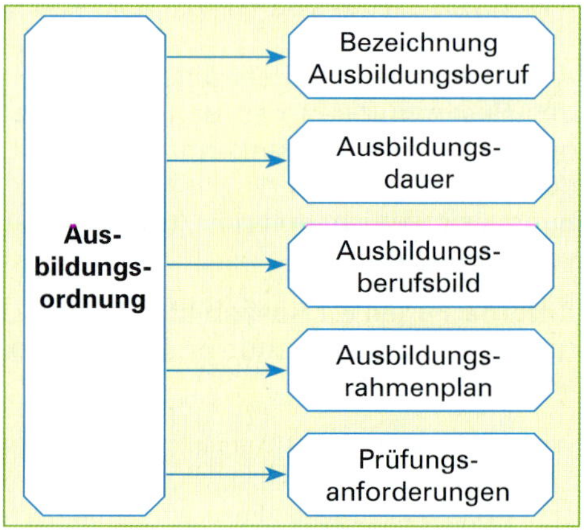

Beispiel:

Abschnitt 2

Abschlussprüfung

§ 6 Aufteilung in zwei Teile und Zeitpunkt

(1) Die Abschlussprüfung besteht aus den Teilen 1 und 2.

(2) Teil 1 findet im vierten Ausbildungshalbjahr statt, Teil 2 am Ende der Berufsausbildung. Den jeweiligen Zeitpunkt legt die zuständige Stelle fest.

§ 7 Inhalt von Teil 1

Teil 1 der Abschlussprüfung erstreckt sich auf

1. die im Ausbildungsrahmenplan für die ersten 15 Ausbildungsmonate genannten Fertigkeiten, Kenntnisse und Fähigkeiten sowie
2. den im Berufsschulunterricht zu vermittelnden Lehrstoff, soweit er den im Ausbildungsrahmenplan genannten Fertigkeiten, Kenntnissen und Fähigkeiten entspricht.

§ 8 Prüfungsbereich von Teil 1

(1) Teil 1 der Abschlussprüfung findet im Prüfungsbereich Konten führen und Anschaffungen finanzieren statt.

(2) Im Prüfungsbereich Konten führen und Anschaffungen finanzieren hat der Prüfling nachzuweisen, dass er in der Lage ist,
1. Kundensituationen und -anliegen zu analysieren,
2. kundenorientierte Lösungen zu entwickeln und zu erörtern,
3. Möglichkeiten **projektorientierter** Arbeitsweisen aufzuzeigen sowie
4. **rechtliche** Regelungen einzuhalten.

(3) Für den Nachweis nach Absatz 1 sind folgende Gebiete zugrunde zu legen:
1. Kontoführung und nicht-dokumentärer Zahlungsverkehr,
2. Anlage auf Konten sowie
3. Konsumentenkredite.

(4) Die Prüfungsaufgaben sollen praxisbezogen sein. Der Prüfling hat die Aufgaben schriftlich zu bearbeiten.

(5) Die Prüfungszeit beträgt 90 Minuten.

Quelle: Verordnung über die Berufsausbildung zum Bankkaufmann und zur Bankkauffrau (Bankkaufleuteausbildungsverordnung – BankkflAusbV) vom 5. Februar 2020.

Für einen anerkannten Ausbildungsberuf darf nur nach der Ausbildungsordnung ausgebildet werden. Jugendliche **unter 18 Jahren** dürfen nur in **anerkannten** Ausbildungsberufen ausgebildet werden. § 4 II BBiG

(3) Ausbildungsplan

Auf der Grundlage des Ausbildungsrahmenplans erstellt der **Betrieb** für die Auszubildenden einen betrieblichen Ausbildungsplan, der mit der Verordnung **ausgehändigt** und **erläutert** wird. Der Ausbildungsplan soll den geplanten Verlauf der Ausbildung **sachlich** und **zeitlich** belegen. Dabei ist u. a. aufzuführen, welche **Abteilungen** für welche **Lernziele** verantwortlich sind sowie zu welchem **Zeitpunkt** und zu welcher **Dauer** die Auszubildenden in den **aufgeführten Abteilungen** bleiben. Er ist **Anlage** zum Ausbildungsvertrag und wird zu **Beginn** der Ausbildung bei **der zuständigen Stelle** hinterlegt.

(4) Beziehungen zwischen Ausbildungsrahmenlehrplan und Ausbildungsplan (Duales Ausbildungssystem)

Ausbildungsrahmenplan

Er ist **Teil der Ausbildungsordnung** nach § 5 BBiG und bildet die Grundlage für die **betriebliche** Ausbildung.

Rahmenlehrplan/Bildungsplan

Er ist Grundlage für den **berufsbezogenen Unterricht** in der **Berufsschule** und zeitlich sowie inhaltlich mit dem Ausbildungsrahmenplan abgestimmt. Der Unterricht in den **allgemeinbildenden** Fächern folgt den jeweiligen **landesrechtlichen** Vorschriften.

Ausbildungsplan

Er ist vom **Ausbildungsbetrieb** für **jeden Auszubildenden** zu erstellen und bildet die Grundlage für die **individuelle** Ausbildung im Betrieb.

Betrieb

Berufsschule

3.2.2.2 Berufsausbildungsvertrag

(1) Begriff kaufmännischer Auszubildender

Kaufmännischer Auszubildender ist, wer in einem kaufmännischen Betrieb zur Erlernung kaufmännischer Tätigkeiten angestellt ist.

(2) Abschluss des Berufsausbildungsvertrags

§ 10 I BBiG

Vor Beginn der Berufsausbildung ist zwischen dem Ausbildenden und dem Auszubildenden ein Berufsausbildungsvertrag zu schließen. Ist der Auszubildende noch **nicht volljährig** und damit nicht voll geschäftsfähig, bedarf der Vertrag der **Zustimmung** des **gesetzlichen Vertreters** (in der Regel der Eltern).

§ 11 Abs. 1 BBiG

Grundsätzlich kommt der Berufsausbildungsvertrag durch **zwei übereinstimmende** Willenserklärungen **formlos** zustande. Jedoch haben Ausbildende **unverzüglich nach Abschluss** des Berufsausbildungsvertrages, **spätestens vor Beginn** der Berufsausbildung, den wesentlichen Inhalt des Vertrages gemäß in **Textform** abzufassen.

§ 11 Abs. 2 BBiG

Ausbildende haben den Auszubildenden und deren gesetzlichen Vertretern und Vertreterinnen die Vertragsabfassung **unverzüglich nach** deren **Erstellung** auszuhändigen bzw. zu übermitteln. Bei **elektronischer** Abfassung ist die Vertragsabfassung so zu übermitteln, dass die Empfänger diese speichern und ausdrucken können. **Ausbildende** haben den Empfang durch die Empfänger **nachzuweisen.**

§ 36 BBiG

Des Weiteren haben Ausbildende **unverzüglich nach Abschluss** des Berufsausbildungsvertrages bei der zuständigen Stelle (z. B. **Industrie- und Handelskammer** bei kaufmännischen Berufen) die Eintragung in das **Verzeichnis der Berufsausbildungsverhältnisse** zu beantragen. Der Antrag kann **schriftlich** oder **elektronisch** gestellt werden; eine Kopie der Vertragsabfassung und des **Empfangsnachweises** ist jeweils beizufügen.

§ 35 Abs. 1 BBiG

Die Eintragung wird nur vorgenommen, wenn der Berufsausbildungsvertrag dem Berufsbildungsgesetz und der Ausbildungsordnung entspricht und die **persönliche und fachliche Eignung des Ausbildungspersonals** sowie die **Eignung** der **Ausbildungsstätte** vorliegen. Die Eintragung ist u. a. Voraussetzung dafür, dass der Auszubildende zur Abschlussprüfung, z. B. bei der Industrie- und Handelskammer (IHK), zugelassen wird.

§ 11 Abs. 1 BBiG

Notwendige Inhalte eines Berufsausbildungsvertrags:

- Name und Anschrift der Ausbildenden sowie der Auszubildenden, bei Minderjährigen zusätzlich Name und Anschrift ihrer gesetzlichen Vertreter,
- Art, sachliche und zeitliche Gliederung sowie Ziel der Berufsausbildung, insbesondere die Berufstätigkeit, für die ausgebildet werden soll,
- Beginn und Dauer der Berufsausbildung,
- die Ausbildungsstätte und Ausbildungsmaßnahmen außerhalb der Ausbildungsstätte,
- Dauer der regelmäßigen täglichen Ausbildungszeit,
- Dauer der Probezeit,
- Zahlung und Höhe der Vergütung sowie deren Zusammensetzung, sofern sich die Vergütung aus verschiedenen Bestandteilen zusammensetzt,
- Vergütung oder Ausgleich von Überstunden,
- Dauer des Urlaubs,
- Voraussetzungen, unter denen der Berufsausbildungsvertrag gekündigt werden kann,
- ein in allgemeiner Form gehaltener Hinweis auf die Tarifverträge, Betriebs- oder Dienstvereinbarungen, die auf das Berufsausbildungsverhältnis anzuwenden sind,
- die Form des Ausbildungsnachweises (schriftlich oder elektronisch).

(3) Pflichten und Rechte aus dem Berufsausbildungsvertrag

Die Pflichten und Rechte des Auszubildenden bzw. des Ausbildenden ergeben sich vor allem aus dem Berufsbildungsgesetz und dem Jugendarbeitsschutzgesetz.

<table>
<tr><th>Pflichten des Auszubildenden
(Rechte des Ausbildenden)</th><th>Pflichten des Ausbildenden
(Rechte des Auszubildenden)</th></tr>
<tr><td>

- **Befolgungspflicht:** Weisungen des Ausbildenden im Rahmen der Berufsausbildung sind sorgfältig zu befolgen.
- **Berufsschulpflicht.**
- **Lernpflicht:** Der Auszubildende muss sich bemühen, so zu lernen, dass die Abschlussprüfung bestanden wird.
- **Ausbildungsnachweispflicht (Berichtsheftpflicht):** Der Auszubildende hat in der Regel wöchentlich Ausbildungsnachweise schriftlich oder elektronisch zu führen. Sie geben Auskunft über den Ablauf der Ausbildung und müssen bei der Abschlussprüfung vorgelegt werden. Die einzelnen Ausbildungsnachweise sind vom Ausbilder zu unterschreiben bzw. beim „digitalen Berichtsheft" durch eine elektronische Signatur abzuzeichnen.
- **Schweigepflicht** über Geschäftsdaten.
- **Haftpflicht:** Bei grob fahrlässig oder vorsätzlich verursachten Schäden an Maschinen, Büroeinrichtungen usw. haftet der Auszubildende.

</td><td>

- **Ausbildungspflicht:** Vermittlung der beruflichen Handlungsfähigkeit, die zur Erreichung des Ausbildungsziels erforderlich ist.
- **Ausbildungsmittel:** Müssen kostenlos zur Verfügung gestellt werden.
- **Fürsorgepflicht:** Charakterliche Förderung sowie Vermeidung sittlicher und körperlicher Gefährdung; Anmeldung zur Sozial- und Unfallversicherung.
- **Freistellungspflicht:** Der Ausbildende muss den Auszubildenden zum Besuch der Berufsschule anhalten und freistellen.
- **Anmeldepflicht zu Prüfungen:** Der Auszubildende muss rechtzeitig zu Prüfungen angemeldet und freigestellt werden.
- **Urlaubspflicht:**[1] Der Urlaub beträgt nach:

Alter	Mindesturlaub
bis 16 Jahre	30 Werktage
bis 17 Jahre	27 Werktage
bis 18 Jahre	25 Werktage

- **Vergütungspflicht:** Auszubildende haben Anspruch auf eine Mindestvergütung. Die Zahlung der Ausbildungsvergütung muss spätestens am letzten Werktag des Monats erfolgen.[2]
- **Pflicht zur Entgeltfortzahlung:** An gesetzlichen Feiertagen und im unverschuldeten Krankheitsfall bis zu sechs Wochen.
- **Pflicht zur Ausstellung eines Zeugnisses.**[3]

</td></tr>
</table>

(4) Ausbildungszeit

Die Ausbildungszeit beträgt in den meisten kaufmännischen Ausbildungsberufen (z. B. Bankkaufmann/-frau, Kaufmann/-frau für Büromanagement) im Regelfall **3 Jahre.** Eine Verkürzung der Ausbildungszeit ist unter bestimmten Voraussetzungen möglich.

1 Für Berufsschüler soll der Urlaub in die **Schulferien** gelegt werden. Es muss sichergestellt sein, dass für einen Urlaubsteil **mindestens 12 Werktage** am Stück gewährt werden.

2 Gemäß **§ 17 BBiG** muss die **Ausbildungsvergütung** mit fortschreitender Dauer der Berufsausbildung – mindestens jedoch **jährlich – ansteigen.** Die **Mindestvergütung** gibt es seit dem 1. Januar 2020 in Deutschland. Sie **steigt jährlich** und beträgt monatlich: 724,00 EUR im 1. und 854,00 EUR im 2. Ausbildungsjahr sowie 977,00 EUR im 3. Ausbildungsjahr (2026).

3 Das Zeugnis kann mit **Einwilligung** der **Auszubildenden** in **elektronischer** Form erteilt werden.

(5) Probezeit

§§ 20, 22 BBiG

Die Probezeit beträgt **mindestens einen Monat** und darf **nicht länger als vier Monate** dauern. Die Probezeit ist Bestandteil des Ausbildungsverhältnisses. Während der Probezeit kann jeder der Vertragspartner das Ausbildungsverhältnis **ohne Angabe** von Gründen **fristlos** lösen.

(6) Institutionen zur Durchsetzung ausbildungsrechtlicher Ansprüche

Sind Auszubildende der Meinung, dass der ausbildende Betrieb seinen Pflichten nicht nachkommt, können sie sich an verschiedene Institutionen wenden.

- Im Bereich des **Betriebs- und Gefahrenschutzes** sind die **staatlichen Gewerbeaufsichtsämter** als Landesbehörden für die Überwachung aller Betriebe ihres Bezirks zuständig. Die **Aufsichtsdienste der Berufsgenossenschaften** kontrollieren die Betriebe des jeweiligen Wirtschaftszweigs.
- Im Bereich des **sozialen Arbeitsschutzes** können sich die Auszubildenden an den **Betriebsrat**[1] – insbesondere an die **Jugend- und Auszubildendenvertretung**[2] – wenden. Ansprechpartner sind auch die zuständigen **Kammern** (z. B. die Industrie- und Handelskammern). Sie haben u. a. die Aufgabe, über eine ordnungsgemäße Berufsausbildung zu wachen. Hilfe gewähren auch die zuständigen **Gewerkschaften.**

Ist zwischen den Parteien keine gütliche Einigung möglich, müssen die **Arbeitsgerichte** angerufen werden.

3.3 Beendigung von Ausbildungsverhältnissen sowie den besonderen Kündigungsschutz von Auszubildenden erläutern

(1) Beendigung des Ausbildungsverhältnisses

§ 21 II BBiG

Das Ausbildungsverhältnis endet spätestens mit dem **Ablauf der Ausbildungszeit**, frühestens mit dem **Bestehen der Abschlussprüfung** oder durch schriftliche **Kündigung.**

Während der Probezeit kann das Berufsausbildungsverhältnis **jederzeit ohne Einhaltung einer Kündigungsfrist** gekündigt werden.

Nach der Probezeit kann das Ausbildungsverhältnis grundsätzlich **nicht gekündigt** werden. **Es besteht ein Kündigungsschutz.**

1 Vgl. hierzu die Ausführungen in Lernfeld 1, Kapitel 6.5.3.

2 Vgl. hierzu die Ausführungen in Lernfeld 1, Kapitel 6.5.4.

Eine Ausnahme ist nur in folgenden Fällen möglich: § 22 II BBiG

Kündigung nach der Probezeit durch	**Voraussetzungen**	
das ausbildende Unternehmen	**Aus einem wichtigen Grund ohne Einhalten einer Kündigungsfrist,** z. B. wegen Unterschlagung.	Auflösung des Ausbildungsverhältnisses in **beiderseitigem Einvernehmen** durch einen sogenannten **Aufhebungsvertrag**
den Auszubildenden	■ **Aus einem wichtigen Grund** ohne Einhalten einer Kündigungsfrist, z. B. wegen ständigen Mobbings. ■ Kündigung vom Auszubildenden mit **vierwöchiger Frist,** wenn der Auszubildende die **Berufsausbildung aufgeben oder wechseln** möchte.	

Eine Kündigung aus **wichtigem** Grund ist **unwirksam,** wenn die zugrunde liegenden Tatsachen dem Berechtigten **länger als zwei Wochen** bekannt sind. § 22 II Nr. 4 BBiG

Die Kündigung muss **schriftlich** erfolgen und bei einer Kündigung aus einem wichtigen Grund oder wegen Aufgabe oder Wechsel der Berufsausbildung die **Kündigungsgründe** enthalten.

(2) Weiterbeschäftigung

Während der **letzten sechs Monate** des Berufsausbildungsverhältnisses können die Vertragspartner eine **Weiterbeschäftigung vereinbaren.** Werden Auszubildende im Anschluss an das Berufsausbildungsverhältnis weiterbeschäftigt, ohne dass hierüber eine ausdrückliche Vereinbarung getroffen ist, wird ein **Arbeitsverhältnis auf unbestimmte Zeit** begründet. Kaufmännisch Ausgebildete werden damit **Angestellte.** Es entsteht ein Anspruch auf Zahlung eines Gehalts. §§ 12, 24 BBiG

(3) Ausstellung eines Zeugnisses

Der Ausbildende hat dem Ausgebildeten nach Beendigung des Berufsausbildungsverhältnisses ein **Zeugnis** auszustellen, das Angaben über Art, Dauer und Ziel der Berufsausbildung sowie über die erworbenen Fertigkeiten und Kenntnisse des Auszubildenden enthalten muss **(einfaches Arbeitszeugnis).** § 16 BBiG

Beispiel:

„Moritz Becker verfügt über Fachwissen und hat ein gesundes Selbstvertrauen" heißt zum Beispiel: Moritz Becker klopft große Sprüche, um fehlendes Fachwissen zu überspielen.

Auf **Verlangen des Auszubildenden** sind darin auch Angaben über **Führung, Leistung** und besondere **fachliche Fähigkeiten** aufzunehmen **(qualifiziertes Arbeitszeugnis).**

Das Zeugnis darf **keine negativen Aussagen** enthalten.

Formuliersprache in Arbeitszeugnissen:

Formulierung im Zeugnis	Klartext (Bedeutung)	Notenstufe
a) Er/Sie hat die ihm/ihr übertragenen Arbeiten ... b) Er/Sie hat unseren Erwartungen ...		
a) ... stets zu unserer vollsten Zufriedenheit erledigt. b) ... in jeder Hinsicht und in allerbester Weise entsprochen.	Sehr gute Leistungen	sehr gut (1)
a) ... zu unserer vollen Zufriedenheit erledigt. b) ... in jeder Hinsicht und in bester Weise entsprochen.	Gute Leistungen	gut (2)
a) ... stets zu unserer Zufriedenheit erledigt. b) ... in jeder Hinsicht entsprochen.	Befriedigende Leistungen	befriedigend (3)
a) ... zur Zufriedenheit erledigt. b) ... entsprochen.	Ausreichende Leistungen	ausreichend (4)
a) ... im Großen und Ganzen zu unserer Zufriedenheit erledigt. b) ... im Großen und Ganzen entsprochen.	Mangelhafte Leistungen	mangelhaft (5)
Er/Sie hat sich bemüht ...	Ungenügende Leistungen	ungenügend (6)

Kompetenztraining

16

1. Nennen Sie die Voraussetzungen, die an einen Ausbilder gestellt werden!
2. Definieren Sie den Begriff Auszubildender!
3. 3.1 Erklären Sie, unter welchen Bedingungen ein Berufsausbildungsverhältnis endet!

   3.2 Ein Auszubildender besteht die Abschlussprüfung am 15. Juli und erhält darüber eine Bescheinigung. Laut Berufsausbildungsvertrag endet die Ausbildungszeit am 30. Juli.

   Aufgabe:

   Nennen Sie den Tag, an welchem der Berufsausbildungsvertrag endet!

   3.3 Der Auszubildende erscheint am 16. Juli wieder zur Arbeit, worüber der Filialleiter der Kundenbank AG sehr erfreut ist.

   Aufgabe:

   Erläutern Sie die rechtliche Folge, die sich aus diesem Sachverhalt ergibt, wenn im Berufsausbildungsvertrag keinerlei Vereinbarungen hinsichtlich einer Weiterbeschäftigung getroffen wurden!

4. Notieren Sie, in welchem der nachfolgenden Fälle ein Verstoß gegen das Berufsbildungsgesetz vorliegt!
   4.1 Felix Höring erhält keinen Fahrgeldersatz zum Besuch der Berufsschule.
   4.2 Der Ausbilder verweigert Felix Höring, für einen ausgedehnten Taucherurlaub den gesamten Jahresurlaub zu verwenden.
   4.3 Die tägliche Arbeitszeit beträgt an 4 Tagen jeweils 8 Stunden.
   4.4 Der Ausbilder meldet Felix Höring nicht zur Unfallversicherung an.
   4.5 Der Ausbilder der Kundenbank AG weigert sich, Juri Baskir das für den Berufsschulunterricht benötigte digitale Endgerät zu bezahlen.

5. Der Auszubildende Florian Pfiffig ist seit zwei Monaten als Auszubildender der Kundenbank AG beschäftigt.

   Aufgaben:

   5.1 Nennen Sie den Vertrag, der zwischen Florian Pfiffig und der Kundenbank AG geschlossen wurde! Geben Sie die zugrunde liegende Rechtsgrundlage an!
   5.2 Nennen Sie drei Angaben, die im Vertrag unbedingt enthalten sein müssen!
   5.3 Begründen Sie, ob Florian Pfiffig im Einverständnis mit der Kundenbank AG eine Probezeit von sechs Monaten im Berufsausbildungsvertrag vereinbaren durfte!
   5.4 Nehmen wir an, die Probezeit beträgt 4 Monate und die Ausbildungszeit für Florian Pfiffig beginnt am 1. September. Die Ausbildung wurde nicht unterbrochen. Nennen Sie den Tag, mit dessen Ablauf die Probezeit endet!
   5.5 Nennen Sie die Form, in der der Berufsausbildungsvertrag abzuschließen ist und geben Sie an, wo er registriert ist!

6. Der Auszubildende Dennis Schreiber, der sich im zweiten Ausbildungsjahr befindet, ist seit einigen Tagen nicht mehr im Betrieb erschienen. Einem Angestellten gegenüber hat er geäußert, er wolle sich nach einem anderen Arbeitsplatz umsehen.

   Aufgabe:

   Beschreiben Sie, wie sich die Geschäftsleitung Ihrer Meinung nach verhalten wird!

7. Der Auszubildenden Monja gefällt es bei der Kundenbank AG nicht mehr. Die Kolleginnen und Kollegen sind ihr unsympathisch, der Chef erst recht.

   Aufgabe:

   Begründen Sie, ob Monja ihr Berufsausbildungsverhältnis lösen kann! Wenn ja, nennen Sie die Bedingungen!

8. Die 18-jährige Cataleya Meier hat eine Ausbildung zur Bankkauffrau bei der Kundenbank AG begonnen. Nach sechs Monaten stellt sie fest, dass es doch der falsche Beruf für sie ist. Sie hat einen neuen Ausbildungsplatz als Einzelhandelskauffrau gefunden. Cataleya Meier reicht am 1. Februar folgende Kündigung ein: „Hiermit kündige ich zum 15. Februar 20.. mein Ausbildungsverhältnis bei Ihnen!"

   Aufgabe:

   Prüfen Sie, ob diese Kündigung rechtswirksam ist!

9. 9.1 Die Berufsausbildung verursacht den Ausbildungsbetrieben hohe Kosten.

   Aufgabe:

   Erläutern Sie, warum die Berufsausbildung den ausbildenden Betrieben dennoch Vorteile bringen kann!

   9.2 Nicht alle Ausgebildeten werden von den Ausbildungsbetrieben auch übernommen.

   Aufgabe:

   Erläutern Sie, ob dies immer ein Nachteil für die Ausgebildeten sein muss!

10. Der Berufsausbildungsvertrag (vgl. Lernsituation 10) wurde zwischen der Kundenbank AG und Moritz Becker abgeschlossen.

Aufgabe:

Entscheiden Sie, welche beiden der nachfolgenden Aussagen zu diesem Berufsausbildungsvertrag falsch sind! Falls nur eine Aussage falsch ist, tragen Sie bitte eine ⑨ in das zweite Kästchen ein!

① Da Moritz Becker zum Zeitpunkt des Abschlusses dieses Berufsausbildungsvertrags noch minderjährig war, wäre der Berufsausbildungsvertrag nicht allein mit der Unterschrift seiner gesetzlichen Vertreter sowie des Ausbilders rechtswirksam.

② Dieser Berufsausbildungsvertrag muss bei der zuständigen Stelle (z. B. Industrie- und Handelskammer) zur Genehmigung und Eintragung in das Verzeichnis der Berufsausbildungsverhältnisse unverzüglich nach Beginn der Ausbildung vorgelegt werden.

③ Die wesentlichen Inhalte dieses Berufsausbildungsvertrags mussten unverzüglich nach Abschluss des Berufsausbildungsvertrags, spätestens jedoch vor dem 01. 08. in Textform niedergelegt werden.

④ Im vorliegenden Berufsausbildungsvertrag wurde die Ausbildungsdauer nicht verkürzt.

⑤ Mit der in diesem Berufsausbildungsvertrag angegebenen Probezeit wurde die längste im Berufsbildungsgesetz mögliche Probezeit für Ausbildungsverhältnisse gewählt.

⑥ Moritz Becker stehen pro Kalendermonat 2,5 Urlaubstage zu.

11. Die Rechte und Pflichten des Auszubildenden bzw. des Ausbildenden ergeben sich vor allem aus dem Berufsbildungsgesetz.

Aufgabe:

Beurteilen Sie, welche zwei der nachfolgenden Aussagen nicht zutreffend sind! Falls nur eine Aussage falsch ist, tragen Sie bitte eine ⑨ in das zweite Kästchen ein!

① Der Ausbildende ist dem Auszubildenden im unverschuldeten Krankheitsfall zur Entgeltfortzahlung für bis zu vier Monate verpflichtet.

② Der Auszubildende muss sich bemühen, so zu lernen, dass die Abschlussprüfung bestanden wird.

③ Die Ausbildungsmittel müssen dem Auszubildenden kostenlos zur Verfügung gestellt werden.

④ Der minderjährige Auszubildende hat einen Urlaubsanspruch von mindestens 25 Arbeitstagen, sofern er das 17. Lebensjahr vollendet hat.

⑤ Der Ausbildende muss dem Auszubildenden spätestens am letzten Werktag des Monats seine Ausbildungsvergütung zahlen.

⑥ Der Ausbildende muss den Auszubildenden rechtzeitig zu den Prüfungen anmelden und für diese freistellen.

⑦ Der Auszubildende haftet für solche Schäden, die er im Ausbildungsbetrieb an Maschinen, Büroeinrichtungen etc. grob fahrlässig oder vorsätzlich verursacht.

⑧ Auszubildende müssen die Weisungen des Ausbildenden im Rahmen der Berufsausbildung sorgfältig befolgen.

3.4 Bedeutung des Jugendarbeitsschutzgesetzes für Auszubildende erklären

Lernsituation 11: Auszubildende der Kundenbank AG streiten über Arbeitszeiten

Kundenbank AG

In der Kantine der Kundenbank AG treffen sich um 12:30 Uhr vier Auszubildende aus dem ersten Ausbildungsjahr zum gemeinsamen Mittagessen, und zwar Luigi (19 Jahre), Saskia (17 Jahre), Helen (20 Jahre) sowie Viktor (16 Jahre). Nachdem sie einige Erlebnisse des Vormittags über Begegnungen mit Kunden ausgetauscht haben, kommt Luigi auf den gestrigen Tag zu sprechen. Dabei führt er an, dass er es vollkommen ungerecht findet, dass er mit Saskia um 11:00 Uhr gemeinsam angefangen hat zu arbeiten, Saskia aber bereits um 20:00 Uhr nach Hause gehen durfte. Er hingegen hätte am Abend noch bei einer Veranstaltung für Kunden aus dem Private Banking als Aushilfe an der Getränkeausgabe mithelfen müssen. Und obwohl er erst um 20:30 Uhr hätte gehen dürfen, musste er heute Morgen schon um 07:30 Uhr erscheinen und beim Aufräumen helfen, während Saskia erst um 08:00 Uhr anzutreten brauchte. Außerdem wäre ihm schon länger aufgefallen, dass er nur 45 Minuten Mittagspause bekommt, wohingegen Saskia eine ganze Stunde lang Pause machen darf. Das findet er total ungerecht, zumal sie ja alle gleich viel verdienen.

Danach meldet sich Helen zu Wort und sagt: *„Was ich noch viel ungerechter finde, ist das, was ich heute von unserer Ausbilderin Frau Weiken erfahren habe. Wenn wir nächste Woche auf die Filialen verteilt werden und um 08:30 Uhr mit der Arbeit beginnen, dann dürfen Saskia und Viktor Dienstag und Donnerstag schon um 17:30 Uhr nach Hause. Wir beide hingegen müssen bis 18:00 Uhr bleiben und dürfen dann zur Belohnung noch die Post wegbringen."*

Daraufhin haut Saskia auf den Tisch und sagt: *„Ich weiß gar nicht, was ihr beide euch hier so aufspielt. Seit Beginn der Ausbildung lasst ihr Viktor und mich immer wieder mal spüren, dass ihr ja schon allein Auto fahren dürft und im Gegensatz zu uns ja schon so erwachsen seid. Und dann, wenn es darum geht, auch mal die Nachteile der Volljährigkeit in Kauf zu nehmen, dann auf einmal haben Viktor und ich es ja ach so gut. Ganz ehrlich, ich finde das ziemlich unfair und wenig differenziert von euch beiden!"* Helen schaut zu Luigi und fragt: *„Was redet Saskia denn da? Wir alle vier haben doch gemeinsam eine Ausbildung bei der Kundenbank AG begonnen, wir alle bekommen gleich viel Geld und gleich viel Urlaub. Also was bitte haben denn die von uns angesprochenen Ungerechtigkeiten mit dem Alter zu tun?"*

Kompetenzorientierte Arbeitsaufträge:

1. Erläutern Sie kurz, inwiefern der von Saskia angesprochene Aspekt des Alters in der vorangestellten Lernsituation eine Rolle spielt!
2. **Recherche**

   Recherchieren Sie mittels des Jugendarbeitsschutzgesetzes, ob sich die in der Lernsituation angesprochenen Regelungen tatsächlich aus dem Jugendarbeitsschutzgesetz ableiten lassen! Prüfen Sie des Weiteren mittels Internetrecherche, welche Regelungen das Gesetz zu folgenden Aspekten vorsieht:

   - Freistellung zur Abschlussprüfung
   - Nachtruhe eines Bankauszubildenden
   - Arbeit an Sams- und Sonntagen
   - zeitliche Lage der Pausen
   - Anrechnung eines Berufsschultages mit mehr als fünf Unterrichtsstunden
   - Aufsicht über die Einhaltung der Regelungen des JASchG
   - die maximale tägliche Arbeitszeit, falls die Kundenbank AG an Freitagen die Arbeitszeit auf 6 Stunden beschränkt und um 13:00 Uhr schließt
3. **Mindmap**

   Erstellen Sie zu den Regelungen des Jugendarbeitsschutzgesetzes eine Mindmap als Vorbereitung auf die nächste Klausur!

(1) Geltungsbereich

Grundlage des Jugendarbeitsschutzes ist das **Jugendarbeitsschutzgesetz** [JArbSchG]. Das Gesetz geht davon aus, dass Jugendliche (Personen **bis zum vollendeten 18. Lebensjahr**) nur eine begrenzte Leistungsfähigkeit besitzen, weil ihre körperliche und geistig-seelische Entwicklung noch **nicht vollständig** abgeschlossen ist. Das Jugendarbeitsschutzgesetz gilt daher für alle Arbeitgeber, die Jugendliche beschäftigen (Auszubildende, Arbeiter, Angestellte).

(2) Mindestalter für ein Beschäftigungsverhältnis

§ 5 JArbSchG

Die Beschäftigung von Kindern und von Jugendlichen, die der Vollzeitschulpflicht unterliegen, ist **grundsätzlich verboten**. Das Jugendarbeitsschutzgesetz lässt von diesem Grundsatz jedoch auch mehrere **Ausnahmen** zu, wie z.B. die Beschäftigung von Jugendlichen während der Schulferien für höchstens vier Wochen im Kalenderjahr.

(3) Grenzen der Arbeitszeit

Arbeitsbeginn und Arbeitsende	06:00 Uhr frühestens und 20:00 Uhr spätestens.
tägliche Arbeitszeit	Maximal 8,5 Stunden am Tag; bei 5-Tage-Woche (40 Stunden) maximal 8 Stunden am Tag.
Ruhepausen	■ Mindestens 30 Minuten Pause bei einer Beschäftigung von mehr als $4\frac{1}{2}$ Stunden. ■ Mindestens 60 Minuten Pause bei einer Beschäftigung von mehr als 6 Stunden.

Berufsschultage	■ Berufsschultage sind Arbeitstage. Sie werden bezahlt und auf die Arbeitstage angerechnet. ■ Keine Beschäftigung an Berufsschultagen mit mehr als 5 Unterrichtsstunden von mindestens 45 Minuten, jedoch nur einmal in der Woche.
wöchentliche Arbeitszeit	5-Tage-Woche; 40-Stunden-Woche. Keine Beschäftigung an Samstagen und Sonntagen.
verbotene Arbeiten	Gefährliche Arbeiten; Arbeiten, bei denen die Jugendlichen sittlichen Gefahren ausgesetzt sind.
tägliche Freizeit	Zwischen dem Ende der Arbeitszeit eines Tages und dem Beginn der Arbeitszeit/Schulzeit am nächsten Tag müssen mindestens 12 Stunden Freizeit liegen.
Urlaub	Jugendliche, die zu Beginn des Kalenderjahres ■ noch nicht 16 Jahre alt sind: 30 Werktage, ■ noch nicht 17 Jahre alt sind: 27 Werktage, ■ noch nicht 18 Jahre alt sind: 25 Werktage.

(4) Sonstige Schutzvorschriften

Zum Schutz der Jugendlichen dürfen **bestimmte Personen** (z.B. Personen, die wegen eines Verbrechens zu einer Freiheitsstrafe von mindestens 2 Jahren rechtskräftig verurteilt wurden) grundsätzlich **keine Jugendlichen beschäftigen** und diese auch **nicht beaufsichtigen**. § 25 JArbSchG

Der Arbeitgeber ist zu einer **menschengerechten Gestaltung der Arbeit** verpflichtet. Bei der Einrichtung und Unterhaltung der Arbeitsstätte einschließlich der Maschinen, Werkzeuge und Geräte sind z.B. alle Maßnahmen zu treffen, die zum Schutz der Jugendlichen gegen Gefahren für Leben und Gesundheit sowie zur Vermeidung einer Beeinträchtigung der körperlichen und seelisch-geistigen Entwicklung der Jugendlichen erforderlich sind. § 28 JArbSchG

Vor **Beginn der Beschäftigung** und bei wesentlicher Änderung der Arbeitsbedingungen sind die Jugendlichen vom Arbeitgeber über die **Unfall- und Gesundheitsgefahren,** denen sie am Arbeitsplatz ausgesetzt sind, sowie über Einrichtungen und Maßnahmen zur Abwendung dieser Gefahren zu unterweisen. § 29 JArbSchG

Der Arbeitgeber muss das **körperliche Züchtigungsverbot** sowie das Verbot der Abgabe von Alkohol und Tabakwaren an Jugendliche unter 16 Jahren beachten. § 31 JArbSchG

(5) Gesundheitliche Betreuung

Jugendliche, die in das Berufsleben eintreten, dürfen nur beschäftigt werden, wenn

- sie innerhalb der **letzten 14 Monate** von einem Arzt untersucht worden sind **(Erstuntersuchung)** und
- sie dem künftigen Arbeitgeber eine von diesem **Arzt ausgestellte Bescheinigung über die Untersuchung** vorlegen.

§§ 32 ff. JArbSchG

Spätestens nach **einem Jahr** haben sich die Jugendlichen einer **Nachuntersuchung** zu unterziehen. Wird nach 14-monatiger Beschäftigung keine ärztliche Bescheinigung vorgelegt, besteht **Beschäftigungsverbot,** was für den Arbeitgeber ein Grund zur fristlosen Kündigung ist. Weitere jährliche Untersuchungen sind erlaubt. Die Kosten für die ärztlichen Untersuchungen trägt das Bundesland.

(6) Strafen

§§ 58 ff. JArbSchG

Bei Verstößen gegen das Jugendarbeitsschutzgesetz sieht das Jugendarbeitsschutzgesetz **Geldbußen und Freiheitsstrafen** vor.

Kompetenztraining

17

1. Lösen Sie folgende kleine Rechtsfälle. Nehmen Sie den Schulbuchtext und im Internet recherchierte Gesetzestexte zu Hilfe!

   Aufgaben:

   1.1 Die 17-jährige Bankkauffrau Ida Emsig muss nach bestandener Prüfung 45 Wochenstunden ohne Überstundenvergütung arbeiten. Ihr Arbeitgeber beruft sich auf das Arbeitszeitgesetz, wonach sogar über 50 Wochenstunden zulässig sind.

   Begründen Sie, ob der Arbeitgeber im Recht ist!

   1.2 Der 17-jährige kaufmännische Auszubildende Jonathan Lauch ist seit 1. August 20.. „in der Lehre". Sein Ausbilder hatte ihn im April, im Mai und im Juli des folgenden Jahres mehrfach dazu aufgefordert, sich bei einem Arzt der Nachuntersuchung zu unterziehen und ihm die ärztliche Bescheinigung vorzulegen. Jonathan Lauch hat jedoch die Bescheinigung bis Ende Oktober noch nicht beigebracht. Der Arbeitgeber kündigt daher Anfang November das Ausbildungsverhältnis fristlos.

   Begründen Sie, ob die fristlose Kündigung wirksam ist!

2. Prüfen Sie, ob die im Folgenden beschriebenen Beschäftigungen nach dem Jugendarbeitsschutzgesetz zulässig sind! Begründen Sie Ihre Antworten mithilfe des Jugendarbeitsschutzgesetzes!

   2.1 Die 16-jährige Auszubildende Anna Viviani soll in Inventurarbeiten eingearbeitet werden. Zu diesem Zweck wird sie am 31. Dezember bis 15:00 Uhr beschäftigt.

   2.2 Der 17-jährige Auszubildende Emil Restle soll nach bestandener Abschlussprüfung 45 Stunden in der Woche arbeiten. Emil Restle ist in keiner Gewerkschaft. Sein Ausbildungsbetrieb ist nicht tarifgebunden.

   2.3 Die 17-jährige Auszubildende Aurelia Mager hat am Montag ihre schriftliche Abschlussprüfung. Sie wird am an der Prüfung vorausgehenden Freitag beschäftigt.

   2.4 Der Auszubildende Paul Nunnemacher (17 Jahre) hat dienstags und freitags jeweils 6 Unterrichtsstunden zu je 45 Minuten Berufsschulunterricht. Er verlangt daher von seinem Ausbilder, ihm an diesen Tagen frei zu geben.

3. Lesen Sie nachfolgende Rechtsvorschriften des Jugendarbeitsschutzgesetzes und ergänzen Sie die fehlenden Zahlen durch Eintragung in das Feld rechts neben der Rechtsvorschrift!

DOWNLOAD

Nr.	Rechtsvorschrift	Fehlende Angaben
3.1	Zwischen dem Ende der Arbeitszeit eines Tages und dem Beginn der Arbeitszeit am nächsten Tag müssen mindestens ... Stunden Freizeit liegen.	
3.2	Bei einer Beschäftigung von mehr als 4,5 Stunden muss die Pause mindestens ... Minuten betragen.	
3.3	Eine Pause von mindestens 60 Minuten muss gewährt werden bei einer Beschäftigung von mehr als ... Stunden.	
3.4	Die maximale zulässige tägliche Arbeitszeit für einen Jugendlichen liegt bei ... Stunden.	
3.5	An Berufsschultagen mit mehr als 5 Unterrichtsstunden von mindestens ... Minuten darf der Jugendliche nicht beschäftigt werden.	
3.6	Bei einer 5-Tage-Woche darf die Wochenarbeitszeit maximal 40 Stunden betragen, die tägliche Arbeitszeit maximal ... Stunden am Tag.	

4. Entscheiden Sie, welche der nachfolgenden Aussagen zum Jugendarbeitsschutz richtig ist!

① Das Jugendarbeitsschutzgesetz gilt nur für Personen bis zum vollendeten 16. Lebensjahr!

② Der Arbeitsbeginn darf frühestens um 07:00 Uhr liegen, das Arbeitsende nicht später als 20:00 Uhr.

③ Bei einer Beschäftigung von mehr als 5 Stunden muss die Pause mindestens 60 Minuten betragen.

④ Endet die Arbeitszeit um 20:00 Uhr, so darf der Auszubildende nicht vor 08:00 Uhr am folgenden Tag beschäftigt werden.

⑤ Die wöchentliche Arbeitszeit für Jugendliche darf maximal 45 Stunden betragen.

⑥ Jugendliche, die in das Berufsleben eintreten, dürfen nur beschäftigt werden, wenn sie innerhalb der letzten 18 Monate von einem Arzt untersucht worden sind (Erstuntersuchung).

4 Eigene Interessen bzw. Meinungen sachlich und sprachlich angemessen vertreten sowie Kommunikationsfähigkeit entwickeln und verbale wie nonverbale Kommunikationstechniken anwenden

Lernsituation 12: Auszubildende tauschen Erfahrungen über misslungene Kommunikation bei der Kundenbank AG aus

Paula, Marie, Lasse und Jonas treffen sich kurz vor einer betriebsinternen Schulung in der Cafeteria der Kundenbank AG. Lasse wirkt anders als sonst ziemlich angeschlagen, sodass Paula ihn fragt, welche Laus ihm denn über die Leber gelaufen sei.

Lasse scheint irgendwie auf die Frage gewartet zu haben und legt gleich los. Heute Morgen habe er ein Gespräch mit der Ausbilderin Frau Weiken gehabt. Diese habe ihm mitgeteilt, dass er im nächsten Monat auf einer Filiale eingesetzt wird, die für ihn nur unter hohem zeitlichen Aufwand mit öffentlichen Verkehrsmitteln erreicht werden kann.

„Dummerweise habe ich dann als erste Reaktion auf diese Mitteilung gesagt: ‚Ups, da muss ich aber ganz schön früh aufstehen, wenn ich da pünktlich anfangen soll.'"

Daraufhin sei Frau Weiken ziemlich ange-

fressen gewesen und habe ordentlich losgelegt, so nach dem Motto ‚Lehrjahre seien keine Herrenjahre und das Berufsleben kein Urlaub auf dem Ponyhof!'.

„Das Ganze zog sich dann über einen langen Vortrag hin und endete sinngemäß mit den Worten, dass ich auch später im Berufsleben bei der Kundenbank AG durchaus damit rechnen müsse, dass sich mein Einsatz nicht unbedingt nach der Taktung des öffentlichen Personennahverkehrs richtet. Tja, und dann wurde ich mehr oder weniger vor die Tür gesetzt."

Nach einer kurzen Pause sagt Paula: *„Etwas verwundert bin ich schon, denn noch zu Beginn der Ausbildung beim Onboarding hieß es doch, dass wir bei der Einsatzplanung auch unsere Interessen mit einbringen dürfen und man diese auch so weit wie möglich berücksichtigen würde. Das scheint mir nach den bishe-*

rigen Erfahrungen aber irgendwie nicht wirklich der Fall zu sein."

Jetzt schaltet sich Jonas ein und führt an, dass das Gespräch nach seiner Einschätzung einfach unglücklich gelaufen sei, weil Frau Weiken den spontanen Einwand von Lasse irgendwie von der Kommunikationsebene her nicht richtig eingeordnet hat. Sie habe die Bemerkung wohl zu sehr auf ihre Planung statt auf die bloße Sachbotschaft bezogen.

Jetzt meldet sich Marie zu Wort und sagt: *„Es sind ja nicht nur die Worte, die Kommunikation kompliziert machen. So durfte ich letzte Woche für einen Neukunden ein Konto eröffnen, das er für die Ausbildung benötigt. Nach dem Kundengespräch hat die Kollegin mich ziemlich kritisiert und mir vorgeworfen, dass ich an der Körpersprache, insbesondere der Mimik und Gestik sowie dem Blickkontakt noch viel arbeiten müsse. Auf den Kunden hätte ich irgendwie desinteressiert und teilweise einschläfernd* *gewirkt. Das hat mich schon ziemlich getroffen und nachdenklich gestimmt. Ich denke mal, dass wir da alle im Laufe der Ausbildung noch Einiges in Bezug auf Kommunikationstechniken zu lernen haben, wenn wir unsere Meinungen und Interessen in Zukunft sachlich und sprachlich angemessener vertreten wollen. Denn schließlich arbeiten wir später in einem Beruf, in dem der Kommunikation eine Schlüsselrolle zukommt."*

Kompetenzorientierte Arbeitsaufträge:

1. Erläutern Sie, was man unter Kommunikationsebenen versteht und stellen Sie diese Ebenen kurz dar!
2. Erklären Sie, was man unter nonverbaler Kommunikation versteht!
3. Nennen Sie die Kompetenzen für eine erfolgreiche Gesprächsführung!
4. **Präsentation**[1]

   Gesprächsregeln zu beachten, fällt nicht immer leicht. Es ist daher gut, sich diese Regeln öfter deutlich vor Augen zu halten.

   Aufgaben:

   4.1 Erarbeiten Sie in einer Arbeitsgruppe eine Liste mit den für Sie wichtigsten Gesprächsregeln und stellen Sie diese Ihrer Klasse vor. Gleichen Sie Ihre Ergebnisse mit den anderen Gruppen ab.

   4.2 Erfassen Sie mit Ihrem Textverarbeitungsprogramm die Regeln, die für alle am wichtigsten sind. Nehmen Sie diese Liste als Grundlage für eine plakative Darstellung mit einem Computerprogramm Ihrer Wahl (auch Farben und Symbole können verwendet werden). Entscheiden Sie in der Klasse, ob Sie eine wirkungsvolle Darstellung als Plakat reproduzieren und an die Wand hängen möchten.

4.1 Grundlagen für eine erfolgreiche Kommunikation schaffen

4.1.1 Bedeutung von Kommunikation im Berufsalltag

Als Auszubildende kommunizieren Sie mit anderen Auszubildenden, Kollegen, Vorgesetzten, Kunden und Lehrern bzw. Mitschülern der Berufsschule. Mit manchen Gesprächspartnern macht es Freude zu kommunizieren. Die Gespräche geben Ihnen neue Energie und wirken motivierend. Anderen Gesprächssituationen möchten Sie am liebsten aus dem Wege gehen, denn Sie erwarten Gefühle von Frustration, Ärger oder Enttäuschung. Kommunikation ist ein **lebendiges wechselseitiges** Miteinander.

Jedes Gespräch **beeinflusst** die **zwischenmenschlichen** Beziehungen.

Um eigene **Meinungen** und **Interessen sachlich** und **sprachlich angemessen vertreten** zu können, ist es wichtig zu erkennen, welchen Regeln **Kommunikation** folgt und welche **Wirkung Sprache** auf den Menschen ausübt. Die äußeren Einflüsse haben eine Wirkung auf das innere Geschehen des Ablaufs eines Gespräches.

1 Vgl. hierzu Lernfeld 1, Kapitel 7.

4.1.2 Grundlagen der Kommunikation

4.1.2.1 Elemente des Kommunikationsprozesses

Wenn wir sprechen oder Zeichen von uns geben, stellen wir zu unserem Kommunikationspartner eine Verbindung her. Wir wollen ihm etwas mitteilen. Der Sprecher ist der **Sender,** der Hörer ist der **Empfänger** der Botschaft. Wenn es sich um ein Gespräch handelt, so gibt der Empfänger eine Rückmeldung an den Sender, wie er diese Botschaft verstanden hat.

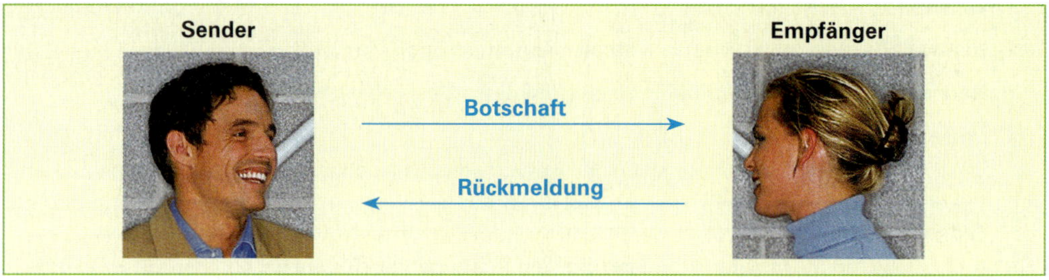

Dadurch wird der Zuhörer zum Sender und der ursprüngliche Sender zum Empfänger. Im **Wechselspiel** eines Gespräches ist jeder Teilnehmer sowohl Sender als auch Empfänger.

Kommunikation ist der **Austausch von Informationen** mithilfe sprachlicher und/oder nicht-sprachlicher Mittel.

Als Mensch kommunizieren wir mit unserer gesamten Persönlichkeit, d. h. mit Körper, Geist und Seele.

4.1.2.2 Kommunikationsquadrat („Vier-Ohren-Modell")

Der Kommunikationswissenschaftler Friedemann Schulz von Thun stellt den Kommunikationsprozess in einem **„Vier-Ohren-Modell"** – auch **„Kommunikationsquadrat"** genannt – dar:[1]

1 Abbildung in Anlehnung an Friedemann Schulz von Thun – *www.schulz-von-thun.de* [09. 04. 2024].

Eine Äußerung kann also in vier unterschiedlichen Weisen (mit vier „Schnäbeln") gesendet werden.

	Kommunikationsebene	Erläuterungen	Beispiele
1.	**Sachinhalt**	Der Sender teilt eine sachliche Information mit.	*„Hier ist es kalt."*
2.	**Selbstkundgabe (Selbstoffenbarung)**	Der Sender gibt etwas von sich preis. Er teilt mit, wie er sich fühlt.	*„Ich fühle mich hier nicht wohl, ich friere".*
3.	**Beziehungshinweis**	Je nachdem, wie der Empfänger die Äußerung kommuniziert (durch Tonfall, Mimik, Gestik, Körperhaltung), wird etwas über die Beziehung zu dem Empfänger mitgeteilt.	*„Ich bin enttäuscht, dass du vergessen hast, die Heizung einzuschalten."*
4.	**Appellfunktion**	Der Sender appelliert mit seiner Äußerung an den Empfänger, etwas zu tun. Er möchte mit seiner Äußerung etwas bewirken.	*„Bitte schalte die Heizung ein."*

Der **Empfänger** seinerseits empfängt die Äußerung mit vier „Ohren", d. h. auf den genannten vier Ebenen. Je nachdem, welcher Aspekt nach **seinem Empfinden** am stärksten betont wird, wird seine **Reaktion** ausfallen. Es kann z. B. sein, dass er sehr empfindlich auf die Appellfunktion reagiert, wenn die Beziehung zur Person des Senders gestört ist. Eine mögliche Antwort in obigem Beispiel wäre dann: *„Dafür bin ich nicht verantwortlich."*

Es wird an diesem Modell deutlich, dass es zu **Konflikten** und **Missverständnissen** kommen kann, wenn Sprecher und Hörer (Sender und Empfänger) eine Äußerung auf unterschiedlichen Ebenen interpretieren.

4.1.2.3 Verbale und nonverbale Kommunikation

(1) Verbale Kommunikation

Wir benutzen Sätze, Wörter und Laute, um dem anderen etwas mitzuteilen, d.h. verbal (mündlich) zu kommunizieren. Jeder hat seine eigene Art zu sprechen. Der Zuhörer versteht uns nur, wenn er mit unserer Sprache vertraut ist. Äußerungen werden daher so formuliert, dass der Zuhörer begreifen kann, was wir ihm mitteilen möchten.

Damit der Empfänger uns folgen kann, sollten beim Sprechen **kurze, übersichtliche Sätze** gebildet werden. Der Zuhörer muss die Bedeutung der verwendeten Wörter kennen. **Fachsprache** können wir nur verwenden, wenn der Gesprächspartner weiß, was gemeint ist. Wir müssen also blitzschnell den Gesprächspartner einschätzen, um mit ihm eine sprachliche Verbindung herzustellen.

Der Zuhörer braucht Zeit, um die Bedeutung unserer Äußerungen gut zu verarbeiten. Dazu gehört auch, dass wir Wörter und Sätze verwenden, die die **Gefühlsebene** des anderen ansprechen. Sprechen Sie den Gesprächspartner persönlich an, in Form einer **„Sie-Botschaft"**.

Beispiel:

„Herr Müller, Sie können sich auf uns verlassen."

Aus den Rückäußerungen des Gesprächspartners können Sie schließen, ob er Sie verstanden hat.

Kommunikation ist eine **gemeinschaftliche Aufgabe,** an der alle Gesprächsteilnehmer gleichermaßen beteiligt sind.

Sehr wichtig sind auch der **Tonfall,** die **Aussprache** und **Pausen** beim Sprechen. Wenn wir zu leise und monoton sprechen, ist es anstrengend, uns zuzuhören. Die Aufmerksamkeit des Zuhörers kann schnell erlahmen. Ein lebhafter **Stimmklang** mit einem Wechsel von laut und leise hält die Aufmerksamkeit des Zuhörers wach. Unterschiedliche **Betonungen** helfen, die Bedeutung der Äußerungen zu verstehen. Außerdem spielt die **Satzmelodie** eine große Rolle für das Verständnis.

Welche verbalen Mittel ermöglichen einen erfolgreichen Gesprächsverlauf?

- kurze Sätze bilden
- bekannte Wörter verwenden
- anschaulich sprechen
- sich auf das Wesentliche beschränken
- den „Sie-Stil“ einsetzen
- einen angenehmen Tonfall wählen
- auf eine klare Aussprache achten
- eine melodische Stimmführung anwenden
- Lautstärke variieren
- wirkungsvolle Sprechpausen machen

Bei Aussagesätzen, die mit einem Punkt enden, sollte auch in der gesprochenen Sprache ein Punkt gesetzt werden. Die Stimme wird **gesenkt** und es folgt eine **kurze Pause.** Wenn Aussagesätze wie Fragesätze gesprochen werden, mit einem Heben der Stimme am Ende des Satzes, weiß der Zuhörer nicht, ob es sich um eine Frage oder um eine Aussage handelt. Auch wenn wir ohne Pause – ohne „Punkt und Komma“ – sprechen, überfordern wir den Zuhörer. Er schaltet ab. Es muss ihm die Möglichkeit gegeben werden, das Gehörte zu verarbeiten, zu bestätigen und Fragen zu stellen. **Wie** wir etwas sagen, ist manchmal wichtiger als **was** wir sagen.

Stimme und **Sprache gehören** unmittelbar **zusammen.** Der Klang der Stimme erzeugt beim Zuhörer eine bestimmte **„Stimmung“.**

(2) Nonverbale Kommunikation

Das **„Wie“** einer Äußerung drückt sich vor allem in unserer **Körpersprache** aus. Hierzu gehören:

Blickkontakt	Mimik	Gestik	Körperhaltung	Distanzzonen

Blickkontakt

Vom ersten Moment des Gespräches ist es bedeutsam, Blickkontakt herzustellen. Wenn der Gesprächspartner Ihrem Blick ausweicht, herrscht Klärungsbedarf. Die Kommunikationsbereitschaft scheint gestört zu sein.

Mimik

Unter Mimik versteht man den Gesichtsausdruck.

Das Gesagte wird unbewusst oder bewusst durch Mimik unterstrichen. Die Wirkung des Gehörten spiegelt sich in der Mimik des Zuhörers wider. Man kann an dem Gesichtsausdruck des Zuhörers erkennen, ob er sich freut, unsicher, angespannt, interessiert oder ablehnend ist.

Beispiel:

Mimik, die Interesse und Offenheit signalisiert

Augen sind weit geöffnet; freundliches Lächeln, wobei der Kunde mit dem Verkäufer Augenkontakt hat; Mundwinkel und Augenbrauen sind etwas nach oben gezogen; Konzentrationsfalte über der Nasenwurzel.

Mimik, die Unzufriedenheit und Unbehagen signalisiert

Augen sind etwas zusammengekniffen; gequältes Lächeln, wobei der Kunde mit dem Verkäufer keinen Augenkontakt hat; Mundwinkel sind herabgezogen; zusammengekniffene Lippen; Rümpfen der Nase.

Gestik

Unter **Gestik** versteht man die **Ausdrucksbewegungen des Körpers,** insbesondere die Haltung von Kopf, Armen, Händen oder Signale durch die Finger.

Gestik wird oft zur Veranschaulichung eines Sachverhaltes eingesetzt. Um Abmessungen zu verdeutlichen, werden diese z.B. durch die Hände angezeigt. Aber auch Gefühlsäußerungen können durch Gestik angezeigt werden, z.B. indem sich jemand vor Entsetzen an den Kopf fasst.

Körperhaltung

Die Körperhaltung, wie Kopf- und Armbewegungen, Körperspannung sowie Beinpositionierung, vermittelt deutliche Signale.

- **Ausdruck von Interesse, positiver Einstellung, Zustimmung:**
  Aufrichten des Kopfes, Zuwendung zum Gesprächspartner
- **Ausdruck von Desinteresse, negativer Einstellung, Ablehnung:**
  Abwenden des Körpers, Vermeiden von Blickkontakt, Vergrößerung der Distanzzone

Distanzzonen

Der korrekte räumliche Abstand zum Gesprächspartner ist von hoher Bedeutung. Ein Gesprächsteilnehmer, der die Distanzzonen nicht beachtet, dringt in die Privatsphäre des anderen ein und verletzt diese.

Man unterscheidet folgende Distanzen:

- die **Intimdistanz** zwischen Familienmitgliedern. Sie beträgt bis 0,6 m.

- die **persönliche Distanz** zwischen Freunden und Bekannten. Sie beträgt zwischen 0,6 m und 1,2 m.
- die **gesellschaftliche Distanz** zwischen fremden Personen. Sie beträgt zwischen 1,2 m und 3,0 m.

Distanzzonen

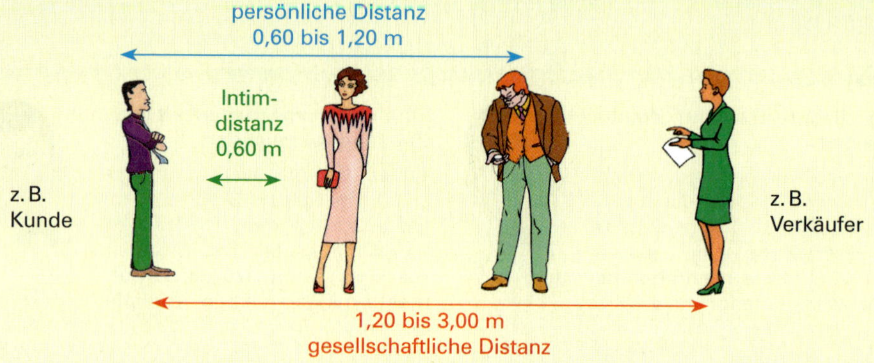

Diese Kommunikationsmittel sind **nonverbal,** d.h. **„ohne Worte".** Die nonverbale Kommunikation **unterstützt** in einem Gespräch die verbale Kommunikation entscheidend.

Der große Vorteil eines **persönlichen** Gespräches liegt darin, dass wir unsere **Körpersprache** zur Verdeutlichung einsetzen und an den **Reaktionen** des anderen sehen, wie unsere Äußerungen „angekommen" sind.

Nicht nur die verbale, sondern auch die **nonverbale Reaktion des Empfängers** zeigt uns, ob wir mit unserer Mitteilung den Gesprächsteilnehmer wirklich erreicht haben:

- Was macht sie/er für ein Gesicht?
- Ist sie/er überrascht, begeistert, erschrocken oder skeptisch?
- Wendet sie/er sich ab oder schaut sie/er mich an?
- Ist ihre/seine Körperhaltung zusammengesunken oder aufrecht?
- Zeigt ihre/seine Körperhaltung Widerstand, Entschlossenheit oder Mutlosigkeit?
- Wahrt sie/er die Distanzzone, d.h., ist der räumliche Abstand zwischen den Gesprächspartnern, der in der geschäftlichen Gesprächssituation angebracht ist, gewahrt?

Es ist aber zu beachten, dass nonverbale Signale **nicht** immer **eindeutig** sind. Sie können unterschiedliche Gründe haben, die der Empfänger des Signals falsch interpretieren kann.

Wenn die Bedeutung der Worte, die wir äußern, nicht zu unserer Mimik, Gestik und Körperhaltung passt, senden wir **widersprüchliche Signale**.

Beispiel:

Ein Kollege **sagt:** ***„Ich helfe dir gern!"***
Sein **Gesichtsausdruck** zeigt: ***„Lass mich bitte in Ruhe!"***

Der Empfänger kann dadurch verwirrt werden. Er weiß nicht, ob er seinen Ohren oder seinen Augen trauen soll: Stimmen jetzt die Worte oder die Körpersprache? Im **Zweifelsfall** sind wir geneigt, **eher** der **Körpersprache** zu glauben **als** den **gesprochenen** Worten.

Körpersprache hat einen sehr mächtigen Einfluss auf die Kommunikation. Dies zeigt sich bei vielen Gelegenheiten, nicht nur in persönlichen Gesprächen, sondern auch bei Präsentationen und in Meetings.

- Unser **gesamtes Verhalten ist Kommunikation.**
- Die **Wirkung unserer Worte** wird **entscheidend durch** unsere **Körpersprache beeinflusst.**

Kompetenztraining

18

1. Erläutern Sie die Begriffe „verbale Kommunikation" und „nonverbale Kommunikation" anhand von je drei Beispielen.
2. Der Kommunikationswissenschaftler Paul Watzlawick stellte fest: *„Wir können nicht nicht kommunizieren."* Das gesamte Verhalten des Menschen sei Kommunikation.

   Aufgaben:

   2.1 Erläutern Sie an einem Beispiel, auf welche Weise ein Mensch mit Ihnen kommunizieren kann, der keine Worte gebrauchen kann oder will.

   2.2 Nennen Sie die Fähigkeiten, über die Sie als Empfänger in diesem Fall verfügen müssen.

   2.3 Bewerten Sie, wie deutlich die Verständigung in dieser Situation ist.
3. Eine Kollegin sagt: *„Mein blauer Kugelschreiber ist schon wieder weg!"* Erläutern Sie nach dem „Vier-Ohren-Modell" von Schulz von Thun, wie Sie diese Mitteilung verstehen können.
4. Beschreiben Sie ein Gespräch, das Sie während Ihrer Ausbildung geführt haben (z.B. ein Beratungsgespräch, Konfliktgespräch oder Feedbackgespräch). Erläutern Sie in diesem Zusammenhang Kommunikationsweisen der Teilnehmer, die das Gespräch positiv beeinflusst haben, und Äußerungen, die den Gesprächsfluss gehemmt haben.

4.2 Gespräche erfolgreich führen – Gesprächssituationen meistern

4.2.1 Vorüberlegungen

Vor einem wichtigen Gespräch sind zunächst einige Vorbereitungen zu treffen. Das bedeutet:

- Zeit und Ort planen und abstimmen
- Thema und Gesprächsteilnehmer bestimmen
- Informationen bereithalten
- Ziel des Gespräches formulieren

(1) Zeit und Ort des Gesprächs

„Zur richtigen Zeit am richtigen Ort“: Nur so kann ein Gespräch gelingen. Viele Gespräche scheitern, wenn der Gesprächsteilnehmer „zwischen Tür und Angel“ mit einem Anliegen überfallen wird.

Vereinbaren Sie einen Termin, bei dem Sie nicht unter Zeitdruck stehen.

Sorgen Sie dafür, dass Sie ungestört miteinander sprechen können. Schaffen Sie eine freundliche Atmosphäre, indem Sie auch die Umgebung entsprechend wählen (Besprechungsraum, Besprechungsplatz im Büro, Treffpunkt außer Haus usw.).

(2) Thema und Gesprächsteilnehmer

Bedenken Sie vorher folgende Punkte:

- Worüber spreche ich?
- Mit wem spreche ich? Wie gut kenne ich den Gesprächspartner?
- In welcher Rolle befindet sich der Gesprächsteilnehmer während des Gesprächs? Fühlt er sich frei, seine Meinung zu äußern?
- Welche Gefühlssituation ist bei den Teilnehmern zu erwarten?
- In welcher Beziehung stehen die Gesprächsteilnehmer zueinander? Gibt es Konkurrenzdenken, Abhängigkeiten oder Machtkämpfe?
- Wie kann ich mich gegebenenfalls innerlich vorbereiten, damit ich ruhig und gelassen in das Gespräch gehe?

(3) Informationen

- Auf welchem Informationsstand befinden sich die Gesprächsteilnehmer?
- Sind noch Daten nötig, die beschafft werden müssen?
- Welche Fragen müssen geklärt werden?

(4) Ziel des Gesprächs

Nur wer sein Ziel kennt, kann beurteilen, ob er auf dem richtigen Weg ist und am Ende sein Ziel erreicht hat. Aus diesem Grunde müssen Sie **vorher** über die folgenden Fragen nachdenken – und sich am besten Notizen machen:

- Was möchte ich mit dem Gespräch erreichen?
- Was ist mein Maximalziel? Was ist mein Minimalziel?
- Wie muss ich argumentieren, damit der andere mich versteht?
- Welche Interessen hat mein Gesprächspartner?
- Womit muss ich als Kritik oder Gegenargument rechnen?
- Welche Lösungen oder Kompromisse könnte ich mir vorstellen?

4.2.2 Mit Small Talk eine Vertrauensbasis schaffen

Small Talk ist **ein wichtiger Lotse zur erfolgreichen Gesprächsführung.** Mit einem gelungenen Small Talk wird die **Beziehungsebene gestärkt,** daher ist diese Phase wichtig. Aus dem „Vier-Ohren-Modell ist die große Bedeutung der Beziehungsebene für das Gelingen eines Gespräches bekannt.

In dieser Phase des Gespräches gewinnen Sie einen ersten Eindruck über das allgemeine Befinden Ihres Gesprächspartners. Durch aufmerksame Beobachtung und aktives Zuhören erfahren Sie, in welcher Stimmung er sich befindet. Darauf können Sie sensibel reagieren und Einfühlungsvermögen beweisen.

Für einen gelungenen Small Talk sind bestimmte **Verhaltensregeln** („Dos" und „Don'ts") zu berücksichtigen:

Dos	Don'ts
Im Small Talk wird die Gesprächsatmosphäre gestaltet. Es geht **nicht** darum, **tiefschürfende** Probleme zu wälzen, im Gegenteil: Small Talk bedeutet, **locker** und **entspannt** eine **Gesprächsbeziehung** herzustellen. **Beispiele:** ■ *„Wie geht es Ihnen? Schön, dass Sie [wieder einmal] Zeit für uns haben!"* ■ *„Wie war die Anreise?"* (Verspätungen öffentlicher Verkehrsmittel usw.) ■ *„Haben Sie gut hergefunden?"* (Verkehrslage) ■ *„Ich hoffe, Ihnen geht es soweit gut!"*	■ Bei Ihren Bemühungen, den Gesprächspartner zu unterhalten, sollten Sie sich auf keinen Fall verleiten lassen, **Auskünfte** zu erteilen, zu denen Sie **nicht befugt** sind. ■ Ihre innere Warnleuchte sollte auch die Verbreitung von **Klatsch** über andere Personen **streng verhindern.** ■ Fragen, die Sie nicht beantworten möchten, sollten Sie **diplomatisch** behandeln und geschickt zu einem **unverfänglichen** Thema wechseln. ■ **Weltanschauliche Themen,** Politik oder Religion sollten beim Small Talk **vermieden** werden, da sie kontroverse Meinungsäußerungen hervorrufen können.

Wichtig ist, eine **Ebene der Übereinstimmung** mit dem Gesprächspartner zu **erreichen,** um so den Boden für eine erfolgreiche Gesprächsführung zu bereiten.

4.2.3 Kompetenzen für eine erfolgreiche Gesprächsführung[1]

Um ein erfolgreiches Gespräch zu führen, müssen die Gesprächspartner:

1 Nach F. Schulz von Thun.

4.2.3.1 Kommunikationssituation einschätzen

Zunächst kommt es darauf an, die Gesprächssituation richtig einzuschätzen. Dazu dienen **aktives Zuhören** und **Fragen**.

(1) Aktives Zuhören

Ein **Grundbedürfnis** des Menschen liegt darin, **verstanden** und **akzeptiert** zu werden. Dieses Gefühl müssen wir auch unserem Gesprächspartner vermitteln. Niemand möchte „gegen eine Wand" reden. Wir benötigen von dem anderen eine Rückmeldung, eine Bestätigung, Rückfrage oder konstruktive Kritik zu dem, was wir ihm mitteilen.

Dazu ist gutes Zuhören notwendig. Es ist eine **aktive** Tätigkeit. Wir konzentrieren uns voll auf das, was der andere zu sagen hat; wir sind „ganz Ohr". Aber nicht nur mit einem Ohr hören wir, was der andere sagt, sondern mit „vier Ohren" (vgl. 4.1.2.2) erfassen wir seine Botschaft. Wir haben gelernt, auch „zwischen den Zeilen zu lesen", um zu verstehen: *„Was will der andere? – Was will er wirklich?"* Vielleicht braucht der Gesprächspartner eine Beratung, um seine Bedürfnisse näher beschreiben zu können.

Wenn wir die Botschaft verstanden haben, geben wir dies durch Mimik, Gestik und Körperhaltung (z. B. durch behutsames Kopfnicken) zu verstehen. Auch verbale Rückäußerungen stellen eine gute Beziehung zu dem Sprecher her, z. B. durch Formulierungen wie *„Das finde ich verständlich!"*.

Je nach Situation werden Wertungen nicht direkt abgegeben, sondern es wird in erster Linie vermittelt, dass wir verstehen und aufmerksam zuhören. Aber auch **Zustimmung** kann signalisiert werden, wenn wir sicher sind, dass wir die Ansicht des Sprechers teilen, z. B. durch zustimmendes Kopfnicken oder entsprechende verbale Äußerungen wie *„Ja, genau!"*. Bei Rückfragen nehmen wir die Sprechpausen des Sprechers wahr, um Fragen zu stellen oder um zusammenzufassen, wie wir die Äußerung verstanden haben.

(2) Fragetechniken

Grundsätzlich unterscheidet man

offene Fragen	geschlossene Fragen	Alternativfragen	Suggestivfragen	rhetorische Fragen

Frageform	Erläuterungen	Beispiele
offene Fragen	Offene Fragen beginnen in der Regel mit Fragewörtern wie **Wer, Wie, Was, Warum, Weshalb**. Sie werden auch **W-Fragen** genannt. Hier kann der Gesprächspartner nicht nur mit *„Ja“* oder *„Nein“* antworten, sondern muss ausführlich Stellung nehmen. Am Anfang eines Gespräches sind offene Fragen sehr hilfreich, um die Meinung des Gesprächspartners zu erfahren und Informationen zu bekommen.	*„Wie gefällt es Ihnen in Ihrer neuen Abteilung?“*
geschlossene Fragen	Auf geschlossene Fragen antwortet der Gesprächspartner meist mit *„Ja“* oder *„Nein“*. Es sind sehr direkte und enge Fragen. Diese Fragen sind geeignet, um zu einer Entscheidung zu kommen, eine Richtung zu finden oder eine klare Information über einen engen Sachverhalt zu bekommen.	*„Mögen Sie Ihren Ausbildungsberuf?“*
Alternativfragen (Entscheidungsfragen)	Mit einer Alternativfrage bezweckt der Gesprächspartner von dem anderen eine klare Entscheidung zwischen zwei vorgegebenen Alternativen.	*„Möchten Sie Ihren Urlaub lieber in der ersten oder zweiten Hälfte des Monats nehmen?“*
Suggestivfragen[1] (Lenkungsfragen)	Bei Suggestivfragen heißt es: Vorsicht! Sie dienen dazu, den Gesprächspartner in eine bestimmte Richtung zu drängen, ihn zu manipulieren. Charakteristisch für diese Fragen sind Wörter wie *„sicher“*, *„wohl“*.	*„Sie sind doch sicher auch der Meinung, dass diese Aufgabe zu schwer für Sie ist.“*
rhetorische Fragen	Rhetorische Fragen sind im Grunde gar keine richtigen Fragen, da darauf keine Antwort erwartet wird. Sie dienen dazu, die Aufmerksamkeit des Gesprächspartners zu erhöhen und bereits vorgebrachte Argumente zu verstärken.	*„Können wir uns so eine Verschwendung leisten?“*

4.2.3.2 Den eigenen Standpunkt vertreten

„Um Erfolg zu haben, musst du den Standpunkt des anderen einnehmen und die Dinge mit seinen Augen betrachten.“

Henry Ford (1863–1947), Industrieller

Unser Gespräch soll kraftvoll und dynamisch in eine erfolgreiche Zielrichtung fließen. Dazu müssen wir uns aber auch selbst bewegen: Ein Gespräch bietet die interessante Aufgabe, unsere Perspektive zu ändern, indem wir den **Standpunkt des anderen** einnehmen. So kommen wir im Verlaufe des Gespräches zu **neuen Sichtweisen,** die entweder unseren früheren Standpunkt bestätigen oder aber unsere ursprüngliche Haltung ändern können.

Flexibel und **offen** zu sein, verleiht die **Stärke,** den **eigenen Standpunkt** zu vertreten.

1 **Suggerieren:** jemanden beeinflussen, jemandem etwas einreden.

Mit Blickkontakt, Zuwendung und Aufmerksamkeit stellen wir eine Beziehung zueinander her. Aktives Zuhören und geeignete Fragestellungen sorgen dafür, dass wir uns in unseren Gesprächspositionen annähern. Wenn auf der Gefühlsebene Einklang herrscht, öffnen wir uns für die Sichtweise und **Argumente unserer Gesprächspartner.** Dies bietet allen Gesprächsteilnehmern die Chance, durch neue Informationen, Sichtweisen und Erfahrungen bereichert zu werden. Voraussetzung dafür ist, dass wir einander mit Respekt begegnen, den anderen ausreden lassen und auf ihn eingehen.

Einwände des Gesprächspartners sind eine Möglichkeit, die Wünsche des anderen besser kennenzulernen. Mit diesen Äußerungen umzugehen, erfordert großes Einfühlungsvermögen. Die Wünsche, Bedenken oder Befürchtungen sind ernst zu nehmen und in die eigenen Argumente einzubeziehen.

Welche Möglichkeiten gibt es, angemessen auf Einwände zu antworten?

Verständnis zeigen:
- *„Ich kann Sie gut verstehen ..."*
- *„Das ist ein wichtiger Aspekt, den Sie da ansprechen."*
- *„Von dieser Sichtweise aus gesehen, ist das verständlich."*
- *„Ich verstehe Ihre Bedenken. Lassen Sie mich bitte noch erklären, warum ..."*

Den Einwand relativieren[1] *(„Ja, aber")*:
- *„Es stimmt zwar, dass dieses Verfahren länger dauert, aber dafür bietet es eine höhere Sicherheit."*

Einwände vorwegnehmen, die zu erwarten sind:
- *„Sie sagen jetzt wahrscheinlich: Das ist aber teuer! Aber denken Sie daran, welch hochwertigen Service Sie zusätzlich erhalten!"*

Den Nachteil in einen Vorteil umkehren:
- *„Gerade weil die Ausbildung so lange dauert, werden Sie ausgezeichnet auf Ihr Berufsleben vorbereitet!"*

An Werthaltungen appellieren:
- *„Dafür ist es aber ein sehr umweltfreundliches Verfahren!"*

Argumentieren bedeutet, Behauptungen durch Beweise und Begründungen zu unterstützen. Es gilt: **„Der Ton macht die Musik."** Der andere darf sich nicht belehrt oder herabgesetzt fühlen, sondern sollte merken, dass er verstanden wird.

Positive Äußerungen schaffen eine **kommunikationsbereite** Beziehung zwischen den Gesprächspartnern. **Negative Formulierungen** bewirken hingegen **Abwehrhaltungen** und Blockaden.

positive Formulierungen	*„sicher"* *„hilfreich"* *„leistungsfähig"* *„unverbindlich"* *„leicht"*
negative Formulierungen	*„problematisch"* *„schwer"* *„riskant"* *„aufwendig"* *„teuer"*

Vorteilsformulierungen führen dazu, dass der Gesprächspartner seinen persönlichen Nutzen erkennt. Ein erfolgreiches Gespräch zeichnet sich dadurch aus, dass keiner der Gesprächspartner den anderen „austrickst" (zu etwas überredet, was

1 **Relativieren:** mit etwas anderem in eine Beziehung bringen und dadurch in seiner Gültigkeit einschränken.

zu seinem Nachteil sein könnte), sondern jeder einen Gewinn hat. Damit wird die Beziehungsebene der Gesprächsteilnehmer gestärkt und eine gute Basis für weitere Beziehungen geschaffen. Vorteilsformulierungen sind durch die „Sie-Form" – als direkte Ansprache und der Angabe eines Nutzens – gekennzeichnet (vgl. Kapitel 4.1.2.3). Damit werden die Belange des Gesprächspartners in den Mittelpunkt gestellt.

Beispiele:

- *„**Sie** sparen dadurch ..."*
- *„Das hilft **Ihnen** ..."*
- *„Damit können **Sie** ..."*
- *„Dadurch verbessern **Sie** ..."*
- *„Das garantiert **Ihnen** ..."*
- *„Das erhöht **Ihre** ..."*
- *„Damit verzeichnen **Sie** ..."*
- *„Das ersetzt **Ihnen** ..."*
- *„Dadurch erzielen **Sie** ..."*

Diese Äußerungen müssen aber die aufrichtige Meinung des Sprechers wiedergeben. Ein falscher Ton oder gegenteilige Botschaften von Mimik, Gestik und Körperhaltung verraten, dass der Sprecher es nicht ehrlich meint. Damit ist das Vertrauen zerstört – und darüber hinaus unter Umständen eine wertvolle Geschäftsbeziehung beendet.

Wählen Sie klare Worte, die Sie wirklich meinen. Nur so wirken Sie **authentisch** (echt, glaubwürdig). Ihr Tonfall und Ihre Körpersprache unterstützen Sie automatisch, wenn Sie hinter dem stehen, was Sie sagen.

Bringen Sie Ihre **eigenen Wünsche** und **Forderungen selbstbewusst** vor. Wenn Sie **Widerstand** begegnen, bleiben Sie **ruhig** und **sachlich.** Bei starken negativen Gefühlen müssen Sie Ihr Verhalten besonders gut im Griff haben. Ungeduld oder Ärger können zu Äußerungen führen, die Sie später bereuen: *„Niemand holt sein Wort wieder ein."* (Wilhelm Busch).

4.2.3.3 Den Gesprächsverlauf strukturieren

Durch unser gesamtes Verhalten beeinflussen wir den Gesprächsverlauf. Wir sind also mitverantwortlich, dass das Gespräch zu einem guten **Abschluss** kommt.

Gemeinsam bewegen wir uns auf einem abgestimmten Kurs auf das **Gesprächsziel** zu. Dieser Kurs wirkt wie ein **roter Faden,** der sich durch das Gespräch zieht. Wenn Teilnehmer abgelenkt sind, besteht die Gefahr, „den Faden zu verlieren".

Wir sollten uns immer vergewissern, dass wir noch wissen, worum es gerade geht. Andernfalls sofort rückfragen! Wichtige Punkte sollten nach **inhaltlichen Gesprächsabschnitten** – also nicht nur am Ende des Gespräches – **zusammengefasst** werden.

Am Schluss des Gespräches erkundigt sich der Gesprächsleiter, ob noch weitere Fragen bestehen. Er bedankt sich für das Gespräch und verabschiedet die Gesprächspartner. Das Gespräch in einer **positiven Atmosphäre** zu beenden, ist sehr prägend für die weitere Geschäftsbeziehung.

In der Regel gilt: Der **erste** Eindruck **zählt,** der **letzte** aber **bleibt!**

Welche Gesprächsregeln sollte man befolgen?

- Blickkontakt herstellen
- Mimik, Gestik und Körperhaltung auf Senden und Empfangen stellen
- aufmerksam den anderen wahrnehmen
- aktiv zuhören, Rückmeldungen, Bestätigungen, Fragen formulieren
- Wertschätzung und Respekt zeigen
- den anderen ausreden lassen, nicht unterbrechen
- kurze, einfache Sätze bilden
- Wortschatz verwenden, den der Zuhörer kennt
- deutlich sprechen, mit wechselndem Sprechtempo und unterschiedlicher Lautstärke
- positive Formulierungen verwenden

Kompetenztraining

19

1. Um die Gesprächssituation besser einzuschätzen, sind Fragen so zu stellen, dass die Antworten dem Fragesteller wirklich weiterhelfen.

   Aufgaben:

   Entscheiden Sie, um welchen Fragetyp es sich bei den nachfolgenden Fragen jeweils handelt:

   1.1 *„Möchten Sie lieber Kaffee oder Tee?"*

   1.2 *„Ist Herr Müller da?"*

   1.3 *„Was führt Sie zu mir?"*

   1.4 *„Sie wollen uns doch bestimmt bei dieser Aktion unterstützen!"*

   1.5 *„Können wir uns weitere Reklamationen dieser Art erlauben?"*

2. Erproben Sie in einer Gruppe Ihre Ausdrucksfähigkeit der Körpersprache sowie Ihre gezielte Fragetechnik mithilfe des folgenden Kommunikationsspiels:

„Bankkaufmann/-frau – Eine meiner Aufgaben"

- Stellen Sie – ohne Worte – kurz eine typische Aufgabe dar, die Sie an Ihrem Arbeitsplatz ausführen.
- Die anderen Gruppenmitglieder müssen erraten, welche Tätigkeit Sie darstellen. Die Regel für die Fragestellung lautet: Es dürfen nur geschlossene Fragen gestellt werden, die sich mit *„Ja"* oder *„Nein"* beantworten lassen. Es dürfen höchsten 10 Fragen gestellt werden.

  Beispiele: *„Machst du das jeden Tag?"*
  „Braucht man dafür Strom?"

- Ziel bei den Zuschauern: eine gute Beobachtungsfähigkeit und geschickte Fragetechnik unter Beweis stellen (was sich durch eine möglichst geringe Anzahl Fragen zeigt!)
- Ziel bei dem Darsteller: Seine Ausdrucksfähigkeit in Körpersprache erproben, genau auf die Fragestellung hören und die richtigen Antworten – nur mit *„Ja“* oder *„Nein“!* – geben.

3. Während einer Gesprächssituation sind Sie immer wieder gefordert, Einwänden seitens des Gesprächspartners zu begegnen.

   Aufgaben:

   3.1 Formulieren Sie eine angemessene Antwort auf die folgenden Einwände:

   3.1.1 *„Die Werbekampagne für dieses Produkt erscheint mir zu teuer.“*

   3.1.2 *„Der Schulungsaufwand für das Personal ist bei Umstellung auf die neue Vertriebssoftware sehr hoch.“*

   3.1.3 *„Drei Wochen Wartezeit für ein Beratungsgespräch zu dem neuen Vorsorge-Fondssparplan sind sehr lang!“*

   3.2 Erläutern Sie, auf welche Weise Sie jeweils auf den Einwand reagiert haben.

4. In einem Gespräch sollten positive Formulierungen verwendet werden, um die Gesprächsbeziehung zu dem Gesprächspartner zu stärken.

   Aufgabe:

   Wandeln Sie die folgenden negativen Äußerungen in positive Formulierungen um:

   4.1 *„Das weiß ich nicht. Da muss ich meinen Kollegen fragen.“*

   4.2 *„Ich glaube nicht, dass wir diese Finanzierungskonditionen noch anbieten können.“*

   4.3 *„Diese Kreditkarte ist im Gesamtpaketpreis nicht enthalten. Das kostet zusätzlich.“*

   4.4 *„Am Donnerstag ist hier ein Feiertag, da sind wir nicht erreichbar.“*

5. Formulieren Sie die folgenden Äußerungen in die „Sie“-Form um:

   5.1 *„Wir bieten Ihnen große Zahlungserleichterungen.“*

   5.2 *„Wir sind sicher, dass Sie mit diesem Produkt auf dem Markt gewaltigen Erfolg haben werden.“*

   5.3 *„Wir werden die Kreditkarte pünktlich liefern.“*

   5.4 *„Wir sind immer ansprechbar.“*

6. Entscheiden Sie, welche der nachfolgenden Aussagen falsch ist! Sind alle Aussagen richtig, tragen Sie bitte ein ⑨ in das Kästchen ein!

   ① Jedes Gespräch beeinflusst die zwischenmenschlichen Beziehungen. ☐

   ② Das Kommunikationsquadrat umfasst vier Ebenen: den Sachverhalt, den Appell, den Beziehungshinweis sowie die Selbstoffenbarung.

   ③ Weicht ein Gesprächspartner dem Blickkontakt aus, scheint die Kommunikationsbereitschaft gestört.

   ④ Unter Gestik versteht man den Gesichtsausdruck.

   ⑤ Die Wirkung unserer Worte wird entscheidend durch unsere Körpersprache beeinflusst.

   ⑥ In der Regel gilt: *„Der erste Eindruck zählt, der letzte aber bleibt.“*

4.3 Konflikte in Gesprächssituationen erkennen und lösen

4.3.1 Auslöser für Konflikte erkennen

Konflikte im Berufsalltag können – ebenso wie im privaten Alltag – sachbezogene und/oder persönliche Ursachen haben. Oft gibt es Streit über **inhaltliche** Fragen. Manchmal kommen dahinter aber auch Gründe zum Vorschein, die die **Beziehungsebene** betreffen, z.B. das Gefühl, ungerecht behandelt oder nicht beachtet worden zu sein.

(1) Eisberg-Modell

Wie bei einem **Eisberg** zeigt die Spitze nur den Gesprächsanlass, z.B. den sachlichen Fehler, der aufgetreten ist. Unter der (Wasser-)Oberfläche liegen aber noch andere, mitunter wichtige Gründe, die es zu klären gilt: Enttäuschungen, Neid, Angst usw.

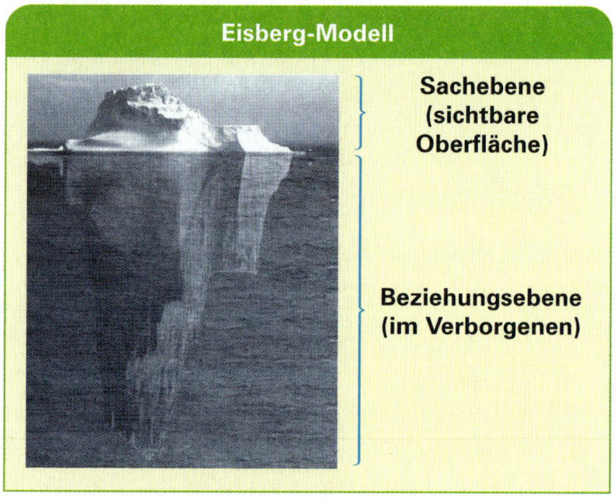

Beispiel:

Vorgesetzter: *„Mir fehlt noch die grafische Aufbereitung der Absatzzahlen aus dem letzten Quartal."*

Mitarbeiter: *„Das erledige ich sofort."*

Sachebene: Der Vorgesetzte benötigt eine grafische Aufbereitung der Absatzzahlen aus dem letzten Quartal, der Mitarbeiter sagt zu, dies umgehend zu erledigen.

(Mögliche) Beziehungsebene: Unzufriedenheit des Vorgesetzten mit dem Mitarbeiter, da er ihn zum wiederholten Mal an eine regelmäßig wiederkehrende Tätigkeit erinnern muss. Frustration des Mitarbeiters, der so sehr mit Aufgaben überhäuft wird, dass er trotz besten Zeitmanagements noch nicht dazu gekommen ist, die Routineaufgabe zu erledigen; zudem Neid auf den Vorgesetzten, der zum einen mehr verdient und zum anderen unliebsame Arbeiten auf ihn „abwälzen" kann.

Die Gesprächspartner verfolgen in der Konfliktsituation **unterschiedliche** Interessen, die sie nicht alle zeigen. Oft sind die Verhaltensursachen den Beteiligten gar nicht bewusst oder sie wollen sie nicht wahrhaben. Sie prägen aber das Gesprächsverhalten.

Es liegt im Interesse aller Beteiligten, **sich über die wirklichen Ursachen** von Konflikten **Klarheit** zu **verschaffen.**

Ein Konflikt **belastet** das **Betriebsklima,** das **persönliche Wohlbefinden** und kann auch Kosten verursachen: Kosten für krankheitsbedingte Fehlzeiten oder wirtschaftliche Fehlentscheidungen.

4 Eigene Interessen bzw. Meinungen sachlich und sprachlich angemessen vertreten sowie Kommunikationsfähigkeit entwickeln und verbale wie nonverbale Kommunikationstechniken anwenden

(2) Organisatorische Rahmenbedingungen

Die Ursachen für Konflikte können organisatorisch verstärkt oder gemildert werden. Je **größer** ein Unternehmen ist, desto **komplexer** sind die organisatorischen Strukturen. Die Kommunikationswege zwischen den Entscheidungsebenen (Geschäftsführung) und den ausführenden Stellen sind oft lang. Das kann zu **Missverständnissen** führen. Viele Informationen können sich verändern, wenn sie zu oft weitergereicht werden.

Tipp:

Eine Lösungsstrategie liegt z.B. darin, Gelegenheiten für zwanglose Gespräche zu bieten: Gespräche aus unterschiedlichen Anlässen zwischen Vorgesetzten, Sachbearbeitern, Auszubildenden, mit dem Bemühen um größeres Verständnis füreinander.

Jede **Konfliktsituation** ist darauf zu untersuchen, welche **Ursachen** zugrunde liegen.

Das „Vier-Ohren-Modell" nach Schulz von Thun bietet dafür eine Möglichkeit, alle Gesichtspunkte der Kommunikationssituation zu durchleuchten.

Kompetenztraining

20

Situation:

Stephanie und Moritz sind Auszubildende in der Kundenberatung der Kundenbank AG. Für den nächsten Tag ist ein Abteilungsmeeting geplant, bei dem Absatzzahlen und Ergebnisse von Werbemaßnahmen des letzten Quartals grafisch präsentiert werden sollen. Stephanie und Moritz wurden von dem Marktbereichsleiter beauftragt, die Präsentation vorzubereiten und durchzuführen.

Stephanie hat festgestellt, dass Moritz ihr die meiste Arbeit überlässt und wiederholt zu Vorbesprechungen nicht erschienen ist. Sie nimmt sich vor, mit Moritz darüber zu sprechen. Heute lädt Stephanie noch einmal die Excel-Tabellen hoch. Sie entdeckt, dass inzwischen fehlerhafte Eingaben gemacht wurden. „Das kann nur Moritz gewesen sein", denkt sie. Gut, dass sie noch das Back-up vom Vortag hat. Stephanie ist „sauer". Sie greift zum Telefonhörer und will Moritz die Meinung sagen. Der ist aber heute in der Berufsschule. Während sie die Präsentation allein fertigstellt, überlegt sie, wie sie mit ihm reden soll.

Aufgaben:

1. In der dargestellten Situation bahnt sich ein Konflikt an. Erklären Sie, worin die Ursachen dieses Konfliktes liegen.
2. **Rollenspiel**

   Stephanie kann Moritz telefonisch nicht erreichen. Die beiden begegnen sich jedoch am nächsten Tag und verbringen gemeinsam („unter vier Augen") die Frühstückspause in der Cafeteria der Kundenbank AG.

   Stellen Sie in einem Rollenspiel das Gespräch zwischen Stephanie und Moritz dar.
3. Beschreiben Sie das Sprachverhalten der Rollendarsteller. Achten Sie insbesondere darauf, welche Formulierungen verwendet werden.
4. Beurteilen Sie, welche Wirkung dieses Gespräch auf die zukünftige Zusammenarbeit der beiden Personen haben könnte.

4.3.2 Sprachverhalten optimieren

(1) Den Teufelskreis durchbrechen

Wir haben alle schon erlebt, dass Gespräche misslingen können und es sogar zu heftigem Streit kommt. Sofort haben wir auch einen Schuldigen gefunden: den anderen! Er hat sich so verhalten, dass wir gar nicht anders konnten, als so zu reagieren! Wenn wir unseren Gesprächspartner fragen, dann hat er auch sehr schnell den Schuldigen gefunden: nämlich uns! Wir haben uns so verhalten, dass er keine andere Möglichkeit hatte, als sich zur Wehr zu setzen! Wer hat recht? Die Beteiligten befinden sich in einem **Teufelskreis.**

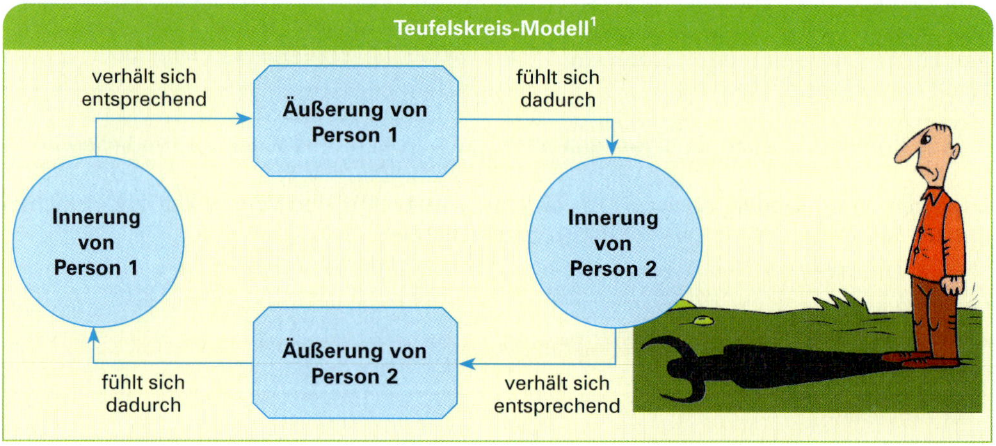

Der Teufelskreis funktioniert in einer **gestörten Gesprächsbeziehung** nach einem „todsicheren" Prinzip: Ein Gesprächspartner macht eine Bemerkung (Äußerung), die den anderen verletzt (Innerung). Diese **verletzten Gefühle** wirken als **Reiz,** der ersten Person eine entsprechende Entgegnung entgegenzuschleudern. Die Wirkung zeigt sich sofort: Gefühle von **Zorn** und **Empörung** bei dem „Gegner". Die Verhaltensreaktionen der Personen werden immer aggressiver. Wenn dieser Kreislauf nicht durchbrochen wird, kommt es zur **Eskalation.** Als Folge kann sich daraus im Berufsleben **Mobbing** entwickeln.

> **Mobbing** ist eine Form von **Gewalt,** die **krank** machen und zu **arbeitsrechtlichen** Konsequenzen führen kann.

Ein Teufelskreis bedeutet also höchste Alarmstufe. Wie aber kommen die Beteiligten aus einem solchen Teufelskreis wieder heraus? Hier ist ein **Vermittler** gefragt, der als **„Klärungshelfer"** die Kom-

1 Abbildung in Anlehnung an Friedmann Schulz von Thurn – www.schulz-von-thun.de [09. 04. 2024].

munikation gemeinsam mit den Beteiligten untersucht und hilft, Lösungen zu entwickeln. Vor allem die Seiten „Appellfunktion" und „Selbstkundgabe" in einer Gesprächssituation wollen etwas über die Gefühle mitteilen, die die Gesprächspartner zu ihren Äußerungen bewegen.

Oft wird deutlich, dass **Missverständnisse** zugrunde liegen. Es können Missverständnisse **inhaltlicher** oder **persönlicher** Art sein. Manche Missverständnisse lassen sich leicht klären, wenn es gelingt, die Signale des anderen richtig zu entschlüsseln:

„Das habe ich doch nicht so gemeint!" ist dann die Lösung. In anderen Fällen – vor allem, wenn sowohl die Inhalts- als auch die Beziehungsebene betroffen ist – benötigen Lösungen viel **Geduld, Einfühlungsvermögen** und gegenseitige **Wertschätzung.**

(2) Unterschiedliche Werthaltungen respektieren

Eine Gesprächsgruppe besteht in der Regel aus unterschiedlichen Persönlichkeiten mit sehr verschiedenen **Werthaltungen.** Diese Werthaltungen prägen das **Verhalten**. Gegensätzliche Werthaltungen in einer Gruppe können zu Konflikten führen.

- Manchen Kollegen geht die **Harmonie** im Team über alles. Sie wollen diese Harmonie unter keinen Umständen durch kontroverse Themen gefährden.
- Andere Teammitglieder sind vor allem auf ihre **Sicherheit** bedacht und vermeiden aus diesem Grund jegliche Stellungnahme.
- Wiederum gibt es Mitarbeiter, für die bilden **Regelmäßigkeit, Ordnung** und **Kontrolle** die Grundlage ihres Wohlbefindens. Sie reagieren auf die geringste Veränderung abwehrend. **Spontaneität** und **Kreativität** haben es gegenüber diesen Persönlichkeitsmerkmalen schwer, sich zu behaupten.

„It takes all sorts to make a world": Man benötigt **verschiedene Eigenschaften** und Befähigungen, um die Welt zu gestalten – auch um ein Unternehmen erfolgreich zu führen. Jede der Werthaltungen verdient **Respekt** und **Wertschätzung.**

Die Aufgabe in einem Gespräch zur Konfliktlösung besteht darin, einen **Ausgleich** zu schaffen, damit verschiedene Werthaltungen für alle erfolgreich zusammengeführt werden. Diese Lösung wird als **„win-win"** bezeichnet: Es gibt keine Verlierer, sondern nur Gewinner.

Sachliche Gründe für Konflikte liegen meist in der Beurteilung eines Ergebnisses. Bei offenkundigen Fehlern ist die Beurteilung und Behebung leicht. Nicht jeder Fall liegt so klar auf der Hand. Abweichende Beurteilungen können sich auch aus der persönlichen Werthaltung der Gesprächspartner ergeben. Beispiel: Unterschiedliche Beurteilung eines Bewerbers um eine Stelle.

(3) Gesprächsstörer erkennen

Gesprächsstörer sind **Aussagen** und **Verhaltensweisen,** die das Gespräch **negativ** beeinflussen.

Aussagen, die das Gespräch negativ beeinflussen (Auswahl)

Gesprächsstörer	Erläuterungen	Beispiele
Befehle	Sie stellen Überlegenheit zur Schau.	*„Jetzt kommen Sie mal zum Punkt!"*
Killerphrasen	Dies sind abwertende oder verletzende Äußerungen, die oft verwendet werden, wenn Sachargumente fehlen.	*„Damit hat noch nie jemand Geld verdient!"*
Überredungsversuche	Dies sind Mittel, um dem Gesprächspartner eine bestimmte Meinung aufzuzwingen.	*„An Ihrer Stelle würde ich mal an Ihre berufliche Zukunft denken!"*
Vorwürfe	Sie werden häufig gemacht, wenn dem Sprecher die Argumente fehlen.	*„Wenn Sie früher gekommen wären, wäre das nicht passiert!"*
Erwartungen dämpfen	Durch sie soll der andere in seiner Gesprächshaltung verunsichert werden.	*„Es wird jedenfalls lange dauern, bis wir Sie eingearbeitet haben!"*

Verhaltensweisen, die das Gespräch negativ beeinflussen

Auch nonverbale Verhaltensweisen und organisatorische Rahmenbedingungen können ein Gespräch stören. Sie dienen im Allgemeinen dazu, Überlegenheit zur Schau zu stellen, den anderen zu verunsichern oder unter Druck zu setzen. Als negative Mittel dienen:

- gelangweilter, herausfordernder oder spöttischer Gesichtsausdruck
- Beschäftigung mit Unterlagen, Computer, Handy
- Unterbrechung durch lange Telefonate
- Zulassen von Störungen durch Außenstehende
- Zeigen von Ungeduld und Zeitmangel durch hektische und nervöse Körpersprache
- Ort und Zeit für das Gespräch werden unpassend gewählt (d. h., andere Personen können das Gespräch mithören; es gibt nicht genügend Zeit für eine Aussprache)

Eigenheiten des Sprechers, die das Gespräch hemmen

Schon in der Schule haben wir charakteristische Gesprächseigenheiten bei Lehrern und Mitschülern beobachtet und entsprechend kommentiert. Wir alle haben aber unsere bestimmten Eigenheiten des Gesprächsverhaltens, die wir kritisch prüfen sollten.

Meist verhalten wir uns in Gesprächen unterschiedlich, je nach Situation. So kommt es in der Regel zu einer Mischung der folgenden typischen Verhaltensweisen:

Typ	Merkmale	Lösungsansatz
der Besserwisser 	Als Besserwisser wird eine Person bezeichnet, die alle Äußerungen des Gesprächspartners nur mit Einschränkungen gelten lässt. Ständig muss der Besserwisser alles, was gesagt wurde, richtigstellen oder ergänzen. Die Gründe können in einem mangelnden Selbstwertgefühl liegen.	In der Regel ist Toleranz geboten. Ein Wettstreit der Gesprächspartner im „Besserwissen" kann eskalieren.
der Vielredner 	Vielredner haben oft einen Drang zur Selbstdarstellung. Sie reden ohne Pause und lassen andere kaum zu Wort kommen.	Handzeichen geben, wenn man etwas sagen möchte, und zudem in Meetings bestimmte Redezeiten vereinbaren. Andere Gesprächsteilnehmer bewusst um ihre Stellungnahme bitten, ohne den Vielredner bloßzustellen.
der Schweiger 	Schweiger wirken in Gesprächen oft abwesend, desinteressiert oder schüchtern. Mögliche Gründe für dieses Verhalten könnten ein Vorbehalt gegen das Thema sein (z. B. wegen fehlender Informationen) oder mangelndes Vertrauen in die Gesprächspartner.	Die Person durch direkte Ansprache versuchen, in das Gespräch einzubeziehen. Dafür möglichst unverfängliche Fragen stellen. Freundliche, offene nonverbale Verhaltensweisen zeigen.
der Aggressive (Streitsüchtige) 	Dieser Gesprächstyp sucht bewusst die Provokation. Er lässt andere nicht ausreden und kann bei Meinungsverschiedenheiten in Wortwahl und Tonfall die Selbstbeherrschung verlieren (d. h. zu laut und beleidigend werden).	Ruhig und sachlich bleiben, den „roten Faden" des Gespräches weiterverfolgen.

■ **Fazit der Lösungsstrategien**

- Um ein Gespräch erfolgreich zu führen, sind **Einfühlungsvermögen (Empathie), aktives Zuhören** und die **Fähigkeit, mit Konflikten umzugehen,** wichtige Voraussetzungen.
- Allen Gesprächsteilnehmern ist die gleiche **Wertschätzung** entgegenzubringen.

4.3.3 Konflikte managen

Ohne Konflikte ist kein Fortschritt möglich. Konflikte müssen zugelassen werden, damit es zu Wachstum und Weiterentwicklung kommt: sowohl persönlich, beruflich als auch in Unternehmen.

Wenn Konflikte mit allen Mitteln **vermieden** und **geleugnet** werden, so machen sie sich später umso **stärker** negativ bemerkbar. Es ist zwischen **positiven** und **negativen** Konflikten zu unterscheiden.

(1) Positive Konflikte

Konflikte, die zu einer positiven Auseinandersetzung führen, sind wertvoll für die Verbesserung von innerbetrieblichen Beziehungen und Geschäftsprozessen. Es werden **neue Perspektiven** eröffnet, die offen diskutiert werden sollten. Positive Konflikte zeigen neue Möglichkeiten auf, dringende Aufgaben zu erledigen und Alternativen zu bisherigen Verfahren zu erwägen. Voraussetzung dafür ist eine **offene Gesprächsatmosphäre,** die bestimmten **Grundregeln** folgt:

Welche Grundregeln müssen berücksichtigt werden, um eine offene Gesprächsatmosphäre zu schaffen?

- **Respekt** und **Wertschätzung** werden gezeigt.
- Jedem Gesprächspartner wird **aufmerksam** zugehört.
- Gesprächsziele werden **gemeinsam** vereinbart und sind allen bekannt.
- Schuldzuweisungen, Vorwürfe und persönliche Attacken sind **nicht** erlaubt.
- In Streitfragen werden Argumente **sachlich** ausgewertet, mit Auflistung der Argumente, die dafür und dagegen sprechen („Für" und „Wider" bzw. Pros und Cons – Pro- und Contra-Argumente).
- Wenn ein Konflikt sich in dem stattfindenden Gespräch nicht lösen lässt, wird das Thema **vertagt** und ein Gesprächstermin zu einem späteren Zeitpunkt vereinbart.

(2) Negative Konflikte

In einem negativen Konflikt kommt es zu verbalen Attacken und nonverbalen Verhaltensweisen, die die Atmosphäre vergiften (jemand verlässt z. B. wütend den Raum). Um negative Konflikte zu **vermeiden,** gilt als **Grundregel:**

Jeder Gesprächsteilnehmer soll sich im Gespräch **sicher** fühlen, wenn er Einwände erhebt, ungelöste Aufgaben benennt, Fehler aufzeigt oder Verbesserungsvorschläge unterbreitet. Auch schlechte Nachrichten sind zuzulassen.

Beispiel:

Zum Beschwerdemanagement gehört ein entsprechendes **Verhaltenstraining des Personals** in Gesprächsführung und ein Konflikttraining. Gerade Mitarbeiter von Reklamationsabteilungen sind oft **großen psychischen Belastungen** ausgesetzt und sollten entsprechend im Team unterstützt werden. Es ist selbstverständlich, dass jeder Kollege sich den anderen gegenüber loyal verhält und **nicht versucht, Fehler auf andere abzuschieben.**

Wie verläuft ein Reklamationsgespräch mit Kunden erfolgreich?

- Der Sachbearbeiter ist **mit dem Sachgebiet bestens vertraut** und kann überblicken, welche Störungen im Geschäftsablauf vorkommen können. Er weiß, welche **Lösungsmöglichkeiten** es gibt und welche **Befugnisse** er hat. Das gibt ihm die nötige **Gelassenheit** im Fall von Beschwerden und Reklamationen.
- Dem Kunden oder Beschwerdeführer wird durch **aktives Zuhören Verständnis** und **Aufmerksamkeit** gezeigt. Er erhält die Möglichkeit, sein Anliegen vorzubringen und dabei auch seine **Gefühle** zu äußern. Die **Gesprächsatmosphäre** ist **positiv.**

- Fehlende **Informationen** über den Vorgang werden beschafft. Der Wunsch bzw. die Forderung wird **auf Rechtmäßigkeit hin überprüft.**
- Dem Kunden werden entsprechende **Vorschläge zur Lösung** unterbreitet. Eine **Entschuldigung** und Ausdruck des **Bedauerns** kann der Kunde erwarten, wenn er Grund zu einer Reklamation hatte.
- Bei **Regelungen auf Kulanzbasis** sind die Interessen des Unternehmens und die des Kunden gegeneinander abzuwägen. Es ist sicherzustellen, dass es zu einer **„Win-win-Situation"** kommt und keine der Vertragsparteien sich am Ende in der Rolle des Verlierers befindet.

(3) Gesprächsverhalten steuern

Konflikte sind meist mit negativen Gefühlen verbunden. Unter starkem Gefühlseinfluss ist es sehr schwierig, dem anderen in Ruhe zuzuhören und Lösungsvorschläge zu erarbeiten. Daher ist es wichtig, eine **emotionsgeladene** Atmosphäre zu **entspannen.** Die Gefühlslage des anderen muss erkannt und ernst genommen werden. Es gilt, sich auf den Ausdruck von Enttäuschung, Empörung, Angst oder Verzweiflung einzustellen und darauf mit Verständnis und Einfühlungsvermögen zu antworten, z.B.: *„Ich verstehe Ihre Aufregung. Wir sind hier, um gemeinsam eine Lösung zu finden."*

Wenn wir auf **Augenhöhe** mit dem anderen sprechen, erkennen wir an seiner Körpersprache, welche Wirkung unsere Worte haben. Es geht **nicht** darum, einen **Schlagabtausch** durchzuführen, sondern gemeinsam **zielführend** zu handeln.

In einer Atmosphäre, in der es oft um Macht, Einfluss, Sieg oder Niederlage geht, können **ehrlich** gemeinte Worte bewirken, dass es nur **Sieger** und **keine Besiegten** gibt.

(4) Gewaltfreie Sprache

Nicht nur mit körperlicher Gewalt, sondern auch durch Sprache werden Menschen unterdrückt. Die **gewaltfreie Kommunikation** soll Möglichkeiten eröffnen, die **Manipulation** und **Unterdrückung** durch Sprache zu **verhindern.**

„Unser Verhalten ist ein Spiegel unserer Sprache – wenn wir uns anders verhalten wollen, brauchen wir eine andere Sprache.“

Marshall Rosenberg – amerikanischer Psychologe[1]

Gewaltfreie Sprache zeichnet sich durch **Wertschätzung** des Gesprächspartners aus.

Der erste Schritt in der Anwendung gewaltfreier Sprache liegt darin, wahrzunehmen, **wie** etwas gesagt wird. Manche **Worte** sollte man bewusst **vermeiden** und darüber hinaus Formulierungen wählen, die den anderen nicht auf Konfrontation treiben.

Beispiel:

Die Auszubildenden in Ihrer Abteilung übernehmen abwechselnd die Vorbereitung des Beraterzimmers, wenn Kunden erwartet werden. Die Verantwortlichen legen die notwendigen Unterlagen bereit, sorgen für Geschirr und Getränke und begrüßen den Gast. Wiederholt hat eine Ihrer Kolleginnen einen Kundenempfang vergessen, obwohl sie rechtzeitig an den Termin erinnert wurde. Deswegen mussten andere Auszubildende diese Aufgabe übernehmen.

Wie sprechen Sie Ihre Kollegin auf diese Situation an? Oft machen wir unserem Ärger Luft: *„Schon wieder hast **du** vergessen ...“, „**Du** könntest auch mal daran denken, dass ...“ ... „Immer erwartest **du,** dass andere ...“*

Es werden Vorwürfe in Form von *„Du“*- oder *„Sie“*-Botschaften versendet, die den anderen zur Gegenwehr veranlassen. Der Teufelskreis ist eröffnet!

Die Ursache für einen Konflikt liegt darin, dass die Bedürfnisse eines Gesprächspartners nicht erfüllt werden. Daraus ergeben sich für ihn **negative Gefühle:** Enttäuschung, Trauer, Ärger. In der gewaltfreien Kommunikation wird davon ausgegangen, dass man nicht den anderen für die eigenen negativen Gefühle verantwortlich machen kann (die Ursachenzuschreibung führt zu einem Beziehungskonflikt). Man kann von dem anderen nicht *fordern,* dass er die erhofften Erwartungen erfüllt, man kann ihn aber darum *bitten.*

Das Konzept der gewaltfreien Kommunikation geht von der **Voraussetzung** aus, dass der Mensch **bereit** ist, einer **Bitte** zu entsprechen, wenn nicht **eigene** dringende **Bedürfnisse** dem **entgegenstehen.**

Von einer **Forderung** fühlt er sich in die Pflicht genommen und das ruft bei ihm **Widerstand** hervor. Forderungen sind mit moralischem Druck oder Sanktionen verbunden. Dem will sich der Gesprächspartner entziehen.

1 Das **Konzept der gewaltfreien Kommunikation** des amerikanischen Psychologen Marshall Rosenberg wurde in einer sozialen Umgebung erprobt, die durch Gewalt und Diskriminierung geprägt war.

Vier Schritte bilden in der **gewaltfreien Kommunikation** die Grundlage dafür, dass der andere unsere Bitte erfüllt. An dem oben angeführten Beispiel soll dies verdeutlicht werden.

Schritte	Erläuterungen	Beispiele
1. Schritt	Sie **beschreiben die Situation,** die Sie stört, ohne das Verhalten des anderen zu bewerten.	*„Ich habe heute Morgen gesehen, dass das Beraterzimmer noch nicht für den Besuch von Herrn Schröder vorbereitet war. Es blieb mir nicht mehr viel Zeit, den Tisch zu decken und alles bereitzustellen."*
2. Schritt	Sie **äußern Ihre Gefühle,** die Sie als negativ empfunden haben.	*„Eigentlich hätte ich in der Zeit etwas anderes zu erledigen gehabt. Ich bin dadurch aus meinem Zeitplan gebracht worden und das macht mich unzufrieden."*
3. Schritt	Sie **formulieren Ihre Bedürfnisse.**	*„Ich lege sehr viel Wert darauf, dass ich meine Zeit planen kann. Zeitmanagement ist für mich sehr wichtig."*
4. Schritt	Es folgt eine klare **Bitte.**	*„Wir haben alle Einblick in die Belegung des Beraterzimmers und haben vereinbart, wer zu bestimmten Terminen an der Reihe ist. Ich bitte dich, in Zukunft darauf zu achten, wann du dran bist."*

Entscheidend ist, unsere negativen Gefühle (Ärger, Zorn) zu kontrollieren, um den Konflikt nicht eskalieren[1] zu lassen. Ein **offener** Blickkontakt und eine **selbstbewusste** Körperhaltung zeigen, dass wir die Ruhe bewahren. Die Modulation der Stimme (Lautstärke, Höhe der Stimme) sollte sich nicht verändern. Die Zeit, in der wir tief Luft holen, erlaubt uns eine Sprechpause zum Formulieren einer Rückfrage, z. B.: *„Wie meinen Sie das?"* oder *„Können Sie das näher erklären?"* Auch bei der Konfliktlösung ist die Körpersprache von Bedeutung. Das bedeutet, dass wir uns dem anderen zuwenden und ihm unsere volle Aufmerksamkeit zeigen.

Zu den **wichtigsten Kompetenzen** gehört der **Umgang** mit **Menschen** – und damit auch der Umgang mit **Konflikten.** Wie ein Konflikt gelöst wird, hängt von dem **sprachlichen Verhalten** ab.

1 **Eskalieren:** stufenweise steigern, verschärfen.

Kompetenztraining

21 1. Max ist Auszubildender bei der Kundenbank AG und momentan in einer größeren Filiale im Privatkundenbereich eingesetzt. In der Mittagspause trifft er sich mit der Mitauszubildenden Sibell und berichtet ihr ganz aufgeregt von einem Konflikt. Ausgangspunkt hierfür sei ein Missverständnis in der Kommunikation mit einem Kollegen der Kundenbank AG. Dieser hatte bei einer Kontoeröffnung einem Kunden die Unterschrift für das Werbeeinverständnis abgerungen, indem er dem Kunden sagte, dass er diese Erklärung hier noch unterschreiben müsse, damit die Kundenbank AG ihn anrufen könne, falls mal eine Fehlbuchung oder Ähnliches auf dem Konto stattfindet.

Nachdem der Kunde daraufhin ohne zu zögern unterschrieben hatte und gegangen war, hatte Max dem Kollegen gesagt, dass er das so nicht in Ordnung fand und das auch anders gehandhabt werden könne. Daraufhin sei der Kollege geradezu auf ihn losgegangen. Max führt aus: „Er hat mir deutlich gemacht, dass ich mich als Auszubildender hier nicht moralisch aufspielen soll und von der Praxis sowieso keine Ahnung hätte. Ich wollte ihn doch nicht kritisieren, sondern vielmehr mit ihm in einen Austausch darüber kommen, dass es da doch andere Wege gibt, das Werbeeinverständnis des Kunden zu erlangen. Statt meine Ideen mit ihm zu diskutieren, endete diese Kommunikation gefühlt im Chaos."

Aufgaben:

1.1 Erläutern Sie kurz, worin die mögliche Ursache für diesen Konflikt liegen könnte!

1.2 Nehmen Sie den Gedanken von Max auf und formulieren Sie einen Vorschlag, wie man diese Unterschrift vom Kunden durch einen anderen kommunikativen Ansatz hätte erhalten können!

1.3 **Rollenspiel**

Stellen Sie diese Situation in einem konkreten Beratungsgespräch nach! Achten Sie darauf, dass es in der Praxis verschiedene Kundentypen gibt, die ganz unterschiedlich auf ein derartiges Anliegen reagieren. Während des Rollenspiels sollten die Mitschüler/-innen sich detailliert Notizen zum Gesprächsverlauf und zu konkreten Formulierungen machen, um so das Gespräch anschließend im Plenum zu analysieren.

2. 2.1 Formulieren Sie in Gruppenarbeit eine Konfliktsituation aus Ihrem Berufsalltag, die in ähnlicher Form wahrscheinlich jeder einmal erfahren hat.

2.2 **Rollenspiel**

Stellen Sie im Rollenspiel eine Lösung dieses Konfliktes nach den vier Schritten der gewaltfreien Kommunikation dar (S. 153).

2.3 Beurteilen Sie die Lösung anhand der vier Schritte. Prüfen Sie, ob alle Schritte durchgeführt wurden!

2.4 Beurteilen Sie die Wortwahl:
- Wurden Schuldzuweisungen und Vorwürfe geäußert?
- Wurden aggressive Wörter oder aggressive Formulierungen verwendet?

2.5 Beurteilen Sie die Körpersprache: Stimmen, Mimik, Gestik und Körperhaltung mit den Worten überein?

Hinweis:

Es kann auch die in Kompetenztraining 20 dargestellte Situation gewählt werden.

4 Eigene Interessen bzw. Meinungen sachlich und sprachlich angemessen vertreten sowie Kommunikationsfähigkeit entwickeln und verbale wie nonverbale Kommunikationstechniken anwenden

4.4 Gesprächsverhalten beurteilen und Verbesserungen planen

4.4.1 Gesprächsverhalten beurteilen

Manchmal führen Konfliktgespräche im Berufs- oder Privatleben dazu, über das eigene Kommunikationsverhalten nachzudenken. Vielleicht entsteht daraus sogar der Wunsch, sein Gesprächsverhalten zu verbessern. Wir möchten genau erfahren, wo unsere Stärken und Schwächen liegen. Eine erprobte Methode besteht darin, **Gesprächssituationen** anhand einer **Checkliste** bzw. eines Bewertungsbogens von **neutralen** Beobachtern auswerten zu lassen. Nachdem das Gespräch ausgewertet wurde, erfolgt ein Feedback.

Selbstbild ≠ Fremdbild

Beispiel:

Checkliste zur Gesprächssituation „Kundenbeschwerde“		
Gesprächsverhalten	**Ja**	**Nein**
Gesprächsphase: Einstieg		
Wurde der Gesprächspartner mit Namen begrüßt?		
Haben Sie sich selbst zur Begrüßung vorgestellt?		
Gesprächsphase: Hauptteil		
Haben Sie dem Gesprächspartner ausreichend Zeit gegeben, sein Anliegen zu erklären?		
Haben Sie Rückfragen gestellt bei Verständigungsproblemen?		
Haben Sie Verständnis für das Anliegen des Gesprächspartners gezeigt durch gezielte Äußerungen?		
Ist das Anliegen des Gesprächspartners durch vorliegende Daten überprüft worden?		
Wurde das Anliegen des Gesprächspartners von Ihnen notiert?		
Wurde dem Gesprächspartner eine Lösung angeboten?		
Hat der Gesprächspartner diese Lösung akzeptiert?		
Gesprächsphase: Gesprächsabschluss		
Haben Sie Ihr Bedauern über den Vorfall geäußert?		
Haben Sie sich für die Information bedankt und sich freundlich von dem Gesprächspartner verabschiedet?		
Wurden Termine und Maßnahmen festgehalten, um die vereinbarte Lösung sicherzustellen?		

Oft werden wir überrascht sein, wie wir von anderen wahrgenommen werden. Die **Fremdwahrnehmung** kann stark von der **Selbsteinschätzung** abweichen. Durch Kommunikationstrainings können wir erfahren, wie wir auf andere wirken. Möglichkeiten dazu gibt es z. B. am Arbeitsplatz, in der Aus- und Weiterbildung oder durch allgemeinbildende Kurse mit dem Ziel der Persönlichkeitsentwicklung.

4.4.2 Gesprächsverhalten verbessern

Nachdem eine Stärken- und Schwächen-Analyse durchgeführt wurde, bieten sich eine Reihe weiterer Chancen, um das Gesprächsverhalten systematisch zu verbessern.

1. Seine eigenen Werthaltungen erkennen

Ein Kommunikationstraining kann dazu verhelfen, sich und seine eigenen Werthaltungen besser kennenzulernen. Häufig gilt es, widerstrebende Gefühle und eigene Wahrnehmungen zu analysieren, um sich über **seinen Standpunkt** klar zu werden:

- Was ist mir wichtig?
- Wo tendiere ich zu Vorurteilen oder Überempfindlichkeit?

Im Austausch mit anderen Gesprächspartnern können sich Änderungen, Relativierungen und Erkenntnisgewinn ergeben.

2. Den Gesprächspartner aufmerksam wahrnehmen

Für Ihren Gesprächspartner sind vielleicht andere Aspekte wichtiger als für Sie selbst.[1] Um festzustellen, was Ihrem Gesprächspartner wichtig ist, müssen Sie ihm mit voller Aufmerksamkeit begegnen, vor allem Ihre Augen und Ohren auf Empfang stellen. Jede Gesprächssituation fordert die ungeteilte **Aufmerksamkeit** gegenüber der Persönlichkeit des Gesprächspartners.

- Welche Botschaften sendet der andere durch seine **Erscheinung,** sein **Auftreten,** seine Art des **Sprechens?**
- Welches Rollenverhalten zeigt er?

Verbale und **nonverbale Signale** geben Aufschluss über seine Persönlichkeit. Sein Rollenverständnis wird durch die Form des Umgangs (förmlich, distanziert oder kollegial, vertraulich) und auch durch den **Dresscode** vermittelt.

- Was teilt er dadurch mit?
- Passt sein Äußeres zu den übrigen Signalen, die er sendet?

Als Dresscode wird der **Stil der Kleidung** bezeichnet. An dem Begriff „Code" (Zeichensystem) wird deutlich, dass auch der Kleidungsstil **eine Form der Kommunikation** ist. Der Dress bestimmt unser Auftreten und die Art, wie wir von dem Gegenüber wahrgenommen werden. Die Übergänge vom kreativen Freizeitlook bzw. „casual" über „semi-casual" und „Business casual" bis hin zum formellen Stil sind häufig fließend.[2]

1 Vgl. (2) „Unterschiedliche Werthaltungen respektieren" auf S. 147.

2 Casual (engl.): lässig, leger, freizeitmäßig; semi (lat.): halb; **„Business casual"**: Kleidungsstil, der eine Kombination aus Freizeitmode und formeller Businessmode darstellt.

4 Eigene Interessen bzw. Meinungen sachlich und sprachlich angemessen vertreten sowie Kommunikationsfähigkeit entwickeln und verbale wie nonverbale Kommunikationstechniken anwenden

casual	semi-casual	Business casual	formell (Mann)	formell (Frau)

Jedes Unternehmen hat **ungeschriebene Gesetze,** was das äußere Erscheinungsbild der Mitarbeiter anbetrifft. Wie formell der Stil der Kleidung ist, hängt von der Art des Unternehmens ab (z. B. ob Bankgewerbe oder Werbeagentur) und von der Art der Tätigkeit, die der Mitarbeiter ausübt (z. B. ob persönlicher Kundenkontakt besteht).

Für alle Arbeitsbereiche gilt, dass ein **gepflegtes Erscheinungsbild** eine Selbstverständlichkeit sein sollte. Dies gebietet die eigene Wertschätzung sowie der Respekt vor den Menschen, mit denen wir zusammenarbeiten.

Sparkassen-Revolution

Dortmund. In Hamburg ist es schon längst geschehen, auch München ist mitgezogen. Nun soll die Dress-Code-Revolution auch im Ruhrgebiet ins Rollen kommen: Sparkassen-Mitarbeiter in Dortmund dürfen sich deutlich lockerer kleiden. Die Sparkasse befreit ihre Angestellten vom verstaubten Dresscode – „Spießer-Schlips" adé!

Der erhoffte Effekt durch die Änderung des Dresscodes: mehr Kundennähe. „Wir möchten auf Augenhöhe mit unseren Kunden kommunizieren. Dazu gehört auch eine Kleidung, mit der wir uns nicht von ihnen abgrenzen", verrät Pressesprecher Markus Pinnau auf Nachfrage von DER WESTEN.

In einer Broschüre wird der Casual-Business-Style wie folgt vorgeschlagen: Männliche Mitarbeiter dürfen ihren Anzug gegen eine „Sakko-Hosen-Kombination" eintauschen. Chino-Stoffhose oder dunkle, einfarbige Jeans sind kein Tabu mehr.

„Die Herren dürfen die Krawatte morgens im Schrank lassen. Sie werden aber weiterhin ein Hemd mit Kragen tragen. Anstelle der Anzughose sind knitterfreie Chinos oder eine dunkle Jeans erlaubt – dies gilt auch für die Damen", so Pinnau.

Neben Stoffhose und Jeans erweitern Kleider und Röcke für Mitarbeiterinnen die Garderobe auf der Arbeit. Aber nur so lange, wie sie „in Bewegung oder im Sitzen [...] maximal eine Handbreit oberhalb Ihrer Knie enden." Ohne Strümpfe oder Strumpfhosen dürfen die Mitarbeiterinnen zukünftig auch in Sandaletten oder Ballerinas schlüpfen.

Doch absolute No-Gos bezüglich des Kleidungsstils wird es auch in Zukunft bei der Bank geben, wissen die Ruhr-Nachrichten:

- Birkenstocks, Flip-Flops, Turnschuhe
- helle, verwaschene, löchrige Jeans
- Shirts mit Spaghetti-Trägern und kurze Hosen
- knallige Farbtöne oder Aufdrucke
- starkes Make-up, auffällige Nägel
- Kopfbedeckungen wie Mützen oder Basecaps
- sichtbare Piercings und Tattoos.

Quelle: Der Westen.de vom 02. 01 2020.

Voreilige Schlussfolgerungen und Vorurteile müssen vermieden werden. Das aufmerksame, unvoreingenommene Wahrnehmen vieler unterschiedlicher Persönlichkeitsmerkmale steht im Vordergrund. Ziel ist es, aufmerksam zuzuhören, um zu erfahren:

- Was teilt uns der Betroffene über sich und seine Werthaltungen mit?
- Wie gestaltet der Gesprächspartner bewusst oder unbewusst seine Rolle in der Gesprächssituation?

3. Erweiterung interkultureller Kompetenz

In vielen Unternehmen wird interkulturelle Kompetenz inzwischen als berufliches Aufstiegsmerkmal gewertet. Nicht nur durch eigene Auslandsaufenthalte, sondern auch in der heimischen Umgebung ist es oft möglich, die Eigenheiten **anderer Kulturen** kennen und **respektieren** zu lernen. Auch hier gilt es, aufmerksam zu beobachten und **unvoreingenommen** Erfahrungen zu sammeln.

4. Anwendung fremdsprachlicher Kommunikation

Nur durch häufiges Anwenden einer Fremdsprache kann man diese wirklich gut erlernen. Durch praktische Erfahrung gelingt es, Botschaften „zwischen den Zeilen" auch in einer Fremdsprache zu verstehen. Es ist ratsam, jede Gelegenheit wahrzunehmen, ein Gespräch in der Fremdsprache zu führen, ohne Angst, dass man Fehler macht oder nicht verstanden wird. Der Mut, sich einzubringen, führt zu wachsender Sicherheit.

Kompetenztraining

22

1. Für eine erfolgreiche Gesprächsführung ist es wichtig, sich auf die Persönlichkeit des Gesprächspartners einzustellen.

   Aufgaben:

   1.1 Beschreiben Sie eine Person aus Ihrem beruflichen Umfeld (ohne einen Namen zu nennen) so anschaulich, dass andere sich ein Bild machen können.

   Geben Sie Auskunft über Alter, Geschlecht, berufliche Rolle, charakteristische Verhaltensmerkmale zu Auftreten, Sprache, Kleidung, sonstige Eigenheiten.

   1.2 Erläutern Sie Gesprächsstrategien, um mit dieser Persönlichkeit ein erfolgreiches Gespräch zu führen und begründen Sie diese Strategien.

2. Kompetenzen der Gesprächsführung haben eine wachsende Bedeutung im beruflichen Alltag.

   Aufgaben:

   2.1 Beschreiben Sie anhand von Beispielen Aufgabengebiete aus Ihrem Ausbildungsunternehmen, in denen kommunikative Kompetenz eine besonders große Rolle spielt.

   2.2 Begründen Sie, warum bei der Auswahl von Fachpersonal die Fähigkeit, Gespräche erfolgreich zu führen und Konflikte zu lösen, eine entscheidende Rolle spielen kann.

5 Die zukünftige berufliche Tätigkeit planen, sich über arbeitsvertragliche Regelungen und Schutzvorschriften informieren sowie Arbeitszeugnisse reflektieren

5.1 Anbahnung und Zustandekommen eines Arbeitsvertrags erarbeiten

Lernsituation 13: Adrian erhält einen Arbeitsvertrag bei der Kundenbank AG

Kundenbank AG

Der einundzwanzigjährige Adrian Winkler hat sich nach seinem erfolgreichen Abschluss als Bankkaufmann auf ein Stellenangebot als Kundenberater bei der Kundenbank AG beworben. Schon während des Vorstellungsgesprächs bekommt er einen unterschriftsreifen Vertrag vorgelegt. Adrian soll den Vertrag möglichst am nächsten Tag unterschrieben in der Personalabteilung einreichen. Bevor er den Vertrag unterschreibt, legt er diesen am Abend ganz stolz seinem Vater vor und bittet ihn, sich diesen tollen Vertrag doch einmal kurz anzuschauen.

Adrians Vater liest den Vertrag in aller Ruhe durch, schüttelt zwischendurch immer wieder den Kopf und sagt schließlich: *„Tja, bei Ahnungslosen kann man es ja mal probieren! Wahrscheinlich unterschreibt der ein oder andere ja sogar so ein Papier!“.* Daraufhin schaut Adrian seinen Vater ziemlich fragend an.

Inhalt des Arbeitsvertrags zwischen Adrian Winkler und der Kundenbank AG:

Zwischen der Kundenbank AG, Industriestr. 5, 70565 Stuttgart – nachfolgend „Arbeitgeber“ – und Herrn Adrian Winkler, wohnhaft Hohenloher Str. 13, 70435 Stuttgart – nachfolgend „Arbeitnehmer“ – wird folgender

Arbeitsvertrag

geschlossen.

§ 1 Beginn des Arbeitsverhältnisses

Das Arbeitsverhältnis beginnt am 01.02.20..

§ 2 Probezeit

Dieser Vertrag wird auf die Dauer von sechs Monaten vom 01.02.20.. bis zum 31.08.20.. zur Probe abgeschlossen. Nach Ablauf dieser Befristung endet das Arbeitsverhältnis, ohne dass es einer Kündigung bedarf, wenn nicht bis zu diesem Zeitpunkt eine Fortsetzung des Arbeitsverhältnisses vereinbart wird. Innerhalb der Probezeit kann das Arbeitsverhältnis mit einer Frist von zwei Wochen gekündigt werden. Der Arbeitnehmer erhält während der Probezeit keine Ausfertigung dieses Arbeitsvertrags.

§ 3 Tätigkeit

Der Arbeitnehmer wird als Kundenberater eingestellt.

§ 4 Arbeitsvergütung

Wegen der Befristung des Arbeitsvertrags erhält der Arbeitnehmer einen Bruttolohn von 2 350,00 EUR und somit 150,00 EUR weniger als die unbefristet beschäftigten Arbeitnehmer.

§ 5 Arbeitszeit

Die regelmäßige wöchentliche Arbeitszeit beträgt derzeit 40 Stunden. Beginn und Ende der täglichen Arbeitszeit richten sich nach der betrieblichen Einteilung.

§ 6 Urlaub

Der Arbeitnehmer hat Anspruch auf einen gesetzlichen Mindesturlaub von 20 Werktagen im Kalenderjahr.

§ 7 Krankheit

Ist der Arbeitnehmer infolge unverschuldeter Krankheit arbeitsunfähig, so besteht Anspruch auf Fortzahlung der Arbeitsvergütung bis zur Dauer von vier Wochen nach den gesetzlichen Bestimmungen. Die Arbeitsverhinderung ist dem Arbeitgeber unverzüglich mitzuteilen. Dauert die Arbeitsunfähigkeit länger als drei Kalendertage, hat der Arbeitnehmer eine ärztliche Bescheinigung über das Bestehen sowie deren voraussichtliche Dauer spätestens an dem auf den dritten Kalendertag folgenden Arbeitstag vorzulegen.

§ 8 Verschwiegenheitspflicht

Der Arbeitnehmer verpflichtet sich, während der Dauer des Arbeitsverhältnisses und auch nach dem Ausscheiden, über alle Betriebs- und Geschäftsgeheimnisse Stillschweigen zu bewahren.

§ 9 Nebentätigkeit

Jede entgeltliche oder das Arbeitsverhältnis beeinträchtigende Nebenbeschäftigung ist nur mit Zustimmung des Arbeitgebers zulässig.

§ 10 Kündigung

Nach Ablauf der Probezeit beträgt die Kündigungsfrist vier Wochen zum 15. oder Ende eines Kalendermonats. Jede gesetzliche Verlängerung der Kündigungsfrist zugunsten des Arbeitnehmers gilt in gleicher Weise auch zugunsten des Arbeitgebers. Die Kündigung bedarf der Schriftform. [...]

§ 11 Ausschlussklausel/Zeugnis

Die Vertragsparteien müssen Ansprüche aus dem Arbeitsverhältnis innerhalb von drei Monaten nach dessen Beendigung schriftlich geltend machen und im Falle der Ablehnung durch die Gegenseite innerhalb von weiteren drei Monaten einklagen. Andernfalls sind sie verwirkt.

Bei Beendigung des Arbeitsverhältnisses nach sechs Monaten erhält der Arbeitnehmer – auch auf sein Verlangen hin – kein qualifiziertes Zeugnis.

Stuttgart, den 26. Januar 20..
(Ort, Datum)

R. Lautenbach
(Unterschrift Arbeitgeber)

Stuttgart, den 26. Januar 20..
(Ort, Datum)

(Unterschrift Arbeitnehmer/-in)

Kompetenzorientierte Arbeitsaufträge:

1. Erklären Sie die Abläufe, die spätestens am 31.08.20.. notwendig sind, damit ein unbefristetes Arbeitsverhältnis entsteht!
2. § 625 BGB, Stillschweigende Verlängerung, lautet: *„Wird das Dienstverhältnis nach dem Ablauf der Dienstzeit von dem Verpflichtenden mit Wissen des anderen Teiles fortgesetzt, so gilt es als auf unbestimmte Zeit verlängert, sofern nicht der andere Teil unverzüglich widerspricht."*

   Stellen Sie dar, wodurch sich die gesetzliche Regelung von der im Arbeitsvertrag vereinbarten unterscheidet!
3. **Recherche**

   Recherchieren Sie im Internet, ob die arbeitsvertraglichen Vereinbarungen in Bezug auf wöchentlicher Arbeitszeit und Urlaubstagen den tariflichen Vorgaben für das Bankgewerbe entsprechen!

4. Beurteilen Sie die Reaktion von Adrians Vater auf diesen Arbeitsvertrag, indem Sie die Regelungen im Einzelnen überprüfen! Halten Sie mögliche Unstimmigkeiten fest und – dort wo möglich – korrigieren Sie diese!

(1) Anbahnung eines Arbeitsvertrags

Dem Abschluss des Arbeitsvertrags geht in der Regel voraus:

- **Stellenausschreibung** des Arbeitgebers.
- **Bewerbung** des Stellensuchenden.
- Einladung zu einem **Vorstellungsgespräch** durch den Arbeitgeber.
- **Entscheidung des Arbeitgebers,** die Stelle mit dem Bewerber zu besetzen.

Im Rahmen des Vorstellungsgesprächs versucht der Arbeitgeber, zum einen die Informationen aus den Bewerbungsunterlagen zu überprüfen und zum anderen einen persönlichen Eindruck vom Bewerber zu gewinnen. Allerdings muss der Bewerber beim Vorstellungsgespräch nicht jede Frage des möglichen Arbeitgebers beantworten.

Beispiele für erlaubte Fragen an den Bewerber:

- *„Warum haben Sie sich gerade bei unserem Unternehmen beworben?"*
- *„Was gefällt Ihnen besonders an dieser Stelle bzw. an diesem Ausbildungsberuf?"*
- *„Wo sehen Sie Ihre Stärken und Ihre Schwächen?"*
- *„Welche Hobbys betreiben Sie?"*
- *„Wie stellen Sie sich Ihre Arbeit bzw. Ihre Ausbildung vor?"*
- *„Warum sollten wir gerade Sie den übrigen Mitbewerbern vorziehen?"*

Nicht beantworten muss der Bewerber Fragen, die gegen das Recht auf Schutz der Persönlichkeit verstoßen:

- **Familienplanung** und **Schwangerschaft,**
- **Vorstrafen,** außer sie sind berufsrelevant (Bewerbung als Kassierer, Buchhalter, Sicherheitsbeauftragter),
- **Krankheiten,** sofern die Krankheit die Berufsausübung nicht erschwert oder unmöglich macht (ansteckende Krankheiten, Bandscheibenleiden),
- **Partei-, Kirchen- oder Gewerkschaftszugehörigkeit,**
- **finanzielle Verhältnisse,** es sei denn, es wird eine Führungsposition oder eine besondere Vertrauensstellung angestrebt.

Der Bewerber hat darauf zu achten, dass er arbeitsrechtlich zulässige Fragen **wahrheitsgemäß** und **vollständig** beantwortet. Zudem ist der Bewerber verpflichtet, dem möglichen Arbeitgeber alle Sachverhalte mitzuteilen, die der angestrebten Tätigkeit **entgegenstehen** (z. B. Krankheit, Kur). Diese Verpflichtung gilt auch dann, wenn der Bewerber im Bewerbungsgespräch **nicht** danach gefragt wird. Kommt der Bewerber der **Offenlegungspflicht** nicht nach, so kann der Arbeitgeber einen abgeschlossenen Arbeitsvertrag **anfechten.**

(2) Zustandekommen eines Arbeitsvertrags

Ein **Arbeitsvertrag**[1] kommt zustande, indem ein Arbeitgeber einem Bewerber einen Arbeitsvertrag anbietet **(Antrag)** und dieser ihn annimmt **(Annahme).**

Der Abschluss eines Arbeitsvertrags kann **mündlich** erfolgen, es bestehen **keine gesetzlichen Formvorschriften.** Aus Gründen der Rechtssicherheit ist es jedoch üblich, den Arbeitsvertrag schriftlich abzuschließen. **Rechtliche Grundlagen** des Arbeitsvertrags sind die **gesetzlichen Bestimmungen** (z.B. HGB, BGB), die **Betriebsvereinbarung**[2] des betreffenden Unternehmens sowie der **Tarifvertrag.**[3]

§ 2 NachwG

Das Nachweisgesetz [NachwG] bestimmt jedoch, dass der Arbeitgeber die **wesentlichen Vertragsbedingungen** des Arbeitsverhältnisses innerhalb bestimmter Fristen **schriftlich niederzulegen, die Niederschrift zu unterzeichnen und dem Arbeitnehmer auszuhändigen** hat. So ist z. B. dem Arbeitnehmer die Niederschrift von Angaben zu Name und Anschrift der Vertragsparteien, zu Zusammensetzung und Höhe des Arbeitsentgelts sowie zur vereinbarten Arbeitszeit **spätestens** am **ersten Tag der Arbeitsleistung** auszuhändigen.

Der Arbeitsvertrag kann gemäß § 2 NachwG **statt** in **schriftlicher** Form auch in **Textform** abgefasst und **elektronisch** an die Arbeitnehmer übermittelt werden.[4] Dies gilt allerdings nur dann, wenn

- das Dokument für die Arbeitnehmer zugänglich ist,
- es gespeichert und ausgedruckt werden kann und
- der Arbeitgeber die Arbeitnehmer mit der Übermittlung auffordert, einen Empfangsnachweis zu erteilen.

Allerdings kann der **Arbeitnehmer** nach wie vor **verlangen,** dass ihm die Arbeitsbedingungen in **Schriftform** ausgehändigt werden.

1 Der Arbeitsvertrag ist eine Sonderform des **Dienstvertrags.** Beim Dienstvertrag verpflichtet sich ein Vertragspartner zur Leistung der versprochenen Dienste, der andere Vertragspartner zur Zahlung der vereinbarten Vergütung. Es besteht lediglich die Verpflichtung zum „Tätig werden", nicht jedoch ein bestimmter Erfolg.

2 **Betriebsvereinbarungen** sind **Absprachen** zwischen **Arbeitgeber** und **Betriebsrat.**

3 Zu Beginn eines Arbeitsverhältnisses kann zwischen Arbeitgeber und Arbeitnehmer eine **Probezeit** von **längstens sechs Monaten** vereinbart werden. Während der vereinbarten Probezeit kann das Arbeitsverhältnis von beiden Parteien mit einer **Frist von zwei Wochen** gekündigt werden. Die Angabe eines Kündigungsgrundes ist **nicht** erforderlich. Eine **Verlängerung** der Probezeit ist nur möglich, wenn der Arbeitnehmer während der Probezeit **länger arbeitsunfähig** war.

4 Die Möglichkeit der Textform und der elektronischen Übermittlung gilt jedoch **nicht** für Arbeitnehmer von **Unternehmen,** die laut gesetzlicher Vermutung besonders von **Schwarzarbeit** betroffen sind (wie etwa das Bau- und Gaststättengewerbe, das Gebäudereinigungsgewerbe oder die Fleischwirtschaft).

5.2 Rechte und Pflichten der Vertragsparteien benennen

Pflichten des Arbeitgebers (Rechte des Arbeitnehmers)	Pflichten des Arbeitnehmers (Rechte des Arbeitgebers)
■ **Zahlung der vereinbarten Vergütung.** ■ **Fürsorgepflicht:** Arbeitsbedingungen sind so zu gestalten, dass sie der Gesundheit der Beschäftigten nicht schaden. Der Arbeitnehmer ist innerhalb von **sechs Wochen** nach dem Beschäftigungsbeginn zur Sozialversicherung anzumelden, die Beiträge dafür sind einzubehalten und an den Sozialversicherungsträger abzuführen. ■ **Informations- und Anhörungspflicht:** Der Arbeitnehmer hat z. B. das Recht, Einsicht in die Personalakte zu nehmen, sich bei ungerechter Behandlung zu beschweren, Verbesserungsvorschläge zu unterbreiten und Auskunft über die Zusammensetzung des Gehalts zu verlangen. ■ **Pflicht zur Ausstellung eines Zeugnisses:** Bei Beendigung des Arbeitsverhältnisses ist ein schriftliches Zeugnis auszustellen. Auf Verlangen des Arbeitnehmers muss ein qualifiziertes Zeugnis erteilt werden. Das Zeugnis kann mit **Einwilligung** des **Arbeitnehmers** in **elektronischer** Form erteilt werden. **Zu beachten ist:** Bei einem **Wechsel** des Arbeitgebers sind die bereits im früheren Arbeitsverhältnis **genommenen Urlaubstage** abzuziehen. ■ **Pflicht zur Urlaubsgewährung und Zahlung von Urlaubsentgelt:** Der Urlaub beträgt jährlich mindestens 24 Werktage. Unter Urlaubsentgelt versteht man die **gesetzlich** vorgeschriebene **Fortzahlung** von Lohn bzw. Gehalt während des Urlaubs. Arbeitnehmern ist **mindestens einmal** im Jahr **zwei zusammenhängende** Wochen Urlaub zu gewähren. ■ **Entgeltfortzahlung an gesetzlichen Feiertagen** und im **unverschuldeten Krankheitsfall** bis zu sechs Wochen.	■ **Dienstleistungspflicht:** Die im Arbeitsvertrag übernommenen Arbeitsaufgaben sind ordnungsgemäß durchzuführen. ■ **Pflicht zur Verschwiegenheit.** Betriebs- und Geschäftsgeheimnisse müssen (grundsätzlich auch über das Ende des Arbeitsverhältnisses hinaus) gewahrt bleiben. Verstößt ein Arbeitnehmer gegen diese Verschwiegenheitspflicht, kann dies eine **ordentliche** oder gar eine **außerordentliche** Kündigung des Arbeitsverhältnisses rechtfertigen und eine **Schadensersatzpflicht** begründen. ■ **Pflicht zur Einhaltung des gesetzlichen Wettbewerbsverbots:** Ohne Einwilligung des Arbeitgebers darf der Arbeitnehmer kein eigenes Handelsgewerbe betreiben und/oder im Geschäftszweig des Arbeitgebers Geschäfte auf eigene oder fremde Rechnung machen. ■ **Pflicht den Anordnungen des Arbeitgebers Folge zu leisten.** Der Arbeitgeber kann **Inhalt, Ort** und **Zeit** der Arbeitsleistung näher bestimmen soweit dies nicht durch Arbeits- und Tarifvertrag, Betriebsvereinbarung oder entsprechende Gesetze festgelegt ist. Dies gilt zudem für Regelungen bezüglich der **Ordnung** (z. B. Dresscodes) und des **Verhaltens** (z. B.: Verhaltenskodex) der Arbeitnehmer im Betrieb. ■ **Haftpflicht** bei **grob fahrlässig** oder **vorsätzlich** verursachten Schäden. Arbeitnehmer müssen gegenüber dem Arbeitgeber finanziell für derartige Schäden aufkommen. ■ **Pflicht zur unverzüglichen Anzeige der Arbeitsunfähigkeit** (dauert die Arbeitsunfähigkeit länger als drei Kalendertage, muss ein ärztliches Attest vorgelegt werden). Die Arbeitgeber können bereits ab dem ersten Tag der Arbeitsunfähigkeit eine ärztliche Bescheinigung verlangen.

§§ 611–630 BGB

§ 3 BUrlG

5.3 Befristete und unbefristete Arbeitsverträge vergleichen

(1) Begriff befristeter Arbeitsvertrag

Ein **befristeter Arbeitsvertrag** ist ein **auf Zeit** oder mit einem **bestimmten Zweck** geschlossenes Arbeitsverhältnis.

§ 14 IV TzBfG[1]

Befristete Arbeitsverträge bedürfen der **Schriftform.** Sie müssen den Grund für die Befristung enthalten. Dieser kann **zeitbezogen** (z. B. Laufzeit 6 Monate) oder **zweckbezogen** (z. B. Abschluss eines Projekts) sein.

(2) Zulässigkeit der Befristung

Befristung ohne Sachgrund (Beispiele)	■ Der Arbeitsvertrag kann bis zu zwei Jahre befristet werden. ■ Die Befristung kann im Rahmen der 2-jährigen Gesamtdauer maximal dreimal verlängert werden.[2] ■ Bei Existenzgründungen kann das Arbeitsverhältnis eines Mitarbeiters für die Dauer von vier Jahren befristet werden.
Befristung mit Sachgrund	Die **Befristung eines Arbeitsvertrages** ist **zulässig,** wenn sie durch einen **sachlichen Grund gerechtfertigt** ist. Ein sachlicher Grund liegt z. B. vor, wenn ■ der betriebliche Bedarf an Arbeitsleistung nur vorübergehend besteht, ■ der Arbeitnehmer zur Vertretung eines anderen Arbeitnehmers beschäftigt wird oder ■ die Befristung zur Erprobung erfolgt. Die Befristung kann beliebig oft verlängert werden.

(3) Diskriminierungsverbot[3]

§ 4 TzBfG

Für befristet beschäftigte Arbeitnehmer gilt ein Diskriminierungsverbot, d. h., sie dürfen nicht **ohne sachlichen Grund** schlechter gestellt werden als ihre unbefristet beschäftigten Kollegen. Das besagt, dass der befristet beschäftigte Arbeitnehmer in der Regel Anspruch auf ein Arbeitsentgelt hat, das dem entspricht, was der unbefristet beschäftigte Arbeitnehmer für den gleichen Zeitraum erhalten würde.

(4) Ende des befristeten Arbeitsvertrags

- Ein **kalendermäßig befristeter Arbeitsvertrag** endet mit **Ablauf der vereinbarten Zeit.**
- Ein **zweckbefristeter Arbeitsvertrag** endet mit **Erreichen des Zwecks,** frühestens jedoch **2 Wochen** nach Zugang der schriftlichen Unterrichtung des Arbeitnehmers durch den Arbeitgeber über den Zeitpunkt der Zweckerreichung.

1 **TzBfG**: Teilzeit- und Befristungsgesetz.

2 Eine Befristung ist nicht zulässig, wenn mit demselben Arbeitgeber unmittelbar zuvor ein befristetes oder unbefristetes Arbeitsverhältnis bestanden hat. Der Gesetzgeber möchte damit die Gefahr einer „Kettenbefristung" vermeiden.

3 **Diskriminierung**: Benachteiligung, Herabsetzung.

5.4 Möglichkeiten der Beendigung von Arbeitsverhältnissen erläutern und die Vorschriften des Kündigungsschutzes anwenden

Lernsituation 14: Die Kundenbank AG kündigt drei Beschäftigten

Die Kundenbank AG sieht sich gezwungen, sich von einigen Mitarbeitern zu trennen.

Kundenbank AG

Fall 1: David Knolle, 38 Jahre alt, seit 5 Jahren Kundenberater, wurde am 31. Mai zum 31. Juli gekündigt. Grund: Seine Arbeitsleistungen ließen objektiv sehr zu wünschen übrig. Eine Abmahnung diesbezüglich hatte David Knolle bereits im Vorfeld erhalten.

Am 2. Juni kommt David Knolle ins Personalbüro. Die Kündigung sei ihm erst am 1. Juni zugegangen. Sie sei daher nicht wirksam.

Fall 2: Dem 40-jährigen Moritz Bauer, seit 18 Jahren im Unternehmen beschäftigt, wurde, mit Wirkung zum 31. August, aus zwingenden betrieblichen Gründen am 16. Mai gekündigt. Moritz Bauer zweifelt daran, dass die Kündigung wirklich zum 31. August wirksam wird. Er bittet um eine Begründung.

Fall 3: Der Servicekraft Maria Hehl wurde ebenfalls am 16. Mai mit der gleichen Begründung gekündigt. Sie weist durch ein ärztliches Attest eine bestehende Schwangerschaft nach. Voraussichtlicher Geburtstermin: 20. Oktober. Sie möchte zudem Elternzeit in Anspruch nehmen.

Kompetenzorientierte Arbeitsaufträge:

Die Abteilungsleiterin Beate Stark gibt Ihnen die obigen drei Fälle und bittet Sie, nachfolgende Arbeitsaufträge im Laufe des Tages zu bearbeiten.

1. Erläutern Sie den Unterschied zwischen einer Kündigung und einem Aufhebungsvertrag!
2. Im Zuge einer Kündigung müssen bestimmte Fristen eingehalten werden. Erklären Sie den Unterschied zwischen einer gesetzlichen und vertraglichen Kündigungsfrist!
3. Erläutern Sie drei Fälle einer sozial gerechtfertigten Kündigung und bilden Sie hierzu jeweils zwei Beispiele!

DOWNLOAD

4. Erläutern Sie vier Fälle für besonderen Kündigungsschutz!
5. Unterscheiden Sie zwischen einem einfachen und einem qualifizierten Arbeitszeugnis!
6. Beurteilen Sie die Fälle 1–3 aus rechtlicher Sicht!
7. **Übersichtsmatrix**

   Erstellen Sie mittels eines Rechners eine Übersicht mit den wesentlichen Aspekten zum Thema „Arbeitsvertrag"!

5.4.1 Aufhebungsvertrag erläutern

Der **Aufhebungsvertrag** ist ein **Vertrag zwischen Arbeitnehmer** und **Arbeitgeber,** der das **Arbeitsverhältnis** zu einem **bestimmten Zeitpunkt** beendet.

Der entscheidende Unterschied zur Kündigung ist, dass das Arbeitsverhältnis im **gegenseitigen Einvernehmen** beendet wird. Arbeitgeber und Arbeitnehmer können den Inhalt des Aufhebungsvertrags selbst bestimmen. Die Einhaltung von Auflösungsfristen ist nicht erforderlich. Um die Zustimmung des Arbeitnehmers zu erhalten, zahlt der Arbeitgeber oftmals eine **Abfindung.**

Beispiel:

Dem Kundenberater Lutz Mühsam, dem mangelnder Leistungswille vorgeworfen wird, wird ein Aufhebungsvertrag mit einer Abfindung von zwei Monatsgehältern angeboten, um eine Kündigung zu vermeiden. Der Mitarbeiter stimmt zu, den Betrieb am Monatsende zu verlassen.

5.4.2 Kündigung, Kündigungsarten und Abmahnung erläutern

(1) Begriff Kündigung

- Die **Kündigung**[1] ist eine Erklärung des Arbeitgebers bzw. Arbeitnehmers, mit der er einen Arbeitsvertrag beenden möchte.
- Die Kündigung muss **schriftlich** erfolgen und dem Empfänger rechtzeitig vorliegen. **Sie bedarf keiner Begründung,** solange kein Kündigungsschutz besteht.

(2) Gesetzliche Kündigung (ordentliche Kündigung)

§ 622 BGB Das Arbeitsverhältnis eines Arbeitnehmers kann vom Arbeitgeber und vom Arbeitnehmer mit einer Frist von **vier Wochen** zum **Fünfzehnten** oder zum **Ende eines Kalendermonats** gekündigt werden. Bei längerer Betriebszugehörigkeit gelten für eine Kündigung durch den Arbeitgeber verlängerte gesetzliche Kündigungsfristen.

Für Arbeitnehmer, die kündigen wollen, beträgt die gesetzliche Kündigungsfrist immer vier Wochen zum 15. oder zum letzten Tag eines Kalendermonats. In Tarifverträgen können allerdings abweichende Kündigungsfristen vereinbart werden. Auch in einzelnen Arbeitsverträgen können andere Fristen festgelegt werden. Kürzere Fristen als vom Gesetzgeber vorgesehen können nur in besonderen Ausnahmefällen vereinbart werden. Längere sind aber möglich, wobei die Frist für den Arbeitnehmer nie länger sein darf als für den Arbeitgeber.

§ 102 BetrVG

1 Der Betriebsrat ist **vor** jeder Kündigung durch den Arbeitgeber unter Angabe der Kündigungsgründe zu hören. Ohne Anhörung des Betriebsrats ist die Kündigung **unwirksam**.

(3) Vertragliche Kündigung

Die zwischen Mitarbeitern und Arbeitgebern vereinbarten Kündigungsfristen dürfen grundsätzlich **länger,** aber **nicht kürzer** als die gesetzlichen Kündigungsfristen sein.

(4) Fristlose Kündigung (außerordentliche Kündigung)

§ 626 BGB

Das Arbeitsverhältnis kann von jeder Vertragspartei ohne Einhaltung einer Kündigungsfrist gelöst werden, wenn ein wichtiger Grund vorliegt. Wenn der Betriebsrat nicht vor der Kündigung unterrichtet wird, ist diese **unwirksam.**

Beispiele:

Verstöße gegen die Schweigepflicht; Diebstahl; grobe Beleidigungen; Tätlichkeiten; Mobbing (soziale Isolierung von Kollegen durch üble Nachrede, Missachtung und Unterstellungen); ungerechtfertigte Arbeitsverweigerung.

(5) Abmahnung

Die Arbeitnehmer haben das Recht, **vor einer Kündigung** durch den Arbeitgeber eine **Abmahnung** zu erhalten.

Mit der rechtswirksamen – gesetzlich nicht geregelten – Abmahnung muss ein **konkreter** Vorfall oder ein bestimmtes **Fehlverhalten** des Mitarbeiters (z. B. fehlende unverzügliche Krankmeldung, unpünktlicher Arbeitsbeginn) missbilligt und der Mitarbeiter aufgefordert werden, dieses Fehlverhalten **künftig** zu **unterlassen.** Weiterhin müssen bei weiteren Verfehlungen der gleichen Art Rechtsfolgen (z. B. die Kündigung des Arbeitsverhältnisses) angedroht werden.

5.4.3 Allgemeinen und besonderen Kündigungsschutz unterscheiden

(1) Allgemeiner Kündigungsschutz

§ 1 KSchG

Der allgemeine Kündigungsschutz schützt Arbeitnehmer vor **sozial ungerechtfertigter Kündigung,** wenn das Arbeitsverhältnis im gleichen Unternehmen ohne Unterbrechung länger als sechs Monate bestanden hat und das Unternehmen in der Regel mehr als zehn Arbeitskräfte (Auszubildende nicht mitgerechnet) beschäftigt.

Eine **sozial ungerechtfertigte Kündigung** ist **rechtsunwirksam.** Bei notwendigen Entlassungen müssen z. B. die Dauer der Betriebszugehörigkeit, das Lebensalter und die Unterhaltspflichten der Arbeitnehmer berücksichtigt werden.

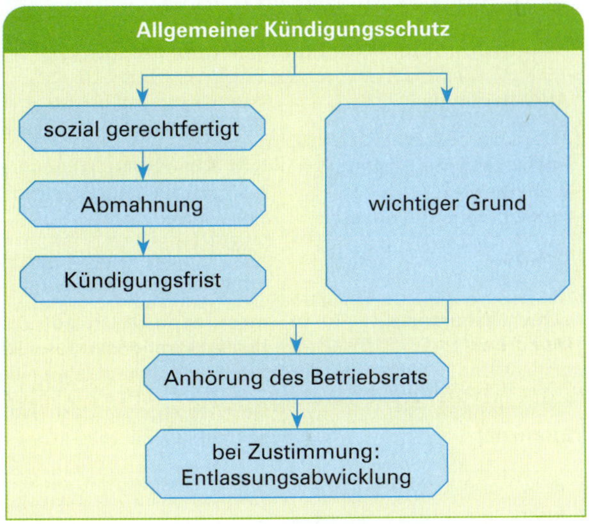

Sozial gerechtfertigt ist eine Kündigung z. B. in folgenden Fällen:

§ 1 II KSchG[1]

Kündigungsgründe	Beispiele
Der Kündigungsgrund liegt in der Person des Arbeitnehmers.	Eine Mitarbeiterin im Controlling der Kundenbank AG ist nicht in der Lage, sich auf ein neues Softwareprogramm umzustellen. – Ein Kundenberater leidet unter einer schweren Krankheit, sodass er seine Arbeit auf Dauer nicht mehr ausführen kann.
Der Kündigungsgrund liegt im Verhalten des Arbeitnehmers.	Ein Kundenberater verursacht überdurchschnittlich hohe Beschwerderaten von Kunden, die sich massiv über sein unhöfliches Verhalten beschweren. – Eine Kassiererin unterschlägt mehrere tausend Euro.
Die Kündigung ist durch dringende betriebliche Erfordernisse bedingt.	Personalabbau aufgrund von erforderlichen Rationalisierungsmaßnahmen in internen Abteilungen der Kundenbank AG. – Entlassungen aufgrund von Filialschließungen.

Eine ordentliche Kündigung mit Gründen, die im **Verhalten** der Arbeitnehmer liegen, ist nur dann **sozial gerechtfertigt,** wenn ihr eine **Abmahnung** vorausgegangen ist.

§ 102 Abs. 1 BetrVG[2] Der Arbeitgeber muss dem **Betriebsrat** die **Gründe** der Kündigung mitteilen und ihn grundsätzlich im **Vorfeld** anhören. Eine Kündigung **ohne Anhörung** des Betriebsrates ist **nichtig.**

Der Betriebsrat hat die Möglichkeit, einer **ordentlichen** Kündigung innerhalb **einer Woche** – bei **außerordentlichen** Kündigungen **unverzüglich** – unter Angabe von Gründen **schriftlich** zu **widersprechen.**

Hält der **Arbeitnehmer** die Kündigung für sozial ungerechtfertigt, kann er innerhalb **einer Woche** beim **Betriebsrat Einspruch** einlegen.

§ 102 Abs. 2 BetrVG Außerdem kann er innerhalb von **drei Wochen** nach Zustellung der Kündigung beim **Arbeitsgericht** am Geschäftssitz des Arbeitgebers klagen. Verstreicht die Frist, ohne dass der Arbeitnehmer Klage eingereicht hat, ist die Kündigung **wirksam.**

(2) Besonderer Kündigungsschutz

Einen besonderen Kündigungsschutz genießen:

Auszubildende	Ihnen kann nach Ablauf der Probezeit während der Berufsausbildung nur aus einem **wichtigen** Grund gekündigt werden.
Betriebsratsmitglieder, Jugend- und Auszubildendenvertreter	Ihre Kündigung ist während ihrer Zugehörigkeit zum Betriebsrat bzw. zur Jugend- und Auszubildendenvertretung in der Regel unzulässig.
Frauen	Während der Schwangerschaft und bis zum Ablauf von vier Monaten nach der Entbindung besteht Kündigungsschutz.
schwerbehinderte Menschen	Ihnen kann durch den Arbeitgeber ohne vorherige Zustimmung des Integrationsamtes nicht gekündigt werden. Die Kündigungsfrist beträgt mindestens vier Wochen.
Arbeitnehmer mit Elternzeit	Der Arbeitgeber darf das Arbeitsverhältnis ab acht Wochen vor Beginn der Elternzeit und während der Elternzeit nicht kündigen.

1 **KSchG:** Kündigungsschutzgesetz.

2 **BetrVG:** Betriebsverfassungsgesetz.

5.5 Qualifiziertes Arbeitszeugnis prüfen

Jedem ausscheidenden Mitarbeiter ist ein **schriftliches Arbeitszeugnis** auszustellen. Das Arbeitszeugnis muss in ordentlicher Form (mit Briefkopf des Unternehmens, frei von Flecken usw.) abgefasst sein und die Unterschrift des Arbeitgebers enthalten.

Die Zeugniserteilung in **elektronischer** Form ist mit **Einwilligung** des **Arbeitnehmers** möglich. Dabei ist zwingend eine **qualifizierte elektronische Signatur** gemäß § 126a BGB zu verwenden, die **höchste Sicherheitsstandards** erfüllt.

(1) Einfaches Arbeitszeugnis

Das einfache Arbeitszeugnis enthält Angaben

- zur **Person** (ohne Bewertung),
- zur **Dauer** der Beschäftigung und
- zur **Art** der Beschäftigung (die einzelnen Tätigkeitsbereiche des Arbeitnehmers).

(2) Qualifiziertes Arbeitszeugnis

Auf **Verlangen des Arbeitnehmers** hat der Arbeitgeber Angaben zu **Leistung und Verhalten (Führung)** mit in das Arbeitszeugnis aufzunehmen, also ein **qualifiziertes Arbeitszeugnis** zu erstellen.

Das qualifizierte Arbeitszeugnis enthält ebenso wie das einfache Zeugnis Angaben zur Person, zur Dauer und zur Art der Beschäftigung. Darüber hinaus beinhaltet es Aussagen **zu Leistung und Verhalten (Führung).**

Leistungsbeurteilung	Die Leistungsbeurteilung wird nach den **Schulnoten** kategorisiert, die in die übliche Zeugnissprache übersetzt werden.
Verhaltensbeurteilung	Bei der Verhaltensbeurteilung wird beschrieben, wie der **Umgang mit Kollegen** war, wie sich der Arbeitnehmer gegenüber **Vorgesetzten** verhalten hat oder gegenüber **Dritten** (Kunden usw.). Bei übertragener Leitungs- und/oder Führungskompetenz wird erläutert, wie er diese Kompetenzen wahrgenommen hat.

Ein Arbeitszeugnis darf **nichts Schädigendes** über den Mitarbeiter enthalten. Andererseits müssen auch nachteilige Eigenschaften (z. B. Unterschlagung) aufgeführt sein, um nicht **schadenersatzpflichtig** gegenüber späteren Arbeitgebern zu werden.

In Form einer bewusst gewählten Formulierungssprache hat sich in den Arbeitszeugnissen eine Art **Zeugniscode** durchgesetzt. Erst durch die Entschlüsselung dieses Codes kann eine Aussage über die dahinter stehende Beurteilung getroffen werden.

Kompetenztraining

23

1. Die Bankkauffrau Katrin Braun stellt sich beim Personalchef der Kundenbank AG vor. Dieser sagt ihr, dass sie am 15. des folgenden Monats ihre Arbeit in der Kundenberatung beginnen könne. Katrin Braun sagt zu. Schriftlich wird nichts vereinbart.

   Aufgabe:

   Erläutern Sie die Rechtslage!

2. 2.1 Ein Bankkaufmann arbeitet an Wochenenden, ohne Genehmigung der Kundenbank AG für eine Versicherung und verkauft „unter der Hand" Finanzprodukte. Das Entgelt lässt er sich bar auszahlen, Abgaben und Steuern werden keine abgeführt.

   Aufgabe:

   Erklären Sie, welche Pflicht aus dem Arbeitsvertrag verletzt wurde und recherchieren Sie welche rechtlichen Folgen sich daraus für den Arbeitnehmer ergeben!

   2.2 Ein Bankkaufmann verletzt sich an einem Papierschredder wegen einer schadhaften Schutzeinrichtung.

   Aufgabe:

   Erklären Sie, welche Pflicht aus dem Arbeitsvertrag verletzt wurde und recherchieren Sie welche rechtlichen Folgen sich daraus für den Arbeitgeber ergeben!

3. Die Geschäftsentwicklung der Kundenbank AG verläuft wesentlich schlechter als erwartet, sodass Filialschließungen erforderlich sind. Die Kundenbank AG muss sich betriebsbedingt von zwei Mitarbeitern trennen. Sie werden beauftragt zu klären, ob in den folgenden Fällen eine Kündigung durch den Betrieb rechtswirksam erfolgen kann und welche Fristen zu beachten sind.

   Aufgaben:

   3.1 Auszubildender Luca ist im zweiten Ausbildungsjahr zum Bankkaufmann.

   3.2 Eva Möhrle ist seit einem Jahr bei der Kundenbank AG. Sie hat eine ärztliche Bescheinigung über eine Schwangerschaft vorgelegt.

   3.3 Jens Holder, 34 Jahre, alleinstehend, ist seit 10 Jahren im Betrieb.

   3.4 Charlotte Groß, 32 Jahre, verheiratet, keine Kinder, ist seit einem Jahr im Betrieb.

   3.5 Die Kundenbank AG will auch Kira Hübner, 28 Jahre, alleinerziehend, 2 Kinder, seit 2 Jahren im Betrieb, kündigen.

4. Die Mitarbeiterin Franziska Müller (28 Jahre; 5 Jahre bei der Kundenbank AG) will zum 30. Juni kündigen.

   Aufgaben:

   4.1 Ermitteln Sie ihre Kündigungsfrist!

   4.2 Geben Sie das Datum an, an dem die Kündigung dem Arbeitgeber spätestens vorliegen muss!

   4.3 Franziska Müller kündigt am 30. Mai. Geben Sie an, wann ihr letzter Arbeitstag ist!

   4.4 Dem Mitarbeiter Fabian Specht wurde fristgemäß zum 30. September gekündigt. Fabian Specht hält die Kündigung für sozial ungerechtfertigt.

   Nennen Sie die Gründe, bei denen eine Kündigung als sozial ungerechtfertigt bezeichnet wird!

5. Dem fünfundzwanzigjährigen Kevin Bär, der seit einem Jahr bei der Kundenbank AG beschäftigt ist, wird zum 31. Dezember gekündigt. Es ist davon auszugehen, dass die Kündigung sozial gerechtfertigt ist.

Aufgaben:

5.1 Ermitteln Sie den Tag, an dem die Kundenbank AG spätestens kündigen muss!

5.2 Erläutern Sie, warum die Kündigung begründet werden muss!

5.3 Stellen Sie dar, was Kevin Bär gegen die Kündigung unternehmen könnte!

5.4 Nennen Sie zwei Gründe für eine fristlose Entlassung eines Mitarbeiters!

5.5 Kevin Bär erhielt rechtzeitig eine Abmahnung. Erklären Sie, was hierunter zu verstehen ist!

5.6 Bilden Sie einen Fall, bei dem eine Abmahnung entbehrlich ist!

6. Dem Mitarbeiter Julius Schön wurde von der Kundenbank AG fristgemäß zum 30. September gekündigt. Julius Schön hält die Kündigung für sozial ungerechtfertigt.

Aufgabe:

Erläutern Sie, an welches Gericht sich Julius Schön wenden kann, wenn die Kündigung vom Arbeitgeber nicht zurückgenommen wird!

7. 7.1 Erläutern Sie, was man unter einem befristeten Arbeitsvertrag versteht!

7.2 Nennen Sie drei Fälle, in denen die Befristung des Arbeitsvertrages gesetzlich zulässig ist (lesen Sie hierzu § 14 I TzBfG)!

7.3 Erklären Sie, warum der Gesetzgeber für befristet beschäftigte Arbeitnehmer ein Diskriminierungsverbot festgelegt hat!

7.4 Geben Sie den Zeitpunkt an, an dem ein befristeter Arbeitsvertrag endet!

24

1. Nennen Sie die Inhalte eines einfachen Arbeitszeugnisses!
2. Stellen Sie dar, was die Leistungs- und Verhaltensbeurteilung beim qualifizierten Arbeitszeugnis umfasst!
3. Die Kundenbank AG sucht per Stellenanzeige einen Kundenberater bzw. eine Kundenberaterin. Nach Ablauf der Bewerbungsfrist liegen Anja Stark, der Personalleiterin, zwei Arbeitszeugnisse vor.

Aufgaben:

3.1 Recherchieren Sie, welche Beurteilungen sich hinter dem sogenannten Zeugniscode verstecken und bewerten Sie die vorliegenden Zeugnisse! Stellen Sie die Ergebnisse in einer Übersicht mit den Rubriken „Bisherige Tätigkeit", „Leistung" und „Verhalten" zusammen!

DOWNLOAD

3.2 Begründen Sie Ihre Auswahl mit drei stichhaltigen Argumenten!

Kreditbank
In der Schwende 2, 59063 Hamm

Arbeitszeugnis

Frau Lea Pullmann, geboren am 22. 05. 2004, trat am 1. August 2023 als Auszubildende zur Bankkauffrau in unser Unternehmen ein. Im Anschluss an ihre Ausbildung übernahm Frau Pullmann ab dem 17. Januar 2026 in einer Filiale den Aufgabenbereich einer Servicekraft.

Die ihr übertragenen Aufgaben erledigt Frau Pullmann zu unserer Zufriedenheit. Bei Bedarf ist sie zur Mehrarbeit bereit. Durch ihre ruhige und unaufdringliche Art ist sie in allen Abteilungen gern gesehen. Ihr Verhalten gegenüber Kollegen, Außenstehenden und Vorgesetzten ist stets befriedigend.

Frau Pullmann möchte uns aus eigenem Wunsch verlassen, um eine Aufgabe zu übernehmen, die ihren Neigungen eher entspricht. Für die Zukunft wünschen wir ihr alles Gute und weiterhin viel Erfolg.

...

Genossenschaftsbank Senden eG
Daimlerstraße 13, 68250 Senden

Arbeitszeugnis

Herr Paul Waldmann, geboren am 17. 07. 1996, ist seit 1. März 2020 für unser Unternehmen als Kundenberater tätig.

Er führt selbstständig Beratungen und Verhandlungen mit Kunden und ist vor allem für Verbraucherdarlehen zuständig.

Herr Waldmann ist ein zuverlässiger und gewissenhafter Mitarbeiter und führt die ihm übertragenen Arbeiten zu unserer vollen Zufriedenheit aus. Stets findet er gute und kundengerechte Lösungen.

Sein Verhalten im Team ist vorbildlich. Zu seinen Vorgesetzten hatte er stets ein gutes Verhältnis.

Da wir Herrn Waldmann auf absehbare Zeit keine Aufstiegschancen bieten können, möchte er uns aus eigenem Wunsch verlassen. Unsere besten Wünsche begleiten ihn.

...

4. Stellen Sie sich bitte vor, Sie dürften Ihr Ausbildungszeugnis nach erfolgreichem Bestehen der Abschlussprüfung selbst schreiben.

   Formulieren Sie Ihr qualifiziertes „Traum-Abschlusszeugnis"! Markieren Sie anschließend die Stellen, die am ehesten von Ihren momentanen Leistungen abweichen und formulieren Sie abschließend konkrete Maßnahmen, um diese Abweichungen im Verlauf der Ausbildung zu beseitigen!

5. Kennzeichnen Sie nachfolgende Aussagenpaare mit einer

   ①, wenn nur Aussage A richtig ist,

   ②, wenn nur Aussage B richtig ist,

   ③, wenn sowohl Aussage A als auch Aussage B richtig sind,

   ④, wenn beide Aussagen falsch sind!

Nr.	Aussage	
5.1	**A:** Der allgemeine Kündigungsschutz gilt nur für Arbeitnehmer, die mindestens ein Jahr im Unternehmen beschäftigt sind. **B:** Bei einer fristlosen Kündigung muss der Betriebsrat über diese Kündigung im Nachhinein unterrichtet werden.	
5.2	**A:** Nach Ablauf der Probezeit kann einem Auszubildenden während der Ausbildungsdauer vom Ausbildungsbetrieb nicht mehr gekündigt werden. **B:** Bei einem Aufhebungsvertrag gelten die gesetzlichen Kündigungsfristen.	
5.3	**A:** Die zwischen Mitarbeitern und Arbeitgebern vereinbarten Kündigungsfristen dürfen grundsätzlich länger, nicht aber kürzer als die gesetzlichen Kündigungsfristen sein. **B:** Für die Kündigung von schwerbehinderten Menschen muss der Arbeitgeber nachträglich die Genehmigung des Integrationsamts einholen.	

5.6 Schutzvorschriften am Arbeitsplatz analysieren und deren Auswirkungen für die Arbeitnehmerinnen und Arbeitnehmer erläutern

Lernsituation 15: Der Personalchef der Kundenbank AG informiert die Auszubildenden über Schutzvorschriften

Am ersten Tag ihrer Ausbildung werden die neuen Auszubildenden vom Personalchef der Kundenbank AG, Herr Dr. Daschner, zu einem Gespräch eingeladen. In seiner Ansprache legt er besonderen Wert auf die Beachtung der betrieblichen Ordnung, die sich stark an den gesetzlichen Vorgaben orientiert. Beispielhaft führt er die Sicherheitsbestimmungen an, wo es trotz aller Vorsichtsmaßnahmen in der Vergangenheit leider auch mal zu kleineren Zwischenfällen kam.

Stolz sei das Unternehmen hingegen auf die von verschiedenen Stellen bereits mehrfach ausgezeichnete Gesundheitsförderung im Betrieb, zu dessen Bausteinen neben einigen Betriebssportgruppen auch vielfältige Programme zur gesunden Ernährung gehören.

Schließlich verweist Herr Dr. Daschner noch auf die nachhaltige Ausrichtung des Unternehmens, wobei man besonderen Wert auf Abfallvermeidung und Recycling legt.

Nach Beendigung seiner Rede lädt er die Auszubildenden noch zu einem kleinen Stehimbiss ein. Dabei kommt der 17-jährige Leon ins Gespräch mit einem seiner Mitauszubildenden, dem 19-jährigen Kevin.

Während des Gesprächs beschwert sich Kevin direkt bei Leon, wie sehr ihn schon jetzt die ganzen Schutzbestimmungen nerven. Er macht deutlich, dass er sich als volljähriger Mann weder für Jugendarbeitsschutz noch für Mutter- oder Schwerbehindertenschutz interessiere und hofft zudem, das er diesen – aus seiner Sicht – Unsinn nicht noch für irgendeine Prüfung lernen muss. Leon hält Kevin entgegen, dass er das vollkommen anders sieht: *„Schließlich hast du später im Berufsleben vielleicht einmal mit minderjährigen Auszubildenden, schwangeren Kolleginnen oder mit Schwerbehinderten zu tun. Und dann wäre es doch ganz gut, wenn man die besonderen Regeln kennt, um da nichts falsch zu machen. Ich jedenfalls finde es gut, wenn meine spätere Frau einmal schwanger ist, dass ich dann auch die Rechte meiner Frau kenne, falls deren Arbeitgeber sich da nicht korrekt verhalten würde."*

Kompetenzorientierte Arbeitsaufträge:

1. Nennen Sie zunächst die in der Lernsituation aufgeführten bzw. angesprochenen „Schutzbereiche"!

2. Herr Dr. Daschner bedauert, dass es trotz der Arbeitsschutzvorschriften im Betrieb immer wieder zu kleineren Zwischenfällen kam. Erläutern Sie, welche Behörden für die Überwachung der Arbeitsschutzbestimmungen zuständig sind und erläutern Sie anschließend kurz deren Aufgabe!

3. **Präsentation**

   Sammeln Sie gemeinsam mit Ihrem Sitzpartner oder in Kleingruppen Vorschläge bzw. Aktivitäten, die Ihnen im Rahmen einer betrieblichen Gesundheitsförderung wichtig erscheinen. Beschreiben Sie die von Ihnen aufgeführten Maßnahmen so konkret wie möglich. Präsentieren Sie anschließend ihre ermittelten Maßnahmen vor der Klasse!

4. Beschäftigen Sie sich zunächst mit den wichtigsten Bestimmungen des Jugendarbeitsschutzgesetzes! Erläutern Sie anschließend in Form eines kleinen Erfahrungsberichtes, inwiefern bei Ihnen oder bei Ihren Bekannten diese Bestimmungen in Betrieben eingehalten bzw. nicht eingehalten wurden!

5. Bevor Herr Dr. Daschner die neuen Auszubildenden nach Hause entlässt, teilt er ihnen mit, dass sich Herr Bückler in den nächsten Monaten um die Auszubildenden kümmern wird, da sich die eigentliche Ausbilderin Frau Weiken noch im Mutterschutz und anschließend in Elternzeit befindet. Erläutern Sie, was man unter Mutterschutz und Elternzeit versteht!

6. In einem Brandfall ist es lebenswichtig, richtig zu reagieren. Bringen Sie die folgenden Handlungsschritte in die richtige Reihenfolge und begründen Sie Ihre Lösung!

In Sicherheit bringen
Gefährdete Personen warnen.
Türen und Fenster schließen.
Auf Anweisungen achten.
Gekennzeichnete Fluchtwege benutzen.

Feuerlöscher auslösen
Sicherungsstift oder -lasche ziehen.
Schlagknopf betätigen.
Feuer gezielt löschen.

Feuerlöscher vom Kundendienst überprüfen und auffüllen lassen

Richtig löschen
Genug Abstand vom Feuer halten.
Mit kurzen, gezielten Stößen löschen.
Löschmittel auf brennenden Gegenstand sprühen.
Bei mehreren Feuerlöschern: gleichzeitig einsetzen.
Elektrische Anlagen und Fettbrände nie mit Wasser löschen.

Feuerwehr anrufen
Was ist passiert? Wo und wann?
Auf Rückfragen warten!

5.6.1 Notwendigkeit des Arbeitsschutzes

Mit der Arbeit sind immer Gefahren verbunden. Erwerbstätige können einen **Arbeitsunfall, Wegeunfall** und auch eine **Berufskrankheit**[1] erleiden. Der Gesetzgeber hat daher Sicherheitsvorschriften zum Schutz der arbeitenden Bevölkerung erlassen. Mit den Schutzvorschriften sollen auch die anfallenden Folgekosten für Unternehmen und Versicherungen gesenkt werden.

Auslöser der meisten Arbeitsunfälle sind:

- **menschliches Versagen** wie mangelnde Aufmerksamkeit, Bedienungsfehler an Maschinen, Leichtsinn, Alkohol, mangelnde Erfahrung.
- **technische Fehler** und **mangelnde Sicherheitsleistungen.**

5.6.2 Technischer Arbeitsschutz

(1) Arbeitsschutzgesetz [ArbSchG]

Unternehmen sind verpflichtet, die zur Sicherheit und Gesundheit der Beschäftigten bei der Arbeit erforderlichen Maßnahmen des Arbeitsschutzes zu treffen. Sie müssen z. B. die Arbeit so gestalten, dass eine Gefährdung für Leben und Gesundheit möglichst vermieden wird. Arbeitsschutzmaßnahmen müssen den Stand der Technik, Arbeitsmedizin und Hygiene und spezielle Gefahren besonders schutzbedürftiger Beschäftigungsgruppen berücksichtigen. Hierzu sind den Beschäftigten geeignete Anweisungen zu erteilen.

Sicherheitszeichen weisen die Mitarbeiter auf mögliche Gefahren und Risiken hin.

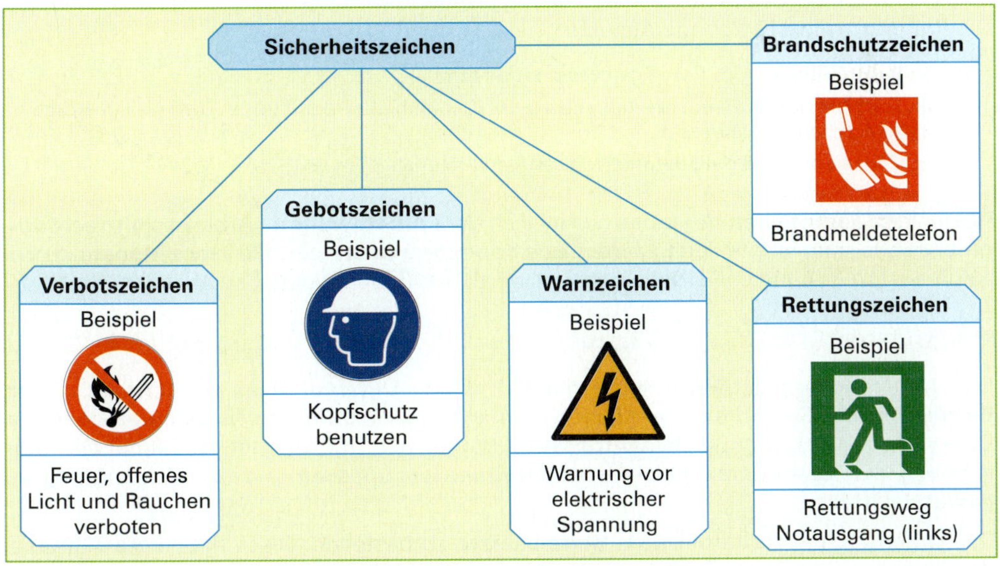

Unternehmen haben die notwendigen **Erste-Hilfe-Maßnahmen** sicherzustellen. Dazu werden Ersthelfer aus- und weitergebildet.

1 **Berufskrankheiten** sind Krankheiten, die Arbeitnehmer durch ihre berufliche Tätigkeit erleiden.

(2) Arbeitsstättenverordnung

Sie enthält bestimmte sicherheitstechnische, arbeitsmedizinische und hygienische Anforderungen an Arbeitsstätten (z. B. Arbeits-, Wasch-, Umkleide-, Pausenräume).[1]

Beispiele:

Regelungen zur Lüftung, Raumtemperatur, Beleuchtung, Gase und Lärm, Bildschirmarbeit, Notausgänge, Fluchtwege, Erste-Hilfe-Räume.

Gemäß **§ 4 Abs. 5 der Arbeitsstättenverordnung** hat der Arbeitgeber **Mittel und Einrichtungen zur Ersten Hilfe** zur **Verfügung zu stellen** und diese regelmäßig zu **prüfen.** Die **Art** der **Erste-Hilfe-Kästen** und die **Menge** sowie die Aufbewahrungsorte richten sich im Rahmen der **Gefährdungsanalyse** unter anderem nach der **Betriebsgröße** oder den vorhandenen **betrieblichen Gefahren.**

Beispiele:

- **Die Art:**

Der kleine Verbandskasten („Erste-Hilfe-Material; Verbandskasten C") genügt bei Kreditinstituten bis zu 50 Versicherten.

Der große Verbandskasten („Erste-Hilfe-Material; Verbandskasten E") hingegen muss bei Kreditinstituten mit mehr als 50 Versicherten vorgehalten werden.

- **Menge:**

Für je 300 weitere Versicherte ist ein zusätzlicher großer Verbandskasten erforderlich, wobei zwei kleine Verbandskästen stets einen großen ersetzen können.

Für die **gesetzlich vorgeschriebene Prüfung** der Verbandskästen hat der Arbeitgeber **eine Person** zu **beauftragen.** In der betrieblichen Praxis wird diese Aufgabe zumeist einem ausgebildeten **Ersthelfer,** dem **Sicherheitsbeauftragten** oder dem **Betriebsarzt** übertragen.

Die Prüfung umfasst folgende Aspekte:

- die **Vollständigkeit** des jeweiligen Erste-Hilfe-Materials,
- den **Zustand** des vorhandenen Materials (z. B.: Klebefähigkeit der Pflaster, Festigkeit und Dichtigkeit der Handschuhe) und
- die Gültigkeit des **Verfallsdatums** von sterilem Material.

Wenngleich **keine festen Vorgaben** hinsichtlich der **Prüfintervalle** im Arbeitsschutzrecht vorgeschrieben sind, empfehlen Experten eine Kontrolle **mindestens alle sechs Monate** durchzuführen. Die Prüfung sollte **dokumentiert** werden, z. B. durch eine Checkliste am Kasten.

(3) Arbeitssicherheitsgesetz [ASiG]

Das Arbeitssicherheitsgesetz regelt die Pflicht des Unternehmens zur Bestellung von **Betriebsärzten, Sicherheitsingenieuren** und anderen **Fachkräften für Arbeitssicherheit.** Deren Aufgabe ist es, die dem Arbeitsschutz und der Unfallverhütung dienenden Vorschriften den **besonderen Betriebsverhältnissen anzupassen** und ihre **Anwendung zu gewährleisten.**

Das Unternehmen ist verpflichtet, **Betriebsärzte** zu bestellen. Diese haben die Aufgabe, das Unternehmen beim Arbeitsschutz und bei der Unfallverhütung in allen Fragen des Gesundheitsschutzes zu unterstützen. Eine weitere Aufgabe der Betriebsärzte ist, die Arbeitnehmer zu untersuchen, arbeitsmedizinisch zu beurteilen und zu beraten.

1 Vgl. Ausführungen in Kapitel 5.6.4.

(4) Brandschutz

Um einem Brand im Unternehmen vorzubeugen, müssen die geltenden Brandschutzbestimmungen eingehalten werden. Wichtige Brandschutzmaßnahmen sind z. B.:

- Das Personal muss im betrieblichen Brandschutz ausgebildet werden. Einmal im Jahr ist eine Brandschutzübung mit den Mitarbeitern abzuhalten.
- Die Vorschriften und Regeln zur Brandverhütung und Brandbekämpfung sind an den vorgegebenen Stellen auszuhängen.
- Einbau von Brand- und Rauchmeldern.
- Einbau von Sprinkleranlagen.
- Bereitstellen von Feuerlöscher.

Brandschutzzeichen (Beispiele)

Löschschlauch

Feuerlöscher

Brandmelder (manuell)

Leiter

(5) Überwachung der Arbeitsschutzbestimmungen

Für die **Überwachung der Arbeitsschutzbedingungen** sind zuständig:

Gewerbeaufsichtsämter	Sie überwachen die Arbeitsschutzvorschriften und sorgen dafür, dass Missstände beseitigt werden.
Berufsgenossenschaften	■ Sie erstellen **Unfallverhütungsvorschriften,** die die Unternehmen zur Einführung von Schutzmaßnahmen verpflichten. ■ Die Unfallverhütungsvorschriften müssen im **Betrieb ausgelegt** oder **ausgehängt** werden. ■ Mitarbeiter der Berufsgenossenschaften **überwachen deren Einhaltung,** beraten, beanstanden und verlangen gegebenenfalls die Beseitigung von Mängeln.
Sicherheitsbeauftragte	Sie haben darüber zu wachen, dass die Unfallvorschriften eingehalten werden.

Bei einem **Betriebsunfall** oder bei einem **Wegeunfall** (d. h. einem Unfall auf dem Hinweg zur Arbeitsstätte und dem Rückweg nach Hause) ist die zuständige **Berufsgenossenschaft** zu **informieren.** Dies gilt, wenn es sich um einen Arbeitsunfall handelt, der zu einer Arbeitsunfähigkeit von mehr als drei Kalendertagen führt **(Unfallanzeige).** Diese Meldung muss sowohl vom Arbeitgeber als auch vom behandelnden Arzt erfolgen.

5.6.3 Sozialer Arbeitsschutz

(1) Arbeitszeit

Die Arbeitszeit ist im **Arbeitszeitgesetz [ArbZG]** geregelt. Es legt die Rahmenbedingungen dafür fest, wann und wie lange Arbeitnehmer/-innen höchstens arbeiten dürfen. Es stellt den Gesundheitsschutz der Beschäftigten sicher. Es begrenzt die tägliche Höchstarbeitszeit und legt Mindestruhepausen während der Arbeit und Mindestruhezeiten nach Arbeitsende fest. Zugleich enthält das Gesetz Bestimmungen für die Vereinbarung flexibler Arbeitszeiten.

Über die Einhaltung der Arbeitszeitregelung wachen die **Gewerbeaufsichtsämter** bzw. die **Arbeitsschutzämter der Länder**.

Beispiele für Arbeitszeitregelungen:

- Die werktägliche Arbeitszeit der Arbeitnehmer beträgt grundsätzlich 8 Stunden. Nach Beendigung der täglichen Arbeitszeit haben sie Anspruch auf ununterbrochene Ruhezeit von elf Stunden.
- Die werktägliche Arbeitszeit kann auf zehn Stunden ausgedehnt werden, wenn die Verlängerung innerhalb von sechs Monaten auf durchschnittlich acht Stunden ausgeglichen wird.
- Der Arbeitgeber ist verpflichtet, die über die werktägliche Arbeitszeit hinausgehende Arbeitszeit der Arbeitnehmer aufzuzeichnen und ein Verzeichnis der Arbeitnehmer zu führen, die in eine Verlängerung der Arbeitszeit eingewilligt haben. Die Nachweise sind mindestens zwei Jahre aufzubewahren.
- Die Ruhepause muss bei einer Arbeitszeit bis zu neun Stunden 30 Minuten und bei einer Arbeitszeit über neun Stunden 45 Minuten dauern.
- Sofern die Arbeiten nicht an Werktagen vorgenommen werden können, dürfen Arbeitnehmer an Sonn- und Feiertagen arbeiten. Allerdings müssen die Arbeitnehmer an einem Werktag innerhalb von zwei Wochen frei haben. Zudem müssen mindestens 15 Sonntage im Jahr beschäftigungsfrei bleiben.

(2) Urlaub

Jeder Arbeitnehmer hat Anspruch auf bezahlten Erholungsurlaub. Der Urlaub beträgt nach dem **Bundesurlaubsgesetz [BUrlG]** jährlich **mindestens 24 Werktage.** Als **Werktage** gelten alle Kalendertage, die nicht Sonn- oder gesetzliche Feiertage sind. Der volle Urlaubsanspruch wird erstmalig nach sechsmonatigem Bestehen des Arbeitsverhältnisses erworben. In Tarifverträgen oder im Einzelarbeitsvertrag kann der Urlaubsanspruch zugunsten des Arbeitnehmers abgeändert werden.

- Während des Urlaubs darf der Arbeitnehmer **keine** dem **Urlaubszweck widersprechende Erwerbstätigkeit** leisten.
- **Krankheitstage während des Urlaubs** werden auf den Jahresurlaub **nicht angerechnet.** Sie sind durch ein ärztliches Zeugnis nachzuweisen.

(3) Mutterschutz

Der Mutterschutz ist im **Mutterschutzgesetz [MuSchG]** geregelt. Es legt Schutzbestimmungen für schwangere Frauen fest, die sich in einem **Arbeits- oder Ausbildungsverhältnis** befinden.

Sobald der Arzt die Schwangerschaft und den **errechneten** Geburtstermin bestätigt, sollen Schwangere dem Arbeitgeber die Schwangerschaft und den **mutmaßlichen Tag der Entbindung** mitteilen sowie die Bescheinigung des Arztes vorlegen.

Wichtige Bestimmungen des Mutterschutzgesetzes	
Mutterschutzfristen	Die Mutterschutzfrist beginnt **sechs Wochen vor der Geburt** und endet **acht Wochen nach der Entbindung.** In dieser Zeit besteht ein **Beschäftigungsverbot.** Während in den sechs Wochen **vor** der Entbindung schwangere Frauen mit deren **ausdrücklicher Zustimmung** beschäftigt werden dürfen, ist eine Beschäftigung in den acht Wochen **nach** der Entbindung grundsätzlich **nicht** möglich.
arbeitszeitlicher Gesundheitsschutz	Hier gelten folgende gesetzliche Vorgaben (Beispiele): ■ Eine Beschäftigung über achteinhalb Stunden täglich oder über 90 Stunden in der Doppelwoche ist für eine schwangere Frau, die 18 Jahre oder älter ist, nicht erlaubt. ■ Nach Beendigung der täglichen Arbeitszeit ist eine Ruhezeit von mindestens 11 Stunden zu gewähren. ■ Eine Beschäftigung zwischen 20:00 Uhr (in Ausnahmefällen 22:00 Uhr) und 06:00 Uhr ist nicht erlaubt. ■ ...
betrieblicher Gesundheitsschutz	Schwangere Frauen dürfen u. a. **nicht beschäftigt** werden ■ mit schweren körperlichen Arbeiten (z.B.: regelmäßiges Heben von Lasten über 5 kg; Arbeiten, die übermäßiges Strecken und Beugen erfordern), ■ mit Arbeiten, bei denen sie erhöhten Unfallgefahren ausgesetzt sind (z.B.: bei Gefahr auszurutschen oder zu stürzen), ■ mit Arbeiten, bei denen sie gesundheitsgefährdenden Stoffen, Strahlen, Nässe, Lärm oder Erschütterungen ausgesetzt sind, ■ mit Akkordarbeit und Fließbandarbeit mit vorgegebenem Tempo, ■ nach Ablauf des fünften Schwangerschaftsmonats mit Arbeiten, bei denen sie ständig stehen müssen.
Kündigungsschutz	■ Während der Schwangerschaft und bis zum Ablauf von vier Monaten nach der Entbindung darf der Arbeitnehmerin nicht gekündigt werden. ■ Arbeitgeber müssen Mütter nach Ende des Beschäftigungsverbots weiterbeschäftigen. Die Arbeitgeber müssen einen **entsprechenden** (nicht unbedingt den früheren) Arbeitsplatz freihalten.
Mutterschaftsgeld	Eine Frau, die Mitglied einer gesetzlichen Krankenkasse ist, hat Anspruch auf Mutterschaftsgeld. Das von ihrer Krankenkasse bezahlte Mutterschaftsgeld beträgt bis zu 13,00 EUR pro Arbeitstag. Bis zur Höhe des Nettogehaltes wird dieses Mutterschaftsgeld vom Arbeitgeber aufgestockt (Arbeitgeberzuschuss).

(4) Elternzeit und Elterngeld

Nach der Geburt ihres Kindes können Eltern gleichzeitig, jeder Elternteil anteilig oder allein bis zu drei Jahren **Elternzeit**[1] nehmen. Die Elternzeit kann auf 3 Zeitabschnitte verteilt werden. Bis zu 24 Monate der Elternzeit können ab dem 3. Geburtstag bis zum 8. Lebensjahr des Kindes in Anspruch genommen werden. Eine Zustimmung des Arbeitgebers ist nicht erforderlich.

1 Elterngeld und Elternzeit sind im **Bundeselterngeld- und Elternzeitgesetz [BEEG]** geregelt.

§ 18 BEEG Ab dem Zeitpunkt, von dem Elternzeit verlangt worden ist und während der Elternzeit, darf der Arbeitgeber das Arbeitsverhältnis nicht kündigen. Es gilt ein **Kündigungsschutz**.

Die **Höhe** des Elterngeldes hängt davon ab, wie viel **Einkommen** der betreuende Elternteil vor der Geburt des Kindes hatte und ob nach der Geburt Einkommen wegfällt. Eltern mit höheren Einkommen erhalten 65 %, Eltern mit niedrigeren Einkommen bis zu 100 % des Voreinkommens.[1] Für Kinder, die ab dem 1. April 2024 geboren sind, können Eltern nur noch **einen** Monat Basiselterngeld **gleichzeitig** beziehen.

Das (herkömmliche) **Elterngeld** beträgt mindestens 300,00 EUR, höchstens 1 800,00 EUR mit einer Laufzeit von 12 Monaten, bei Beteiligung des Partners bzw. bei Alleinerziehenden 14 Monate.

Eltern haben die Wahl zwischen dem **herkömmlichen Elterngeld,** dem **Elterngeld Plus** (es kann bei Teilzeit doppelt so lang bezogen werden wie das Elterngeld, ist aber höchstens halb so hoch wie dieses) oder einer **Kombination von beiden.** Zusätzlich erhalten die Eltern als **Partnerschaftsbonus** auf Antrag vier zusätzliche Monate Elterngeld Plus, wenn beide Elternteile in dieser Zeit Teilzeit arbeiten. Die maximale Bezugsdauer des Elterngeldes beträgt 28 Monate, in Kombination mit dem Partnerschaftsbonus maximal 32 Monate.

(5) Schwerbehinderung

Schwerbehinderte genießen in der Arbeitswelt einen besonderen Schutz. Als schwerbehindert gelten Menschen mit einem Grad der Behinderung (GdB) von **mindestens 50 %.** Menschen mit Behinderung mit einem Grad der Behinderung von **weniger** als 50 %, aber **wenigstens 30 %,** die infolge ihrer Behinderung keinen geeigneten Arbeitsplatz erlangen oder behalten können, werden auf **Antrag** von der **Agentur für Arbeit** schwerbehinderten Menschen **gleichgestellt.**

> Alle **privaten** und **öffentlichen Arbeitgeber** mit **mindestens 20 Arbeitsplätzen** sind verpflichtet, wenigstens **5 %** davon mit schwerbehinderten Menschen zu **besetzen.**

§ 154 SGB IX Für jeden nicht mit einem schwerbehinderten Menschen besetzten Pflichtarbeitsplatz ist eine **Ausgleichsabgabe** zu zahlen, deren Höhe sich nach der Zahl der besetzten Pflichtarbeitsplätze richtet. Aus den Mitteln der Ausgleichsabgabe werden die **Leistungen** der **Integrationsämter** und der **Agenturen für Arbeit** für die Beschäftigung schwerbehinderter Menschen finanziert. Die Ausgleichsabgabe soll die Arbeitgeber zur **vermehrten Einstellung** schwerbehinderter Menschen veranlassen.

Das SGB IX sieht für schwerbehinderte Menschen vielfältige **Eingliederungshilfen** vor:

- Förderung der **Einstellung und Beschäftigung** schwerbehinderter Menschen durch **Geldleistungen** an Arbeitgeber.
- **Zusatzurlaub** für schwerbehinderte Menschen von **fünf Arbeitstage** pro Kalenderjahr (gilt nicht für Gleichgestellte).

1 Elterngeld erhalten Elterngeldberechtigte nur dann, wenn das zu versteuernde Jahreseinkommen (Einkommensgrenze) den Betrag von 175 000,00 EUR sowohl für Paare als auch für Alleinerziehende nicht übersteigt.

- Werden ständig wenigstens **fünf** schwerbehinderte Menschen beschäftigt, so ist **zusätzlich** zum **Betriebs- und Personalrat** eine **Schwerbehindertenvertretung** zu wählen.
- Besonderer **Kündigungsschutz**: Jeder **Auflösung** oder **Änderung** des Arbeitsverhältnisses muss vorher das **Integrationsamt zustimmen.** Der besondere Kündigungsschutz gilt auch für Gleichgestellte.

Eine Kündigung kann der Arbeitgeber erst wirksam erklären, wenn die Entscheidung des Integrationsamtes in Form der Zustimmung vorliegt. Die **ohne vorherige** Zustimmung des Integrationsamtes ausgesprochene Kündigung ist **unwirksam.** Sie kann auch **nicht nachträglich** durch das Integrationsamt genehmigt werden.

Die Zustimmung des Integrationsamtes ist in folgenden Fällen **nicht** erforderlich:

- Arbeitnehmer und -geber trennen sich **einvernehmlich,**
- Ablauf der Zeit eines **befristeten** Arbeitsvertrages,
- Kündigung des Arbeitsverhältnisses durch den **Arbeitnehmer,**
- Beendigung des Arbeitsverhältnisses in der **Probezeit.**

(6) Regelungen der Gesetzlichen Unfallversicherung (SGB VII)

Das Siebte Buch der Sozialgesetzgebung hat zum Ziel, **Arbeitsunfälle, Berufskrankheiten** und **arbeitsbedingte Gesundheitsgefährdungen** durch **Prävention** zu verhindern. Sollte es trotz aller präventiver Maßnahmen bei den Versicherten zu Personenschäden kommen, so haben die **Berufsgenossenschaften** als Träger der gesetzlichen Unfallversicherung die Gesundheit der betroffenen Personen wiederherzustellen **(Rehabilitation)** und **finanzielle Entschädigungen** (Verletztengeld, Verletztenrente[1]) zu leisten.

In Bezug auf die Rehabilitation gilt der **Grundsatz,** dass die **Wiederherstellung der Leistungsfähigkeit** der versicherten Person mit allen geeigneten Mitteln immer **Vorrang vor der Rente** hat. Zu diesen geeigneten Mitteln zählen u.a.: Heilbehandlung, medizinische Reha-Maßnahmen, barrierefreier Umbau des Arbeitsplatzes.

5.6.4 Gestaltung von Arbeitsraum und Arbeitsplatz

(1) Rechtliche Rahmenbedingungen

Mit Ihrer Ausbildung zum Bankkaufmann/zur Bankkauffrau betreten Sie ein neues, spannendes Lebensumfeld – bestehend aus Arbeits- und Aufenthaltsräumen, Kantinen, Kaffeeküchen, Kundencenter, Beratungs- und Sanitärräumen. Hier findet soziales Leben und Arbeiten statt. Dieser neuen Umgebung vertrauen Sie aber auch Ihr **persönliches Wohlergehen,** Ihre **Gesundheit** an. Damit diese geschützt wird, gibt es eine Reihe von Arbeitsschutzgesetzen, Verordnungen und Vorschriften.[2]

Aushangpflichtige Arbeitsschutzbestimmungen

Einige dieser Gesetze und Vorschriften sind so wichtig, dass sie aushangpflichtig sind. Sie finden sie daher an **allgemein zugänglichen** Stellen des Betriebs, z.B. am „Schwarzen Brett“. Damit können sich **alle** Mitarbeiter jederzeit darüber informieren.

1 Näheres vgl. Kapitel 6.1.2.4.

2 Einen Mindeststandard für die nationalen Arbeitsschutzgesetze geben eine **europäische Rahmenrichtlinie** (EG Rahmenrichtlinie 89/391/EWG) sowie dazugehörige **Einzelrichtlinien** vor. Diese europäischen Richtlinien wurden in nationales Recht umgesetzt.

Zu den **wichtigsten** aushangpflichtigen Gesetzen und Vorschriften gehören z. B.

- Jugendarbeitsschutzgesetz [JArbSchG]
- Arbeitsstättenverordnung [ArbStättV]
- Arbeitszeitgesetz [ArbZG]
- Arbeitsschutzgesetz [ArbSchG]
- Mutterschutzgesetz [MuSchG]
- Unfallverhütungsvorschriften

Exemplarisch wird die Arbeitsstättenverordnung im Überblick dargestellt.

Arbeitsstättenverordnung [ArbStättV]

Ein **Büroarbeitsplatz** stellt an die Gesundheit der Mitarbeiter hohe Anforderungen, besonders bei der Bildschirmarbeit.

> Die **Verordnung über Arbeitsstätten** (Arbeitsstättenverordnung [ArbStättV]) legt gesetzliche Regeln zum Schutz der Beschäftigten fest. Sie dient dazu, die **Gesundheit** zu **schützen** und **Arbeitsunfälle** zu **vermeiden.**

Die Arbeitsstättenverordnung ist wichtig für die Gestaltung des gesamten Arbeitsumfeldes – sowohl für den **Arbeitsraum** als auch für den **Arbeitsplatz** und alle damit zusammenhängenden Räumlichkeiten.

> Die **Verordnung über Arbeitsstätten (Arbeitsstättenverordnung [ArbStättV])** regelt im Anhang unter **§ 6 Maßnahmen zur Gestaltung von Bildschirmarbeitsplätzen.** Diese Vorschriften sollen sicherstellen, dass der an einem Bildschirmarbeitsplatz Arbeitende sowohl körperlich als auch psychisch keinen Überlastungen ausgesetzt wird.

In der Verordnung werden **Mindestanforderungen** festgelegt, und zwar an

- das Bildschirmgerät selbst,
- die Software,
- den Arbeitsplatz,
- die Arbeitsumgebung und
- die Arbeitsorganisation.

(2) Anforderungen an einen Bildschirmarbeitsplatz

Begriff Bildschirmarbeitsplatz

§ 2 Begriffsbestimmungen

...

(5) Bildschirmarbeitsplätze sind Arbeitsplätze, die sich in Arbeitsräumen befinden und die mit Bildschirmgeräten und sonstigen Arbeitsmitteln ausgestattet sind.

Quelle: Arbeitsstättenverordnung [ArbStättV]

Gesetzliche Vorgaben

Der Mensch an einem Bildschirmarbeitsplatz steht im Mittelpunkt der gesetzlichen und berufsgenossenschaftlichen Vorgaben rund um das Thema Gesundheit im Büro.

Mitarbeiter, die an Bildschirmarbeitsplätzen arbeiten, leiden teilweise unter **Beschwerden,** die sich bei sachgemäßer Einrichtung des Arbeitsplatzes und entsprechender Verhaltensänderung der Beschäftigten vermeiden oder verringern ließen.

Beispiele:

- Schmerzen im Nacken- und Schulterbereich
- Schmerzen im Rücken
- Kopfschmerzen
- Beschwerden der Augen

Diese körperlichen und psychischen Beschwerden bedeuten für die Betroffenen einen erheblichen **Mangel an Lebensqualität.** Darüber hinaus verursachen die Maßnahmen zur Wiederherstellung der Gesundheit und die Fehlzeiten hohe **Kosten für die Volkswirtschaft.**

Arbeitsunfähigkeitstage und die dadurch entgangene Wirtschaftsleistung im Jahr 2024

Diagnosegruppe	Arbeitsunfähigkeitstage		Produktionsausfallkosten		Ausfall an Bruttowertschöpfung	
	Mio.	%	Mrd. €	vom Bruttonationaleinkommen in %	Mrd. €	vom Bruttonationaleinkommen in %
Psychische und Verhaltensstörungen	147,3	16,7	22,5	0,5	38,0	0,8
Krankheiten des Kreislaufsystems	36,3	4,1	5,5	0,1	9,4	0,2
Krankheiten des Atmungssystems	159,2	18,1	24,3	0,5	41,0	0,9
Krankheiten des Verdauungssystems	35,6	4,0	5,4	0,1	9,2	0,2
Krankheiten des Muskel-Skelett-Systems und des Bindegewebes	171,3	19,4	26,1	0,6	44,2	1,0
Verletzungen, Vergiftungen und Unfälle	82,3	9,3	12,5	0,3	21,2	0,5
Übrige Krankheiten	249,6	28,3	38,0	0,8	64,4	1,4
Alle Diagnosegruppen	**881,5**	**100,0**	**134,3**	**3,0**	**227,3**	**5,1**

Quelle: Bundesanstalt für Arbeitsschutz und Arbeitsmedizin (BAuA), Sicherheit und Gesundheit bei der Arbeit – Berichtsjahr 2024, Unfallverhütungsbericht Arbeit, S. 46.

An den **Bildschirmarbeitsplatz** werden **gesetzliche Mindestanforderungen** gestellt, um die Gesundheit der Beschäftigten zu schützen. Diese Anforderungen sind maßgeblich durch die **Arbeitsstättenverordnung** [ArbStättV] geregelt.

(3) Ergonomische und ökologische Anforderungen an den Arbeitsplatz

Humane Arbeitsbedingungen sind eine Voraussetzung für effektives (wirkungsvolles) Arbeiten, weil Gesundheit, Leistungsfähigkeit und Leistungsbereitschaft des Menschen nur unter gesundheitsförderlichen Arbeitsbedingungen aufrechtzuerhalten sind. Bei der Planung und Einrichtung eines Arbeitsraums sind daher die ergonomischen und ökologischen Bedürfnisse des Menschen in besonderem Maße zu berücksichtigen.

Unter dem Begriff **Ergonomie** (Wissenschaft vom Menschen in seiner Arbeitsumwelt) werden alle Überlegungen zusammengefasst, die die Anpassung der Arbeitsmittel, der Arbeitsumwelt und der Arbeit selbst an die menschlichen Bedürfnisse zum Ziel haben. Das betrifft z. B. die Bereiche Büroeinrichtung, Arbeitsmittel, Akustik, Beleuchtung und Klimatisierung.

Mit der Ergonomie sind **ökologische Zielsetzungen** untrennbar verbunden, denn eine gesunde Umwelt ist die Grundlage für einen gesunden Arbeitsplatz.

Zur Erhaltung eines gesunden Arbeitsplatzes können Sie beitragen. Nachfolgend einige Tipps zu ökologisch verantwortungsbewusstem Handeln:

- **Auf möglichst geringen Papierverbrauch achten.** Für Konzeptausdrucke genügt unter Umständen der Druck auf der Vorder- und Rückseite. Des Weiteren lässt sich auch für Entwurfstexte vor dem Drucken die Druckereigenschaft auf 300 dpi reduzieren. Damit verringert sich der Tonerverbrauch.
- **Verwenden von Recycling-Papier.** In der Regel genügt diese Papierqualität für die interne Verwendung. Chlorgebleichtes Papier belastet bereits bei der Herstellung die Umwelt.
- Bei der **Beschaffung von Einrichtungsgegenständen und Geräten umweltfreundliche Produkte** bevorzugen.
- **Müll trennen.**
- **Geräte und Beleuchtung erst bei Gebrauch einschalten.** Auch der Standby-Modus benötigt Strom. Bei längerer Arbeitsunterbrechung den PC herunterfahren.
- **Bildschirmschoner deaktivieren und stattdessen die Energieverwaltung aktivieren,** d. h., der Monitor schaltet sich nach einer bestimmten Zeit der Nichtverwendung aus.

Die Erfahrung zeigt für die **Abfalltrennung im Büro**:

Altpapier	Zu jedem Schreibtisch gehört ein blauer **Papiersammel-Behälter** für Pappe, Papierverpackungen und alle grafischen Papiere, die nicht dem Datenschutz unterliegen.
Restmüll	Ein kleiner schwarzer **Restmüllsammler** ausschließlich für nicht mehr verwertbare Abfälle wie z. B. Klebeband, Kaugummi und Heftklammern.
Biomüll	Die **Biomülltonne** für organische Abfälle wie Teebeutel, Kaffeefilter, Essensreste, Pflanzen sowie Küchen- und Papiertücher sollte in die **Tee-/Kaffeeküche** oder an zentrale Sammelstellen auf den Fluren.
Kunststoff-verpackungen	Der **gelbe Sack** für Verpackungen mit **grünem Punkt** gehört in die Tee-/Kaffeeküche oder an zentrale Sammelstellen auf den Fluren, am besten in Mehrkammer-Sammelsystemen. Verpackungen mit dem **grünen Punkt** aus Kunststoffen sowie Verbundstoffen und Aluminium gehören immer in den gelben Sack.
für **Glas, Metall, Tonerkartuschen** und **Problemabfälle** (Leuchtstoffröhren oder Batterien)	In Großbetrieben hat sich die Einrichtung einer zentralen **Sammel-** und **Reparaturstelle** bewährt. Hier können eingesammelte Materialien instandgesetzt oder neu befüllt werden.

Quelle: in Anlehnung an „Umweltschutz im Büro", hrsg. v. d. Stadt Erlangen, o. J.

Ausgehend von einer **fünfstufigen Abfallhierarchie,** wie sie in nebenstehender Grafik dargestellt ist, ist diejenige Maßnahme zur Abfallbewirtschaftung zu wählen, die den Schutz des Menschen und der Umwelt am besten gewährleistet.

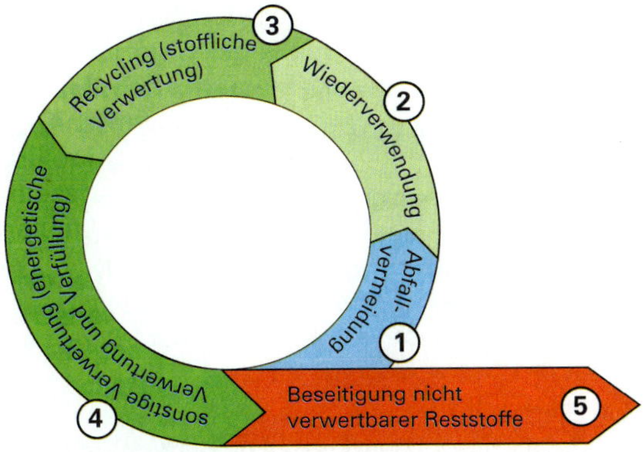

Für Maßnahmen zur **Abfallbewirtschaftung** gilt folgende Rangfolge:

① Abfallvermeidung

Der wirksamste Schutz der Umwelt als Aufnahmemedium für Schadstoffemissionen aller Art und als Quelle der natürlichen nicht regenerierbaren Ressourcen (Primärstoffe) ist, alle umweltbelastenden Emissionen (Abfälle, Abgase, Abstrahlungen usw.) möglichst zu vermeiden oder zumindest zu verringern.

② Wiederverwendung

Die Produkte werden für den gleichen Verwendungszweck mehrfach genutzt (z. B. Pfandflaschen) bzw. für andere Verwendungszwecke verwendet (z. B. Senfgläser werden als Trinkgläser weiterverwendet).

③ Recycling

Eine wirksame umweltorientierte Recyclingpolitik der Unternehmen umfasst alle Maßnahmen, mit denen bereits angefallene und zukünftig zu erwartende Stoffrückstände aus der Produktion und Rückstände von Konsumgütern in den industriellen Produktionsprozess zurückgeführt werden können. Aus Produktionsrückständen und Konsumgüterabfällen werden keine Abfälle, sondern „neue" Werkstoffe oder Energien **(sekundäre Werkstoffe, Energiestoffe)** gewonnen.

Beispiele:

- Glasscherben werden zur Glasherstellung wiederverwertet.
- Aus Kunststoffflaschen werden Fleece-Pullis.

④ Sonstige Verwertung (energetische Verwertung und Verfüllung)

Nicht recycelbare Abfallstoffe können z. B. zur Energiegewinnung in Müllkraftwerken oder zur Verfüllung von Kiesgruben u. Ä. verwendet werden.

⑤ Beseitigung nicht verwertbarer Reststoffe

Wenn eine stoffliche Verwertung („Abfallnutzung") aus technischen Gründen nicht möglich oder unter wirtschaftlichen Gesichtspunkten zu teuer ist, dann müssen die nicht verwertbaren Reststoffe umweltverträglich durch ihre stoffliche Lagerung (Deponierung) auf Mülldeponien und/oder durch Verbrennung entsorgt werden.

Beispiel:

Eine umweltverträgliche Deponierung liegt z. B. vor, wenn der gelagerte Müll durch seine Verrottung wieder in den biologischen Kreislauf zurückgeführt wird.

(4) Beschaffung von Arbeitsmitteln für einen Arbeitsplatz

Ökologie und Gesundheitsschutz

Schon bei der **Beschaffung von Arbeitsmitteln** ist auf die Sicherheit und Gesundheit der Personen zu achten, die damit leben und arbeiten müssen. Bei der Auswahl von Materialien sind **ökologische Aspekte,** z.B. die Entsorgung, zu berücksichtigen. Materialien, die wiederverwertet werden können, sind ebenso zu bevorzugen wie nachwachsende Rohstoffe.

Worauf bei der Beschaffung von Computer-Hardware zu achten ist ...

- Bildschirmstrahlung
- Bildschirmergonomie
- Energie-Effizienz
- Recyclingfähigkeit
- Arbeitssicherheit
- Lärmemission

Vor allem bei Produkten, die in geschlossenen Räumen verwendet werden und während der Anwendung gesundheitsschädlich sein könnten, muss auf den **Gesundheitsschutz** geachtet werden. In Büros betrifft das vor allem Computer, Drucker, Kopierer, Multifunktionsgeräte und Papier.

Sicherheitsnormen

Büromöbel und -arbeitsmittel müssen bestimmten Sicherheitsnormen entsprechen.

Quelle: www.bitkom.org

Unter **Normung** versteht man die Vereinheitlichung von technischen Einzelheiten, u.a. von technischer Leistung, von Abmessungen in Bezug auf Größe, Qualität.

Die Verwendung der Normen erleichtert die Beschreibung der Ware im Angebot oder in der Bestellung; gleichzeitig zwingt sie zur Einhaltung von Sicherheitsstandards.

Hinweise auf umweltfreundliche und sichere Produkte geben **Prüfzeichen,** die auf den Produkten abgebildet sind.

GS-Zeichen

Das **GS**-Zeichen (**G**eprüfte **S**icherheit) vergeben verschiedene Organisationen wie z.B. der TÜV. Die Anforderungen werden immer wieder aktualisiert. Die Prüfstelle muss in dem Zeichen genannt sein (z.B. VDE-GS). Dieses Zeichen dokumentiert, dass die Vorschriften des Produktsicherheitsgesetzes erfüllt sind, z.B. hinsichtlich Betriebssicherheit, Arbeitssicherheit, Bildschirmergonomie. Die Mindestanforderungen, wie sie nach den geltenden Normen bestehen, sind demnach eingehalten. Dies entspricht jedoch nicht in allen Bereichen dem aktuellen Stand der Technik. Die Einhaltung weitergehender Anforderungen bestätigt das **DGUV** (**D**eutsche **G**esetzliche **U**nfall**v**ersicherung)**-Test-Zeichen.**

Der Blaue Engel

Der Blaue Engel ist ein Zeichen, das für umweltfreundliche Produkte und Dienstleistungen verliehen wird. Anhand von Prüfberichten unabhängiger Prüfinstitute entscheidet die Jury Umweltzeichen über die Vergabe dieses Zeichens.

Dem unteren Schriftzug im Etikett kann entnommen werden, wofür der Blaue Engel jeweils erteilt wird (z. B. „schützt die Gesundheit", „schützt die Ressourcen").

VDE-Prüfzeichen

Dies ist ein Prüfzeichen für Bauelemente, das von dem Verband der Elektrotechnik Elektronik Informationstechnik e. V. auf Wunsch verliehen wird, wenn die Elektroartikel auf Sicherheit geprüft worden sind.

CE-Kennzeichen

CE steht für **C**ommunauté **E**uropéenne (Europäische Union). Dieses Zeichen dient als Kennzeichen dafür, dass das Produkt im Hinblick auf elektromagnetische Verträglichkeit und Betriebssicherheit den Sicherheitsanforderungen der Europäischen Union entspricht. Außer der Sicherheitsgarantie soll u. a. gewährleistet sein, dass das Gerät nur geringe Funkstörungen erzeugt.

Für Rechner, Tastatur, Maus, Monitor und Drucker ist diese Plakette Pflicht, aber auch die einzelnen Bauteile müssen die CE-Normen erfüllen. Die Produzenten bringen dieses Zeichen selbst auf ihren Erzeugnissen an.

5.6.5 Belastung und Gesundheitsschutz am Arbeitsplatz

5.6.5.1 Begriffe Belastung, Beanspruchung und Stress

In der Arbeitswissenschaft wird der Begriff „Belastung" wertneutral gesehen, also weder positiv noch negativ:

- „**Belastung** ist die Gesamtheit der Einflüsse, die im Arbeitssystem auf den Organismus beziehungsweise auf die Leistungsfähigkeit einwirken.
- **Beanspruchung** ist die individuelle Auswirkung der Belastung auf den Beschäftigten. Die Beanspruchung kann daher bei gleicher Belastung, je nach körperlicher und psychischer Konstitution, unterschiedlich sein."[1]

Belastung kann also individuell sehr unterschiedlich empfunden werden. Was für den einen eine positive Herausforderung darstellt, kann für einen anderen eine Überforderung sein. Eine **Überschreitung der persönlichen Belastungsgrenzen** führt zu **negativem Stress.**

1 Quelle: vbg (Verwaltungsberufsgenossenschaft), Gesundheit im Büro, Version 5.1/2017-02.

Es hängt von den individuellen, d. h. körperlichen und psychischen Voraussetzungen ab, ob eine Belastung als positiv oder negativ bewertet wird. Man spricht von **positivem Stress** bei Einflüssen, die eine positiv empfundene Anregung bedeuten. Ein gewisses Maß an Stress dient zur persönlichen Fortentwicklung.

Beispiele:

Wenn ein bestimmtes Interesse geweckt wird oder der Wunsch, sich etwas zu erarbeiten, ist das positiver Stress.

5.6.5.2 Ursachen für Belastungen und gesundheitliche Folgen

(1) Ursachen für Belastungen (Stressfaktoren, Stressoren)

Am Arbeitsplatz entstehen **körperliche** und **psychische** Belastungen (negativer Stress) durch Einflüsse der

- Arbeitsumgebung,
- Arbeitsaufgabe,
- Arbeitsorganisation,
- Arbeitsmittel,
- sozialen Umgebung (Kollegen, Vorgesetzte, Kunden, Publikumsverkehr).

Wenn die Voraussetzungen für **ergonomische** Arbeitsbedingungen **nicht** gegeben sind, kann es zu **Störungen** der körperlichen oder psychischen Gesundheit kommen.

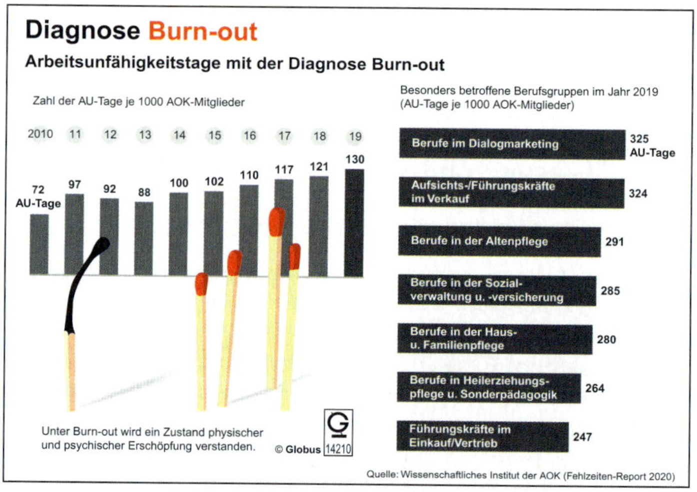

Manche fühlen sich total erschöpft und sind überfordert, andere können nicht schlafen, fühlen sich im Büro nicht anerkannt, sind antriebslos und leer. Bei jedem Betroffenen sind es andere körperliche und psychische Probleme, die den Zustand des Burn-outs ausmachen. Wegen dieser unterschiedlichen und vielseitigen Symptome ist eine klare Definition von Burn-out als Krankheit nicht möglich, schreibt die Apotheken Umschau. Für Betroffene sei in der Regel auch weniger die Symptomatik als die vermutete Ursache entscheidend, etwa: Ich fühle mich ausgebrannt, weil … Ärzte können Burn-out nicht als eigenständige psychische Erkrankung bei einer Arbeitsunfähigkeit angeben, aber als Zusatzinformation. Laut einer aktuellen Studie des Wissenschaftlichen Instituts der AOK waren im Jahr 2019 rund 185 000 Menschen wegen eines Burn-outs krankgeschrieben. Die Zahl der Arbeitsunfähigkeitstage aufgrund von Burn-out hat sich zwischen 2010 und 2019 fast verdoppelt – von 72 Tagen je 1 000 AOK-Mitglieder auf 130 Tage. Vor allem Menschen in kundenorientierten und erzieherischen Berufen, die also anderen Menschen viel helfen und sie beraten müssen, sind häufig betroffen.

Einflussbereiche	Mögliche Stressfaktoren
Arbeitsumgebung	Belastungen durch Lärm, schlechte Beleuchtung, mangelhafte Raumbedingungen können beispielweise zu gesundheitlichen Störungen führen.
Arbeitsaufgabe	Stress kann entstehen, wenn eine Arbeitsaufgabe als Über- oder Unterforderung empfunden wird. Monotonie oder Hektik können negative Gefühle auslösen, eine zu hohe Verantwortung oder permanente Kontrollen können einen starken psychischen Druck ausüben.
Arbeitsorganisation	Ständige Änderung der Prioritäten, ein hoher Zeitdruck und unklare Zielvorgaben lösen auf Dauer das Gefühl aus, ein „Hamster im Rad“ zu sein. Die Folge: Niedergeschlagenheit, Resignation oder verstärkte Aggression.
Arbeitsmittel	Ungeeignete Arbeitsmittel, z.B. Computerprogramme, die der Arbeitsaufgabe nicht angemessen sind, können Arbeitsergebnisse erschweren. Dadurch kann es zu einem Gefühl der Ermüdung und des Scheiterns kommen. Nachlassende Leistung kann sich auf das gesundheitliche Wohlbefinden negativ auswirken.
soziale Umgebung	Eine besonders große Rolle für die Entstehung von Stressfaktoren spielt die soziale Umgebung. Menschen arbeiten nicht nur für materielle Belohnungen, sondern sie brauchen auch das Gefühl, eine sinnvolle Tätigkeit auszuüben. Sie benötigen für ihre Leistung **Anerkennung** und **Würdigung**. Sie möchten ein respektiertes Mitglied in ihrem Team sein. Auf die Berücksichtigung fundamentaler Lebensbedürfnisse, wie **Vereinbarkeit von Beruf und Privatleben (Work-Life-Balance)** sollte Wert gelegt werden. Missachtung, Ausgrenzung, mangelndes Verständnis und Schwächung des Selbstwertgefühls können die Form von **Mobbing** annehmen und krank machen.

(2) Anzeichen und mögliche Folgen von Stress

Anzeichen von Stress

Nervosität, Reizbarkeit, ein zunehmend unkontrolliertes, ungeduldiges Verhalten gegenüber anderen Personen, erhöhter Genussmittelkonsum, Konzentrations- und Schlafstörungen, Kopfschmerzen, Rückenschmerzen und andere Symptome können Anzeichen von Stress sein, der bis zum Burn-out führen kann.

Burn-out

Der Begriff „Burn-out“ ist wissenschaftlich nicht eindeutig definiert. Allgemein wird darunter ein **Zustand von emotionaler Erschöpfung** verstanden (ein Gefühl von seelischem „Ausgebranntsein“). Das kann zu Leistungsabfall bis hin zu Arbeitsunfähigkeit führen. Oft spielt als Ursache ein schlechtes Betriebsklima eine Rolle, z.B. fehlende Anerkennung, erhöhter Leistungsdruck, Mobbing.

Mobbing und weitere Folgen der Diskriminierung

Mobbing findet sich als Konfliktsituation in vielen Gruppen und ist auch aus dem Schulleben bekannt. Eine bestimmte Person wird dabei als „Opfer“ **systematisch Angriffen ausgesetzt und ausgegrenzt** – von einer oder mehreren anderen Personen –, bis sie die Gruppe verlässt, d.h. im Arbeitsleben: den Arbeitsplatz aufgibt.

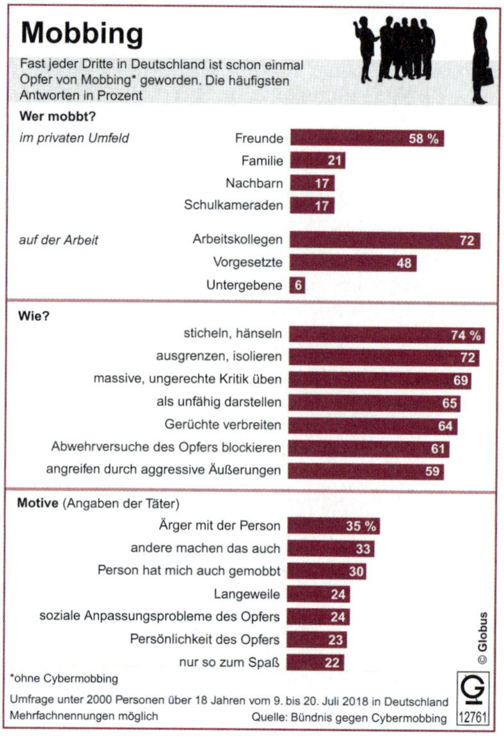

Mobbing am Arbeitsplatz kann gegenüber den Verantwortlichen zu **arbeitsrechtlichen Konsequenzen** führen, evtl. zu Entschädigungsforderungen.

§ 85 Abs. 1 BetrVG

Die Beweislast liegt bei der Person, die sich gemobbt fühlt. Mit **Beschwerden** können sich Betroffene z.B. an den Betriebsrat wenden, der über den Arbeitgeber für Abhilfe zu sorgen hat, wenn er die Beschwerde für berechtigt hält. Daneben gibt es andere innerbetriebliche und außerbetriebliche Beratungsstellen (z.B. Betriebsarzt, Gewerkschaft).

Ein Beschwerderecht besteht vor allem bei Verstößen gegen das **Allgemeine Gleichbehandlungsgesetz** [AGG, Antidiskriminierungsgesetz]. Nach diesem Gesetz sind jegliche **Diskriminierungen** (Benachteiligungen) in Arbeit und Beruf verboten, die sich aus Gründen der Rasse oder wegen der ethnischen Herkunft, des Geschlechts, der Religion oder Weltanschauung, einer Behinderung, des Alters oder der sexuellen Identität ergeben könnten.

Arbeitgeber sind verpflichtet, gegen Diskriminierungen vorzugehen. Maßnahmen gegen die Personen, die für Mobbing verantwortlich zu machen sind, können Versetzung, Abmahnung oder Kündigung sein.

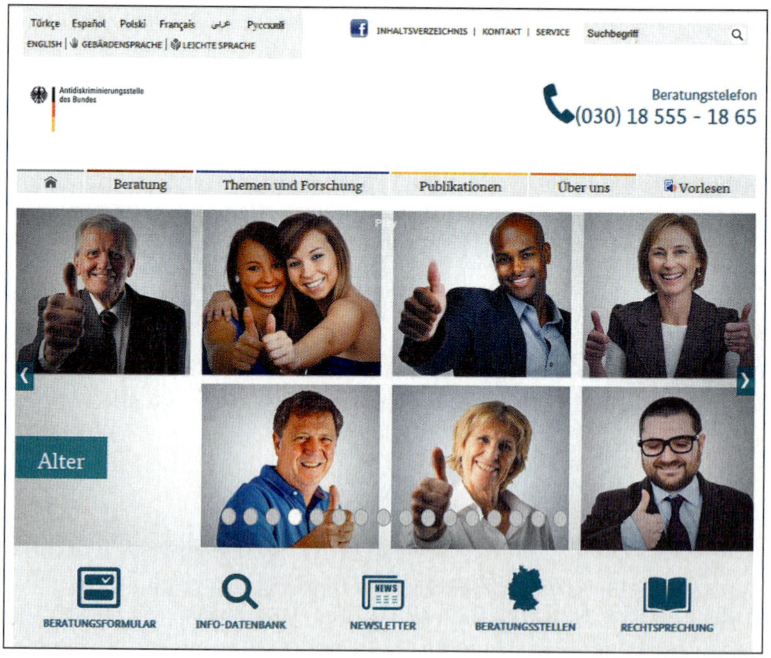

Quelle: www.antidiskriminierungsstelle.de (Antidiskriminierungsstelle des Bundes) [17.06.2026]

Folgen von Stress

Psychische Erkrankungen sind häufige Ursachen für **Fehlzeiten am Arbeitsplatz**. Für die Betroffenen kann das **lange Leidenszeiten** mit eventueller **Frühverrentung** bedeuten. Auch für die Unternehmen und die gesamte Volkswirtschaft sind die Konsequenzen gravierend. Etwa 13 % der Arbeitsunfähigkeitstage werden durch psychische Erkrankungen verursacht.[1]

> Die **Gesundheitsförderung** am Arbeitsplatz stellt eine der **wichtigsten Herausforderungen** für Wirtschaft und Gesellschaft dar.

5.6.5.3 Maßnahmen zur Gesundheitsförderung am Arbeitsplatz

(1) Arbeits- und Gesundheitsschutz – Zuständigkeiten und Programme

Unternehmen sind nach dem Arbeitsschutzgesetz dazu **verpflichtet, die Belastungen zu ermitteln,** denen ein Arbeitnehmer bei der Arbeit ausgesetzt ist. Auch psychische Belastungen gehören zu der Gefährdungsbeurteilung eines Arbeitsplatzes. Auf der Grundlage dieser Untersuchungen sind Maßnahmen zu ergreifen, um die Gesundheit der Beschäftigten zu schützen.

Partner in medizinischen Fragen ist z. B. der **Betriebsarzt;** für Arbeitssicherheit ist die **Fachkraft für Arbeitssicherheit** im Betrieb zuständig (der Sicherheitsbeauftragte).

Der **Betriebsrat** hat gemäß § 80 BetrVG (Allgemeine Aufgaben) und § 87 BetrVG (Mitbestimmungsrechte) eine Mitverantwortung in Fragen, die die Sicherheit des Arbeitsplatzes sowie den Gesundheitsschutz betreffen. Im öffentlichen Dienst ist der **Personalrat** Ansprechpartner der Mitarbeiter für diesen Bereich.

In vielen Betrieben wird ein professionelles **Gesundheitsmanagement** betrieben. Maßnahmen, die sich aus genauen Analysen ergeben, sind z. B.

- Workshops zur Verbesserung des Kommunikationsverhaltens und der Teamentwicklung,
- Beratungsprogramme zur Suchtprävention,
- Burn-out-Prävention,
- Ernährungsberatung,
- Betriebssport.

Viele Kantinen und Catering-Einrichtungen bieten eine große Auswahl an Verpflegung an, die gesundes **Ernährungsverhalten** fördern sollen, z. B. frisches Obst und Gemüse sowie vitamin- und ballaststoffreiche Nahrungsmittel.

Mal ein Keks oder ein Stück Schokolade – kein Problem. Menge, Vielfalt und Zusammensetzung der Lebensmittel entscheiden, ob der persönliche Speiseplan der Gesundheit dient oder schadet. Dabei hilft die Ernährungspyramide. Je weiter unten die Lebensmittelgruppen in dieser stehen, desto mehr sollte man davon zu sich nehmen. Die Basis bilden die ungesüßten Getränke: Ein bis zwei Liter am Tag empfehlen die Experten – bevorzugt Wasser oder Tee. Auch Kaffee kann entgegen vorherigen Behauptungen zur

1 Quelle: „Gemeinsam gegen Stress bei der Arbeit", Bundesministerium für Arbeit und Soziales, www.bmas.de/Pressemitteilungen. Zu den geschätzten **Ausfallkosten durch krankheitsbedingte Fehltage** siehe auch Abbildung auf S. 183.

Flüssigkeitszufuhr beitragen. Gesüßte Getränke wie Limonade fallen dagegen unter die Kategorie Süßes, von der nur wenig und in kleinen Mengen verzehrt werden sollte. Bunt und ausreichend heißt die Empfehlung bei Obst und Gemüse: Je vielfältiger die Früchte, desto besser. Fleisch oder Tofu genügen ab und zu. Auch Fisch ist gesund und darf regelmäßig auf dem Speiseplan stehen. Wer sehr viel Fleisch isst, sollte den Konsum reduzieren. Das käme wegen eines geringeren CO_2-Ausstoßes auch dem Klima zugute. Außerdem sollte man auf die Herkunft der Nahrungsmittel achten.

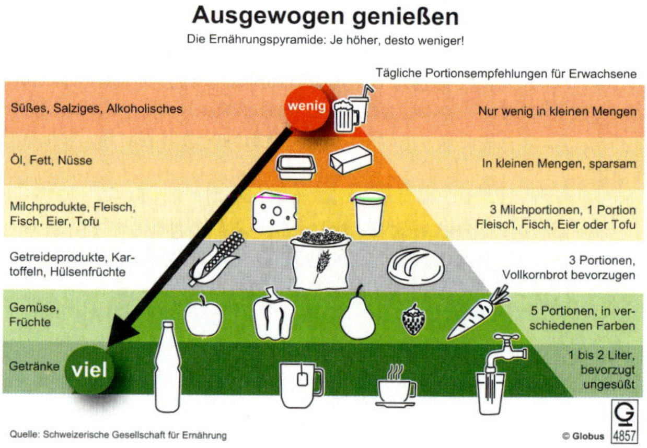

Im Rahmen des Arbeits- und Gesundheitsschutzes werden arbeitsmedizinische **Vorsorgeuntersuchungen** angeboten: Jeder Beschäftigte an einem Bildschirmarbeitsplatz hat Anspruch auf eine Untersuchung der Augen und des Sehvermögens. Auch andere körperliche Beschwerden werden dabei ggf. Thema eines Beratungsgesprächs.

Staatlich geförderte Programme und **Krankenkassen** unterstützen die Mitarbeitergesundheit. Diese Programme umfassen z. B. Bewegungsprogramme, Ernährungsberatung, Suchtprävention, Stressbewältigung.

(2) Eigene Strategien zur Förderung des Gesundheitsschutzes am Arbeitsplatz

Lebensqualität genießen bedeutet gesund bleiben. Es bedeutet vor allem: Stress abbauen. Dafür ist in erster Linie jeder selbst verantwortlich. Beginnen Sie mit Strategien in Ihrem nächsten Arbeitsumfeld. Überprüfen Sie Ihren täglichen Arbeitsablauf. Gestalten Sie die Arbeitsabläufe abwechslungsreich – im Sinne von **„Mischarbeit"**: Bildschirmarbeit sollte durch andere Arbeit unterbrochen werden. Verschaffen Sie sich an Ihrem Arbeitsplatz möglichst viel **Bewegung**, z. B. durch Treppensteigen statt den Aufzug zu benutzen. Nutzen Sie Chancen, Ihren Rücken zu entlasten durch dynamisches Sitzen und zeitweises Arbeiten im Stehen.

Weitere Maßnahmen sind ein effektives **Zeitmanagement** und **Selbstmanagement**. Verplanen Sie nicht jede Minute Ihres Arbeitstages und gönnen Sie sich Phasen der Ruhe.

„Selbstmanagement" heißt **„sein eigener Manager sein"**. Aber es bedeutet auch, **professionelle Unterstützung** zu suchen und anzunehmen, wenn es nötig ist. Beobachten Sie, ob sich Anzeichen von Stress zeigen, und unternehmen Sie **Gegenmaßnahmen!** Sprechen Sie Personen Ihres **Vertrauens** an, z. B. Vorgesetzte oder Betriebsärzte, wenn Sie Beratung brauchen.

Körperliche und psychische Beschwerden hängen oft eng zusammen. Achten Sie auf eine gesunde Lebensführung, einen vernünftigen Wechsel von Aktivität und **Ruhephasen** sowie auf eine gesunde Ernährung. Wichtig ist, der Bewegungsarmut am Arbeitsplatz entgegenzuwirken, z. B. durch **Ausgleichssport.** Freizeitbeschäftigungen, die mit körperlicher Bewegung und sozialen Kontakten verbunden sind, sind ein wirkungsvoller Stresskiller! Pflegen Sie in der Freizeit Ihre **Hobbys** und Interessensgebiete und vermeiden Sie zusätzlichen Freizeitstress. Freundschaften und Zufriedenheit bei der Arbeit haben sich als wirksamer Schutz gegen Stress erwiesen. Auch regelmäßige **Fortbildungen** sorgen dafür, dass es nicht zu Überforderungen kommt. Besprechen Sie Ihre Bedürfnisse mit den Personen, die für die Personalentwicklung in Ihrem Unternehmen zuständig sind.

Psychische Widerstandsfähigkeit (Resilienz) ist die Fähigkeit, mit Belastungen gut umzugehen. Diese Fähigkeit ist erlernbar. Dazu gehören das Training von Selbstvertrauen und eine Hinwendung zu Lösungsstrategien.

Kompetenztraining

25

1. Beschreiben Sie die Aufgabe der Arbeitsschutzgesetze, recherchieren Sie drei Arbeitsschutzgesetze und nennen Sie den betroffenen Personenkreis!

2. Ermitteln Sie mithilfe des Arbeitszeitgesetzes
   2.1 die Pflicht, die der Arbeitgeber hat, wenn ein Arbeitnehmer über die gewöhnliche werktägliche Arbeitszeit von acht Stunden hinaus arbeitet!
   2.2 wer die Einhaltung des Arbeitszeitgesetzes überwacht!

3. Lena Müller hat von ihrem Arzt die freudige Nachricht erhalten, dass sie schwanger ist. Sie arbeitet zurzeit als Bankkauffrau bei der Kundenbank AG.

   Aufgaben:

   3.1 Beschreiben Sie, wie sich Lena Müller nun gegenüber ihrem Arbeitgeber verhalten sollte!
   3.2 Nennen Sie drei Arbeiten, die Lena Müller während der Schwangerschaft nicht übertragen werden dürfen!
   3.3 Der errechnete Geburtstermin ist der 21. März. Ermitteln Sie, wann die Schutzfrist beginnt!
   3.4 Als die Kundenbank AG von Lena Müllers Schwangerschaft erfährt, kündigt sie ihr zum Quartalsende. Prüfen Sie die Rechtslage!
   3.5 Nach dem Ärger mit ihrem Arbeitgeber kündigt die im 7. Monat schwangere Lena Müller ohne Einhaltung einer Kündigungsfrist. Recherchieren Sie dazu die Rechtslage nach dem Mutterschutzgesetz!

4. Mit ca. 6,5 % beschäftigt die Kundenbank AG überdurchschnittlich viele Schwerbehinderte.

   4.1 Nennen Sie wichtige Eingliederungshilfen des SGB IX!

   4.2 Erläutern Sie den besonderen Kündigungsschutz für Schwerbehinderte!

5. 5.1 Erkunden Sie Ihr Arbeitsumfeld und stellen Sie fest, an welchen Stellen in Ihrem Ausbildungsunternehmen gesetzliche Vorschriften zum Arbeitsschutz ausgehängt sind!

   5.2 Notieren Sie, um welche Vorschriften es sich handelt!

   5.3 Berichten Sie darüber in der Klasse!

6. Recherchieren Sie im Internet den Gesetzestext der Arbeitsstättenverordnung!

   Finden Sie heraus,

   6.1 welcher Paragraf die hygienischen Voraussetzungen in der Arbeitsstätte regelt!

   6.2 welche Regelungen es in dieser Verordnung für den Nichtraucherschutz gibt!

   6.3 Geben Sie die recherchierten Inhalte mit eigenen Worten wieder!

7. Recherchieren Sie im Internet nach der Verordnung über Arbeitsstätten (Arbeitsstättenverordnung [ArbStättV]). Lesen Sie im Anhang dieser Verordnung § 6 Maßnahmen zur Gestaltung von Bildschirmarbeitsplätzen und fassen Sie zusammen, welche allgemeinen Anforderungen unter § 6.1 an Bildschirmarbeitsplätze gestellt werden!

8. Erläutern Sie Beispiele, durch die eine körperliche Belastung an einem Büroarbeitsplatz entstehen kann!

9. Schildern Sie eine Situation, in der es zu einer psychischen Belastung am Arbeitsplatz kommen kann!

10. Recherchieren Sie die Bedeutung der unten aufgeführten Sicherheitszeichen. Erläutern Sie Ihren Mitschülern deren Aussagegehalt und geben Sie jeweils an, ob es sich um ein

    - Rettungszeichen,
    - Warnzeichen,
    - Brandschutzzeichen,
    - Verbotszeichen oder um ein
    - Gebotszeichen

    handelt!

10.1 

10.2 

10.3 

10.4 

10.5 

11. Betrachten Sie die nachfolgende Abbildung! Stellen Sie anschließend einige Kernaussagen auf, die sich aus dieser Abbildung ableiten lassen!

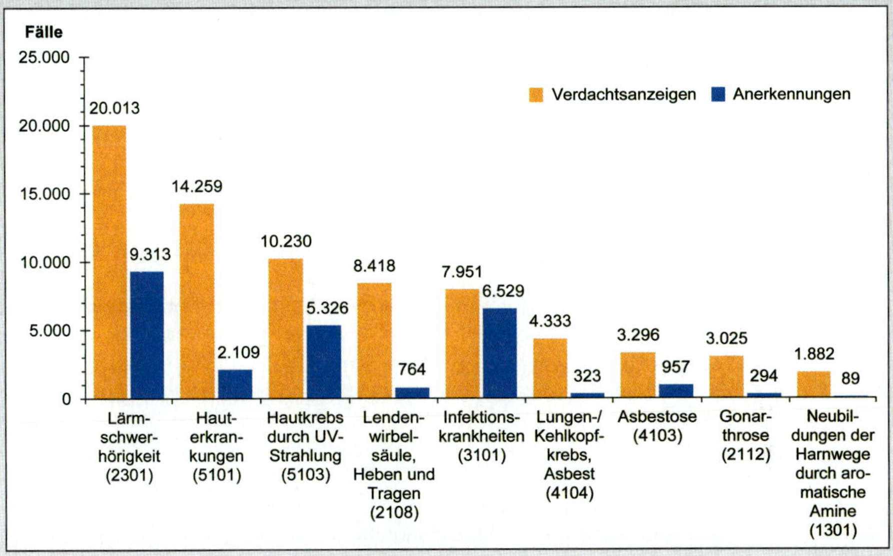

Quelle: Bundesanstalt für Arbeitsschutz und Arbeitsmedizin (BAuA), Sicherheit und Gesundheit bei der Arbeit – Berichtsjahr 2024, Unfallverhütungsbericht Arbeit, S. 39.

12. Lesen Sie nachfolgende Rechtsvorschriften zum Gesundheitsschutz und ergänzen Sie die fehlenden Zahlen durch Eintragung in das Feld rechts neben der Rechtsvorschrift!

DOWNLOAD

Nr.	Rechtsvorschrift	Fehlende Angaben
12.1	Schwangere Frauen dürfen nicht beschäftigt werden mit schweren körperlichen Arbeiten, z. B. regelmäßiges Heben von Lasten über ... kg.	
12.2	Nach Beendigung der täglichen Arbeitszeit müssen dem Arbeitnehmer mindestens ... Stunden Freizeit verbleiben.	
12.3	Gemäß dem Mutterschutzgesetz muss eine Schwangere ... Wochen vor der Entbindung von der Arbeit befreit werden.	
12.4	Nach mehr als 6 bis 9 Stunden Arbeitszeit ist eine Ruhepause von mindestens ... Minuten zu gewähren.	
12.5	Während der Schwangerschaft, bis zum Ablauf von ... Monaten nach der Entbindung und während der Elternzeit besteht Kündigungsschutz.	
12.6	Die Arbeitszeit für Arbeitnehmer kann auf bis zu ... Stunden täglich erhöht werden, wenn innerhalb von 6 Kalendermonaten im Durchschnitt 8 Stunden werktäglich nicht überschritten werden.	

13. Entscheiden Sie in den nachfolgenden Fällen, um welche Stufe der fünfstufigen Abfallhierarchie es sich handelt! Notieren Sie die jeweilige Lösung!

① Die HIM GmbH betreibt die Sonderabfalldeponie Billigheim, in der besonders überwachungsbedürftige Abfälle gelagert werden.

② Die Karlsruher Gastechnik GmbH befüllt für industrielle Großkunden in Baden-Württemberg 50-Liter-Flaschen mit Argon als Schutzgas für Schweißarbeiten.

③ Die Heinzelmann & Söhne OHG produziert aus Altpapier Küchenrollen und Toilettenpapier.

④ Flora Sommer-Gunderson betreibt in Konstanz einen Unverpacktladen für Bioprodukte.

⑤ Die Münker Gastroservice KG sammelt Frittieröle aus Gastronomiebetrieben rund um Stuttgart und produziert daraus Biodiesel.

⑥ Die Abfallwirtschaft Stuttgart sammelt den Restmüll, verbrennt ihn in einem Restmüllheizkraftwerk und produziert somit Strom und Fernwärme.

⑦ Der Elektrikermeister Hannes Wolt sammelt über das Internet alte Elektrogeräte, repariert diese und verkauft sie anschließend in seinem Secondhand-Elektro Fachgeschäft.

⑧ Eine Hotelkette ersetzt beim Frühstücksbuffet die Einzelportionspackungen aus Plastik durch kleine Portionsschälchen aus Glas für Butter, Honig und Marmelade.

⑨ Ein Unternehmen in der Nähe von Mannheim produziert Fernwärme durch Verbrennung von getrocknetem Klärschlamm.

14. Ergänzen Sie die nachfolgenden Sätze, indem Sie den jeweils fehlenden Begriff notieren!

① Eine Überschreitung der persönlichen ... führt zu negativem Stress.

② Allgemein wird und Burn-out ein Zustand emotionaler ... verstanden.

③ Psychische Erkrankungen sind eine häufige Ursache für ... am Arbeitsplatz.

④ Zu den Maßnahmen des betrieblichen ... zählen z. B. die Ernährungsberatung, Förderung des Betriebssports oder Beratungsprogramme für Suchtprävention.

⑤ Unter ... versteht man die Fähigkeit, mit Belastungen gut umzugehen.

15. Entscheiden Sie, welche der nachfolgenden Aussagen falsch ist! Sind alle Aussagen richtig, tragen Sie bitte eine ⑨ in das Kästchen ein!

① Bei einer Arbeitszeit von 8,5 Stunden muss die Ruhepause 30 Minuten betragen.

② Durch ein ärztliches Attest nachgewiesene Krankheitstage während des Urlaubs werden auf den Jahresurlaub nicht angerechnet.

③ Nach der Geburt ihres Kindes können Eltern bis zu drei Jahren Elternzeit nehmen.

④ Der Zusatzurlaub für schwerbehinderte Menschen beträgt eine Arbeitswoche.

⑤ Die ohne vorherige Zustimmung des Integrationsamts ausgesprochene Kündigung eines Schwerbehinderten ist schwebend unwirksam.

⑥ Arbeitgeber mit mindestens 20 Arbeitsplätzen sind verpflichtet, wenigstens 5 % davon mit schwerbehinderten Menschen zu besetzen.

6 Die eigene Entgeltabrechnung mittels digitaler Medien prüfen, sich über das geltende Tarifrecht informieren sowie die Möglichkeiten von Mitwirkung und Mitbestimmung beurteilen

6.1 System der sozialen Absicherung beschreiben und begründen

Lernsituation 16: Drei Freunde besprechen Probleme der sozialen Absicherung in ihren Familien

Jan, Max und Philipp, allesamt noch Schüler bzw. Auszubildende, sind beste Freunde. Sie treffen sich seit vielen Jahren regelmäßig, zumeist am Wochenende, um etwas gemeinsam zu unternehmen.

So auch an diesem Wochenende, an dem sich die drei Freunde verabredet haben, um zunächst gemeinsam eine Pizzeria aufzusuchen und anschließend noch etwas Trinken zu gehen. Kurz nachdem sie die Bestellung aufgegeben haben, sagt **Philipp,** dass er sich solche Abende wohl künftig nicht mehr allzu oft leisten kann. Seit Freitag habe sein Vater seinen Arbeitsplatz verloren, ihm wurde gekündigt. Da seine Familie erst vor wenigen Jahren neu gebaut habe und noch das Darlehen für das Eigenheim stemmen müsse, sei das Haushaltsbudget durch die – hoffentlich nur vorübergehende – Arbeitslosigkeit des Vaters stark eingeschränkt. Sein Vater habe gestern bereits angedeutet, dass er noch gar nicht absehen könne, wie es finanziell weitergehen soll, ob er überhaupt Arbeitslosengeld erhält und wenn ja, wie viel dies genau sei. Vor diesem Hintergrund müssten sich auch Philipp, der zurzeit eine Ausbildung als Bankkaufmann macht, und seine beiden Geschwister darauf einstellen, „den Gürtel enger zu schnallen", zumindest was das Taschengeld anbelangt.

Jan kann die Nöte von Philipp nur allzu gut verstehen. Auch in seiner Familie gibt es zurzeit ziemliche Sorgen. Seine Oma, die bei ihnen im Haus wohnt, ist vor zwei Wochen im Badezimmer ausgerutscht und hat sich dabei den Oberschenkelhals gebrochen. Seither sitzt sie im Rollstuhl und kann nicht mehr laufen. Die Sorgen der Eltern richten sich nun auf die Zeit, wenn die Oma aus dem Krankenhaus entlassen wird, da sie nicht genau wissen, wie sie die Pflege der nunmehr – zumindest für einen längeren Zeitraum – an den Rollstuhl gefesselten Oma sicherstellen sollen.

Schließlich kann auch **Max** von ähnlichen Problemen berichten. Seine Mutter leidet seit längerer Zeit unter einer seltenen Krankheit und muss sich infolgedessen in besonderer Weise ernähren. Diese Form der Ernährung sei ziemlich kostenintensiv und die Krankenkasse habe noch nicht abschließend erklärt, ob und in welchem Umfang sie sich an den Kosten beteiligen werde. Erschwerend kommt hinzu, dass sich die finanzielle Situation seiner Mutter zugespitzt hat, seit die Ärzte sie aufgrund dieser Erkrankung vor einigen Wochen nach dem Verlust ihres Arbeitsplatzes für erwerbsunfähig erklärt hätten und sie nunmehr auf den endgültigen Rentenbescheid wartet.

Am Ende des Gesprächs sagt Philipp: *„Erschreckend ist für mich, wie viele Familien anscheinend derartige Probleme haben. Dabei dachte ich immer, dass wir in einem Sozialstaat leben."*

Kompetenzorientierte Arbeitsaufträge:

1. Notieren Sie, welche Bereiche bzw. welche Leistungen der Sozialpolitik in der vorliegenden Lernsituation angesprochen werden!
2. Erklären Sie die Notwendigkeit sozialer Absicherung. Gehen Sie dabei auch darauf ein, wie diese in der Bundesrepublik Deutschland umgesetzt wird!
3. Leistungen der gesetzlichen Krankenkassen sind im Sinne von Regelleistungen gesetzlich vorgeschrieben. Führen Sie drei typische Regelleistungen der gesetzlichen Krankenkasse an und nennen Sie dazu jeweils drei Beispiele!
4. Erläutern Sie, was unter dem Generationenvertrag zu verstehen ist!
5. Analysieren Sie, wie sich die Bevölkerungsentwicklung hierzulande auf die soziale Sicherheit auswirken wird. Gehen Sie dabei auch darauf ein, welche Konsequenzen sich zukünftig für Sie hieraus ergeben könnten und zeigen Sie Möglichkeiten auf, wie sich negative Auswirkungen des Bevölkerungswandels auffangen ließen!
6. **Arbeitsvorschlag mit regionalem Bezug:**
   Stellen Sie in Kleingruppen ein soziales Projekt aus Ihrer Region vor (z. B. eine örtliche Obdachlosenhilfe, eine regional aktive Jugendhilfe, eine örtliche Tafel)! Gehen Sie dabei insbesondere darauf ein, welcher Kreis von sozial benachteiligten Menschen durch dieses Projekt unterstützt wird und welche Hilfen im Einzelnen geleistet werden!
   Diskutieren Sie im Anschluss darüber, welches Projekt Sie als Klasse – eventuell unter Einbindung Ihrer Schule – ganz konkret unterstützen könnten!

7. Erläutern Sie die Notwendigkeit privater Altersvorsorge!
8. **Übersichtsmatrix/Präsentation**
   Erstellen Sie mittels Rechner eine Übersichtsmatrix zu den Zweigen der Sozialversicherung mit den Kriterien: allgemeine Aufgaben, versicherter Personenkreis, Finanzierung, Leistungen und Träger! Präsentieren Sie Ihre Ergebnisse im Plenum!

6.1.1 Grundprinzip der Sozialversicherung beschreiben

6.1.1.1 Notwendigkeit sozialer Absicherung

Die **soziale Sicherung** ist eine wesentliche Lebensgrundlage der Menschen.

Die bedeutsamste Absicherung erfolgt in der Bundesrepublik Deutschland durch die gesetzliche **Sozialversicherung.**

- Die gesetzliche Sozialversicherung ist durch das **Solidaritätsprinzip** gekennzeichnet: „Einer für alle, alle für einen."
- Die Sozialversicherung ist eine **gesetzliche Versicherung,** der die Mehrheit der Bevölkerung **kraft Gesetzes** angehören muss **(Pflichtversicherung).**
- Die **meisten Leistungen** der Sozialversicherung sind **gesetzlich festgelegt.** Der Beitrag orientiert sich bis zu einer **Beitragsbemessungsgrenze** an der Höhe des Einkommens aus. Versicherte mit hohen Einkommen tragen so zur Finanzierung von Leistungen für Versicherte mit niedrigen Einkommen bei.

6 Die eigene Entgeltabrechnung mittels digitaler Medien prüfen, sich über das geltende Tarifrecht informieren sowie die Möglichkeiten von Mitwirkung und Mitbestimmung beurteilen

6.1.1.2 Überblick über die Zweige der Sozialversicherung

Zweige der gesetzlichen Sozialversicherung				
Gesetzliche Krankenversicherung Träger z. B.: ■ Allgemeine Ortskrankenkassen ■ Betriebskrankenkassen ■ Innungskrankenkassen ■ Ersatzkassen (z. B. Barmer, DAK, KKH)	**Soziale Pflegeversicherung** Träger: ■ Pflegekassen (verwaltet von den Krankenkassen)	**Gesetzliche Rentenversicherung** Träger z. B.: ■ Bundesträger (Deutsche Rentenversicherung Bund) ■ Regionalträger (Deutsche Rentenversicherung mit Zusatz für jeweilige regionale Zuständigkeiten)	**Gesetzliche Arbeitsförderung** Träger: ■ Bundesagentur für Arbeit in Nürnberg mit den Regionaldirektionen (mittlere Verwaltungsebene) und den Agenturen für Arbeit (örtliche Verwaltungsebene)	**Gesetzliche Unfallversicherung** Träger z. B.: ■ Gewerbliche und landwirtschaftliche Berufsgenossenschaften ■ Gemeindeunfallversicherungsverbände
Gesetzliche Krankenkassen 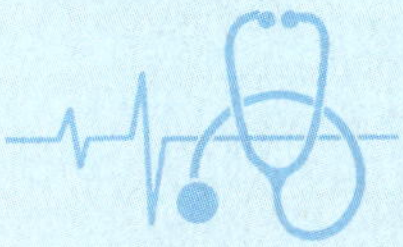	**Pflegekassen*** 	**Deutsche Rentenversicherung** 	**Bundesagentur für Arbeit** 	**Berufsgenossenschaften und Unfallversicherungsträger der öffentlichen Hand** 
Träger der Sozialversicherung				

* Die soziale Pflegeversicherung ist eine eigenständige Säule im System der gesetzlichen Sozialversicherung, auch wenn die gesetzlichen Pflegekassen organisatorisch in die Träger der gesetzlichen Krankenversicherung eingebunden sind.

6.1.2 Grundlegende gesetzliche Leistungen des jeweiligen Versicherungszweiges erläutern

6.1.2.1 Gesetzliche Krankenversicherung

(1) Versicherungspflicht

Die **Versicherungspflicht** umfasst z. B. grundsätzlich alle Arbeitnehmer, wenn sie monatlich durchschnittlich nicht mehr als 77 400,00 EUR pro Jahr (6 450,00 EUR pro Monat) brutto verdienen,[1] alle Auszubildenden, die Bezieher von Renten aus der Rentenversicherung, Empfänger von Arbeitslosengeld und eine Reihe von Selbstständigen.

Bestimmte Beschäftigungsgruppen, wie z. B. Beamte, sind nicht versicherungspflichtig. Sie können sich bei einer privaten Krankenkasse versichern lassen.

> **Alle Bürger** müssen einer (gesetzlichen oder privaten) **Krankenversicherung** angehören und dadurch einen Krankenversicherungsschutz erhalten.

1 Diese **Versicherungspflichtgrenze** gilt für das Jahr 2026. Allerdings sind höherverdienende Arbeitnehmer erst dann **krankenversicherungsfrei** – und können damit selbst entscheiden, ob sie weiterhin freiwillig gesetzlich versichert bleiben oder sich privat krankenversichern wollen –, wenn sie **im vergangenen Kalenderjahr mit ihrem Arbeitsentgelt die Jahresarbeitsentgeltgrenze (JAG) überschritten** haben **und im laufenden Jahr überschreiten** werden.

(2) Gesundheitsfonds

Die Krankenversicherungsbeiträge werden in einen **Gesundheitsfonds** eingezahlt, aus dem die einzelnen Krankenkassen dann pro **Versicherten** eine **Pauschale** sowie **ergänzende Zu- und Abschläge** – Risikostrukturausgleich genannt – je nach Alter, Geschlecht und Krankheit erhalten.

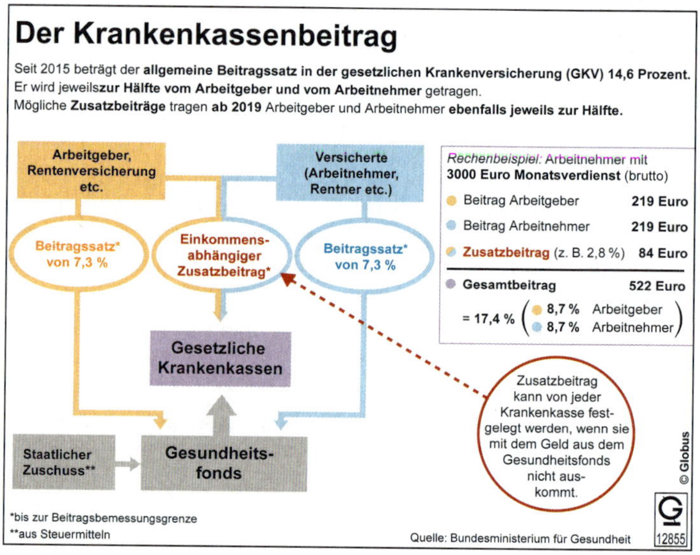

(3) Leistungen

Die Leistungen der gesetzlichen Krankenkassen sind gesetzlich vorgeschrieben **(Regelleistungen).** Über diese Mindestleistungen hinaus können die Krankenkassen in ihren Satzungen **Mehrleistungen** festlegen. Die folgende Tabelle gibt einen Überblick über die wichtigsten Leistungen der gesetzlichen Krankenversicherung:

Folgende Leistungen werden erbracht:	Beispiele aus dem Leistungskatalog
Früherkennung von Krankheiten	■ Krebsvorsorge für Frauen (ab dem 20. Lebensjahr) und Männer (ab dem 45. Lebensjahr) jährlich einmal. ■ Vorsorgeuntersuchungen für Kinder. ■ Gesundheits-Check-up ab dem 35. Lebensjahr zur Erkennung von Herz-, Kreislauf- und Nierenerkrankungen alle zwei Jahre. (Weitere Beispiele erfragen Sie bitte bei Ihrer Krankenkasse.)
Krankenbehandlung	■ Ärztliche Behandlung. ■ Zahnärztliche Behandlung. ■ Versorgung mit Arznei-, Verband-, Heil- und Hilfsmitteln. ■ Krankenhausbehandlung. ■ Häusliche Krankenpflege und Haushaltshilfe. ■ Maßnahmen zur Rehabilitation.
Krankengeld	Versicherte, die durch eine Krankheit arbeitsunfähig sind oder stationär in einem Krankenhaus oder einer Rehabilitationseinrichtung behandelt werden, haben Anspruch auf Krankengeld, das 70 % des regelmäßig erzielten Arbeitsentgelts beträgt.

Folgende Leistungen werden erbracht:	Beispiele aus dem Leistungskatalog
bei Schwangerschaft und Mutterschaft	Sie umfassen z.B. die ärztliche Betreuung, Versorgung mit Arznei-, Verband- und Hilfsmitteln, Hebammenhilfe, die stationäre Entbindung, häusliche Pflege, Haushaltshilfe, Zahlung von Mutterschaftsgeld sowie Zahlung von Elterngeld.
sonstige Hilfen	Hierzu gehören z.B. alle Leistungen, die im Zusammenhang mit der Empfängnisverhütung, Sterilisation, dem Schwangerschaftsabbruch und der künstlichen Befruchtung stehen.

Alle Versicherten können einen Arzt ihrer Wahl aufsuchen. Als Versicherungsnachweis dient die **elektronische Gesundheitskarte.** Mit deren Hilfe rechnen Ärzte und Krankenhäuser direkt mit der Krankenversicherung ab.

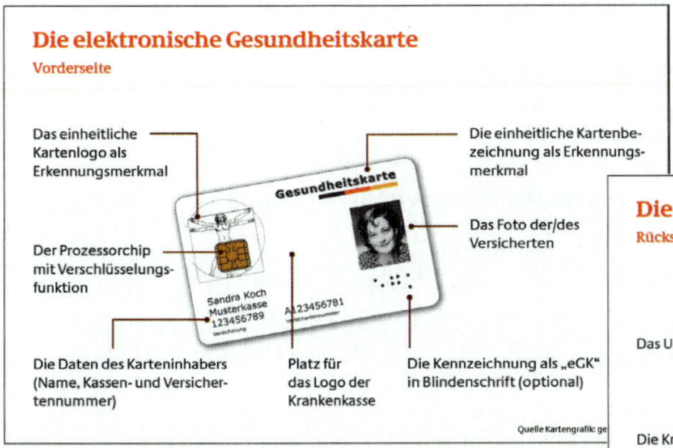

Bundesministerium für Gesundheit www.bundesgesundheitsminister

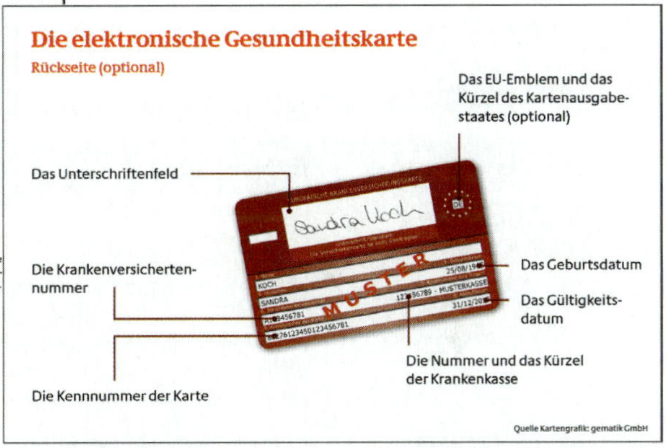

Bundesministerium für Gesundheit www.bundesgesundheitsministerium.de/egk

6.1.2.2 Soziale Pflegeversicherung

(1) Begriff Pflegebedürftigkeit

- Als **pflegebedürftig** gelten
  - Personen, die gesundheitlich bedingte **Beeinträchtigungen von Selbstständigkeit oder von Fähigkeiten** aufweisen und deshalb der Hilfe durch andere bedürfen.
  - Personen, die **körperliche, kognitive**[1] **oder psychische Beeinträchtigungen** oder **gesundheitliche Belastungen** nicht selbstständig bewältigen können.
- Die Pflegebedürftigkeit muss **dauerhaft** sein, **mindestens** aber für **6 Monate** bestehen.

1 **Kognitiv**: die Erkenntnis betreffend.

(2) Pflegegrad

Pflegebedürftige erhalten je nach Schwere der Beeinträchtigung einen Pflegegrad, der in einem pflegewissenschaftlichen Begutachtungsverfahren, dem **Neuen Begutachtungsassessment (NBA),** abgeklärt wird. Dazu werden die Beeinträchtigungen in sechs pflegerelevanten Lebensbereichen mit Punkten bewertet. Aus einer gewichteten Gesamtpunktzahl ergibt sich das Maß der Pflegebedürftigkeit, unterschieden nach **fünf Pflegegraden:**

- Pflegegrad 1: geringe Beeinträchtigung der Selbstständigkeit
- Pflegegrad 2: erhebliche Beeinträchtigung der Selbstständigkeit
- Pflegegrad 3: schwere Beeinträchtigung der Selbstständigkeit
- Pflegegrad 4: schwerste Beeinträchtigung der Selbstständigkeit
- Pflegegrad 5: schwerste Beeinträchtigung der Selbstständigkeit mit besonderen Anforderungen an die pflegerische Versorgung

(3) Versicherungspflicht

Die Versicherungspflicht in der **sozialen Pflegeversicherung** besteht für alle Mitglieder der Krankenversicherung (auch freiwillige), ihre nicht berufstätigen Ehepartner und Kinder. Privatversicherte wie z. B. Beamte müssen eine **private Pflegeversicherung** abschließen.

(4) Leistungen

Art der Leistungen	Erläuterungen
bei häuslicher Pflege:	
■ Pflegehilfe	Pflegebedürftige haben bei häuslicher Pflege Anspruch auf körperbezogene Pflegemaßnahmen und pflegerische Betreuungsmaßnahmen sowie auf Hilfen bei der Haushaltsführung als **Sachleistung.** Häusliche Pflege wird durch geeignete Pflegekräfte erbracht. Die Höhe der Pflegehilfe hängt von der Pflegebedürftigkeit ab.
■ Pflegegeld	Pflegebedürftige, welche ihre Pflege selbst sicherstellen, können anstelle der häuslichen Pflegehilfe ein nach dem Pflegegrad gestaffeltes monatliches Pflegegeld erhalten. Nimmt der Pflegebedürftige die Sachleistungen nur teilweise in Anspruch, erhält er daneben ein anteiliges Pflegegeld.
teilstationäre Pflege und Kurzzeitpflege: ■ Tages- und Nachtpflege ■ Kurzzeitpflege	Pflegebedürftige haben Anspruch auf teilstationäre Pflege, wenn häusliche Pflege nicht in ausreichendem Umfang möglich ist. Die Höhe der Aufwendungen für Pflege, Betreuung und medizinische Behandlung richtet sich nach dem jeweiligen Pflegegrad. Kann häusliche Pflege zeitweise nicht, noch nicht oder nicht im erforderlichen Umfang erbracht werden und reicht teilstationäre Pflege nicht aus, kann für eine Übergangszeit von maximal 8 Wochen im Jahr vollstationäre Pflege in Anspruch genommen werden.
vollstationäre Pflege	Ist häusliche oder teilstationäre Pflege nicht möglich, haben Pflegebedürftige Anspruch auf vollstationäre Pflege. Die Pflegekasse trägt die Aufwendungen für Pflege, Betreuung und medizinische Behandlung bis zu einem monatlichen Höchstbetrag.

Die Zahl der Pflegebedürftigen in der sozialen Pflegeversicherung ist in Deutschland in den vergangenen Jahren deutlich gestiegen. Während es im Jahr 2000 noch rund 1,8 Mio. waren, waren es im Jahr 2024 bereits 5,6 Mio. Die meisten von ihnen (4,8 Mio.) wurden im Jahr 2024 ambulant betreut, also zu Hause durch Angehörige und/oder Pflegedienste. Rund 850 600 Menschen wurden stationär in Pflegeheimen und Behinderteneinrichtungen versorgt. Fast die Hälfte der Pflegebedürftigen (49,4 %) war 80 Jahre und älter. Es gab jedoch auch jüngere, pflegebedürftige Menschen, wenn auch mit einem wesentlich geringeren Anteil. So waren beispielsweise Ende 2024 rund 390 300 unter 20-Jährige auf Pflegeleistungen der sozialen Pflegeversicherung angewiesen. Das entsprach 6,9 % aller Pflegebedürftigen.

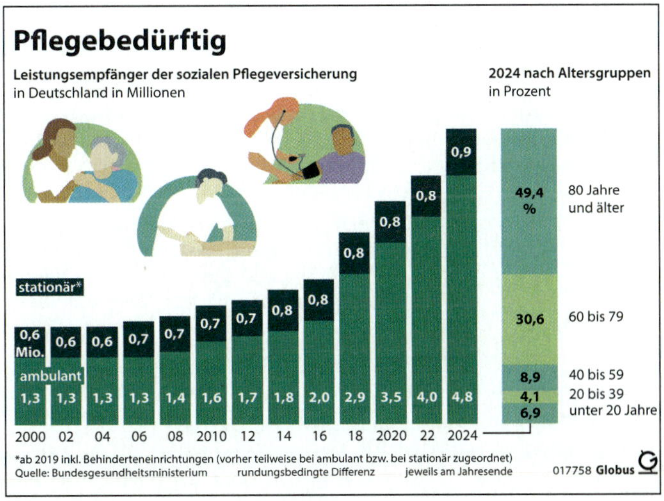

6.1.2.3 Gesetzliche Arbeitsförderung (Arbeitslosenversicherung)

(1) Versicherungspflicht

Die **Versicherungspflicht** umfasst vor allem die Auszubildenden und Arbeitnehmer ohne Rücksicht auf die Höhe ihrer Einkommen.

(2) Leistungen der gesetzlichen Arbeitsförderung

- **Berufsberatung und Arbeitsmarktberatung**

Die Agenturen für Arbeit beraten Jugendliche und Erwachsene, die am Arbeitsleben teilnehmen oder teilnehmen wollen, zum Beispiel über die Berufswahl, die berufliche Entwicklung, über Berufswechsel, über die Lage und Entwicklung des Arbeitsmarkts und der Berufe sowie über die Leistungen der Arbeitsförderung.

- **Ausbildungs- und Arbeitsvermittlung**

Die örtliche Agentur für Arbeit bietet Ausbildungsuchenden, Arbeitsuchenden und Arbeitgebern eine grundsätzlich unentgeltliche Ausbildungs- und Arbeitsvermittlung an. Zur **ortsnahen Leistungserbringung** sollen die Leistungen der Arbeitsförderung vorrangig durch die **örtlichen Agenturen für Arbeit** erbracht werden. Als einheitliche Anlaufstelle für alle einen Arbeitsplatz oder Ausbildungsplatz suchenden Personen werden von den Agenturen für Arbeit **Job-Center** eingerichtet. Hier werden diese Personen informiert, der Beratungs- und Betreuungsbedarf geklärt und der erste Eingliederungsschritt in die Arbeit verbindlich vereinbart. Vor allem Langzeitarbeitslose und erwerbsfähige Sozialgeldempfänger sollen hierdurch wieder schneller eine Arbeit vermittelt bekommen.

Leistungen an Arbeitnehmer

Leistungen (Auswahl)	Erläuterungen
Hilfen zur Eingliederung in den Arbeitsprozess	■ **Verbesserung der Eingliederungsaussichten** durch Trainingsmaßnahmen, indem z. B. Maßnahmekosten (Lehrgangskosten, Prüfungsgebühren, Fahrkosten) von der Agentur für Arbeit übernommen werden. ■ **Maßnahmen der Eignungsfeststellung** und **Förderung der Aufnahme einer Beschäftigung,** z. B. durch Leistungen aus dem Vermittlungsbudget, Gründungszuschuss, Förderung der Berufsausbildung, der beruflichen Weiterbildung, berufsvorbereitende Bildungsmaßnahmen, Förderung der Teilnahme behinderter Menschen am Arbeitsleben.
Zahlung von Entgeltersatzleistungen	
■ **Arbeitslosengeld**	Arbeitnehmer haben einen Anspruch auf Arbeitslosengeld bei **Arbeitslosigkeit** oder bei **beruflicher Weiterbildung.** Der Arbeitslose hat sich persönlich bei der zuständigen Agentur für Arbeit arbeitslos zu melden. Wer einen Arbeitsplatz ohne wichtigen Grund aufgibt, erhält Arbeitslosengeld grundsätzlich erst nach 12 Wochen. Überhaupt kein Arbeitslosengeld erhält, wer einen von der Agentur für Arbeit vermittelten zumutbaren Arbeitsplatz auf Dauer ablehnt.[1] Die Dauer des Anspruchs auf Arbeitslosengeld hängt von der Dauer des Versicherungsverhältnisses und dem Lebensalter der arbeitslosen Person bei der Entstehung des Anspruchs ab. Das Arbeitslosengeld beträgt zurzeit 60 % und für die Arbeitslosen, die z. B. mindestens ein Kind haben, 67 % des für den Bemessungszeitraum berechneten pauschalierten Nettoentgelts.
■ **Kurzarbeitergeld**	Kurzarbeitergeld erhalten Arbeitnehmer, wenn ein erheblicher Arbeitsausfall mit Entgeltausfall vorliegt. Das Kurzarbeitergeld wird für den Arbeitsausfall während der Bezugsfrist gezahlt.
■ **Insolvenzgeld**	Insolvenzgeld[2] erhalten Arbeitnehmer, wenn sie z. B. bei der Eröffnung des Insolvenzverfahrens über das Vermögen des Arbeitgebers für die dem Insolvenzereignis vorausgehenden drei Monate des Arbeitsverhältnisses noch Ansprüche auf Arbeitsentgelt haben. Das Insolvenzgeld wird in Höhe des **Nettoarbeitsentgelts** geleistet.

Grundsicherung für Arbeitsuchende

Grundsicherung für Arbeitsuchende erhalten Personen, die **erwerbsfähig** und **leistungsberechtigt** sind und damit **mindestens** folgende **Bedingungen** erfüllen: Die Personen

- sind **mindestens 15 Jahre** alt und haben die **Altersgrenze** für ihre **Rente** noch **nicht** erreicht,
- wohnen in **Deutschland** und haben hier ihren Lebensmittelpunkt,
- können **mindestens 3 Stunden pro Tag** arbeiten,
- oder Mitglieder ihrer Bedarfsgemeinschaft sind **hilfebedürftig.**

1 Die Dauer der **Sperrzeit** wegen Arbeitsablehnung, wegen Ablehnung einer beruflichen Eingliederungsmaßnahme oder wegen Abbruchs einer beruflichen Eingliederungsmaßnahme beträgt drei Wochen, bei unzureichenden Eigenbemühungen zur Beendigung der Arbeitslosigkeit zwei Wochen.

2 Als **Insolvenz** bezeichnet man vorübergehende Zahlungsschwierigkeiten oder die dauernde Zahlungsunfähigkeit eines Schuldners.

Hilfebedürftig bedeutet, dass das Einkommen der **Bedarfsgemeinschaft** unter dem Existenzminimum liegt und die Person den Lebensunterhalt **nicht ausreichend** aus eigenen Mitteln bestreiten kann.

Erwerbsfähig bedeutet, dass keine Krankheit oder Behinderung die Person hindert, eine Arbeit aufzunehmen.

Die Grundsicherung für Arbeitsuchende dient dazu, erwerbsfähigen Hilfebedürftigen ein **menschenwürdiges Existenzminimum** zu sichern, ihre **Eigenverantwortung** zu **stärken** und die Betroffenen durch gezielte Förderung möglichst **dauerhaft in Arbeit einzugliedern,** um so die Hilfebedürftigkeit zu beenden, zumindest jedoch zu verringern.

Es gilt der **Grundsatz des Forderns und Förderns:** Menschen, die Hilfe brauchen, können sich auf Unterstützung verlassen. Wer jedoch arbeiten kann, muss daran mitwirken, seinen Lebensunterhalt selbst zu bestreiten. Dabei gilt, wer arbeiten kann, muss seine Arbeitskraft im **maximal zumutbaren Umfang** einsetzen, und zwar so, dass **keinerlei** staatliche Unterstützung mehr notwendig ist.

Ist ein Antragsteller nicht in der Lage zu arbeiten, kommen **Qualifizierungs- und Weiterbildungsmaßnahmen** in Betracht. Das gilt insbesondere für **unter 30-Jährige.**

Sollte der Antragsteller über verwertbares **Vermögen** verfügen, so muss dieses Vermögen **vorrangig verbraucht** werden, bevor die Grundsicherung gezahlt wird.

Schließlich werden auch **Hinzuverdienste** ab einer Grenze von monatlich 100,00 EUR teilweise auf die Grundsicherung teilweise angerechnet und mindern somit den Anspruch.

Gemeinsam mit dem Arbeitsuchenden wird ein **Kooperationsplan** erstellt. Er enthält **individuelle** Angebote der Beratung, Unterstützung oder Vermittlung. Kommen Antragsteller den Vereinbarungen aus dem Kooperationsplan nicht nach, wird die Mitwirkung durch Verwaltungsakte mit Rechtsfolgenbelehrung verbindlich gemacht.

Leistungsempfänger, die eine Fördermaßnahme abbrechen oder sich nicht bewerben, müssen damit rechnen, dass der Regelbedarf um **30 %** für jeweils drei Monate **gemindert** wird. Kürzungen sind auch für den Fall möglich, dass Leistungsempfänger Termine im Jobcenter versäumen. In letzter Konsequenz kann hier der Anspruch auf die Leistung aufgrund von Nichterreichbarkeit **komplett** entfallen, das heißt: auch die Kosten der Unterkunft.

Der **monatliche Regelbedarf** der Grundsicherung (insbesondere für die Ernährung, Kleidung, Körperpflege, Hausrat, Bedarfe des täglichen Lebens, Beziehungen zur Umwelt und zur Teilnahme am kulturellen Leben) beträgt für Personen, die alleinstehend oder alleinerziehend sind, zurzeit 563,00 EUR.[1] Volljährige Partner bzw. Partnerinnen erhalten 506,00 EUR, Volljährige in Einrichtungen 451,00 EUR. Für Jugendliche zwischen 14 und 17, die in einer Bedarfsgemeinschaft ohne eigenen Haushalt leben, beträgt der Regelbedarf 471,00 EUR pro Monat. Jeweils zum 1. Januar eines Jahres wird der Regelbedarf der aktuellen Preis- und Lohnentwicklung entsprechend angepasst.

Leistungen für **Unterkunft** werden in **tatsächlicher,** Leistungen für **Heizung** in **angemessener** Höhe übernommen.

1 Stand: Juni 2026.

6.1.2.4 Gesetzliche Unfallversicherung

(1) Versicherungspflicht

Versicherungspflicht besteht z. B. für alle Arbeitnehmer einschließlich Auszubildende, unabhängig von der Höhe ihres Einkommens, für die meisten Unternehmer (Arbeitgeber), Arbeitslose, Kinder während des Besuchs von Kindergärten, Schüler und Personen während der Rehabilitation.

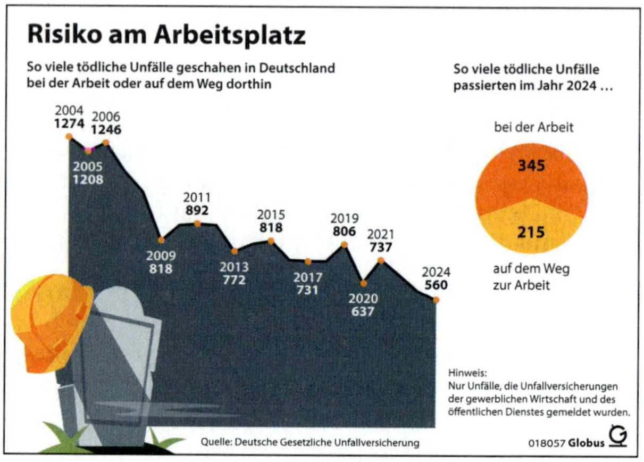

(2) Leistungen

Die Leistungen der Unfallversicherung bestehen vor allem in der **Unfallverhütung** (die Berufsgenossenschaften erlassen Unfallverhütungsvorschriften) und in den finanziellen Leistungen bei **Unfallfolgen.**

Leistungen (Auswahl)	Erläuterungen
Unfallverhütung	Die Unfallverhütungsvorschriften verpflichten den Unternehmer (Arbeitgeber), die Arbeitsplätze so einzurichten und zu erhalten, dass die Arbeitskräfte im Rahmen des Möglichen gegen Unfälle und Berufskrankheiten geschützt sind.
finanzielle Leistungen bei Unfallfolgen	■ **Heilbehandlung.** Hierzu gehören vor allem die Kosten für ärztliche und zahnärztliche Behandlung, Arznei- und Verbandmittel, sonstige Hilfsmittel, stationäre Behandlung in Krankenhäusern oder Spezialkliniken. ■ **Leistungen zur Teilhabe am Arbeitsleben.** Diese umfassen z. B. Leistungen zur Erhaltung und Erlangung eines Arbeitsplatzes einschließlich der Leistungen zur Förderung der Arbeitsaufnahme, zur beruflichen Anpassung, Fortbildung, Ausbildung und Umschulung. ■ **Leistungen zur Teilnahme am Leben in der Gemeinschaft und ergänzende Leistungen.** Hierzu gehören z. B. die Kraftfahrzeughilfe, Wohnungshilfe, Haushaltshilfe, Reisekosten, Beratung sowie sozialpädagogische und psychosoziale Betreuung. ■ **Rentenzahlungen.** Renten an Versicherte bei Minderung ihrer Erwerbsfähigkeit infolge eines Versicherungsfalls um mindestens 20 %, an Hinterbliebene als Witwen- und Witwerrente und als Waisenrente für Kinder von verstorbenen Versicherten. ■ **Verletztengeld.** Es wird bei einem Unfall oder einer Berufskrankheit bezahlt und hat den Zweck, einen eintretenden Einkommensausfall auszugleichen. Es wird ab der 7. Woche bezahlt, wenn der Arbeitgeber keinen Lohn mehr bezahlt. Es beträgt 80 % des Regelentgelts.

6.1.2.5 Gesetzliche Rentenversicherung

(1) Versicherungspflicht

Die **Versicherungspflicht** umfasst vor allem alle Auszubildenden und Arbeitnehmer **ohne Rücksicht auf die Höhe ihres Einkommens.** Pflichtversichert sind u. a. auch Heimarbeiter und bestimmte selbstständig Tätige.

Wer aus einem Arbeitsverhältnis ausscheidet (z. B. Frauen, die sich ihrer Familie widmen möchten), kann sich freiwillig weiterversichern lassen.

(2) Leistungen (Beispiele)

Rentenart	Erläuterungen
Altersrente	Versicherte haben Anspruch auf Altersrente, wenn sie ihre persönliche Altersgrenze (zwischen dem 65. und 67. Lebensjahr) erreicht und eine Versicherungszeit von fünf Jahren erfüllt haben. Damit die gesetzliche Rentenversicherung ihre Aufgabe angesichts der sinkenden Geburtenzahlen und steigender Lebenserwartung weiterhin erfüllen kann, wird zwischen 2012 und 2029 das Rentenalter schrittweise angehoben. In dieser Zeit steigt die Altersgrenze für die Regelaltersrente stufenweise von 65 auf 67 Jahre. 2030 ist dieser Übergang zur **„Rente mit 67"** abgeschlossen.
Rente wegen Erwerbsminderung	Einen Anspruch auf eine **Rente wegen voller Erwerbsminderung** haben Versicherte bis zur Vollendung des 65. Lebensjahrs. Versicherte sind grundsätzlich voll erwerbsgemindert, wenn diese wegen ihrer Krankheit oder Behinderung auf nicht absehbare Zeit außerstande sind, unter den üblichen Bedingungen des allgemeinen Arbeitsmarkts mindestens drei Stunden täglich erwerbstätig zu sein. Wer noch mindestens 3, aber nicht mehr als 6 Stunden täglich arbeiten kann, erhält eine halbe Erwerbsminderungsrente.
Renten wegen Todes	Renten an Hinterbliebene werden als große oder kleine **Witwen- bzw. Witwerrenten,** als **Erziehungsrente** (bei Tod des geschiedenen Ehegatten, wenn ein eigenes oder ein Kind des geschiedenen Ehegatten erzogen wird) und als **Waisenrente** bezahlt.

(3) Dynamisierung[1] der Renten

Die Rentenhöhe ist nicht für alle Zeiten absolut festgelegt. Erhöht sich der durchschnittliche Nettoarbeitsverdienst aller Arbeitnehmer, so erhöhen sich grundsätzlich die Renten entsprechend. Die in gewissen Zeitabständen durch **Rentenanpassungsgesetze** erfolgte Anpassung der Renten an die allgemeine Lohnentwicklung bezeichnet man als **Rentendynamisierung.**

1 **Dynamisch:** beweglich, sich entwickelnd.

(4) Generationenvertrag[1]

Dem deutschen Rentensystem liegt der Generationenvertrag zugrunde. Er besagt, dass die **heute Berufstätigen** durch ihre Beiträge zur Rentenversicherung die **Rente der Älteren finanzieren** – in der Erwartung, dass die kommende Generation später die Renten für sie aufbringt. Da derzeit die Anzahl der Rentenempfänger steigt, müssen in den kommenden Jahren weniger Beitragszahler mehr Rentner finanzieren.

Modell des Generationenvertrags

Auf der Grundlage des sogenannten **Generationenvertrags** sorgt die Rentenversicherung für die **Umverteilung von Einkommen** von den jüngeren, aktiven Jahrgängen zu den Älteren und Erwerbsunfähigen.

... hat sich als junger Vater zusammen mit seiner Partnerin um die Erziehung der Kinder gekümmert und ihnen eine Ausbildung ermöglicht ... hat als Erwerbstätiger durch seine Einzahlung in die Rentenversicherung die Rente der Älteren mitfinanziert ...

... wird im Anschluss an seine Ausbildung als Erwerbstätiger in die Rentenversicherung einzahlen und mit seiner Partnerin Kinder großziehen ... finanziert somit die Rente der Älteren und hält den Kreislauf aufrecht ...

Weil das derzeitige Rentenniveau in der gesetzlichen Rentenversicherung langfristig abgesenkt werden muss, steigt die Bedeutung der privaten Altersvorsorge.

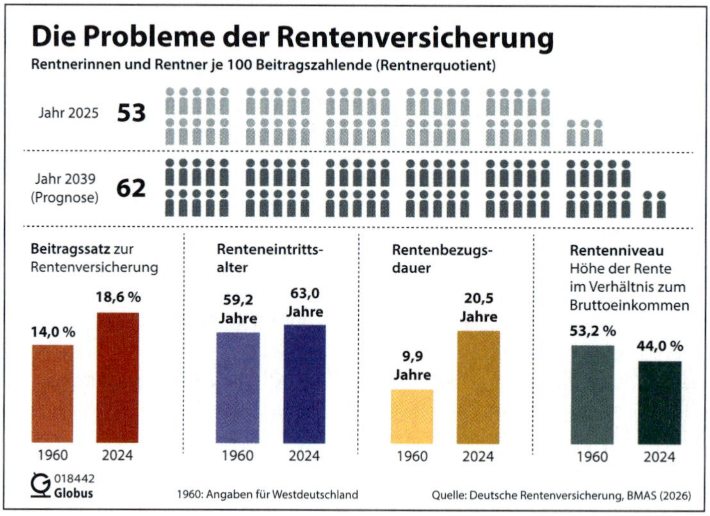

1 Der Generationenvertrag ist nirgendwo schriftlich festgelegt – er ist ein allgemeines gesellschaftliches Übereinkommen.

6.1.3 Finanzierung der Sozialversicherung

(1) Sozialversicherungsbeiträge

Außer der **Unfallversicherung**, die der Arbeitgeber allein zu tragen hat, müssen Arbeitnehmer und Arbeitgeber je 50 % der Beiträge zur Kranken-, Pflege-, Renten- und Arbeitslosenversicherung zahlen (Ausnahme: Zusatzbeitrag Pflegeversicherung). Die Beiträge für jeden Sozialversicherungszweig werden bis zur jeweiligen Beitragsbemessungsgrenze über einen festen Prozentsatz vom jeweiligen Bruttoverdienst berechnet. Über die Beitragsbemessungsgrenze hinaus werden keine Beiträge zur jeweiligen Sozialversicherung erhoben.

Derzeit gelten für die Sozialversicherung folgende monatliche **Beitragssätze** bzw. **Beitragsbemessungsgrenzen** (2026):[1]

Sozialversicherungszweig	Beitragssatz	Beitragsbemessungsgrenze pro Monat
Krankenversicherung	14,6 %	5812,50 EUR
Pflegeversicherung	3,6 %	5812,50 EUR
Rentenversicherung	18,6 %	8450,00 EUR
Arbeitslosenversicherung	2,6 %	8450,00 EUR

Sonderregelungen zur Finanzierung der Pflegeversicherung

- Der Beitragssatz zur Krankenversicherung in Höhe von 14,6 % ist bundeseinheitlich. Jede Krankenkasse kann hierauf einen **kassenindividuellen Zusatzbeitrag** erheben. Die Höhe des Zusatzbeitrags hängt insbesondere davon ab, wie wirtschaftlich eine Kasse arbeitet. Im Jahr 2026 beträgt der **durchschnittliche Zusatzbeitragssatz** 2,9 %. Arbeitgeber und Arbeitnehmer tragen jeweils die Hälfte des Zusatzbeitrags.
- Für alle **kinderlosen Pflichtversicherten** erhöht sich der Beitrag zur Pflegeversicherung ab dem 23. Lebensjahr um 0,60 % des beitragspflichtigen Einkommens. Für diesen Personenkreis beträgt daher der Beitragssatz 4,2 % (Arbeitnehmeranteil 1,8 %).[2]

(2) Staatszuschüsse

Reichen die Sozialbeiträge der beitragspflichtigen Versicherten nicht aus, so muss der Bund die nötigen Mittel aus Steuergeldern aufbringen (sog. **Bundesgarantien**).

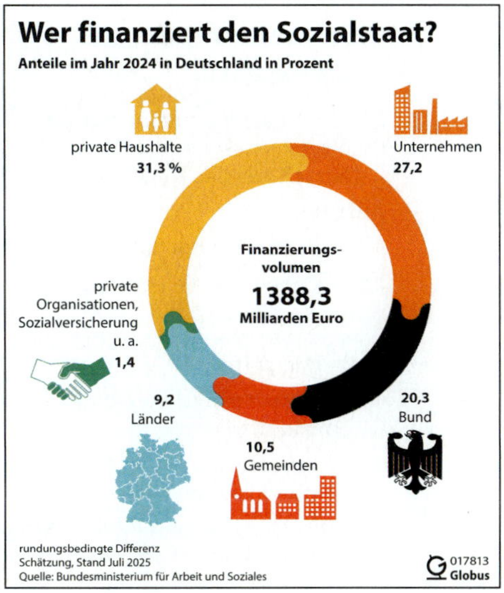

1 Über die **Beitragsbemessungsgrenze** hinaus werden keine Beiträge zur jeweiligen Sozialversicherung erhoben. Die **Beitragssätze** für die Sozialversicherung bzw. die Beitragsbemessungsgrenzen werden im Regelfall jährlich neu festgelegt. Informieren Sie sich bitte über die derzeit geltenden Beitragssätze und Bemessungsgrenzen.

2 Darüber hinaus reduziert sich der Beitragssatz zur Pflegeversicherung in **Abhängigkeit** von der **Anzahl der Kinder** (unter 25 Jahren) wie folgt: Mitglieder mit 2 Kindern (3,35 %), Mitglieder mit 3 Kindern (3,1 %), Mitglieder mit 4 Kindern (2,85 %) und Mitglieder mit 5 und mehr Kindern (2,6 %). Da der **Arbeitgeberanteil** bei der Pflegeversicherung **konstant 1,8 %** beträgt, **reduziert** sich der **Arbeitnehmeranteil** mit zunehmender Zahl der Kinder.

6.1.4 Versicherungsnummernachweis

Wenn jemand in Deutschland erstmals eine Beschäftigung aufnimmt, vergibt die Rentenversicherung für diese Person eine Versicherungsnummer. Diese Nummer – abgekürzt VSNR oder auch „NVNR" (Rentenversicherungsnummer) – identifiziert die versicherte Person eindeutig und begleitet sie durch ihr ganzes Berufs- und Rentenleben. Sie stellt u.a. sicher, dass die eingezahlten Beiträge zur Rentenversicherung dem richtigen Konto zugeordnet werden. Sie muss daher bei allen Meldungen zur Sozialversicherung korrekt angegeben werden.

Deutsche Rentenversicherung **Versicherungsnummernachweis** Insurance number certificate Certificat de numéro d'assurance Certificato di attribuzione del numero di assicurazione di previdenza sociale Certificado del número de seguro Αποδεικτικό του αριθμού ασφάλισης Sigorta numaranıza ilişkin yazı Zaświadczenie o nadaniu numeru ubezpieczenia społecznego	Versicherungsnummer: xx xxxxxx x xxx Name, Vorname: **Mustermann, Erika** Geburtsname: **Musterfrau** ausgestellt am: 04.01.20..

Quelle: www.deutsche-rentenversicherung.de [Zugriff: 30.03.2026].

Kompetenztraining

26

1. Nennen Sie die Zweige des Sozialversicherungssystems der Bundesrepublik Deutschland!
2. Nennen Sie die zwei Leistungen, die die gesetzliche Arbeitsförderung erbringt!
   - 2.1 Heilbehandlung
   - 2.2 Arbeitslosengeld
   - 2.3 Krankengeld
   - 2.4 Rentenzahlung
   - 2.5 Berufsberatung
   - 2.6 Sozialhilfe
3. Die Bankkauffrau Verena Schussel fällt im Büro von der Klapptrittleiter, als sie vom obersten Regal einen Ordner herunterholen will. Sie verletzt sich so schwer, dass sie stationär behandelt werden muss.

   Aufgaben:
   - 3.1 Nennen Sie die Versicherung, die dafür zuständig ist!
   - 3.2 Nennen Sie die Leistungen, die von dieser Versicherung zu erbringen sind!
4. Entscheiden Sie, welche der nachfolgenden Zielsetzungen die Grundsicherung für Arbeitsuchende verfolgt!
   - 4.1 Sie soll erwerbsunfähigen Hilfebedürftigen ein menschwürdiges Existenzminimum sichern.
   - 4.2 Die Grundsicherung für Arbeitsuchende zielt vor allem darauf ab, die Betroffenen zeitweise in Arbeit einzugliedern.
   - 4.3 Die Grundsicherung für Arbeitsuchende sichert den Betroffenen dauerhaft einen durchschnittlichen Lebensstandard.

4.4 Durch gezielte Förderung sollen die Betroffenen möglichst dauerhaft in Arbeit eingegliedert werden, um so die Hilfebedürftigkeit zu beenden bzw. zu reduzieren.

4.5 Die Grundsicherung für Arbeitsuchende dient nicht dazu, die Eigenverantwortung der Leistungsempfänger zu stärken.

5. Begründen Sie, warum der Staat eine private Altersvorsorge durch finanzielle Anreize zu fördern sucht!

27

1. Die stets gestresste Bankkauffrau Sophie Klein wird krank. Sie freut sich, denn jetzt – so meint sie – erhält sie 6 Wochen lang das volle Gehalt und das Krankengeld.

   Aufgabe:

   Begründen Sie, ob die Freude von Sophie Klein berechtigt ist!

2. Emil Pfender ist nicht der Fleißigste. Als Kundenberater unterhält er sich lieber mit den Kollegen und Kolleginnen statt mit Kunden. Als ihn der Marktbereichsleiter zurechtweist, geht Pfender wütend ins Personalbüro, kündigt fristlos und lässt sich seine Papiere geben. Am nächsten Tag beantragt er bei der Agentur für Arbeit Arbeitslosengeld.

   Aufgabe:

   Begründen Sie, ob Emil Pfender Arbeitslosengeld erhalten wird! Wenn nein, begründen Sie rechtlich, warum nicht! Wenn ja, nennen Sie den Zeitpunkt, ab dem Emil Pfender Arbeitslosengeld erhält!

3. Jana Fröhlich arbeitet als Bankkauffrau bei der Kundenbank AG. Nach Geschäftsschluss geht sie in ein Kino. Auf dem Nachhauseweg fällt sie bei Glatteis hin und bricht sich ein Bein. Deshalb will sie die Leistungen der gesetzlichen Unfallversicherung in Anspruch nehmen. Diese lehnt ab. Jana Fröhlich erhebt Widerspruch, der ebenfalls abschlägig beschieden wird. Sie möchte im Anschluss daran beim Sozialgericht klagen.

   Aufgabe:

   Prüfen Sie, ob Jana Fröhlich Erfolg haben wird!

4. Die Mitarbeiter der Kundenbank AG sind alle sozialversichert.

   Aufgabe:

   Unterscheiden Sie die gesetzliche Sozialversicherung von der Individualversicherung!

5. 5.1 Erläutern Sie, welches Problem das nachfolgende Schaubild zeigt!

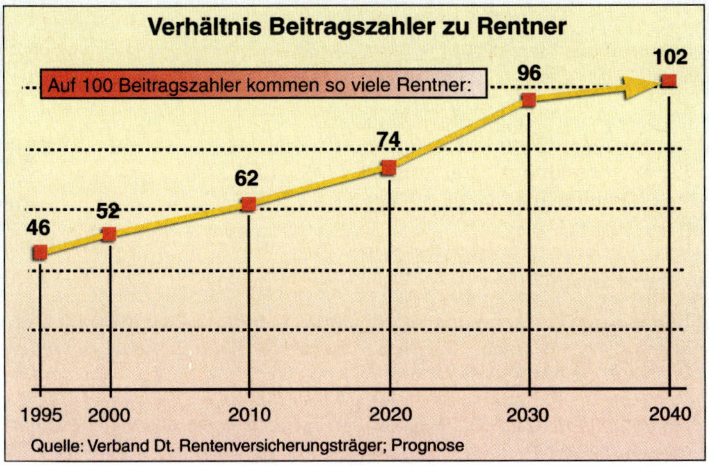

5.2 Beschreiben Sie drei Ursachen für diese Entwicklung!

6. Überprüfen Sie die nachfolgenden Aussagen auf ihre Richtigkeit und entscheiden Sie, welche beiden Aussagen zu den Systemen der sozialen Sicherung falsch sind!

   ① Die Leistungen der gesetzlichen Krankenkassen sind gesetzlich vorgeschrieben. Über diese sogenannten Regelleistungen hinaus können die Krankenkassen in ihrer Satzung Mehrleistungen festlegen.

   ② Der einkommensabhängige Zusatzbeitrag der gesetzlichen Krankenversicherung fällt je nach Krankenkasse unterschiedlich hoch aus.

   ③ Als pflegebedürftig gelten unter anderem Personen, die vorübergehend gesundheitlich bedingte Beeinträchtigungen von Selbstständigkeit oder von Fähigkeiten aufweisen und deshalb der Hilfe anderer bedürfen.

   ④ Die Agenturen für Arbeit beraten Jugendliche und Erwachsene, die am Arbeitsleben teilnehmen oder teilnehmen wollen.

   ⑤ Die einzelnen Krankenkassen erhalten aus dem Gesundheitsfonds pro Versicherten eine Pauschale sowie ergänzende Zu- und Abschläge.

   ⑥ Das Krankengeld wird von den Krankenkassen gezahlt und beträgt 70 % des regelmäßig erzielten Arbeitsentgelts.

   ⑦ Berufstätige schwangere Frauen bekommen während der Schutzfrist Mutterschaftsgeld. Sie erhalten es von der Pflegeversicherung.

   ⑧ Der Pflegegrad wird in einem pflegewissenschaftlichen Begutachtungsverfahren abgeklärt, wobei es fünf verschiedene Pflegegrade gibt.

6.2 Eine einfache Gehaltsabrechnung erstellen und mittels digitaler Medien prüfen

Lernsituation 17: Ein Mitarbeiter der Kundenbank AG überprüft seine Gehaltsabrechnung

Ben Radtke (29 Jahre, verheiratet, kein Kind, evangelisch) ist ein neuer Mitarbeiter in der Kundenbank AG in Düsseldorf. Gestern erhielt er seine erste Entgeltabrechnung mit folgenden Grunddaten:

Kundenbank AG

Arbeitsentgelt	4452,00 EUR
Vermögenswirksame Leistung:	40,00 EUR

Schon am frühen Morgen kommt er ins Personalbüro und legt seine Entgeltabrechnung auf den Tisch: *„Irgendwas stimmt da nicht. Sie müssen sich verrechnet haben. Schauen Sie sich die Pflegeversicherung an! 4,2 % von 4492,00 EUR und davon die Hälfte – das sind 94,33 EUR und nicht 107,81 EUR. Und dann haben Sie ja den Beitrag bei allen Zweigen der Sozialversicherung auf 4492,00 EUR berechnet. Mein Bruttogehalt beträgt aber nur 4452,00 EUR. Die 40,00 EUR sind doch VL und kein Bruttolohn."*

Entgeltabrechnung

April 20..

Personal-Nr.	St.-Klasse	Kinderfreibetrag	Konfession
4762	3	–	rk

Ben Radtke
Sonnenstr. 37
50997 Köln

Bruttoentgelt		**4492,00 EUR**
Lohnsteuer	298,50 EUR	
Solidaritätszuschlag	0,00 EUR	
Kirchensteuer	26,86 EUR	
Krankenversicherung	327,92 EUR	
Zusatzbeitrag (gesamt 2,9 %)	65,13 EUR	
Pflegeversicherung	107,81 EUR	
Rentenversicherung	417,76 EUR	
Arbeitslosenversicherung	58,40 EUR	
Summe Steuern	325,36 EUR	
Summe Sozialversicherung	977,02 EUR	
Summe Abzüge		1302,38 EUR
Nettoentgelt		**3189,62 EUR**
– vermögenswirksame Leistungen		40,00 EUR
Auszahlungsbetrag		**3149,62 EUR**

Kompetenzorientierte Arbeitsaufträge:

1. Erklären Sie, aus welchem Grund der Gesetzgeber vorgesehen hat, dass Steuerklassen und Kinderfreibeträge bei der Entgeltabrechnung zu berücksichtigen sind!
2. Überprüfen Sie die Entgeltabrechnung von Ben Radtke mittels digitaler Medien. Falls sie richtig ist, erklären Sie Ben Radtke seinen Irrtum. Im anderen Fall korrigieren Sie die Fehler! Die Krankenkasse von Ben Radtke erhebt einen Zusatzbeitrag von 2,9 %.
3. Begründen Sie, unter welchen Voraussetzungen Sie eine Besteuerung des Einkommens für gerecht halten!

6.2.1 Schema zur Lohn- und Gehaltsabrechnung

Ermittlung des Bruttoentgeltes	Addition von Gehalt, vermögenswirksamen Leistungen (Arbeitgeber), Überstundenvergütungen, Urlaubsgeld, Sachwerten, geldwerten Vorteilen
– Steuern	Lohnsteuer, Kirchensteuer, ggf. Solidaritätszuschlag
– Sozialversicherungsbeiträge	Kranken-, Pflege-, Renten- und Arbeitslosenversicherung (unter Berücksichtigung der Beitragsbemessungsgrenzen)
Nettoentgelt	
– sonstige Abzüge	Verrechnung von Vorschüssen, Kantinenessen, Lohnpfändung, vermögenswirksame Leistungen (Arbeitnehmer)
= Auszahlungsbetrag	

6.2.2 Berechnung der Lohnsteuer, des Solidaritätszuschlags und der Kirchensteuer

6.2.2.1 Berechnung der Lohnsteuer und des Solidaritätszuschlags

(1) Begriff Lohnsteuer

Die Lohnsteuer ist eine Sonderform der Einkommensteuer. Besteuert werden die **Einkünfte aus nichtselbstständiger Arbeit.** Die **Höhe der Lohn- bzw. Einkommensteuer** wird bestimmt durch

- die **Höhe des Bruttolohns** bzw. **-gehalts,**
- den **Familienstand,**
- die **Anzahl der Kinder** und
- durch **bestimmte Freibeträge.**

Ein **Solidaritätszuschlag** von max. 5,5 % der Lohnsteuer wird nur auf höhere Einkommen erhoben.

(2) Lohnsteuerklassen

Die Lohnsteuertabelle enthält sechs Lohnsteuerklassen, die durch unterschiedlich hohe Pausch- und Freibeträge die persönlichen Verhältnisse des Arbeitnehmers berücksichtigen.

Steuer-klasse	Personenkreis	Pauschbeträge und Freibeträge[1]	EUR[2]
I	Arbeitnehmer, die ■ ledig oder geschieden sind, ■ verheiratet sind, aber von ihrem Ehegatten dauernd getrennt leben, oder wenn der Ehegatte nicht im Inland wohnt, ■ verwitwet sind, und bei denen die Voraussetzungen für die Steuerklasse III und IV nicht erfüllt sind.	Grundfreibetrag Arbeitnehmer-Pauschbetrag	12 348,00 1 230,00
II	Arbeitnehmer der Steuerklasse I, wenn bei ihnen der **Entlastungsbetrag für Alleinerziehende** zu berücksichtigen ist.	Grundfreibetrag Arbeitnehmer-Pauschbetrag	12 348,00 1 230,00
III	**Verheiratete** Arbeitnehmer, von denen nur ein Ehegatte in einem Dienstverhältnis steht oder der andere Partner zwar arbeitet, aber in der Steuerklasse V eingestuft ist, und verwitwete Arbeitnehmer für das Kalenderjahr, in dem der Ehegatte verstorben ist.	Grundfreibetrag Arbeitnehmer-Pauschbetrag	24 696,00 1 230,00
IV	**Verheiratete** Arbeitnehmer, wenn **beide** Ehegatten Arbeitslohn beziehen.	Grundfreibetrag Arbeitnehmer-Pauschbetrag	12 348,00 1 230,00

1 Aus Vereinfachungsgründen wird nur die wichtigste Pauschale und der wichtigste Freibetrag angeführt.

2 Stand Januar 2026.

Steuerklasse	Personenkreis	Pauschbeträge und Freibeträge	EUR
V	**Verheiratete** Arbeitnehmer, die unter die Lohnsteuerklasse IV fallen würden, bei denen jedoch ein Ehegatte nach Steuerklasse III besteuert wird.	Arbeitnehmer-Pauschbetrag	1 230,00
VI	Arbeitnehmer, die aus **mehr** als einem Arbeitsverhältnis (von verschiedenen Arbeitgebern) Arbeitslohn beziehen.		

Erläuterungen:

Grundfreibetrag. Er bedeutet, dass Einkommen bis zur Höhe von 12 348,00 EUR jährlich auf jeden Fall steuerfrei bleiben. Bei Verheirateten erhöht sich der Grundfreibetrag auf 24 696,00 EUR.

Arbeitnehmer-Pauschbetrag. Arbeitnehmer erhalten für ihre Einkünfte aus nichtselbstständiger Arbeit von vornherein einen Pauschbetrag in Höhe von 1 230,00 EUR (Stand 2026) angerechnet, um ihre Einnahmen (Lohn, Gehalt) zu sichern (z. B. Aufwendungen für berufliche Fortbildung, Fahrkosten zwischen Wohnung und Arbeitsstätte, Aufwendungen für typische Berufskleidung usw.).

(3) Lohnsteuertabelle

Zur Berechnung der Lohnsteuer, der Kirchensteuer und des Solidaritätszuschlags bedient man sich der **Lohnsteuertabellen.** In die Lohnsteuertabellen sind alle maßgebenden Pausch- und Freibeträge eingearbeitet, sodass die Lohnsteuer unmittelbar abgelesen werden kann.

Auszug aus der allgemeinen Monats-Lohnsteuertabelle:

MONAT 1 938,–*

Lohn/Gehalt	Abzüge an Lohnsteuer, Solidaritätszuschlag (SolZ) und Kirchensteuer (8%, 9%) in den Steuerklassen																								
	I–VI					I, II, III, IV																			
			ohne Kinderfreibeträge					mit Zahl der Kinderfreibeträge . . .																	
								0,5			1			1,5			2			2,5			3		
bis €*		LSt	SolZ	8%	9%		LSt	SolZ	8%	9%	SolZ	8%	9%	SolZ	8%	9%	SolZ	8%	9%	SolZ	8%	9%	SolZ	8%	9%
1 940,99	I,IV	86,08	–	6,88	7,74	I	86,08	–	0,60	0,67	–	–	–	–	–	–	–	–	–	–	–	–	–	–	–
	II	14,58	–	1,16	1,31	II	14,58	–	–	–	–	–	–	–	–	–	–	–	–	–	–	–	–	–	–
	III	–	–	–	–	III	–	–	–	–	–	–	–	–	–	–	–	–	–	–	–	–	–	–	–
	V	291,33	–	23,30	26,21	IV	86,08	–	3,38	3,80	–	0,60	0,67	–	–	–	–	–	–	–	–	–	–	–	–
	VI	335,66	–	26,85	30,20																				
1 943,99	I,IV	86,66	–	6,93	7,79	I	86,66	–	0,63	0,71	–	–	–	–	–	–	–	–	–	–	–	–	–	–	–
	II	14,91	–	1,19	1,34	II	14,91	–	–	–	–	–	–	–	–	–	–	–	–	–	–	–	–	–	–
	III	–	–	–	–	III	–	–	–	–	–	–	–	–	–	–	–	–	–	–	–	–	–	–	–
	V	292,41	–	23,39	26,31	IV	86,66	–	3,42	3,84	–	0,63	0,71	–	–	–	–	–	–	–	–	–	–	–	–
	VI	336,66	–	26,93	30,29																				

Durch ein **elektronisches Verfahren zur Erhebung der Lohnsteuer** werden die Daten für die Besteuerung der Arbeitnehmer in einer Datenbank bei dem Bundeszentralamt für Steuern (BZSt) in Form von „**E**lektronischen **L**ohn**st**euer**a**bzugs**m**erkmalen" (kurz: **ELStAM**) gesammelt.

Die Finanzverwaltung ist dafür zuständig, dem Arbeitgeber die notwendigen Merkmale für die Besteuerung des Arbeitnehmers zu übermitteln. Der Arbeitgeber ist **verpflichtet,** die Lohnsteuerabzugsmerkmale seiner Mitarbeiter elektronisch aus der ELStAM-Datenbank der Finanzverwaltung abzurufen. Dazu muss er sich über das **ElsterOnline-Portal** bei der

Finanzverwaltung authentifizieren.[1] Die dem Lohnsteuerabzug zugrunde gelegten Lohnsteuerabzugsmerkmale muss der Arbeitgeber **in der Gehaltsabrechnung** ausweisen.

Die Arbeitnehmer müssen bei Beginn des Arbeitsverhältnisses lediglich ihre **steuerliche Identifikationsnummer** und das **Geburtsdatum** angeben. Außerdem ist dem Arbeitgeber mitzuteilen, ob es sich um einen Haupt- oder Nebenjob handelt.

Am Ende des Jahres erhält der Arbeitnehmer vom Arbeitgeber eine **Lohnsteuerbescheinigung**[2] mit den Angaben über Bruttoverdienst und einbehaltene Abzüge (Lohnsteuer, Solidaritätszuschlag und Kirchensteuer). Sie dient dann dem Arbeitnehmer im Falle der Einkommensteuerveranlagung als Nachweis über die gezahlten Abzüge.

6.2.2.2 Ermittlung der Kirchensteuer

Die Kirchensteuer erheben die Kirchen von ihren Mitgliedern. Die Veranlagung erfolgt durch die Finanzämter, an die auch die Zahlungen zu leisten sind. Bei den Arbeitnehmern wird die Kirchensteuer zusammen mit der Lohnsteuer und dem Solidaritätszuschlag vom Arbeitgeber einbehalten und abgeführt. Zurzeit beträgt die Kirchensteuer 9 % von der zu zahlenden Lohn- bzw. Einkommensteuer. Lediglich in Baden-Württemberg und Bayern beträgt der Kirchensteuersatz 8 %.

Beispiel:

Alina Meyer ist Teilzeit-Angestellte bei der Kundenbank AG in Köln und bezieht für den Monat Juli ein Bruttogehalt in Höhe von 1 941,00 EUR. Sie ist ledig (Lohnsteuerklasse I) und hat keine Kinder. Konfession: röm.-kath.

Bruttogehalt	1 941,00 EUR
Lohnsteuer lt. LSt.-Tabelle (Klasse I, ohne Kinder)	86,66 EUR
Solidaritätszuschlag	0,00 EUR
Kirchensteuer 9 %	7,79 EUR.

Die Angestellte hat insgesamt 94,45 EUR an Steuern zu entrichten. (Siehe Auszug aus der Lohnsteuertabelle auf S. 215!)

Hinweis:

Die Lohnsteuer wird im **Abzugsverfahren**[3] erhoben, d. h., die Arbeitgeber sind verpflichtet, die Lohnsteuer, die Kirchensteuer und den Solidaritätszuschlag einzubehalten und bis zum 10. des folgenden Monats an das Finanzamt abzuführen.

6.2.3 Berechnung der Sozialversicherungsbeiträge

Außer der **Unfallversicherung**, die der Arbeitgeber allein zu tragen hat, müssen Arbeitnehmer und Arbeitgeber je 50 % der Beiträge zur Kranken-, Pflege-, Renten- und Arbeitslosenversicherung zahlen. Die Beiträge für jeden Sozialversicherungszweig werden bis

---

1 **Authentifizieren:** beglaubigen, die Echtheit bezeugen.

2 Die Arbeitgeber sind verpflichtet, die ausgestellten Lohnsteuer-Bescheinigungen bis zum 28. Februar des Folgejahres elektronisch an die Finanzverwaltung zu übermitteln.

3 Merkmal des **Abzugsverfahrens** ist, dass der Steuerpflichtige sofort zur Steuerzahlung herangezogen wird, indem die auszahlende Stelle (z. B. der Arbeitgeber) verpflichtet ist, die fällige Steuer einzubehalten und an das Finanzamt abzuführen.

zur jeweiligen **Beitragsbemessungsgrenze** über einen festen Prozentsatz vom jeweiligen Bruttoverdienst berechnet.

Beispiel 1:[1]

Die kinderlose Bankkauffrau Alina Meyer, 35 Jahre alt, erhält ein Bruttogehalt in Höhe von 1941,00 EUR. Ihre Krankenkasse erhebt einen Zusatzbeitrag von 2,9 %.

Aufgaben:

Berechnen Sie

1. den Arbeitnehmeranteil zum Sozialversicherungsbeitrag,
2. den Arbeitgeberanteil zum Sozialversicherungsbeitrag!

Lösungen:

Bruttogehalt		1941,00 EUR
Krankenversicherung: 14,6 % (7,3 % AN-Anteil)	141,69 EUR	
Zusatzbeitrag für Arbeitnehmer: 2,9 % (1,45 AN-Anteil)	28,14 EUR	
Pflegeversicherung: 3,6 % (1,8 % AN-Anteil)	34,94 EUR	
Zusatzbeitrag für kinderlose Arbeitnehmer: 0,6 %	11,65 EUR	
Rentenversicherung: 18,6 % (9,3 % AN-Anteil)	180,51 EUR	
Arbeitslosenversicherung: 2,6 % (1,3 % AN-Anteil)	25,23 EUR	
1. Arbeitnehmeranteil	422,16 EUR	
2. Arbeitgeberanteil (422,16 EUR – 11,65 EUR)	410,51 EUR	

Beispiel 2:[1]

Der Firmenkundenberater der Kundenbank AG Peter Sonnenschein arbeitet in Pforzheim, ist verheiratet und hat ein Kind. Er verdient 7215,00 EUR. Herr Sonnenschein ist in der gesetzlichen Krankenkasse versichert. Seine Krankenkasse verlangt einen Zusatzbeitrag von 2,9 %.

Aufgaben:

Berechnen Sie

1. den Arbeitnehmeranteil zu den Sozialversicherungsbeiträgen,
2. den Arbeitgeberanteil zu den Sozialversicherungsbeiträgen!

Lösungen:

Bruttogehalt		7215,00 EUR
Krankenversicherung: 7,3 % (von 5812,50 EUR)	424,31 EUR	
Zusatzbeitrag für Arbeitnehmer: 1,45 % (von 5812,50 EUR)	84,28 EUR	
Pflegeversicherung: 1,8 % (von 5812,50 EUR)	104,63 EUR	
Rentenversicherung: 9,3 %	671,00 EUR	
Arbeitslosenversicherung: 1,3 %	93,80 EUR	
1. Arbeitnehmeranteil	1378,02 EUR	
2. Der Arbeitgeberanteil entspricht dem Arbeitnehmeranteil:	1378,02 EUR	

Die Lohnabrechnung erfolgt heute in der Regel mithilfe eines EDV-Programms. In diesem EDV-Programm werden die Beitragssätze der Sozialversicherung im Rahmen regelmäßiger Updates aktualisiert. Das Programm rechnet dann die entsprechenden Sozialversicherungsbeiträge für jede Gehaltshöhe automatisch aus. Die Arbeitnehmeranteile zur Sozialversicherung werden zusammen mit den Arbeitgeberanteilen vom Arbeitgeber an die zuständigen Krankenkassen abgeführt, welche die entsprechenden Beiträge an die Träger der Renten- und Arbeitslosenversicherung weiterleiten.

1 Zu den Beitragssätzen und den Beitragsbemessungsgrenzen zur Sozialversicherung siehe Kapitel 6.1.3.

6.2.4 Gehaltsabrechnung: Vom Brutto- zum Nettogehalt

Beispiel:

Ein verheirateter Junior-Kundenberater der Kundenbank AG, dessen Ehefrau wegen ihres Studiums aktuell nicht berufstätig ist, erhält ein Gehalt lt. Tarifvertrag von 3290,00 EUR. An Überstunden sind 280,00 EUR angefallen. Die vermögenswirksamen Leistungen des Arbeitgebers (gleichzeitig die Sparrate) betragen 40,00 EUR. Sie werden in einen Bausparvertrag einbezahlt. Er hat ein Kind und ist kirchensteuerpflichtig mit 9%. Seine Krankenkasse verlangt einen Zusatzbeitragssatz von 2,9%.

Aufgabe:

Erstellen Sie die Gehaltsabrechnung für den Mitarbeiter unter Verwendung digitaler Medien, z.B. eines „Brutto-Netto-Rechners"!

Lösung:

	Grundgehalt lt. Tarifvertrag		3290,00 EUR
+	Zuschlag Überstunden		280,00 EUR
+	Arbeitgeberanteil vermögenswirksamer Leistungen		40,00 EUR
=	Bruttogehalt		3610,00 EUR
–	Lohnsteuer	145,66 EUR	
–	Krankenversicherung 7,3 %	263,53 EUR	
–	Zusatzbeitragssatz 1,45 %	52,35 EUR	
–	Pflegeversicherung 1,8 %	64,98 EUR	
–	Rentenversicherung 9,3 %	335,73 EUR	
–	Arbeitslosenversicherung 1,3 %	46,93 EUR	909,18 EUR
=	Nettoentgelt		2700,82 EUR
–	Sparrate Bausparvertrag		40,00 EUR
=	Auszahlungsbetrag		2660,82 EUR

Überblick: Vom Bruttolohn zum Auszahlungsbetrag

Bruttolohn

– Lohnsteuer
– Solidaritätszuschlag
– Kirchensteuer für Kirchenmitglieder
– Sozialversicherungsbeiträge
= **Nettolohn**

Nettolohn
– sonstige Abzüge (z.B. vermögenswirksame Leistungen, Kantinenessen, Verrechnung von Vorschüssen)
= **Auszahlungsbetrag**

Kompetenztraining

28

1. Erklären Sie, wozu der Arbeitgeber im Rahmen des Abzugsverfahrens verpflichtet ist!

2. Tabea Gruber, Lohnsteuerklasse II/1, erhält als Teilzeitkraft bei der Kundenbank AG ein Bruttogehalt in Höhe von 2887,00 EUR. Ihre Krankenkasse verlangt einen Zusatzbeitrag von 2,9 %!

   2.1 Erstellen Sie mittels digitaler Medien eine Gehaltsabrechnung und berechnen Sie den Auszahlungsbetrag (Kirchensteuer 8 %)!

   2.2 Begründen Sie, weshalb für die Angestellten unterschiedlich hohe Lohnsteuerabzüge anfallen!

   2.3 Die Kundenbank AG hat bei Einstellung von Tabea Gruber die für die Berechnung der Lohnsteuer notwendigen Abzugsmerkmale bei der Finanzverwaltung abgerufen. Nennen Sie drei Lohnsteuerabzugsmerkmale!

   2.4 Tabea Gruber weiß nicht, ob die Beitragsbemessungsgrenze für sie von Bedeutung ist. Erklären Sie ihr, welche Auswirkung die Beitragsbemessungsgrenze auf die Höhe der zu zahlenden Sozialversicherungsbeiträge hat!

3. Ein leitender Angestellter der Kundenbank AG aus Freiburg erhält ein Bruttogehalt von 9322,00 EUR einschließlich 36,00 EUR monatlich vermögenswirksame Leistung. Lohnsteuerklasse III/3, konfessionslos. Abzüge: Vermögenswirksame Sparleistung 36,00 EUR, Tilgung und Zinsen für ein zinsgünstiges Arbeitgeberdarlehen 450,00 EUR, Abzug für unbezahlten Urlaub 500,00 EUR.

   Aufgabe:

   Erstellen Sie mittels digitaler Medien die Gehaltsabrechnung und berechnen Sie den Auszahlungsbetrag für den Angestellten! Der Angestellte ist nicht kirchensteuerpflichtig. Seine gesetzliche Krankenkasse verlangt einen Zusatzbeitragssatz von 2,9 %.

4. Kennzeichnen Sie nachfolgende Aussagenpaare mit einer

   ①, wenn nur Aussage A richtig ist,

   ②, wenn nur Aussage B richtig ist,

   ③, wenn sowohl Aussage A als auch Aussage B richtig sind,

   ④, wenn beide Aussagen falsch sind!

Nr.	Aussage	
4.1	**A:** Die Kinderfreibeträge wirken sich nur auf die Höhe der Lohnsteuer aus, nicht aber auf die Höhe der zu zahlenden Kirchensteuer. **B:** In der Steuerklasse I und IV sind sowohl der Grundfreibetrag als auch der Arbeitnehmer-Pauschbetrag identisch.	
4.2	**A:** Die Beitragsbemessungsgrenzen für die gesetzlichen Renten- und Krankenversicherung sind gleich hoch. **B:** Die Beitragsbemessungsgrenze und die Versicherungspflichtgrenze werden jährlich angepasst und sind immer identisch.	
4.3	**A:** Jede Krankenkasse kann für die gesetzliche Krankenversicherung einen individuellen Zusatzbeitrag erheben. **B:** Der zu zahlende Beitrag für die gesetzliche Pflegeversicherung richtet sich ausschließlich nach dem Einkommen des Versicherten.	
4.4	**A:** Verlangt eine Krankenkasse einen Zusatzbeitrag, so muss der Arbeitgeber diese Beitragserhöhung ganz allein zahlen. **B.:** Heiratet ein 25-Jähriger, so verringert sich auf jeden Fall der zu zahlende Beitragssatz zur gesetzlichen Pflegeversicherung.	

6.3 Steuerformular für eine einfache Einkommensteuererklärung (nichtselbstständige Arbeit) ausfüllen

Fortsetzung der Lernsituation 17

Lernsituation 18: Ben Radtke möchte seine Einkommensteuererklärung ausfüllen

Ben Radtke ist für die neue Stelle bei der Kundenbank AG aus seiner hessischen Heimat mit seiner Frau nach Waiblingen, in die Nähe von Stuttgart gezogen. Vor diesem Umzug hat sich seine in Kassel wohnende Schwester immer um seine Steuererklärung gekümmert. Nunmehr aber muss Ben Radtke erstmals versuchen, seine Steuererklärung allein zu bewältigen, ohne dass er sich jemals eingehend mit diesem Thema beschäftigt hat.

Kompetenzorientierte Arbeitsaufträge:

1. Ben Radtke ist der Meinung, dass er gar keine Steuererklärung abgeben muss, da ihm doch die Steuern bereits vom Lohn abgezogen wurden und weder er noch seine Ehefrau weitere Einkünfte bezieht.

   Erläutern Sie, warum es sich für Ben Radtke möglicherweise doch lohnt, eine solche Erklärung abzugeben!
2. Nachdem Ben Radtke festgestellt hat, dass er aufgrund seiner Werbungskosten mit einer Steuererstattung rechnen kann, entscheidet er sich für die Abgabe einer Einkommensteuererklärung!

   Beschreiben Sie, was man unter Werbungskosten versteht und geben Sie fünf Beispiele für derartige Kosten an!
3. Im Zuge seiner Einkommensteuererklärung stößt Ben Radtke auf die Begriffe Sonderausgaben und außergewöhnliche Belastungen. Erläutern Sie, was man unter diesen Ausgaben versteht! Nennen Sie im Rahmen Ihrer Ausführungen mindestens drei Beispiele!
4. Ben Radtke begreift, dass all diese Angaben erforderlich sind, um das zu versteuernde Einkommen zu ermitteln.

   Erklären Sie, was man unter dem zu versteuernden Einkommen versteht und wie es ermittelt wird!
5. **Mindmap**

   Erstellen Sie zum Thema Einkommensteuererklärung eine Mindmap als Vorbereitung auf die nächste Klausur!

6.3.1 Beziehung zwischen Lohnsteuer und Einkommensteuer

Die Lohnsteuer ist eine besondere Form der Einkommensteuer bei Arbeitnehmern.[1] Sie besteuert das **Einkommen aus nichtselbstständiger Arbeit,** d.h. den Lohn bzw. das Gehalt. In vielen Fällen ist für den Arbeitnehmer die Pflicht zur Steuerzahlung mit der Einbehaltung der Lohnsteuer durch den Arbeitgeber erfüllt. Eine Einkommensteuererklärung

- **muss** jedoch abgegeben werden, wenn der Arbeitnehmer z. B.
  - nebeneinander von **mehreren Arbeitgebern Arbeitslohn** bezogen hat.
  - **Nebeneinkünfte,** die nicht dem Steuerabzug unterlegen haben, von monatlich mehr als 410,00 EUR bezieht.
- **kann** abgegeben werden, wenn der Lohnsteuerpflichtige damit rechnet, dass er aufgrund besonderer Aufwendungen zu viel gezahlte Lohnsteuer, Kirchensteuer sowie Solidaritätszuschlag zurückerstattet erhält **(Antragsveranlagung).**

1 Vgl. hierzu Kapitel 6.2.2.1.

6.3.2 Ermittlung des zu versteuernden Einkommens aus nichtselbstständiger Arbeit

6.3.2.1 Ermittlung der Einkünfte aus nichtselbstständiger Arbeit

Von den Bruttoeinnahmen aus Lohn bzw. Gehalt darf der Steuerpflichtige noch **Werbungskosten** abziehen.

Einkünfte = Bruttoeinnahmen – Werbungskosten

Werbungskosten sind Aufwendungen eines Steuerpflichtigen, die der **Erwerbung, Sicherung** und **Erhaltung** der Einnahmen dienen.

Wichtige Werbungskosten eines **Arbeitnehmers** sind z. B.:

- Aufwendungen für die **Fahrtkosten zwischen Wohnung und Arbeitsstätte.** Geltend gemacht werden kann eine Entfernungspauschale von 0,38 EUR je Entfernungskilometer (einfache Strecke). Fahrten mit öffentlichen Verkehrsmitteln können ebenfalls abgesetzt werden. Der Höchstbetrag beläuft sich auf 4500,00 EUR. Wer im **Homeoffice** arbeitet, kann eine **Pauschale** von **6,00 EUR pro Tag** für maximal bis zu 210 Tage ansetzen.
- Beiträge zu **Berufsverbänden** (z. B. Gewerkschaftsbeiträge).
- Aufwendungen für **Arbeitsmittel** (z. B. Fachliteratur, vom Arbeitnehmer selbst zu beschaffendes Werkzeug, typische Berufskleidung).

- Notwendige Mehraufwendungen wegen einer aus beruflichem Anlass begründeten **doppelten Haushaltsführung.**
- **Bewerbungskosten** (z. B. Kosten für Bewerbungsbilder, Porto, Telefonkosten, Reisekosten für Fahrten zu Vorstellungsgesprächen).
- Aufwendungen für eine **berufliche Fortbildung.**
- **Verpflegungsmehraufwendungen** aufgrund von Dienstreisen. Folgende Pauschbeträge können geltend gemacht werden: für jeden vollen Kalendertag der Abwesenheit ein Betrag von 28,00 EUR, bei mehr als acht Stunden Abwesenheit sowie für den An- und Abreisetag jeweils 14,00 EUR.

6.3.2.2 Ermittlung des Einkommens aus nichtselbstständiger Arbeit

Von den **Einkünften** aus nichtselbstständiger Arbeit darf der Steuerpflichtige noch seine **Sonderausgaben** und die **außergewöhnlichen Belastungen** abziehen.

Einkommen = Einkünfte aus nichtselbstständiger Arbeit – Sonderausgaben – außergewöhnliche Belastungen

(1) Sonderausgaben

- **Sonderausgaben** sind Ausgaben, die aus **wirtschafts- und sozialpolitischen Gründen** vom Gesetzgeber für **abzugsfähig** erklärt wurden.
- **Sonderausgaben** stehen mit den Einkünften aus nichtselbstständiger Arbeit in keinem unmittelbaren Zusammenhang. Sie hängen vielmehr mit den **persönlichen Verhältnissen** des Steuerpflichtigen zusammen.

Wichtige Sonderausgaben eines **Arbeitnehmers** sind z. B.

- **Aufwendungen für die Altersvorsorge** (z. B. Arbeitnehmerbeitrag zur Rentenversicherung).
- **Sonstige Vorsorgeaufwendungen** (z. B. Beiträge zu Kranken-, Pflege-, Arbeitslosen-, Unfall- und Haftpflichtversicherungen).
- **Übrige Sonderausgaben** (z. B. Spenden, Kosten für die erstmalige Berufsausbildung, gezahlte Kirchensteuer).

Nicht **alle** Sonderausgaben können in **voller** Höhe abgezogen werden. Für einen Teil der Sonderausgaben gelten Höchstgrenzen.

(2) Außergewöhnliche Belastungen

Außergewöhnliche Belastungen sind Aufwendungen außergewöhnlicher Art, denen sich der Steuerpflichtige aus tatsächlichen, rechtlichen oder sittlichen Gründen nicht entziehen kann.

Der wesentliche **Unterschied** zu den **Sonderausgaben** besteht darin, dass die außergewöhnlichen Belastungen **nicht** der **Vorsorge** dienen, sondern **zwangsläufig** entstehen und – zumindest teilweise – existenzbedrohenden Charakter haben. Die eine zumutbare Eigenbelastung übersteigende Absetzbarkeit dieser **Mehraufwendungen** stellen einen **steuerlichen Härtefallausgleich** dar.

Beispiele:

- Krankheitskosten (Zahnersatz, Brillen, Hörgeräte, Heilpraktikerbehandlungen, Kurkosten)
- Pflegekosten für die eigene Pflege oder die Pflege naher Angehöriger
- Kosten im Rahmen einer Behinderung (Umbaukosten, spezielle Hilfsmittel)
- Kosten für Katastrophenschäden
- Unterstützungszahlungen an bedürftige Familienmitglieder

6.3.2.3 Ermittlung des zu versteuernden Einkommens

Vom Einkommen aus nichtselbstständiger Arbeit darf der Steuerpflichtige, sofern er Kinder hat, noch den **Kinderfreibetrag** (2026: 3414,00 EUR je Elternteil) und den **Freibetrag für Betreuungs- und Erziehungs- oder Ausbildungsbedarf** [BEA-Freibetrag] (2026: 1464,00 EUR je Elternteil) abziehen. Die Freibeträge beziehen sich jeweils auf ein Kind. Bei Ehegatten, die zusammen zur Einkommensteuer veranlagt werden, **verdoppeln** sich die Beträge.

zu versteuerndes Einkommen = Einkommen – Kinderfreibetrag – BEA-Freibetrag[1]

Das **zu versteuernde Einkommen** ist die Grundlage für die Berechnung der Einkommensteuer, des Solidaritätszuschlags und der Kirchensteuer.

Mithilfe des Steuertarifs wird die Steuerschuld ermittelt. Die Steuersätze sind unterschiedlich hoch. Es gilt: Je höher das Einkommen, desto höher die Steuerschuld.

Hinweis:

Im Steuerrecht unterscheidet man zwischen Freibetrag und Freigrenze. Während der **Freibetrag** auch beim Überschreiten des festgesetzten Grenzwertes **steuer- bzw. abgabenfrei** bleibt, wird beim Überschreiten der **Freigrenze** hingegen der **komplette** Betrag **steuer- bzw. abgabenpflichtig.**

6.3.3 Steuertarif beschreiben

Der Steuertarif unterscheidet drei Zonen:

- **Nullzone (steuerfreies Existenzminimum).** Bis zu einem Einkommen von 12 348,00 EUR (Ledige) bzw. 24 696,00 EUR (Verheiratete) müssen keine Steuern bezahlt werden.
- **Progressionszone.** Einkommen über der Nullzone werden mit einem ansteigenden Steuersatz belastet. Er beginnt mit 14 % und erhöht sich ständig bis zum Spitzensteuersatz von 42 % bei einem Einkommen von 69 879,00 EUR (Ledige) bzw. 139 758,00 EUR (Verheiratete).

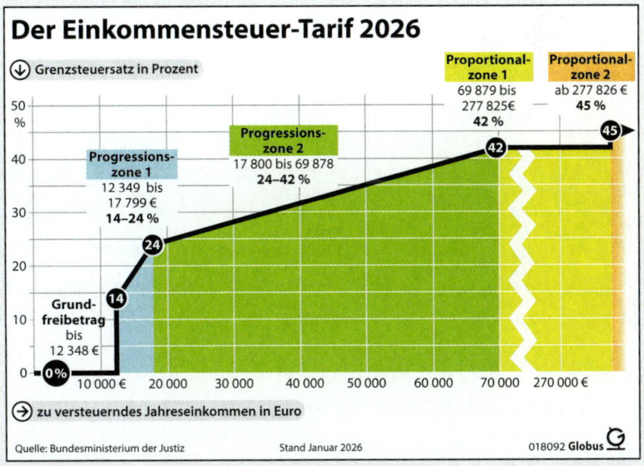

- **Proportionalzone.** Bis zu einem Einkommen von 277 825,00 EUR (Ledige) bzw. 555 650,00 EUR (Verheiratete) beträgt der Steuersatz 42 %. Danach wird ein Zuschlag von 3 %, d. h. ein Steuersatz von 45 %, erhoben **(„Reichensteuer").**

1 Die monatlichen Kindergeldzahlungen sind eine Art Vorausleistungen auf den Kinderfreibetrag. Übersteigt die Steuerersparnis das erhaltene Kindergeld, erhält der Steuerpflichtige eine Steuererstattung in Höhe dieser Differenz.

6.3.4 Ausfüllen von Steuerformularen mittels digitaler Medien

Das Formular für die Einkommensteuererklärung besteht aus einem **Mantelbogen** und mehreren **Anlagebögen.** Für die Einkünfte aus nichtselbstständiger Arbeit wird der **Anlagebogen N** sowie die **Anlage Vorsorgeaufwendungen** benötigt.

Beispiel: Mantelbogen (Auszug)

Ben Radtke, ledig, kinderlos, erhält monatlich 4492,00 EUR brutto. Im letzten Jahr hat er mit Sonderzahlungen und Weihnachtsgeld insgesamt 14 Gehälter von der Kundenbank AG bezogen. Ben fährt an fünf Tagen die Woche mit dem Pkw zur Arbeit nach Stuttgart, die einfache Strecke beträgt 19 km. Ben hatte 30 Tage Urlaub und insgesamt vier Fehltage wegen Krankheit. Insgesamt hat er an 215 Tagen bei der Kundenbank AG in Stuttgart gearbeitet.

Im vergangenen Jahr zahlte Ben 180,00 EUR Mitgliedsbeitrag an die Gewerkschaft Verdi und hat an einer Vertriebs- und Persönlichkeitsschulung teilgenommen, die er selbst bezahlt hat, Gesamtkosten 2000,00 EUR. Seine Krankenversicherung nimmt einen Zusatzbeitrag von 2,9 %.

20. .

1 X **Einkommensteuererklärung** | ☐ **Antrag auf Festsetzung der Arbeitnehmer-Sparzulage** | Eingangsstempel

2 ☐ **Erklärung zur Festsetzung der Kirchensteuer auf Kapitalerträge** | ☐ **Erklärung zur Feststellung des verbleibenden Verlustvortrags**

3 **Steuernummer** 91228/45123

An das Finanzamt

4 Waiblingen

Teil des Mantelbogens

Bei Wohnsitzwechsel: bisheriges Finanzamt

5

Allgemeine Angaben — Telefonische Rückfragen tagsüber unter Nr.

6

Steuerpflichtige Person (stpfl. Person), nur bei Zusammenveranlagung: **Ehemann / Lebenspartner(in) A** nach dem LPartG *)

Identifikationsnummer (IdNr.)

7 91 677 528 704 — *) Bitte Anleitung beachten.

Name — Geburtsdatum

8 Radtke — 07.01.1998

Vorname

9 Ben

Religionsschlüssel: Evangelisch = EV Römisch-Katholisch = RK nicht kirchensteuerpflichtig = VD Weitere siehe Anleitung

Titel, akademischer Grad

10 Bachelor

Straße (derzeitige Adresse)

11 Sonnenstr. — Religion RK

Hausnummer — Hausnummerzusatz — Adressergänzung

12 37

Postleitzahl — Wohnort

13 70173 — Stuttgart

Ausgeübter Beruf

14 Bankkaufmann

Beispiel: Anlage Vorsorgeaufwand (Auszug)

Anlage Vorsorgeaufwand

Teil der Anlage Vorsorgeaufwand

Zeile				
1	Name: Radtke			
2	Vorname: Ben			
3	Steuernummer: 91228/45123			

Angaben zu Vorsorgeaufwendungen 52

Beiträge zur Altersvorsorge

Zeile	Beiträge	Kz	stpfl. Person / Ehemann / Lebenspartner(in) A EUR	Kz	Ehefrau / Lebenspartner(in) B EUR
4	– lt. Nr. 23 a/b der Lohnsteuerbescheinigung (Arbeitnehmeranteil)	300	5849,–	400	,–
5	– zu landwirtschaftlichen Alterskassen sowie zu berufsständischen Versorgungseinrichtungen, die den gesetzlichen Rentenversicherungen vergleichbare Leistungen erbringen (abzgl. steuerfreier Zuschüsse) – ohne Beiträge, die in Zeile 4 geltend gemacht werden –	301	,–	401	,–
6	– zu gesetzlichen Rentenversicherungen – ohne Beiträge, die in Zeile 4 geltend gemacht werden –	302	,–	402	,–
7	– zu zertifizierten Basisrentenverträgen (sog. Rürup-Verträge) mit Laufzeitbeginn nach dem 31.12.2004 – ohne Altersvorsorgebeiträge, die in der Anlage AV geltend gemacht werden –	303	,–	403	,–
8	Arbeitgeberanteil / -zuschuss lt. Nr. 22 a/b der Lohnsteuerbescheinigung	304	5849,–	404	,–
9	Arbeitgeberanteile zu gesetzlichen Rentenversicherungen im Rahmen einer pauschal besteuerten geringfügigen Beschäftigung (bitte Anleitung beachten)	306	,–	406	,–
10	**Eine Eintragung ist stets vorzunehmen; bei Zusammenveranlagung von jedem Ehegatten / Lebenspartner:** Haben Sie zu Ihrer Krankenversicherung oder Ihren Krankheitskosten Anspruch auf – steuerfreie Zuschüsse (z. B. Rentner aus der gesetzlichen Rentenversicherung) oder – steuerfreie Arbeitgeberbeiträge (z. B. sozialversicherungspfl. Arbeitnehmer und deren mitversicherter Ehegatte / Lebenspartner) oder – steuerfreie Beihilfen (z. B. Beamte oder Versorgungsempfänger und deren Ehegatten / Lebenspartner)?	307	1 = Ja 2 = Nein	407	1 = Ja 2 = Nein

Beiträge zur gesetzlichen Kranken- und Pflegeversicherung

Zeile		Kz	A EUR	Kz	B EUR
11	Arbeitnehmerbeiträge zu Krankenversicherungen lt. Nr. 25 der Lohnsteuerbescheinigung	320	5503,–	420	,–
12	In Zeile 11 enthaltene Beiträge, aus denen sich kein Anspruch auf Krankengeld ergibt	322	,–	422	,–
13	Arbeitnehmerbeiträge zu sozialen Pflegeversicherungen lt. Nr. 26 der Lohnsteuerbescheinigung	323	1510,–	423	,–
	Zu den Zeilen 11 bis 13:				
14	Von der Kranken- und / oder sozialen Pflegeversicherung erstattete Beiträge	324	,–	424	,–
15	In Zeile 14 enthaltene Beiträge zur Krankenversicherung, aus denen sich kein Anspruch auf Krankengeld ergibt, und zur sozialen Pflegeversicherung	325	,–	425	,–

Beispiel: Anlage N (Auszug)

Anlage N

Jeder Ehegatte / Lebenspartner mit Einkünften aus nichtselbständiger Arbeit hat eine eigene Anlage N abzugeben.

Teil der Anlage N

Zeile			
1	Name: Radtke		
2	Vorname: Ben		
3	Steuernummer: 91228/45123		X stpfl. Person / Ehemann / Lebenspartner(in) A
4	eTIN lt. Lohnsteuerbescheinigung(en), sofern vorhanden: MSTRLNIO90A07A	eTIN lt. weiterer Lohnsteuerbescheinigung(en), sofern vorhanden:	Ehefrau / Lebenspartner(in) B

Einkünfte aus nichtselbständiger Arbeit 4

Angaben zum Arbeitslohn

Zeile		Kz	Lohnsteuerbescheinigung(en) Steuerklasse 1 - 5 EUR Ct	Kz	Lohnsteuerbescheinigung(en) Steuerklasse 6 oder einer Urlaubskasse EUR Ct
5			Steuerklasse 168: 3		
6	Bruttoarbeitslohn	110	62888,–	111	,–
7	Lohnsteuer	140	5576,00	141	
8	Solidaritätszuschlag	150		151	
9	Kirchensteuer des Arbeitnehmers	142	446,08	143	
10	**Nur bei konfessionsverschiedener Ehe:** Kirchensteuer für den Ehegatten	144		145	

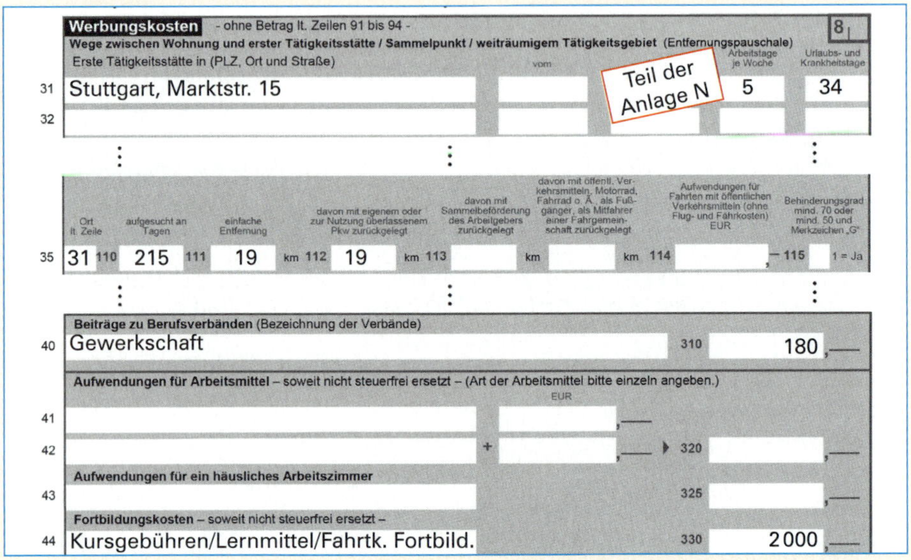

Werbungskosten - ohne Betrag lt. Zeilen 91 bis 94 - 8

Wege zwischen Wohnung und erster Tätigkeitsstätte / Sammelpunkt / weiträumigem Tätigkeitsgebiet (Entfernungspauschale)

Teil der Anlage N

	Erste Tätigkeitsstätte in (PLZ, Ort und Straße)	vom	bis	Arbeitstage je Woche	Urlaubs- und Krankheitstage
31	Stuttgart, Marktstr. 15			5	34
32					

⋮

	Ort lt. Zeile		aufgesucht an Tagen		einfache Entfernung		davon mit eigenem oder zur Nutzung überlassenem Pkw zurückgelegt		davon mit Sammelbeförderung des Arbeitgebers zurückgelegt	davon mit öffentl. Verkehrsmitteln, Motorrad, Fahrrad o. Ä., als Fußgänger, als Mitfahrer einer Fahrgemeinschaft zurückgelegt		Aufwendungen für Fahrten mit öffentlichen Verkehrsmitteln (ohne Flug- und Fährkosten) EUR		Behinderungsgrad mind. 70 oder mind. 50 und Merkzeichen „G“
35	31	110	215	111	19 km	112	19 km	113	km	km	114	,—	115	1 = Ja

⋮

	Beiträge zu Berufsverbänden (Bezeichnung der Verbände)		
40	Gewerkschaft	310	180,—
	Aufwendungen für Arbeitsmittel – soweit nicht steuerfrei ersetzt – (Art der Arbeitsmittel bitte einzeln angeben.) EUR		
41	,—		
42	+ ,— ▸	320	,—
	Aufwendungen für ein häusliches Arbeitszimmer		
43		325	,—
	Fortbildungskosten – soweit nicht steuerfrei ersetzt –		
44	Kursgebühren/Lernmittel/Fahrtk. Fortbild.	330	2000,—

Überblick: Von den Bruttoeinnahmen (z. B. Bruttolohn) zum zu versteuernden Einkommen aus nichtselbstständiger Arbeit

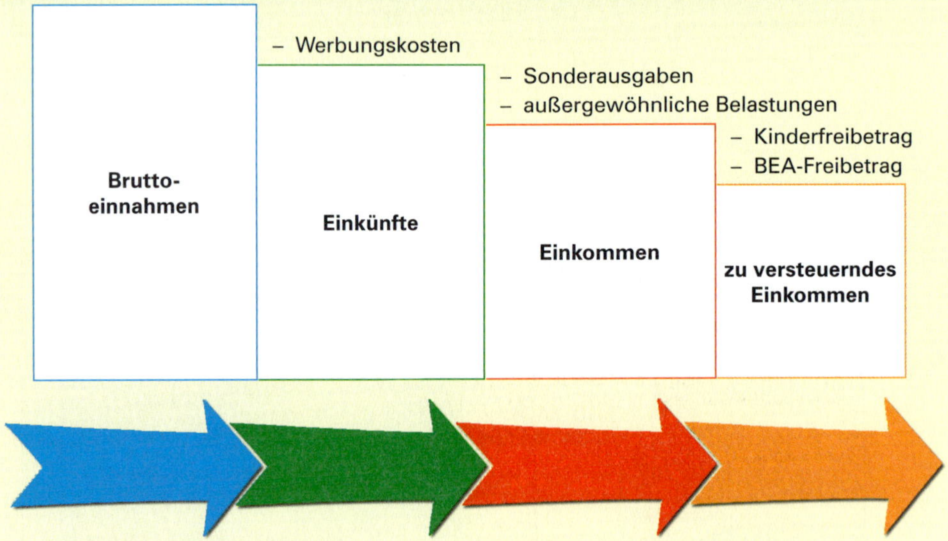

Kompetenztraining

29

1. Recherchieren Sie im Internet nach der digitalen Version des Lohnsteuer-Handbuchs 2025 – Ein kleiner Ratgeber".

   Aufgaben:

   1.1 Nennen Sie fünf außergewöhnliche Belastungen, die in der genannten Broschüre erwähnt werden!

   1.2 Definieren Sie den Begriff außergewöhnliche Belastungen!

2. 2.1 Ein lediger Arbeitnehmer hat ein jährliches steuerpflichtiges Einkommen aus nichtselbstständiger Arbeit in Höhe von 11000,00 EUR. Darüber hinaus hat er aus seiner Bienenzucht Nebeneinkünfte von netto 300,00 EUR pro Jahr.

   Aufgabe:

   Erklären Sie, ob der Arbeitnehmer einkommensteuerpflichtig ist!

   2.2 Begründen Sie, ob die Frage 2.1 anders zu beantworten wäre, wenn der Arbeitnehmer unter sonst gleichen Bedingungen ein zu versteuerndes Jahreseinkommen von 17500,00 EUR hätte!

3. Erklären Sie den steuerrechtlichen Unterschied zwischen den Begriffen „Einkünfte" und „Einkommen"!

4. Erläutern Sie den Begriff und den Zweck der Sonderausgaben!

5. Begründen Sie, ob Sie eine progressive Besteuerung der Einkommen für gerecht halten!

6. Der Presse lässt sich entnehmen, dass von den Arbeitnehmern jährlich Steuern in Millionenhöhe an den Staat „verschenkt" werden. Auch Frau Mooser hat im letzten Jahr „zu viel" Lohnsteuer gezahlt.

   Aufgaben:

   6.1 Beschreiben Sie, was Frau Mooser tun kann, um die zu viel gezahlte Lohnsteuer vom Finanzamt zurückzuerhalten!

   6.2 Nennen Sie zwei Kriterien, von denen die Höhe der Lohnsteuer abhängt!

7. Überprüfen Sie die nachfolgenden Aussagen und entscheiden Sie, welche der Aussagen richtig ist! Ist keine der Aussagen richtig, dann tragen Sie bitte eine ⑨ in das Kästchen ein!

   ① Die Einkommensteuer ist eine besondere Form der Lohnsteuer.

   ② Werbungskosten sind Ausgaben, die aus wirtschafts- und sozialpolitischen Gründen vom Gesetzgeber für abzugsfähig erklärt wurden.

   ③ Aufwendungen für die Fahrtkosten zwischen Wohnung und Arbeitsstätte können in unbegrenzter Höhe geltend gemacht werden, wobei die Entfernungspauschale 0,38 EUR je Entfernungskilometer beträgt.

   ④ Zieht man von den Bruttoeinnahmen die Werbungskosten ab, so erhält man das sogenannte Einkommen.

   ⑤ Beiträge für eine Gewerkschaftsmitgliedschaft können als außergewöhnliche Belastungen steuermindernd in Abzug gebracht werden.

   ⑥ Alle Sonderausgaben können in voller Höhe abgezogen werden.

30 1. Igor Hintermoser, geb. am 15. Mai 2000, ledig, kinderlos, Zusatzbeitrag der Krankenkasse 3,0 %, Gerüstbauer, wohnhaft in 70327 Stuttgart, Benzstraße 7, Steuernummer 1928374651 beantragt für sich die Veranlagung seiner Einkünfte aus nichtselbstständiger Arbeit für 20..

Igor Hintermoser hatte 20.. einen Jahresbruttoarbeitslohn von 39 750,00 EUR. Aus seiner Lohnsteuerbescheinigung ist weiterhin zu entnehmen, dass er im vergangenen Jahr 4 345,00 EUR Lohnsteuer und 347,60 EUR Kirchensteuer bezahlt hat.

An Sonderausgaben kann Igor Hintermoser folgende Beträge nachweisen:

- Arbeitnehmeranteil an der gesetzlichen Rentenversicherung insgesamt 3 696,75 EUR.
- Arbeitnehmeranteil an den Beträgen zur gesetzlichen Kranken- und Pflegeversicherung 4 452,00 EUR und Arbeitslosenversicherung 516,75 EUR.
- Spenden an SOS-Kinderdorf 250,00 EUR.
- An Werbungskosten sind entstanden:
  - Bezahlter Gewerkschaftsbeitrag monatlich 40,00 EUR.
  - Für einen Fortbildungslehrgang wendete Ladislaus Hintermoser im vergangenen Jahr insgesamt 1 400,00 EUR auf.

Aufgabe:

Besorgen Sie sich beim Finanzamt oder aus dem Internet www.formulare-bfinv.de die erforderlichen Formulare und füllen Sie diese für Igor Hintermoser aus! Die Bankverbindung von Igor Hintermoser lautet: IBAN: DE52 6002 0030 0000 9828 64; BIC: SOLADEST601.

DOWNLOAD

2. Lesen Sie nachfolgende Aussagen und ergänzen Sie die fehlenden Angaben durch Eintragung in das Feld rechts neben der jeweiligen Aussage!

Nr.	Aussage	Fehlende Angaben
2.1	Als Verpflegungsaufwendungen aufgrund von Dienstreisen können bei einer Abwesenheit von mehr als 24 Stunden ... EUR je Kalendertag geltend gemacht werden.	
2.2	Aufwendungen für die Fahrtkosten zwischen Wohnung und Arbeitsstätte können bis zu einem Betrag von maximal ... EUR geltend gemacht werden.	
2.3	In der Proportionalzone des Einkommensteuertarifs wird zurzeit ab einem bestimmten Einkommen ein Zuschlag von ... % erhoben (Reichensteuer).	
2.4	Die höchste Lohnsteuer wird aktuell in der Steuerklasse ... einbehalten.	
2.5	Bei einer Abwesenheit für eine Dienstreise von mehr als ... Stunden können Verpflegungskostenmehraufwendungen in Höhe von 14,00 EUR geltend gemacht werden.	
2.6	Bei der Einkommensteuer wird der über den Grundfreibetrag hinausgehende erste Euro in der Progressionszone mit aktuell ... % besteuert (Eingangssteuersatz).	

6.4 Bedeutung von Tarifverträgen und die Rolle der Sozialpartner beurteilen

Lernsituation 19: Ein Auszubildender der Kundenbank AG möchte an einem Warnstreik teilnehmen

Nils, Tobias und Jennifer, Auszubildende bei der Kundenbank AG, besuchen zurzeit im Rahmen ihrer Ausbildung die Berufsschule in Stuttgart. Während der ersten Pause erzählt Nils ihnen ganz aufgeregt, dass er soeben über sein Smartphone von einem Kollegen die Nachricht erhalten habe, dass er morgen früh in den ersten beiden Stunden nicht wie üblich mit der Arbeit beginnen, sondern an einem Warnstreik vor der Kundenbank AG teilnehmen soll. Des Weiteren erwähnt Nils noch, dass der Kollege in der Mail vermerkt hat, dass

dieser Warnstreik wohl erst der Anfang sei. Nach Einschätzung des Kollegen kommt es bald im Anschluss an eine Urabstimmung zu tage- wenn nicht sogar wochenlangen Streiks im Betrieb und Nils solle sich schon mal auf einen harten Arbeitskampf einstellen.

Tobias reagiert ziemlich überrascht, da er von derartigen Aktionen in seinem Ausbildungsbetrieb bisher noch nichts mitbekommen hat. Zudem wundert er sich, dass Nils als Auszubildender an solchen Aktionen überhaupt teilnehmen darf.

Nils erwidert seinem Mitschüler, dass er gleich zu Beginn der Ausbildung auf Anraten des Betriebsratsvorsitzenden der Kundenbank AG der Gewerkschaft ver.di beigetreten sei. Für einen relativ kleinen Mitgliedsbeitrag habe er enorme Vorteile. So würde die Gewerkschaft nicht nur seine Interessen gegenüber dem Arbeitgeber vertreten, er habe damit auch einen kostenlosen Rechtsschutz bei arbeits- und sozialrechtlichen Auseinandersetzungen, eine Freizeit-Unfallversicherung und eine sehr informative Mitgliederzeitschrift sowie Zugang zu einem umfassenden Seminarangebot zur Weiterbildung. Nils ergänzt noch, dass aus seiner Sicht und nach seinem Verständnis das Beste jedoch darin besteht, dass er als Mitglied von einer eventuell von der Gewerkschaft ver.di ausgehandelten Erhöhung der Ausbildungsvergütung profitiert und somit ja bald mehr Geld in der Tasche habe als seine Mitschüler.

Jetzt schaltet sich Jennifer in das Gespräch ein und fragt Nils ganz interessiert, ob er mit solchen Aktionen nicht seinen Ausbildungsplatz oder gar seine spätere Übernahme in ein

Arbeitsverhältnis leichtfertig riskiert. Auch das Argument, dass nur Nils als Gewerkschaftsmitglied von einer eventuellen Erhöhung der Ausbildungsvergütung profitieren soll, kann sie überhaupt nicht nachvollziehen. Denn schließlich habe sie im Vorfeld ihrer Bewerbung zur Bankkauffrau im Internet nur eine einheitliche Angabe der Ausbildungsvergütung im Bankgewerbe gefunden. Wenn die Behauptung von Nils stimmen würde, gäbe es ja unterschiedliche Ausbildungsvergütungen für Mitglieder bzw. für Nicht-Mitglieder der Gewerkschaft ver.di. Schließlich versteht Jennifer überhaupt nicht, was ein Warnstreik eigentlich bezwecken soll und warum dieser nur zwei Stunden dauert.

Kompetenzorientierte Arbeitsaufträge:

1. **Mindmap**

   Stellen Sie zunächst in Partnerarbeit alle möglichen Aspekte, die Ihnen zum Thema Gewerkschaften bekannt sind, in Form einer Mindmap zusammen! Versuchen Sie die gesammelten Aspekte im Anschluss so weit wie möglich zu ordnen und informieren Sie Ihre Klasse über Ihr Arbeitsergebnis!
2. In der Lernsituation wird der Begriff „Warnstreik" angeführt. Recherchieren Sie, was man unter dieser Art von Streik genau versteht! Gehen Sie im Rahmen Ihrer Recherche auch auf die von Jennifer in diesem Zusammenhang aufgeworfenen Fragen zum Warnstreik ein!
3. Erläutern Sie, was man unter einer in der Lernsituation angeführten „Urabstimmung" versteht!
4. In dem Gespräch behauptet Nils, dass nur er als Gewerkschaftsmitglied von einer eventuellen Erhöhung der Ausbildungsvergütung profitiert; Jennifer hingegen bezweifelt dies. Klären Sie diese gegensätzlichen Positionen!

6.4.1 Tarifvertragsarten unterscheiden

6.4.1.1 Gewerkschaften und Arbeitgeberverbände als Sozialpartner

(1) Überblick

Die Gründung von **Gewerkschaften** und **Arbeitgeberverbänden** ist ein in Artikel 9 III Grundgesetz [GG] ausdrücklich verbrieftes Recht. Da – zumindest kurz- und mittelfristig – die Interessen der Arbeitnehmer denen der Arbeitgeber zuwiderlaufen können, sind beide Interessenvertretungen dazu aufgerufen, auf einen Interessenausgleich hinzuwirken. Ihre Aufgabe ist es, für einen **sozialen Ausgleich** Sorge zu tragen. **Gewerkschaften und Arbeitgeberverbände als Tarifpartner** werden daher auch als **Sozialpartner** bezeichnet.

(2) Gewerkschaften

Die Gewerkschaften sind die Interessenvertretungen der Arbeitnehmer. Sie sind insbesondere durch folgende Kriterien gekennzeichnet:

- **Koalitionsfreiheit,** d.h., die Arbeitnehmer haben die Freiheit, Gewerkschaften zu bilden, ihnen beizutreten oder auch fernzubleiben;
- **Unabhängigkeit,** d.h., die Gewerkschaften sind unabhängig vom Staat, von Arbeitgebern, von politischen Parteien und Weltanschauungen;
- **Kampfbereitschaft,** d.h., die Gewerkschaften sind bereit, ihre Forderungen gegebenenfalls mithilfe eines Arbeitskampfs durchzusetzen.

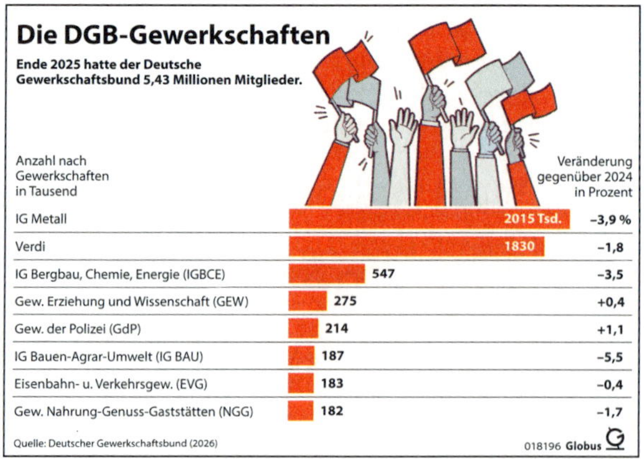

(3) Arbeitgeberverbände

Den Gewerkschaften stehen die Arbeitgeberverbände gegenüber. Die Arbeitgeberverbände befassen sich mit **lohnpolitischen und arbeitsrechtlichen Aufgaben,** mit **sozialpolitischen Fragen** wie z.B. der Berufsausbildung und Fortbildung sowie der Altersversorgung.

Gleiche Wirtschaftszweige organisieren sich zu Fachverbänden (z.B. Verband der Metallindustrie in Baden-Württemberg e.V.). Die einzelnen Bundesfachspitzenverbände führen die Tarifverhandlungen. Die Dachorganisation der Arbeitgeberverbände ist die **Bundesvereinigung der Deutschen Arbeitgeberverbände (BDA).**

6.4.1.2 Gesetzliche Mindestlohn-Regelung: pro und contra

Mit dem Mindestlohngesetz (MiLoG) wurde in Deutschland der gesetzliche Mindestlohn eingeführt. Er beträgt derzeit pro Stunde 12,41 EUR (Stand 2024). Durch den Mindestlohn soll verhindert werden, dass jemand trotz eines Vollzeit-Jobs nicht von seinem Einkommen leben kann. Der Mindestlohn wird alle zwei Jahre durch ein unabhängiges Gremium neu festgelegt. Der Mindestlohn stellt die gesetzliche Lohnuntergrenze dar.

Die Einführung des Mindestlohns war lange umstritten. Nachfolgend werden die wichtigsten Pro- und Contra-Argumente angeführt.

Mindestlohn	
pro	■ Wer Vollzeit arbeitet, soll auch davon leben können. ■ Steigerung der Produktivität[1] der Arbeitnehmer, da diese bei ausreichender Bezahlung motivierter ihrer Arbeit nachgehen. ■ Schutz vor Lohndumping durch Arbeitskräfte aus Niedriglohnländern. ■ Durch den Mindestlohn wird die Binnennachfrage angekurbelt. ■ Entlastung des Staates, da weniger „Aufstocker“[2] unterstützt werden müssen.
contra	■ Gefahr, dass Niedriglohnjobs wegfallen oder ins Ausland ausgelagert werden. ■ Mindestlohn reicht bei Familien unter Umständen nicht aus, sodass weiter staatliche Hilfen in Anspruch genommen werden müssen. ■ Kontrolle des Mindestlohns verursacht mehr Bürokratie. ■ Mindestlohn ist ein Eingriff in die Tarifautonomie und mindert den Einfluss der Gewerkschaften.

6.4.1.3 Begriff, Arten und Geltungsbereich des Tarifvertrags

(1) Tarifautonomie, Tarifvertragsparteien, Tarifvertrag

Das Recht der Tarifpartner, selbstständig und ohne staatliche Einmischung Arbeitsbedingungen (z.B. Arbeitsentgelte, Urlaubszeit, Arbeitszeit) vereinbaren zu können, nennt man

1 Bei der **Arbeitsproduktivität** wird die Ausbringungsmenge auf eine Arbeitsstunde bezogen.

2 **Aufstocker** sind Personen, die neben ihrem Arbeitslohn noch Bürgergeld bis zur Höhe der Grundsicherung beziehen. Vgl. hierzu Kapitel 6.1.2.3.

Tarifautonomie.[1] Tarifpartner – auch **Tarifparteien** genannt – sind die Sozialpartner. Sie haben die **Tariffähigkeit.** Die Vereinbarungen werden im **Tarifvertrag** festgeschrieben.

Der **Tarifvertrag** ist ein **Kollektivvertrag**[2] zwischen den Tarifparteien, in dem die Arbeitsbedingungen für die Berufsgruppen eines Wirtschaftszweiges einheitlich für eine bestimmte Dauer festgelegt werden. Er bedarf der **Schriftform.**

Der Tarifvertrag regelt die Einkommens- und die Arbeitsbedingungen. Er enthält **Mindestbedingungen,** die der Arbeitgeber **nicht unterschreiten** darf, von denen er aber **zugunsten der Arbeitnehmer** abweichen kann.

(2) Arten von Tarifverträgen

Manteltarifvertrag (Rahmentarifvertrag)	Lohn- und Gehaltstarifvertrag
■ Sie enthalten solche Arbeitsbedingungen, die sich über längere Zeit nicht ändern (z. B. Kündigungsfristen, Urlaubsregelungen, Arbeitszeitvereinbarungen, Nachtarbeit, Sonn- und Feiertagsarbeit, Lohn- und Gehaltsgruppen). ■ Sie haben eine Gültigkeit von mehreren Jahren.	■ In ihnen sind die getroffenen Vereinbarungen über Lohn- bzw. Gehaltshöhe enthalten. Dabei werden die Arbeitnehmer nach ihrer Tätigkeit in bestimmte Lohn- bzw. Gehaltsgruppen eingeteilt.[3] ■ Jeder Lohn- bzw. Gehaltsgruppe wird ein bestimmter Lohnsatz bzw. ein bestimmtes Gehalt zugeordnet. ■ Lohn- und Gehaltstarifverträge werden im Abstand von 1–2 Jahren festgeschrieben.

(3) Geltungsbereich des Tarifvertrags

■ Flächentarifverträge

Flächentarifverträge sind Tarifverträge, die für mehrere Orte, Bezirke, ein oder mehrere Bundesländer oder für das gesamte Bundesgebiet verbindlich sind.

Flächentarifverträge enthalten in der Regel **Tariföffnungsklauseln.** Sie sollen es den Betrieben, denen es wirtschaftlich nicht besonders gut geht, ermöglichen, ihre Belegschaft für eine bestimmte Zeit (z. B. für ein Jahr) bis zu einem vereinbarten Prozentsatz **unter Tarif** zu bezahlen **(Entgeltkorridor).** Die konkreten Vereinbarungen werden zwischen **Betriebsrat** und **Arbeitgeber** ausgehandelt.

■ Allgemeinverbindlichkeit

Grundsätzlich gilt der Tarifvertrag nur für **organisierte Arbeitnehmer und Arbeitgeber,** die Mitglied der Gewerkschaft bzw. im Arbeitgeberverband sind.

Das Bundesministerium für Arbeit und Soziales kann einen Tarifvertrag auf Antrag einer Tarifvertragspartei für **allgemein verbindlich** erklären. Mit der **Allgemeinverbindlichkeits-**

1 **Autonomie:** Unabhängigkeit, Selbstständigkeit.

2 **Kollektiv** (lat. collectivus): Ansammlung. Hier: Personengruppe.

3 Die Festlegung der Gehaltsgruppen sowie deren Tätigkeitsmerkmale sind im **Manteltarifvertrag (Rahmentarifvertrag)** enthalten.

erklärung gelten die Bestimmungen des Tarifvertrags auch für die nicht tarifgebundenen Arbeitnehmer und Arbeitgeber.

6.4.1.4 Wirkungen des Tarifvertrags

Tarifbindung	■ Die Mitglieder der Tarifvertragsparteien sind an die Vereinbarungen des Tarifvertrags gebunden. Dies bedeutet, dass die Inhalte des Tarifvertrags **Mindestbedingungen** für die Arbeitsverhältnisse darstellen (z. B. Mindestlöhne, Mindesturlaubstage). ■ Unbeschränkt zulässig ist die **Vereinbarung günstigerer Arbeitsbedingungen** (z. B. übertarifliche Löhne), als sie der Tarifvertrag vorschreibt.
Friedenspflicht	Während der Gültigkeitsdauer eines Tarifvertrags dürfen keine Arbeitskampfmaßnahmen (Streiks, Aussperrungen) ergriffen werden.
Grundsatz der Nachwirkung	Nach Ablauf des Tarifvertrags (nach Kündigung oder nach Ablauf der vereinbarten Dauer) gelten die bisherigen Regelungen weiter, bis sie durch einen neuen Tarifvertrag ersetzt werden.

6.4.2 Ablauf von Tarifverhandlungen sowie den Arbeitskampf darstellen

① Forderungen der Gewerkschaft

Die Gewerkschaft kündigt den Tarifvertrag unter Einhaltung der entsprechenden Kündigungsfrist und übermittelt dem zuständigen Arbeitgeberverband ihre Forderungen für den neuen Tarifvertrag.

② Verhandlungen

Arbeitgeberverband und Gewerkschaften bilden jeweils eine Verhandlungskommission. Die Verhandlungen beginnen zwei Wochen vor Ablauf des Tarifvertrags. Ein oder beide Partner können das Scheitern der Verhandlungen erklären.

③ Friedenspflicht

Vier Wochen nach Ablauf des Tarifvertrags endet die Friedenspflicht, die während der Laufzeit des Tarifvertrags gilt.

Nach **Ablauf der Friedenspflicht** werden die Verhandlungen fortgesetzt. Nötigenfalls unterstützen Gewerkschaftsmitglieder die Verhandlungen mit **Warnstreiks,**[1] **Demonstrationen** und **Aktionen**.

1 Beim **Warnstreik** wird – während der laufenden Tarifverhandlungen – für einen kurzen Zeitraum die Arbeit niedergelegt. Ziel ist, den Druck auf die Arbeitgeber zu erhöhen, damit diese auf die Forderungen der Gewerkschaft eingehen. Für den Warnstreik ist **keine Urabstimmung** erforderlich.

④ Scheitern der Verhandlungen

Die Gewerkschaft bricht die Verhandlungen ab, erklärt das Scheitern der Verhandlungen und fordert eine **Schlichtung.** Scheitert die Schlichtung, ruft die Gewerkschaft ihre Mitglieder zur Urabstimmung auf.

④ Positives Verhandlungsergebnis

Beide Tarifparteien erreichen in Verhandlungen ein Verhandlungsergebnis und stimmen zu. Die Gewerkschaft und der Arbeitgeberverband nehmen das Verhandlungsergebnis an.

⑤ Es gilt der **neue Tarifvertrag.**

⑤ Urabstimmung, Festlegen des Streikbeginns, Streik, Aussperrung

Entscheiden sich mindestens 75 % der aufgerufenen Gewerkschaftsmitglieder in einem Unternehmen für **Streik,** legt der Vorstand der Gewerkschaft den Streikbeginn fest. Das Arbeitskampfmittel der Arbeitgeber gegen den Streik ist die **Aussperrung.**

Während des Streiks gibt es weitere Tarifgespräche. Es kann auch die **Schlichtung** angerufen werden. Liegt ein Verhandlungsergebnis vor, gibt es darüber eine erneute Urabstimmung.

Entscheiden sich mindestens 25 % der aufgerufenen Gewerkschaftsmitglieder für die Annahme, so steht der neue Tarifvertrag.

⑥ Es gilt der **neue Tarifvertrag.**

Erläuterung der Begriffe Streik, Aussperrung, Schlichtung:

- **Streik** bedeutet die **gemeinsame Arbeitseinstellung mehrerer Arbeitnehmer** mit dem Ziel, nach Durchsetzung bestimmter Forderungen die Arbeit wieder aufzunehmen. Da dem Streik keine Kündigung der Arbeitsverhältnisse vorausgeht, bleiben diese auch während des Streiks erhalten.
  Streiks, die nicht von den Gewerkschaften organisiert sind und denen keine Urabstimmung vorausging, sind grundsätzlich illegal (unrechtmäßig). Es handelt sich um **„wilde" Streiks.** Die Kündigung der führenden Streikorganisatoren ist daher rechtens.

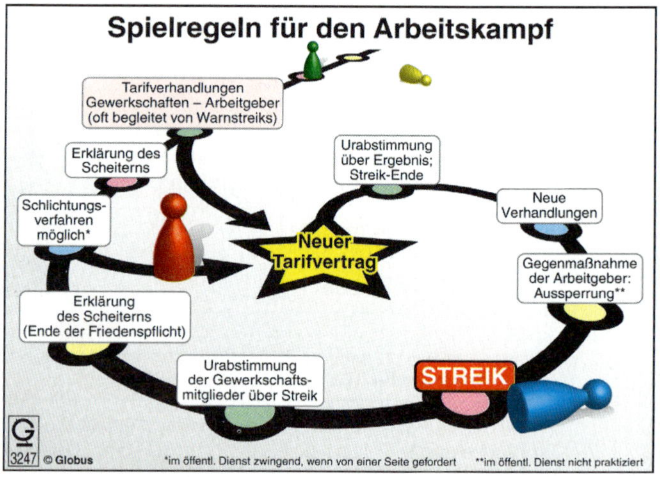

- **Aussperrung** bedeutet, dass die Arbeitnehmer durch den Arbeitgeber gemeinschaftlich daran gehindert werden, zu arbeiten (im Gegensatz zum Streik, bei dem die streikenden Arbeitnehmer nicht arbeiten wollen).
- Die **Schlichtung** hat die Aufgabe, zur Verhinderung bzw. zur Beendigung von Streiks beizutragen.

6.4.3 Bedeutung der Tarifverträge erörtern

Vorteile für den Arbeitnehmer	Vorteile für den Arbeitgeber
■ Sicherung der Mindestarbeitsbedingungen (Mindestlohn, Urlaubsgeld, Kündigungsschutz usw.). ■ Gleiche Arbeitsbedingungen. ■ Einheitliche Verträge. ■ Schutz vor ungleicher Behandlung.	■ Einheitliche Kalkulationsgrundlage durch einheitliche Lohn- und Gehaltstarife für die Dauer des Tarifvertrags. ■ Zufriedene Mitarbeiter. ■ Geringere Mitarbeiterwechsel. ■ Einsparung von Verwaltungskosten.

Kompetenztraining

31

1. Die Arbeitgeber und die Gewerkschaften vereinbaren eine Regelung über die Entgeltfortzahlung im Krankheitsfall.

   Aufgabe:

   Nennen Sie die Tarifvertragsart, in welcher eine solche Regelung steht!

2. Erläutern Sie kurz folgende Begriffe:

   2.1 Tarifvertrag,

   2.2 Tarifautonomie,

   2.3 Allgemeinverbindlichkeit,

   2.4 Tarifgebundenheit,

   2.5 Manteltarif,

   2.6 Lohn- bzw. Gehaltstarif.

3. 3.1 Nennen Sie die Vertragspartner beim

   3.1.1 Arbeitsvertrag,

   3.1.2 Tarifvertrag!

   3.2 Erklären Sie, welche Bedeutung die Entscheidung, Tarifverträge für allgemein verbindlich zu erklären, für die Arbeitnehmer hat!

   3.3 Nennen Sie vier Inhalte, die im Manteltarifvertrag geregelt sind!

4. Die Finanzagentur Klar e.K. zahlt ihren Angestellten grundsätzlich 10 % mehr als der Tarifvertrag vorsieht. Lediglich dem Neuling Lahm will Inhaber Klar zunächst das Tarifgehalt zahlen.

   Aufgabe:

   Prüfen Sie, ob diese beiden Maßnahmen rechtlich zulässig sind!

5. In einer Pressemitteilung verlangt der „Gesamtverband Banken" einen maßvollen Tarifabschluss, um neue Arbeitsplätze schaffen zu können. Er appelliert dabei an die Bundesregierung, diese Forderung zu unterstützen. Der Pressesprecher der Bundesregierung lehnt diese Forderung mit dem Hinweis ab, die Bundesregierung habe keine Möglichkeit, direkt in Tarifverhandlungen einzugreifen.

Aufgaben:

5.1 Begründen Sie, ob die Bundesregierung rechtlich die Möglichkeit hat, in Tarifverhandlungen einzugreifen!

5.2 Nennen Sie zwei Gründe die dafür sprechen, dass der Staat nicht in Tarifverhandlungen eingreifen soll!

6. Der neue Lohntarifvertrag des privaten Bankgewerbes sieht eine Gehaltssteigerung von 2,5 % vor.

Aufgaben:

6.1 Nennen Sie die Voraussetzungen unter welchen ein Unternehmen seinen Mitarbeitern 2,5 % mehr Gehalt zahlen muss!

6.2 Prüfen Sie, ob alle Mitarbeiter Anspruch auf die 2,5 %ige Gehaltserhöhung haben!

7. Erklären Sie die Begriffe Streik und Aussperrung!

8. Die Belegschaft der Kundenbank AG hat gegen den Willen der Gewerkschaft seit drei Tagen die Arbeit niedergelegt. Sie will ein höheres Urlaubsgeld erzwingen. Die Geschäftsleitung kündigt den drei führenden Streikorganisatoren.

Aufgabe:

Prüfen Sie die Rechtslage!

9. Tarifverträge werden durch die Sozialpartner ausgehandelt. Nicht immer jedoch führen die Verhandlungen zwischen beiden Parteien schnell zu Ergebnissen.

Aufgabe:

Sortieren Sie nachfolgende „Bausteine“ zur Entstehung eines Tarifvertrags in die richtige Reihenfolge!

① Die Gewerkschaft bricht die Verhandlungen ab, erklärt diese für gescheitert und fordert eine Schlichtung.

② Die Gewerkschaft ruft ihre Mitglieder zur Urabstimmung auf.

③ Die Verhandlungen beginnen zwei Wochen vor Ablauf des alten Tarifvertrags.

④ Mit 40 % wird die erforderliche Mehrheit für die Annahme des neuen Tarifvertrags erreicht.

⑤ 75 % der aufgerufenen Gewerkschaftsmitglieder entscheiden sich für einen Streik.

⑥ Es kommt trotz Arbeitskampf zu weiteren Verhandlungen, in denen ein Verhandlungsergebnis erzielt wird.

⑦ Die Friedenspflicht endet, es kann zu Warnstreiks, Demonstrationen und Aktionen kommen.

⑧ Die Gewerkschaft kündigt den Tarifvertrag unter Einhaltung der entsprechenden Kündigungsfrist.

⑨ Vereinzelt werden einige Arbeitgeber zur Aussperrung der Arbeitnehmer aufgerufen.

⑩ Die Gewerkschaft führt eine erneute Urabstimmung durch.

6.5 Die Möglichkeiten von Mitwirkung und Mitbestimmung im Betrieb beurteilen

Lernsituation 20: Die Mitarbeiter der Finanzagentur Kramer GmbH fordern mehr Mitwirkung und Mitbestimmung

Die Finanzagentur Kramer GmbH ist ein noch relativ junges Unternehmen. Durch innovative Finanz- und Serviceleistungen ist es in den letzten Jahren sehr stark gewachsen und hat inzwischen 74 Mitarbeiter, darunter sieben Auszubildende. Allerdings bereitete das rasche Wachstum nicht jedem Mitarbeiter Freude, da es versäumt wurde, die dafür erforderlichen Organisationsstrukturen und festen Regeln zu schafffen.

Vieles wurde nach wie vor aus dem Bauch heraus entschieden oder mal so, mal so gehandhabt. Insbesondere die immer wieder „von oben herab" geänderten Arbeitszeiten und die Handhabung der Kündigungen sorgten für Unruhe unter den Mitarbeitern. Der Wunsch nach mehr Mitwirkung und mehr Mitbestimmung durch die Mitarbeiter wurde immer lauter.

Gerd Sommer, seit einem Jahr Mitarbeiter in der Finanzagentur Kramer GmbH und Mitglied der Gewerkschaft „ver.di", wurde zum Ansprechpartner vieler Mitarbeiter und darum gebeten, „endlich mal was zu unternehmen". Also organisierte er eine Zusammenkunft der Mitarbeiter und referierte – so gut er es konnte – über die Möglichkeiten der betrieblichen Mitbestimmung.

Die Zusammenkunft verlief turbulent, die Zuhörer waren neugierig und stellten viele Fragen. Annegret Geiger protokollierte die Zusammenkunft.

Finanzagentur Kramer GmbH, Pforzheimer Str. 21, 75433 Maulbronn

KRAMER Finance & Service

Protokoll

Anlass:	Zusammenkunft der Mitarbeiter der Finanzagentur Kramer GmbH
Ort:	Verwaltungsgebäude der Finanzagentur Kramer GmbH, Konferenzraum 1
Zeit:	20. 01. 20 . ., 16:30–18:00 Uhr
Teilnehmer:	Siehe Anhang Teilnehmerliste

Tagesordnungspunkte (TOP)

TOP 1: Änderung der Arbeitszeiten seitens der Geschäftsleitung ohne Rücksprache

TOP 2: Kurzfristige Kündigungen in Vertrieb und Verwaltung

TOP 3: Verschiedenes

...

Zu TOP 3: Die Terminabsprache mit der Geschäftsleitung für die nächste Zusammenkunft erfolgt durch Gerd Sommer. Bis dahin werden von ihm folgende Fragen geklärt:

1. Welche rechtliche Stellung hat ein Betriebsrat?
2. Erfüllt die Finanzagentur Kramer GmbH die Voraussetzungen, damit er eingerichtet werden kann?
3. An welchem Tag findet die Wahl statt?
4. Wer ist wahlberechtigt?
5. Wer ist wählbar?
6. Wie viele Betriebsratsmitglieder hätte ein Betriebsrat in der Finanzagentur Kramer GmbH?
7. Wie wird der Vorsitzende des Betriebsrates gewählt?

8. Können auch Mitarbeiter mit einer ausländischen Staatsangehörigkeit Mitglied im Betriebsrat werden?
9. Gibt es in der Finanzagentur Kramer GmbH die Möglichkeit zur Wahl einer Jugend- und Auszubildendenvertretung?
10. Welche Rechte hat die Jugend- und Auszubildendenvertretung?
11. Welche Aufgaben hat die Jugend- und Auszubildendenvertretung?
12. Welche Rechte hat der Betriebsrat
    - bei der Neueinstellung eines Mitarbeiters,
    - wenn Herr Kramer wieder mal die Arbeitszeiten ändern will,
    - wenn einem Mitarbeiter gekündigt werden soll?

Protokollführung: *Annegret Geiger*

Kompetenzorientierte Arbeitsaufträge:

1. Nennen Sie Gründe dafür, warum über die Zusammenkunft ein Protokoll geführt wird!
2. Lesen Sie sich den Auszug aus dem von Annegret Geiger angefertigten Protokoll durch. Recherchieren Sie, welche Vorgaben bei der Anfertigung eines Protokolls berücksichtigt werden müssen. Prüfen Sie, ob das vorliegende Protokoll in formaler Hinsicht korrekt angelegt ist!
3. Versetzen Sie sich in die Rolle von Gerd Sommer und beantworten Sie die Fragen der Mitarbeiter!
4. **Mindmap**

   Erstellen Sie zu den Möglichkeiten von Mitwirkung und Mitbestimmung im Betrieb eine Mindmap als Vorbereitung auf die nächste Klausur!

6.5.1 Gesetzlichen Rahmen der Mitbestimmung kennen

Die betriebliche Leistung ist vor allem auf das Zusammenwirken von „Arbeit“ und „Kapital“ zurückzuführen. Hieraus leitet sich der Anspruch der Arbeitnehmer auf Mitbestimmung ab. In der Bundesrepublik Deutschland umfasst die Mitbestimmung der Arbeitnehmer zwei Ebenen:

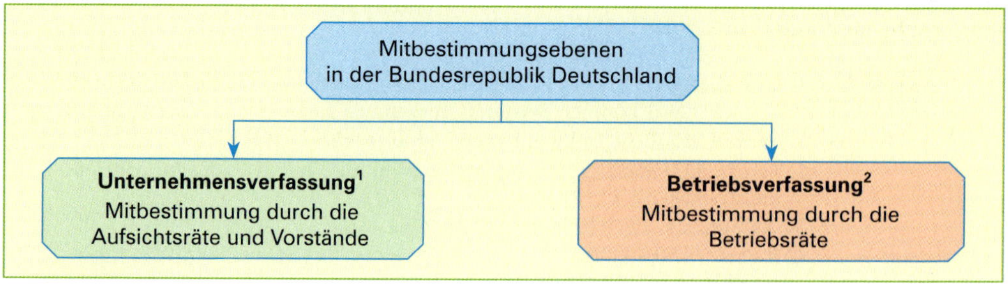

1 Die **Unternehmensverfassung** gilt für Kapitalgesellschaften (z. B. Aktiengesellschaft, GmbH). Der Bildungsplan sieht die Behandlung der Unternehmensverfassung nicht vor.

2 Die **Betriebsverfassung** wird durch das **Betriebsverfassungsgesetz** [BetrVG] geregelt.

Für sogenannte **Tendenzbetriebe**, z. B. unmittelbar und überwiegend politisch ausgerichtete Zeitungsverlage und Religionsgemeinschaften, gilt das BetrVG nicht oder nur eingeschränkt.

6.5.2 Betriebliche Mitbestimmung unterscheiden

„Quod omnes tangit, ab omnibus comprobetur" – was alle betrifft, sollte auch von allen mitbestimmt werden! So befanden bereits die alten Römer.

Die betriebliche Mitbestimmung ist im Betriebsverfassungsgesetz [BetrVG] festgelegt und enthält gesetzliche Regelungen

- zum **Betriebsrat,**
- zur **Jugend- und Ausbildungsvertretung,**
- zu den **unmittelbaren Rechten der Belegschaftsmitglieder** und
- zur **Betriebsvereinbarung.**

6.5.3 Sich mit den Bestimmungen zur Errichtung eines Betriebsrats auseinandersetzen

6.5.3.1 Grundlegendes zum Betriebsrat

(1) Begriff Betriebsrat

Der **Betriebsrat** ist eine Vertretung der Arbeitnehmer gegenüber dem Arbeitgeber.

(2) Zusammensetzung und Wahl des Betriebsrats

In Betrieben mit in der Regel mindestens **fünf ständig wahlberechtigten Arbeitnehmern,** von denen **drei wählbar** sind, **kann** ein Betriebsrat gewählt werden.

- **Wahlberechtigte Belegschaftsmitglieder**[1] sind vor allem Arbeiter, Angestellte und Auszubildende des Betriebs sofern sie das **16. Lebensjahr** vollendet haben.
- **Wählbar** sind alle wahlberechtigten **Arbeitnehmer,** die **18 Jahre alt** sind und mindestens **sechs Monate** dem Betrieb angehören.[2] Dies gilt unabhängig davon, welche Staatsangehörigkeit der Arbeitnehmer besitzt.

Der Betriebsrat bleibt **vier Jahre** im Amt, die Wahlen finden immer in der Zeit vom 1. März bis 31. Mai statt. Die **Anzahl der Mitglieder eines Betriebsrats** richtet sich an der **Anzahl der wahlberechtigten Mitglieder im Betrieb** aus. Je mehr Mitarbeiter ein Betrieb hat, desto mehr Mitglieder umfasst der Betriebsrat.

- In Betrieben mit **5** bis **20** wahlberechtigten Arbeitnehmern besteht der Betriebsrat aus **mindestens einer** Person.
- Bei **mehr** als **20** Arbeitnehmern besteht der Betriebsrat aus **mindestens drei** Mitgliedern.

Die Mitglieder des Betriebsrats wählen aus ihrer Mitte einen **Vorsitzenden** und einen **Stellvertreter.** Ab einer bestimmten Betriebsgröße sind Mitglieder des Betriebsrats von der beruflichen Tätigkeit freizustellen.

Beispiel:

In Betrieben mit in der Regel 200 bis 500 Arbeitnehmern ist mindestens ein Betriebsrat von seiner beruflichen Tätigkeit freizustellen.

1 Das Recht, wählen zu können, nennt man **„aktives Wahlrecht".** („Aktiv sein" bedeutet „tätig sein"; wer wählt, „tut etwas".)

2 Das Recht, gewählt zu werden, bezeichnet man als „passives Wahlrecht". (Wenn jemand „passiv" ist, geschieht etwas mit ihm, er lässt etwas mit sich tun. Beim **„passiven" Wahlrecht** wird also jemand gewählt.)

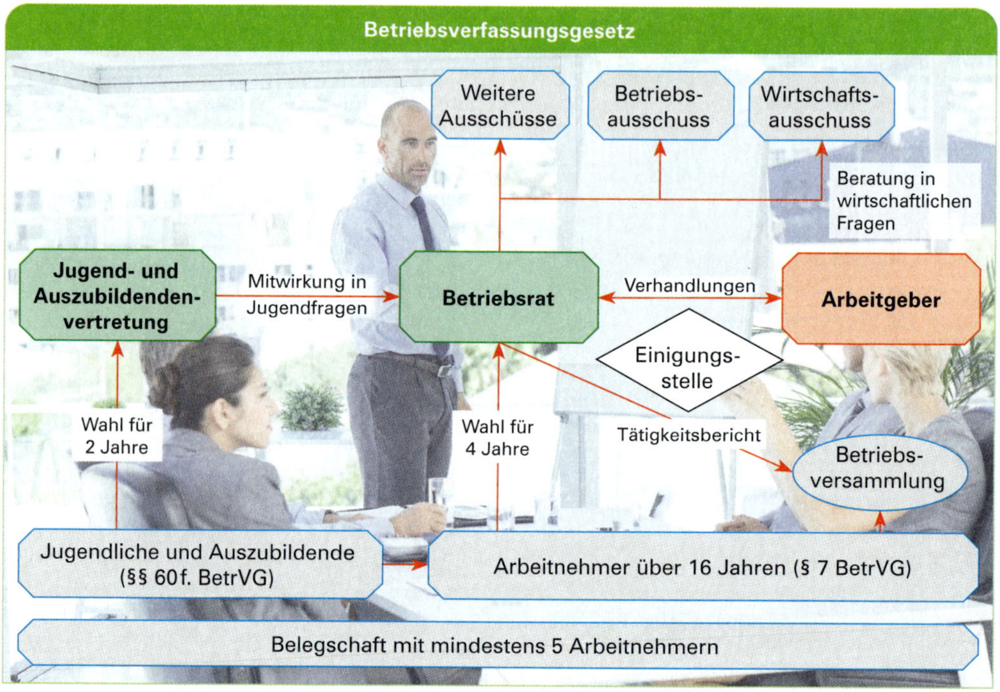

6.5.3.2 Aufgaben des Betriebsrats darstellen und die Stufen der Mitbestimmung des Betriebsrats vergleichen

(1) Aufgaben des Betriebsrats

Allgemeine Aufgabe des Betriebsrats ist, darauf zu achten, dass im Betrieb die **Rechte der Mitarbeiter gewahrt** und deren **Interessen gegenüber dem Arbeitgeber vertreten** werden. Im Einzelnen hat der Betriebsrat

- darüber zu wachen, dass die geltenden Gesetze, Verordnungen, Unfallverhütungsvorschriften, Tarifverträge und Betriebsvereinbarungen eingehalten werden.
- die Anregungen von Arbeitnehmern entgegenzunehmen und durch Verhandlungen mit dem Arbeitgeber auf eine Erledigung hinzuwirken.
- die Wahl der Jugend- und Auszubildendenvertretung vorzubereiten und durchzuführen.
- die Beschäftigung insgesamt im Betrieb zu fördern und zu sichern.
- die Durchsetzung der Gleichberechtigung von Frauen und Männern – insbesondere bei der Einstellung, Aus-, Fort- und Weiterbildung und den beruflichen Aufstieg – zu unterstützen.
- die Eingliederung ausländischer Arbeitnehmer im Betrieb zu fördern.
- die besondere Lage der Schwerbehinderten und sonstiger Schutzbedürftiger im Betrieb zu beachten.
- …

(2) Stufen der Mitbestimmung

Die im **Betriebsverfassungsgesetz** geregelte **Mitbestimmung** umfasst vier Stufen.

Rechte des Betriebsrats	Erläuterungen	Beispiele
Informationsrecht	Der Betriebsrat hat einen Anspruch auf rechtzeitige und umfassende Unterrichtung über die von der Geschäftsleitung **geplanten betrieblichen Maßnahmen.**	■ Information über geplante Neu-, Um- und Erweiterungsbauten. ■ Einführung neuer Arbeitsverfahren und Arbeitsabläufe oder Veränderung von Arbeitsplätzen. ■ Betrieblicher Umweltschutz.
Beratungsrecht	Der Betriebsrat hat das Recht, aufgrund der ihm gegebenen Informationen seine **Auffassung gegenüber dem Arbeitgeber** darzulegen und **Gegenvorschläge** zu unterbreiten. Eine Einigung ist jedoch nicht erzwingbar.	■ Personalplanung (gegenwärtiger und künftiger Personalbedarf), ■ Sicherung und Förderung der Beschäftigung, ■ Ausschreibung von Arbeitsplätzen, ■ Planung technischer Anlagen, ■ Einschränkung oder Stilllegung von Betriebsteilen, ■ Einrichtung betrieblicher Bildungsmaßnahmen, ■ Änderung der Betriebsorganisation.
Widerspruchsrecht und Zustimmungsverweigerungsrecht	Der Arbeitgeber ist auf die Zustimmung des Betriebsrats angewiesen. Erhält er diese nicht, so kann der Arbeitgeber die nicht erfolgte Zustimmung des Betriebsrats durch das Arbeitsgericht überprüfen lassen. Das Arbeitsgericht kann das **Veto** des Betriebsrats aufheben lassen. Widerspruchs- und Zustimmungsverweigerungsrechte beinhalten keine gleichberechtigte Mitbestimmung.	■ Eingeschränkte Widerspruchsmöglichkeit des Betriebsrats bei arbeitgeberseitigen Kündigungen. ■ Zustimmungserfordernis bei den personellen Einzelmaßnahmen wie Einstellung, Versetzung sowie Ein- und Umgruppierung.
Mitbestimmungsrecht	Die Mitbestimmung ist **zwingend.** Dies bedeutet, dass der Arbeitgeber bestimmte Maßnahmen **nur mit Zustimmung des Betriebsrats** durchführen kann. Diese eigentliche Mitbestimmung steht dem Betriebsrat vor allem in sogenannten „sozialen Angelegenheiten" zu, soweit eine gesetzliche oder tarifliche Regelung nicht besteht. Kommt bei einer geplanten Maßnahme eine Einigung nicht zustande, so entscheidet die **Einigungsstelle**[1] in dieser Angelegenheit.	■ Arbeitszeitregelung, ■ Zeit, Ort und Art der Auszahlung der Arbeitsentgelte, ■ Aufstellung allgemeiner Urlaubsgrundsätze und des Urlaubsplans, ■ Einführung der Arbeitszeitüberwachung (z. B. Stempeluhren), ■ Regelung der Unfallverhütung, ■ Form, Ausgestaltung und Verwaltung der Sozialeinrichtungen (z. B. Kantine, Kinderbetreuung), ■ Auswahlrichtlinien bei Einstellungen, Kündigungen, ■ Abschluss von **Betriebsvereinbarungen.** Betriebsvereinbarungen sind schriftlich niedergelegte Absprachen zwischen Arbeitgeber und Betriebsrat.

1 Die Einigungsstelle ist eine **innerbetriebliche** Institution zur Beilegung von Meinungsverschiedenheiten. Sie besteht je zur Hälfte aus Mitgliedern, die der Betriebsrat und der Arbeitgeber benennen. Den Vorsitz übernimmt eine von beiden Parteien bestimmte neutrale Person.

(3) Betriebsversammlung

- Die **Betriebsversammlung** ist die Versammlung der Arbeitnehmer und des Betriebsrats eines Unternehmens.
- **Zweck der Betriebsversammlung** ist es, die Arbeitnehmer über die den Betrieb betreffenden Angelegenheiten zu unterrichten.

Der Betriebsrat hat in jedem Kalendervierteljahr eine Betriebsversammlung einzuberufen, die während der Arbeitszeit stattfindet. In der Betriebsversammlung berichtet der Betriebsrat über seine Tätigkeit, z. B. über die wirtschaftliche und soziale Lage des Betriebs sowie über den betrieblichen Umweltschutz. Dem Betriebsrat können Anträge unterbreitet und zu Betriebsratsbeschlüssen Stellung genommen werden. Betriebsversammlungen sind **nicht öffentlich**.

Der Unternehmer bzw. die Geschäftsführung ist zu den Betriebsversammlungen unter Mitteilung der Tagesordnung **einzuladen**. Er bzw. sie ist berechtigt, in der Versammlung zu **sprechen**.

6.5.4 Jugend- und Auszubildendenvertretung beschreiben

Die **Jugend- und Auszubildendenvertretung** ist die Vertretung der jugendlichen Arbeitnehmer und Auszubildenden im Betriebsrat.

Sofern der Betrieb in der Regel mindestens fünf Arbeitnehmer beschäftigt, die das 18. Lebensjahr noch nicht vollendet haben oder die in ihrer Berufsausbildung stehen (unabhängig vom Alter), **kann** von dem genannten Personenkreis eine **Jugend- und Auszubildendenvertretung** gewählt werden (**aktives** Wahlrecht). Die Jugend- und Auszubildendenvertreter können nur Arbeitnehmer des Betriebs sein, die das 25. Lebensjahr noch nicht vollendet haben sowie alle Auszubildenden unabhängig vom Alter (**passives** Wahlrecht). Die Jugend- und Auszubildendenvertretung bleibt **zwei Jahre** im Amt. Die Jugend- und Auszubildendenvertretung ist **Teil des Betriebsrats.** Wer **bereits Mitglied** des Betriebsrats ist, kann **nicht** gewählt werden. Zu **jeder** Betriebsratssitzung kann die Jugend- und Auszubildendenvertretung einen Vertreter entsenden. Wenn im Betriebsrat ein **Beschluss** gefasst werden soll, der die jugendlichen Arbeitnehmer oder die Auszubildenden betrifft, haben die Jugend- und Auszubildendenvertreter auch **Stimmrecht.**

Die **Hauptaufgabe** der Jugend- und Auszubildendenvertretung ist, die **Förderung der Berufsbildung** zu unterstützen und über die Einhaltung der zugunsten der Arbeitnehmer geltenden **Gesetze, Verordnungen** und **Unfallverhütungsvorschriften** sowie der Regelungen des Tarifvertrags und der Betriebsvereinbarungen zu wachen.

6.5.5 Über unmittelbare Rechte der Belegschaftsmitglieder nach dem Betriebsverfassungsgesetz informieren

(1) Recht auf Unterrichtung

Der Arbeitgeber hat die bei ihm beschäftigten Arbeitnehmer über deren Aufgabe und Verantwortung sowie über die Art ihrer Tätigkeit zu unterrichten. Veränderungen in ihren Arbeitsbereichen sind den Arbeitnehmern rechtzeitig mitzuteilen.

(2) Recht auf Anhörung

Die Arbeitnehmer haben das Recht, in allen betrieblichen Angelegenheiten, die ihre Person betreffen, von den zuständigen Stellen des Betriebs gehört zu werden. Sie sind berechtigt, Vorschläge für die Gestaltung ihrer Arbeitsplätze und die Arbeitsabläufe zu machen. Darüber hinaus können die Arbeitnehmer verlangen, dass ihnen die Berechnung und Zusammensetzung ihrer Arbeitsentgelte erläutert und mit ihnen die Beurteilung ihrer Leistungen sowie die Möglichkeiten ihrer beruflichen Entwicklung im Betrieb erörtert werden. Die Arbeitnehmer können ein Mitglied des Betriebsrats hinzuziehen. § 82 BetrVG

(3) Einsicht in die Personalakten und das Recht auf Beschwerde

Einsicht in die Personalakten	■ Alle Arbeitnehmer haben das Recht, in die über sie geführten Personalakten Einsicht zu nehmen. ■ Die Arbeitnehmer können verlangen, dass mit ihnen die Beurteilung ihrer Leistungen sowie die Möglichkeiten ihrer beruflichen Entwicklung im Betrieb erörtert werden.
Beschwerderecht	Alle Arbeitnehmer sind berechtigt, sich bei den zuständigen Stellen des Betriebs zu beschweren, wenn sie sich vom Arbeitgeber oder von Arbeitnehmern des Betriebs benachteiligt, ungerecht behandelt oder in sonstiger Weise beeinträchtigt fühlen. Der Betriebsrat hat die Beschwerden der Arbeitnehmer entgegenzunehmen und bei berechtigten Beschwerden beim Arbeitgeber auf deren Abhilfe hinzuwirken.

§ 84 BetrVG

§ 85 BetrVG

6.5.6 Inhalt einer Betriebsvereinbarung erläutern

Betriebsvereinbarungen sind Absprachen zwischen Arbeitgeber und Betriebsrat. Die **schriftlich** niedergelegte und von beiden Seiten unterzeichnete Betriebsvereinbarung wird auch **Betriebsordnung** genannt. § 77 II BetrVG

In den Betriebsvereinbarungen werden den Arbeitnehmern meistens unmittelbare und zwingende Rechte gegenüber dem Arbeitgeber eingeräumt, auf die nur mit Zustimmung des Betriebsrats verzichtet werden kann. Arbeitsentgelte und sonstige Arbeitsbedingungen, die durch **Tarifvertrag** geregelt sind oder üblicherweise geregelt werden, können **nicht** Gegenstand einer Betriebsvereinbarung sein, es sei denn, dass ein Tarifvertrag den Abschluss ergänzender Betriebsvereinbarungen ausdrücklich zulässt. Durch Betriebsvereinbarungen können insbesondere zusätzliche Maßnahmen zur Verhütung von Arbeits-

§ 77 IV BetrVG

§ 77 III BetrVG

§ 88 BetrVG

unfällen und Gesundheitsschädigungen, die Errichtung von Sozialeinrichtungen und Maßnahmen zur Förderung der Vermögensbildung beschlossen werden.

Ein Sonderfall der Betriebsvereinbarung ist der **Sozialplan**. Er stellt eine **vertragliche Abmachung** zwischen Arbeitgeber und Betriebsrat über den Ausgleich oder die **Milderung wirtschaftlicher Nachteile** dar, die der Belegschaft als Folge geplanter Betriebsänderungen entstehen (z. B. Lohnminderungen, Versetzungen, Entlassungen).

Der Sozialplan enthält z. B. Regelungen über Ausgleichszahlungen an entlassene Arbeitnehmer, Umzugsbeihilfen bei Versetzungen an andere Orte, Umschulungsmaßnahmen oder Zuschüsse bei vorzeitiger Verrentung älterer Mitarbeiter.

Beispiele:

- Durch Bündelung von Standorten kommt es bei der Kundenbank AG deutschlandweit zu Schließungen von mehr als einhundert Filialen.
- Die Kundenbank AG zentralisiert die Organisation der Ausbildung, wodurch die regionalen Ausbildungsabteilungen künftig wegfallen.
- Der gesamte Zahlungsverkehr der Kundenbank AG wird an einen Dienstleister ausgegliedert, wodurch die Beschäftigten aus diesem Bereich entlassen bzw. anderweitigen Aufgaben zugeführt werden sollen.
- Die Kundenbank AG möchte durch den Einsatz von Künstlicher Intelligenz in den nächsten zehn Jahren ca. 5000 Stellen abbauen.

6.5.7 Vor- und Nachteile der betrieblichen Mitbestimmung abwägen

Vorteile	Nachteile
■ Die zwischen Arbeitnehmer und Arbeitgeber vorhandenen Konflikte können gemildert oder gelöst werden. ■ Es ist zu erwarten, dass informierte und in ihrer Stellung gestärkte Arbeitnehmer mehr Interesse am Betrieb gewinnen.	Betriebliche Entscheidungen können verzögert, abgeändert oder unmöglich gemacht werden. Eine marktwirtschaftlich orientierte Volkswirtschaft erfordert jedoch schnelle Entscheidungen.

Kompetenztraining

32 Die Frühbauer Consulting KG beschäftigt 28 Mitarbeiter. Die Mitarbeiter beschließen, einen Betriebsrat zu wählen.

Aufgaben:

1. 1.1 Nennen Sie das Gesetz, in welchem sich die Regelungen zur Wahl des Betriebsrats befindet!

   1.2 Begründen Sie, ob sich der Geschäftsinhaber dem Wunsch der Belegschaft widersetzen kann!

2. 2.1 Eva Wenzler ist 35 Jahre alt und seit vier Monaten in der Kundenbank AG als Servicekraft tätig.

   2.1.1 Erläutern Sie, ob Eva Wenzler bei der Betriebsratswahl stimmberechtigt ist!

   2.1.2 Begründen Sie, ob sich Eva Wenzler zur Betriebsrätin wählen lassen darf!

   2.2 Erklären Sie, aus welchem Grund die Mitarbeiter der Kundenbank AG die Wahl eines Betriebsrats befürworten!

3. Nennen Sie zwei Beispiele, in denen der Betriebsrat ein Informationsrecht besitzt, und zwei Beispiele, in denen er ein Mitbestimmungsrecht hat!

4. Die Leiterin der Personalabteilung der Kundenbank AG hat den Angestellten Konstantin Schlick zum Leiter der Rechnungswesenabteilung ernannt. Der Betriebsrat widerspricht. Er sähe an dieser Stelle lieber das langjährige Gewerkschaftsmitglied Ferdinand Blau. Erläutern Sie, ob sich der Betriebsrat durchsetzen kann!

5. Die Einrichtung eines Betriebsrats soll dazu beitragen, Konflikte zwischen der Arbeitnehmer- und der Arbeitgeberseite zu vermeiden, zu mildern oder gar zu lösen. Nennen Sie drei mögliche Konflikte!

6. Nennen Sie die Voraussetzung, die gegeben sein muss, damit eine Betriebsversammlung durchgeführt werden kann!

7. Ohne Anhörung des Betriebsrats führt die Kundenbank AG neue Arbeitszeiten ein. Der Betriebsrat widerspricht dieser Anordnung. Prüfen Sie, ob die Anordnung trotzdem wirksam ist!

8. Die Immobilienmanagement Moosbrucker OHG beschäftigt ständig 50 Arbeitnehmer, darunter 8 Arbeitnehmer im Alter zwischen 18 und 25 Jahren und vier Auszubildende. Ein Betriebsrat besteht bisher nicht.

   Aufgaben:

   8.1 Klären Sie rechtlich, ob die Voraussetzungen für die Wahl eines Betriebsrats und einer Jugend- und Auszubildendenvertretung erfüllt sind!

   8.2 Notieren Sie, für welche Zeit der Betriebsrat gewählt wird!

   8.3 Nennen Sie zwei Angelegenheiten, in denen der Betriebsrat die Geschäftsleitung beraten kann!

9. Markus Knoll, seit langen Jahren in der Kundenbank AG angestellt, hat sich um die neue Stelle als Filialleiter beworben. Er fällt durch. Nunmehr verlangt er Einsicht in die Personalakten. Stellen Sie die Rechtslage dar!

10. In einer Diskussion meint der Auszubildende Patrick Licht, dass die Mitbestimmung in den Betrieben zur Demokratie gehöre. Formulieren Sie Ihre Ansicht!

11. Die Mitarbeiterin Ina Mennig wird in den Betriebsrat der Kundenbank AG gewählt.

    Nennen Sie das besondere Recht, das sie mit dieser Wahl in Bezug auf ihr Dienstverhältnis erworben hat!

12. Überprüfen Sie die nachfolgenden Aussagen auf ihre Richtigkeit und entscheiden Sie, welche Aussage zur betrieblichen Mitbestimmung richtig ist! Sind alle Aussagen falsch, tragen Sie bitte eine ⑨ in das Kästchen ein!

    ① In die Jugend- und Auszubildendenvertretung können nur Arbeitnehmer gewählt werden, die das 25. Lebensjahr noch nicht vollendet haben. Erfüllen sie diese Bedingung, können sie sich wählen lassen. Sie besitzen somit das aktive Wahlrecht.

    ② Der Arbeitgeber ist zu den Betriebsversammlungen unter Mitteilung der Tagesordnung einzuladen. Er ist jedoch nicht berechtigt, in der Vollversammlung zu sprechen.

    ③ Das Mitbestimmungsrecht des Betriebsrats ist zwingend. Diese eigentliche Mitbestimmung steht ihm vor allem in sogenannten sozialen Angelegenheiten zu, unabhängig ob eine gesetzliche oder tarifliche Regelung besteht.

    ④ Alle Arbeitnehmer haben das Recht, in die über sie geführten Personalakten Einsicht zu nehmen. Der Antrag hierzu muss schriftlich zwei Wochen vor Einsichtnahme eingereicht werden.

    ⑤ Betriebsvereinbarungen sind Absprachen zwischen Arbeitgeber, Betriebsrat und Jugend- und Auszubildendenvertretung. Betriebsvereinbarungen werden schriftlich niedergelegt und von den drei beteiligten Seiten unterschrieben.

7 Projektorientiert arbeiten, Präsentationen sowohl strukturiert als auch adressatengerecht vorbereiten, mithilfe digitaler und analoger Medien durchführen und konstruktiv bewerten

Lernsituation 21: Auszubildende der Kundenbank AG sollen projektorientiert arbeiten und eine Präsentation durchführen

Im betriebsinternen Unterricht der Kundenbank AG werden aktuell im ersten Ausbildungsjahr zwanzig Auszubildende an dem Standort betreut. Heute erscheint die Ausbilderin Anja Weiken und informiert die Auszubildenden darüber, dass sie in den nächsten vier Wochen nachmittags in Teams von jeweils fünf Personen ein Projekt durchführen sollen.

Frau Weiken führt an, dass ein ganz wichtiger Baustein in dem Berufsfeld Bankkaufmann/-frau darin bestehe, dass man in der Berufswelt häufig mit Projekten zu tun hat. Zudem müsse man sich unabhängig von der späteren Tätigkeit gegenüber Vorgesetzten, Kunden, dem Kollegium und in Weiterbildungsmaßnahmen permanent erfolgreich präsentieren können. Ziel des Projektes sei die Erstellung einer Imagebroschüre für eine Ausbildung bei der Kundenbank AG, die dann auf einem „Galaabend der Ausbildung" in Form einer kreativen Präsentation mit anschließendem Stehempfang vorgestellt werden soll. Zu diesem Abend werden Vertreter des Vorstandes der Kundenbank AG, Angehörige der Auszubildenden und Vertreter der Agentur für Arbeit sowie der IHK eingeladen. Die Arbeit im Team soll gleichzeitig auch die für diesen Ausbildungsberuf zwingend erforderliche Teamfähigkeit fördern.

Frau Weiken weist darauf hin, dass durch diese Vorgehensweise die Auszubildenden die Grundregeln projektorientierten Arbeitens und einer guten Präsentation erlernen und gleichzeitig deren Umsetzung in die Praxis üben können. Dabei lägen die Schwerpunkte dieser Übung sowohl bei der Projektorganisation, dessen Planung und Vorbereitung als auch beim Aufbau einer Präsentation, deren professionellen Gestaltung, den Visualisierungs- und Präsentationstechniken sowie der anzuwendenden Gestik, Mimik und Sprache bis hin zur Planung und Organisation des Stehempfangs.

Am Ende ihres Impulsvortrages führt Frau Weiken an, dass sie kein Handout zum Thema „Projektorientiertes Arbeiten und Präsentation" vorbereitet hat. Alles hierfür Notwendige möchte sie gemeinsam mit den Auszubildenden erarbeiten. Deshalb beginnt sie mit einem Brainstorming zum Thema „Präsentation". Die Auszubildenden sollen ihre Gedanken in Stichworten auf farbige Karten schreiben und an eine Pinnwand heften. Anschließend sollen diese Gedanken von allen gemeinsam sinnvoll strukturiert werden. Dieses Ergebnis bildet dann den Grundstock für einen selbst zu erarbeitenden Projektleitfaden.

Während Frau Weiken Karten und Stifte aus ihrem Moderatorenkoffer verteilt, sagt Paul zu seiner Sitznachbarin Lisa-Marie: *„Na toll, jetzt müssen wir uns wieder mal im Stuhlkreis alles selbst erarbeiten. Wann hört das endlich mal auf. Hier ist es also genauso wie in der Schule: Wir arbeiten und die Ausbilderin macht sich einen schlanken Fuß. Ich will einfach nur Fakten bzw. einen Leitfaden und dann können wir gerne das Projekt durchziehen."* Lisa-Marie entgegnet: *„Sei doch nicht so negativ. Wir alle haben doch keine Ahnung von projektorientiertem Arbeiten oder einer perfekten Präsentation, aber vielleicht können wir gemeinsam* *etwas erarbeiten, wo wir uns irgendwie alle wiederfinden. Außerdem muss man auch im Berufsleben kooperieren, kreativ sein, neue Wege gehen und Ziele gemeinsam erreichen."*

Paul sieht Lisa-Marie fragend an und sagt: *„Klingt toll, aber wie soll man etwas erarbeiten, von dem wir alle nicht wirklich Ahnung haben."*

Kompetenzorientierte Arbeitsaufträge:

1. **Übersichtsmatrix**
   Erstellen Sie eine Übersichtsmatrix zum 5-Phasenmodell eines Projektes!
2. **Erstellung eines Ablaufplans**
   Für die Durchführung von Projekten müssen in Banken und Sparkassen häufig Primärdaten erhoben werden. Als ein probates Mittel hierfür gelten Befragungen von Betroffenen wie beispielsweise Mitarbeitern oder Kunden.
   Entwickeln Sie einen Ablaufplan für die Erstellung einer fundierten Befragung! Untergliedern Sie diesen Ablaufplan in die drei Kategorien: Vorbereitung einer Umfrage, Durchführung einer Umfrage sowie Auswertung und Dokumentation. Nutzen Sie hierbei auch das Internet als Informationsquelle.

3. Nennen Sie vier Beispiele für Präsentationen aus dem Berufsalltag einer Bank oder Sparkasse!
4. Erläutern Sie, wie die Informationsbeschaffung für Präsentationen stattfindet!
5. Nennen Sie vier mögliche Ziele einer Präsentation!
6. **Entwicklung eines Feedbackbogens**
   Entwickeln Sie gemeinsam als Klasse einen Feedbackbogen, den sie dann während der gesamten Berufsschulzeit als Maßstab für Präsentationen und Referate nutzen!
7. **Präsentation**
   Erarbeiten Sie mittels digitaler Medien eine möglichst kreative Präsentation zur Attraktivität des Ausbildungsberufes Bankkaufmann/-kauffrau! Zielgruppe dieser Präsentation sind künftige Schulabgänger, die für diesen Ausbildungsberuf gewonnen werden sollen.

7.1 Projektorientiertes Arbeiten

7.1.1 Projekt als besondere Form der Arbeitsorganisation

Der Projektbegriff[1] bzw. das projektorientierte Arbeiten gewinnt gerade in den letzten Jahren in vielen Zusammenhängen an Bedeutung: bei geschäftlichen Projekten in der Industrie, im IT-Bereich und auch zunehmend im Banken- und Sparkassensektor.

Ein Projekt ist ein **Vorhaben,** das vor allem durch die **Einmaligkeit** der **Bedingungen** in ihrer Gesamtheit gekennzeichnet ist, wie z. B.

- **Zielvorgabe,**
- zeitliche, finanzielle, personelle oder andere **Ausstattung,**
- **Abgrenzung** gegenüber **Routineaktivitäten,**
- **projektspezifische** Organisation sowie
- **fachübergreifender** und **neuartiger** Aufgabenstellung.

1 **Projekt** (lat. projicere): entwerfen, planen, sich vornehmen.

Projektorientiertes Arbeiten bedeutet, dass man sich zur Bewältigung **komplexer Aufgabenstellungen** an einem Plan ausrichtet, nach einem Plan vorgeht bzw. sich mit einem Plan eine Richtung sucht.

Die Sonderstellung der Projekte stellt **spezielle Anforderungen** an die Projektleitung und die Projektmitglieder in den Verfahrensweisen und Organisationsformen, die nicht mit bewährten Ablaufmustern und Routine gemeistert werden können. Die Lösung einer **neuartigen** Aufgabe erfordert besondere Anforderungen an die **Fach-, Methoden-** und **Sozialkompetenz** der Projektteilnehmer. Es muss eine gedeihliche Atmosphäre in der Zusammenarbeit gefunden werden. Diese Ungewissheit in der Aufgabenstellung und der personellen Konstellation birgt die Gefahr von groben Fehlern. Gescheiterte Projekte sind schließlich keine Seltenheit.

Beispiele für neuartige Vorhaben:

- Errichtung eines Webshops
- Bau eines neuen Kundenzentrums
- IT-Projekt „papierlose Bank"
- Einführung einer integrierten Unternehmenssoftware (ERP-System)

7.1.2 Projektarten unterscheiden

Projekte lassen sich nach verschiedenen Kriterien einteilen. Nach dem **Sachziel** unterscheidet man

- Investitionsprojekte in der Anlagen- und Bauwirtschaft,
- Forschungs- und Entwicklungsprojekte von Forschungs- und Erprobungseinrichtungen,
- Organisationsprojekte in der Informationstechnologie und der Verwaltung.

Nach der **Größenordnung** unterscheidet man **Großprojekte** sowie **Klein- und Kleinstprojekte**. Die Klein- und Kleinstprojekte als zeitlich befristete Arbeitsaufträge sollen sich in Anlehnung an das genormte Projektmanagement bestimmter Mindeststandards bedienen.

Minimalschema für „kleine" Projekte[1]

- Offizielle Ernennung eines Projektleiters und des Projektteams
- Schriftlicher Projektauftrag und schriftlich fixierte Projektdefinition (= Pflichtenheft)
- Projektstartsitzung
- Projektstrukturplan mit ausgefüllten Arbeitspaketbeschreibungen
- Terminierung der Arbeitspakete: Balkenpläne oder Terminliste; laufende Aktualisierung
- Definition von Meilensteinen (Anzahl > 2) mit zugeordneten Meilensteinergebnissen
- Festlegung eines einfachen Berichtsformats und regelmäßige Projektstatussitzungen
- Projektabschlusssitzung mit Abschlussbericht

1 Vgl. Schelle, Heinz: Projekte zum Erfolg führen, 6. Auflage, München 2010, S. 46.

7.1.3 Projektinitiative mittels Projektantrag und Projektauftrag

Anstöße für Projekte können aus dem betrieblichen Vorschlagswesen entstehen oder auch von vorgesetzten Instanzen angeordnet werden. Bevor **Projektideen** in die offizielle Phase treten, werden informelle Gespräche im Umfeld des Projektgegenstandes geführt, um die **Notwendigkeit** und **Zweckmäßigkeit** abzuschätzen.

Das typische Verfahren zur **Ingangsetzung** von Projekten ist der **Projektantrag.**

So vielfältig und einmalig wie Projekte sind, so unterschiedlich können Projektanträge ausgestaltet sein. Grundsätzlich sollen die erforderlichen Inhalte im angemessenen Detaillierungsgrad zusammengestellt werden. Der Projektantrag in der Form einer **Projektbeschreibung** soll mindestens festlegen:

- Projektgegenstand,
- Anlass für die Projektinitiative,
- Zielsetzungen und erwartete Ergebnisse,
- Begründung von Nutzen und Zweck,
- Beschreibung der Inhalte und der Grobstruktur,
- Abschätzung von Kosten und Personaleinsatz,
- Projektrisiken und Vorsorgemaßnahmen,
- Projektdauer.

Der Projektantrag dient im Sinne einer Projektdefinition als **inhaltliche Grundlage** für den angestrebten Projektauftrag. In einem häufig mehrstufigen Genehmigungsverfahren müssen die Beteiligten eine Einigung über die **Machbarkeit** und die **nutzenstiftenden** Ergebnisse erzielen. Dann wird dem Projektantrag vom Entscheidungsgremium mit den notwendigen Ergänzungen die **Freigabe als Projektauftrag** erteilt.

7.1.4 Projektmanagementphasen strukturiert darstellen

Zur praktischen Handhabung wird ein Projekt in **fünf Projektmanagementphasen** strukturiert. Das sind abgegrenzte Projektzeiträume mit klar definierten Zielen und bestimmten Teilergebnissen als Phasenabschluss. Das Teilergebnis ist sodann die Arbeitsgrundlage für die Folgephase.

Phase 1	Phase 2	Phase 3	Phase 4	Phase 5
Projekt-initialisierung	**Projekt-definition**	**Projekt-planung**	**Projekt-durchführung**	**Projekt-abschluss**

Das **Instrumentarium** des **Projektmanagements** zeigt Wege auf, sich fachliches Wissen planmäßig anzueignen und Probleme **zielorientiert, methodengeleitet** und **selbstständig** zu lösen.

Die Herangehensweise und Aufgabenwahrnehmung nach den Regeln und mit den Instrumenten des Projektmanagements sind ein wertvolles **Training für künftige Berufssituationen** und über den Berufsbereich hinaus.

Das „Minimalschema für ‚kleine' Projekte" aus Kapitel 7.1.2 zeichnet die Struktur vor. Die schrittweise Umsetzung wird in den folgenden Kapiteln dargelegt.

Hinweis: Unterrichtsprojekte und Projektmanagement

- In **Unterrichtsprojekten** müssen **nicht** unbedingt **innovative** Prozesse mit **neuartigen** Lösungen entwickelt werden. In inhaltlicher Ausrichtung, Zielsetzung und Größenordnung weichen Unterrichtsprojekte von normkonformen Wirtschaftsprojekten ab.
- Das Unterrichtsprojekt ist ein **handlungs- und produktorientiertes Vorhaben** zum beruflichen Kompetenzerwerb.
- In diesem Sinne sind Unterrichtsprojekte ein Übungsterrain für den **zukünftigen beruflichen Ernstfall** in Wirtschaft und Verwaltung. Mit der Vermittlung einer **Projektkompetenz** erwerben die Projektteilnehmer die Fähigkeit, in der betrieblichen Praxis an Unternehmensprojekten gestaltend mitzuwirken.
- Die in diesem Kapitel dargestellten Projektmanagementphasen eignen sich **sowohl** für **berufsschulbezogene** Unterrichtsprojekte **als auch** für das **berufsbezogene projektorientierte** Arbeiten.

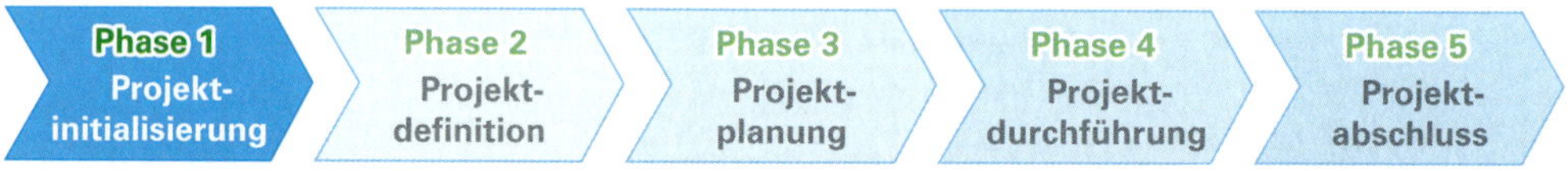

In der Phase 1 gilt es, aus einer Vielzahl von Vorstellungen ein konsensfähiges **Projektthema** zu entwickeln.

Projektfindungsprozess

Was erwarten wir?	Wir entwickeln einen kreativen Ideensturm!	Wir überprüfen die Ideen auf Machbarkeit (Plausibilitätsstudie).	Wir einigen uns auf ein Projektthema.	Wir machen uns zielstrebig ans Werk!

Beispiel: Ideenfindung mithilfe der Metaplanmethode[1]

Mithilfe Metaplantechnik werden mittels einer Kartenabfrage Themen gesammelt, zur Verdeutlichung visualisiert und schließlich auf einer Pinnwand systematisiert. Damit schaffen Sie sich die Grundlage für eine stringente Diskussion und Entscheidungsfindung.

Ablauf der Metaplanmethode

1. Sie wählen einen Moderator.
2. Sie bilden einen großen Stuhlkreis mit einer Öffnung für die Aufstellung einer Pinnwand. Ersatzweise kann auch ein Whiteboard o. Ä. verwendet werden.
3. Sie beschriften 2–3 Karten mit Ihren Wunschthemen.
4. Ihre beschrifteten Karten werfen Sie für alle lesbar auf den Fußboden in der Kreismitte.
5. In einer kurzen Überlegungsphase sichten alle die vorgeschlagenen Projektthemen.
6. Wiederholungen oder nahezu deckungsgleiche Karten werden gestapelt, sodass sich die Menge der offenen Karten verringert.
7. Sie entwickeln Kategorien, die als zusammenfassende Überschriften für die Karten dienen werden.
8. Ihr Moderator beschreibt längliche Karten, sogenannte Schlipse, mit den gefundenen Kategorien und heftet sie als Überschriften an die Pinnwand bzw. mit Magneten an das Whiteboard.
9. Als Nächstes befestigt jeder Projektteilnehmer seine Karten geordnet unter die zutreffenden Überschriften. Mit der Anhäufung entstehen sogenannte Cluster (Klumpen) als sortierte Ideensammlung.

10. Die Clusterbildung wird noch einmal im Plenum diskutiert und ggf. werden Karten umgesteckt.
11. Zur Favoritenbildung erhalten Sie vom Moderator einen grünen und einen gelben Klebepunkt. Den grünen Punkt kleben Sie zum Cluster Ihrer ersten Wahl, mit dem gelben Punkt markieren Sie Ihre nachrangige zweite Wahl.
12. In einer Abschlussdiskussion entscheidet sich das Plenum für Themen aus dem favorisierten Cluster bzw. für eine neu formulierte Kompromisslösung eines Themenspeichers.
13. Zum Einstieg in die weitere Projektplanung ist eine grobe Vorstellung über die Ziele und das Endprodukt des Projektes zu skizzieren. Sie verständigen sich also auf eine **Projektskizze.**

Die in die engere Auswahl gestellten Projektideen bzw. deren Projektskizze werden einer **Plausibilitätsbetrachtung** unterzogen, ob unter den gegebenen Rahmenbedingungen ein respektables Ergebnis erreicht werden kann.

Zu hinterfragen ist dabei die Optimierung des **„Magischen Dreiecks“** des Projektmanagements aus Sachziel, Termin- und Ressourcenziel.

1 Vgl. Schelle, Heinz: Projekte zum Erfolg führen, 6. Auflage, München 2010, S. 46.

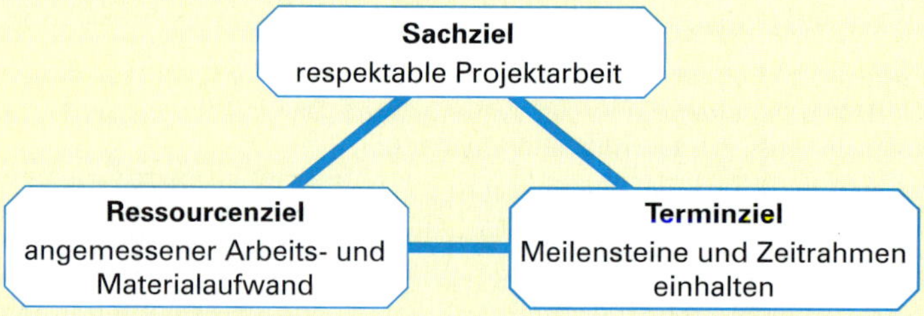

Zielformulierungen müssen bestimmten Anforderungen genügen. Die Zielformel **SMART** ist hierfür eine Gedankenstütze. Jeder einzelne Buchstabe steht für eine Eigenschaft.

S	spezifisch, simpel	Das Ziel soll genau beschrieben, einfach formuliert und für alle nachvollziehbar sein.
M	messbar	Festgelegte Kennzahlen müssen es erlauben, dass die Erreichung des Ziels gemessen werden kann.
A	akzeptiert	Das formulierte Ziel muss übereinstimmen mit den Wertvorstellungen des Unternehmensleitbildes.
R	realistisch	Das Ziel darf nicht utopisch und damit demotivierend sein. Vielmehr benötigen die Mitarbeiter das Gefühl, dass das Ziel erreichbar ist.
T	terminiert	Der Zeithorizont, in welchem das Ziel zu erreichen ist, muss festgelegt sein.

Phase 1 Projektinitialisierung → **Phase 2 Projektdefinition** → Phase 3 Projektplanung → Phase 4 Projektdurchführung → Phase 5 Projektabschluss

Zur Projektdefinition gehört eine eingehendere **Auseinandersetzung** mit der **Projektskizze** als **Ausgangsbasis.** Vorrangig ist es, sich Klarheit über das **Projektziel** und das **Projektergebnis** zu verschaffen. Letzteres ist in aller Regel eine konkret zu beschreibende **Projektarbeit.**

Beispiele für Projektarbeiten:

- Informationsbroschüre über die Berufsausbildung bei der Kundenbank AG in Kooperation mit einer Berufsschulklasse für Marketingkommunikation und einer Werbeagentur,
- eine Ausstellung „Anders Essen – saisonaler und regionaler Einkaufskorb für eine gesunde Ernährung" mit Verkostung und in Kooperation mit einer Krankenkasse und ökologischen Erzeugern,
- eine Informationsveranstaltung „Nachhaltige Fonds – umweltbewusst und sozial verantwortlich investieren" in Kooperation mit ökologisch und sozialpolitisch engagierten Verbänden und örtlichen Einrichtungen,
- ein Businessplan zur Unternehmensgründung in Kooperation mit Start-up-Unternehmen und Kammern.

In Kenntnis der zukünftigen Ergebnisse können **Zeitrahmen** und **Arbeitsaufwand** seriös eingeschätzt werden. Mit einer Beschreibung der **Grobstruktur** werden Inhalte und Kooperationsvorhaben bereits festgeschrieben und die zu erreichenden Erfolgsziele bekommen ein erstes Profil. Die bisher geleistete inhaltliche Auseinandersetzung in verschiedenen Aktions- und Sozialformen ist ein Wegbereiter dafür, dass das Vorhaben in eine breite **Konsensbildung** und **Akzeptanz** für das Projekt mündet.

Die Verbindlichkeit des Projektauftrags wird durch die **Schriftform** untermauert.

Kompetenztraining

33 Projektteams sollen in stabiler Zusammensetzung gemeinsame Leistungen zur Ausarbeitung der Projektskizze erbringen. Sie sollen sich vorab Gedanken über eine harmonische Teamarbeit und Gruppenbildung machen, um Befindlichkeitsstörungen im Projektunterricht vorzubeugen. Dazu bilden Sie erstmalig ganz bewusst Gruppen als Vorentscheidung für endgültige Projektteams.

Aufgaben:

1. Bilden Sie nach eigener Wahl Gruppen von 4–6 Mitgliedern!
2. Diskutieren Sie in Ihrer Gruppe die folgenden Hinweise für die Teamarbeit!

   Bewerten Sie alle Aussagen mit folgenden Prädikaten: **zentrale Werte, wichtige Werte oder weniger wichtige Werte**!

   - Jedes Teammitglied ist für das Gruppenergebnis mitverantwortlich.
   - Jeder arbeitet mit und bemüht sich um bestmögliche Ergebnisse.
   - Jeder ist gegenüber dem Team für die übernommenen Aufgaben verantwortlich.
   - Wir diskutieren jeweils über den „richtigen" Weg.
   - Jeder darf und soll seine Meinung frei äußern.
   - Wir akzeptieren die Meinungen der anderen.
   - Jeder lässt den gerade Sprechenden ausreden.
   - Jeder sollte offen über seine Befindlichkeit im Team sprechen.

3. Fügen Sie bei Bedarf weitere Aspekte hinzu, die Sie für wichtig halten.
4. Ordnen Sie Ihr Ergebnis übersichtlich auf einem Plakat oder einer Pinnwand und erstellen Sie einen Kriterienkatalog für die Bildung harmonischer Projektgruppen!
5. Werben Sie im Plenum für die Meinung Ihrer Gruppe, was eine „gute Gruppenarbeit" ausmacht.

(1) Entwicklung eines Projektstrukturplans

Um die **Komplexität** eines Projektes zu **reduzieren,** ist es angebracht, das Gesamtvorhaben in überschaubare **Teilprojekte** zu zerlegen. Damit nimmt die **Transparenz** für alle Beteiligten zu und es werden Entwicklungsschritte sichtbar.

Der **Projektstrukturplan** ist das zentrale Dokument für eine **Projektsystematik.**

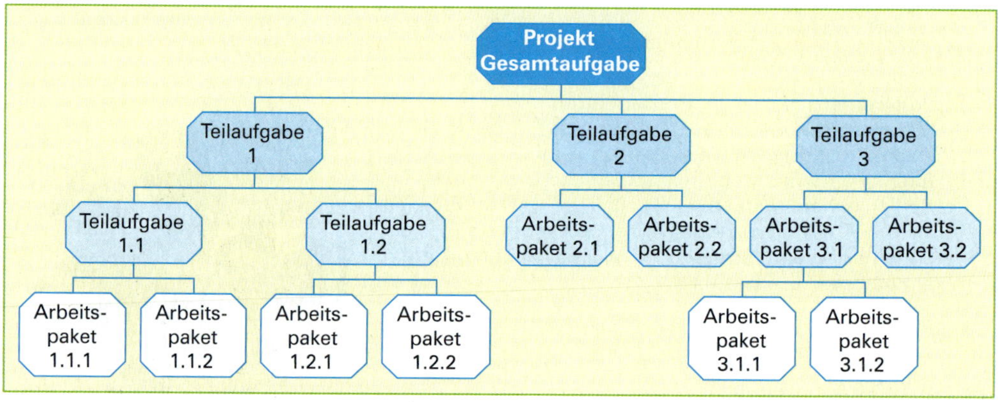

Der Projektstrukturplan mit der Gesamtaufgabe, seinen Teilprojekten und Arbeitspaketen wird als hierarchisches **Baumdiagramm** in **Top-down-Weise** heruntergebrochen. Das Projektthema als **Gesamtaufgabe** wird Schritt für Schritt in **Teilaufgaben,** diese wiederum in **Arbeitspakete** aufgegliedert. Die Teilprojekte können als Themenspeicher aufgefasst werden, aus denen Unterthemen in Form von handhabbaren Arbeitspaketen geschnürt werden. Das Baumdiagramm zeigt die logischen Zusammenhänge und Abhängigkeiten auf.

Die Arbeitspakete (AP) sind jene Elemente, die als **Arbeitsauftrag** an die Teammitglieder vergeben werden. Sie enthalten folgende Informationen:

- Name des Projektes, dem sie zugehören
- Kurzbezeichnung des Arbeitspaketes
- Beschreibung der Aufgabenstellung, die mit diesem Paket verbunden ist
- Erwartetes Ergebnis (Meilenstein)
- Name des Verantwortlichen
- Zeitrahmen für Start und Ende
- Aufwand für die Erstellung in Personenstunden[1]
- Voraussichtliche Kosten für Personal und Sachmittel
- Beziehungen zu anderen Arbeitspaketen
- Datum und Unterschrift des Projektleiters und des Verantwortlichen für das Arbeitspaket

1 **Personenstunden:** Arbeitspensum, das eine Person in einer Stunde bewältigt.

- Ein **Arbeitspaket** ist die kleinste, sinnvolle Teilaufgabe, die zusammenhängende Aktivitäten bündelt. Arbeitspakete müssen präzise **voneinander abgegrenzt** sein, **kontrollierbare Aufgabenstellungen** beinhalten und einem Team **verantwortlich zugeordnet** werden.
- Vorausschauend sind Arbeitspakete die **Bausteine** für die folgende **Ablauf- und Zeitplanung.**

Bei einer **objektorientierten Gliederung** sind die Teilprojekte und Arbeitspakete bestimmte Produkte, die zu erstellen sind.

Beispiele:

- Fragebogen für Interviews
- Projektdokumentation
- Powerpoint-Präsentation

Bei einer **verrichtungsorientierten Gliederung** sind die Teilprojekte und Arbeitspakete notwendige Tätigkeiten zur Abwicklung des Projekts.

Beispiele:

- Umfrage durchführen
- Recherchen mit Internet
- Sitzungen abhalten

In der **Praxis** ergibt sich in aller Regel eine **Mischung** beider Gliederungsprinzipien, u. U. nur bedingt durch die Art der Formulierung. Für die weitere Verlaufsplanung identifiziert der Projektstrukturplan die **arbeitsteilige Aufgabengliederung.**

(2) Festlegen der Arbeitspakete

Für das **Füllen** von Arbeitspaketen mit konkreter Substanz sind die **erforderlichen Aktivitäten** zu ermitteln. Welche Aufgaben sind es wert und welche Wege sollen beschritten werden, um ein respektables Projektergebnis zu erzielen?

Bei der Definition und Abgrenzung der Arbeitspakete ist es ratsam, **nicht** zu **kleinschrittig** vorzugehen, denn wegen der Einmaligkeit von Projekten sind nicht alle Details planbar.

- Den Teams werden **mehrere Arbeitspakete** übertragen, die in der Summe für die **Teamgröße** und den **Arbeitsaufwand** angemessen sind.
- In der **Terminplanung** setzt jedes Arbeitspaket automatisch einen **Zieltermin (Meilenstein)** zur **kurzfristigen Erfolgssicherung.**

(3) Bildung von Projektteams

Die Arbeitspakete bilden die Vorlage für die Zusammensetzung von Projektteams, denen die **sach- und termingerechte Erfüllung** verantwortlich übertragen wird. Die Gruppenmitglieder müssen sich also darüber im Klaren sein, dass sie über einen **längeren Zeitraum** ein gemeinsames Teamergebnis erzielen sollen.

Ein **Projektteam** besteht idealerweise aus 4–6 Personen, deren Fähigkeiten sich ergänzen. Die Teammitglieder engagieren sich für die übertragenen Sachaufgaben und Leistungsziele in einem **selbst organisierten** Arbeitseinsatz. Dafür tragen sie die **gemeinsame Verantwortung.**

Die Projektmitarbeiter müssen **fachlich** geeignet, **kooperativ** eingestellt und **konfliktfähig** sein bzw. sich diese Eigenschaften im Laufe des Projektes aneignen.

(4) Ablauf- und Zeitplan

Der Ablauf- und Zeitplan legt die **logische** und **zeitliche** Abfolge der Arbeitspakete unter Berücksichtigung der bestehenden Abhängigkeiten fest. Eine übersichtliche Zeitplanung lässt sich mit einfachen Mitteln als **Balkendiagramm** erstellen.

Das **Balkendiagramm** ist „ein graphischer Zeitplan, dessen Vorgänge und Arbeitspakete durch waagerechte Balken von **zeitproportionaler** Länge dargestellt sind."

Das folgende Schaubild visualisiert mit horizontalen Balken als Zeitlinie ausschnittsweise die ersten Projektwochen.

Projektschritt Arbeitspaket (AP)	Projekt-team	KW 36	KW 37	KW 38	KW 39	KW 40	KW 41	KW 42	KW 43	KW 44	KW 45	KW 46	KW 47
Projektplanung	Plenum												
AP 1.1.1	Team 1					▼		▼					
AP 1.1.2	Team 1												
AP 1.2.1	Team 1												
AP 1.2.2	Team 1												
AP 2.1	Team 2					▼						▼	
AP 2.2	Team 2												

Erläuterung:

Erkennbar sind die parallel auszuführenden Arbeitspakete. Andere können erst sequenziell angestoßen werden, wenn bestimmte Vorgänge abgeschlossen sind. Die zeitliche Staffelung wird mit kalendermäßigem Anfangs- und Endtermin in Abhängigkeit von den fachlichen Erfordernissen und/oder den personellen Kapazitäten versehen. Die aufgestellten Meilensteine (▼) sind Gegebenheiten mit hohem Aufmerksamkeitsgrad. In unserem Beispiel treffen sich die Projektteilnehmer nach Abschluss der Plenumsphase in der 40. Kalenderwoche zu ihrer ersten Gruppensitzung. Jeweils zum Abschluss eines Arbeitspaketes werden überprüfbare Zwischenstände festgestellt. Team 1 legt am Ende der 42. KW seinen ersten Zwischenstand vor, Team 2 berichtet am Ende der 46. KW über sein Zwischenergebnis.

Der **Meilenstein** ist in einem Phasenplan ein terminlicher Fixpunkt, der ein **Ereignis besonderer Bedeutung** anzeigt. Er signalisiert den Projektteilnehmern eine **hohe Dringlichkeit.** Meilensteine dienen im Projektverlauf dazu, Ziele, Termine und Prioritäten zu setzen und deren Einhaltung zu kontrollieren.

Beispiele:

Typische Meilensteine sind
- Abschluss/Start einer Projektphase
- Präsentationstermine mit Statusberichten
- Übergabetermine für Projektleistungen an Auftraggeber
- Genehmigungstermine

Der Meilenstein als Anfangs-, Zwischen- und Endstation ist ein geeignetes Instrument der **Projektsteuerung** (Controlling) für den Projektleiter. Mögliche **Störungen** werden durch überprüfbare Zwischenziele frühzeitig offengelegt und der Projektleiter kann rechtzeitig **Korrekturmaßnahmen** einleiten.

Für die Durchführungsphase steht jetzt ein durchdachtes **Planungsgerüst** zur Verfügung:

- der **Projektstrukturplan** mit seinen Arbeitspaketen,
- die **Arbeitspakete** sind mit Vorgängen und Aktivitäten gefüllt,
- der **Ablauf- und Zeitplan** ist die Richtschnur für die Teamarbeit.

Die Einmaligkeit eines Projektes bedingt jedoch **Unwägbarkeiten,** die in letzter Konsequenz **nicht planbar** sind.

Daher unterliegen alle Planungsinstrumente einer **ständigen Optimierung** als Konsequenz aus neuen Erkenntnissen in der praktischen Durchführung. Die **graduelle Nachsteuerung** eines Projektes während der Durchführungsphase ist daher kein Planungsmangel, sondern eine Herausforderung für eine aktuelle, flexible Arbeitsweise.

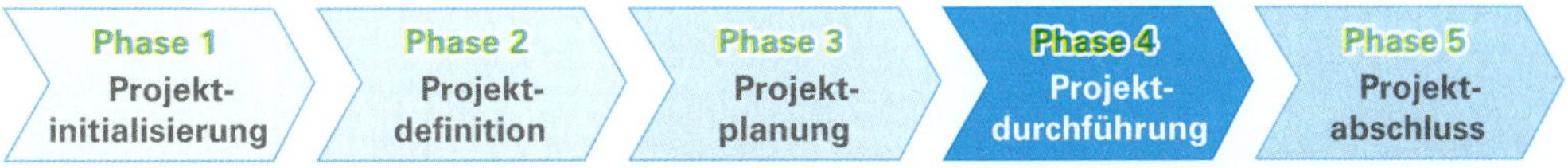

(1) Kick-off-Meeting

Die Phase der Projektdurchführung ist durch die ergebnisorientierte Zusammenarbeit der Mitglieder im Team und den begleitenden Einsatz von Projektsteuerungsmaßnahmen durch den Projektleiter geprägt. Alles ist gesagt, jetzt muss gehandelt werden! Das **Kick-off-Meeting** als erste Teamsitzung stellt den Anstoß dar.

Beim Kick-off-Meeting des Teams wird geklärt:

- die **Einhaltung von Regularien** wie regelmäßiges Treffen mit obligatorischer Anwesenheit,
- die **Einrichtung eines Berichtswesens** mit dem Anlegen eines Projektordners für Planungsunterlagen, Sitzungsprotokolle und Zwischenberichte,
- die Vorbereitung für **Materialsammlungen** nach Arbeitspaketen sortiert,
- die **federführende** Übernahme von Aktivitäten durch bestimmte Teammitglieder, ohne dass die Gesamtverantwortung des Teams abgegeben wird.

(2) Recherchieren, Informieren und Dokumentieren

Die Teams realisieren Schritt für Schritt die detaillierten Planungen. Sie wenden verschiedene Methoden der Informationsbeschaffung an, nehmen Kontakte mit angedachten externen Projektpartnern auf, führen Interviews und Expertenbefragungen, tätigen Erkundungen und dokumentieren ihre Erkenntnisse.

Die **Internetrecherche** nimmt erfahrungsgemäß eine beliebte Priorität bei der Informationssuche ein. Die Vielfalt der Angebote verleitet zu einem wahllosen „Surfen". Die Problematik der Auswahl muss gelöst werden. Für die Datenerhebung im Internet ist die **Seriosität** und **Aktualität** der Quellen eine **unverzichtbare** Forderung verbunden mit einem Quellennachweis.[1]

Während über das Internet in aller Regel Erkenntnisse von allgemeiner Bedeutung erschlossen werden, sind geeignete Informationen über die Mikrokosmen[2] der nächsten Umgebung im Internet selten verfügbar.

Beispiel für eine Projektaufgabe in der Berufsschule:

Ist das Lebens- und Genussmittel-Sortiment des Schulkiosks und der Schulcafeteria eher den Nachfragewünschen der jugendlichen Käufer angepasst oder spielen Aspekte einer gesunden Ernährung eine ausschlaggebende Rolle?

Eine derartige erkenntnisleitende Fragestellung lässt sich sinnvoll nur als **Kombination** von **Primärerhebungen** beim speziellen Käuferpublikum der Schule und **Sekundärerhebungen** mit allgemeingültigen Aussagen über eine gesunde Ernährung lösen.

- Bei **Primärerhebungen** werden die Daten **originär** an der Informationsquelle erfasst (Beispiel: Nachfragewünsche der Schüler).
- Bei **Sekundärerhebungen** werden die Daten aus **veröffentlichten** Quellen zusammengestellt (Beispiel: Aussagen über gesunde Ernährung).

Ein probates Instrument der Erhebung von Primärdaten ist die **Befragung** bzw. das **Interview.** Voraussetzung für verwertbare Ergebnisse ist eine durchdachte Strategie mit standardisierten Fragen. Eine laxe Herangehensweise nach dem Motto: „Wir fragen mal die Leute." ist völlig inakzeptabel.

Neben dem Festhalten der themenbezogenen Ergebnisse ist die Dokumentation des Projektablaufs ein unverzichtbares Begleitinstrument. In standardisierten **Ergebnisprotokollen** werden die **Teamleistungen** notiert und **Zwischenstände** festgehalten. Durch die Summe der Einzelinformationen verschafft sich der Projektleiter einen Gesamtüberblick über den Grad des Projektfortschritts und -gelingens.

1 Näheres zur Internetrecherche in Kapitel 7.2.5.

2 **Mikrokosmos:** kleine Welt des Menschen; gemeint sind hier Klassen- und Schulgemeinschaften.

Beispiel: Aufbau eines Ergebnisprotokolls (Formularform)

Protokoll-Nr.	Meeting der Abteilung/-en		
Datum			
Uhrzeit	von	bis	
Ort			
Leiter/-in			
Protokollführer/-in			
Teilnehmer/-innen/Abteilung		Teilnehmer/-innen/Abteilung	
TOP 1	Begrüßung, Bestätigung des Protokolls der letzten Sitzung		
TOP 2	Thema des Meetings:		

Inhalte/Beschlüsse	**Wird erledigt durch**	**Termin**

Termin der nächsten Sitzung
Unterschrift Leiter/-in des Meetings
Unterschrift Protokollführer/-in
Datum des Protokolls
Verteiler (außer den genannten Teilnehmern)
Anlagen

Zwar sind Terminverzögerungen nie ganz auszuschließen, jedoch behält der Projektleiter den Ablauf- und Zeitplan als zentrale Planungsgröße fest im Blick. Zweckmäßig ist daher die Einplanung von **Zeitreserven,** sogenannten **Puffern,** damit auftretende Probleme nicht sofort den Endtermin gefährden. Gibt es auf dem Weg zum Fertigstellungstermin eine Kette von Arbeitspaketen ohne Puffer, liegt ein **kritischer Weg** vor. Höchste Aufmerksamkeit gilt den Arbeitspaketen auf dem kritischen Weg, da eine Verzögerung automatisch den pünktlichen Projektabschluss verhindert.

(3) Projektbegleitende Kommunikation

Die Kommunikation zwischen Team und Projektleitung findet planmäßig zu den Meilensteinen am Schlusspunkt eines Arbeitspaketes statt. Einige **organisatorische Fixpunkte,** an denen die Projektarbeit ganz bewusst unterbrochen wird, sollten für alle Teams gemeinsam angesetzt werden. Im Plenum werden **Fortschrittsberichte** abgegeben, um sich abzustimmen, dass letztlich ein Gesamtwerk entsteht. Die Teams decken Lücken in ihrer Arbeit auf und **vermeiden Doppelarbeit.** Das ist die sachliche Perspektive.

Genauso wichtig ist ein Austausch über soziale Aspekte der **Arbeitsorganisation.** In einer **Metainteraktion**[1] thematisiert die Gruppe ihre Umgangsformen, drückt das Projektthema bewusst an den Rand. Anlässe sind Abweichungen vom Projektplan inhaltlicher und terminlicher Art. Dahinter verstecken sich häufig **Beziehungsstörungen** in der Gruppe, die als solche von den Betroffenen gar nicht artikuliert werden. Der Projektleiter hat hier die schwierige Aufgabe des **Konfliktmoderators.**[2]

Phase 1 Projekt-initialisierung → Phase 2 Projekt-definition → Phase 3 Projekt-planung → Phase 4 Projekt-durchführung → **Phase 5 Projekt-abschluss**

Ein **systematischer Projektabschluss** ist eine ausgezeichnete Gelegenheit, die **Erfahrungen** aus dem zurückliegenden Projekt zu **sammeln** und zu **bewerten,** damit sie als **Handlungsempfehlung** für **künftige** Projekte genutzt werden können.

(1) Projektevaluation durchführen

Im Rahmen eines Abschluss-Workshops könnte unter den Teammitgliedern anhand folgender Checkliste eine **Projektevaluation durchgeführt** werden:

Nr.	Fragen	Notizen
1.	Wurden alle Projektziele erreicht? Falls nein: Was waren hierfür die Gründe?	
2.	Wurden die Projektziele hinsichtlich ihres Qualitätsanspruchs erreicht? Falls nein: Was waren hierfür die Gründe?	
3.	Was ist positiv gelaufen im Rahmen der Projektabwicklung?	
4.	Was ist negativ gelaufen im Rahmen der Projektabwicklung?	
5.	Wie beurteilen Sie das Arbeitsklima innerhalb des Projektteams?	
6.	Was sollte beim nächsten Projekt anders gemacht werden?	
7.	Hatten Sie stets und rechtzeitig alle Informationen, um Ihre Aufgabe zu erledigen? Wenn nein: Welche Informationen haben Ihnen gefehlt?	
8.	Wie beurteilen Sie die Unterstützung durch den Projektleiter?	
9.	Welche weiteren Anregungen, Wünsche, Kritik möchten Sie anbringen?	

1 Über das Sachthema hinausgehend.

2 Näheres zum Umgang mit Konflikten in Kapitel 4.3.

Andere Checklisten mit entsprechenden, zielgruppenbezogenen Fragestellungen könnten der Evaluation der Auftraggeber, der Unternehmensleitung und der betroffenen Fachabteilungen dienen **(Fremdreflexion).**[1]

Negative Abweichungen können vielfältige Ursachen haben, z. B.:

- **Schlechte Zielformulierung.** In der Folge mussten ein Teil der geleisteten Arbeit verworfen und die Schwerpunkte neu gesetzt werden.
- **Unrealistische Planung** der Zeiten und der Kosten in der Absicht, das Projekt genehmigt zu bekommen.
- **Schlechte Arbeitsqualität,** daher Doppelarbeit notwendig.
- **Mangelhafte Qualifikation der Mitarbeiter.** Daher waren längere Einarbeitungszeiten erforderlich.
- **Persönliche Rivalitäten** unter den Teammitgliedern.
- **Zu viele Projekte** zur gleichen Zeit.
- **Mangelnde Unterstützung** durch Auftraggeber und/oder Steuerungsgruppe.

(2) Abschlussbericht

Jedes Projektteam dokumentiert seine Ergebnisse in einem Abschlussbericht. Die Vorbereitungen für die Abschlussdokumentation sollten schon während der Erarbeitungsphase berücksichtigt werden, damit am Ende keine unbedachte Hektik ausbricht.

Anhand folgender Leitfragen lässt sich der **Abschlussbericht** systematisch aufbauen:

1. Was ist das Thema bzw. der Gegenstand der Dokumentation?
2. Unter welcher Fragestellung bzw. mit welchem Erkenntnisinteresse wird das Thema untersucht (Einleitung)?
3. Welche Aspekte des Themas wurden mit welchen Methoden erkundet (Hauptteil)?
4. Zu welchem Resümee kommt das Team in Bezug auf die einleitende Problemstellung (Schluss)?

- Mit dem Abschlussbericht werden die vielfältigen **Beiträge** einer umfassenden Arbeitsphase **gebündelt** und als **Kernaussagen schriftlich** festgehalten.
- Der Abschlussbericht konzentriert sich auf Schwerpunkte in **exakt** und **knapp** gehaltenen Ausführungen.

Weitergehende Erläuterungen werden als **Anlagen** zum intensiveren Studium beigefügt.

1 **Fremdreflexion:** Hier zu verstehen als Unterstützung und Beratung mit dem Ziel, das Prozessmanagement zu überprüfen und zu verbessern.

(3) Projekt präsentieren

Es muss vorab geklärt sein, wer zur Zielgruppe der Präsentation gehört und was mit der Präsentation erreicht werden soll.

Folgende projektbezogenen Eigenheiten sind bei einer Präsentation zu berücksichtigen:[1]

- **Soll-Ist-Abweichungen** im Rahmen der Projektdurchführung gegenüber den Mitarbeitern, der Geschäftsführung und den Auftraggebern **offenlegen** und in ihren **Ursachen nachvollziehbar begründen.**
- Bei negativen Abweichungen überlegt der **Projektleiter vorher Korrekturmaßnahmen** und schlägt diese im Rahmen der Präsentation vor. Es ist zu riskant, auf die Korrekturvorschläge aus der Zielgruppe zu warten.
- **Meilensteinergebnisse** und auch die **Präsentation mit Diskussionsergebnissen dokumentieren.**

Kompetenztraining

34 1. Sie planen als Kleinstprojekt eine Exkursion Ihrer Berufsschulklasse und wählen als Ziel einen Besuch des Geldmuseums der Deutschen Bundesbank in Frankfurt a. M. Zu Ihrem Planungsauftrag gehören die schulischen Vorbereitungen, die Organisation der Fahrt, der Museumsbesuch und ein zusätzliches Freizeitangebot.

Aufgaben:

1.1 Schreiben Sie einen Projektauftrag!

1.2 Führen Sie eine Internetrecherche als Planungsgrundlage durch!

1.3 Erstellen Sie eine chronologische Vorgangsliste nach folgendem Muster:

DOWNLOAD

Ablaufplan	Vorgangsliste		
Nr.	Vorgangsbezeichnung	Termin/Zeit	Anmerkung
1			
2			

2. Befassen Sie sich mit den Grundlagen der Projektplanung!

2.1 Nennen Sie die Projektphasen in ihrer zeitlichen Reihenfolge!

2.2 Erläutern Sie, was man unter einem Arbeitspaket versteht!

2.3 Erläutern Sie, für welchen Zweck das Balkendiagramm eingesetzt wird!

2.4 Meilensteine übernehmen eine wichtige Funktion in der Ablaufplanung. Erläutern Sie die Bedeutung!

1 Zu den Grundlagen der Präsentation siehe die nachfolgenden Kapitel.

7.2 Präsentationen strukturiert und adressatengerecht vorbereiten

7.2.1 Grundlagen der Präsentation

Anders als in der Vergangenheit ist es heutzutage mit Blick auf das angekratzte Image von Banken und Sparkassen, aber auch für deren Mitarbeiter mehr denn je erforderlich, sich und seine Leistungen bzw. Produkte gut zu präsentieren. Präsentation bedeutet letztlich „Darstellung" und „Darbietung" und kann sowohl eine **Person** als auch eine **Sache** betreffen.

Eine Präsentation ist die **zielgerichtete** Aufbereitung von **Informationen** zur **Darstellung** von **Inhalten** für eine bestimmte **Zielgruppe**.

Mögliche **Anlässe** für Präsentationen in einer Bank oder Sparkasse sind:

- **Produktpräsentationen** für einen ausgewählten Kundenkreis,
- Präsentationen zur Information der Belegschaft über **Neuerungen** (z. B. neue Vertriebsstrukturen bzw. -konzepte, neue gesetzliche Regelungen),
- Vorstellung eines **Fusionskonzeptes** bzw. neuer **Führungsstrukturen,**
- Präsentationen anlässlich eines **Projektes** über den aktuellen Zwischenstand oder
- Aufbereitung von **Entwicklungen** in einzelnen **Geschäftsbereichen** mit dem sich daraus ergebenden **Handlungsbedarf.**

Zumeist verfolgt eine Präsentation ein bestimmtes **Ziel,** wie z. B.:

- Kunden/-gruppe von einem Produkt überzeugen,
- Wissen an die Kolleginnen und Kollegen weitergeben,
- anstehende Entscheidungen kommunizieren und vorbereiten,
- Verständnis für betriebliche Handlungen bzw. notwendige Veränderungen erwirken oder
- Begeisterung und positive Einstellungen bei der Belegschaft entwickeln.

Welche Bedeutung einer guten Präsentation in der Praxis zukommt, verdeutlichen die Ergebnisse der **Kommunikationsforschung.** Studien belegen, dass eine **Botschaft** stets aus einem Zusammenspiel von **drei Teilen** besteht: der verbalen, der vokalen und der nonverbalen Komponente. Dabei ist die Verteilung gemäß den Forschungsergebnissen wie folgt:

- **7 %** auf die **verbalen** Hinweise,
- **38 %** auf die **vokale** Komponente[1] und
- **55 %** auf die **nonverbale** Komponente, also die Körpersprache.

Diese Ergebnisse verdeutlichen, welche Bedeutung einer zielführenden Vorbereitung einer Präsentation zukommt.

1 Die **vokale Komponente** bezieht sich ausschließlich auf die Stimme des Redners (z. B. Lautstärke, Betonung und Tempo), ist also unabhängig vom Inhalt. Zur verbalen und nonverbalen Kommunikation siehe Kapitel 4.1.2.3.

7.2.2 Erwartungshaltung des Publikums berücksichtigen

Die Vorbereitung einer Präsentation ist von sehr großer Bedeutung. Es geht nicht darum, sein eigenes Fachwissen darzustellen, sondern auf die **Erwartungen** des Publikums einzugehen.

Als Vortragender muss man die spezifische Erwartungshaltung der Zuhörerschaft erkunden. Eine effektive **Teilnehmeranalyse** gelingt am besten über die **SIE-Analyse.** Sie richtet sich auf die:

- **S**ituation der Zuhörer,
- **I**nteressen der Zuhörer,
- **E**instellungen der Zuhörer.

Je **stärker** der Vortragende auf die Zuhörerschaft **eingeht,** umso wahrscheinlicher **erreicht** seine Botschaft die Teilnehmer.

Die Präsentation sollte auf den **fachlichen** Hintergrund der Zuhörer zugeschnitten sein und ihren Erwartungen in Bezug auf **Umfang** und **Details** entsprechen. Dadurch wird erreicht, dass die Zuhörer dem Referenten aufmerksam folgen können und sich weder langweilen noch den **„roten Faden"** verlieren.

7.2.3 Wichtige Voraussetzungen für eine gelingende Präsentation klären

Bevor man anfängt, die Präsentation schriftlich auszuarbeiten, sollten die folgenden Punkte geklärt werden:

- Welches Thema soll präsentiert werden?
- Vor welchen Personen wird die Präsentation durchgeführt (Alter, Vorkenntnisse und Erwartungen der Zuhörer und Veranstalter)?
- Aus wie vielen Teilnehmern besteht das Publikum?
- Welchen Nutzen sollen die Zuhörer von der Präsentation haben?
- Wie viel Zeit ist für die Präsentation vorgesehen?
- Welche technischen Hilfsmittel stehen vor Ort zur Verfügung?
- Falls es mehrere Präsentationen gibt: Welche Themen gehen voraus und welche folgen?
- Wünscht der Veranstalter vorab schriftliche Präsentationsunterlagen?

7.2.4 Ziele und Termine setzen

Zu einer guten Vorbereitung gehört auch, sich der Ziele, die durch die Präsentation verfolgt werden sollen, genau bewusst zu werden. Die Ziele sind im Vorfeld schriftlich festzuhalten.

Ohne die **Festlegung der Ziele** ist ein **logischer Aufbau** der Präsentation mit einer überzeugenden Argumentationskette nicht möglich. Die formulierten Ziele müssen **realistisch,** d. h. in dem zur Verfügung stehenden Zeitraum zu verwirklichen sein.

Um die Ziele termingerecht zu realisieren, muss ein **Arbeits- und Zeitplan** erstellt werden. Die einzelnen Arbeitsschritte werden darin zerlegt, chronologisch (zeitlich) geordnet und terminiert.

Beispiel:

Arbeits- und Zeitplan

Aufgabenstellung: ....

Ziel: ....

Planung von Lösungsschritten

Was ist zu tun?	Von bzw. bei wem?	Bis wann?	✓
Informationen zur „Firmengeschichte" und „unternehmensbezogenen Datenfeldern" sammeln, auswerten, ...	Geschäftsleitung, Bereichsleitungen, Firmenbroschüre, ...		
⋮	⋮	⋮	

Um den **Überblick** zu bewahren und wichtige **Termine** einzuhalten, empfiehlt sich insbesondere bei Präsentationen mit **mehreren** Personen das Aufstellen von To-do-Listen.

Methode: To-do-Liste

Worin besteht das Ziel?

Eine To-do-Liste wird angefertigt, um den Überblick zu bewahren und keine Termine zu verpassen.

Wie läuft das Erstellen einer To-do-Liste ab?

Die einfachste To-do-Liste ist ein Papier, auf das man alle zu erledigenden Tätigkeiten schreibt. Das kann zum Beispiel ein Einkaufszettel oder eine Übersicht der anstehenden Klassenarbeiten mit Terminen in der Berufsschule sein.

Komplexere Büroarbeiten bestehen in der Regel aus verschiedenen Teilaufgaben, an deren Erledigung unter Umständen mehrere Personen beteiligt sind. Dafür gibt es eine ganze Auswahl von Softwareprogrammen, die dem Nutzer auch Informationen über den gesamten Zeitaufwand der zu erledigenden Tätigkeiten, den aktuellen Status und der geschätzten noch verbleibenden Bearbeitungszeit geben.

Zur sinnvollen Nutzung der To-do-Liste trägt man die zu erledigenden Tätigkeiten ein und gewichtet sie nach festgelegten Kriterien, beispielsweise nach der wirtschaftlichen Bedeutung für den Betrieb oder dem Termindruck. Dies geschieht, indem man eine entsprechende Priorität vergibt.

Anschließend werden die erforderlichen **Informationen** für die Präsentation beschafft und logisch strukturiert.

7.2.5 Informationen beschaffen

(1) Ziel der Informationsbeschaffung

Bei der Informationsbeschaffung kommt es darauf an, **nützliche** und **richtige** Informationen aus unterschiedlichen und **zuverlässigen** Quellen zu erhalten.

(2) Ablauf der Informationsbeschaffung

Über die meisten Themen gibt es sehr viele Informationen. Die eigentliche Schwierigkeit besteht darin, aus einem **Überangebot** genau die Informationen zu beschaffen, die vom Umfang und Niveau, von der Aktualität und vom Wahrheitsgehalt zu einem bestimmten Thema passen.

„Die Zahl derer, die durch zu viele Informationen nicht mehr informiert sind, wächst."
Rudolf Augstein (1923–2002), deutscher Journalist, Herausgeber von „Der Spiegel"

Informationen können auf folgende Arten beschafft werden:

Elektronische Medien	Printmedien	Sonstiges
■ Internet (Suchmaschinen, Wissensplattformen, ...) ■ Fernsehen/Radio ■ DVDs ■ ...	■ Zeitungen/Zeitschriften ■ Bücher ■ Lexika ■ Prospekte ■ ...	■ Betriebsbesichtigungen ■ Ausstellungen ■ Messen ■ ...
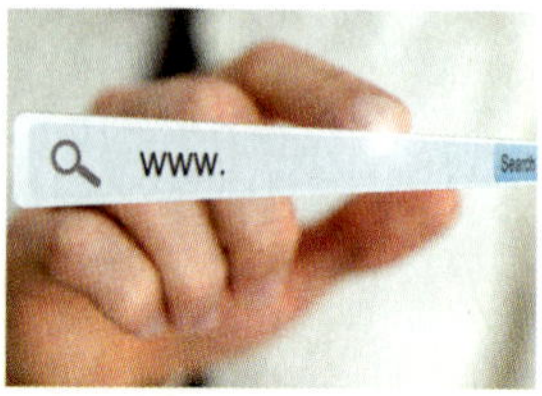		

Fachzeitschriften und Bücher werden normalerweise von Lektoren überprüft. Bei Informationen aus dem Internet muss man immer mit unbeabsichtigten Fehlern und beabsichtigten Falschangaben rechnen. Beschafft man sich Daten von Behörden, Ministerien, Verwaltungen, Berufsgenossenschaften, Bibliotheken usw. kann man davon ausgehen, dass diese zuverlässig und richtig sind.

! Bei der Nutzung der beschafften Informationen, auch bei Bildmaterial, muss auf das **Urheberrecht** geachtet und die **Quelle angegeben** werden.

Es muss für Außenstehende immer nachvollziehbar sein, wo die Information entnommen wurde. **Wörtliche** Zitate sind in **Anführungsstriche** zu setzen.

(3) Suchen im Internet

Da es Milliarden von Internetseiten gibt, ist es notwendig, bestimmte Suchmethoden zu kennen. Um ein ganz bestimmtes Dokument zu finden, werden **Suchmaschinen** eingesetzt. Das sind Programme, die die Dokumente des World Wide Web ständig nach bestimmten Stichworten durchsuchen und diese Informationen in einer Datenbank abspeichern. Es gibt unterschiedliche Arten von Suchmaschinen, z. B. automatische Systeme oder Webkataloge (von Redakteuren erstellt). Bekannte Suchmaschinen sind z. B. Google, bing und Yahoo.

Zur Suche ist ein **Kernbegriff** zu wählen, der genau bezeichnet, was gesucht wird. Gegebenenfalls ist eine **Einengung** des Begriffes vorzunehmen oder ein Synonym anzugeben (d. h. ein Begriff der gleichbedeutend ist).

Je nach Suchmaschine sind Begriffsverknüpfungen zu verwenden („AND" und „OR") oder Ausschlussverfahren anzuwenden („NOT", „AND NOT"). Als **„Trunkierungen"** bezeichnet man Suche nach Wortstämmen.

Wichtig ist die **Bewertung** der Informationen, denn die Zuverlässigkeit ist in einem offenen System wie dem Internet sehr unterschiedlich. Die Grundfragen lauten:

Dateien im Internet zu nutzen, birgt auch technische Risiken. Die **Datensicherheit** muss durch verschiedene Maßnahmen beachtet werden:

- Nur Programme herunterladen, die von vertrauenswürdigen Quellen stammen.
- Virenscanner einsetzen. Virenscanner regelmäßig aktualisieren, da ständig neue Computerviren entwickelt werden.
- Firewall verwenden.

Beim Austausch besonders sensibler Daten (z. B. über Bankverbindungen) sollten nur **sichere Internetverbindungen** genutzt werden. Diese sind mit **https:// („s" für „secure"** = sicher) und der Abbildung eines kleinen Schlosses in der Browserzeile gekennzeichnet (statt lediglich http://).

Bei der Nutzung von Inhalten ist das **Urheberrecht** zu beachten. Musik, Filme, Bücher usw. dürfen nicht einfach kopiert und als Download beliebig genutzt werden. Die Rechte liegen beim Urheber, der um Erlaubnis gefragt werden muss. Bei Verletzung des Urheberrechts stehen dem Urheber Schadensersatzansprüche zu [§§ 97 ff. Urheberrechtsgesetz]. Der Urheber kann das Recht der Veröffentlichung an Verlage oder Internetseiten übertragen. Der Urheberschutz erlischt 70 Jahre nach dem Tod des Autors. Das Urheberrecht müssen auch die Nutzer von **sozialen Netzwerken** wahren.

Nach dem Sammeln der für die Präsentation **relevanten** Informationen müssen diese auf das Wesentliche **reduziert** und anschließend **visualisiert** werden.

Für denjenigen, der eine Präsentation vorbereiten muss, handelt es sich vielfach um **neue** Informationen. Will der Präsentierende vor der Zielgruppe einen **kompetenten** Eindruck hinterlassen und gegebenenfalls auch **Rückfragen** sicher beantworten, ist es zwingend erforderlich, dass er sich in diese Materie einarbeitet. Hierzu ist es hilfreich, vorhandenes **Vorwissen** mit den neuen Informationen zu **vernetzen.** Eine Lernstrategie hierzu ist die sogenannte **Elaborationsstrategie.**

Methode: Elaborationsstrategien

Worin besteht das Ziel?

Elaborationsstrategien erleichtern das Lernen. Sie werden angewendet, wenn neue Informationen mit eigenem Vorwissen vernetzt werden sollen. Zudem werden sie eingesetzt, um das eigene Vorwissen und neue Informationen kritisch zu hinterfragen.

Wie läuft das Lernen ab?

Durch die sinnvolle Verknüpfung neuer Informationen mit dem eigenen Vorwissen werden die neuen Informationen besser verstanden und können eventuell auch auf andere Zusammenhänge übertragen werden.

Die Vernetzung kann folgendermaßen erfolgen:

- Verknüpfungen mit Alltagsbeispielen oder persönlichen Erfahrungen erzeugen

  Beispiel: Probezeit gemäß BBiG (neue Information) – Probe-Abo, Probefahrt, Führerschein auf Probe (Vorwissen)

- Umsetzung oder Zusammenfassung in eigenen Worten oder in Bildern

  Beispiel: Rechte und Pflichten von Auszubildenden gemäß BBiG (neue Information) – zusammenfassende Darstellung in Form einer Waage (besseres Verständnis)

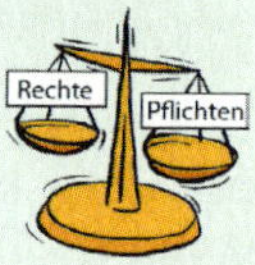

- kritisches Hinterfragen des eigenen Vorwissens und des Informationsmaterials auf Stimmigkeit und Logik.

  Beispiel: „Wenn ich keine Lust mehr auf meine Ausbildung habe, gehe ich einfach nicht mehr hin." (falsches Vorwissen) – „Kann ich das so einfach? Im Berufsschulunterricht war gestern doch von bestimmten Kündigungsfristen die Rede..." (Hinterfragen des eigenen Vorwissens)

Falls ein neuer Sachverhalt mit eigenen, fehlerhaften Beispielen oder Bildern veranschaulicht oder mit falschem oder unzureichendem Vorwissen verknüpft wird, setzt sich falsches Wissen fest. Eine selbstkritische Überprüfung und Kontrolle ist deshalb sinnvoll.

7.2.6 Ablauf der Präsentation planen

Einstieg	■ Schon mit dem Einstieg werden die Weichen einer Präsentation ganz entscheidend Richtung Erfolg oder Misserfolg gestellt. In **Bruchteilen** von Sekunden entscheidet das Publikum, ob es den Vortrag **interessant** oder **langweilig** findet – und ob es dem Vortragenden gegenüber **Sympathie, Gleichgültigkeit** oder **Antipathie** empfindet. Das so gewonnene Bild kann man im Nachgang nur noch sehr **schwer korrigieren**. ■ Bei Präsentationen sollte man daran denken, dass die Zuhörerinnen und Zuhörer **nicht** wissen, was auf sie zukommt. Daher ist es sehr schwierig, dass dem Publikum zu Beginn ein **Überblick** zur **Orientierung** gegeben wird. ■ Der **Einstieg** sollte gut geplant und geübt werden, da der erste Eindruck oft darüber entscheidet, ob beim Publikum **Interesse** oder **Ablehnung** erzeugt wird. ■ Der Einstieg besteht aus einer **Begrüßung** der Zuhörer, einer **Vorstellung** der eigenen Person und aller anderen an der Präsentation beteiligten, dem **Grund der Präsentation** und einer **Ablaufübersicht** mit behandelten Themen, Zeitabschnitten, Frage- oder Diskussionsteil und geplanten Pausen.
Hauptteil	■ Die Inhalte im Hauptteil müssen **sachlogisch** aufgebaut und für die Teilnehmer **nachvollziehbar** dargestellt werden. ■ Um die **Aufmerksamkeit** und **Konzentration** für die Teilnehmer im Hauptteil hochzuhalten, bieten sich unterschiedliche Möglichkeiten an, z. B. – die Teilnehmer durch Fragen einzubinden, – durch unterschiedlichen Medieneinsatz für Auflockerung zu sorgen, – die Präsentation – dort wo möglich – durch Aktivierung der Teilnehmer zu ergänzen. ■ Im Hauptteil der Präsentation werden alle gesetzten Ziele inhaltlich abgearbeitet. ■ Die Ziele werden durch Aussagen und Behauptungen, durch **aufschlussreiche** Diagramme, Argumente, Lösungsvorschläge oder Schlussfolgerungen belegt oder bewiesen.
Abschluss	■ Die Präsentation kann durch eine **Zusammenfassung,** einen **Ausblick,** eine offene **Frage,** ein **Zitat** oder eine **Anekdote** beendet werden. ■ Schluss-Einleitungen können lauten: – „Was bedeutet das alles für uns?" – „Ich fasse zusammen: ..." – „Was bringt uns das?" – „Unser Ziel ist es, ..." – „So, meine Damen und Herren, und nun lassen Sie mich mit folgender Begebenheit enden: ..." ■ Da den Zuhörern der Schluss des Vortrags am besten im Gedächtnis bleibt, sollte man den Schluss gut nutzen. Man kann nochmals seine **wichtigsten** Aussagen kurz wiederholen und einen **Appell** (Aufruf) an das Publikum richten. ■ Am Ende **bedankt** man sich beim Publikum für die geschenkte **Aufmerksamkeit.**

7.3 Präsentationen mithilfe digitaler und analoger Medien durchführen

Das Gelingen einer Präsentation hängt sehr stark davon ab, welchen Eindruck der Redner beim Publikum hinterlässt. Das heißt, auch eine fachlich und inhaltlich sehr gute Präsentation erzielt die optimale Wirkung auf die Zuhörer erst in Verbindung mit geschickt eingesetzten rhetorischen und körpersprachlichen Mitteln.

7.3.1 Sprache adressatengerecht einsetzen

(1) Körpersprache einsetzen

Die Körpersprache ist die **Sprache „ohne Worte"**.

Sie erfolgt normalerweise unbewusst, unwillkürlich und unbeabsichtigt. Die Körpersprache trifft Aussagen, vermittelt Botschaften.

Zur Körpersprache gehören

- Blickkontakt,
- Mimik,
- Gestik,
- Körperhaltung.

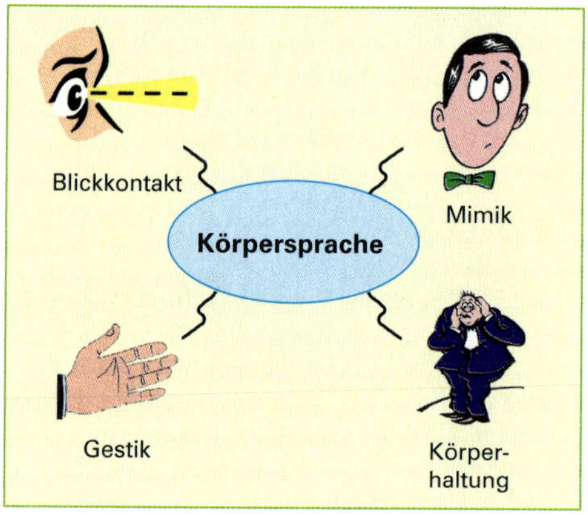

- **Blickkontakt**

Der **direkte** Blickkontakt ist eines der **wichtigsten** Mittel, um **Verbindung** zum Publikum aufzunehmen und zu halten.

Ein Blick kann ruhig, freundlich, ablehnend, gelangweilt usw. sein.

Zuhörer, die während einer Präsentation selten oder gar nicht angeschaut werden, sind oft **unaufmerksamer,** weil sie sich vom Redner nicht beachtet und angesprochen fühlen.

- **Mimik**

Unter Mimik versteht man den Gesichtsausdruck, d.h. das Mienen- und Gebärdenspiel des menschlichen Gesichts.

Mimik spielt sich zwischen der Stirn und dem Kinn ab. Sie ist die Bewegung des Gesichts. Das Gesagte wird unbewusst oder bewusst durch Mimik unterstrichen.

Bei der Präsentation sollte **keine einstudierte,** starre Mimik eingesetzt werden. Eine positive Wirkung auf das Publikum hat eine **natürliche, abwechslungsreiche** Mimik: Der Gesichtsausdruck ist mal **interessiert,** mal **überrascht,** mal **lächelnd** usw.

Gestik

Unter Gestik versteht man die **Ausdruckbewegungen** des Körpers, insbesondere von Kopf, Arm, Hand und den Fingern.

Gesten verstärken das Gesagte und sollten mit diesem übereinstimmen. Setzt man sie während der gesamten Präsentation auf die gleiche Weise ein, lässt die Wirkung auf das Publikum nach. Die Körperhaltung (sitzen, stehen, ...) wirkt sich auf die Gestik und ihre Wirkung aus.

Körperhaltung

Auch die Körperhaltung, d.h. die Bewegung des Kopfes, des Oberkörpers und der Beine, vermittelt deutliche Signale.

Für die Präsentation sollte eine **offene** und **sichere** Körperhaltung angenommen werden.

Beim Sprechen wendet man sich dem Publikum zu und nimmt eine lockere, möglichst natürliche Haltung an, ohne die Arme und Beine zu verschränken. Hektisches Hin- und Herlaufen und Herumzappeln lenkt die Zuhörer vom Vortrag ab.

Bei einer Präsentation ist es üblich zu **stehen.**

(2) Verbale Sprache einsetzen

Die Präsentation muss von den Zuhörern inhaltlich verstanden werden. Aus diesem Grund hängt es von der Fachkompetenz des Publikums ab, welche Fachbegriffe im Vortrag verwendet werden können. Fremdwörter sollten nur verwendet werden, wenn es keine entsprechenden deutschen Begriffe gibt oder sie jedem geläufig sind.

Kurze und **vollständige** Sätze **erleichtern** die **Aufnahmefähigkeit.**

Bewusst gesetzte Pausen geben dem Publikum die Möglichkeit, kurz über das Gesagte nachzudenken und es zu verarbeiten oder sich wieder zu konzentrieren. Die Aussprache des Redners sollte natürlich, deutlich und klar sein.

(3) Modulation der Stimme

Die Präsentation wirkt auf den Zuhörer lebendiger und abwechslungsreicher, wenn der Referent seine Stimme in Melodie, Klangfarbe, Lautstärke und Betonung **variiert** (Modulation). Der Vortrag wird dynamischer und das Publikum hat einen höheren Unterhaltungswert. Das **Sprechtempo** darf weder zu schnell noch zu langsam sein.

7.3.2 Formale Aspekte beachten

(1) Corporate Identity, Corporate Design

Der Vortragende muss der Zuhörerschaft ein positives Erscheinungsbild seines Unternehmens vermitteln **(Corporate Identity)**. Zudem müssen auf allen eingesetzten Materialien die Elemente, die zum Erscheinungsbild des Unternehmens gehören, z. B. die Firma, das Logo, die Firmenfarben sowie das Unternehmens- und Produkt-Design, erkennbar sein **(Corporate Design)**.

(2) Design

Bei einer Präsentation wird das Publikum mit sehr **vielen Informationen** versorgt. Kombiniert der Referent **Worte** oder **Tabellen** mit **Bildern** oder **Übersichten**, werden **beide Gehirnhälften** der Zuhörer angesprochen und die Informationsaussagen verstärkt.

Ob die Visualisierung, also die bildliche Darstellung, für den Zuhörer von Nutzen ist, hängt von der Einhaltung folgender Vorgaben ab:

- Die Seiten oder die Präsentationsfolien müssen **gut lesbar** sein.

Beispiel:

Auf einem Blatt Papier die Schriftgrößen 12 pt (Standardtext) bis 16 pt (Überschriften) und für eine Powerpointfolie mindestens 24 pt (Standardtext) bis 40 pt (für den Folientitel) benutzen. Schriftarten, die auf Bildschirmen gut lesbar sind, sind Calibri, Tahoma, Verdana oder andere schnörkellose Schriften.

Gut geeignete Schriften:	Weniger gut geeignete Schriften:
Schriftart Verdana	Schriftart Times New Roman
Schriftart Tahoma	*Schriftart Monotype Corsiva*
Schriftart Calibri	Schriftart Tekton Pro

- Die Seiten müssen **übersichtlich** aufgebaut sein.

Beispiel:

Die Schriftgrößen und Hervorhebungen (Unterstreichung, fette, kursive oder farbige Schrift) sollten gezielt und sparsam eingesetzt werden. Die Informationsmenge pro Seite sollte sich auf wenige Sachpunkte beschränken. Durch Hauptüberschriften (Titel) und Untertitel kann man Kernaussagen und Informationen strukturieren.

- Bei einem **leicht getönten** Hintergrund der Präsentationsfolie kann der Text besser gelesen werden.

Beispiel:

Schwarze Schrift auf pastellfarbenem Hintergrund ist angenehm zu lesen	Ein weißer Hintergrund wirkt oft sehr grell	Ein Hintergrund in intensiver Farbe oder mit Farbverlauf lenkt ab

- Durch farbige Schrift können Wörter hervorgehoben werden. Dabei muss man auf ausreichend **Kontrast** zwischen Schriftfarbe und Hintergrund achten.

Beispiel:

Wie sehr fällt Ihnen diese Farbe im Gegensatz zu dieser Farbe auf?	Auf weißem Hintergrund wirken eingesetzte Farben anders als auf farbigem Hintergrund.	Hier sehen Sie eine Schrift auf dunklerem Hintergrund.

- Eine inhaltliche **Überfrachtung** muss vermieden werden. Bei sehr viel Text muss sich der Leser zu sehr konzentrieren, um die wichtigen Informationen herauszufiltern.

7.3.3 Medieneinsatz

Neben der Rede ist die Visualisierung wichtig, um **Aufmerksamkeit** zu erzeugen.

Durch die **Visualisierung** wird ein **weiterer Empfangskanal** angesprochen, somit bleibt der Inhalt **länger** im Gedächtnis.

Die Wahl der Medien für die Präsentation hängt von verschiedenen Faktoren ab:

- Besteht das Publikum aus einer kleinen oder großen Gruppe?
- Wird ein sachlicher Fachvortrag gehalten oder werden Argumente eher emotional dargeboten?
- Welcher Raum mit welchen Lichtverhältnissen steht zur Verfügung?
- Wie viel Vorbereitungszeit hat man für die Präsentation?
- Welche Medien stehen zur Verfügung, welche müssen beschafft werden (Kosten und Beschaffungsdauer beachten)?

Durch eine entsprechende Wahl der Medien kann man **verschiedene Sinnesorgane** beim Publikum **ansprechen.** Menschen verarbeiten Informationen unterschiedlich. Manchen reicht es, aufmerksam zuzuhören, andere müssen alles lesen und die nächste Gruppe braucht, falls möglich, Modelle, die man am besten anfassen kann.

Wählt man folglich für seine Präsentation Medien, die mehrere Sinnesorgane ansprechen, dann versorgt man bei den Zuhörern die unterschiedlichen „Lerntypen" mit den gleichen Inhalten.

Ein kurzer **Überblick über die wichtigsten Medien** für eine Präsentation:

- Ein **Flipchart** ist ein großer Block auf einem Standgestell. Die Blätter werden von Hand beschrieben, können vorbereitet oder während des Vortrags beschrieben werden. Aufgrund der Größe (DIN A1) ist dieses Medium für Präsentationen in einer kleineren Gruppe geeignet. Ein Flipchart ist sehr kostengünstig. Durch spontane Skizzen oder den Einsatz verschiedener Farben kann der Vortrag interessanter gestaltet werden.

  Mit diesem Medium kann man **Fragen visualisieren** und die **Antworten aktiv** mitschreiben. Zumeist fühlen sich die Zuhörer dadurch **gewertschätzt** und können sich **einbringen.** Durch das aktive Aufschreiben während der Präsentation entsteht **Bewegung,** und man gibt dem Publikum Zeit zum Reflektieren und Nachdenken.

- **Videos** oder **Filme** können bestimmte Sachverhalte realitätsgetreu wiedergeben. Zum Vorführen des Films kann man ein Fernsehgerät benutzen, das Video in eine PowerPoint-Präsentation einbetten und mithilfe eines **Beamers** an eine Projektionswand projizieren.

- Mit einem **Laptop** und der Hilfe eines Programms zur Erstellung von Präsentationen können Tabellen, Bilder, kurze Videos und Texte beliebig aneinandergefügt werden. Der Laptop sollte immer im Wechsel mit anderen Medien eingesetzt werden, damit sich die Aufmerksamkeit des Publikums wieder auf den Referenten richtet und der Vortrag nicht zu eintönig wird.

- Mithilfe eines **Overheadprojektors** können vorbereitete Folien aufgelegt oder während der Präsentation beschrieben bzw. ergänzt werden. Der Vorteil dieses Mediums ist, dass die Vorbereitung keinen großen Aufwand erfordert, Teile der Folie ab- oder aufgedeckt werden können und der Redner dem Publikum zugewandt ist.

  Eine Weiterentwicklung des Overheadprojektors ist der **Visualizer (Dokumentenkamera).** Mit ihm können farbige Abbildungen und sogar Gegenstände gefilmt und projiziert werden.

7.4 Präsentation konstruktiv bewerten

(1) Bedeutung der Bewertung

Der Arbeitsaufwand für eine abwechslungsreiche, inhaltlich und fachlich richtige Präsentation ist sehr groß. Ob der Vortrag die gewünschte Wirkung auf das Publikum hatte, kann durch eine **Selbsteinschätzung** nur **schwer** ermittelt werden.

> Eine **offene** und **ehrliche** Rückmeldung des Publikums gibt dem Referenten die Möglichkeit, seine **Stärken** und **Schwächen** herauszufinden, um zukünftige Präsentationen besser zu machen.

Die Bewertung kann z. B. mit einem sehr einfachen Feedback erfolgen, das positive und verbesserungsfähige Punkte auflistet, oder mit einem vorstrukturierten **Bewertungsbogen** zu verschiedenen Kriterien.

(2) Feedback

> Ein Feedback ist eine gezielte, **offene Rückmeldung** an den Feedback-Empfänger, wie sein Verhalten von anderen wahrgenommen und interpretiert (gedeutet) wird.

Sinnvolle **Anlässe** fürs Feedback sind z. B.: Nachbereitung einer Präsentation oder Gruppenarbeit, Mitarbeiter-Vorgesetzten-Gespräch im Rahmen der Mitarbeiterführung.

Das Feedback ist eines der wirksamsten und einfachsten Instrumente, um mit wenig Aufwand die Selbstwahrnehmung und das Verhalten des Feedback-Empfängers zu verbessern. Ein Feedback ist jedoch nur dann nützlich, wenn es **deutlich** und **unmissverständlich** gegeben wird. Ein kritisches Feedback, das sich auf störende Verhaltensweisen bezieht, kann unter Umständen zu schwierigen Situationen führen, in denen sich mindestens einer der Beteiligten unwohl fühlt.

Damit das Feedback **konstruktiv**[1] ist und das zukünftige Arbeitsklima nicht belastet wird, müssen Feedback-Geber und Feedback-Nehmer bestimmte **Regeln** befolgen.

Regeln für das Geben von Feedback	Regeln für das Empfangen von Feedback
■ Beobachtungen konkret benennen. Verhalten genau beschreiben. ■ Das Gegenüber wissen lassen, welche Empfindungen das Verhalten ausgelöst hat. ■ Die eigenen Gefühle in der Ich-Form äußern. „Es hat mich erstaunt …" ■ Eigene Ziele und Wünsche klar äußern. ■ Auf Wertungen und Vorurteile verzichten. ■ Direkte Feedbacks geben (unter vier Augen, persönlich, die Person direkt ansprechen). ■ Keine verallgemeinernden „Abrechnungen". ■ Die passende Situation wählen. Feedback-Empfänger soll das Gesicht nicht verlieren. ■ Positives (Anerkennung) ebenfalls nennen.	■ Entgegennehmen – Verständnis zeigen. ■ Kein Rechtfertigen, keine Verteidigung. ■ Nachfragen, wenn etwas nicht verstanden wurde. ■ Für das offene Feedback danken. ■ Selbst entscheiden, was man beibehalten, was man verändern möchte. ■ Dem Feedback-Geber sagen, was das Feedback bewirkt hat.

Das Feedback-Geben sollte folgendermaßen ablaufen:

Möglichst positiver Einstieg (Ort, Zeit, …) → Wahrnehmung (positive und negative) objektiv wiedergeben → Über eigene Bedürfnisse und Gefühle informieren → Veränderungs- bzw. Verbesserungswunsch äußern → Möglichst positiver Abschluss des Feedbacks

1 **Konstruktiv**: aufbauend, erhaltend, stärkend (Gegenteil: destruktiv). Hilfreiches Feedback ist konstruktiv.

(3) Bewertungsbogen

Die einfachste Form eines Bewertungsbogens gibt dem Nutzer die Möglichkeit, seine Eindrücke in die Kategorien „Positiv" („+") und „Negativ" („–") zu ordnen.

Beispiel:

Bewertung der Präsentation vom: *23. September 20..* **Thema:** *Ein Betrieb stellt sich vor: die Kundenbank AG*	
+	–
⋮	⋮

Um die Aussagekraft zu erhöhen und zu einer verlässlicheren Bewertung der Gesamtleistung zu kommen, sollten **Bewertungskriterien** entwickelt und gewichtet werden.

Beispiel:

Bewertungskriterien	**–**	**Ø**	**+**	**Gewichtung in Punkten**	**Erreichte Punktzahl**	**Notizen, Bemerkungen**
Einleitung				5		
Inhalt, fachliche Richtigkeit				20		
⋮	⋮	⋮	⋮	⋮	⋮	⋮

Aus den Rückmeldungen des Publikums erhält man – je nach Bewertungsbogen – Antworten auf folgende Fragen:

- Habe ich mein Ziel erreicht?
- War die Präsentation inhaltlich auf die Teilnehmer abgestimmt?
- Wie war der Ablauf der Präsentation aus Sicht des Publikums?
- Wie kamen die Einleitung, der Hauptteil und der Schluss jeweils beim Publikum an?
- Gab es kritische Punkte, die ich hätte besser machen können?
- Hat der Medieneinsatz den gewünschten Erfolg erzielt?
- Konnte ich Kontakt zu den Teilnehmern aufnehmen und der Präsentation über halten?

Aus den Antworten leiten sich unmittelbar konkrete **Verbesserungsvorschläge** ab, die man für die **nächste** Präsentation im Sinne eines **persönlichen Entwicklungsprozesses** auf diesem Gebiet positiv nutzen kann.

Kompetenztraining

35 1. 1.1 Beschreiben Sie den Internetauftritt Ihres Ausbildungsunternehmens!

1.2 Präsentieren Sie in einer Arbeitsgruppe Screenshots von Internetseiten Ihres Ausbildungsunternehmens:
- Beschreiben Sie drei wichtige Bereiche Ihres Webauftritts und nennen Sie die Informationen, die der Nutzer erhält!
- Stellen Sie dar, welche Ziele (Wirkungen) mit diesem Internetauftritt erreicht werden können!
- Zeigen Sie auf, welche Möglichkeiten der Geschäftsabwicklung genutzt werden bzw. welche Kontaktmöglichkeiten es zur Öffentlichkeit gibt!
- Bewerten Sie die Darstellung (Bilder, Sprache, Informationen, Nutzerfreundlichkeit der Bedienung)! Nennen Sie Zielgruppen, die angesprochen werden! Beurteilen Sie, ob die Informationen für die Zielgruppen verständlich wiedergegeben sind! Schlagen Sie Verbesserungsmöglichkeiten vor!

2. 2.1 Nennen Sie vier Bereiche (Dienste) des Internets und stellen Sie dar, welchen Bereich Sie besonders häufig nutzen!

2.2 Beschreiben Sie, wie Sie vorgehen, wenn Sie zu einem Thema im Internet recherchieren!

2.3 Beschreiben Sie, welche Sicherheitsvorkehrungen Sie treffen, wenn Sie sich im Internet Informationen beschaffen!

2.4 Texte, Bilder, Musikdateien können dem Urheberrecht unterliegen. Erläutern Sie, was Urheberrecht bedeutet und welche Auswirkungen das auf die Nutzungsrechte hat!

3. 3.1 Erläutern Sie die Datenübertragung im Internet! Nennen Sie die technischen Voraussetzungen und beschreiben Sie den Prozess!

3.2 Recherchieren Sie dazu die Bedeutung folgender Begriffe:

- Internet Protocol
- IP-Adresse
- URL (Uniform Resource Locator)
- HTML (Hypertext Markup Language)
- Browser
- Hyperlink (Link)

4. Die internationale Schulleistungsstudie PISA untersucht u. a., wie Schülerinnen und Schüler an das Lernen herangehen. Mit den folgenden vier Fragen wurde dabei gemessen, wie viel Prozent der Schülerinnen und Schüler Elaborationsstrategien beim Lernen anwenden:

	fast nie	manchmal	oft	fast immer
Wenn ich lerne, versuche ich, den neuen Stoff mit Dingen zu verbinden, die ich in anderen Fächern gelernt habe.	☐	☐	☐	☐
Wenn ich lerne, überlege ich, inwiefern die Information im wirklichen Leben nützlich sein könnte.	☐	☐	☐	☐
Wenn ich lerne, versuche ich, den Stoff besser zu verstehen, indem ich Verbindungen zu Dingen herstelle, die ich schon kenne.	☐	☐	☐	☐
Wenn ich lerne, überlege ich, wie der Stoff mit dem zusammenhängt, was ich schon gelernt habe.	☐	☐	☐	☐

DOWNLOAD

Quelle: In Anlehnung an: http://www.mpib-berlin.mpg.de/Pisa/LearnersForLife_GER.pdf.

Aufgabe:

Überprüfen Sie, ob Sie bereits Elaborationsstrategien anwenden, indem Sie den obigen Teil des PISA-Fragebogens ausfüllen und zusammen mit Ihren Mitschülern auswerten!

5. Überprüfen Sie die nachfolgenden Aussagen zum Thema Präsentation und entscheiden Sie, welche beiden Aussagen richtig sind! Ist nur eine der Aussagen richtig, dann tragen Sie bitte eine ⑨ in das zweite Kästchen ein!

① Im Rahmen einer Präsentation geht es in erster Linie um die Darstellung von eigenem Fachwissen, die Erwartungen der Teilnehmer spielen eher eine untergeordnete Rolle.

② Unter Gestik versteht man den Gesichtsausdruck, d. h., das Mienen- und Gebärdenspiel des menschlichen Gesichts.

③ Für die Präsentation sollte eine offene und sichere Körperhaltung angenommen werden. Dies ist leichter im Sitzen möglich.

④ Das Feedback ist eines der wirksamsten und einfachsten Instrumente, um mit wenig Aufwand die Selbstwahrnehmung und das Verhalten des Feedback-Empfängers zu verbessern.

⑤ Durch das aktive Aufschreiben auf einem Flipchart während der Präsentation entsteht Bewegung, und man gibt dem Publikum dadurch weniger Zeit zum Reflektieren und Nachdenken.

⑥ Bei Präsentationen sollte man daran denken, dass die Zuhörerinnen und Zuhörer nicht wissen, was auf sie zukommt. Um die Spannung hochzuhalten, ist es deshalb unbedingt erforderlich, dem Publikum zu Beginn keinen Überblick zur Orientierung zu geben.

⑦ Präsentation bedeutet letztlich „Darstellung" oder „Darbietung" und kann sich nur auf eine Sache beziehen.

⑧ Eine Botschaft besteht stets aus einem Zusammenspiel von drei Teilen, und zwar der verbalen, der lokalen und der nonvokalen Komponente.

36

1. Die Grundlagen für eine gelungene Präsentation der Projektarbeit werden bereits in der Erarbeitungsphase gelegt. Die Teamleistung für ein adressatengerechtes Projektergebnis muss auch in der Präsentation ihren angemessenen Ausdruck finden. Bei der Fragestellung und deren Umsetzung „Wie überzeugen wir?" oder sogar: „Wie begeistern wir unseren Auftraggeber?" kann schon mal etwas weniger gut gelingen.

   Was alles schief gehen könnte, schildert in geballter Form der folgende konstruierte Fall:

Das Projektteam tritt zur Präsentation vor die Klasse. Ein Teammitglied bemüht sich um den Laptop, die anderen stellen sich beobachtend in eine Ecke. Der Referent klickt sich durch die Ordnerstruktur seines USB-Sticks und findet innerhalb kurzer Zeit tatsächlich die gesuchte Powerpoint-Präsentation. Nun erscheint die erste Folie: Eine artige Begrüßung und das Thema der Präsentation. Sodann setzt der Referent zögerlich zum Vortrag an. Schließlich ist die Situation nicht alltäglich. Im Publikum kommt eine gewisse Neugierde auf, nicht überall, aber spürbar.

Der Referent klickt nahtlos hintereinander seine Folien durch und zitiert dabei aus dem Abschlussbericht. Währenddessen stehen die übrigen Teammitglieder mangels Beschäftigung gelangweilt herum und flüstern gelegentlich miteinander, was ja kaum stört. Unerwartet unterbricht ein Zuhörer den Folienreigen und richtet eine Verständnisfrage an den Vortragenden. Dieser kann darauf nicht eingehen und verweist auf ein anderes Gruppenmitglied. Die Frage muss wiederholt werden, weil das „fachlich zuständige" Gruppenmitglied gerade nicht zugehört hat.

Zum Vortragshöhepunkt wird ein Feuerwerk der Farben abgebrannt, um den Bedeutungsgehalt der Botschaft zu unterstreichen. Es wird kreativ demonstriert, wie variationsreich der Folienhersteller mit der Technik des Programms vertraut ist. So beeindruckt beispielsweise ein nachtschwarzer Folienhintergrund mit aufflammenden Lämpchen und angesagter Geräuschuntermalung. Die Kombination erzeugt eine gewisse Disco-Atmosphäre zum Projektthema „Unser Bildungsgang Fachoberschule Wirtschaft und Verwaltung“.

Zur weiteren Abwechslung wendet sich der Referent öfter der rückwärtigen Projektionsfläche zu und liest seine Folien dem Publikum vor. Die Folien dienen nur noch dem Vortragenden als Leitfaden, der diesen Texten nichts Weiteres hinzufügt bzw. gar nichts hinzufügen kann, weil es nicht sein arbeitsteiliges Spezialgebiet ist. Viel zu spät bemerkt der Referent, dass es im Publikum unruhig wird und kaum noch jemand zuhört. Seine Konzentration auf den ungeübten Vortrag verhindert jedoch einen Strategiewechsel. Die übrigen Teammitglieder stehen scheinbar unbeteiligt in einer Ecke, da sie die Verantwortung für den Vortrag an das Teammitglied abgegeben haben.

Nach der letzten Folie verschwinden alle schleunigst auf ihre hinteren Plätze. Dort erwarten sie eine wohlwollende Reaktion des Projektleiters, da das Team zum Präsentationstermin tatsächlich vollständig erschienen ist und schließlich eine Leistung abgeliefert hat.

Diese konstruierte Vorstellung wird es in einer derartigen Zusammenballung nicht geben. Jede Szene allein betrachtet, kann sich jedoch in Präsentationen immer wieder einschleichen.

Aufgaben:

1.1 Nennen Sie Planungsfehler und unterbreiten Sie jeweils Verbesserungsvorschläge!

1.2 Erläutern Sie, welche Mängel des Lern- und Leistungsverhaltens der Gruppe Sie erkennen!

1.3 Führen Sie an, welche Mängel im Medieneinsatz offensichtlich sind!

1.4 Erläutern Sie, welche Verhaltensmängel des Referenten und der Gruppe allgemein auffällig sind!

2. Entscheiden Sie, welche der nachfolgenden Aussagen zur Präsentation falsch ist! Sind alle Aussagen richtig, tragen Sie bitte eine ⑨ in das Kästchen ein!

① Eine Botschaft besteht stets aus einem Zusammenspiel von drei Teilen: der verbalen, der vokalen und der nonverbalen Komponente. ☐

② Die Präsentation sollte auf den fachlichen Hintergrund der Zuhörer zugeschnitten sein und ihren Erwartungen in Bezug auf Umfang und Details entsprechen.

③ Nach dem Sammeln der für die Präsentation relevanten Informationen müssen diese auf das Wesentliche reduziert und anschließend visualisiert werden.

④ Die Körpersprache ist das wichtigste Mittel, um Verbindung zum Publikum aufzunehmen und zu halten.

⑤ Durch die Visualisierung wird ein weiterer Empfangskanal angesprochen und der Inhalt bleibt somit länger im Gedächtnis.

Lernfeld 6

Marktmodelle anwenden

1 Sich über Merkmale der sozialen Marktwirtschaft als Ordnungsrahmen für betriebliche und staatliche Entscheidungen informieren

Lernsituation 22: Die Kundenbank AG lädt zu einer Kundenveranstaltung zum Thema „Soziale Marktwirtschaft" ein

Helen und Lasse sind als Auszubildende derzeit in der Marketingabteilung der Kundenbank AG eingesetzt. Aktuell gilt es, eine größere Veranstaltung zu organisieren, zu der rund 250 ausgewählte Kunden eingeladen worden sind. Der Abend steht unter dem Titel: „Wohlstand für alle – Wirtschaftliche Dynamik und sozialen Ausgleich auch in Zukunft verbinden".

Wie die Ausbilderin Frau Weiken gegenüber Helen und Lasse bereits angedeutet hat, sollen sie an dieser Veranstaltung aktiv teilnehmen. Geplant ist zunächst ein Impulsvortrag von einem Universitätsprofessor, dessen Forschungsschwerpunkt die Herausforderungen der sozialen Marktwirtschaft für die Zukunft ist. Anschließend moderiert ein Vorstand eine Diskussionsrunde, an der unterschiedliche Teilnehmer repräsentativ einen Querschnitt durch die Bevölkerung abbilden sollen. Ziel dieser Diskussion ist es, die herausragende Bedeutung der sozialen Marktwirtschaft auch in der heutigen Zeit für unterschiedliche Bevölkerungsschichten zu diskutieren. Helen und Lasse sollen hier stellvertretend für die Jugend ihre Perspektive mit einbringen, wie ihnen die Wirtschaftsordnung der Bundesrepublik Deutschland auch heute noch Zukunftschancen im Zeitalter der Globalisierung[1] und Digitalisierung eröffnet.

Um die beiden Auszubildenden der Kundenbank AG auf diese Veranstaltung vorzubereiten, werden ihnen von Frau Rottenmeier, einer Mitarbeiterin der Kundenbank AG, in einem persönlichen Gespräch einige Informationen mit auf den Weg gegeben. Frau Rottenmeier führt zunächst aus, dass die soziale Marktwirtschaft die Grundlage unserer freiheitlichen, offenen und solidarischen Gesellschaft ist. Schließlich erläutert sie, dass die Globalisierung, Digitalisierung und auch der demografische Wandel unsere Wirtschafts- und Gesellschaftsordnung zukünftig vor neue Herausforderungen stellen. Ihr Kurzvortrag endet damit, dass es wichtig sei, die soziale Marktwirtschaft zu erneuern, zu stärken und zukunftsfest zu machen, damit auch unter veränderten Bedingungen der Rahmen für unsere Art zu leben, zu arbeiten und zu wirtschaften erhalten bleibt. Sie sei die beste Voraussetzung, um das Wohlstands- und Sicherheitsversprechen für die Menschen in Deutschland und Europa im 21. Jahrhundert zu erneuern.

Abschließend übergibt sie den beiden noch einen kleinen Artikel des Bundesministeriums für Wirtschaft und Energie mit den Worten: *„Dieser Artikel ist auch auf dem Einladungsflyer mit abgedruckt. Da können Sie sich noch einmal einige Aspekte anlesen. Beim Vorstellungsgespräch hatten Sie ihrer Ausbilderin ja gesagt, dass Sie sich ganz besonders für das Thema Wirtschaft interessieren und deshalb diesen Ausbildungsberuf gewählt haben. Somit gehen wir davon aus, dass Sie sich gerne in den nächsten Tagen zur Vorbereitung*

1 **Globalisierung:** Vernetzung der Weltwirtschaft.

umfassend mit dem Thema auseinandersetzen werden. Wir erwarten von Ihnen, dass Sie in der Lage sind, die Diskussion mit wertvollen Beiträgen aus der Sicht junger Menschen zu bereichern."

Soziale Marktwirtschaft

Die deutsche Wirtschaftspolitik orientiert sich seit Mitte des 20. Jahrhunderts am Konzept der Sozialen Marktwirtschaft. Es geht zurück auf Ludwig Erhard, der von 1949 bis 1963 der erste Bundeswirtschaftsminister der Bundesrepublik Deutschland war. Die zentrale Idee besteht darin, die Freiheit aller, die als Anbieter oder Nachfrager am Markt teilnehmen, zu schützen und gleichzeitig für sozialen Ausgleich zu sorgen.

Der erste Grundsatz in der Sozialen Marktwirtschaft ist, dass die Märkte über den Preismechanismus für den Ausgleich von Angebot und Nachfrage sorgen: Sind besonders begehrte Güter knapp, steigt deren Preis. Das drängt Nachfrage zurück und bietet zugleich Gewinnmöglichkeiten für zusätzliche Anbieter. Anbieter werden versuchen, die Produktion so kostengünstig wie möglich zu gestalten.

Es ist eine wichtige Aufgabe des Staates, den Rahmen für einen funktionierenden Wettbewerb zu schaffen und zu erhalten. Gleichzeitig muss er die Bereitschaft und die Fähigkeit der Menschen zu eigenverantwortlichem Handeln und mehr Selbstständigkeit fördern.

Der zweite Grundsatz der Sozialen Marktwirtschaft neben dem freien Markt ist der soziale Ausgleich. Dieser soll eine soziale Absicherung für diejenigen bereitstellen, die aufgrund von Alter, Krankheit oder Arbeitslosigkeit keine Markteinkommen erzielen können. Zu einer Sozialen Marktwirtschaft gehören zudem nicht nur gute Wettbewerbsbedingungen und ein gutes Investitionsklima, sondern auch soziale Teilhabe sowie Chancengerechtigkeit.

Textquelle: www.bmwi.de. (Auszug).

Nachdem beide kurz den Artikel überflogen haben, sagt Helen: *„Ganz ehrlich, bei dem Thema fehlt mir irgendwie noch der Durchblick und auch der Bezug zu meinem Leben bzw. meiner Zukunft. Hoffentlich bekomme ich das noch hin!"*

Kompetenzorientierte Arbeitsaufträge:

1. Nennen Sie die zentrale Idee der sozialen Marktwirtschaft und legen Sie kurz dar, wo die soziale Marktwirtschaft in der Bundesrepublik Deutschland verankert ist!
2. Ein Grundsatz der sozialen Marktwirtschaft betont den sogenannten „sozialen Ausgleich". Erläutern Sie kurz, was man hierunter versteht und führen Sie konkrete Beispiele an, in welcher Form dieser Grundsatz im Alltag anzutreffen ist!
3. **Internetrecherche**

   Nicht wenige Kritiker führen immer wieder an, dass der „soziale Ausgleich" ein wesentlicher Grund für die zunehmende Belastung der öffentlichen Haushalte darstellt.

   Recherchieren Sie im Internet, wie hoch die Sozialausgaben aktuell die öffentlichen Haushalte belasten und diskutieren Sie über Möglichkeiten, diese Ausgaben künftig einzudämmen!
4. **Zeitungsartikel**

   Formulieren Sie einen Zeitungsartikel für eine Schülerzeitung mit der Fragestellung „Sichert die soziale Marktwirtschaft auch im Zeitalter der Globalisierung und Digitalisierung unsere Zukunftschancen?"

1.1 Notwendigkeit einer Wirtschaftsordnung erkennen

Um den Kern einer Wirtschaftsordnung und deren Notwendigkeit für das **eigene Leben** besser zu verstehen, hilft zunächst einmal ein Beispiel mit den daraus resultierenden Fragen.

Beispiel:

An einem Samstagmorgen geht die 19-jährige Lena einkaufen. Zunächst besorgt sie für die Familie beim Bäcker einige Brötchen und Croissants. Danach kauft sie beim Metzger etwas Wurstaufschnitt sowie für die am Abend geplante Grillparty verschiedenartiges Grillgut. Auf dem Nachhauseweg beschafft sie noch bei einem örtlichen Fachhändler einige Getränke.

Nach dem Frühstück fährt Lena in die Stadt. Hier kauft sie dann neben einem dringend benötigten Paar Joggingschuhe noch einige T-Shirts sowie zwei Hosen und eine Smartphone-Hülle. Am Ende der Shoppingtour gönnt sie sich schließlich noch einen Besuch beim Friseur sowie einen Erdbeershake in einer Eisdiele.

Wie dieses Beispiel zeigt, kann Lena sämtliche Pläne verwirklichen, ohne dass sie im Vorfeld den Unternehmen ihre Einkaufswünsche verraten hat. Wie kommt es aber, dass all diese Waren zur gewünschten Zeit am gewünschten Ort zur Verfügung stehen und das in aller Regel für viele Millionen Kunden täglich?

Eine Volkswirtschaft kann nicht funktionieren, wenn keine **sinnvolle Planung** betrieben wird. Gegensätzlich sind jedoch die Auffassungen darüber, **wer** dieses komplexe Geschehen planen soll. Entweder man lässt die **einzelnen Wirtschaftssubjekte,** also die Konsumenten und die Produzenten, **selber planen und entscheiden** oder man überträgt die Planungen auf eine übergeordnete **zentrale Behörde.**

- Fällt die Entscheidung über die Organisation der Gesamtwirtschaft zugunsten **jedes Einzelnen** aus, so erhält man ein System **dezentraler Planung.**
- Will man die Lenkung durch eine **zentrale Entscheidungsbehörde,** so liegt ein System **zentraler Planung** vor.

Unabhängig davon, wie die Entscheidung auch ausfallen mag, es handelt sich in beiden Fällen um ein Ordnungsgefüge, welches das **Wirtschaftsgeschehen steuert.**

Unter **Wirtschaftsordnung** versteht man die Art und Weise, wie eine Volkswirtschaft die **Produktion** und die **Verteilung** der hergestellten Güter **organisiert.**

Die Aufgabe einer solchen Ordnung besteht vor allem darin, die **zentralen Grundfragen** jeder Gesellschaft im Bereich des Wirtschaftslebens zu beantworten:

- **Welche Güterarten und Gütermengen** sollen produziert werden?
- **Wie** sollen diese Güter produziert werden?
- **Für wen** sollen diese Güter produziert werden?
- **Wer** entscheidet über die vorangestellen Fragen?

Die Wirtschaftsordnung ist **fester Bestandteil** der **Gesellschaftsordnung.** Grundsätzlich gibt es in der Theorie **zwei gegensätzliche** Entwürfe. Bei den beiden **idealtypischen** Wirtschaftsordnungen – der **Marktwirtschaft** auf der einen und der **Zentralverwaltungswirtschaft** auf der anderen Seite – handelt es sich um die beiden **ideellen (gedanklichen)** Grundmodelle aller Wirtschaftsordnungen. Sie wurden in ihrer **reinen** Ausprägung so jedoch in **keiner** Volkswirtschaft bisher umgesetzt.

1.2 Grundlagen der sozialen Marktwirtschaft

Wird in der öffentlichen Diskussion von „sozialer Marktwirtschaft" gesprochen, ist immer die in der Wirklichkeit (Realität) der Bundesrepublik Deutschland bestehende Wirtschaftsordnung gemeint. „Vater" der sozialen Marktwirtschaft ist Ludwig Erhard.[1]

Grundziel dieser Wirtschafts- und Gesellschaftsordnung ist: „So viel **Freiheit wie möglich,** so viel **staatlichen Zwang wie nötig",** wobei man sich freilich immer darüber streiten kann, was möglich bzw. was nötig ist.

Die **soziale Marktwirtschaft** ist eine **Wirtschaftsordnung,** die grundsätzlich den **freien** Markt bejaht, ohne die **Nachteile** der freien Marktwirtschaft in Kauf nehmen zu wollen.

Soziale Marktwirtschaft

Freier Wettbewerb
Sicherung des Wettbewerbs

- Gewerbefreiheit
- Produktions- und Handelsfreiheit
- Europäische Niederlassungsfreiheit
- freie Arbeitsplatzwahl
- freie Berufswahl
- freie Konsumwahl
- Schutz des Privateigentums

Staat

legt in Gesetzen die Regeln fest

Sozialer Ausgleich zugunsten wirtschaftlich Schwacher

- Sozialversicherungen: solidarische Unterstützung in Notsituationen
- Arbeitnehmerschutz
- Verbraucherschutz

Bürgergesellschaft, freiwilliges Engagement

Quelle: Sozialpolitik, Ausgabe 2015/2016

1 Ludwig Erhard, der erste Wirtschaftsminister der Bundesrepublik Deutschland, verwendete den Begriff der „sozialen Marktwirtschaft", als er nach 1948 die Marktwirtschaft in der Bundesrepublik einführte und damit die Zwangswirtschaft der ersten Nachkriegsjahre ablöste. Der Begriff „soziale Marktwirtschaft" selbst stammt von seinem Mitarbeiter, dem Staatssekretär Alfred Müller-Armack.

1.3 Ordnungsmerkmale der sozialen Marktwirtschaft

Die soziale Marktwirtschaft ist insbesondere gekennzeichnet durch:

(1) Freiheit der Märkte und deren Begrenzung durch sozialen Ausgleich

- Bei der sozialen Marktwirtschaft sind **Freiheit und Verantwortung** miteinander gekoppelt. Die Verantwortung umfasst die Verantwortung des **Einzelnen** für sich **selbst** und auch für **andere.**
- Das Konzept der sozialen Marktwirtschaft ist **nicht** auf einen **Versorgungsstaat** ausgelegt, der den Einzelnen **zeitlich unbegrenzt** und **ohne jegliche Eigenverantwortung** unterstützt.
- Der Staat **sichert** jedoch dem Einzelnen seinen Lebensunterhalt in schwierigen Lebenssituationen. Staatliche Hilfe wird allerdings nur dann **unterstützend (subsidiär)** oder **ersatzweise** gewährt, wenn die **Kräfte des Einzelnen** oder dessen **privaten Umfeldes** nicht ausreichen, seine Notlage selbst zu lösen. Vorrang hat immer die **Hilfe zur Selbsthilfe (Subsidiaritätsprinzip).**
- Der **Antrieb** zur **Selbstverantwortung** und **-versorgung** des Einzelnen soll **nicht zerstört** werden.

Beispiel: Grundsicherung für Arbeitsuchende

Die Zahlungen werden gekürzt bzw. eingestellt, wenn der Antragsteller über eigenes, bestimmte Freibeträge übersteigendes Vermögen verfügt. Des Weiteren werden bei der Berechnung der vom Staat zu zahlenden Leistungen auch Einkommen von Personen berücksichtigt, die mit dem Antragsteller in einer Bedarfsgemeinschaft leben.

Außerdem werden die Leistungen vorübergehend gekürzt, wenn der Leistungsempfänger zumutbare Arbeit ablehnt bzw. an ihm angebotenen Qualifizierungsmaßnahmen für den Arbeitsmarkt nicht teilnimmt.

Art. 2 GG

(2) Grundsätze Gewerbe-, Vertrags- und Konsumfreiheit und deren Begrenzung

- Zum Schutze des Verbrauchers, der Nachbarschaft und der Allgemeinheit ist die **Gewerbefreiheit eingeschränkt.** Beispiele: Handel mit frei verkäuflichen Arzneimitteln, Handel mit Waffen und Munition, Automatenaufstellung, Betrieb von Schank- und Speisewirtschaften.
- **Gefährliche Anlagen** und **bestimmte Gewerbezweige** werden staatlich überwacht. Hierzu zählen z. B. Braunkohlekraftwerke, Gasturbinenanlagen, Windkraftanlagen, Anlagen zur Herstellung von Arzneimitteln, Pflanzenschutzmittel, Mineralölraffinerien.
- Zum Schutz der Umwelt wird die Gewerbefreiheit durch **Umweltgesetze** eingeschränkt.
- Die **Vertragsfreiheit** wird dort **begrenzt,** wo die Rechte anderer verletzt werden.
  - Wucherische und sittenwidrige Rechtsgeschäfte (z. B. überhöhte Zinsforderungen, Kauf von Rauschgift und Drogen) sind verboten.
  - Umfangreiche Arbeitsschutzrechte schützen den einzelnen Arbeitnehmer (z. B. Kündigungsschutzgesetz, Jugendarbeitsschutzgesetz, Arbeitsschutzgesetze).
- Die **Konsumfreiheit** ist in manchen Branchen **eingeengt.** So dürfen bestimmte Arzneimittel von den Apotheken nur gegen ärztliches Rezept abgegeben werden.

(3) Berufsfreiheit und deren Begrenzung

Art. 12 GG

- In der sozialen Marktwirtschaft besteht das Recht auf **freie Wahl des Berufs,** des Arbeitsplatzes und der Ausbildungsstätte.[1]
- Das Recht auf freie Berufs-, Arbeitsplatz- und Ausbildungsstättenwahl ist dort begrenzt, wo es an Arbeits- und Ausbildungsplätzen fehlt. Ein **gerichtlich durchsetzbares „Recht auf Arbeit"** gibt es nach dem Grundgesetz **nicht.**
- Die Aussage des Art. 12 GG stellt eine Aufforderung an den Staat dar, dafür Sorge zu tragen, dass **genügend Arbeits- und Ausbildungsplätze** zur Verfügung stehen.

(4) Eigentum, Erbrecht und deren Begrenzung

Art. 14 GG

- Das Eigentumsrecht umfasst das **Privateigentum** an **Konsumgütern** (z.B. Kleidung, Privatauto, Eigenheim, Eigentumswohnung), **Produktionsmitteln** sowie **Grund und Boden.**
- Das Grundgesetz gewährt dem Gesetzgeber jedoch weitgehende Eingriffsrechte in das Privateigentum. Einmal soll das Eigentum dem Wohle der Allgemeinheit dienen (**„soziale Bindung des Eigentums"),** zum anderen ist eine **Enteignung ausdrücklich erlaubt.** Produktionsmittel, Grund und Boden und Naturschätze können verstaatlicht werden.

Art. 15 GG

(5) Gleichheit vor dem Gesetz

Art. 3 GG

Verlangt wird eine **Gleichbehandlung** in **vergleichbaren Fällen.** Beispiele hierfür sind:

- **Gleicher Lohn** für **gleiche Arbeit,** d.h. also auch zwischen Mann und Frau oder zwischen In- und Ausländern.
- Gleiche Bildungs- und Berufschancen für alle (**„Chancengleichheit").**
  Maßnahmen zur Verwirklichung des Ziels der Chancengleichheit sind z.B. Bereitstellung von Mitteln zum Ausbau von Schulen, betrieblichen Ausbildungsstätten und Hochschulen; Maßnahmen zur Umschulung und Weiterbildung Erwachsener; Ausbildungsförderung für Schüler und Studenten nach dem Bundesausbildungsförderungsgesetz [BAföG].

---

1 Die Berufsausbildung wird im Regelfall durch Gesetz geregelt.
Beispiele: Ärzte und Apotheker benötigen die Approbation (vom Staat verliehenes Recht zur Berufsausübung). Bei Handwerkern ist (noch) in vielen Fällen die Meisterprüfung (der „große Befähigungsnachweis") erforderlich, wenn sie z.B. Auszubildende beschäftigen, Lehrer, die zwei staatliche Prüfungen bestehen müssen.

1.4 Regulierungen durch Staatseingriffe

(1) Einkommenspolitik[1]

Die **Einkommenspolitik** ist darauf gerichtet, starke Einkommens- und Vermögensunterschiede **auszugleichen.**

Eine gerechtere Einkommens- und Vermögensverteilung wird vor allem erreicht durch:

- **Einkommensteuer.** Die Steuertarife steigen nach einem unversteuerten Grundfreibetrag bei zunehmender Einkommenshöhe progressiv an.
- **Sozialversicherungsbeiträge.** Die Beiträge zur Sozialversicherung sind (bis zur jeweiligen Beitragsbemessungsgrenze) einkommensabhängig. Wer mehr Einkommen bezieht, zahlt einen höheren Sozialversicherungsbeitrag.
- **Transferzahlungen.** Dies sind Zuwendungen (Geldzahlungen oder Güterleistungen), die der Staat an private Haushalte leistet. Hierzu zählen z.B. Kinder-, Eltern-, Wohngeld, Förderung der Vermögensbildung, Erwerbsminderungsrente usw. Transferleistungen werden aus Steuern, Sozialversicherungsbeiträgen oder staatlicher Kreditaufnahme bezahlt. Transferzahlungen sind eine staatliche Einkommens- und Vermögensverteilung.

(2) Sozialpolitik

Sozialpolitik umfasst alle Maßnahmen, die darauf abzielen, die **Chancengleichheit** zwischen den verschiedenen sozialen Gruppen anzugleichen sowie die **Absicherung der Lebensbedingungen** der Bevölkerung zu verbessern.

Beispiel:

Jedem soll – unabhängig von den finanziellen Voraussetzungen – die Möglichkeit offenstehen, über den Besuch öffentlicher Bildungseinrichtungen (z.B. Schulen, Fachhochschulen, Universitäten) seinen Fähigkeiten entsprechende Qualifikationen zu erwerben.

Im Wesentlichen verfolgt die Sozialpolitik zwei Ziele:

- **soziale Gerechtigkeit** und
- **soziale Sicherheit.**

1 Vgl. hierzu Lernfeld 10, Kapitel 1.2.2.

(3) Wettbewerbspolitik[1]

Wettbewerb ist die Grundlage der sozialen Marktwirtschaft. Ohne Wettbewerb kann der Preis seine für die Steuerung des Wirtschaftsprozesses unerlässlichen Funktionen nicht erfüllen.

Da die Unternehmen, vor allem bei wirtschaftlichen Schwierigkeiten, bestrebt sind, den freien Wettbewerb auszuschalten, indem sie

- wettbewerbsbeschränkende Vereinbarungen **(Kartelle)** treffen,
- **Unternehmenszusammenschlüsse (Fusionen)** bilden und
- ihre **marktbeherrschende Stellung missbräuchlich ausnutzen**, um Konkurrenten aus dem Markt zu drängen (z.B. durch Liefer- und Bezugssperren),

muss der Staat den Wettbewerb durch eine **aktive Wettbewerbspolitik** sichern.

Das **zentrale Ziel** der Wettbewerbspolitik ist, ein **wettbewerbliches Verhalten** der Anbieter auf den Märkten **sicherzustellen.**

Rechtliche Grundlage der Wirtschaftspolitik in der Bundesrepublik Deutschland ist das **„Gesetz gegen Wettbewerbsbeschränkungen“** [GWB].[2]

(4) Umweltpolitik

Umweltpolitik umfasst alle Maßnahmen zur **Erhaltung** und **Verbesserung** der **natürlichen Lebenswelt** der Menschen.

Im Zentrum dieses Politikfeldes steht der Schutz von Luft, Wasser, Boden, der Pflanzen- und Tierwelt sowie des Klimas vor **schädlichen** Wirkungen **menschlicher Eingriffe.**

Ziel der Umweltpolitik ist es, die Wirtschaftssubjekte (Produzenten und Haushalte) zu veranlassen, Maßnahmen der **Vermeidung, Verringerung** oder **Beseitigung** von **Umweltbelastungen** zu ergreifen.

Die **Bedeutung** des Umweltschutzes und damit auch der Umweltpolitik ist in Deutschland seit Ende der 1970er-Jahre **stetig gewachsen.**

1 Vgl. hierzu Kapitel 5.

2 Vgl. hierzu Kapitel 5.

Kompetenztraining

37

1. Nennen Sie fünf wesentliche Ordnungsmerkmale der sozialen Marktwirtschaft!

2. Erklären Sie anhand von Beispielen, wie in der sozialen Marktwirtschaft
   2.1 die Vertragsfreiheit und
   2.2 die Gewerbefreiheit
   eingeschränkt werden!

3. Zeigen Sie auf, wie unser Staat versucht, Auswüchse in der Wirtschaft zu vermeiden und seiner sozialen Verpflichtung gerecht zu werden! (4 Beispiele!)

4. Begründen Sie, ob die folgenden Regelungen des Staates mit den Prinzipien der sozialen Marktwirtschaft vereinbar sind!
   4.1 Das Steuersystem wird so geordnet, dass jeder Steuerpflichtige über das gleiche Nettoeinkommen verfügen kann.
   4.2 Jeder Einwohner erhält das Recht, in Notfällen seinen Anspruch auf Unterstützung durch den Staat gerichtlich einklagen zu können.
   4.3 Der Staat erhält das Recht, zum Wohle der Allgemeinheit Enteignungen gegen Entschädigung vornehmen zu dürfen.
   4.4 Zur Erhaltung von 40 000 Arbeitsplätzen räumt der Staat dem Unternehmen X auf Dauer eine Ermäßigung der Umsatz- und Gewerbesteuer ein.
   4.5 Zur Ankurbelung der Konjunktur gewährt der Staat Subventionen, die innerhalb eines bestimmten Zeitraums durchgeführt werden.
   4.6 Der Staat verbietet durch Gesetz den Zusammenschluss von Unternehmen, wenn diese dadurch eine Marktbeherrschung erreichen wollen.
   4.7 Der Staat zahlt Unternehmen einer Branche Zinszuschüsse für Anpassungsinvestitionen, die durch den technischen Fortschritt notwendig wurden, obwohl die Unternehmensleitungen diese Anpassungen in der Vergangenheit fahrlässig unterlassen haben.
   4.8 Der Staat gewährt nach sozialen Gesichtspunkten gestaffelte Prämien für Arbeitnehmer, die einen Teil ihres Einkommens vermögenswirksam anlegen.
   4.9 Der Staat schreibt Preise für Grundnahrungsmittel und Mietwohnungen vor.
   4.10 Der Staat zahlt Umschulungsbeihilfen für Arbeitnehmer, die ihre Arbeitsplätze infolge technologischer Entwicklungen verloren haben.

5. 5.1 Grenzen Sie die soziale Marktwirtschaft von der freien Marktwirtschaft ab, indem Sie zwei wesentliche Grundprinzipien der sozialen Marktwirtschaft beschreiben!
   5.2 Stellen Sie mögliche Zielkonflikte in der sozialen Marktwirtschaft dar! Leiten Sie diese aus dem Spannungsverhältnis zwischen dem Ziel der größtmöglichen Freiheit einerseits und dem Ziel des sozialen Ausgleichs andererseits ab!

6. Erläutern Sie, warum der Staat in der sozialen Marktwirtschaft dazu aufgerufen ist, Wettbewerbspolitik zu betreiben und nennen Sie die Ziele, die der Staat mit seiner Wettbewerbspolitik verfolgt!

7. Erläutern Sie an zwei selbst gewählten Beispielen, warum die Messung von Umweltschäden schwierig ist!

8. Recherchieren Sie den Zusammenhang zwischen Luft-, Wasser- und Bodenverunreinigung an einem Beispiel!

9. Nennen Sie drei Maßnahmen im Rahmen der Einkommensumverteilung!

10. Die Grenze der Freiheitsrechte nach Artikel 2 Grundgesetz ist dort erreicht, wo die Rechte anderer verletzt werden können.

Aufgabe:

Beurteilen Sie für die nachfolgenden Situationen, welche Einschränkung von Freiheitsrechten im Mittelpunkt steht. Tragen Sie eine

① ein, wenn die Einschränkung die Gewerbefreiheit,

② ein, wenn die Einschränkung die Eigentumsrechte,

③ ein, wenn die Einschränkung die Wettbewerbsgesetzgebung,

④ ein, wenn die Einschränkung die Sozialgesetzgebung,

⑨ ein, wenn der Sachverhalt keinen der genannten Bereiche betrifft.

Nr.	Aussage	
10.1	Die Freiburger Maschinenfabrik AG hat ein größeres Grundstück erworben, um dort eine neue Produktionsstätte zu errichten. Bei dem Investitionsvorhaben muss sie allerdings einige Auflagen zum Landschaftsschutz beachten.	
10.2	Nach dem Schulabschluss unterzieht sich Chantal Bäuerle einigen Eignungstests bei der Agentur für Arbeit und lässt sich auf der Basis der Ergebnisse dieser Untersuchungen Vorschläge für mögliche Ausbildungsberufe unterbreiten.	
10.3	Die angehende Abiturientin Charlotte von Wienkamp möchte später einmal eine eigene Praxis als Kinderärztin haben. Bei einem ersten Orientierungspraktikum in einer Arztpraxis muss sie jedoch erfahren, dass man für diesen Beruf neben einem Studium auch eine entsprechende staatliche Zulassung benötigt.	
10.4	Um dem zunehmenden Preiskampf zu entgehen, treffen sich mehrere Gastronomen in Stuttgart und sprechen ihre Preise ab.	
10.5	Fiona Meier möchte eine Ausbildung zur Bankkauffrau beginnen. Sie informiert sich vor Ausbildungsbeginn bei unterschiedlichen Krankenkassen über deren Leistungskatalog.	
10.6	Die Weinheimer Lackfabrik KG produziert hochwertige Speziallacke für den Weltmarkt. Bei der Produktion kommen zahlreiche Gefahrstoffe zum Einsatz, sodass das Unternehmen vielfältige Vorschriften im Umgang mit diesen Stoffen beachten muss.	

11. Entscheiden Sie, welche der nachfolgenden Aussagen falsch ist! Sind alle Aussagen richtig, tragen Sie bitte ein ⑨ in das Kästschen ein!

① Unter Wirtschaftspolitik versteht man die Art und Weise, wie eine Volkswirtschaft die Produktion und Verteilung der hergestellten Güter organisiert.

② Die Wirtschaftsordnung ist fester Bestandteil der Gesellschaftsordnung.

③ Die Berufsfreiheit ist ein Ordnungsmerkmal der sozialen Marktwirtschaft.

④ Die Einkommenspolitik ist darauf gerichtet starke Einkommens- und Vermögensunterschiede auszugleichen.

⑤ Wettbewerb ist die Grundlage der sozialen Marktwirtschaft.

2 Sich mit den Grundlagen des Wirtschaftens auseinandersetzen

Lernsituation 23: Auszubildende der Kundenbank AG tauschen sich über ihre Urlaubspläne aus

In der Mittagspause treffen sich Ben, Lennard, Charlene und Sonja, allesamt Auszubildende bei der Kundenbank AG, in einer Pizzeria. Während Lennard eine Pizza bestellt, hat sich Charlene für ein Nudelgericht, Ben für ein Kalbschnitzel und die Vegetarierin Sonja für einen großen Salat entschieden. Nach der Bestellung des Essens fragt Ben die übrigen Auszubildenden nach ihren Urlaubsplänen für die Zeit nach der ersten Abschlussprüfung, für die alle vier Urlaub eingereicht haben.

Lennard sagt, dass er nach all dem anstrengenden Lernen für die Prüfung ein großes Bedürfnis auf Party hat. So schwärmt er von seinem Urlaub auf einer sonnigen Insel mit einigen Freunden aus seiner Fußballmannschaft. Dabei führt er aus, dass sie einen „All-inclusive-Urlaub" in einem Luxushotel gebucht haben. Besonders wichtig sei ihnen die große Anzahl an guten Clubs im näheren Umfeld gewesen, um jeden Abend toll ausgehen zu können. Außerdem hätte er auf ausreichend WLAN im Hotel geachtet, sodass er anstehende Fußballspiele problemlos streamen könne. Lennard endet mit den Worten: *„Meine Kumpels und ich hatten sehr genaue Vorstellungen von dem, was wir haben wollten. Dann haben wir wochenlang im Internet Flug- und Hotelpreise verglichen, um so günstig wie möglich unser Wunschpaket zu buchen. Das war ziemlich stressig!"*

Dann berichtet Sonja, dass sie mit ihrer Familie eine Studienreise nach Ägypten macht, um dort während einer Nilkreuzfahrt viele kulturelle Gedenkstätten zu besuchen. Ihre Eltern und sie hätten sich in den letzten Wochen schon intensiv auf diese Reise vorbereitet und alles minutiös geplant. Sonja macht deutlich, dass für sie ein Urlaub zwingend damit verbunden sei, über das Land, die Menschen und die Geschichte in den wenigen Tagen des Aufenthalts so viel wie möglich kennenzulernen.

Dann meldet sich Charlene zu Wort und erzählt von ihrem bevorstehenden Urlaub in New York. Die 21-jährige berichtet, dass dies bereits ihr sechster Urlaub in der für sie schönsten Metropole der Welt sei. Sie freut sich vor allem auf die ausführlichen Shoppingtouren. Besonders beeindruckend sei die riesige Anzahl an Geschäften und Designern, die in der Stadt vertreten sind. Zwischen exklusiven Designerboutiquen, beliebten Modeketten und attraktiven Outlets sowie gigantischen Shoppingmalls entpuppe sich New York als echtes Shoppingparadies für jedermann. Sonja schwärmt: *„Egal, ob weiblich oder männlich, jung oder alt, Shopaholic oder Shopping-*

Urlaubspläne der Auszubildenden

muffel, den Big Apple kann niemand verlassen, ohne vorher den einen oder anderen Einkauf getätigt zu haben. Und wie immer habe ich mir ein bestimmtes Budget gesetzt, für das ich in New York so viel wie möglich einkaufen möchte."

„Wow, was für Pläne!", seufzt Ben. Er räumt ein, dass er vergleichsweise kleine Urlaubspläne hätte, die sich mit denen der anderen nicht ansatzweise messen können. Insbesondere ein Umweltprojekt auf dem Gymnasium hätte ihn vor drei Jahren zu einer drastischen Verhaltensänderung beim Thema Urlaub veranlasst. Früher sei er auch mit der Familie zweimal im Jahr in den Skiurlaub gefahren und außerdem noch mindestens einmal jährlich in ferne Länder geflogen. Heute würde er das alles aber nicht mehr wollen, da er überhaupt keine Freude mehr daran hätte. Für ihn persönlich sei nur noch nachhaltiger Urlaub möglich. Und da würde er in diesem Jahr einen Aufenthalt an der Ostsee anstreben. Um die angedachten zwei Wochen so günstig wie möglich hinzubekommen, sucht er allerdings noch eine preiswerte Mitfahrgelegenheit sowie eine möglichst sparsame Unterkunft auf einem Campingplatz.

Lennard schaut Ben an und sagt: *„Dass wir alle ganz unterschiedliche Bedürfnisse haben, wird ja schon in der Mittagspause deutlich, wenn wir Essen bestellen. Aber nachhaltig Urlaub machen? Was bitteschön habe ich mir denn darunter vorzustellen?"*

Kompetenzorientierte Arbeitsaufträge:

1. Stellen Sie sich vor, Sie gewinnen eine „Traumreise Ihrer Wahl". Formulieren Sie ausführlich Ihre eigenen Wünsche, Bedürfnisse und Interessen für eine solche Urlaubsreise!
2. Erläutern Sie, welche Wirkungen Ihre persönliche wirtschaftliche Situation konkret auf die in Aufgabe 1 zusammengestellte Urlaubsplanung hat, falls Sie diesen Urlaub selbst oder durch Ihre Eltern finanzieren müssten! Formulieren Sie abschließend zu Ihren Erläuterungen einen Zusammenhang zwischen dem Bedarf und den Bedürfnissen!
3. **Übersichtsmatrix**

   Notieren Sie zehn Bedürfnisse, die Sie sich im Laufe dieses Tages erfüllen möchten! Sortieren Sie diese anschließend in einer Übersichtsmatrix nach Existenz- und Luxusbedürfnissen!
4. Erläutern Sie, was man unter dem ökonomischen Prinzip versteht und beurteilen Sie anschließend, nach welchen Handlungsmöglichkeiten die vier Auszubildenden ihren Urlaub jeweils ausrichten!
5. Erläutern Sie, was man unter Nachhaltigkeit versteht!
6. **Übersichtsmatrix mit Präsentation**

   Stellen Sie sich vor, ein Tourismusexperte würde Sie über negative Auswirkungen Ihrer in Aufgabe 1 geplanten Traumreise informieren. Lösen Sie die nachfolgenden Aufgabenstellungen in Form einer Übersichtsmatrix und präsentieren Sie diese Ihrer Klasse!

   6.1 Erläutern Sie zunächst drei mögliche negative Auswirkungen, Ihres in Aufgabe 1 geplanten Urlaubs, die Sie auf gar keinen Fall davon abhalten würden, Ihren „Traumurlaub" anzutreten!

   6.2 Formulieren Sie mindestens drei negative Auswirkungen, die Sie in einem solchen Fall dazu veranlassen würden, Ihre Traumreise so umzuplanen, dass diese Auswirkungen vermieden würden!

   6.3 Ziehen Sie anschließend ein Fazit!

2.1 Wirtschaftsteilnehmer Haushalt, Unternehmen und Staat

Jeder von uns kommt tagtäglich mit **wirtschaftlichen Sachverhalten** in Berührung. Ganz gleich, ob wir eine Kinokarte erwerben, per Internet über entsprechende Portale entgeltlich Musik bzw. Filme streamen oder einen Ausbildungsplatz mit dem Ziel annehmen, später durch eine entsprechende Arbeit Geld zu verdienen. Wir alle **konsumieren** tagtäglich **vielfältige Produkte** und **Dienstleistungen,** die Unternehmen oder staatliche Einrichtungen erzeugt haben und für uns bereithalten.

In der Volkswirtschaftslehre bezeichnet man als **Wirtschaftssubjekt** jede **wirtschaftlich selbstständig handelnde Einheit.** Dies kann z. B. ein privater Haushalt, ein Unternehmen, ein Kreditinstitut oder ein Staat sein.

Wenn wir früher oder später einer Arbeit nachgehen, interessiert uns nicht nur, ob die Arbeit Spaß macht, sondern auch die Höhe des Einkommens.

Wenn wir das verdiente Geld schließlich ausgeben, werden wir uns zumeist die Frage stellen, ob die Preise der Güter und Dienstleistungen, die wir kaufen wollen, **angemessen** und für uns **bezahlbar** sind. Wir sind, ob wir wollen oder nicht, Glieder einer Gesellschaft und damit der Wirtschaft.

Die **Wirtschaft** ist ein **wichtiger Teil** unseres **Lebens,** der im Kern die **Versorgung mit Gütern und Dienstleistungen** zum Gegenstand hat.

2.2 Konsumverhalten der Menschen

2.2.1 Problemstellung

Das zur Verfügung stehende Einkommen einer Privatperson kann entweder für Konsumzwecke **ausgegeben** oder **gespart** werden.

Unter **Konsum**[1] versteht man die **Inanspruchnahme** von Gütern und Dienstleistungen zur unmittelbaren Bedürfnisbefriedigung.

Das Konsumverhalten (Verbraucherverhalten) ist neben der Höhe des Einkommens von vielen anderen Faktoren abhängig und **verändert** sich im Laufe der Zeit.

1 **Konsumieren:** verbrauchen, verzehren.

Das **Konsumverhalten** der Verbraucher wird laufend **wissenschaftlich erforscht,** da es sowohl für die Entwicklung der gesamten **Volkswirtschaft** als auch für die Selbstverwirklichung jedes **Einzelnen** von großer Bedeutung ist.

2.2.2 Ökonomische und ökologische Erklärungsansätze zum Konsumverhalten

Im Folgenden werden ökonomische und ökologische Erklärungsansätze zum Konsumverhalten (Verbraucherverhalten) vorgestellt.

(1) Ökonomische Erklärungsansätze zum Konsumverhalten

Ökonomische Erklärungsansätze zum Konsumverhalten unterstellen, dass der Verbraucher sich immer nach dem **ökonomischen Prinzip**[1] verhält. Dieses besagt, dass der Verbraucher versucht, die Ware möglichst billig zu erwerben **(Minimalprinzip)** bzw. mit dem vorhandenen Geld möglichst viele Waren zu kaufen **(Maximalprinzip)**. Der Preis eines bestimmten Gutes bestimmt also vorwiegend das Kaufverhalten.

1 **Prinzip:** Grundsatz. Näheres zum ökonomischen Prinzip siehe Kapitel 2.5.2.

Der **gut informierte** und **rational**[1] **handelnde** Konsument zeigt auf einem Markt folgende theoretische Grundverhaltensweisen:

- **Steigt** der **Preis** eines Gutes, **sinkt** die nachgefragte **Menge** dieses Gutes.
- **Fällt** der **Preis** eines Gutes, **steigt** die nachgefragte **Menge** dieses Gutes.

Die Hauptkritik an den ökonomischen Erklärungsansätzen des Konsumverhaltens bezieht sich auf die Tatsache, dass **allein** wirtschaftliche Überlegungen als entscheidend für Kaufhandlungen angesehen werden. Dies entspricht jedoch **nicht** der Realität. So spielen z. B. **emotionale** und zunehmend auch **ökologische** Aspekte eine Rolle bei Konsumentscheidungen.

(2) Ökologische Erklärungsansätze zum Konsumverhalten

Ein ökologisches Konsumverhalten gewinnt vor dem Hintergrund weiter **steigender globaler Umweltbelastungen** für immer mehr Menschen in Deutschland an Bedeutung. Bei diesem Konsumverhalten geht es den Verbrauchern in erster Linie um die **Vermeidung negativer ökologischer Auswirkungen** der Güterproduktion, die sich **generationenübergreifend** durch entsprechende Umweltschäden abzeichnen.

Konsumenten erwarten heutzutage nicht nur einen **Gebrauchsnutzen** von den zu ihrer Lebenshaltung notwendigen Gütern. Der **Nutzengewinn** des Konsums soll auch auf möglichst **umweltschonende** und **nachhaltige**[2] Weise erreicht werden. Beispiele dieses Trends zum ökologischen Konsum ist das seit Jahren anhaltende stetige Wachstum des Marktes für **biologisch erzeugte Lebensmittel,** die steigende Nachfrage nach **Lebensmitteln aus der Region,** der Verzicht auf Fleischkonsum oder Flugreisen.

Die Grundidee bzw. der **Trend** hin zum umweltgerechten Konsum dehnt sich mittlerweile auf immer **mehr Konsumbereiche** aus. So gibt es ein umfassendes Sortiment an ökologisch hergestellter **Kleidung, Möbeln oder Reisen** („sanfter Tourismus").

2.2.3 Veränderung der Konsumwünsche

Das Konsumverhalten hat sich in den letzten Jahrzehnten **grundlegend** verändert. Der Verbraucher, der seinen Bedarf im Rahmen eines **starr** geplanten Verhaltens deckt, wird seltener. Stattdessen rückt die **spontane, erlebnishafte** Bedürfnisbefriedigung in den Vordergrund.

Gründe für die Veränderung des Konsumverhaltens sind u. a.:

- Die vergangenen Jahre waren durch einen **Wertewandel** hin zur **Individualisierung** und **Erlebnisorientierung** gekennzeichnet.
- Die **Globalisierung** beeinflusst den **Lebensstil.** Das große Warenangebot vervielfacht die **Konsumalternativen.**

1 **Ratio:** Verstand, **rational:** vom Verstand gesteuert, vernünftig.

2 Vgl. Kapitel 2.7.

- Die Verbraucher sehen im Konsum eine **Belohnung** für die geleistete Arbeit. **Einkaufen** („Shoppen“) wird zu einer beliebten Form der **Freizeitgestaltung. Shoppingmalls** (Einkaufszentren) erfreuen sich immer größerer Beliebtheit.
- Durch das **Internet** wird die **Welt** zu einem **Marktplatz** bisher nicht gekannten Ausmaßes an **Produktvielfalt,** auf dem sich der Konsument rund um die Uhr den Warenkorb füllen und die Bestellung quasi in **Lichtgeschwindigkeit** absenden sowie auf **bequeme** Art und Weise zahlen und zu sich nach Hause senden lassen kann.

Der **Wandel vom Versorgungs- zum Erlebniskonsum** begann zunächst im Urlaubs- und Freizeitbereich und hat mittlerweile auch den Bereich der allgemeinen Lebensführung erreicht.

Die **Erlebnisqualität** wird zu einem immer wichtigeren Kaufkriterium. Konsumgüter ohne erkennbaren Erlebniswert verlieren zunehmend an Attraktivität.

2.2.4 Fehlentwicklungen im Konsumverhalten

Die zunehmende Konsumorientierung führt nicht selten zu einem **Konsumzwang.** Gekauft wird **nicht** mehr in erster Linie, um seine **Versorgung** sicherzustellen, sondern um **akzeptiert** zu werden oder um Spaß zu haben – koste es, was es wolle.

Zudem besteht die Gefahr, dass die Menschen konsumieren, um **Frust** abzubauen. Die Lust auf Konsumieren entspringt dann der **Angst** vor der eigenen **inneren Leere.** Aus einer zu starken und sehr zeitintensiven Konsumorientierung heraus erwachsen insbesondere folgende Gefahren:

- Die **Bereitschaft** der Menschen, **selbst Verantwortung und Verpflichtungen zu übernehmen** und sich gegenseitig in bestimmten Situationen zu helfen, **sinkt.**
- Die Konsumgesellschaft bringt persönliche **Desorientierung** und **Verhaltensunsicherheit** mit sich. Man hat Angst vor dem Verlust von sozialen Statussymbolen und damit auch der Anerkennung.
- Das Kreditkartenzücken und **Online-Shoppen** ist oftmals sichtbarer Ausdruck einer neuen Form der Konsumabhängigkeit. Das **„Über-die-eigenen-Verhältnisse-Leben“** ist ein weiteres Merkmal dieser Fehlentwicklung im Verbraucherverhalten.

Diese Gefahren dürfen nicht unterschätzt werden. Der Konsument muss daher in die Lage versetzt werden, Konsumentscheidungen mehr mit **Vernunft** und **weniger** vom **Gefühl** her zu treffen. Der Informationsaustausch mit Freunden, aber auch **Verbraucherberatungsstellen** können helfen, den Weg zu einem **verantwortungsbewussten** Konsumverhalten zu finden.

- **Allgemein gilt**: Je **informierter** die Menschen als Verbraucher sind und je **größer** ihre **Unabhängigkeit** gegenüber den Verlockungen des Konsumangebots ist, desto **weniger** sind sie von den Fehlentwicklungen betroffen.
- Jeder **Einzelne** kann durch seine Kaufentscheidung die **Entwicklung** von Wirtschaft, Gesellschaft und Umwelt **mitbestimmen.**

2.3 Entstehung von Nachfrage herleiten

2.3.1 Begriff und Arten der Bedürfnisse

(1) Begriff Bedürfnisse

Unter Bedürfnissen versteht man **Mangelempfindungen** der Menschen, die diese beheben möchten. Die Bedürfnisse sind die **Antriebe** (Motive) für das wirtschaftliche Handeln der Menschen.

Diese Begriffserläuterung lässt sich anhand eines einfachen Beispiels aus dem täglichen Leben verdeutlichen.

Beispiel:

Der 19-jährige Bankauszubildende Nils hat nach einer ausgiebigen Trainingseinheit im Fitnessstudio Durst. Insgeheim verspürt er einen Mangel an Flüssigkeit. Dieses **„Mangelempfinden"** möchte er nunmehr schnellstmöglich durch ein erfrischendes Getränk beseitigen. Allgemein formuliert hat er also das Bedürfnis, etwas zu trinken.

Im Zusammenhang mit den Bedürfnissen unterstellt die Wirtschaftswissenschaft, dass die Bedürfnisse der Menschen **unersättlich** sind, sie also fortwährend bestrebt sind, einen **immer höheren Versorgungsgrad** zu erreichen. Auch diese Annahme lässt sich mithilfe der Alltagserfahrung unterlegen.

Beispiel:

Die 17-jährige Auszubildende Jessica wünscht sich dringend ein neues Smartphone. Wird ihr dieser Wunsch von ihren Eltern erfüllt, so bedeutet dies mit Sicherheit nicht das Ende ihrer Bedürfnisse. Denn kaum ist mit dem Smartphone ihr zu diesem Zeitpunkt sehnlichster Wunsch befriedigt, sehnt sie sich beispielsweise nach dem Führerschein, danach nach einem Urlaub. Sollten ihr auch diese Bedürfnisse erfüllt werden, so dürften als nächstes ein größeres Zimmer, ein eigenes Auto oder eine eigene Wohnung auf ihrer Wunschliste auftauchen. Und auch wenn ihr dies früher oder später ermöglicht werden sollte, findet sich für Jessica mit Sicherheit im Anschluss daran wiederum ein neuer Mangel, den es schnellstmöglich zu beseitigen gilt.

(2) Gliederung der Bedürfnisse

Gliederung der Bedürfnisse nach der Dringlichkeit

Bedürfnisse	Erläuterungen	Beispiele
Existenzbedürfnisse	Sie sind körperliche Bedürfnisse. Sie müssen befriedigt werden. Ihre Befriedigung ist lebensnotwendig.	■ Hunger bzw. Durst stillen wollen. ■ Das Bedürfnis, sich vor Kälte bzw. dem Erfrieren schützen zu wollen.
Kulturbedürfnisse	Sie entstehen mit zunehmender kultureller, also auch technischer, wirtschaftlicher oder künstlerischer Entwicklung, weil die Ansprüche, die der Einzelne an das Leben stellt, wachsen.	■ Sich modisch kleiden wollen. ■ Der Wunsch nach einem Besuch eines Festivals. ■ Ein eigenes Auto fahren wollen.
Luxusbedürfnisse	Von Luxusbedürfnissen spricht man, wenn sich die Bedürfnisse auf Sachgüter oder Dienstleistungen richten, die sich in einer bestimmten Gesellschaft nur besonders Wohlhabende leisten können.	■ Eine sehr teure Luxusuhr tragen. ■ Eine Villa mit Swimmingpool und/oder ■ eine Ferienwohnung am Meer besitzen wollen.

Eine **genaue Abgrenzung** zwischen Kultur- und Luxusbedürfnissen ist nicht immer ohne Weiteres möglich. Gemeinsam ist ihnen, dass ihre Befriedigung **nicht** unbedingt lebensnotwendig ist.

Gliederung der Bedürfnisse nach dem Bedürfnisträger

Bedürfnisse	Erläuterungen	Beispiele
Individualbedürfnisse[1]	Sie richten sich auf Güter, die der **Einzelne** für sich allein (bzw. innerhalb seiner Familie) konsumieren kann.	Die Wünsche, Pizza zu essen, ein bestimmtes Getränk zu sich zu nehmen, ein eigenes Smartphone oder Auto zu besitzen.
Kollektivbedürfnisse[2]	Sie werden mit Gütern befriedigt, die **allen** Mitgliedern der Gesellschaft zur Nutzung zur Verfügung stehen sollten.	Die Wünsche, auf einer Landstraße Motorroller zu fahren, ein öffentliches Verkehrsmittel zu benutzen, eine Schule zu besuchen, an einer staatlichen Universität zu studieren. Das Bedürfnis, in einer sauberen Umwelt zu leben.

Mit **zunehmendem Wohlstand** ist zu beobachten, dass die **Kollektivbedürfnisse anwachsen.** Die Ansprüche an den Staat werden immer umfangreicher (z. B. Forderungen nach besseren Schulen, mehr Universitäten, mehr Umweltschutz, besseren Straßen).

1 **Individualbedürfnisse:** Bedürfnisse des Einzelnen (von Individuum: Einzelwesen).

2 **Kollektivbedürfnisse:** Bedürfnisse der Gesamtheit, Gemeinschaft.

Gliederung der Bedürfnisse nach der Bewusstheit der Bedürfnisse

Bedürfnisse	Erläuterungen	Beispiele
offene Bedürfnisse	Bei offenen Bedürfnissen handelt es sich um solche Mangelempfindungen, die dem Einzelnen **bewusst** sind.	Im Anschluss an eine Doppelstunde Sport verspürt ein Schüler den Wunsch, etwas zu trinken, um seinen Durst zu löschen.
latente[1] Bedürfnisse	Sie sind beim Einzelnen **unterschwellig** vorhanden und müssen erst noch durch die Umwelt geweckt werden. Die Bewusstwerdung dieser im Unterbewusstsein bereits existenten Wünsche wird durch einen „äußeren Reiz" ausgelöst.	So hat gewiss jeder schon einmal die Erfahrung gemacht, dass er beim Shopping – angelockt von einer Schaufensterauslage oder einem herrlichen Essensduft – etwas gekauft hat, was bis zu diesem Zeitpunkt nicht auf seiner „Einkaufsliste" stand.
manipulierte[2] Bedürfnisse	Bei manipulierten Bedürfnissen handelt es sich um ein Mangelempfinden, das gezielt von Werbung, Politik, Medien oder anderen Manipulatoren erzeugt wird. Dabei spricht insbesondere die Werbung nicht nur (latent) vorhandene Bedürfnisse an, sie erzeugt vielmehr bei den Zielgruppen auch **neuartige** Bedürfnisse.	Das Image der aktuellen „Stars" (Musiker, Sportler, Schaupieler, Youtuber etc.) und die damit verbundene Art, sich zu schminken oder zu kleiden, wird regelmäßig von gewissen Medien zur Mode stilisiert und infolge millionenfach verkauft. Zudem wird häufig beim Kauf bestimmter Marken eine Elitezugehörigkeit unterstellt. Weitere Beispiele sind Modetrends bei Frisuren, Schönheitsideale oder Körperkult.

Bedürfnispyramide nach Maslow

Der Mensch wird, wenn er **vernünftig (rational)** handelt, zunächst die Bedürfnisse zu befriedigen suchen, die ihm am **dringlichsten** erscheinen.

Der amerikanische Psychologe Abraham Maslow hat deshalb das Konzept einer Bedürfnispyramide entwickelt. Nach Maslow wird der Wunsch zur Befriedigung der Bedürfnisse einer höheren Pyramidenstufe erst dann erreicht, wenn die Bedürfnisse der **Vorstufe weitestgehend** befriedigt sind.

Bedürfnispyramide nach Maslow

1 **Latent:** versteckt.

2 **Manipulieren:** Menschen bewusst und gezielt beeinflussen oder lenken.

Beispiel:

- Ein Auszubildender kauft einen Pullover und erfüllt damit ein **Grundbedürfnis,** weil er nicht frieren möchte.
- Fordert er bewusst eine gute Faserqualität, so erreicht er damit das **Sicherheitsbedürfnis.**
- Mit der Auswahl von Farbe und Design befriedigt er das **soziale Bedürfnis** und zum Teil das Geltungsbedürfnis.
- Beim Einkauf erwartet er Beratung und Anregung zum Kombinieren mit Hemd, Tuch, Schal oder Jacke und befriedigt damit sein **Geltungsbedürfnis.**
- Indem er eine besondere Marke kauft (der Pullover trägt das Zeichen einer Premiummarke) in der Absicht, einen Lebensstil zu erreichen, wird ein Statuskauf vorgenommen. So trägt der Pullover durch die Selbststilisierung zur **Selbstverwirklichung** bei.

2.3.2 Bedarf

Da die Bedürfnisse der Menschen unbegrenzt sind, können sie mit Blick auf die nur **begrenzt** vorhandenen (finanziellen) **Mittel** nicht alle befriedigt werden. Der **Teil** der Bedürfnisse, der sich von dem **verfügbaren** Taschengeld oder Einkommen bzw. den Ersparnissen realisieren lässt, wird als Bedarf bezeichnet.

Die mit **Kaufkraft** versehenen Bedürfnisse bezeichnet man als **Bedarf.**

Beispiel:

Der 17-jährige Hamid, der seine monatliche Ausbildungsvergütung schon aufgebraucht hat, würde sich gerne den neuesten James-Bond-Film im Kino ansehen. Leider bleibt dieser Wunsch zunächst ein Bedürfnis. Erst wenn er zu Beginn des neuen Monats von seinem Ausbildungsbetrieb die nächste Zahlung erhält, könnte er sich den Film im Kino anschauen. Das Bedürfnis wird erst dann zum konkreten Bedarf.

2.3.3 Nachfrage

Die **Nachfrage** ist der Teil des Bedarfs, der **tatsächlich** am Markt an Gütern und Dienstleistungen **nachgefragt** wird.

Der Bedarf muss **nicht** in vollem Umfang mit der am Markt tatsächlich nachgefragten Gütermenge übereinstimmen, da unterschiedliche Gründe dazu führen können, dass Güter letztlich nicht nachgefragt werden.

Die Nachfrage des Einzelnen basiert also auf dessen Bedürfnissen. Dabei ist die konkrete Nachfrage von verschiedenen **Kriterien** abhängig, wie beispielsweise den **Preisen** der Güter, der **Konsumsumme** und **Bedürfnisstruktur** des Nachfragenden.

Beispiel:

Der Berufsschüler Paul Becker verspürt in der ersten Pause großen Hunger auf eine Pizzaschnecke, ein Eis und Schokolade.

An der Preistafel des Schulkiosks informiert er sich über das aktuelle Angebot.

Bei Durchsicht seiner Geldbörse stellt er allerdings fest, dass er nur über 1,80 EUR Bargeld verfügt, sodass er nicht alle seine Bedürfnisse mit den ihm zur Verfügung stehenden finanziellen Mitteln befriedigen kann. Zwar könnte er sich theoretisch zwei Schokoriegel und eine Eiskugel kaufen, aufgrund der nach seinem Empfinden zu hohen Preisforderung für eine Eiskugel entscheidet er sich jedoch für drei Schokoriegel, sodass ihm 0,30 EUR verbleiben. Der Bedarf, also die mit Kaufkraft ausgestatteten Bedürfnisse, wurde nicht in vollem Umfang als Nachfrage am Markt (Schulkiosk) wirksam.

Preisliste

Kakao	0,60 EUR
Kaffee	0,75 EUR
Limonade	0,90 EUR
Orangensaft	1,10 EUR
belegte Brötchen	0,75 EUR
Nussecke	1,25 EUR
Pizzaschnecke	2,50 EUR
Kleiner Salat	2,75 EUR
Müsliriegel	0,60 EUR
Schokoriegel	0,50 EUR
Eiskugel	0,80 EUR

Kompetenztraining

38 1. Beschreiben Sie, warum das Konsumverhalten nicht nur aus rein ökonomischer Sicht erklärt werden kann!

2. Erläutern Sie, worin sich die Existenzbedürfnisse von den Kulturbedürfnissen unterscheiden!

3. 3.1 Beschreiben und interpretieren Sie das nebenstehende Schaubild:

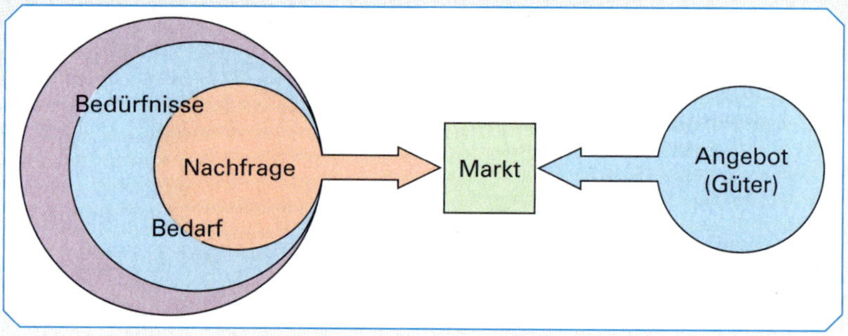

3.2 Ergänzen Sie folgende Übersicht, indem Sie die Bedürfnisarten und jeweils drei von Ihnen selbst gewählte Beispiele aus Ihrem Lebensalltag eintragen!

DOWNLOAD

Bedürfnisse nach Dringlichkeit

______	______	______
Beispiele: 1. ______ 2. ______ 3. ______	Beispiele: 1. ______ 2. ______ 3. ______	Beispiele: 1. ______ 2. ______ 3. ______

3.3 Teilen Sie die Bedürfnisse nach den Bedürfnisträgern ein!

Nennen Sie zu jeder Bedürfnisart mindestens zwei selbst gewählte Beispiele aus Ihrem Lebensbereich!

4. Vervollständigen Sie das nebenstehende Schaubild, indem Sie die folgenden Begriffe sachlogisch korrekt in die vorgegebenen Felder einfügen!
   - Nachfrage
   - Bedarf
   - Deckung (eines Teils) des Bedarfs
   - Bedürfnis
   - Kaufkraft

DOWNLOAD

Vom Bedürfnis zur Nachfrage:

[ ]

konkretisiert sich im ↓

[ ]

benötigt ↓

[ ]

wird zur ↓

[ ]

führt zur ↓

[ ]

5. Bedürfnisse lassen sich nach unterschiedlichen Kriterien einteilen. Prüfen Sie, welche der nachfolgenden Aussagen falsch ist! Ist keine der Aussagen falsch, tragen Sie eine ⑨ ein!

① Bei den latenten Bedürfnissen handelt es sich um ein Mangelempfinden, das gezielt von Werbung, Politik, Medien oder anderen Manipulatoren erzeugt wird.

② Individualbedürfnisse richten sich auf Güter, die der Einzelne für sich allein bzw. innerhalb seines privaten Haushalts konsumieren kann.

③ Von Luxusbedürfnissen spricht man, wenn sich die Bedürfnisse auf Sachgüter oder Dienstleistungen richten, die sich in einer bestimmten Gesellschaft nur wenige Begüterte leisten können.

④ Existenzbedürfnisse sind körperliche Bedürfnisse, deren Befriedigung lebensnotwendig ist.

⑤ Kulturbedürfnisse entstehen mit zunehmender kultureller, also auch technischer, wirtschaftlicher oder künstlerischer Entwicklung, weil die Ansprüche, die der Einzelne an das Leben stellt, wachsen.

⑥ Das Bedürfnis, an einer Universität zu studieren, zählt zu den Kollektivbedürfnissen.

2.4 Güter als Mittel der Bedürfnisbefriedigung verstehen

2.4.1 Begriff Güter

Bedürfnisse wollen befriedigt werden. Wer Hunger hat, braucht Nahrung. Wer Durst hat, braucht Getränke. Wer friert, braucht Kleidung. Wer Neues wissen möchte, braucht Informationen (z. B. das Internet). Und wer krank ist, braucht ärztliche Hilfe und Medikamente. Der Gebrauch oder Verbrauch von Gütern und Dienstleistungen erhöht das Wohlbefinden des Menschen. Man sagt, dass die Bedürfnisbefriedigung „Nutzen" stiftet.

Die Mittel, die dem Menschen **Nutzen stiften,** heißen **Güter.**

2.4.2 Arten der Güter unterscheiden

(1) Freie Güter und wirtschaftliche Güter

Freie Güter

Die freien Güter, d. h. solche, die in **unbeschränktem** Maße zur Verfügung stehen (z. B. Luft, Sonnenstrahlen, Meerwasser), können von jedem Menschen nach Belieben in Anspruch genommen werden. Sie sind **nicht** Gegenstand des Wirtschaftens. Allerdings ist zu bemerken, dass sich die Zahl der freien Güter durch den Raubbau an der Natur (Vernichtung der Tierwelt, Verschmutzung der Binnengewässer, der Meere und der Luft) immer mehr verringert. Die **ehemals freien** Güter werden zu **wirtschaftlichen** Gütern und es gilt, sie mit Verstand (rational) zu verwalten und zu verteilen.

Wirtschaftliche Güter

Diese Güter stehen nur beschränkt zur Verfügung, d. h., sie sind **knapp.** Da ihre Gewinnung bzw. Herstellung Kosten verursacht, werden sie gegen Entgelt am Markt angeboten und erzielen einen Preis. Zu den wirtschaftlichen Gütern zählen die **Sachgüter**[1] (z. B. Lebensmittel, Kleidung, Fahrzeug), die **Dienstleistungen**[2] (z. B. Beratung durch einen Rechtsanwalt, Unterricht, Durchführung eines Dauerauftrags durch die Bank) oder **Rechte**[2] (z. B. Patente, Lizenzen).

Beispiel:

Zwischen den Begriffen **Knappheit** und **Seltenheit** besteht ein Unterschied. Malt der Hobbykünstler Fröhlich z. B. ein Bild, so besteht dieses Bild nur ein Mal auf der Welt. Das Bild ist „selten". Will indessen kein Mensch dieses Bild haben, geschweige denn kaufen, ist das Bild nicht knapp. Knappheit liegt nur vor, wenn die Bedürfnisse nach bestimmten Gütern größer sind als die Zahl dieser verfügbaren Güter.

1 **Sachgüter** stellen **materielle Güter** dar.

2 **Dienstleistungen** und **Rechte** stellen **immaterielle Güter** dar.

(2) Konsumgüter und Produktionsgüter

Güterarten	Erläuterungen	Beispiele
Konsumgüter	Güter, die der unmittelbaren Bedürfnisbefriedigung dienen, nennt man Konsumgüter (konsumieren: verzehren). Man spricht deshalb auch von **Gegenwartsgütern.**	■ Laptop ■ Smartphone ■ Motorroller ■ eine Kiste Mineralwasser
Produktionsgüter	Güter, die zur Herstellung (Produktion) von Wirtschaftsgütern benötigt werden, heißen Produktionsgüter. Weil die Produktionsgüter letztlich der Erzeugung von Konsumgütern dienen sollen, heißen sie auch **Zukunftsgüter.**	■ Rohstoffe ■ Fabrikgebäude ■ Bankfiliale ■ Transportanlagen ■ Werkzeuge

2.5 Konsumenten- und Produzentenentscheidungen verstehen

2.5.1 Notwendigkeit des wirtschaftlichen Handelns erkennen

Den **unbegrenzten** Bedürfnissen des Menschen (der Unternehmen) stehen nur **begrenzte** Mittel (knappe Güter) gegenüber. Aus der **Knappheit** der Gütervorräte folgt, dass der Mensch (das Unternehmen) bestrebt sein muss, mit den vorhandenen Gütern **vernünftig** (z. B. sparsam) umzugehen, um die **bestmögliche** Bedürfnisbefriedigung zu erzielen. Der Mensch bzw. das Unternehmen ist gezwungen zu **wirtschaften.**

Unbegrenzte Bedürfnisse

ϟ —— Lösung ——→ **Wirtschaftliches Handeln**

Knappe Güter

- Unter **Wirtschaften** versteht man ein **planvolles Handeln,** um eine optimale Bedürfnisbefriedigung zu erreichen.
- Sind die Bedürfnisse größer als die Gütermenge, die zu ihrer Befriedigung bereitsteht, liegt **Knappheit** vor.

2.5.2 Ökonomisches Prinzip

Die Wirtschaftswissenschaft unterstellt i. d. R. in ihren Modellen, dass die Wirtschaftssubjekte (z. B. Haushalte, Unternehmen) grundsätzlich nach dem wirtschaftlichen (ökonomischen) Prinzip handeln.

Der Grundsatz, seine Handlungen stets nach Vernunftsgesichtspunkten auszurichten, heißt **Rationalprinzip.** Wendet man das Rationalprinzip in der Wirtschaft an, spricht man vom **ökonomischen Prinzip.**

Zur Umsetzung des wirtschaftlichen Handelns sind **zwei** Handlungsmöglichkeiten denkbar: nach dem Maximal- und Minimalprinzip.

(1) Maximalprinzip

Das **Maximalprinzip** besagt: Mit den **gegebenen Mitteln** ist der **größtmögliche (maximale) Erfolg (Nutzen)** anzustreben.

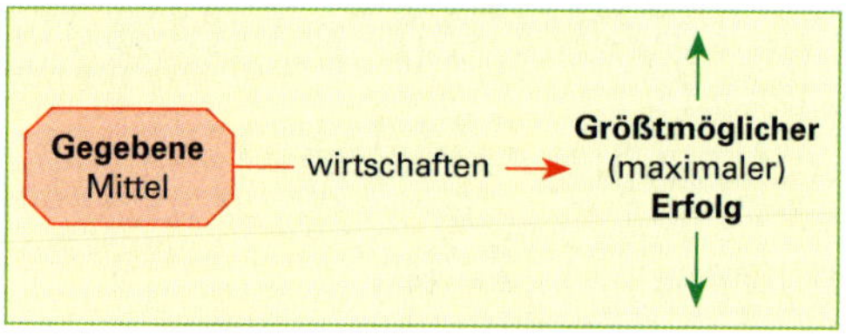

Beispiele:

- Die Schülerin Samira fährt mit 200,00 EUR nach München zum Shoppen. Mit diesem Geld möchte sie möglichst viele modische Kleidungsstücke kaufen.
- Mit einem festgelegten Werbebudget von 20 Mio. EUR möchte die Kundenbank AG einen möglichst großen Werbeerfolg erreichen.

(2) Minimalprinzip

Das **Minimalprinzip** besagt: Einen **geplanten Erfolg** (Nutzen) mit dem **geringsten (minimalen) Einsatz an Mitteln** zu erreichen.

Beispiele:

- Der Schüler Nils möchte sich einen ganz bestimmten Laptop kaufen. Hierzu vergleicht er im Internet verschiedene Lieferanten, um so das preisgünstigste Angebot herauszufinden.
- Die Kundenbank AG benötigt vier neue Fahrzeuge für den Außendienst. Durch Anfragen bei verschiedenen Händlern versucht sie, diese möglichst günstig einzukaufen.

Unsinnig, d. h. logisch nicht umsetzbar, wäre die Formulierung des ökonomischen Prinzips dergestalt, dass mit **geringstmöglichen** Mitteln ein **größtmöglicher** Erfolg angestrebt werden soll. So ist es beispielsweise undenkbar, ohne jeglichen Lernaufwand alle Prüfungsaufgaben richtig zu beantworten.

2.6 Homo oeconomicus und menschliches Verhalten in der Realität

(1) Begriff Homo oeconomicus

Wirtschaftssubjekte, die ihr **gesamtes** Handeln ausschließlich an dem **ökonomischen Prinzip** ausrichten, bezeichnet man als **„Homo oeconomicus"**.

Wirtschaftssubjekte sind die wirtschaftlich handelnden Einzelpersonen, Gruppen und Organisationen (z. B. Betriebe, staatliche Stellen, Gewerkschaften, Unternehmensverbände).

Handlungsbestimmend für den Homo oeconomicus ist das Streben nach **Nutzenmaximierung (Konsumenten)** bzw. nach **Gewinnmaximierung (Produzenten).** Viele Modelle der Volkswirtschaftslehre basieren auf dieser Fiktion[1] des Homo oeconomicus.

In der Wirklichkeit sind die wirtschaftlichen Handlungen der Menschen **keineswegs immer rational** (vernunftgesteuert) bestimmt. Eine große Rolle im Wirtschaftsleben spielen u. a. **Machtstreben, Prestigedenken**[2] oder auch **Neidgefühle.**

Beispiele:

- Vorführungen im Kino werden am Wochenende besser besucht als Vorführungen unter der Woche, und das, obwohl diese mitunter wesentlich preiswerter angeboten werden.
- Bei einem „Spontankauf" entscheidet man sich aus einer Laune heraus für den Kauf eines Produkts, dessen Nutzen man schon kurze Zeit später infrage stellt.
- Ein Landwirt arbeitet weiterhin in seinem Betrieb, obwohl er bei gleicher Anzahl von Arbeitsstunden in einem Unternehmen ein wesentlich höheres Einkommen erzielen könnte.

(2) Spieltheorie

Mit der wissenschaftlichen Untersuchung rationalen Verhaltens beschäftigt sich unter anderem die Spieltheorie. Die spieltheoretische Modellbildung geht von einem allgemeinen Entscheidungsproblem für mehrere Individuen aus und betont die Aspekte von Konflikt und Kooperation, die sich aus der konkurrierenden Zielsetzung der einzelnen Individuen ergeben. Wie derartige Untersuchungen den „Homo oeconomicus" widerlegen, soll am Beispiel des **„Ultimatum-Spiels"** verdeutlicht werden.

Beispiel: Ultimatum-Spiel

Bei diesem Spiel handelt es sich um die Simulation einer ökonomischen Entscheidung. Die Grundidee des Spiels besteht darin, dass ein feststehender Betrag (z. B. 1 000,00 EUR) unter zwei Personen (A und B) aufgeteilt werden soll. Dabei muss Spieler A dem Spieler B unter Angabe eines Ultimatums ein Angebot unterbreiten, wie viel Letzterer erhalten soll.

Die strengen Spielregeln sehen vor, dass beide Personen nicht miteinander kommunizieren dürfen, sodass keine Verhandlungen im eigentlichen Sinne stattfinden. Des Weiteren gilt, dass das Spiel nicht wiederholbar ist. Spieler B hat nach Unterbreitung des Angebots nunmehr zwei Optionen (Möglichkeiten):

1 **Fiktion:** Vorstellung, Vermutung.

2 **Prestige:** positives Ansehen, Geltung.

- Er nimmt dieses Angebot an mit der Konsequenz, dass der Betrag dann entsprechend dem Vorschlag des Spielers A zwischen beiden Personen aufgeteilt wird.
- Lehnt B das Angebot ab, so gehen beide Parteien leer aus; der Geldbetrag ist unwiderruflich verloren.

Der Wirtschaftstheorie folgend müsste eigentlich gelten, dass Spieler A im Sinne der Nutzenmaximierung dem Spieler B einen möglichst geringen Betrag anbietet, um sein Einkommen zu maximieren. Spieler B hingegen müsste dem ökonomischen Prinzip folgend jeden Betragsvorschlag akzeptieren. So bedeutet beispielsweise ein Angebot von 1,00 EUR, dass Spieler B bei Annahme des Angebots diesen Euro erhält, wohingegen er im Falle einer Ablehnung nichts erhalten würde.

Tatsächlich aber zeigen die Ergebnisse dieses spieltheoretischen Versuchs, dass im Gegensatz zur bloßen Maximierung des Nutzens (hier Einkommens) die meisten Menschen hohen Wert auf Fairness legen. So haben nur wenige Spieler in der Rolle der Person A eine stark „ungleiche“ Verteilung vorgeschlagen. Gleichzeitig war zu beobachten, dass die Bereitschaft der Spieler B, einen Verteilungsvorschlag zu akzeptieren, abnahm, je schlechter der Verteilungsschlüssel für ihn ausfiel.

Wie die **Spieltheorie** belegt, richten Menschen ihr gesamtes Handeln nicht ausschließlich an dem ökonomischen Prinzip aus, vielmehr scheinen andere Werte – wie beispielsweise **Solidarität, Fairness** und **Gerechtigkeit** – ihnen gleichfalls von Bedeutung zu sein.

Kompetenztraining

39

1. Erläutern Sie, welchem Zweck die Bereitstellung der Güter durch die Volkswirtschaft dient!
2. 2.1 Führen Sie aus, worin sich die freien Güter von den wirtschaftlichen Gütern unterscheiden!

   2.2 Bilden Sie hierzu jeweils zwei Beispiele!
3. Es ist nicht selten, dass ein Gut einmal ein Produktionsgut, einmal ein Konsumgut ist. Beispiel: Strom im Industriebetrieb – Strom im Haushalt.

   Aufgabe:

   Geben Sie weitere Beispiele (mindestens vier) an!
4. Ordnen Sie folgende Mittel der Bedürfnisbefriedigung den Sachgütern oder den Dienstleistungen zu:

   Nahrungsmittel, Öl, Anlageberatung, Gebäude, Massage, Auto, Maschinen, Leistungen eines Zahnarztes, Kran, Blumenstrauß, Unternehmertätigkeit.
5. Begründen Sie, warum die Luft und das Wasser zunehmend zu wirtschaftlichen Gütern werden!

6. Nennen Sie zwei eigene Beispiele für das Handeln nach dem ökonomischen Prinzip
   6.1 im privaten Haushalt und
   6.2 im wirtschaftlichen Betrieb!

7. Begründen Sie, warum Minimalprinzip und Maximalprinzip zwei Ausprägungen des wirtschaftlichen Prinzips darstellen!

8. Beurteilen Sie diese Formulierung des ökonomischen Prinzips:

   „Mit möglichst geringem Aufwand an Mitteln soll der größtmögliche Erfolg erzielt werden."

9. Prüfen Sie, in welcher der folgenden Situationen das Maximalprinzip zur Anwendung kommt. Falls in keiner Situation das Maximalprinzip zur Anwendung kommt, tragen Sie eine ⑨ ein!

   ① Die Kundenbank AG möchte für die Mitarbeiter insgesamt 50 neue Laptops mit einer bestimmten Ausstattung erwerben. Es werden Angebote eingeholt, um bei dem preisgünstigsten Anbieter zu kaufen.

   ② Ein Produktionsbetrieb bemüht sich, seine Produktionsanlagen so zu betreiben, dass Wasser und Luft nicht verunreinigt werden.

   ③ Ein Kurierdienst plant, mit dem Einsatz möglichst weniger Auslieferungsfahrzeuge seine Marktposition auszubauen und Marktführer zu werden.

   ④ Ein Busunternehmen weist seine Fahrer an, durch Beachtung der günstigsten Drehzahlbereiche mehr Kilometerleistung bei gegebenem Dieseltreibstoffeinsatz zu erzielen.

   ⑤ Ein Unternehmen möchte seine gesamte Produktion in den nächsten Jahren auf das Prinzip der Nachhaltigkeit umstellen.

10. Entscheiden Sie, in welcher der folgenden Situationen das Minimalprinzip zur Anwendung kommt. Falls in keiner Situation das Minimalprinzip zur Anwendung kommt, tragen Sie eine ⑨ ein!

   ① Die Kundenbank AG möchte für die Mitarbeiter insgesamt 50 neue Laptops mit einer bestimmten Ausstattung erwerben. Es werden Angebote eingeholt, um bei dem preisgünstigsten Anbieter zu kaufen.

   ② Ein Produktionsbetrieb bemüht sich, seine Produktionsanlagen so zu betreiben, dass Wasser und Luft nicht verunreinigt werden.

   ③ Ein Kurierdienst plant, mit dem Einsatz möglichst weniger Auslieferungsfahrzeuge seine Marktposition auszubauen und Marktführer zu werden.

   ④ Ein Busunternehmen weist seine Fahrer an, durch Beachtung der günstigsten Drehzahlbereiche mehr Kilometerleistung bei gegebenem Dieseltreibstoffeinsatz zu erzielen.

   ⑤ Ein Unternehmen möchte seine gesamte Produktion in den nächsten Jahren auf das Prinzip der Nachhaltigkeit umstellen.

2.7 Nachhaltiges Wirtschaften als zentrales Leitbild der Umweltschutzpolitik

2.7.1 Grundlagen des nachhaltigen Wirtschaftens

Bei dieser Art des Wirtschaftens geht es darum, dass die wirtschaftliche Entwicklung mit den ökologischen Erfordernissen in Einklang gebracht wird.

Beispiel:

Im Rahmen des Wirtschaftens ist auf einen besonders sparsamen Umgang mit den vorhandenen Ressourcen ebenso zu achten wie auf den Einsatz möglichst umweltschonender Produktionsverfahren.

Das **Prinzip der Nachhaltigkeit** erfordert, dass wir heute so leben und handeln, dass **künftige Generationen** überall eine **lebenswerte** Umwelt vorfinden und ihre Bedürfnisse befriedigen können.

Der Begriff der Nachhaltigkeit stammt ursprünglich aus der Forstwirtschaft und wurde erstmals Anfang des 18. Jahrhunderts von Hans Carl von Carlowitz verwendet. Die vom Bergbau ausgelöste Holzknappheit veranlasste ihn zur Erarbeitung eines **Nachhaltigkeitskonzepts**[1] zur Sicherung des Waldbestands als natürliche Ressource für die Holzwirtschaft, wonach immer nur so viel Holz geschlagen wird, wie durch Wiederaufforstung nachwachsen kann. Auf heutige Verhältnisse übertragen ist außerdem dafür zu sorgen, dass dem Wald nicht die **natürlichen Lebens- und Wachstumsvoraussetzungen** entzogen werden, z. B. durch Schadstoffe im Boden und in der Luft (saurer Regen, Waldsterben), durch Klimawandel (Treibhauseffekt) oder durch Schädigung der Erdatmosphäre (Ozonloch).[2]

Versorgungssicherheit, der **Schutz der natürlichen Ressourcen,** eine **sparsame Nutzung** sowie die **Wiederverwertung** sind daher von hoher Bedeutung für die Wirtschaft.

1 **Konzept:** Entwurf, Plan.

2 Vgl. http://www.learn-line.nrw.de/angebote/agenda21/info/nachhalt.htm#Mag3eck [Zugriff am 05.04.2017].

2.7.2 Umsetzung des Prinzips der Nachhaltigkeit

Ziel des Handelns nach dem Prinzip der Nachhaltigkeit sollte es sein, bei allen (wirtschaftlichen) Handlungen die Umweltbelastungen und den Ressourcenverbrauch möglichst auf ein Minimum zu reduzieren. Als **Beispiele** für einen **schonenden Umgang** mit dem Leistungsfaktor Natur (Umwelt) können angeführt werden:

- **umweltfreundliche Produktionstechniken** (Reduzierung des Ressourcenverbrauchs, Einbau von Filteranlagen),
- Produktion und Kauf **umweltfreundlicher Produkte** (Mehrwegflaschen bzw. -verpackungen, Produkte aus nachwachsenden Rohstoffen),
- Recycling von gebrauchten Rohstoffen. **Weltweit** werden rund **80 %** aller gefertigten Produkte nach **einmaliger Benutzung** weggeworfen. Vor dem Hintergrund der Knappheit der Ressourcen tritt in einer **funktionierenden Kreislaufwirtschaft** an die Stelle des Wegwerfens in immer stärkerem Maße das Recycling. Dabei fließen Rohstoffe aus nicht mehr benötigten Gütern als **Sekundärrohstoffe** wieder in die Produktion ein.

Im Rahmen des Handelns nach dem Prinzip der Nachhaltigkeit ist es durchaus möglich, dass die Umsetzung umweltbewusster Maßnahmen mit **höheren Kosten** einhergehen kann. Nicht zuletzt deshalb versucht der Staat in einigen Bereichen unter ökologischen Gesichtspunkten auf die Entscheidungen der Wirtschaftssubjekte Einfluss zu nehmen, z. B.

- über **Aufklärungsbroschüren,**
- **Umweltschutzgesetze,**
- **Steuern** (höhere Besteuerung umweltschädlicher Güter) oder
- **Subventionen** (Zuschuss für Solaranlagen, verbilligte Kredite für energetische Sanierung von Wohnhäusern).

2.7.3 Agenda 2030

Die Agenda 2030 wurde im September 2015 auf einem Gipfel der **Vereinten Nationen** von allen Mitgliedstaaten verabschiedet und gilt für alle Staaten dieser Welt. Sie wurde mit **breiter Beteiligung der Zivilgesellschaft** in aller Welt entwickelt.

Die Agenda 2030 steht für ein neues globales Wohlstandsverständnis. Dies soll erreicht werden durch eine **Umgestaltung** von Volkswirtschaften hin zu nachhaltiger Entwicklung, beispielsweise durch verantwortungsvolle Konsum- und Produktionsmuster und saubere und erschwingliche Energie.

Das Kernstück der Agenda bildete ein ehrgeiziger **Katalog mit 17 Zielen für nachhaltige Entwicklung (Sustainable Development Goals),** welche erstmals alle **drei Dimensionen** der **Nachhaltigkeit** – Soziales, Wirtschaft (Ökonomie) und Umwelt (Ökologie) – gleichermaßen berücksichtigen. Die 17 Ziele sind unteilbar und bedingen einander.

Dimensionen der Nachhaltigkeit

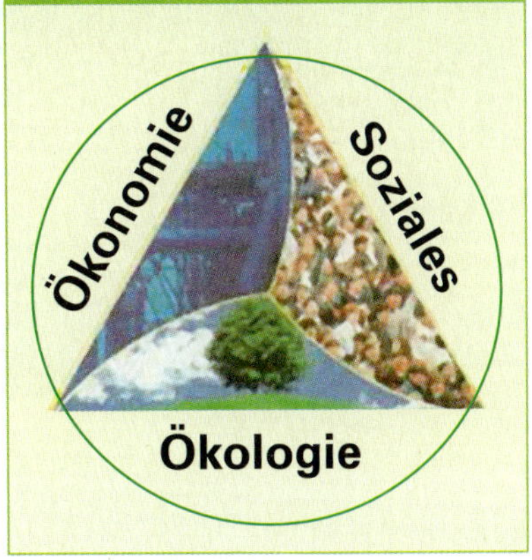

Diesen 17 Zielen sind **fünf Kernbotschaften** als **handlungsleitende Prinzipien** vorangestellt: **Mensch, Planet, Wohlstand, Frieden und Partnerschaft.** Im Englischen spricht man von den **„5 Ps“: People, Planet, Prosperity, Peace, Partnership.**

Kernbotschaften der Agenda 2030

Die **Würde des Menschen** in den Mittelpunkt stellen (People): Eine Welt ohne Armut und Hunger ist möglich

Den **Planeten schützen** (Planet): Klimawandel begrenzen, natürliche Lebensgrundlagen bewahren

PEOPLE — PLANET

5 Ps

PROSPERITY — PEACE

Wohlstand für alle fördern (Prosperity): Globalisierung gerecht gestalten

Frieden fördern (Peace): Menschenrechte und gute Regierungsführung

PARTNERSHIP

Globale Partnerschaften aufbauen (Partnership): Global gemeinsam voranschreiten

Kompetenztraining

40 1. Analysieren Sie nebenstehende Abbildung vor dem Hintergrund, welche unmittelbare Konsequenz sich aus dieser Grafik für die Industrieländer ergibt!

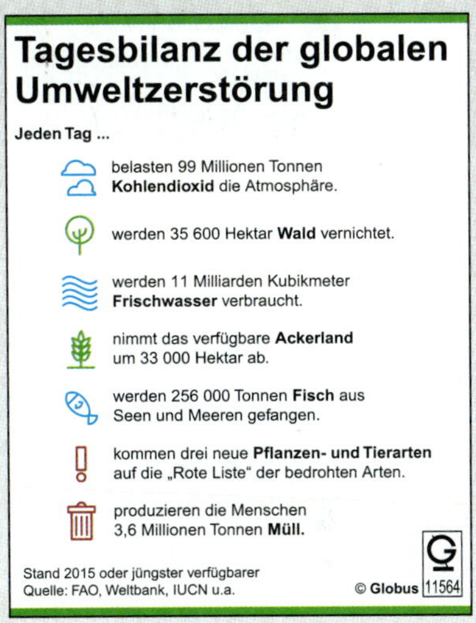

2. **Maßnahmenplan**

Betrachten Sie zunächst folgende Abbildung!

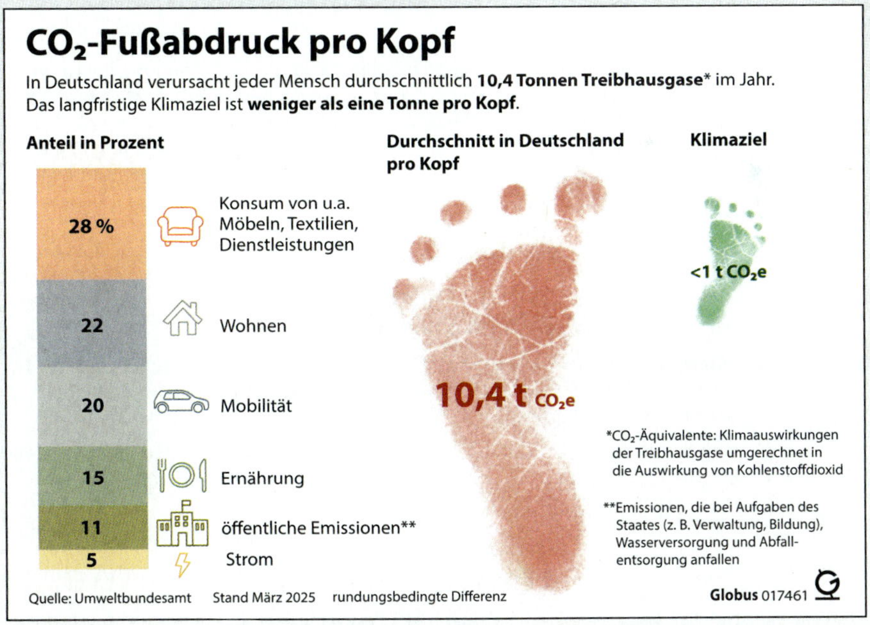

Aufgabe:

Entwickeln Sie mögliche Vorschläge für Einsparungen von CO_2 beim Konsum! Gehen Sie dabei vor allem auf dringend notwendige und von Ihnen zu leistende Verhaltensänderungen ein!

3. 

Pro- und Kontra-Diskussion

In vielen Staaten wird nicht zuletzt aus Gründen des Umweltschutzes die Elektromobilität durch Subventionen, z. B. in Form von Kaufprämien, gefördert. Diskutieren Sie diese Förderung und ziehen Sie am Ende ein eigenes Fazit!

4. **Forderungskatalog**

Im Rahmen Ihrer Ausbildung sollen Sie folgende Aufgabenstellung lösen: Der Ausbildungsbetrieb möchte sich auf dem Gebiet der Nachhaltigkeit verstärkt engagieren.

Sie erhalten die Aufgabe, einen Forderungskatalog für die Unternehmensleitung zu formulieren, in dem ganz einfach umzusetzende praktische Aktivitäten aufgelistet werden, die einen Beitrag zu mehr Nachhaltigkeit leisten!

5. **Maßnahmenplan**

Entwickeln Sie vier marktkonforme Umweltschutzmaßnahmen, die in Ihrer Stadt oder Kommune umgesetzt werden könnten! Beschreiben Sie diese Maßnahmen nebst den zu erwartenden positiven Wirkungen möglichst konkret und gehen Sie auch darauf ein, wie die Bevölkerung auf Ihre Vorschläge reagiert!

6. **Maßnahmenplan**

Falls im Laufe der nächsten Jahre in Deutschland die im Rahmen der Agenda 2030 angestrebten Ziele absehbar nicht erreicht werden, müsste die Bundesregierung entsprechend handeln. Entwickeln Sie einen Maßnahmenplan, wie ein solches Eingreifen der Bundesregierung aussehen könnte und beurteilen Sie Ihre Vorschläge hinsichtlich einer möglichen Reaktion der Bevölkerung!

7. **Internetrecherche**

Recherchieren Sie zur Beantwortung nachfolgender Arbeitsaufträge im Internet!

Aufgaben:

7.1 Nennen Sie Beispiele für Öko-Steuern!

7.2 Überlegen Sie sich ein praktisches Beispiel, wie durch Steuervorteile die Nachfrage nach einem umweltfreundlicheren Produkt zulasten eines umweltschädlichen Produktes erhöht werden kann!

7.3 Nennen Sie ein Beispiel, wie der Staat selbst durch sein Nachfrageverhalten Einfluss auf die Produktion umweltfreundlicher Produkte nehmen kann!

8. In einem Luftkurort sind die Bürger seit einigen Wochen sehr beunruhigt, denn eine Zementfabrik plant, sich in ihrer Stadt, die über große Kalksteinvorkommen verfügt, niederzulassen.

Die Manager der Zementfabrik haben den Gemeinderat des Luftkurortes gebeten, einen Teil des Gemeindegrundes, auf dem zurzeit viele kleine Schrebergärten angelegt sind, zu verkaufen. Darüber hinaus wurden auch mehrere Kleinlandwirte angesprochen, ihren Grund und Boden teilweise zu verkaufen, damit das neue Zementwerk möglichst in der Nähe der Kalksteinvorkommen gebaut werden kann. Zudem muss ein Teil des an die Schrebergärten angrenzenden Waldes, in dem viele geschützte Vogelarten heimisch sind, abgeholzt werden.

Im Luftkurort herrschen unterschiedliche Auffassungen über die geplante Errichtung der Fabrik. Da sich die Bewohner in Befürworter und Gegner gespalten haben, wurden unterschiedliche Interessengruppen gebildet.

Um sich über die verschiedenen Meinungen der Bürger zu informieren, hat der Gemeinderat vor der endgültigen Entscheidung über den geplanten Bau der Zementfabrik die verschiedenen Interessengruppen zu einer öffentlichen Gemeinderatssitzung im Dorfgasthof „Alte Schmiede" eingeladen.

Die Interessengruppen treffen sich bereits **20 Minuten vor** der anstehenden Sitzung, um eine gemeinsame Linie festzulegen. Als Interessengruppen vertreten sind: die Mitglieder des Gemeinderates, Arbeitsuchende, Umweltschützer und die Unternehmensmanager.

Aufgaben:

8.1 **Rollenspiel**

Entscheiden Sie, in welcher Interessengruppe Sie gerne mitarbeiten möchten und finden Sie sich am jeweiligen „Stammtisch" ein. Nach ca. 20 Minuten Vorbereitungszeit sollte die Gemeinderatssitzung beginnen. Diskutieren Sie über die geplante Errichtung der Zementfabrik.

Hinweis: Rollenkarten finden Sie als PDF-Vorlage im Internet!

DOWNLOAD

8.2 **Leserbrief**

Formulieren Sie für die einzelnen Standpunkte Leserbriefe für die Lokalzeitung!

9. Entscheiden Sie, welche der nachfolgenden Aussagen richtig ist. Sind alle Aussagen falsch, tragen Sie bitte eine ⑨ ein!

① Das Prinzip der Nachhaltigkeit besagt, dass wir heute so leben, dass möglichst viele Ressourcen aufgebraucht werden.

② Im Rahmen des Handelns nach dem Prinzip der Nachhaltigkeit ist es möglich, dass die Umsetzung umweltbewusster Maßnahmen immer mit geringeren Kosten verbunden ist.

③ Im September 2015 wurde die Agenda 2030 von der Europäischen Union verabschiedet und gilt für alle Mitgliedsländer der EU.

④ Das Kernstück dieser Agenda bildet ein Katalog mit 27 Zielen für nachhaltige Entwicklung, welche erstmals die beiden Dimensionen der Nachhaltigkeit – Soziales und Umwelt – berücksichtigen.

⑤ Mit den Zielen der Agenda 2030 sind fünf Kernbotschaften als handlungsleitende Prinzipien vorangestellt: Mensch, Unternehmen, Staat, Frieden und Planet.

3 Preisbildungsprozesse auf unterschiedlichen Märkten analysieren und beurteilen[1]

Lernsituation 24: Ein Auszubildender der Kundenbank AG betreibt einen Marktstand

Max Schlaumeier ist ein 20-jähriger Auszubildender der Kundenbank AG und betreibt schon seit über zwei Jahren einen Marktstand. Um als Schüler sein Taschengeld aufzubessern, hat er gemeinsam mit seinem Vater den Kleinwohnwagen des Großvaters zu einem schönen Marktstand umgebaut und mit tollen Graffitis versehen. Mit dem mobilen Verkaufsstand fährt er dann an Wochenenden zu unterschiedlichen Festen und Events in der näheren Umgebung seines Wohnortes, um frisch zubereitete Crêpes zu verkaufen.

Damit er diese bis dato erfolgreiche Arbeit nicht aufgeben muss, hat er schon im Vorstellungsgespräch bei der Kundenbank AG darauf hingewiesen, dass ihm diese Tätigkeit auch in Zukunft wichtig ist. Die Kundenbank AG fand den Gedanken der selbstständigen Tätigkeit und das Engagement von Max grundsätzlich gut. Deshalb erteilte sie ihm gleich zu Beginn der Ausbildung die Erlaubnis, seinen Marktstand an Wochenenden weiter betreiben zu dürfen. Allerdings wurde in dieser Vereinbarung festgehalten, dass die Leistungen in Betrieb und Berufsschule unter der Wochenendarbeit nicht leiden dürfen.

Zurzeit überlegt Max, ob er seinen Crêpestand für das eintägige Stadtfest seines Wohnortes am Sonntag anmelden soll, an dem vielfältige Marktstände die Einkaufspassage bereichern und zudem alle örtlichen Geschäfte geöffnet haben. Nach Auskunft der Organisatoren dieses Festes müsste er für den Stand eine Tagesgebühr von 150,00 EUR entrichten. Max verkauft die Crêpes zurzeit mit drei verschiedenen Belägen. Nach seiner Berechnung betragen die Kosten pro Crêpe inklusive Crêpetüte und Serviette unabhängig vom Belag ca. 1,50 EUR. Den Verkaufspreis hat Max seit Beginn seiner Geschäftstätigkeit auf 4,50 EUR festgelegt.

Da Max für das Backen eines Crêpes nur eine Herdplatte zur Verfügung steht, kann er während des zehnstündigen Stadtfestes maximal 300 Crêpes herstellen und verkaufen. Dieser „Engpass“ ist Max schon seit Längerem ein Dorn im Auge. Grundsätzlich wäre er in der Lage, zwei Herdplatten gleichzeitig zu bedienen und somit die oft langen und auch geschäftsschädigenden Warteschlangen an seinem Stand zu vermeiden. Die Anschaffung einer zweiten Herdplatte hat Max jedoch bisher noch zurückgestellt, da diese Spezialplatten sehr teuer sind.

1 Beachten Sie für dieses und die weiteren Kapitel 4 und 5 die Ausführungen in Kapitel 6. Die Hinweise in Kapitel 6 können methodisch-didaktisch fortlaufend in die unterrichtlichen Aktivitäten eingebunden werden.

Kompetenzorientierte Arbeitsaufträge:

1. Angenommen, Sie wollen bei herrlichem Sonnenschein dieses Stadtfest besuchen. Bestimmen Sie, welche Faktoren konkret Ihr Einkaufsverhalten an den einzelnen Ständen bzw. in den Geschäften beeinflussen!
2. Erläutern Sie beispielhaft, wie sich Preisänderungen auf Ihr Nachfrageverhalten auswirken!
3. Angenommen, Crêpes zählen zu Ihren absoluten Lieblingsspeisen. Kurz bevor Sie den Marktstand von Max erreichen, sehen Sie, wie er den Preis pro Crêpe um 1,00 EUR erhöht. Erläutern Sie, welche Auswirkung diese Preiserhöhung auf Ihre Kaufentscheidung hat, wenn es keinen anderen Crêpestand gibt und Sie über ausreichend Taschengeld verfügen! Geben Sie an, wie Ihre Entscheidung ausfallen würde, wenn Crêpes nicht Ihre einzige Lieblingsspeise wäre!
4. Erläutern Sie, wie Sie sich verhalten würden, wenn es weitere Crêpestände auf dem Markt geben würde und Sie unbedingt Crêpes essen möchten!
5. Diskutieren Sie, welche Auswirkungen es auf die Preisgestaltung von Max hat, ob es Konkurrenzanbieter gibt oder nicht!
6. Angenommen, Max hätte mit einem Verkaufspreis von 4,00 EUR kalkuliert. Nunmehr stellt er aber fest, dass die beiden anderen Crêpeanbieter 4,50 EUR pro Crêpe nehmen. Erläutern Sie kurz, welche Auswirkungen sich für Max ergeben, wenn er sich den anderen Anbietern anpassen möchte!
7. Aus den Erfahrungen der Vergangenheit heraus ist Ihnen bei Crêpes ein Preis von 6,00 EUR in Erinnerung. Erläutern Sie, was konkret die in Aufgabe 6 formulierte preisliche Ausgangssituation für Sie bedeutet!
8. Max hat noch immer keine Entscheidung getroffen, ob er für das Stadtfest seinen Stand anmelden möchte. Von den Organisatoren erfährt er, dass er der einzige Anbieter von Crêpes sein wird. Unterstellen Sie, dass Max einen Verkaufspreis von 4,50 EUR für realistisch hält. Berechnen Sie, wie viele Crêpes er verkaufen müsste, damit er keinen Verlust erleidet; bei welcher Verkaufsmenge also seine „Gewinnschwelle" läge! Ermitteln Sie, wie hoch der für ihn maximal auf dem Stadtfest erzielbare Gewinn wäre!
9. Erstellen Sie mittels digitaler Medien eine kreative und möglichst kompakte Übersicht zum Preisbildungsprozess auf unterschiedlichen Märkten zur Vorbereitung auf die nächste Klausur!

3.1 Den Markt als Ort des Zusammentreffens von Angebot und Nachfrage erkennen

In einer marktwirtschaftlich orientierten Wirtschaftsordnung stellen alle Wirtschaftssubjekte – also die **Haushalte** (in der Regel als **Nachfrager**) sowie die **Unternehmen** (zumeist in der Rolle der **Anbieter**) – ihrem **Eigeninteresse** folgend **selbstständig** Wirtschaftspläne auf. Dabei versuchen die **Anbieter** (Unternehmen) ihre Pläne am Ziel der **Gewinnmaximierung** auszurichten. Die **Nachfrager** (Haushalte) orientieren sich bei ihren Planungen überwiegend an dem Ziel der **Nutzenmaximierung.**

Anbieter versuchen auf dem Markt ihre Güter abzusetzen. Dabei streben sie nach Gewinnmaximierung.

MARKT

Nachfrager versuchen auf dem Markt ihre Nachfragepläne zu verwirklichen. Sie streben nach Nutzenmaximierung.

Die **Gegensätzlichkeit** dieser Planungsgrundlage wird deutlich, wenn man sich vor Augen führt, dass die **Anbieter** im Rahmen ihrer Zielsetzung bemüht sein werden, entsprechend **hohe Preise** durchzusetzen. Die **Nachfrager** demgegenüber versuchen, mit den ihnen zur Verfügung stehenden Mitteln ein **möglichst hohes Nutzenniveau** zu realisieren, also zu möglichst **niedrigen Preisen** ihren Bedarf zu decken.

Beide „Parteien“ sind bestrebt, ihre individuellen Planungen am Markt zu realisieren.

- So ermöglicht der Markt den **Anbietern,** ihre Güter entsprechend ihren Zielvorstellungen anzubieten und sich über die Nachfrage zu informieren.
- Den **Nachfragern** hingegen bietet der Markt die Möglichkeit, sich über das Angebot zu informieren und ihre Kaufentscheidung unter Berücksichtigung der Nutzenmaximierung zu treffen.

Ökonomisch betrachtet versteht man unter **Markt** den Ort, an dem **Angebot** und **Nachfrage aufeinandertreffen.**

Letztlich erfolgt über den Markt ein **Ausgleich** zwischen den **entgegengesetzten** Interessen von Anbietern und Nachfragern, da sich als Ergebnis des Marktgeschehens ein **Preis (Gleichgewichtspreis)** bildet, über den die unterschiedlichen Zielsetzungen der Marktteilnehmer „ausbalanciert“ werden **(Selbststeuerungsmechanismus des Marktes).**

3.2 Marktformen unterscheiden und die Marktmacht verschiedener Marktteilnehmer beurteilen

3.2.1 Kriterien für eine Markteinteilung

Wer den Begriff Markt hört, denkt vermutlich zunächst an solche Märkte wie z.B. den Wochenmarkt, den Supermarkt oder den Flohmarkt. Des Weiteren werden einem sicher Begriffe wie Arbeitsmarkt oder Wohnungsmarkt einfallen. Auch im Internet findet man Portale für den Gebrauchtwagenmarkt oder Stellenmarkt.

Je nachdem, von welchem **Gesichtspunkt** aus man die Märkte betrachtet, kann man verschiedene **Einteilungen** vornehmen, und zwar:

Kriterien	Marktformen[1] und Erläuterungen
Marktobjekt	■ **Gütermärkte:** Auf diesen Märkten werden Sachgüter und Dienstleistungen gehandelt. ■ **Faktormärkte:** Marktobjekte sind die Produktionsfaktoren Arbeit (Arbeitsmarkt), Boden (Immobilienmarkt) und Geldkapital als Vorstufe zum Realkapital (Finanzmärkte).
Organisationsgrad	■ **Organisierte Märkte:** Das Marktgeschehen verläuft nach bestimmten, festgelegten Regeln, wobei Zeit und Ort ebenfalls determiniert sind (z.B. Börse, Auktion, Messe). ■ **Nicht organisierte Märkte:** Das Marktgeschehen ist nicht an einen festen Ort oder eine bestimmte Zeit gebunden. 
Marktzutritt	■ **Offene Märkte:** Anbieter wie Nachfrager haben freien Zugang zu diesem Markt. Es bestehen keinerlei Zugangsbeschränkungen. ■ **Beschränkte Märkte:** Der Marktzutritt ist an die Erfüllung bestimmter Voraussetzungen (z.B. Konzessionen, Befähigungsnachweise) gebunden. ■ **Geschlossene Märkte:** Der Marktzutritt ist nur einem bestimmten Teilnehmerkreis vorbehalten (z.B. Staat als Nachfrager von Rüstungsgütern).
Vollkommenheitsgrad	■ **Vollkommene Märkte:** Märkte, auf denen es nur einen einheitlichen Preis für ein bestimmtes Gut geben kann. ■ **Unvollkommene Märkte:** Märkte, auf denen es für ein bestimmtes Gut unterschiedliche Preise gibt.
Anzahl der Anbieter und Nachfrager	Gliedert man den Markt nach der Anzahl der Anbieter und Nachfrager, die auf dem Markt auftreten, unterscheidet man ■ **Polypol,** ■ **Oligopol** und ■ **Monopol.**

1 Man spricht auch von „Marktarten".

3.2.2 Marktmacht nach der Anzahl der Marktteilnehmer

(1) Polypol

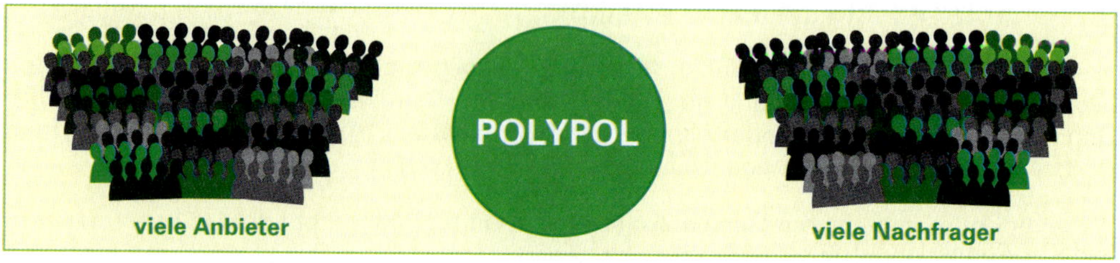

Unzählige Anbieter und Nachfrager treten auf dem Markt auf. Das einzelne Unternehmen hat nur einen geringen Anteil am Gesamtangebot. Der einzelne Nachfrager hat nur einen geringen Anteil an der Gesamtnachfrage.

Aufgrund des geringen Anteils am Markt kann **kein Anbieter direkt Einfluss auf den Marktpreis** nehmen. Auch der Nachfrager vermag den Marktpreis nicht zu beeinflussen.

Auf dem Markt besteht ein **außerordentlich starker Wettbewerb.**

Beispiele:

- Börse
- Arbeitsmarkt
- Wohnungsmarkt
- Markt für Gebrauchtwagen

(2) Oligopol

Beim **Angebotsoligopol** steht **wenigen Anbietern** eine **Vielzahl von Nachfragern** gegenüber. **Einzelne Unternehmen** haben einen **hohen** Marktanteil.

In einem Angebotsoligopol lassen sich in der Realität (Wirklichkeit) **zwei verschiedene Verhaltensweisen** der Anbieter bei der Preisbildung beobachten:

Beispiele:

- Bankenmarkt in einer Stadt im stationären Vertrieb
- Musikstreaming-Dienste
- Mobilfunk
- Computer-, Flugzeugindustrie

- **Preiskampf:** Ein Anbieter senkt die Preise. Sein Absatz steigt. Die übrigen Anbieter möchten dies verhindern. Sie senken daher ebenfalls die Preise.
- **„Schlafmützenwettbewerb":** Statt sich in einem Preiskampf gegenseitig die Kunden streitig zu machen, belassen die Anbieter die Preise auf einem hohen Niveau.

(3) Monopol

Einem **einzigen Anbieter** steht eine **Vielzahl von Nachfragern** gegenüber. Angebotsmonopole entstehen, wenn nur ein Unternehmen ein bestimmtes Gut herstellt.

Der Monopolist kann den **Absatzpreis** für das von ihm angebotene Gut **frei bestimmen.**

Beispiele:

- Bestimmte Teile der Rüstungsindustrie
- Pharmakonzern in Bezug auf ein durch Patent geschütztes Medikament
- Trinkwasserversorgung

Matrix der Marktarten nach der Zahl der Marktteilnehmer[1]

Zahl der Nachfrager / Zahl der Anbieter	einer	wenige	viele
einer	zweiseitiges Monopol	Angebotsmonopol mit oligopolistischer Nachfrage	Angebotsmonopol
wenige	Nachfragemonopol mit oligopolistischem Angebot	zweiseitiges Oligopol	Angebotsoligopol
viele	Nachfragemonopol	Nachfrageoligopol	vollständige (polypolistische) Konkurrenz

vollkommene Märkte   unvollkommene Märkte

Aufgrund dieser Matrixdarstellung erhält man 9 verschiedene Marktformen. Beachtet man, dass (theoretisch) **jede** Marktform **vollkommen** oder **unvollkommen** sein kann, ergeben sich 18 Marktformen.

1 Dieses Marktformenschema stammt von Heinrich von Stackelberg (1905–1946).

Für all diese verschiedenen Marktformen lassen sich in der Praxis genügend Beispiele finden.

Beispiele:

Nachfragemonopol:

- Die Bundeswehr kauft Uniformen und wählt dabei aus einer weltweit großen Anzahl von Textilherstellern.
- Der Bund saniert Autobahnbrücken und kann durch die erforderlichen Ausschreibungen auf eine große Anzahl europäischer Bauunternehmen zugreifen.

Nachfrageoligopol:

- Wenige große Molkereien kaufen bei einer großen Anzahl an Milchbauern Rohmilch.
- Wenige Handelsketten stehen einer Vielzahl an Lebensmittelherstellern gegenüber.

3.3 Sich mit den Voraussetzungen des vollkommenen Marktes vertraut machen

Besteht für die Ware ein einheitlicher Preis, eben der **Einheitspreis** (Gleichgewichtspreis), spricht man von einem vollkommenen Markt. Die Frage ist, unter welchen **Voraussetzungen** (= Prämissen) ein solcher Einheitspreis entstehen kann.

Für das Vorliegen eines **vollkommenen** Marktes müssen nachfolgende Voraussetzungen erfüllt sein:

Voraussetzungen	Erläuterungen	Beispiele
Homogenität der Güter	Ein Einheitspreis entwickelt sich nur dann, wenn auf dem Markt vollkommen gleichartige Güter gehandelt werden: Die Güter müssen homogen sein.	■ Aktien einer bestimmten Aktiengesellschaft ■ Feingold[1] ■ Superbenzin ■ Strom
Punktmarkt	Angebot und Nachfrage müssen gleichzeitig an einem bestimmten Ort aufeinandertreffen.	Die an einem bestimmten Tag in einem bestimmten Börsensegment, auf Messen oder Wochenmärkten zusammenlaufenden Kauf- und Verkaufswünsche bestimmen den Kurs (den Preis) des Tages.
Markttransparenz	Anbieter und Nachfrager müssen eine vollständige Marktübersicht besitzen.	■ Ein Nachfrager hat dann eine vollständige Marktübersicht, wenn er die Preise und Qualitäten aller angebotenen Waren kennt. ■ Ein Anbieter besitzt die vollkommene Marktübersicht, wenn ihm die Kaufabsichten aller Kunden bekannt sind. (Vollständige Markttransparenz findet sich folglich nur an der Börse.)

1 Feingold ist Gold mit einem Feinheitsgrad von 999 Promille (24 Karat).

Voraussetzungen	Erläuterungen	Beispiele
unendlich schnelle Reaktionsfähigkeit	Anbieter und Nachfrager müssen sofort auf Änderungen der Marktsituation reagieren können.	■ Der Börsenspekulant hat jederzeit die Möglichkeit, sich an der Börse über den Stand der Nachfrage, des Angebots und der Kurse zu informieren (Markttransparenz). Zugleich hat er die Möglichkeit, z. B. bei steigenden Kursen mehr anzubieten oder weniger nachzufragen (schnelle Reaktionsfähigkeit). ■ Die Autofahrer können sich über eine Tank-App zeitnah über die Preisänderungen bei Kraftstoffen informieren. Somit haben sie die Möglichkeit, bei der Wahl der Tankstelle sehr schnell zu reagieren.
keine Präferenzen	Käufer und Verkäufer dürfen sich nicht gegenseitig bevorzugen.	■ Eine **sachliche Präferenz** liegt vor, wenn ein Käufer der Meinung ist, dass die Kreditkarte des Anbieters A besser als die des Anbieters B ist, auch wenn beide Kreditkarten objektiv gleich (homogen) sind. ■ Eine **zeitliche Präferenz** ist gegeben, wenn z. B. Urlaub in der Hauptsaison statt Nebensaison oder der Kinobesuch am Wochenende statt am preisgünstigen „Kinotag" unter der Woche bevorzugt wird. ■ Von **räumlicher Präferenz** spricht man z. B., wenn die räumliche Nähe des Marktpartners zu Bevorzugungen führt. Besuch des teuren Restaurants an der Skipiste statt einer günstigeren Gaststätte im Tal. ■ **Persönliche Präferenzen** bestehen z. B. dann, wenn ein Kunde eine Bank aufgrund einer ihm persönlich bekannten Kundenberaterin bevorzugt.

Fehlt nur eine der genannten Bedingungen, spricht man von einem **unvollkommenen Markt.** Annähernd vollkommene Märkte sind die Ausnahme, unvollkommene Märkte sind die Regel.

Das äußere Merkmal des unvollkommenen Marktes ist, dass es für eine Güterart **unterschiedliche Preise** gibt.

Die **Gründe für die Unvollkommenheit der Märkte** sind im Einzelnen:

- Eine bestimmte Güterart wird in verschiedenen Qualitäten, Abmessungen, Aufmachungen, Farben usw. hergestellt. Das Gut ist **heterogen** (= verschiedenartig).
- Angebot und Nachfrage treffen weder am gleichen Ort noch zur gleichen Zeit zusammen (= **dezentralisierte, nicht organisierte Märkte**).
- Anbietern und Nachfragern **fehlt die Marktübersicht.** (Der Verbraucher weiß beispielsweise in der Regel nicht, was die Schokolade im übernächsten Geschäft kostet.)
- Käufer und Verkäufer hegen persönliche, sachliche, räumliche oder zeitliche **Präferenzen.**

3.4 Bestimmungsfaktoren von Nachfrage- und Angebotsverhalten festlegen

3.4.1 Individuelles und idealtypisches Nachfrageverhalten bei Preis- und Einkommensveränderungen analysieren

3.4.1.1 Bestimmungsfaktoren des individuellen und idealtypischen Nachfrageverhaltens

Die **Kaufentscheidungen** der einzelnen Verbraucher fallen höchst **unterschiedlich** aus. Diese Tatsache wird rasch deutlich, wenn man sein eigenes Kaufverhalten mit dem von anderen Familienmitgliedern und Bekannten vergleicht. Der Grund für diese Unterschiede liegt darin, dass das Nachfrageverhalten der Verbraucher bzw. des privaten Haushalts von zahlreichen Faktoren abhängt. Beispielhaft seien genannt:

Bestimmungs-faktoren	Erläuterungen
individuelle Nutzen-einschätzung	Die individuelle Nachfrage nach Gütern ist von Nachfrager zu Nachfrager unterschiedlich, weil Dringlichkeit und Rangordnung der Bedürfnisse (die Bedürfnisstrukturen) verschieden sind.
verfügbares Einkommen bzw. Vermögen	Die individuelle Nachfrage wird durch das verfügbare Einkommen (z. B. Gehalt abzüglich Steuern und Sozialversicherungsabgaben) sowie die Höhe des Vermögens bestimmt und begrenzt.
Preis des nachge-fragten Gutes	Bei gegebenem Einkommen und gegebenem Vermögen bestimmt u. a. der Preis eines Gutes, ob und in welcher Menge ein Gut nachgefragt wird.

Lässt man alle anderen Bestimmungsgründe der individuellen Nachfrage außer Acht, dann kann man folgende **Beziehungen zwischen Preis und nachgefragter Menge** annehmen (**„Gesetz der Nachfrage"**):

- Mit **steigendem** Preis eines Gutes **sinkt** die Nachfrage nach diesem Gut.
- Mit **sinkendem** Preis eines Gutes **steigt** die Nachfrage nach diesem Gut.

Normale Nachfrage eines 4-Personen-Haushalts nach Kartoffeln

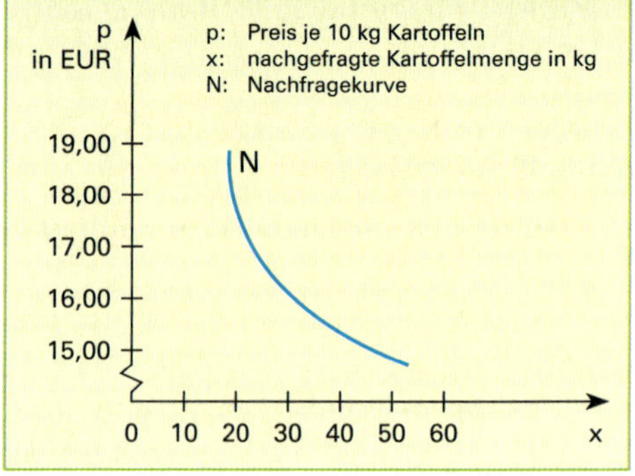

Das **Gesetz der Nachfrage** beschreibt das normale Nachfrageverhalten eines privaten Haushalts.

Die **Nachfragekurven** sind von privatem Haushalt zu privatem Haushalt unterschiedlich, weil die Bedürfnisstrukturen und die Einkommens- und Vermögensverhältnisse verschieden sind.[1]

1 Aus **Vereinfachungsgründen** wird die „Nachfragekurve" in den **Wirtschaftswissenschaften grafisch** zumeist als **Gerade** und somit **mathematisch** als **lineare Funktion** dargestellt. Diese Vereinfachung wird im Folgenden in diesem **Schulbuch** ebenfalls praktiziert.

Beispiel:

Legt der Haushalt Müller weniger Wert auf Reis, sondern bevorzugt er Kartoffeln, wird seine mengenmäßige Nachfrage nach Kartoffeln nur geringfügig abnehmen, wenn der Kartoffelpreis steigt. Man sagt,

die Nachfrage ist preisunelastisch. Preiselastisch ist hingegen seine Nachfrage nach Reis. Steigt der Preis für Reis, wird der Haushalt Müller weniger oder keinen Reis mehr nachfragen.

3.4.1.2 Atypisches (anomales) Nachfrageverhalten

Es ist sogar möglich, dass die Nachfragefunktion eine **anomale Gestalt** aufweist (vgl. nebenstehende Abbildung), d.h., dass bei **steigenden Preisen** mit **steigender Nachfrage** und umgekehrt zu rechnen ist. Diese Umkehrung des „Nachfragegesetzes" (**anomale** oder **inverse Nachfrageelastizität**) lässt sich in der Realität im Wesentlichen auf folgende Ursachen zurückführen:

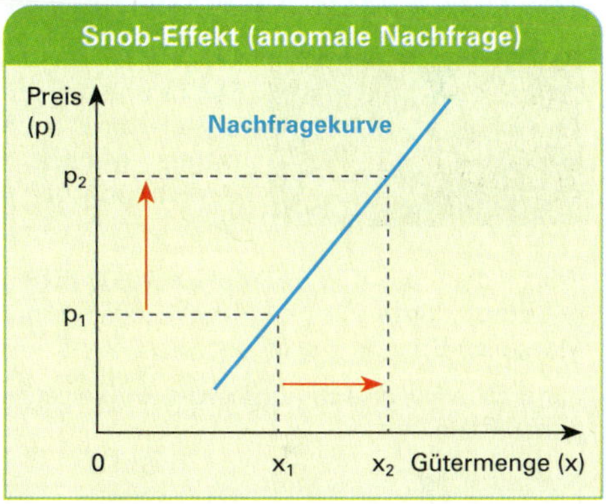

- Die Nachfrager **schließen von dem Preis direkt auf die Qualität eines Produktes,** sodass bei einem höheren Preis wegen der vermuteten höheren Qualität mehr von dem betreffenden Gut nachgefragt wird **(„Qualitätsvermutungseffekt").**
- Die Nachfrager kaufen ein teures Markenprodukt, um sich von der Masse abzuheben **(„Snob-Effekt").** Dieses Phänomen lässt sich u.a. bei Bekleidung beobachten, der erst von einem gewissen Preis an ein Wert beigemessen wird **(Snob-Value),** schon deshalb, weil nicht jeder diesen hohen Preis bezahlen kann.

Beispiel:

Einem bisher eher unbekannten Unternehmen gelingt es, sein Modelabel durch Marketingmaßnahmen mit Sportstars zu einer sehr begehrten Modemarke zu machen. Obwohl die Textilien um mehr als das Doppelte teurer werden, steigt der Absatz deutlich an.

3.4.1.3 Preiselastizität der Nachfrage

Die aus einer Preisänderung eines Gutes resultierende Mengenänderung der Nachfrage dieses Gutes lässt sich mithilfe der sogenannten **Preiselastizität der Nachfrage** messen. Sie gibt an, um wie viel Prozent sich die nachgefragte **Menge (Wirkung)** ändert, wenn der **Preis (Ursache)** um **ein** Prozent geändert wird.

Diese Ursache-Wirkungs-Beziehung lässt sich wie folgt errechnen:

$$\textbf{Preiselastizität der Nachfrage (E)} = \frac{\text{relative Mengenänderung in Prozent}}{\text{relative Preisänderung in Prozent}}$$

Bei einer **normal** verlaufenden Nachfrage ist das Ergebnis der Berechnung immer **negativ.** Allgemein betrachtet man jedoch nur die **absolute Zahl,** also den Betrag.

Beispiel:

Liegt der Preis für ein Kilogramm Spargel bei 8,00 EUR, so werden viele Nachfrager bereit sein, für diesen Preis den Spargel zu kaufen, sodass die am Markt nachgefragte Menge entsprechend hoch ausfällt.

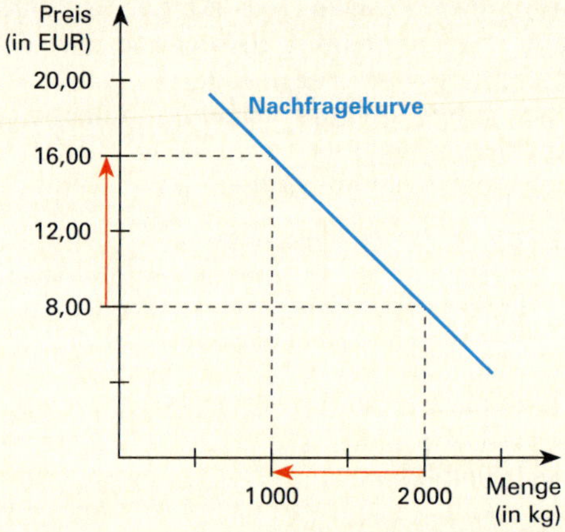

Wird jedoch das Kilo Spargel für 16,00 EUR angeboten, dürfte die am Markt nachgefragte Menge an Spargel sinken.

Für diesen Fall errechnet sich die Preiselastizität demzufolge:

Preiselastizität der Nachfrage $= \frac{-50\,\%}{100\,\%} = -0{,}5.$

Das Ergebnis lässt sich wie folgt interpretieren: **Erhöht** sich der **Preis** für Spargel um **1 Prozent,** so **sinkt** die nachgefragte **Menge** um **0,5 Prozent.** Die Nachfrage reagiert **unterproportional elastisch** auf die Preisänderung.

- Ist die Nachfrage **elastisch** (E > 1), führen **Preissenkungen** zu **steigenden** Umsätzen, **Preiserhöhungen** zu **sinkenden** Umsätzen.
- Ist die Nachfrage **unelastisch** (E < 1), führen **Preissenkungen** zu **Umsatzrückgängen, Preissteigerungen** zu **steigenden Umsätzen.**

Wie nachfolgende Abbildungen verdeutlichen, reagiert die Nachfrage **unterschiedlich stark** (elastisch) auf **Preisänderungen.**

Mögliche Nachfragekurven und Elastizitäten

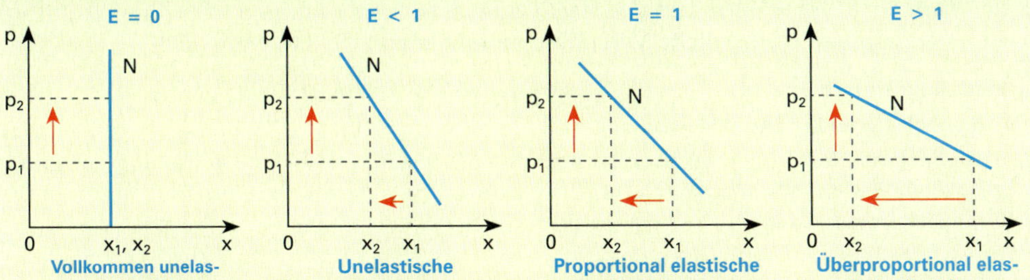

Vollkommen unelastische Nachfrage (starre Elastizität) | Unelastische Nachfrage | Proportional elastische Nachfrage | Überproportional elastische Nachfrage

Vor allem bei lebensnotwendigen und für lebensnotwendig erachteten Gütern (Güter des Zwangsbedarfs, z. B. Wasser, Medikamente, Süßstoff für Zuckerkranke, Zigaretten für Raucher).

Vor allem bei nicht lebensnotwendigen Gütern (Güter des Wahlbedarfs, z. B. Ferienreisen, Zweitwagen, Kinobesuche, Restaurantbesuche).

p: Preis
x: nachgefragte Menge
N: Nachfragekurve

Die vorangestellten Abbildungen veranschaulichen: Je **steiler (flacher)** die Nachfrage in Abhängigkeit vom Preis verläuft, desto **unelastischer (elastischer)** ist die **Mengenreaktion** infolge von **Preisänderungen.**

Für **Unternehmen** sind **unelastische** Nachfrageverläufe **besser,** da auf **Preiserhöhungen** nur **geringe Nachfragerückgänge** folgen.

3.4.1.4 Gesamtnachfrage für ein Gut (Marktnachfrage)

Die **Marktnachfrage (Gesamtnachfrage)** für ein Gut ist die **Nachfrage aller privaten Haushalte** für dieses Gut. Sie ergibt sich aus der **Aggregation**[1] (Queraddition) **aller individuellen Haushaltsnachfragen.**

Unterstellt man, dass sich die Mehrzahl aller Nachfrager nach dem „Gesetz der Nachfrage" verhalten und fasst man gedanklich **alle individuellen Nachfragekurven** zusammen, erhält man die Marktnachfragekurve (Gesamtnachfragekurve nach **einem** Gut).

Normale Gesamtnachfrage

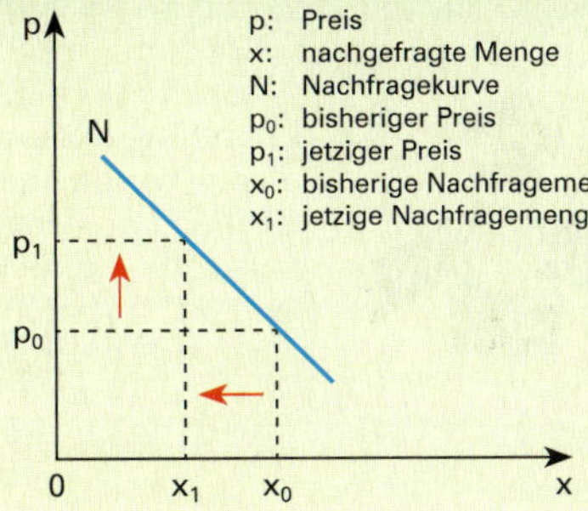

p: Preis
x: nachgefragte Menge
N: Nachfragekurve
p_0: bisheriger Preis
p_1: jetziger Preis
x_0: bisherige Nachfragemenge
x_1: jetzige Nachfragemenge

Die **Marktnachfragekurve** zeigt, wie groß die mengenmäßige Nachfrage nach einem Gut bei unterschiedlichen Preisen dieses Gutes ist.

1 **Aggregation**: Vereinigung, Zusammenfassung.

3.4.1.5 Nachfrageverschiebungen

In der Wirtschaft verändern sich die Nachfrageverhältnisse laufend, d.h., die Nachfragekurven **verschieben** sich. Solche Verschiebungen treten z.B. ein, wenn sich

- die **Bedürfnisse** ändern,
- die **Preise anderer Güter** steigen oder fallen,
- die **Zahl der Nachfrager** wächst oder schrumpft (z.B. aufgrund einer Bevölkerungszunahme oder -abnahme) oder
- die **Einkommen** steigen.

- **Zunehmende Nachfrage** bedeutet, dass bei **gegebenen** Preisen **mehr** nachgefragt wird: Die Nachfragekurve verschiebt sich nach **„rechts"**.
- **Abnehmende Nachfrage** bedeutet, dass bei **gegebenen** Preisen **weniger** nachgefragt wird: Die Nachfragekurve verschiebt sich nach **„links"**.

Beispiele:

- Durch neue Studien wird belegt, dass regelmäßiges Joggen schon bei zwei Stunden pro Woche die durchschnittliche Lebenserwartung um mehrere Jahre ansteigen lässt. Diese Erkenntnis wird über einen längeren Zeitraum in verschiedenen Medien sehr umfangreich thematisiert. Daraufhin nimmt die Nachfrage nach Joggingschuhen stark zu.

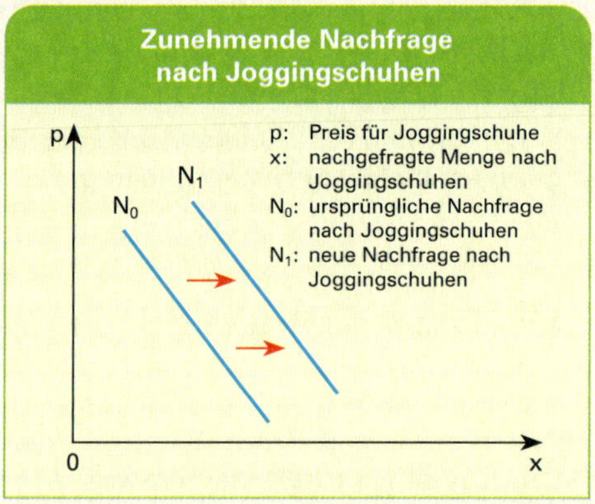

- Aufgrund der Antiraucherkampagne mag es sein, dass einige Haushalte das Rauchen ganz aufgeben bzw. einige Haushalte den Konsum senken. Die Nachfrage nach Zigaretten wird also bei gleichen Preisen und gleichbleibenden Einkommen insgesamt zurückgehen. Die Nachfragekurve verschiebt sich nach **„links"**.

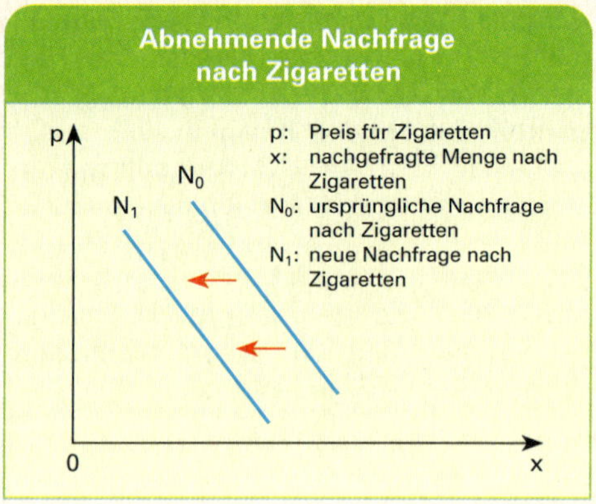

3.4.2 Verhalten von Anbietern bei Preisänderungen unter Anwendung der Kenntnisse aus dem Nachfrageverhalten schlussfolgern

Während die **Nachfrager** das Interesse haben, zu **möglichst niedrigen** Preisen zu kaufen, ist das Interesse der **Anbieter** darauf gerichtet, zu **möglichst hohen Preisen** zu verkaufen. Die **Interessenlagen** der Marktpartner sind also **entgegengesetzt.**

3.4.2.1 Individuelles Angebot

Wir beschränken uns im Folgenden auf das Angebotsverhalten der privaten Betriebe (Unternehmen). Das individuelle Angebot wird von zahlreichen Faktoren mitbestimmt.

Folgende Beispiele seien genannt:

Zielsetzung des Anbieters	Marktstellung des Anbieters	Tatsächliche und/oder erwartete Marktlage	Kosten und Kostenstruktur des Anbieters
■ Gewinnmaximierung, ■ Kostendeckung, ■ Ausweitung des Marktanteils, ■ Ausschaltung der Konkurrenz, ■ Sicherung eines angemessenen Gewinns, ■ Umweltschutz.	Polypolistisches, oligopolistisches oder monopolistisches Verhalten.[1]	■ Konjunkturlage, ■ Absatzpreise der Konkurrenz, ■ Stand und Entwicklung der Nachfrage, ■ technische und/oder modische Entwicklung, ■ Konkurrenzbedingungen.	■ Preise der Produktionsfaktoren, ■ technischer Stand (technisches Wissen) des Anbieters.

3.4.2.2 Kosten und Kostenstruktur des Anbieters als Bestimmungsfaktor des Angebots

- Bei reproduzierbaren[2] Gütern stellen die **Kosten** je Stück (Stückkosten) i.d.R. die **Preisuntergrenze** der Anbieter dar, denn auf längere Sicht muss jeder Anbieter seine Gesamtkosten decken, wenn er überleben (am Markt bleiben) will.
- Die Gesamtkosten setzen sich aus **fixen Kosten** und **variablen**[3] **Kosten** zusammen.

Die **fixen Kosten** sind in ihrer absoluten Höhe von der **Beschäftigung** des Betriebs **unabhängig.** Sie fallen unter sonst gleichen Bedingungen von Periode zu Periode (z.B. von Monat zu Monat) in **gleicher Höhe** an.

Beispiele: fixe Kosten

Pachten, Mieten, Gehälter für das Personal, Standgebühr auf einem Markt.

1 Siehe Kapitel 3.2.2.

2 **Reproduzierbare Güter** sind solche, die immer wieder in gleicher Art hergestellt werden können.

3 **Variabel** (lat., frz.): beweglich, veränderlich.

Die absolute Höhe der **variablen Kosten** hängt von der Beschäftigung des Betriebs ab.

Mit zunehmender Beschäftigung, d.h. mit zunehmender Kapazitätsauslastung,[1] sinken die **Kosten je Stück (Stückkosten),** weil der Anteil der **fixen Kosten** an der einzelnen Leistungseinheit (z.B. Stückzahl eines bestimmten Erzeugnisses, verkaufte Waren) **abnimmt.** Mit abnehmender Beschäftigung tritt der umgekehrte Effekt ein. Man spricht vom **Gesetz der Massenproduktion.**

Beispiele: variable Kosten

- Rohstoffverbrauch (im Industriebetrieb),
- Einstandspreise (Bezugspreise) im Handelsbetrieb,
- Energieverbrauch bei der Produkion.

Beispiel:

Die Huber KG hat sich auf die Herstellung hochwertiger Mountainbikes für den Profisport spezialisiert und kann pro Monat maximal 500 Bikes herstellen. Die variablen Kosten pro Stück betragen 1000,00 EUR, die fixen Kosten belaufen sich auf 400000,00 EUR pro Monat.

Hergestellte Menge in Stück (x)	Fixe Kosten in EUR (K_F)	Fixe Kosten je Stück in EUR (k_f)	Variable Kosten in EUR (K_V)	Variable Kosten je Stück in EUR (k_v)	Gesamtkosten in EUR (K_G)	Stückkosten in EUR (k_g)
100	400000,00	4000,00	100000,00	1000,00	500000,00	5000,00
200	400000,00	2000,00	200000,00	1000,00	600000,00	3000,00
300	400000,00	1333,33	300000,00	1000,00	700000,00	2333,33
400	400000,00	1000,00	400000,00	1000,00	800000,00	2000,00
500	400000,00	800,00	500000,00	1000,00	900000,00	1800,00

- Die **Stückkosten** (k_g) setzen sich zusammen aus den **variablen Kosten** je Stück (k_v) und den **fixen Kosten** je Stück (k_f).
- Mit **zunehmender** Produktionsmenge **verteilen** sich die fixen Kosten auf eine immer **größere** Stückzahl. Hierdurch **sinken** die **fixen** Kosten pro Stück, sodass die **Gesamtstückkosten** ebenfalls **sinken (Stückkostendegression).**
- Das **Gesetz der Massenproduktion** basiert auf der **Stückkostendegression.**

Die Gesamtkosten (K_G) eines Unternehmens setzen sich aus der Summe von fixen Kosten (K_f) und variablen Kosten (K_v) zusammen und hängen vor allem von der **Ausbringungsmenge** ab.

Allgemein gilt:

$$K_G(x) = K_f + K_v(x)$$

wobei sich die gesamten variablen Kosten aus der Multiplikation der variablen Kosten pro Stück und der hergestellten Produktionsmenge ergeben:

$$K_v(x) = k_v \cdot x$$

1 **Kapazität:** Leistungsfähigkeit eines Betriebs je Zeiteinheit.

3.4.2.3 Gewinnschwelle (Break-even-Point) als Bestimmungsfaktor des Angebots

Folgt das Unternehmen dem Ziel der **Gewinnmaximierung,** so wird es bei **linearem (proportionalem)** Kostenverlauf und mindestens die Stückkosten abdeckenden Marktpreisen die Menge am Markt **anbieten,** die bei **Vollauslastung** der vorhandenen Produktionskapazität hergestellt werden kann.

Wie nachfolgende Abbildung verdeutlicht, übersteigen bei einer **niedrigen** Ausbringungsmenge die Gesamtkosten die Gesamterlöse, also das Produkt von Menge und Preis. Es wird **kein Gewinn** erzielt. Erst ab einer bestimmten Absatzmenge – auch **„Break-even-Point"** oder **„Gewinnschwelle"** genannt – gelangt das Unternehmen in die Gewinnzone.

Rechnerisch lässt sich die **Gewinnschwelle** wie folgt berechnen:

$$\textbf{Gewinnschwelle (x)} = \frac{K_f}{p - k_v} \quad \textbf{oder} \quad K_f + k_v \cdot x = x \cdot p$$

Da ab diesem Punkt der Gewinn umso höher ausfällt, je größer die produzierte Absatzmenge ist, wird das Unternehmen den **maximalen Gewinn** (= Differenz zwischen Kosten und Erlösen) dann erreichen, wenn es bis zur Kapazitätsgrenze produziert, da in diesem Punkt der **Abstand** zwischen der Erlös- und der Kostengeraden am größten ist.

Zusammenhang zwischen Kosten und Angebotsmenge bei linearem Kostenverlauf

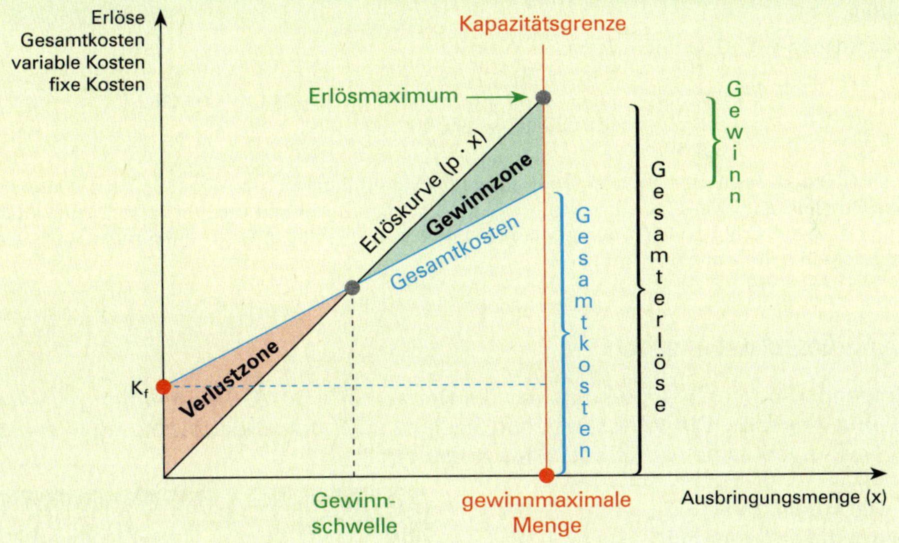

Beispiel:

Die Huber KG verkauft ihre hochwertigen Mountainbikes für den Profisport zu einem Preis von 2600,00 EUR an den Großhandel.

Aufgabe:

Ermitteln Sie die Gewinnschwelle!

Hergestellte Menge in Stück (x)	Fixe Kosten in EUR (K_f)	Variable Kosten in EUR (K_v)	Gesamtkosten in EUR (K_G)	Umsatzerlöse in EUR	Gewinn bzw. Verlust in EUR
100	400000,00	100000,00	500000,00	260000,00	– 240000,00
200	400000,00	200000,00	600000,00	520000,00	– 80000,00
300	400000,00	300000,00	700000,00	780000,00	80000,00
400	400000,00	400000,00	800000,00	1040000,00	240000,00
500	400000,00	500000,00	900000,00	1300000,00	400000,00

$$\text{Gewinnschwelle} = \frac{400000{,}00}{2600{,}00 - 1000{,}00} = \underline{\underline{250\ \text{Stück}}}$$

Unterhalb einer Produktions- und Absatzmenge von **250** Mountainbikes erzielt die Huber KG nur **Verluste,** die jedoch mit steigender Produktions- und Absatzmenge abnehmen. Bei einer Produktions- und Absatzmenge von **250 Stück** erzielt die Huber KG **weder** einen **Verlust noch** einen **Gewinn.**

Proberechnung:

$$\begin{aligned} \text{Gewinn} &= \text{Erlöse} - \text{Kosten} \\ G(x) &= E(x) - K_G(x) \\ G(250) &= (250 \cdot 2600{,}00) - (400000{,}00 + 250 \cdot 1000{,}00) \\ G(250) &= 650000{,}00 - 650000{,}00 \\ G(250) &= 0 \end{aligned}$$

Bei einer Produktions- und Absatzmenge **über** 250 Mountainbikes pro Monat erzielt die Huber KG einen **Gewinn.** Wie obige Tabelle weiterhin verdeutlicht, gilt: **Je mehr** die Produktions- und Absatzmenge die Stückzahl von **250** übersteigt, **desto höher** ist der Gewinn. Der **maximale** Gewinn wird demzufolge an der **Kapazitätsgrenze** erreicht.

3.4.2.4 Gesetz des Angebots

Im Folgenden beschränken wir uns auf die Betrachtung des **Zusammenhangs zwischen Preis und Angebot.** Die Wirtschaftstheorie sieht i.d.R. folgende Beziehungen zwischen Preis und Angebotsmenge (**„Gesetz des Angebots“**):

- Mit **steigendem** Preis eines Gutes **steigt** das Angebot für dieses Gut.
- Mit **sinkendem** Preis **sinkt** das Angebot für dieses Gut.

Normales Angebot eines landwirtschaftlichen Betriebs bei unterschiedlichen Preisen

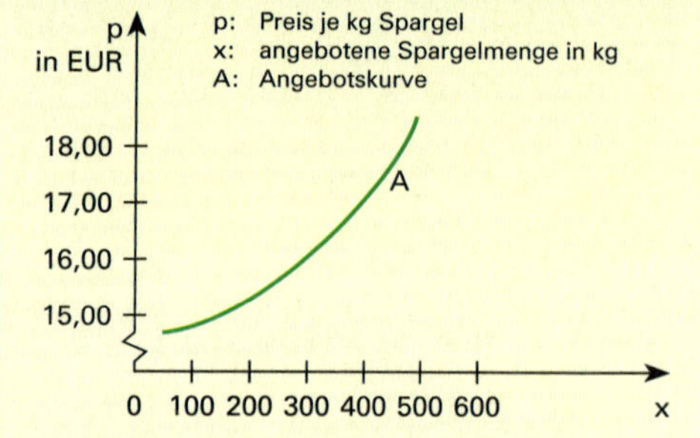

Das Gesetz des Angebots lässt sich wie folgt begründen:

- Mit steigenden Absatzpreisen wird der Anbieter versuchen, sein Angebot mengenmäßig auszuweiten, weil er sich **zusätzliche Gewinne** verspricht.

- Bei sinkenden Preisen wird er sein Angebot verringern oder (längerfristig) ganz aus dem Markt nehmen, weil die **Gewinne sinken** oder **Verluste entstehen.**

Die **Angebotskurven** sind von Anbieter zu Anbieter unterschiedlich, weil Zielsetzungen, Marktstellungen, Marktsituationen und Kostenstrukturen verschieden sind.[1]

3.4.2.5 Gesamtangebot für ein Gut (Marktangebot)

Zum Zweck der Ableitung des Gesamtangebots und der daraus folgenden Gesamtangebotskurve wird unterstellt, dass **der Preis** eines Gutes für jeden Anbieter **eine gegebene Größe** (ein **Datum**) ist. Um die Gesamtangebotskurve (Marktangebotskurve) zu erhalten, muss man die einzelnen individuellen Angebotskurven gedanklich zusammenfassen (= aggregieren).

- Das **Gesamtangebot** für ein Gut ist das Angebot aller Betriebe für dieses Gut.
- Das Gesamtangebot für ein Gut ergibt sich aus der **Aggregation** (= Queraddition) aller individuellen Angebote.

An der Gesamtangebotskurve lässt sich ablesen, dass sich im Regelfall die angebotene Menge eines Gutes mit **steigendem** Preis **erhöht** und mit **sinkendem** Preis **verringert** **(„Gesetz des Angebots").**

Die **Gesamtangebotskurve** zeigt (wie alle Angebotskurven), wie groß das **mengenmäßige** Angebot für ein Gut bei **unterschiedlichen** Preisen dieses Gutes ist.

Normales Gesamtangebot

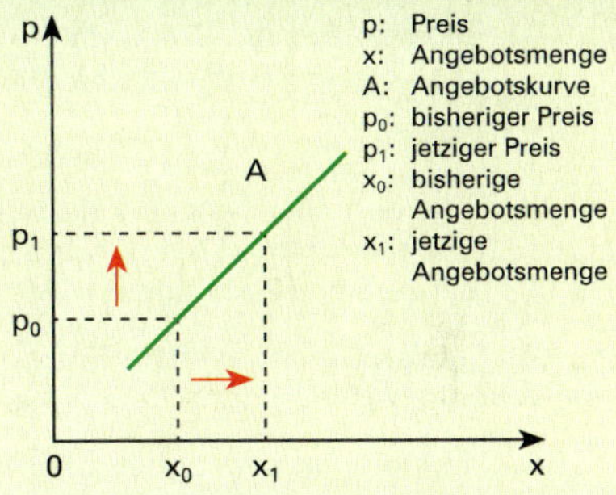

3.4.2.6 Angebotsverschiebungen

Das Marktangebot für ein Gut verschiebt sich im Laufe der Zeit aus verschiedensten Gründen. Nimmt z. B. die Zahl der Anbieter zu, nimmt auch das Angebot zu. Nimmt die Zahl der Anbieter ab, nimmt auch das Angebot ab, es sei denn, die Kapazitäten der Anbieter verändern sich.

Weitere Gründe für die **Zunahme** des Angebots sind z. B.:

- der **technische Fortschritt** (aufgrund des Übergangs der Betriebe auf anlageintensivere Produktionsverfahren erweitern sich die Kapazitäten und damit das mögliche Angebot),
- die **Zukunftserwartungen** der Unternehmer (aufgrund zusätzlicher Investitionen nimmt das Angebot zu) und
- **Faktorpreissenkungen** (die bisherigen Mengen können nunmehr zu niedrigeren Preisen angeboten werden).

1 Aus **Vereinfachungsgründen** wird die „Angebotskurve" in den **Wirtschaftswissenschaften grafisch** zumeist als **Gerade** und somit **mathematisch** als **lineare Funktion** dargestellt. Diese Vereinfachung wird im Folgenden in diesem **Schulbuch** ebenfalls praktiziert.

Das Umgekehrte gilt, wenn das Marktangebot abnimmt.

Zunehmendes Angebot aufgrund steigender Anbieterzahl

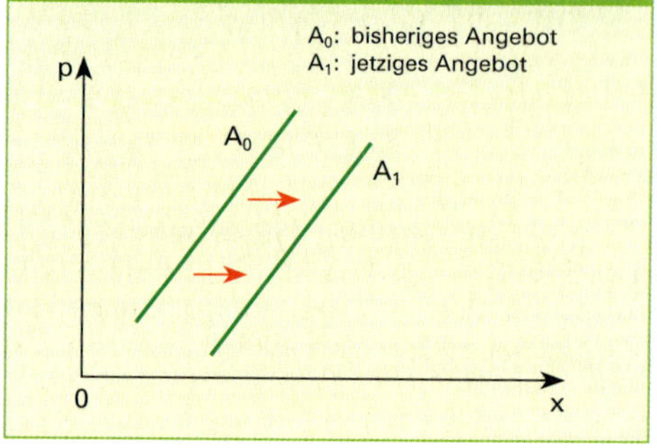

Abnehmendes Angebot aufgrund sinkender Anbieterzahl

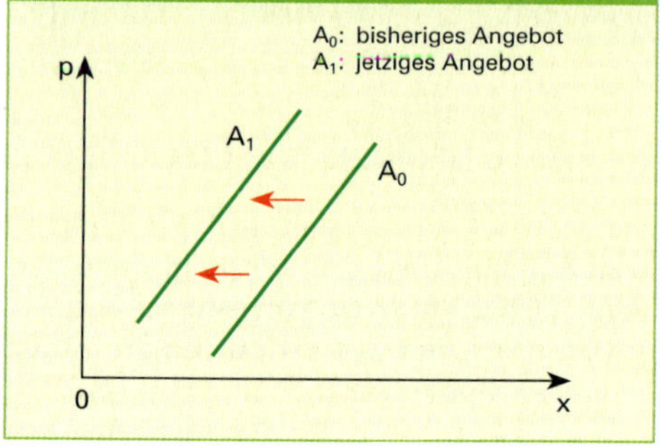

Kompetenztraining

41

1. Erklären Sie die Zusammenhänge zwischen dem Preis eines Gutes und der Nachfrage nach diesem Gut!
2. Nennen und begründen Sie mindestens zwei Ursachen für Nachfrageverschiebungen!
3. Erläutern Sie, welche Faktoren das Anbieterverhalten der Unternehmen auf dem Markt mitbestimmen können! Nennen und begründen Sie mindestens zwei Bestimmungsgründe des Anbieterverhaltens!
4. Führen Sie an, welche Zusammenhänge normalerweise unter sonst gleichen Bedingungen zwischen dem Preis eines Gutes und dem Angebot für dieses Gut bestehen!
5. Nennen und begründen Sie mindestens zwei Ursachen für Angebotsverschiebungen!
6. Anbieter und Nachfrager treten auf dem Markt mit entgegengesetzten Interessen auf. Erläutern Sie diese Interessen!
7. Im Rahmen einer Bedarfsstudie für Bankschließfächer hat die Kundenbank AG durch ein namhaftes Marktforschungsinstitut ermittelt, dass insbesondere in Großstädten besser verdienende Privatkunden, die in Mietwohnungen leben, nicht über die Möglichkeit verfügen, einen Tresor für wichtige Dokumente oder Wertsachen einbauen zu lassen. Vor diesem Hintergrund steigt in diesen Ballungszentren seit Jahren die Nachfrage nach Schließfächern bei Banken und Sparkassen. Daher plant die Kundenbank AG im Rahmen des Neubaus einer Filiale in Düsseldorf die Einrichtung eines großen Kellerraumes mit einer Schließfachanlage für Privatkunden. Die Anlage soll insgesamt Platz für 7500 Schließfächer bieten.

   An fixen Kosten fallen pro Jahr 112500,00 EUR für Abschreibungen an sowie 2500,00 EUR Miet- und Mietnebenkosten pro Monat.

   Die variablen Kosten setzen sich aus Versicherungskosten in Höhe von 3,00 EUR pro Monat und Schließfach sowie Personal- und Handlungskosten von 6,00 EUR pro Monat und Schließfach zusammen. Für die Vermietung hat die Kundenbank AG eine Jahresmiete von 165,00 EUR kalkuliert.

Aufgaben:

7.1 Berechnen Sie die jährlichen Gesamtkosten bei einer Vermietung von 5000 Schließfächern!

7.2 Berechnen Sie die Anzahl der Schließfächer, die zur Deckung der Gesamtkosten erforderlich ist (Gewinnschwelle)!

7.3 Ermitteln Sie den mit dieser Schließfachanlage maximal zu erzielenden jährlichen Gewinn!

7.4 Erläutern Sie, welche Auswirkungen eine von der Kundenbank AG für die Kellerräume zu zahlende Mieterhöhung auf die Gewinnschwelle hätte!

8. Die Kundenbank AG hat über eine beauftragte Unternehmensberatung erfahren, dass es einen messbaren Zusammenhang zwischen der Preisänderung bei den Kontoführungsgebühren und dem Bestand von Girokonten gibt. Die Beratungsgesellschaft konnte ermitteln, dass die im vergangenen Jahr durchgeführte Erhöhung der Kontoführungsgebühren um 0,75 EUR monatlich auf nunmehr 57,00 EUR Jahresgebühr zu einer Verringerung der Anzahl der Girokonten um 13500 Girokonten auf aktuell 436500 Girokonten geführt hat.

   Berechnen Sie die Preiselastizität der Nachfrage und interpretieren Sie anschließend das von Ihnen ermittelte Ergebnis!

42

1. Die Münchener Bank AG erhöht die monatliche Grundpauschale für Girokonten von 10,00 EUR auf 15,00 EUR. Nach der Preiserhöhung musste der Marktbereichsleiter feststellen, dass aufgrund dieser Veränderung ca. 100 der ursprünglich 5000 Kunden ihre Girokonten zu Konkurrenzinstituten verlagerten.

   Aufgaben:

   1.1 Berechnen Sie die Preiselastizität der Nachfrage!

   1.2 Interpretieren Sie das Ergebnis! Gehen Sie hierbei insbesondere auf mögliche Gründe für das Verhalten der Nachfrager ein.

2. Für die Anbieter ist die Reaktion der Nachfrager auf Preisänderungen des jeweils nachgefragten Gutes von großer Bedeutung.

   Aufgaben:

   2.1 Entscheiden Sie, welches Nachfrageverhalten in folgenden Fällen vorliegt!

   2.1.1 Eine Preissteigerung von 50 % bewirkt keine Mengenänderung bei dem betreffenden Gut.

   2.1.2 Eine Preissteigerung von 10 % führt zu einer Mengenzunahme von 15 % bei dem betreffenden Gut.

   2.2 Erläutern Sie, was man unter einer starren Preiselastizität der Nachfrage versteht! Suchen Sie nach möglichen Beispielen, in denen mit einer derartigen Reaktion der Nachfrager zu rechnen ist!

3. Gemäß einer Marktstudie liegt die Preiselastizität der Nachfrage nach Alcopops bei 0,4. Sie sind Politiker und haben sich das Ziel gesetzt, den Konsum derartiger Getränke um 20 % einzudämmen, um so die Gefahr für Jugendliche, dem Alkohol zu verfallen, zu verringern. Eine Flasche dieses Getränkes kostet augenblicklich 3,00 EUR.

   Aufgabe:

   Berechnen Sie, auf wie viel Euro der Preis für eine Flasche steigen muss, damit Sie Ihr Ziel erreichen!

4. Ein kleiner Handwerksbetrieb stellt Schneeschieber her. Der Absatzpreis des Anbieters beträgt 30,00 EUR. Seine maximale Kapazität liegt bei 200 Stück pro Tag, seine fixen Kosten pro Tag bei 1500,00 EUR, die variablen Kosten pro Stück bei 15,00 EUR.

   Aufgabe:

   Berechnen Sie die Gewinnschwelle pro Tag!

5. Die Mockenhaupt Running AG, ein mittelständischer Hersteller von handgefertigten Marathon-Laufschuhen, hat im letzten Geschäftsjahr insgesamt 6 200 Paar Schuhe auf Bestellung hergestellt und zu einem Preis von 400,00 EUR pro Paar direkt an die Endverbraucher absetzen können.

   Die fixen Kosten des Unternehmens beliefen sich auf 450 000,00 EUR, der Betriebsgewinn betrug 480 000,00 EUR.

   Aufgabe:

   Ermitteln Sie die variablen Kosten je Paar Laufschuhe!

6. Kevin Vettel und Jennifer Rossberg fahren zur Tankstelle. Sie nennen dem Tankwart ihre Bestellungen, ohne auf die Preistafel zu schauen. Kevin Vettel bestellt wie immer 50 Liter Super Plus. Jennifer Rossberg verlangt stets Super Plus für 50,00 EUR.

   Aufgabe:

   Erläutern Sie, welche Preiselastizitäten der Nachfrage sich aus dem unterschiedlichen Tankverhalten ableiten lassen!

DOWNLOAD

7. Stellen Sie eine Matrix der Marktarten nach der Zahl der Marktteilnehmer mit neun Feldern auf und füllen Sie diese mit einem selbst gewählten praktischen Beispiel je Marktform aus!

8. Die Berleburger Schnapsbrennerei GmbH verkauft seit Längerem sehr erfolgreich den Magenbitter „Wisentblut". Nunmehr plant die Unternehmensleitung den Preis für eine 0,1 l-Flasche von 5,20 EUR auf 4,60 EUR zu senken. Dadurch könnte das Unternehmen seinen monatlichen Umsatz um 18 000,00 EUR auf insgesamt 1 058 000,00 EUR steigern.

   Aufgabe:

   Berechnen Sie die Preiselastitzität der Nachfrage auf zwei Stellen nach dem Komma gerundet!

   ① 0,15
   ② 0,3
   ③ 0,45
   ④ 0,60
   ⑤ 1,3
   ⑥ 1,5
   ⑦ andere Lösung

   ☐

9. Entscheiden Sie, welche der nachfolgenden Aussagen falsch ist! Sind alle Aussagen richtig, tragen Sie bitte eine ⑨ in das Kästchen ein!

   ☐

   ① Erhöht die Kundenbank AG die Preise für Schließfächer um 15,00 EUR auf dann 165,00 EUR pro Jahr und geht daraufhin die Anzahl der vermieteten Schließfächer um 15 % zurück, handelt es sich um eine elastische Nachfrage.
   ② Bei einem Girokonto handelt es sich um ein homogenes Gut.
   ③ Berechnet man die Preiselastizität einer anomalen Nachfrage, so ist das Ergebnis immer positiv.
   ④ Verschiebt sich die Angebotskurve nach rechts, so kommt es bei gleichen Preisen zu höheren Angebotsmengen.
   ⑤ In der Stückbetrachtung sinken die fixen Kosten je Stück, wohingegen die variablen Kosten gleich bleiben.

3.5 Im Modell der vollständigen Konkurrenz den Gleichgewichtspreis ermitteln

3.5.1 Bildung des Gleichgewichtspreises am Beispiel der Börse

Um den Preis als Regulator verstehen zu können, ist es zweckmäßig, sich einen Markt mit sehr vielen Anbietern und sehr vielen Nachfragern vorzustellen **(Polypol).** Auf diesem Markt liegt **vollständige Konkurrenz** (Polypol auf dem **vollkommenen** Markt) vor. Eine Marktform wie das Polypol kommt in der Wirklichkeit in **reiner** Form recht **selten** vor. Ein wichtiges Beispiel für das Polypol ist die **Börse.**

Die **Börse** ist ein Markt für **einheitliche** (homogene) Waren, Devisen oder Wertpapiere, der regelmäßig nach **festgelegten Regeln** Kauf- und Verkaufsaufträge zusammenführt.

Beispiel:

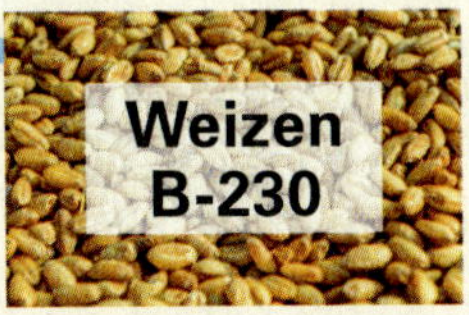

Auf der Warenbörse[1] Hamburg wird die Getreidesorte „Weizen B-230" gehandelt.

Aufgabe:

Ermitteln Sie mithilfe der folgenden Tabellenwerte den Gleichgewichtspreis!

Preis je Tonne (t) in EUR	Nachfrage in t	Angebot in t	umsetzbare Menge in t
210	25	5	5
211	20	10	10
212	15	15	15
213	10	20	10
214	5	25	5

Lesebeispiel 1:

Wenn der Preis je Tonne **210,00 EUR** beträgt, werden 25 t nachgefragt. Es werden jedoch nur 5 t angeboten. **Begründung:** Nur wenige Anbieter möchten zu diesem **niedrigen** Preis ihre Ware verkaufen. **Folge:** Es entsteht ein **Nachfrageüberschuss** in Höhe von 20 t.

Lesebeispiel 2:

Wenn der Preis je Tonne **214,00 EUR** beträgt, werden 25 t angeboten. Es werden jedoch nur 5 t nachgefragt. **Begründung:** Nur wenige Nachfrager möchten zu diesem **hohen** Preis diese Ware kaufen. **Folge:** Es entsteht ein **Angebotsüberschuss** in Höhe von 20 t.

Lesebeispiel 3:

Bei einem Preis von **212,00 EUR** je Tonne entspricht die Menge des nachgefragten Getreides der Menge des angebotenen Getreides, und zwar jeweils **15 t.** Aus den Tabellenwerten lässt sich ein **Gleichgewichtspreis** in Höhe von 212,00 EUR je Tonne ermitteln.

Zu diesem Preis findet zudem der **größtmögliche Umsatz** statt.

1 **Warenbörse** ist der Markt, auf dem vertretbare Waren nach Standardtypen (z. B. Markenbutter, Emmentaler 45 %, Rohöl) gehandelt werden.

Das vorangestellte Zahlenbeispiel lässt sich auch grafisch veranschaulichen. Tragen wir an der x-Achse (waagerechte Achse des Koordinatensystems) die angebotenen bzw. nachgefragten Gütereinheiten (im Beispiel dt) und an der y-Achse (senkrechte Achse) die möglichen Preise (hier EUR je dt) ab, erhalten wir folgende **Angebots- und Nachfragekurven:**

Gleichgewichtspreis und Gleichgewichtsmenge

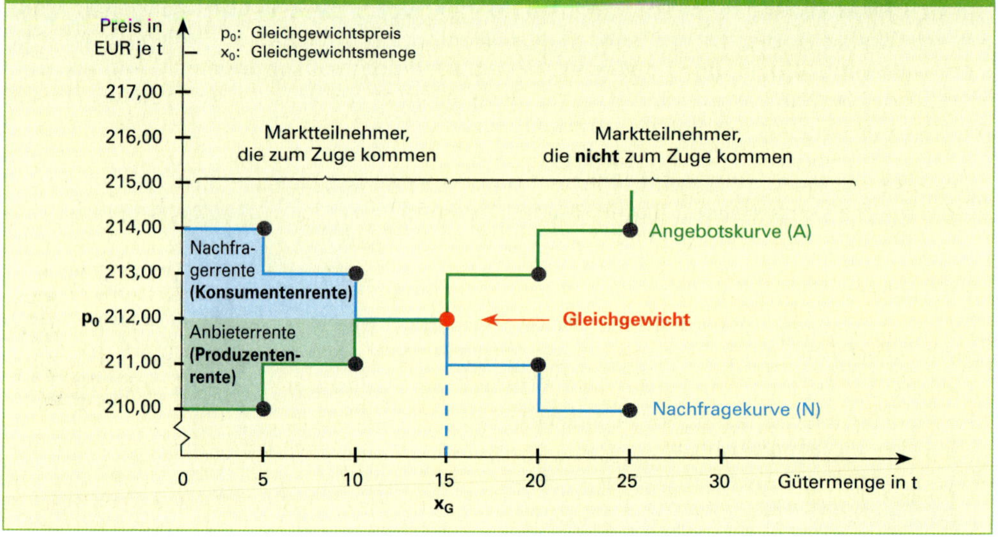

Erläuterungen:

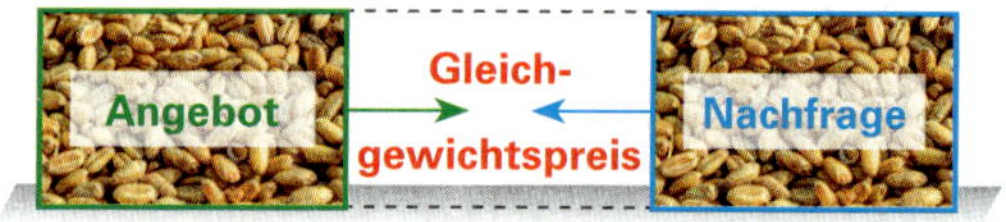

- Beim **Gleichgewichtspreis in Höhe von 212,00 EUR** entsprechen sich Angebot und Nachfrage.
- Alle **Nachfrager,** die nur einen **geringeren Preis** als den Gleichgewichtspreis in Höhe von 212,00 EUR zu zahlen bereit waren, können **nicht kaufen.** Sie gehen **leer** aus.
- Alle **Nachfrager,** die einen **höheren Preis** als 212,00 EUR zu zahlen bereit waren, erzielen eine **Nachfragerrente (Konsumentenrente).** Sie müssen **weniger** Geld ausgeben als geplant.
- Alle **Anbieter,** die einen **höheren Preis** als den Gleichgewichtspreis in Höhe von 212,00 EUR fordern, können **nicht verkaufen.** Sie bleiben auf ihrem Angebot **sitzen.**
- Alle **Anbieter,** die einen **niedrigeren** Preis als 212,00 EUR gefordert haben, erzielen eine **Anbieterrente (Produzentenrente).** Sie erlösen **mehr** Geld als geplant.

Der **Gleichgewichtspreis** bringt Angebot und Nachfrage zum **Ausgleich,** er „räumt den Markt".

Zu beachten ist aber, dass die **Anbieter,** die einen **höheren** Preis erzielen wollten, und die **Nachfrager,** die nur einen **geringeren** Preis bezahlen wollten, **leer** ausgehen.

3.5.2 Käufer- und Verkäufermarkt

Wenn man sich nun vorstellt, dass sehr viele (theoretisch „unendlich" viele) Anbieter und Nachfrager auf dem Markt sind, verschwinden die „Treppen" aus der Angebots- und aus der Nachfragekurve. Es ergeben sich nachfolgende Bilder.

Abb. 1: Angebotslücke

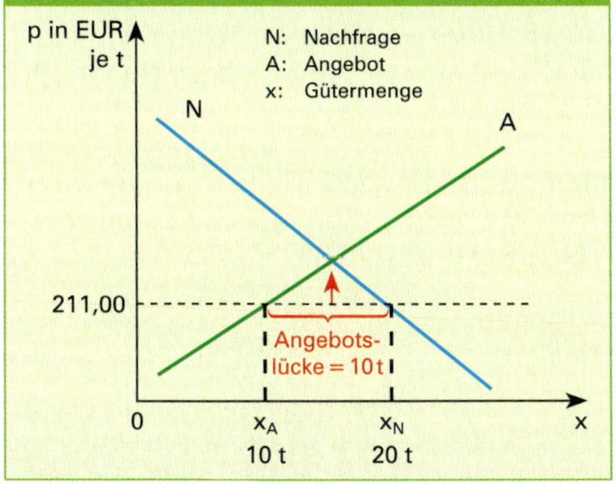

Abb. 2: Nachfragelücke

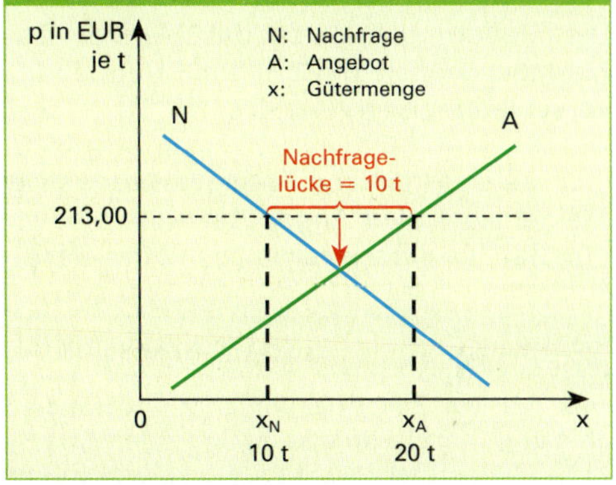

Ganz wesentlich ist die Erkenntnis, dass nur der Gleichgewichtspreis (Einheitspreis) den Markt räumen kann. Setzt der Börsenmakler beispielsweise einen Kurs von 211,00 EUR je Tonne fest, beträgt die Nachfrage 20 t, das Angebot nur 10 t (vgl. Abbildung 1: Unterangebot = Übernachfrage = Angebotslücke). Der Börsenmakler wird also den Preis **heraufsetzen**.

- Ist bei einem gegebenen Preis das Angebot **kleiner** als die Nachfrage (Angebotslücke), wird der Preis **steigen.**
- Märkte mit **Angebotslücken** (Nachfrageüberschüssen) werden als **Verkäufermärkte** bezeichnet. Die Anbieter (Verkäufer) haben eine **starke Stellung,** weil im Verhältnis zur Nachfrage **zu wenig** Güter angeboten werden.

Umgekehrt ist es, wenn der Börsenmakler beispielsweise einen Preis von 213,00 EUR je Tonne bestimmt. Dann beläuft sich das Angebot auf 20 t, die Nachfrage lediglich auf 10 t (vgl. Abbildung 2: Überangebot = Unternachfrage = Nachfragelücke). Der Makler wird also den Preis **herabsetzen.**

- Ist bei einem gegebenen Preis die Nachfrage **kleiner** als das Angebot (Nachfragelücke), wird der Preis **sinken.**
- Märkte mit **Nachfragelücken** (Angebotsüberschüssen) heißen **Käufermärkte.** Die Nachfrager (Käufer) haben eine **starke Marktstellung,** weil im Verhältnis zur Nachfrage **zu viel** Güter angeboten werden.

3.6 Aus den Wechselwirkungen von Angebots- und Nachfrageveränderungen der Marktteilnehmer Konsequenzen für die Bildung des Gleichgewichtspreises ableiten

3.6.1 Wechselwirkungen zwischen Angebot, Nachfrage und Preis

Die Steuerungsfunktion des Marktes lässt sich am besten verstehen, wenn man das Marktgeschehen im **Zeitablauf** betrachtet, in das Modell also Angebots- bzw. Nachfrageverschiebungen einbezieht.

Diese sogenannten **Preisgesetze** werden jedoch nur dann wirksam, wenn man von einer **normalen Angebotskurve** (also vom Gesetz des Angebots) und von einer **normalen Nachfragekurve** (also vom Gesetz der Nachfrage) ausgeht.

Auswirkung	Nachfrageänderung	Angebotsänderung
Preis-erhöhung	Bleibt das **Angebot unverändert** und die **Nachfrage steigt** (Rechtsverschiebung der Nachfragekurve), wollen mehr Nachfrager die gleichbleibende Menge Güter kaufen. Folge: **Der Preis steigt.** 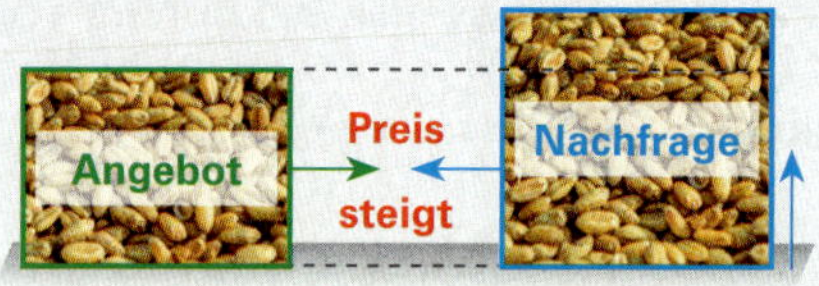 **Steigende Preise und zunehmender Absatz bei zunehmender Nachfrage** 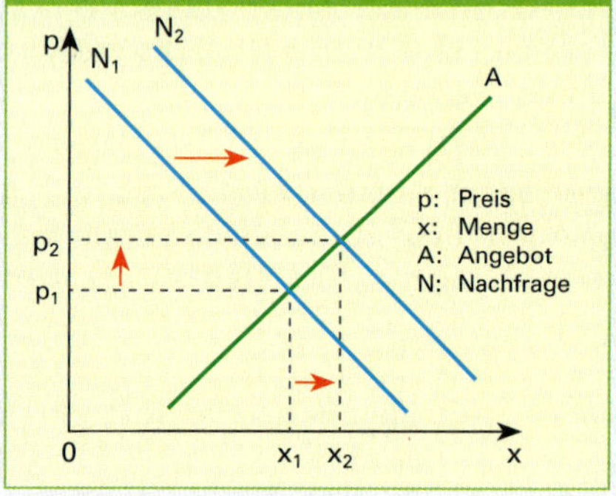	Bleibt die **Nachfrage unverändert** und das **Angebot sinkt** (Linksverschiebung der Angebotskurve), wollen mehr Nachfrager ein geringeres Angebot kaufen. Folge: **Der Preis steigt.** 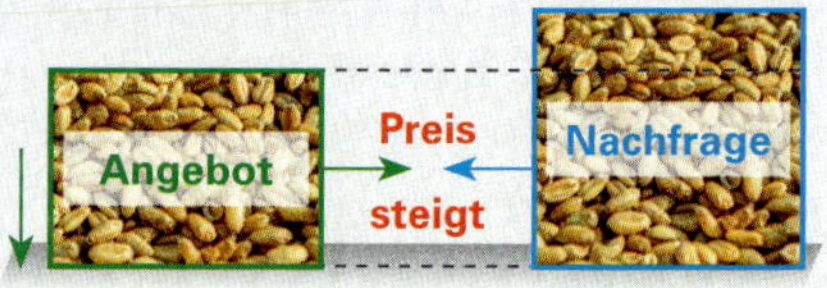 **Steigende Preise und abnehmender Absatz bei abnehmendem Angebot** 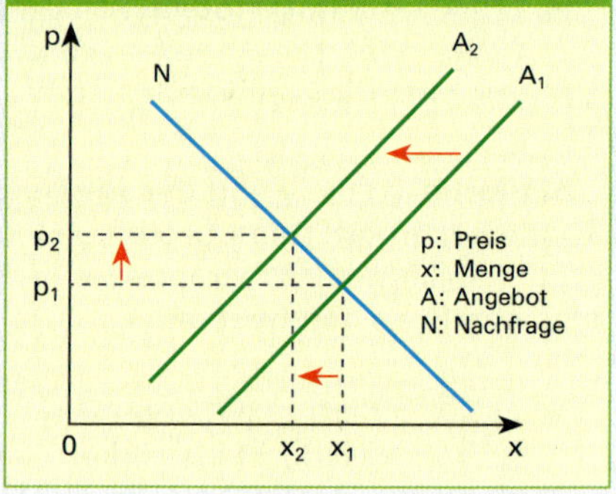

<table>
<tr><th>Auswirkung</th><th>Nachfrageänderung</th><th>Angebotsänderung</th></tr>
<tr><td>Preis-senkung</td><td>Bleibt das Angebot unverändert und die Nachfrage sinkt (Linksverschiebung der Nachfragekurve), wollen weniger Nachfrager das Gut kaufen als die Anbieter verkaufen. Folge: Der Preis sinkt.

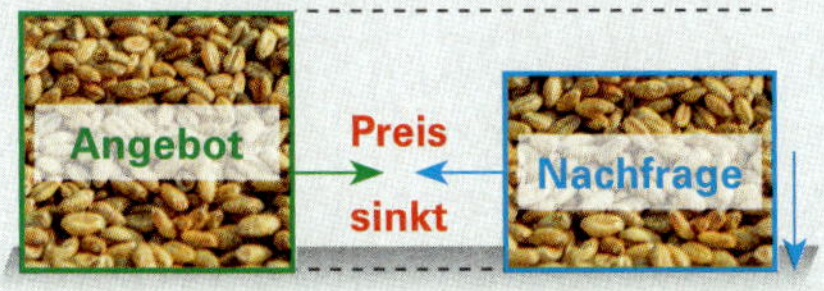

Sinkende Preise und abnehmender Absatz bei abnehmender Nachfrage

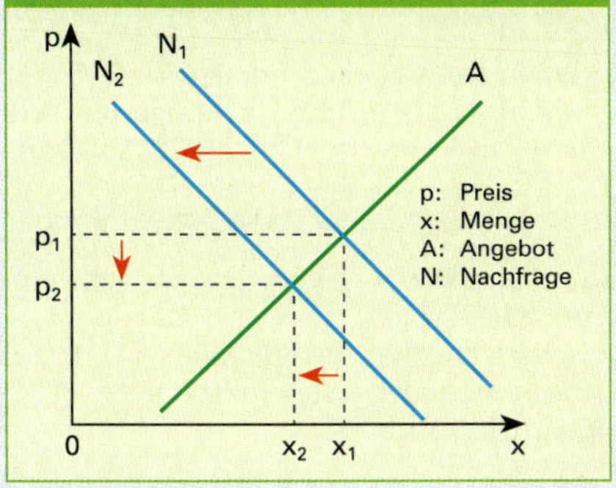
</td><td>Bleibt die Nachfrage unverändert und das Angebot steigt (Rechtsverschiebung der Angebotskurve), wollen mehr Anbieter das Gut verkaufen als Nachfrager kaufen. Folge: Der Preis sinkt.

Sinkende Preise und zunehmender Absatz bei zunehmendem Angebot

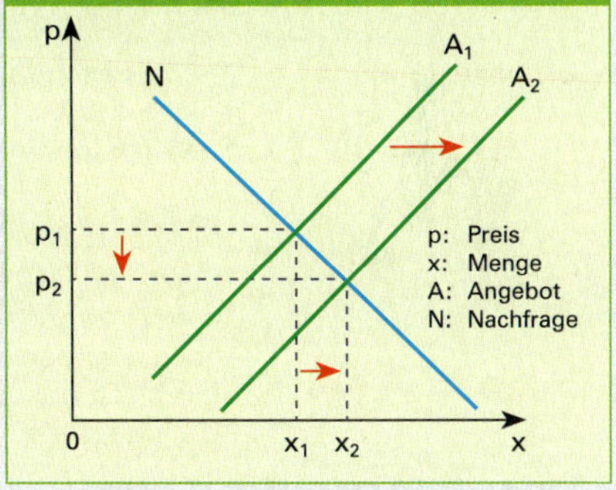
</td></tr>
</table>

3.6.2 Bedeutung der Preisgesetze

Die bisherigen Überlegungen zeigen, dass in einer freien Marktwirtschaft Preis, Angebot und Nachfrage (kurz: die Märkte) die Volkswirtschaft **selbsttätig** (automatisch) **steuern.** Was für die Güterpreise gilt, trifft im Modell auch auf die übrigen Marktpreise zu.

Beispiele:

- So wird der **Arbeitsmarkt** über die **Löhne** (Preise für die Arbeitskraft) reguliert. Ist das Arbeitsangebot hoch und die Arbeitsnachfrage niedrig, wird eben der Lohn so lange sinken, bis der „Markt geräumt" ist.
- Gleichermaßen werden die **Kreditmärkte** mithilfe des **Zinsmechanismus** gesteuert. Ist das Kreditangebot niedrig, die Kreditnachfrage hoch, wird der Zins so lange steigen, bis auch hier die Kreditnachfrage dem Kreditangebot entspricht. Somit erübrigen sich jegliche staatliche Eingriffe in das Marktgeschehen.

3.6.3 Funktionen[1] des Gleichgewichtspreises

Ausgleichsfunktion 	Der Gleichgewichtspreis ist der Preis, bei dem der höchstmögliche Umsatz erzielt wird. Alle Nachfrager, die den Gleichgewichtspreis bezahlen wollen (oder können), und alle Anbieter, die zum Gleichgewichtspreis verkaufen wollen (oder können), kommen zum Zuge. „Der freie Preis räumt den Markt."
Signalfunktion 	Sie äußert sich darin, dass der freie Marktpreis den Knappheitsgrad eines Gutes anzeigt (signalisiert). Steigt der Preis, so wird erkennbar, dass ■ sich entweder das Güterangebot bei gleichbleibender Nachfrage verknappt hat, ■ sich die Nachfrage bei gleichbleibendem Güterangebot erhöht hat oder ■ die Nachfrage schneller als das Güterangebot gestiegen ist. Der fallende Preis zeigt die gegenteilige Marktsituation an.
Lenkungsfunktion 	Der freie Marktpreis steuert das Angebot und damit die Produktion auf diejenigen Märkte hin, auf denen die größte Nachfrage herrscht und folglich die höchsten Preise (und damit Gewinne) erzielt werden können. **Beispiel:** Sinkt die Nachfrage nach Rindfleisch zugunsten der Nachfrage nach Geflügelfleisch, werden die Rindfleischpreise sinken und die Geflügelpreise steigen. Die Landwirte stellen sich auf die Produktion von Geflügelfleisch um und schränken die Produktion von Rindfleisch ein.
Erziehungsfunktion 	Da der Preis bei vollkommener polypolistischer Konkurrenz vom einzelnen Nachfrager nicht beeinflussbar ist, zwingt er die Produzenten, ihre Kosten zu senken, wenn sie rentabel anbieten wollen. Die Verbraucher werden dazu erzogen, möglichst sparsam (möglichst preisgünstig) einzukaufen, wenn sie ihren Nutzen maximieren wollen.

1 **Funktionen**: hier im Sinne von Aufgabe.

Kompetenztraining

43 1. Die Kundenbank AG hat in einer Kleinstadt eine Filiale und bietet – wie die Mitbewerber – den Kunden Schließfächer zur Miete an. Die Höhe der Jahresmiete für derartige Schließfächer ist bei allen Kreditinstituten vor Ort in etwa gleich hoch.

Da in dieser Stadt durch Wegzug die Zahl der vermögenden Privatkunden kontinuierlich abnimmt, geht auch die Nachfrage nach Schließfächern stetig zurück. Nunmehr wirbt die Sparbank AG in dieser Kleinstadt damit, dass sie die Preise für Schließfächer dauerhaft um 25 % absenkt.

Aufgaben:

1.1 Erläutern Sie kurz, um welche Marktform es sich im vorliegenden Fall handelt!

1.2 Beurteilen und begründen Sie die mögliche Reaktion der Kundenbank AG auf diese Maßnahme!

1.3 Der Tresorraum der Kundenbank AG verfügt über insgesamt 480 Schließfächer, von denen aktuell 384 Schließfächer vermietet sind. Die Schließfachanlage wird jährlich mit 21 600,00 EUR abgeschrieben. An Versicherungskosten fallen monatlich 3,00 EUR pro vermietetem Schließfach an. Die Sach- und Personalkosten für die Räumlichkeiten betragen pro Monat 2 520,00 EUR. Momentan kostet ein Schließfach 50,00 EUR pro Quartal.

1.3.1 Ermitteln Sie den Gewinn bzw. Verlust, den die Kundenbank AG aktuell pro Jahr erzielt!

1.3.2. Berechnen Sie, um wie viel Prozent die Kundenbank AG die Preise für die jährliche Schließfachmiete absenken könnte, wenn die Kundenbank AG bei Vollauslastung lediglich eine Kostendeckung erreichen möchte!

2. Legen Sie mit eigenen Worten dar, wie der Preis im vollkommenen Polypol den Markt zum Ausgleich bringt!

3. Angenommen, auf einem Wochenmarkt treten folgende Anbieter frischer und absolut gleichwertiger Pfifferlinge auf, wobei jeder Anbieter 10 kg auf den Markt bringt.

Die Mindestpreisvorstellungen der Anbieter sind:

Anbieter	A	B	C	D	E	F
Preis je kg in EUR	10,00	11,00	12,00	13,00	14,00	15,00

Als Nachfrager treten 50 Einkäufer auf, die höchstens Folgendes ausgeben und je 1 kg kaufen wollen:

Einkäufer	1–10	11–20	21–30	31–40	41–50
Preisvorstellung je kg in EUR	13,00	12,50	12,00	11,50	11,00

Aufgabe:

Bestimmen Sie den Gleichgewichtspreis, indem Sie eine Tabelle mit nachfolgend dargestelltem Aufbau zu Angebot und Nachfrage anfertigen! Ermitteln Sie bei den jeweiligen Preisen auch den jeweiligen Angebots- und Nachfrageüberhang!

Preis (EUR je kg)	Angebotsmenge (in kg)	Nachfragemenge (in kg)	Angebotsüberhang (in kg)	Nachfrageüberhang (in kg)

DOWNLOAD

4. Erläutern Sie, warum die Börse dem Modell des vollkommenen polypolistischen Marktes ziemlich nahe kommt!

5. In den folgenden Fragen ist unterstellt, dass sich sowohl das Angebot als auch die Nachfrage „normal" verhalten, also preisreagibel sind. Entscheiden Sie, wie sich dann Preis und umgesetzte Menge entwickeln, wenn
   5.1 bei gleichbleibendem Angebot die Nachfrage zunimmt!
   5.2 bei gleichbleibendem Angebot die Nachfrage abnimmt!
   5.3 bei gleichbleibender Nachfrage das Angebot zunimmt!
   5.4 bei gleichbleibender Nachfrage das Angebot abnimmt!

6. Auf einem Markt besteht für ein Gut folgende Gesamtnachfrage und folgendes Gesamtangebot:

Preis je Stück in EUR	Gesamte Nachfragemenge	Gesamte Angebotsmenge
5,00	2 500	1 500
5,20	2 250	1 750
5,40	2 000	2 000
5,60	1 750	2 250
5,80	1 500	2 500

Aufgaben:

Entscheiden Sie, welche der folgenden Aussagen durch das obige Zahlenbeispiel bestätigt werden kann!

① Bei einem Preis von 5,80 EUR besteht ein Nachfrageüberhang von 1 000 Stück.
② Der Gleichgewichtspreis bildet sich bei einer Nachfragemenge von 2 250 Stück.
③ Bei einem Preis von 5,00 EUR ergibt sich ein Angebotsüberhang von 1 000 Stück.
④ Bei einem Preis von 5,60 EUR ergibt sich eine Gleichgewichtsmenge von 1 750 Stück.
⑤ Bei einem Preis von 5,20 EUR ergibt sich ein Nachfrageüberhang von 500 Stück.

7. Ordnen Sie den nachfolgenden Begriffen die im Schaubild aufgeführten Ziffern zu!

a) Preis	
b) Menge	
c) Nachfragekurve	
d) Angebotskurve	
e) Angebotsdefizit	
f) Nachfragedefizit	
g) Gleichgewichtspreis	
h) Gleichgewichtsmenge	
i) Produzentenrente	

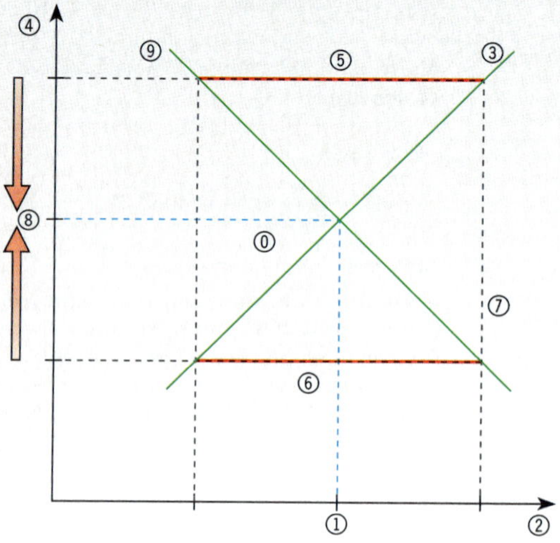

44 1. Auf dem Markt für Vitamine herrscht bezüglich einer bestimmten Vitaminart folgende Nachfrage- und Angebotssituation, die nur auszugsweise dokumentiert wird:

Preis der Vitaminart in EUR	40,00	35,00	30,00	25,00	20,00	5,00
nachgefragte Stücke in 100	0	0	0	1	2	5
angebotene Stücke in 100	10,5	9,5	7,5	6	4,5	0

DOWNLOAD

Aufgabe:

Zeichnen Sie die Angebots- und Nachfragekurve je 5,00 EUR je 100 Stück ≙ 1 cm und bestimmen Sie den Gleichgewichtspreis und die zu diesem Preis umsetzbaren Stückzahlen.

Zeichnen Sie zunächst nur die angegebenen Daten in das Koordinatensystem ein. Unterstellen Sie die beliebige Teilbarkeit von Menge und Preis, sodass Sie nunmehr die eingezeichneten Punkte miteinander zu einer Angebots- bzw. Nachfragekurve verbinden können!

2. Die Polypolpreisbildung stellt einen Ausgleichsmechanismus zwischen den gegensätzlichen Interessen der Anbieter und Nachfrager dar.

Aufgaben:

2.1 Erläutern Sie, welches die gegensätzlichen Interessen der Anbieter und Nachfrager sind!

2.2 Begründen Sie, warum es sich bei der Polypolpreisbildung um einen Mechanismus, d. h. um ein sich selbstständig regelndes System, handelt!

3. Bei einem Makler an einer Warenbörse gehen folgende Kauf- und Verkaufsaufträge ein:

Kaufaufträge	Verkaufsaufträge
10 t billigst	15 t bestens
15 t zu 80,00 EUR höchstens	10 t zu 81,00 EUR mindestens
5 t zu 81,00 EUR höchstens	20 t zu 82,00 EUR mindestens
20 t zu 82,00 EUR höchstens	5 t zu 83,00 EUR mindestens
30 t zu 83,00 EUR höchstens	25 t zu 84,00 EUR mindestens
25 t zu 84,00 EUR höchstens	30 t zu 85,00 EUR mindestens

DOWNLOAD

Billigst bzw. bestens: Hierbei handelt es sich um nicht limitierte Kauf- bzw. Verkaufsaufträge. Sie werden zu dem am Abschlusstag gültigen Preis (Kurs) abgerechnet.

Aufgabe:

Ermitteln Sie, welchen Kurs der Warenmakler festlegt!

4. Erläutern Sie, welche Aufgaben der Marktpreis für Anbieter und Nachfrager zu erfüllen hat!

5. Für ein bestimmtes Gut gelten am Markt folgende Angebots- und Nachfragebedingungen (x: Menge; p: Preis):

Nachfrage: $x(p) = 28 - 4p$ Angebot: $x(p) = 4 + 2p$

Aufgabe:

Ermitteln Sie den Gleichgewichtspreis und die Gleichgewichtsmenge!

6. Auf dem Markt für den nachwachsenden Rohstoff A liegen dem Makler die nachfolgend in Tabellenform dargestellten Nachfrage- und Angebotsmengen vor. Bei den einzelnen Preisen ist die jeweils insgesamt am Markt wirksam werdende Menge angegeben.

Preis in EUR pro Tonne	Gesamtnachfragemenge in Tonnen	Gesamtangebotsmenge in Tonnen
300,00	60	180
290,00	140	170
280,00	160	160
270,00	205	80
260,00	217	30

Aufgaben:

6.1 Berechnen Sie die auf diesem Markt insgesamt erzielbare Produzentenrente!

6.2 Berechnen Sie die auf diesem Markt insgesamt erzielbare Konsumentenrente!

7. Auf dem Markt für einen bestimmten Rohstoff liegen dem Makler folgende Kauf- und Verkaufsaufträge vor:

Käufer	**Jeweils akzeptierte Preisobergrenze**
Kunde A möchte 480 t kaufen	240,00 EUR pro t
Kunde B möchte 192 t kaufen	288,00 EUR pro t
Kunde C möchte 288 t kaufen	324,00 EUR pro t
Kunde D möchte 144 t kaufen	360,00 EUR pro t
Verkäufer	**Jeweils akzeptierte Preisuntergrenze**
Kunde E möchte 480 t verkaufen	360,00 EUR pro t
Kunde F möchte 288 t verkaufen	324,00 EUR pro t
Kunde G möchte 432 t verkaufen	288,00 EUR pro t
Kunde H möchte 192 t verkaufen	240,00 EUR pro t

Aufgaben:

7.1 Ermitteln Sie, wie hoch der vom Makler festzusetzende Marktpreis ist!

7.2 Berechnen Sie, wie hoch der bei dem vom Makler festzusetzenden Marktpreis erzielbare Gesamtumsatz auf dem Markt ausfällt!

7.3 Ermitteln Sie, wie hoch der Angebotsüberhang bei einem Preis von 324,00 EUR je Tonne ist!

8. Auf einem Gemüsemarkt werden bei einem Preis von 9,00 EUR je kg insgesamt 800 kg Spargel nachgefragt und 250 kg Spargel angeboten.

Aufgabe:

Prüfen Sie, in welcher Zeile die Marktsituation richtig beschrieben wird!

Zeile	Marklage	Marktumsatz in EUR	Preisentwicklung
①	Angebotsüberhang	7 200,00	fallend
②	Nachfrageüberhang	7 200,00	steigend
③	Angebotsüberhang	2 250,00	fallend
④	Nachfrageüberhang	2 250,00	steigend
⑤	Angebotsüberhang	2 250,00	steigend

4 Anlässe und Wirkungen staatlicher Eingriffe in die Preisbildung unterscheiden

Lernsituation 25: Eine Auszubildende der Kundenbank AG führt ein Streitgespräch mit einer früheren Mitschülerin

Melissa hat vor einem Jahr eine Ausbildung bei der Kundenbank AG begonnen und ist dafür aus dem Bergischen Land nach Friedberg in die Nähe der Stadt Frankfurt gezogen. Nach einem Jahr als Auszubildende bei der Kundenbank AG hat sie nach Rücksprache mit ihrer Ausbilderin parallel zur Ausbildung ein Studium an einer privaten Hochschule aufgenommen, an der die Vorlesungen einmal die Woche abends und an Samstagen stattfinden. Da sie am Wochenende also zumeist an der Uni studiert, freut sie sich umso mehr, dass sie nun endlich einmal ein freies Wochenende hat. Zu Besuch hat sich ihre alte Schulfreundin Jule aus Siegburg angemeldet.

Nachdem es sich beide Freundinnen in einem Café gemütlich gemacht haben, erzählt Jule von ihrem anstrengenden Studium in Düsseldorf. Dabei klagt sie über die vielen Vorlesungen und das äußerst anstrengende Lernen. Zudem seien die Hörsäle viel zu voll und die Uni – vor allem die Bibliothek – viel zu schlecht ausgestattet. Hier müsse der Staat einiges mehr machen. Insbesondere beschwert sie sich darüber, wie schwierig es ist, mit ca. 850,00 EUR BAföG[1] und eigener Wohnung in Düsseldorf klarzukommen. Zumal ja mit weiter stark explodierenden Mieten zu rechnen sei. Schließlich meint Jule, dass es Melissa da wohl viel besser getroffen habe. Einerseits wohne sie nicht mitten in einer teuren Großstadt und gleichzeitig würde sie ja bei einer Bank bestimmt einiges mehr an Geld bekommen, als sie vom Staat an Bafög erhält.

Melissa, die bisher geduldig zugehört hat, schüttelt energisch den Kopf und antwortet: *„Da hast du aber vollkommen falsche Vorstellungen. Hier in Friedberg ist die Miete sehr hoch und wegen des Einzugsgebietes der Metropole Frankfurt auch alles ziemlich teuer. Tja, und was mein Ausbildungsbetrieb mir so zahlt, davon kann ich auch nicht reich werden. Ich arbeite jede Woche 39 Stunden und bekomme gerade einmal knapp 1 100,00 EUR brutto im Monat. Zieht man die Sozialversicherung und die Steuern ab, habe ich netto nicht mehr als du. Mit dem Unterschied, dass ich nicht nur meine Mietwohnung und meinen Lebensunterhalt damit bestreiten muss, sondern im Gegensatz zu dir auch die private Uni monatlich selbst zahlen muss."*

Jule sieht Melissa verständnislos an und behauptet: *„Das mit den 1 100,00 EUR brutto kann ja wohl überhaupt nicht sein. Dann bekommst du ja nur ca. 7,00 EUR brutto die Stunde und das ist doch mittlerweile in Deutschland gesetzlich verboten. Ich denke, dass die Kundenbank AG dich da gehörig über den Tisch zieht! Du solltest gleich am Montag mal eine kräftige Erhöhung deiner Ausbildungsvergütung und eine Nachzahlung einfordern. Hast du das denn wirklich nicht gewusst?"*

1 **BAföG** ist die Abkürzung für „Bundesausbildungsförderungsgesetz". Mit dem BAföG stellt der Staat Mittel für eine Ausbildung zur Verfügung, soweit weder die Eltern/Ehepartner/Partner noch die/der Studierende selbst für den Lebensunterhalt und die Ausbildungskosten aufkommen können. BAföG-Zahlungen werden grundsätzlich zu 50 % als Zuschuss und zu 50 % als unverzinsliches Darlehen gewährt.

Melissa entgegnet: *„Du hast gut reden. Du weißt doch gar nicht, wie froh ich damals war, überhaupt einen solchen Ausbildungsplatz zu bekommen. Meine Ausbilderin hat seinerzeit in dem Vorstellungsgespräch deutlich gesagt, dass es auf einen Ausbildungsplatz mehr als zehn Bewerber gibt. Und falls ich nicht genügend Motivation hätte oder mir die Bedingungen nicht zusagen, würden genug Schulabsolventen oder Studienabbrecher für diesen Ausbildungsplatz Schlange stehen. Da kann ich doch nicht mit irgendwelchen absurden Forderungen kommen."*

Nachdem Jule kurz nachgedacht hat, antwortet sie: *„Das kann die doch nicht machen, das ist doch total ungerecht."*

Daraufhin platzt Melissa der Kragen und sie entgegnet: *„Du redest von ungerecht? Du jammerst darüber, dass der Staat mehr Geld für die Unis ausgeben soll und beklagst dich über künftig stark steigende Mieten in Düsseldorf. Dabei hat mir mein Papa erst kürzlich gesagt, dass er für die vermietete Eigentumswohnung in Düsseldorf die Miete nicht wie geplant um 20 % erhöhen durfte, weil der Staat das durch die Mietpreisbremse verbietet. Tja, und deshalb kann er mich jetzt für mein privates Studium nicht so wie geplant unterstützen und ich werde mir wohl noch einen kleinen Nebenjob suchen müssen, um all meine Kosten zu decken. Das nenne ich ungerecht!"*

Kompetenzorientierte Arbeitsaufträge:

1. **Internetrecherche**
   Recherchieren Sie, seit wann es in der Bundesrepublik Deutschland einen gesetzlichen Mindestlohn gibt und wie hoch dieser aktuell ist!
2. Begründen Sie, ob es sich bei der staatlichen Festsetzung des Mindestlohns um einen marktkonformen oder um einen marktkonträren Staatseingriff handelt!
3. Beurteilen Sie die Situation von Melissa bezüglich ihres Arbeitsverhältnisses unter marktwirtschaftlichen und rechtlichen Gesichtspunkten!
4. **Pro- und Kontra-Diskussion**
   Nennen Sie Argumente pro und kontra Mindestlohn! Formulieren Sie im Anschluss ein persönliches Fazit zu diesem Thema!
5. Jule fordert eine bessere Ausstattung der Universität. Beurteilen Sie, um welche Form des Markteingriffes es sich bei dieser Forderung handelt!
6. **Internetrecherche**
   Recherchieren und erläutern Sie, warum Melissas Vater die Miete nicht beliebig erhöhen darf und beurteilen Sie diese Form des Markteingriffes!

4.1 Marktkonforme Staatseingriffe

Der **Marktpreis** kann nicht **„sozial"**, nicht **„gerecht"** sein. Er ist eine **objektive** Größe. Deswegen greift in der sozialen Marktwirtschaft der Staat indirekt oder direkt in das Marktgeschehen ein. Auf diese Weise werden Nachfrager und/oder Anbieter geschützt.

Staatseingriffe, die den **Preismechanismus nicht außer Kraft setzen,** bezeichnet man als **marktkonform** (systemkonform).[1]

1 **Konform** sein: in Einklang stehen mit etwas; marktkonforme Maßnahmen sind also solche, die mit der Idee der Marktwirtschaft in Einklang stehen.

Marktkonforme Eingriffe liegen vor, wenn der Staat die **Nachfrage** und/oder das **Angebot erhöht** oder **senkt,** die Preisbildung aber dem Markt überlässt. Man spricht daher auch von **indirekter Marktlenkung.**

4.1.1 Erhöhung der Nachfrage

Der Staat kann **selbst** als **Nachfrager** auftreten, wenn er z. B. eine unterbeschäftigte Wirtschaft aus der Depression[1] herausführen möchte. **Zahlreiche Möglichkeiten** sind gegeben:

- Erteilung zusätzlicher Forschungsaufträge,
- Aufträge an die Bauwirtschaft (Bau von Straßen, Krankenhäusern, Schulen, Kindergärten usw.) oder auch
- zusätzliche Einstellungen von Personal (Polizisten, Lehrkräfte usw.).

Die Wirkung wird sein, dass die Beschäftigung zunimmt. Die Gefahr von Preis- und Lohnsteigerungen besteht (vgl. nebenstehendes Beispiel).

Beispiel:

Der Staat **erhöht** die **Nachfrage** nach Bauleistungen um 1 Mio. m^3 umbauten Raums. Bei normalem Angebot und gleichbleibendem technischem Stand steigen Beschäftigung und Preise.

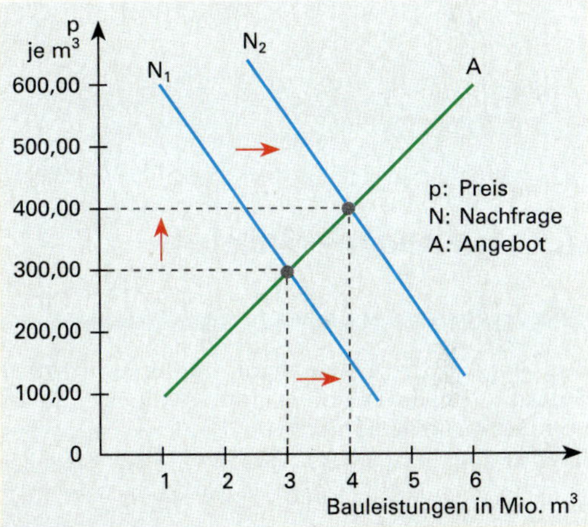

Wenn der Staat die Nachfrage erhöhen will, selbst aber **nicht** als Nachfrager auftreten möchte (z. B. weil er bestimmte Wirtschaftsgüter gar nicht braucht), kann er die möglichen Nachfrager **subventionieren.**[2] Auch hier gibt es in der Bundesrepublik Deutschland zahlreiche Beispiele:

- Wohngeld (Erhöhung der Nachfrage nach Neubauwohnungen),
- Zinssubventionen für energetische Sanierungen,[3]
- Steuerermäßigungen (Abschreibungsmöglichkeiten für Unternehmer),
- Förderung der Klein- und Mittelbetriebe (Mittelstandsförderung).

1 **Depression**: wörtl. Niedergeschlagenheit; hier: eine Wirtschaft, die strukturell unterbeschäftigt ist, z. B. Arbeitslosigkeit aufweist.

2 **Subvention**: Zuschuss (von staatlichen Geldern).

3 **Energetische Sanierung**: Modernisierung eines Gebäudes zur Verringerung des Energieverbrauchs.

4.1.2 Senkung der Nachfrage

Will der Staat die Nachfrage (und damit die Preisentwicklung) dämpfen, kann er die **Staatsnachfrage einschränken,** indem er geplante Staatsaufträge streicht oder aufschiebt. Auch **Steuererhöhungen** wirken in die gleiche Richtung, weil in der Regel weniger gekauft wird, wenn die Nettoeinkommen sinken (vgl. nebenstehendes Beispiel).

Weitere Möglichkeiten zur Verringerung der Nachfrage sind die **Streichung** von Subventionen und Transferzahlungen (Wohngeld, Kindergeld, Bürgergeld usw.).

Beispiel:

Der Staat **verringert** seine **Nachfrage** nach Bauleistungen um 1 Mio. m^3 umbauten Raums. Bei normalem Angebot gehen Preise und Beschäftigung zurück.

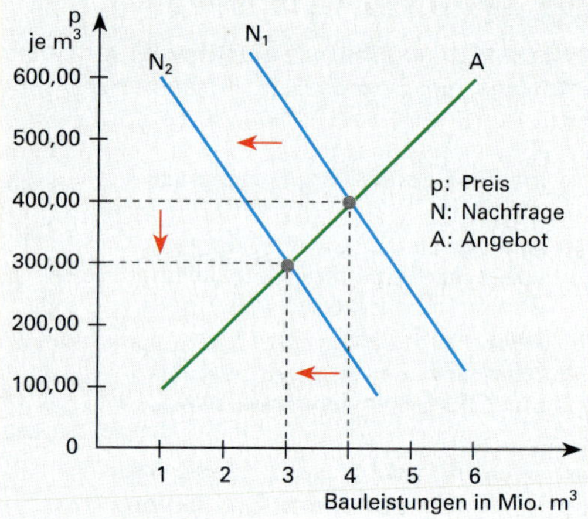

4.1.3 Erhöhung des Angebots

Beispiel:

Das Angebot an Elektroautos nimmt um 10 000 Stück zu, weil der Ausbau der Produktionskapazität vom Staat subventioniert wird. Die Versorgung der Bevölkerung nimmt bei sinkenden Preisen zu.

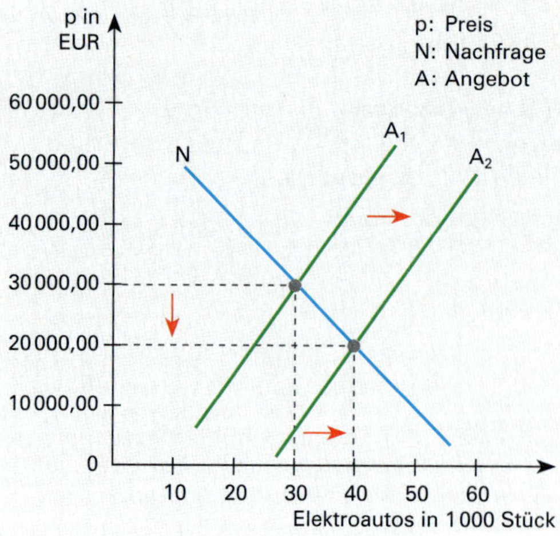

In seltenen Fällen hat der Staat die Möglichkeit, das Angebot **unmittelbar** zu erhöhen, dann nämlich, wenn er selbst Eigentümer wirtschaftlicher Betriebe ist. Hierher gehören z. B. erhöhte Leistungen öffentlicher Verkehrsbetriebe, staatlicher Forschungsanstalten oder städtischer Wohnungsbaugesellschaften. Der indirekten Einflussnahme auf das Angebot kommt jedoch größere Bedeutung zu. Beispiele sind: **Zollsenkungen,** um das Angebot ausländischer Waren auf dem Inlandsmarkt zu erhöhen, oder **Subventionen** an die Produzenten, damit diese in die Lage versetzt werden, Kostensteigerungen aufzufangen, d. h. zum gleichen Preis mehr anzubieten.

4.1.4 Senkung des Angebots

Die Verringerung des staatlichen Angebots an Sachgütern und Dienstleistungen ist nur bei Staatsbetrieben möglich (z. B. Schließung von staatlichen Krankenhäusern, Stilllegung von Bahn- und Busverbindungen, Beratungsstellen und Forschungsanstalten). Mittelbare Maßnahmen sind häufiger. Beispiele sind: **Zollerhöhungen,** um das Güterangebot im Inland zu verringern, **Streichung von Subventionen** an Produzenten oder **Erhöhung von Kostensteuern** (z. B. Gewerbesteuer, Verbrauchsteuern, vgl. nebenstehendes Beispiel).

Beispiel:

Der Staat erhöht die Sektsteuer um 1,00 GE. Der Absatz nimmt bei steigenden Preisen ab.

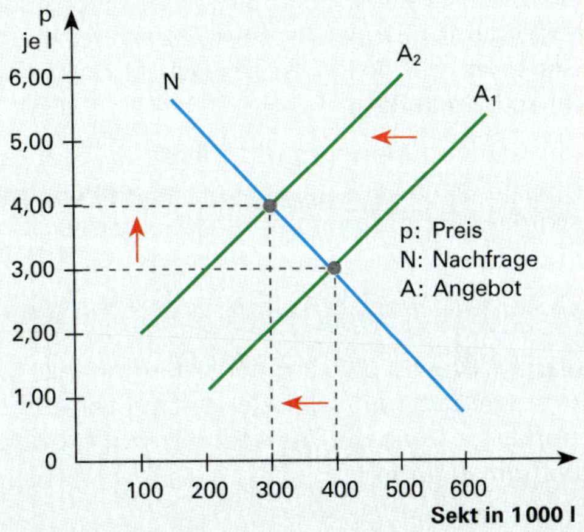

Die genannten Maßnahmen stellen lediglich Beispiele für marktkonforme Maßnahmen in der sozialen Marktwirtschaft dar. In den Arbeitsmarkt wird z. B. indirekt eingegriffen, wenn der Staat die Schulpflicht verlängert und/oder das Rentenalter herabsetzt (Verknappung des Arbeitsangebots). Die Vergabe von Forschungsaufträgen durch den Staat erhöht langfristig die Produktivität. Die **Sonderbesteuerung umweltschädlicher Produkte** und die **Steuerbegünstigung umweltfreundlicher Erzeugnisse** verändern das Angebot. Gemeinsam ist allen marktkonformen Maßnahmen, dass sie die Wirtschaftssubjekte nicht zu bestimmten Verhalten zwingen, sondern lediglich **Anreize** geben.

4.2 Marktkonträre Staatseingriffe

Der Preismechanismus wird dann außer Kraft gesetzt, wenn der Staat entweder die Produktions- bzw. Verbrauchsmengen durch Gesetz festlegt oder den Preis unmittelbar vorschreibt. Derartige Eingriffe **widersprechen** dem **Wesen einer Marktwirtschaft**.

Staatseingriffe, die den **Preismechanimus außer Kraft setzen,** bezeichnet man als **marktkonträr**[1] (systeminkonform).

1 **Konträr:** entgegengesetzt.

4.2.1 Festsetzung von Produktions- und Verbrauchsmengen

(1) Festsetzung von Produktionsmengen[1]

Die staatliche Festsetzung von Produktionsmengen kann den Zweck haben, die **Mindestversorgung der Bevölkerung** zu sichern. Hierbei geht es der Regierung darum, die bisherigen Produktionsmengen möglichst zu erhalten oder zu erhöhen. Die Produzenten werden unter Strafandrohung gezwungen, ihre Produktionsmengen den entsprechenden staatlichen Behörden zu melden und an diese bzw. an die gesetzlich vorgeschriebenen Stellen abzuliefern.

Die staatliche Mengenpolitik kann auch zum Ziel haben, die **Produktionsmengen zu verringern.** Der Zweck ist, das Preisniveau zu erhöhen. Es sollen die Produzenten vor Überproduktion und damit vor einem Preisverfall geschützt werden.

(2) Festsetzung von Verbrauchsmengen[1]

Setzt der Staat die Verbrauchsmengen fest, will er eine gleichmäßige Versorgung der Wiederverwender und/oder der Letztverbraucher sichern. Die Festsetzung von Verbrauchsmengen ist – wie die Festsetzung von Produktionsmengen auch – vor allem in **Kriegswirtschaften** zu finden.

4.2.2 Staatliche Preisfestsetzung

Die vom Staat vorgeschriebenen Preise können **Höchstpreise, Mindestpreise** oder **Festpreise** sein.

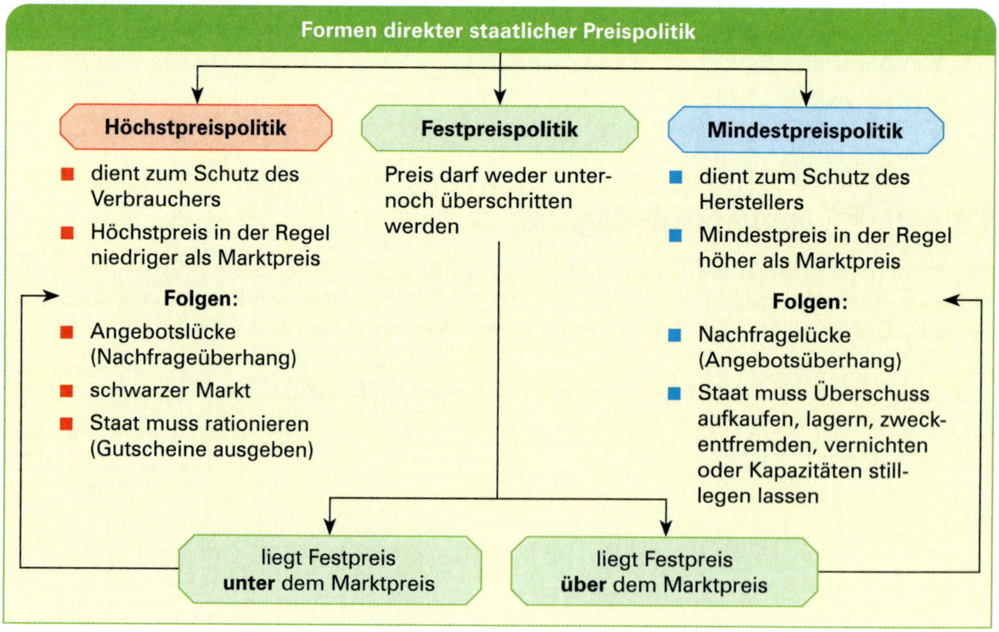

1 Die Festsetzung von Produktions- und Verbrauchsmengen bezeichnet man als **Kontingentierung**.

(1) Höchstpreise

Sollen die **Nachfrager** bessergestellt werden, kann der Staat sogenannte Höchstpreise anordnen.

> Der Höchstpreis liegt **unter** dem Gleichgewichtspreis. Er soll die zum Gleichgewicht drängenden Marktkräfte aufhalten und somit einen **höheren** Preis **verhindern.**

Höchstpreise

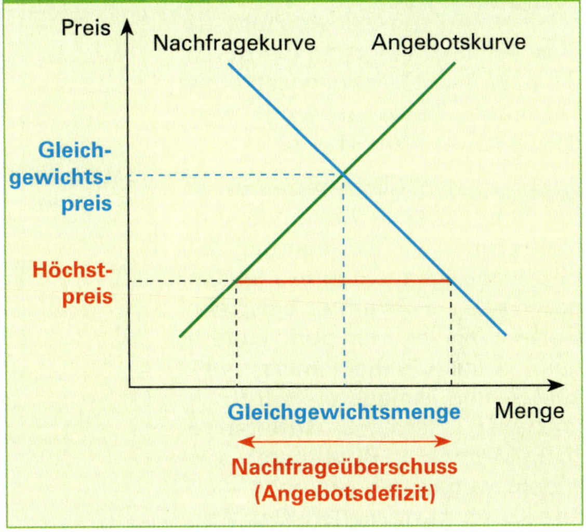

Der Höchstpreis wird besonders in Kriegs- bzw. Krisengebieten für lebensnotwendige Güter angeordnet. Zudem wird er hierzulande für den Wohnungsmarkt diskutiert.

Wie allerdings aus der nebenstehenden Grafik ersichtlich, führt der Höchstpreis regelmäßig zu einem **Nachfrageüberschuss,** sodass viele Nachfrager leer ausgehen.

Dies zwingt den Staat zu einer Reihe weiterer Maßnahmen zur Beeinflussung der Güterverteilung, wie beispielsweise die Einführung eines **administrativen Zuteilungssystems** (z. B. durch Bezugsscheine, Wartelisten). Des Weiteren muss der Staat versuchen, die aus der Unterversorgung der Nachfrager typischerweise resultierende Gefahr des **Schwarzmarkthandels** einzudämmen.

Bei dem **Schwarzmarkt** handelt es sich um einen **ungesetzlichen** Markt, der dann entstehen kann, wenn die vorhandene Nachfrage nach Gütern auf legalen Märkten durch **Rationierungen oder staatlich festgelegte Höchstpreise** nicht befriedigt wird (z. B. Benzinrationierung, Rationierung von Wohnraum). Bei Höchstpreisen sind viele Käufer aufgrund des entstandenen Nachfrageüberhangs bereit, solche Waren und Erzeugnisse zu einem **höheren** Preis als dem staatlich festgesetzten Preis zu kaufen.

(2) Mindestpreise

Mit der Einführung von Mindestpreisen sollen hingegen die **Anbieter** bessergestellt werden.

> Der Mindestpreis liegt **über** dem Gleichgewichtspreis und soll die zum Gleichgewicht drängenden Marktkräfte blockieren, um so einen **niedrigeren** Marktpreis zu verhindern.

Eingesetzt wird der Mindestpreis vorzugsweise dort, wo sich für ganze **Branchen** – beispielsweise durch Nachfragerückgang bedingt – **Absatzschwierigkeiten** ergeben und mit einem **gravierenden Preisverfall** zu rechnen ist (z. B. Landwirtschaft). Des Weiteren kommt er in vielen Ländern auf dem **Arbeitsmarkt** in Form des **Mindestlohnes** zur Anwendung.

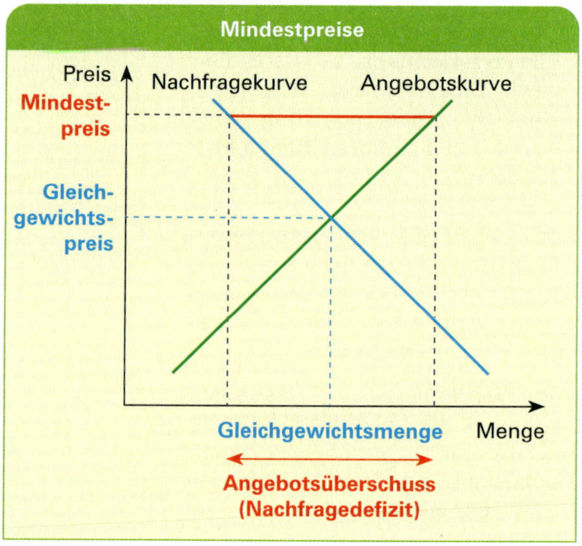

Wie aus der Grafik ersichtlich, führt der Mindestpreis regelmäßig zu einem Angebotsüberschuss, da viele Anbieter aufgrund der durch die über dem Gleichgewichtspreis liegenden Preise angeregt werden, mehr zu produzieren.

Auch bei den Mindestpreisen ist der Staat zu einer Reihe weiterer Maßnahmen zur Verringerung der überschüssigen Güterproduktion gezwungen. So kann er beispielsweise bei lagerfähigen Gütern den **Angebotsüberschuss aufkaufen und einlagern.** Hierdurch entstehen allerdings **Güterberge** (z. B. Milchberg, Butterberg), die zudem wegen der Lagerung weitere Kosten verursachen. Des Weiteren könnte der Staat aufgekaufte **Angebotsüberschüsse** – insbesondere von verderblicher Ware – **vernichten** oder die **Überproduktion durch Prämien** (z. B. Stilllegungs- oder Abschlachtprämien) bzw. die Einführung von **Mengenkontingenten** im Sinne einer maximalen Abgabemenge pro Anbieter **drosseln.** Bei der letztgenannten Maßnahme besteht allerdings die Gefahr, dass sich ein **grauer Markt** bildet, auf dem die Mehr- bzw. Überschussproduktion angeboten wird. So könnten illegale Marktanbieter auftreten, die bereit wären, das zu Mindestpreisen und Mengenkontingenten gehandelte Produkt zu einem verbotenen **niedrigeren** Preis abzugeben (z. B. der Verkauf von Milch ab Hof unterhalb des üblichen Handelspreises).

(3) Festpreise

Festpreise können über oder unter dem Preis liegen, der sich bei freier Preisentwicklung ergeben würde. Liegt der **Festpreis über dem Gleichgewichtspreis,** wirkt er wie ein **Mindestpreis; liegt er darunter,** wirkt er wie ein **Höchstpreis.**

Kompetenztraining

45

1. Beschreiben Sie, in welchem Fall marktkonforme Staatseingriffe auf einem Gütermarkt vorliegen!

2. Nennen Sie mindestens drei Möglichkeiten, wie der Staat auf einem Gütermarkt systemkonform eingreifen kann! Beschreiben Sie die Wirkungsrichtung dieser Eingriffe!

3. In nebenstehender Abbildung wird der Markt für Getreide dargestellt. Der Preis p_0 darf nicht unterschritten, wohl aber überschritten werden.

   Aufgaben:

   3.1 Begründen Sie, ob es sich um eine marktkonforme oder marktkonträre Maßnahme des Staates handelt!

   3.2 Erläutern Sie, welcher Art der Preis p_0 ist!

   3.3 Erklären Sie, welche Marktsituation vorliegt und welche Konsequenzen sich langfristig ergeben!

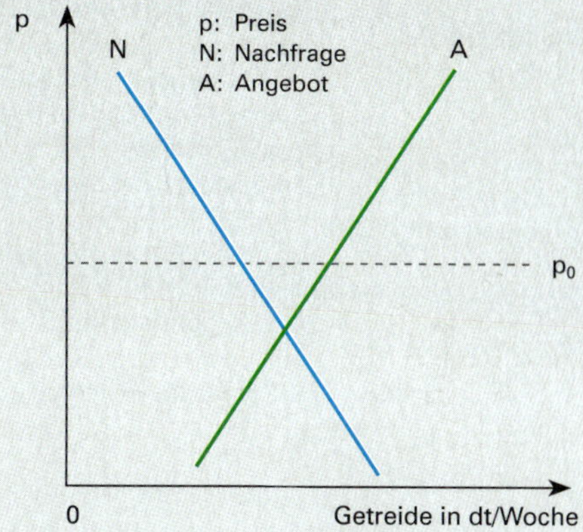

4. In nebenstehender Abbildung wird der Markt für Sozialwohnungen dargestellt. Der Mietsatz p_0 darf nicht überschritten, wohl aber unterschritten werden.

   Aufgaben:

   4.1 Begründen Sie, ob es sich um eine marktkonforme oder marktkonträre Maßnahme des Staates handelt!

   4.2 Erklären Sie, welcher Art der Preis p_0 ist!

   4.3 Begründen Sie, welche Marktsituation vorliegt und welche Konsequenzen sich langfristig ergeben!

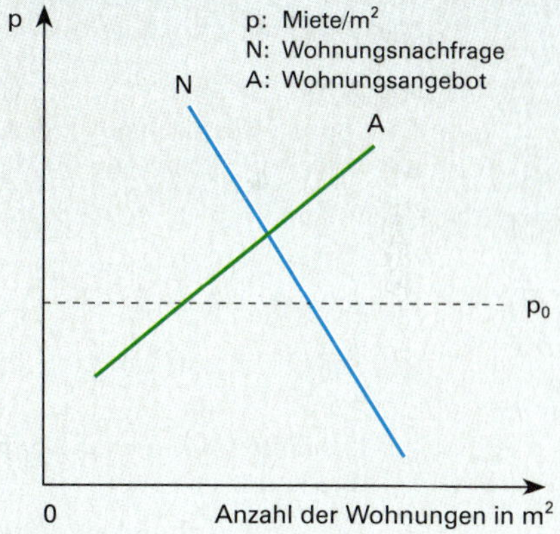

5. Entscheiden Sie in den nachfolgenden Fällen, ob sich die Aussagen

   ① nur auf Mindestpreise,

   ② nur auf Höchstpreise,

   ③ sowohl auf Mindest- als auf Höchstpreise,

   ④ weder auf Mindest- noch auf Höchspreise

   beziehen!

   (Falls Ihnen das Buch nur leihweise überlassen wurde, schreiben Sie die Lösungsnummer bitte in Ihre Unterlagen!)

5.1	Die Preise werden staatlich fixiert.	
5.2	Es entsteht ein Angebotsüberhang.	
5.3	Es handelt sich um einen marktinkonformen Eingriff des Staates.	
5.4	Der Marktmechanismus wird außer Kraft gesetzt.	
5.5	Der Preis liegt unterhalb des Gleichgewichtspreises.	
5.6	Die Festlegung dieses Preises soll verhindern, dass sich ein niedrigerer Gleichgewichtspreis bildet.	
5.7	Die Festsetzung dieses Preises geschieht im Interesse des Staates.	
5.8	Bei dieser Form der Preisfixierung wird seitens des Staates der sich ohnehin durch den Preismechamismus einstellende Gleichgewichtspreis nur vorweggenommen.	
5.9	Der Staat muss weitere Eingriffe zur Mengenregulierung vornehmen.	

6. Wir unterstellen einen Markt mit einem Nachfrageverlauf (N) und einem Angebotsverlauf (A) wie nachfolgend dargestellt. Angenommen wird, dass der Staat zum Schutz der Anbieter einen Mindestpreis (p_M) festlegt und den Produzenten dazu noch die Annahme der gesamten Angebotsmenge garantiert.

Aufgabe:

Bestimmen Sie die staatlichen Kosten für diese Abnahmegarantie, indem Sie aus den folgenden Lösungen die entsprechende Fläche für diese Kosten auswählen!

① Es handelt sich um die Flächen 1 und 6.

② Es handelt sich um die Flächen 6 und 7.

③ Es handelt sich um die Flächen 5 und 7.

④ Es handelt sich um die Flächen 2, 3, 4 und 5.

⑤ Es handelt sich um die Flächen 2, 3, 4, 5 und 7.

⑥ Es handelt sich um die Flächen 1 bis 7.

⑦ Keine der angegebenen Lösungen ist richtig.

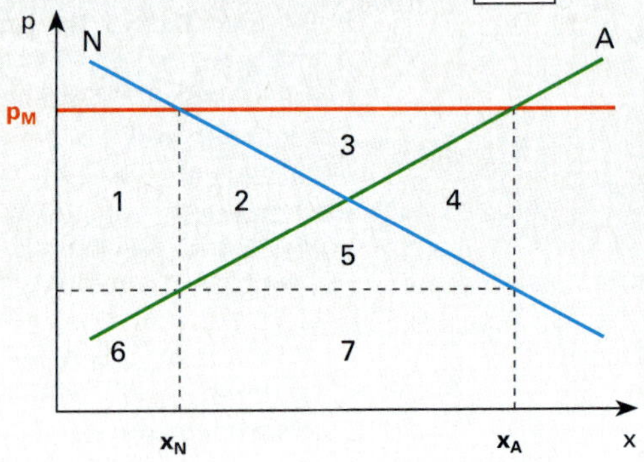

7. **Vernetzungsdiagramm**

Angenommen, der Staat führt zum Schutz der Landwirte für bestimmte Agrarprodukte einen Mindestpreis ein. Stellen Sie auf der Basis nachfolgender Vorlage eines Vernetzungsdiagramms acht mögliche Ursache-Wirkungs-Beziehungen dar, indem Sie die einzelnen Felder mit Pfeilen verbinden! Versehen Sie die Pfeile mit einem Plus- oder Minuszeichen, wobei gilt:

- **Pluszeichen:** gleichgerichtete (verstärkende) Wirkung. Es gilt: je mehr (höher) – desto mehr (höher); je weniger (niedriger) – desto weniger (niedriger).
- **Minuszeichen:** entgegengesetzte (abschwächende) Wirkung. Es gilt: je mehr (höher) – desto weniger (niedriger) bzw. je weniger (niedriger) – desto mehr (höher).

DOWNLOAD

Mindestpreis

Kapazitäts-auslastung

Beschäftigungs-stand

Angebots-überschuss

staatlich zu regulierende Menge

staatliche Maßnahmen zum Abbau von Überschüssen

Belastung der Staatskassen

8. Auf dem europäischen Markt herrscht für ein bestimmtes Agrarprodukt nebenstehende Angebots- und Nachfragesituation.

Die EU-Kommission setzt einen Mindestpreis fest, der pro Tonne um 300,00 EUR vom Gleichgewichtspreis entfernt ist.

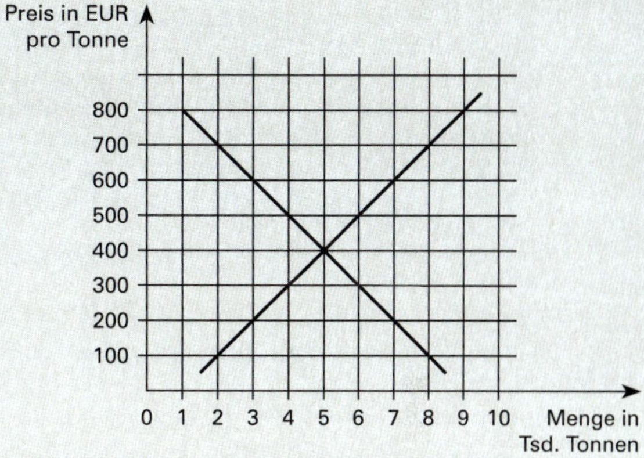

Aufgaben:

8.1 Erläutern Sie das Motiv, das die EU-Kommission zu dieser Intervention veranlasst haben könnte!

8.2 Berechnen Sie, wie hoch der von der EU-Kommission festgesetzte Mindestpreis pro Tonne ist!

8.3 Ermitteln Sie den Aufwand der Europäischen Union, wenn diese die gesamte jährliche Angebotsmenge zum garantierten Mindestpreis aufkauft!

8.4 Berechnen Sie, wie hoch der Verlust der EU pro Jahr ist, wenn diese die auf dem europäischen Markt zum Gleichgewichtspreis absetzbare Menge zu eben diesem Preis verkauft und die dann noch vorhandenen Überschüsse auf dem Weltmarkt für 200,00 EUR pro Tonne absetzt!

8.5 Angenommen, der Europäischen Union gelänge es, durch die Einführung entsprechender Produktionskontingente den jährlichen Angebotsüberschuss des betrachteten Agrarproduktes um 2000 Tonnen abzusenken. Ermitteln Sie die unter den Annahmen der Aufgabenstellungen 8.2 bis 8.4 hieraus resultierende jährliche Ersparnis!

8.6 In Abwandlung der Aufgabenstellung 8.5 soll nunmehr davon ausgegangen werden, dass die EU-Kommission plant, die Reduzierung der Angebotsmenge um 2000 Tonnen jährlich durch die Einführung einer sogenannten Flächenstilllegungsprämie zu erreichen. Langjährigen Studien zufolge liegt der Ernteertrag pro Hektar bei durchschnittlich 0,5 Tonnen im Jahr. Berechnen Sie, wie hoch eine solche zur Produktionsreduzierung geplante Einmalzahlung pro Hektar an die Produzenten maximal ausfallen dürfte, wenn diese durch die Ersparnisse der ersten 15 Folgejahre gegenfinanziert werden sollte!

5 Ziele, Merkmale und Auswirkungen von Kooperation und Konzentration darstellen sowie die Notwendigkeit staatlicher Wettbewerbspolitik begründen

Lernsituation 26: Bekämpfung des Wettbewerbs schon vor über 400 Jahren

Lesen Sie zunächst den nachfolgenden Artikel!

Die verordnete Solidarität

Wettbewerb war selbst unter Zunftmitgliedern verboten – Verstöße dagegen wurden sogar mit dem Tod bestraft

Am 29. September 1615 zogen die Kölner Handwerker aus, ihren Lebensunterhalt zu verteidigen. Mit Äxten, Pickeln und Pferdewagen setzten Zimmerleute, Dachdecker und Maurer über den Rhein und marschierten unter dem Schutz von 500 Soldaten gegen die Festung Mülheim. Sie rissen die Festungsmauern ein, zerstörten Häuser und Gewerbebetriebe. In der zum Herzogtum Berg gehörenden „Freiheit" Mülheim hatte sich in den vergangenen Jahrzehnten eine für die stadtkölnischen Zunfthandwerker ruinöse Konkurrenz entwickelt.

All jene Protestanten und aufstrebenden Manufakturbetreiber, denen im katholischen Köln das Produzieren verboten war, wurden in Mülheim kostenlos in den Bürgerstand aufgenommen. Sie statteten ihre Betriebe mit modernen mechanischen Hilfsmitteln aus, deren Gebrauch den Zunftmeistern verboten war, und sie stellten zur Arbeit ein, wer arbeiten wollte und konnte – ohne Rücksicht auf Gesellenbrief und Zunftfähigkeit. Die dynamischen Mülheimer Unternehmer erdrückten das zünftige Handwerk auf der anderen Rheinseite. Sie nahmen ihm die Märkte und kauften ihm die Rohstoffe vor der Nase weg. Der Feldzug von 1615 hat den Siegeszug des freien Gewerbes allerdings nicht aufhalten können. [. . .]

Quelle: DIE ZEIT vom 05.12.1997.

Quelle: Gästeamt Wangen im Allgäu.

Kompetenzorientierte Arbeitsaufträge:

1. Nennen Sie Gründe, die die Kölner Handwerker dazu bewegt haben, gegen die Festung Mülheim zu ziehen! Gehen Sie dabei insbesondere auf die im Text genannten Ursachen ein!
2. Erläutern Sie, warum es im Rahmen der sozialen Marktwirtschaft eine wichtige Aufgabe des Staates ist, den Rahmen für einen funktionierenden Wettbewerb zu schaffen und zu erhalten.

3. **Internetrecherche**

Vielfach muss das Bundeskartellamt namhafte Unternehmen mit Strafen belegen, weil sie gegen geltendes Wettbewerbsrecht verstoßen, indem sie versuchen, den Wettbewerb auszuschalten. Recherchieren Sie hierzu aktuelle Fälle und präsentieren Sie die Ergebnisse Ihrer Recherche Ihren Mitschülern!

4. **Mindmap**

Erstellen Sie zur Wettbewerbspolitik eine Mindmap als Vorbereitung auf die nächste Klausur!

5.1 Ziele und Merkmale von Kooperation und Konzentration darstellen sowie Auswirkungen auf die Marktteilnehmer bestimmen

5.1.1 Begriffe Kooperation und Konzentration

In einer Marktwirtschaft stehen die Unternehmen in einem mehr oder weniger **harten Wettbewerb um die Käufer ihrer Leistungen** (Sachgüter wie z. B. Waren und Dienstleistungen). Um den **Konkurrenzdruck** zu **mildern,** arbeiten sie häufig mit anderen Unternehmen zusammen (sie kooperieren mit anderen Unternehmen).

Dabei kann sich die **Zusammenarbeit (die Kooperation)** auf den verschiedensten Gebieten vollziehen, beispielsweise

- im **Einkauf** (z. B. gemeinsame Beschaffung),
- in der **Produktion** (z. B. Schaffung gemeinsamer Normen) oder
- im **Absatz** (z. B. Gemeinschaftswerbung).

- **Kooperation** ist **jede** Zusammenarbeit zwischen Unternehmen.
- **Unternehmenszusammenschlüsse** können zur Machtzusammenballung („Monopolisierung") führen. Man spricht in diesem Fall von **Konzentration.**[1]

5.1.2 Ziele der Kooperation und Konzentration

Oberziel von Kooperation und Konzentration ist die **Sicherung der Lebensfähigkeit** (Existenz) der beteiligten Unternehmen durch **Gewinnerhöhung** oder **Verlustminderung.** Die Verfolgung dieser Ziele ist in allen Unternehmensbereichen (Beschaffung, Fertigung, Absatz, Finanzierung, Personalwirtschaft) möglich, sodass sich zahlreiche **Unterziele** ergeben.

Im Einzelnen können sich folgende **Unterziele** ergeben:

- **Sicherung der Rohstoffversorgung,** z. B. durch gemeinsame Beschaffungsmarktforschung und gemeinsame Erschließung von Rohstoffvorkommen;
- **angestrebte Kostensenkungen,** z. B. durch zwischenbetrieblichen Erfahrungsaustausch, gemeinsame Forschung und Produktentwicklung, gemeinsame Rationalisierungsmaßnahmen und Abstimmung der Produktprogramme;

1 **Konzentration**: Zusammenfassung; hier: Zusammenballung wirtschaftlicher Macht bei einem oder wenigen Unternehmen bzw. staatlichen Betrieben.

- **Sicherung der Absatzmärkte,** z.B. durch gemeinsame Absatzwerbung, gemeinsame Verkaufsniederlassungen und gemeinsame Preispolitik zur Abwehr von Großunternehmen, gemeinsame Markenartikel und Gütezeichen;
- **Ausschaltung oder Beschränkung des Wettbewerbs,** z.B. durch Mengen- und Preisabsprachen;
- **gemeinsame Finanzierung großer Aufträge,** zu denen ein einzelnes Unternehmen nicht in der Lage ist;
- **Erhöhung der wirtschaftlichen Macht,** z.B. Ausschaltung der Konkurrenz durch den Aufkauf kleinerer (schwächerer) Unternehmen.

5.1.3 Arten von Unternehmenszusammenschlüssen nach Wirtschaftsstufen

Die Arten der zwischenbetrieblichen Zusammenarbeit sind sehr zahlreich. Nach den **beteiligten Wirtschaftsstufen** können wir folgende Zusammenschlüsse unterscheiden:

Arten	Erläuterungen	Beispiele
horizontaler Zusammenschluss	Bei diesem Zusammenschluss arbeiten Unternehmen der gleichen Wirtschaftsstufe, die gleiche, gleichartige oder gegenseitig austauschbare Güter (Substitutionsgüter) herstellen und verkaufen, zusammen.	■ Mehrere Brauereien schließen sich zusammen, um gemeinsam Werbung zu betreiben. ■ Mehrere Hersteller von Haushaltsgeräten stimmen ihr Produktprogramm aufeinander ab.
vertikaler Zusammenschluss	Bei diesem Zusammenschluss erfolgt die zwischenbetriebliche Zusammenarbeit zwischen Unternehmen, die verschiedenen Wirtschaftsstufen angehören.	■ Zusammenschluss von Forstwirtschaft, Sägerei, Möbelfabrik und Möbelgeschäft. ■ Zusammenschluss von Getreideanbauern, Getreidemühle, Brotfabrik, Verkaufsläden.
diagonaler Zusammenschluss	Diagonal ist ein Zusammenschluss dann, wenn an ihm Unternehmen unterschiedlichster Branchen beteiligt sind.	■ Eine Chemiefabrik und eine Maschinenfabrik kooperieren. ■ Eine Brauerei, eine Textilfabrik und eine Konservenfabrik schließen sich zusammen.

Horizontale und vertikale Unternehmenszusammenschlüsse werden auch als **organische Zusammenschlüsse** bezeichnet, weil sie aus einer inneren Ordnung herauswachsen. Dies bedeutet, dass zwischen den zusammengeschlossenen Unternehmen ein innerer Zusammenhang besteht. **Diagonale Zusammenschlüsse** nennt man auch **anorganische, laterale**[1] oder **heterogene Zusammenschlüsse,** weil zwischen den Beteiligten keine (natürliche) Beziehung besteht.

1 **Lateral:** seitlich, von der Seite.

5.1.4 Unterscheidung der Kooperationsformen nach Organisationsform

Je nach Organisation lassen sich folgende Kooperationsformen unterscheiden:

1. Unternehmensverbände

- Hierbei handelt es sich meist um Vereinigungen von Unternehmen des gleichen fachlichen Wirtschaftszweiges, deren Ziel es ist, die gemeinsamen **wirtschaftlichen Interessen ihrer Mitglieder zu fördern.**
- Zumeist vertreten die Verbände auch die Interessen ihrer Mitglieder gegenüber der Öffentlichkeit, Regierungen, Gesetzgebungs- und Verwaltungsorganen. Des Weiteren übernehmen Verbände häufig weitere (Stabs-)Aufgaben für die Mitglieder wie z.B. Sammlung, Auswertung und Verteilung von Informationen, Durchführung von Aus- und Weiterbildungsmaßnahmen, Vereinheitlichung von Lieferungs- und Zahlungsbedingungen usw.

Beispiele:

Verbände aus der Kreditwirtschaft: Bundesverband der Deutschen Banken, Deutscher Sparkassen- und Giroverband, Bundesverband der Deutschen Volks- und Raiffeisenbanken e.V., Verband deutscher Hypothekenbanken, Verband deutscher Schiffsbanken, Verband der Auslandsbanken in Deutschland.

2. Interessengemeinschaft

- Die kooperationswilligen Unternehmen schließen sich auf horizontaler Ebene zu einem gemeinsamen wirtschaftlichen Zweck zusammen.
- Zumeist wird diese Arbeitsgemeinschaft in der Rechtsform einer BGB-Gesellschaft oder eines eingetragenen Vereins geführt.

3. Arbeitsgemeinschaft

- Die Zusammenarbeit der kooperierenden Unternehmen beschränkt sich auf die **Durchführung eines bestimmten Projekts,** beispielsweise den Bau einer Brückenanlage, eines Gebäudekomplexes oder einer Autobahn.
- Im Bereich der Kreditwirtschaft kommt der Vereinigung mehrerer Banken **(Konsortium)**[1] zur gemeinsamen Durchführung eines Konsortialgeschäfts (z.B. Emissions-Konsortium zur Aktien- oder Anleiheemission) besondere Bedeutung zu.

4. Syndikate

- Bei einem Syndikat gründen die beteiligten Unternehmen eine Absatzgesellschaft, über die sämtliche Verkäufe der von den Vertragspartnern produzierten Güter abgewickelt werden.
- Die zentrale Absatzorganisation bietet sich insbesondere in Bereichen an, in denen weitestgehend homogene Güter hergestellt werden (z.B. Kohle).

1 Das Wort Konsortium (Mehrzahl: Konsortien) hängt mit dem lateinischen Wort Konsorte (Genosse, Mitglied) zusammen. Ein **Konsortium** ist ein vorübergehender, loser Zweckverband von Unternehmen zur Durchführung von Geschäften, die mit großem Kapitaleinsatz und hohem Risiko verbunden sind.

5.	**Aufeinander abgestimmte Verhaltensweisen**
	■ Diese Form der **wettbewerbsbeschränkenden Kooperation** findet zumeist in **oligopolistischen** Märkten statt. ■ Die Verhaltensweise zeichnet sich dadurch aus, dass **formlose** Informationsketten, wie bancheninterne Telefonate oder Tagungen zwischen den Wettbewerbern stattfinden, um die Marktaktivitäten aufeinander abzustimmen und somit die Rivalität am Markt auszuschalten. ■ Zumeist übernimmt einer der Teilnehmer eine Art Führungsfunktion. Ändert dieser einen Aktionsparameter (z. B. Preis, Qualität, Verpackungseinheit), so ziehen die übrigen Anbieter mit kurzer Verzögerung nach. Beobachtet wird dieses Verhalten zumeist bei Preisänderungen von Kraftstoffen.

5.1.5 Formen der Kooperation durch Unternehmenszusammenschlüsse

Die Unternehmenszusammenschlüsse können danach gegliedert werden, inwieweit die kooperierenden Unternehmen auf ihre **rechtliche und wirtschaftliche Selbstständigkeit** verzichten. Zu unterscheiden sind:

- Kooperierende Unternehmen, die ihre **rechtliche und ihre wirtschaftliche Selbstständigkeit außerhalb der Vertragsabsprachen behalten.** Hierzu gehören z. B. die **Kartelle.**
- Kooperierende Unternehmen, bei denen ein oder mehrere Partner ihre **wirtschaftliche Selbstständigkeit verlieren.** Zu ihnen gehören z. B. die **Konzerne.**
- Kooperierende Unternehmen, die ihre **rechtliche und ihre wirtschaftliche Selbstständigkeit aufgeben.** Zu ihnen gehören die **Trusts.**

5.1.5.1 Kartell

(1) Begriff Kartell

Das **Kartell** ist ein **vertraglicher Zusammenschluss** von Unternehmen eines Wirtschaftszweigs, die **rechtlich selbstständig** bleiben, aber einen Teil ihrer **wirtschaftlichen Selbstständigkeit** aufgeben.

Bindung ohne Kapitalbeteiligung

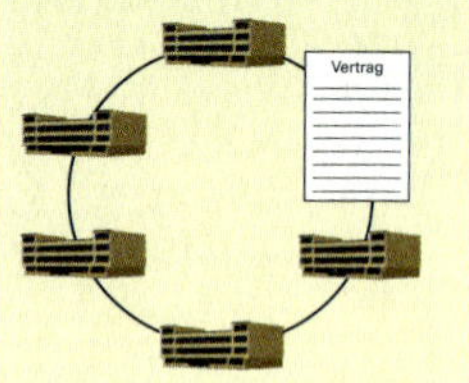

Die Unternehmen eines Kartells sind durch **Verträge** miteinander verknüpft, wobei sie ihre rechtliche und ihre wirtschaftliche Selbstständigkeit **außerhalb der Vertragsabsprachen** nicht aufgeben.

(2) Kartellarten

Kartellabsprachen können sich auf zahlreiche betriebliche Aufgabenbereiche (Funktionen) beziehen. Die nachfolgende Tabelle gibt einen Überblick über wichtige Kartellvereinbarungen im Handel.

Bezeichnung	Inhalt der Kartellvereinbarung
Rationalisierungs-kartelle	Rationalisierungskartelle sollen zu einer **Kostensenkung** und damit zur **Steigerung der Leistungsfähigkeit** (Produktivität) der Kartellmitglieder beitragen.
Preiskartell	■ Hier vereinbaren mehrere oder alle Unternehmen einer Branche, ihre Absatzpreise auf einen **bestimmten Preis** festzulegen (Kartellpreis) oder zumindest die vereinbarten Preisober- und/oder -untergrenzen einzuhalten. Der Preiswettbewerb (die Preiskonkurrenz) zwischen den Kartellmitgliedern wird somit aufgehoben. ■ Das Kartell ist so in der Lage, auf dem Markt einen **höheren Preis durchzusetzen,** als dies bei freier Konkurrenz möglich wäre. Man kann daher davon ausgehen, dass Kartellpreise in der Regel höher als die Preise bei freier Konkurrenz sind.
Mengenkartelle	Bei dieser Kartellart wird die Gesamtnachfragemenge auf die Mitglieder aufgeteilt. Wir unterscheiden zwei Arten:
■ **Quotenkartell**	■ Jedem Unternehmer wird eine **bestimmte Warenmenge** zugeteilt. Über die Angebotsmenge soll damit Einfluss auf den Preis genommen werden.
■ **Gebietskartell**	■ Jedem Kartellunternehmen wird ein **abgegrenztes Absatzgebiet** zugeteilt. Ihm wird untersagt, Kunden außerhalb seines ihm zugeteilten Marktes zu beliefern. Dadurch wird der Wettbewerb erheblich beschränkt.
Konditionenkartelle	■ Inhalt der Kartellvereinbarungen ist die Festlegung **einheitlicher Lieferungs- und Zahlungsbedingungen** (z. B. einheitliche Skonti und Zahlungsfristen, gemeinsame Gewährleistungsbedingungen, einheitliche Verpackungskosten, einheitlicher Erfüllungsort). ■ Durch die Konditionenkartelle wird ein **indirekter Einfluss auf die Preisbildung** ausgeübt, da die kartellierten Konditionen im weiteren Sinne zu den Preisbestandteilen gerechnet werden müssen. Konditionenkartelle legen vor allem Kosten von Nebenleistungen (z. B. Fracht- und Verpackungskosten) fest.

5.1.5.2 Konzern und Holding

Ein Konzern ist ein Zusammenschluss von Unternehmen, die **rechtlich selbstständig** sind, ihre **wirtschaftliche Selbstständigkeit** aber **aufgeben,** indem sie sich einer **einheitlichen Leitung** unterstellen.

Bindung durch Kapitalbeteiligung

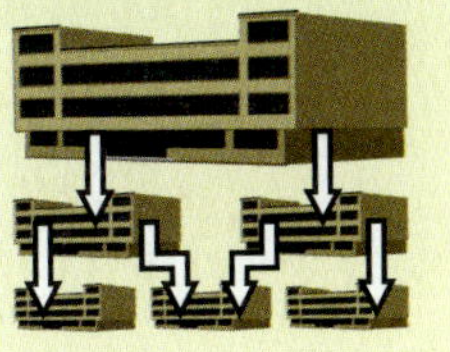

Der Konzern ist dadurch geprägt, dass die beteiligten Unternehmen mit dem herrschenden Unternehmen (der Muttergesellschaft) **kapitalmäßig verbunden** sind. Die abhängigen Unternehmen sind unter der **einheitlichen Leitung des herrschenden Unternehmens** zusammengefasst.

Während der Begriff des Konzerns im Aktiengesetz (AktG) **legal** definiert ist, gilt dies **nicht** für die sogenannte **Holding.** Dabei handelt es sich zumeist um ein Konstrukt, bei dem ein Unternehmen als **Muttergesellschaft** fungiert und sich an **Tochtergesellschaften** finanziell beteiligt. In der Regel **produziert** die Muttergesellschaft selbst **nichts,** sie hält lediglich die Anteile an den Tochtergesellschaften und bezieht daraus ihre **Gewinne.** Der Vorteil dieser Unternehmensstruktur liegt in der **Steuerersparnis,** die eine Firma so erhalten kann. Sitzt die Muttergesellschaft beispielsweise in einem Land, in dem niedrige Steuern für Geschäfte anfallen, muss sie quasi für die Gewinne, die die Tochtergesellschaften erwirtschaften, nur niedrige Steuern abführen.

Immer größerer Beliebtheit erfreut sich aktuell die Beteiligungsholding bei kleinen oder mittelständigen Unternehmen. Hierbei beteiligen sich die Unternehmensgründer **nicht** unmittelbar als **natürliche** Personen an dem Start-up, sondern halten ihre Beteiligung in einer **dazwischengeschalteten juristischen** Person (GmbH oder Unternehmergesellschaft – Holding-Mutter).

5.1.5.3 Trust

Im Gegensatz zum Konzern, bei dem die beteiligten Unternehmen ihre rechtliche Selbstständigkeit behalten, ist der Trust ein Zusammenschluss mehrerer Unternehmen, die ihre **rechtliche und wirtschaftliche Selbstständigkeit aufgeben**. Dadurch entsteht **ein** Unternehmen.

Bindung durch Kapitalbeteiligung

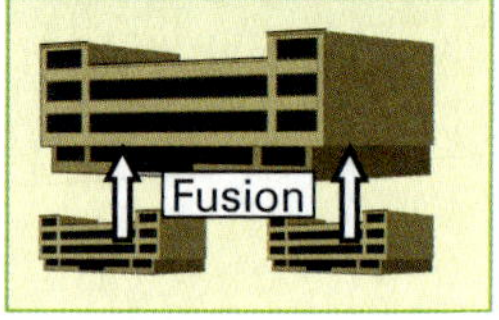

Ein **Trust** ist ein Unternehmenszusammenschluss, bei dem sich die verschmelzenden Unternehmen zu einem **Großunternehmen** vereinigen.

Trusts entstehen durch **Verschmelzung (Fusion).** Dabei gibt es zwei Möglichkeiten:

Fusion durch Aufnahme	Sie liegt vor, wenn das Vermögen des übertragenden Unternehmens auf die übernehmende Gesellschaft transferiert[1] wird. Praktisch bedeutet das, dass ein schwächeres Unternehmen durch ein stärkeres Unternehmen aufgekauft wird. Die Firma des übertragenden Unternehmens wird gelöscht.
Fusion durch Neubildung	Bei dieser Art der Trustentstehung wird eine neue Gesellschaft gegründet, auf die die Vermögen der sich vereinigenden Unternehmen übertragen werden. Die Firmen aller übertragenden Unternehmen erlöschen.

1 **Transferieren:** übertragen.

5.1.6 Folgen der Unternehmenskonzentration

Marktbeherrschende Unternehmen sind aus folgenden Gründen **nicht** mit den Prinzipien einer sozialen Marktwirtschaft vereinbar:

Gründe	Erläuterungen
Preisbildung	■ Die freie Preisbildung auf dem Markt ist nicht mehr gewährleistet. Die marktbeherrschenden Unternehmen **„diktieren"** den Preis. ■ Die marktbeherrschenden Unternehmen halten die Waren **künstlich knapp**, was zu **höheren** Preisen führt.
Produktions-bedingungen	■ Der Druck auf die Unternehmen, **qualitativ bessere** und **billigere** Erzeugnisse zu produzieren, entfällt. ■ Zu teuer produzierende Betriebe werden **nicht** vom Markt gedrängt, da die Preise an deren zu hohen Kosten ausgerichtet werden. ■ Produktionsfaktoren werden verschwendet und es kommt zu zusätzlichen (vermeidbaren) **Umweltbelastungen.**
gesellschaftliche Entwicklung	■ Die Produktionseinschränkungen führen zu einer **schlechteren Versorgung** der Konsumenten und zu einer Einschränkung der Konsumfreiheit. ■ Durch die teureren Waren kommt es zu einer Umverteilung der Einkommen vom Verbraucher zu den Unternehmen. Die Unternehmen erzielen **höhere Gewinne** auf Kosten der Konsumenten.

5.2 Argumente für die Notwendigkeit sammeln sowie Ziele und Maßnahmen der staatlichen Wettbewerbspolitik benennen

5.2.1 Notwendigkeit und Ziele der Wettbewerbspolitik

Wettbewerb ist die Grundlage der sozialen Marktwirtschaft. Ohne Wettbewerb kann der Preis seine für die Steuerung des Wirtschaftsprozesses unerlässlichen Funktionen nicht erfüllen.

Da die Unternehmen, vor allem bei wirtschaftlichen Schwierigkeiten, bestrebt sind, den freien Wettbewerb auszuschalten, indem sie

- wettbewerbsbeschränkende Vereinbarungen **(Kartelle)** treffen,
- **Unternehmenszusammenschlüsse (Fusionen)** bilden und
- ihre **marktbeherrschende Stellung missbräuchlich ausnutzen,** um Konkurrenten aus dem Markt zu drängen (z. B. durch Liefer- und Bezugssperren),

muss der Staat den Wettbewerb durch eine **aktive Wettbewerbspolitik** sichern.

> Das **zentrale Ziel** der Wettbewerbspolitik ist, ein **wettbewerbliches Verhalten** der Anbieter auf den Märkten **sicherzustellen.**

Rechtliche Grundlage der Wettbewerbspolitik in der Bundesrepublik Deutschland ist das **„Gesetz gegen Wettbewerbsbeschränkungen"** [GWB]. Durch dieses Gesetz überwacht bzw. verbietet der Staat Unternehmenszusammenschlüsse. Zudem kontrolliert er die Preisgestaltung marktbeherrschender Unternehmen.

Sitz des Bundeskartellamts in Bonn

In Deutschland wacht als unabhängige Wettbewerbsbehörde das **Bundeskartellamt** über die Einhaltung des Wettbewerbs.

Im Wesentlichen ist das **Bundeskartellamt zuständig** für:

- die **Missbrauchsaufsicht** über zulässige Preisbindungen und -empfehlungen,
- die **Zusammenschlusskontrolle** mit Ausnahme der Ministererlaubnis,
- alle **Wettbewerbsbeschränkungen,** die über das Gebiet eines **Bundeslandes** hinausreichen, sowie
- **alle Aufgaben,** die den Behörden der EU-Mitgliedsstaaten übertragen wurden, insbesondere **Amtshilfe** bei Verfahren der Europäischen Kommission.

5.2.2 Instrumente zur Sicherung des Wettbewerbs durch staatliche Wettbewerbspolitik

- Das **Kartellrecht** schafft die Voraussetzungen für einen **funktionierenden** Wettbewerb zwischen den Unternehmen. Insbesondere will es der **Entstehung** von **zu viel Marktmacht** eines Unternehmens **vorbeugen.**
- In Deutschland finden sich die kartellrechtlichen Regelungen vor allem im **Gesetz gegen Wettbewerbsbeschränkungen [GWB].**
- Daneben dient das **Gesetz gegen unlauteren Wettbewerb** (UWG) dem **Schutz** des Wettbewerbs.

5.2.2.1 Kartellkontrolle

(1) Grundsätzliches Kartellverbot

Alle Vereinbarungen und Maßnahmen, die den Wettbewerb einschränken, sind verboten [§ 1 GWB]. Hierzu zählen insbesondere

- **alle Kartellverträge.** Verboten sind insbesondere die **Preisabsprachen der Preiskartelle,** die **Mengenabsprachen** der **Quotenkartelle** und die **räumlichen Aufteilungen** der **Absatzgebiete** durch die **Gebietskartelle.**

- die **Preisbindung.** Hier wird durch eine Vereinbarung zwischen Verkäufer (z. B. Hersteller) und Käufer (z. B. Einzelhändler) verhindert, dass letzterer seine Verkaufspreise selbst festsetzen kann.

  Beispiel:

  Die Stuttgarter Möbelwerke GmbH verpflichten die Käufer ihrer Möbel (Einzelhändler), diese Möbel an die Letztverbraucher (Konsumenten) nur zu bestimmten (festen) Preisen zu verkaufen. Diese Preisbindung ist verboten.

  Das **Preisbindungsverbot gilt nicht** für die Preisbindung bei Büchern, Zeitschriften und Zeitungen. Außerdem gibt es Ausnahmen von der Preisbindung für die Landwirtschaft sowie für die Kredit- und Versicherungswirtschaft.
- **aufeinander abgestimmte Verhaltensweisen** von Unternehmen zur **Verhinderung** oder **Verfälschung** des Wettbewerbs.

(2) Ausnahmen

Vom Kartellverbot des § 1 GWG sind freigestellt:

- Wettbewerbsbeschränkende Vereinbarungen zwischen den Unternehmen, die zu einer **angemessenen Beteiligung der Verbraucher an dem entstehenden Gewinn**[1] (durch eine bessere Warenerzeugung oder Warenverteilung) oder zu einer **Förderung des technischen oder wirtschaftlichen Fortschritts beitragen**.
- Vereinbarungen zwischen den miteinander im Wettbewerb stehenden Unternehmen, durch die wirtschaftliche Vorgänge (z. B. der Beschaffung, Produktion, des Absatzes) in Form zwischenbetrieblicher Zusammenarbeit **rationalisiert** werden (z. B. zur Einsparung von Kosten). Diese Ausnahmen gelten vor allem für kleinere und mittlere Unternehmen, die dadurch ihre Wettbewerbsfähigkeit verbessern wollen **(Mittelstandskartell).**

Beispiel:

Mehrere kleinere Hersteller von Wärmepumpen vereinbaren eine gemeinsame Forschung und Werbung für ihre Erzeugnisse. Zur Einsparung von Beschaffungskosten vereinbaren mehrere kleinere und mittelgroße Baumärkte, Stahl und Eisen gemeinsam über einen zentralen Gemeinschaftseinkauf zu beschaffen.

5.2.2.2 Missbrauchsaufsicht

Über bestehende marktbeherrschende Unternehmen besteht eine Missbrauchsaufsicht durch das Bundeskartellamt.

Eine **missbräuchliche** Ausnutzung einer **marktbeherrschenden** Stellung durch ein oder mehrere Unternehmen ist **verboten**.

1 Unter „Gewinn" ist hier nicht der in der Gewinn- und Verlustrechnung ausgewiesene Reingewinn zu verstehen, sondern der Vorteil der Unternehmen (z. B. Verbesserung der Produktqualität, Exportvorteile), den sie durch die Vereinbarungen, Beschlüsse und/oder abgestimmte Verhaltensweisen erlangen.

(1) Formen des Missbrauchs

Ein **Missbrauch** liegt z. B. dann vor, wenn ein marktbeherrschendes Unternehmen

- die Wettbewerbsmöglichkeiten anderer Unternehmen erheblich ohne sachlich gerechtfertigten Grund beeinträchtigt,
- Entgelte oder sonstige Geschäftsbedingungen fordert, die sich bei einem wirksamen Wettbewerb mit hoher Wahrscheinlichkeit nicht ergeben würden, oder
- sich weigert, einem anderen Unternehmen gegen ein angemessenes Entgelt Zugang zu den eigenen Netzen oder anderen Infrastruktureinrichtungen zu gewähren.[1]

(2) Begriff der Marktbeherrschung

- **Marktbeherrschend** ist **ein** Unternehmen, wenn es auf seinem Markt ohne Wettbewerber ist oder keinem wesentlichen Wettbewerb ausgesetzt ist **oder** im Verhältnis zu seinen Wettbewerbern eine überragende Marktstellung hat.
- **Marktbeherrschend** sind z. B. **zwei oder mehr** Unternehmen, wenn kein wesentlicher Wettbewerb besteht.

Vermutet wird eine Marktbeherrschung, wenn ein Unternehmen einen **Marktanteil** von **mindestens 40 %** hat. Eine **Gesamtheit** von Unternehmen gilt als marktbeherrschend, wenn **drei oder weniger Unternehmen** zusammen einen Marktanteil von **mindestens 50 %** oder **fünf oder weniger Unternehmen** zusammen einen Marktanteil von **mindestens zwei Dritteln** erreichen. Diese Vermutung gilt nicht, wenn die Unternehmen z. B. nachweisen, dass sie im Verhältnis zu den übrigen Wettbewerbern **keine überragende** Marktstellung haben.

5.2.2.3 Fusionskontrolle (Zusammenschlusskontrolle)

(1) Zusammenschlüsse

Unternehmenszusammenschlüsse liegen z. B. in folgenden Fällen vor:

- Erwerb des gesamten oder eines wesentlichen Teils des Vermögens eines anderen Unternehmens;
- Erwerb der unmittelbaren oder mittelbaren Kontrolle über andere Unternehmen durch Rechte, Verträge oder andere Mittel;
- Erwerb von Anteilen an einem anderen Unternehmen, wenn diese Anteile allein oder zusammen mit sonstigen, dem Unternehmen bereits gehörenden Anteilen a) 50 % oder b) 25 % des Kapitals oder der Stimmrechte des anderen Unternehmens erreichen.

1 Zweck dieser gesetzlichen Regelung ist z. B., den Wettbewerb auf früheren monopolistischen Märkten dadurch zu fördern, dass bedeutende Netze bzw. Infrastrukturen wie z. B. Leitungsnetze für Strom und Nachrichten, Flughäfen und Medien grundsätzlich von allen Wettbewerbern genutzt werden können.

(2) Anmelde- und Anzeigepflicht

Alle Unternehmenszusammenschlüsse sind **vor ihrem Vollzug** beim Bundeskartellamt **anzumelden.** Sie unterliegen bis zur Freigabe durch das Bundeskartellamt dem **Vollzugsverbot.** Die zur Anmeldung verpflichteten einzelnen Unternehmen müssen in ihrer Anmeldung dem Bundeskartellamt die **Form des Zusammenschlusses mitteilen.**

(3) Geltungsbereich der Zusammenschlusskontrolle

Die Vorschriften des GWB über die Zusammenschlusskontrolle gelten, wenn im letzten Geschäftsjahr vor dem Zusammenschluss die beteiligten Unternehmen **insgesamt weltweit** Umsatzerlöse von **mehr als 500 Millionen EUR** und mindestens ein beteiligtes Unternehmen im **Inland** Umsatzerlöse von **mehr als 25 Millionen EUR** erzielt haben.

(4) Verfahren der Zusammenschlusskontrolle

Die Untersagung von Unternehmenszusammenschlüssen ist grundsätzlich nur innerhalb einer Frist von **4 Monaten** seit Eingang der vollständigen Fusionsanmeldung möglich.

(5) Ministererlaubnis

Auf Antrag kann der **Bundesminister für Wirtschaft und Energie** die Erlaubnis zu einem vom Bundeskartellamt untersagten Zusammenschluss erteilen, wenn dieser von gesamtwirtschaftlichem Vorteil ist oder durch ein **überragendes Interesse der Allgemeinheit** gerechtfertigt ist. Die Erlaubnis darf nur erteilt werden, wenn der Zusammenschluss die marktwirtschaftliche Ordnung nicht gefährdet.

5.2.2.4 Die Bekämpfung unlauteren Wettbewerbs

Die Bekämpfung unlauterer geschäftlicher Handlungen und somit der **Schutz** der **Mitbewerber,** der **Verbraucher** und der Interessen der **Allgemeinheit** steht im Zentrum des Gesetzes gegen den unlauteren Wettbewerb (UWG).

Das Gesetz dient dem Schutz der Verbraucher vor unlauteren geschäftlichen Handlungen und schafft einen angemessenen **Ausgleich** zwischen den **Interessen** der **Wirtschaft** und denen der **Verbraucher.**

Da es wegen des großen **„Erfinderreichtums"** der rivalisierenden Anbieter unmöglich ist, **alle** Formen unfairen Verhaltens mit Einzeltatbeständen gesetzlich festzulegen, wird in § 3 UWG eine sogenannte **Generalklausel** vorangestellt, auf deren Basis die **Rechtsprechung** Verhaltensnormen herausarbeiten kann und entscheiden muss, was als „unlauter" im Sinne der Generalklausel zu werten ist. Das Wettbewerbsrecht ist somit zu großen Teilen **„Richterrecht".**

Einen Überblick über die **wichtigsten Regelungen des Gesetzes gegen unlauteren Wettbewerb** geben nachfolgende Auszüge aus dem Gesetzestext.

Gesetz gegen den unlauteren Wettbewerb

Kapitel 1 – Allgemeine Bestimmungen (§§ 1 – 7)

[...]

§ 2 Definitionen

(1) Im Sinne dieses Gesetzes bedeutet

1. **„geschäftliche Handlung"** jedes Verhalten einer Person zugunsten des eigenen oder eines fremden Unternehmens vor, **bei oder nach einem Geschäftsabschluss,** das mit der Förderung des Absatzes oder des Bezugs von Waren oder Dienstleistungen oder mit dem Abschluss oder der Durchführung eines Vertrags über Waren oder Dienstleistungen objektiv zusammenhängt; als Waren gelten auch Grundstücke, als Dienstleistungen auch Rechte und Verpflichtungen;

2. „Marktteilnehmer" neben Mitbewerbern und Verbrauchern **alle Personen,** die als **Anbieter oder Nachfrager** von Waren oder Dienstleistungen tätig sind [...]

§ 3 Verbot unlauterer geschäftlicher Handlungen

(1) **Unlautere** geschäftliche Handlungen sind **unzulässig.**

(2) Geschäftliche Handlungen, die sich an Verbraucher richten oder diese erreichen, sind unlauter, wenn sie **nicht der unternehmerischen Sorgfalt** entsprechen und dazu geeignet sind, das wirtschaftliche **Verhalten des Verbrauchers wesentlich zu beeinflussen.**

(3) Die **im Anhang dieses Gesetzes aufgeführten geschäftlichen Handlungen** gegenüber Verbrauchern sind **stets** unzulässig.

(4) Bei der Beurteilung von geschäftlichen Handlungen gegenüber Verbrauchern ist auf den **durchschnittlichen** Verbraucher oder, wenn sich die geschäftliche Handlung an eine bestimmte Gruppe von Verbrauchern wendet, auf ein durchschnittliches Mitglied dieser Gruppe abzustellen [...]

§ 5 Irreführende geschäftliche Handlungen

(1) Unlauter handelt, wer eine irreführende geschäftliche Handlung vornimmt, die geeignet ist, den Verbraucher oder sonstigen Marktteilnehmer **zu einer geschäftlichen Entscheidung zu veranlassen,** die er **andernfalls nicht getroffen** hätte. Eine geschäftliche Handlung ist irreführend, wenn sie **unwahre Angaben** enthält oder sonstige zur **Täuschung geeignete Angaben** [...]

(4) Es wird vermutet, dass es irreführend ist, mit der **Herabsetzung eines Preises zu werben,** sofern der Preis nur für eine **unangemessen kurze Zeit gefordert** worden ist. Ist streitig, ob und in welchem Zeitraum der Preis gefordert worden ist, so trifft die **Beweislast** denjenigen, der mit der Preisherabsetzung geworben hat.

§ 6 Vergleichende Werbung

(1) Vergleichende Werbung ist jede Werbung, die **unmittelbar oder mittelbar einen Mitbewerber** oder die von einem Mitbewerber angebotenen Waren oder Dienstleistungen erkennbar macht.

(2) Unlauter handelt, wer vergleichend wirbt, wenn der Vergleich

[...]

2. **nicht objektiv** auf eine oder mehrere wesentliche, relevante, nachprüfbare und typische Eigenschaften oder den Preis dieser Waren oder Dienstleistungen bezogen ist, [...]

5. die Waren, Dienstleistungen, Tätigkeiten oder persönlichen oder geschäftlichen Verhältnisse eines Mitbewerbers **herabsetzt oder verunglimpft** [...]

§ 7 Unzumutbare Belästigungen

(1) Eine geschäftliche Handlung, durch die ein Marktteilnehmer in unzumutbarer Weise belästigt wird, ist unzulässig. Dies gilt insbesondere für **Werbung,** obwohl erkennbar ist, dass der angesprochene **Marktteilnehmer diese Werbung nicht wünscht.**

(2) Eine unzumutbare Belästigung ist **stets** anzunehmen

1. bei Werbung unter Verwendung eines in den Nummern 2 und 3 nicht aufgeführten, für den Fernabsatz geeigneten Mittels der kommerziellen Kommunikation, durch die ein Verbraucher **hartnäckig angesprochen** wird, obwohl er dies **erkennbar nicht wünscht;**

2. bei Werbung mit einem **Telefonanruf** gegenüber einem Verbraucher **ohne dessen vorherige ausdrückliche Einwilligung** oder gegenüber einem sonstigen Marktteilnehmer ohne dessen zumindest mutmaßliche Einwilligung,

3. bei Werbung unter Verwendung einer automatischen Anrufmaschine, eines Faxgerätes oder **elektronischer Post,** ohne dass eine **vorherige ausdrückliche Einwilligung** des Adressaten vorliegt, [...]

Auszug aus dem Anhang (zu § 3 Abs. 3 UWG)

Unzulässige geschäftliche Handlungen im Sinne des § 3 Abs. 3 sind [...]

5. Waren- oder Dienstleistungsangebote im Sinne des § 5a Abs. 3 zu einem bestimmten Preis, wenn der Unternehmer nicht darüber aufklärt, dass er hinreichende Gründe für die Annahme hat, er werde nicht in der Lage sein, diese oder gleichartige Waren oder Dienstleistungen für einen angemessenen Zeitraum in angemessener Menge zum genannten Preis bereitzustellen oder bereitstellen zu lassen **(Lockangebote).** Ist die Bevorratung kürzer als **zwei Tage,** obliegt es dem Unternehmer, die Angemessenheit nachzuweisen; [...]
7. die unwahre Angabe, bestimmte Waren oder Dienstleistungen seien allgemein oder zu bestimmten Bedingungen nur für einen sehr begrenzten Zeitraum verfügbar, um den **Verbraucher zu einer sofortigen geschäftlichen Entscheidung zu veranlassen,** ohne dass dieser Zeit und Gelegenheit hat, sich auf Grund von Informationen zu entscheiden; [...]

5.2.3 Grenzen staatlicher Wettbewerbspolitik

Die vorgenannten Maßnahmen (Kartellkontrolle, Fusionskontrolle, Missbrauchsaufsicht und Bekämpfung unlauteren Wettbewerbs) zählen zu den wichtigsten Instrumenten des Staates, einen **funktionsfähigen** Wettbewerb als **Steuerungsprinzip einer Marktwirtschaft** zu sichern. Allerdings weist dieses Instrumentarium auch gewisse Schwächen auf, sodass der Staat nicht selten mit stumpfen Waffen seine Wettbewerbspolitik betreiben muss.

Einige Grenzen der staatlichen Wettbewerbspolitik sollen nachfolgend beispielhaft dargestellt werden:

(1) Vielzahl von Ausnahmeregelungen

Die Gesetze enthalten sehr viele Ausnahmeregelungen. So wird beispielsweise zunächst das **generelle Kartellverbot** durch die **Gruppenfreistellungsmöglichkeiten** partiell wieder **aufgehoben.**

Auch bei der **Fusionskontrolle** sind die **Rechtsnormen sehr großzügig** festgelegt. So sind Fusionen **bis zur Grenze der Marktbeherrschung uneingeschränkt erlaubt,** was das Instrument der Fusionskontrolle als solches in seiner Bedeutung bereits im Vorfeld stark herabsetzt.

Selbst wenn die Kartellbehörde die Erlaubnis verweigert, besteht für die fusionswilligen Unternehmen – wie bei den Kartellen – immer noch die Möglichkeit, die **Erlaubnis vom Bundeswirtschaftsminister** zu erhalten.

(2) Problem der Marktabgrenzung

Bei vielen Entscheidungen spielt das Kriterium der „marktbeherrschenden" Stellung eine Rolle, wobei im Gesetz Vermutungstatbestände in Form von Marktanteilen angestellt werden, wann eine solche Stellung erreicht ist. Die Berechnung von Marktanteilen bedarf allerdings der **Festlegung eines Gesamtmarktes** als Bezugsgröße, sodass dieser zunächst abgegrenzt werden muss, was jedoch in der Praxis mit erheblichen Problemen verbunden ist.

Beispiel:

Wollen zwei große Brauereien fusionieren, so stellt sich die Frage, ob der Gesamtmarkt eng abzugrenzen ist (im Sinne eines Biermarktes) oder ob Bier nicht sogar im Wettbewerb zu allen alkoholischen Getränken steht. Eine noch weitere Abgrenzung wäre die Zugrundelegung des gesamten Getränkemarktes als Bezugsgröße, da Bier durchaus auch in Konkurrenz zu Softdrinks oder Mineralwasser steht.

Unter dem Gesichtspunkt der **Globalisierung** kann der **relevante Markt** wesentlich über den nationalen Markt hinausgehen.

(3) Problem der Operationalisierbarkeit der Rechtsbegriffe

Bei der Beurteilung von Marktbeherrschung in § 18 GWB finden beispielsweise Begriffe Anwendung, die wenig präzise sind. So gelten Unternehmen als marktbeherrschend, soweit sie als Anbieter oder Nachfrager keinem **„wesentlichen"** Wettbewerb ausgesetzt sind oder wenn sie im Vergleich zu den Konkurrenten über eine **„überragende"** Marktstellung verfügen. Es ist sehr schwierig, diese Begrifflichkeiten zu einer objektiven Beurteilung tatsächlich auszulegen und zu präzisieren.

(4) Schwierige Beweisführung und komplexe Rechtsvorschriften

Häufig scheitern Verfahren zum Schutz des Wettbewerbs auch an der schwierigen Beweisführung. So ist es beispielsweise kaum möglich, Preisabsprachen zwischen den Wettbewerbern nachzuweisen, wenn diese auf informellem Wege durchgeführt werden.

Beispiel:

So erhöhten drei deutsche Großbanken 1979 ihre Sollzinsen am gleichen Tag um denselben Prozentsatz und wenige Tage später die Habenzinsen einheitlich. Trotz dieses Parallelverhaltens musste das Bundeskartellamt seinerzeit das Verfahren mangels Beweisen einstellen.

Kompetenztraining

46

1. Erklären Sie die Begriffe Kooperation und Konzentration!
2. Nennen Sie Ziele, die die Unternehmen durch Kooperation und Konzentration verfolgen!
3. Erklären Sie an einem Beispiel den Unterschied zwischen rechtlicher und wirtschaftlicher Selbstständigkeit!
4. Erklären Sie den Unterschied zwischen Konzern und Kartell!
5. Erklären Sie folgende Kartellarten:
   5.1 Preiskartell,
   5.2 Rationalisierungskartell und
   5.3 Syndikat!
6. Erklären Sie den Begriff Fusion!
7. Begründen Sie die Bedeutung der Fusionskontrolle in einer sozialen Marktwirtschaft!
8. Die Lebensmittelwerke AG schließt sich mit der Handelskette Gut & Fein GmbH zusammen.

   Aufgaben:

   8.1 Nennen Sie zwei Gründe, die für diesen Entschluss maßgebend gewesen sein könnten!
   8.2 Nennen Sie den Begriff für diese Art von Zusammenschluss!
   8.3 Nennen Sie zwei Vorteile und zwei Nachteile, die dieser Zusammenschluss für den Verbraucher mit sich bringen kann!
   8.4 Das Bundeskartellamt in Bonn verweigert den Zusammenschluss. Führen Sie an, auf welches Gesetz sich die Ablehnung gründet!
9. Erklären Sie jeweils zwei (mögliche) gesamtwirtschaftliche Vorteile und Nachteile (negative Auswirkungen) von Unternehmenszusammenschlüssen! Beurteilen Sie, ob Ihrer Ansicht nach die Vor- oder Nachteile überwiegen! Begründen Sie Ihre Meinung!
10. Erläutern Sie, warum der Staat in der sozialen Marktwirtschaft dazu aufgerufen ist, Wettbewerbspolitik zu betreiben, und welche Ziele der Staat damit verfolgt!
11. Der Getränkehändler Egon Schlaumann klagt über sinkenden Absatz, seit in unmittelbarer Nähe seines Getränkehandels ein Konkurrenzunternehmen eine Filiale eröffnet hat. Um wieder verstärkt Kunden in seinen Laden zu ziehen, beschließt Herr Schlaumann, allwöchentlich eine Sonderaktion über Zeitungsinserate durchzuführen. So platziert er im örtlichen Sonntagsanzeiger jeweils eine Anzeige, in der er das „Bier der Woche" ab Montag zum halben Preis anbietet. Für die Sonderaktion bevorratet er von der beworbenen Biermarke für die gesamte Woche 10 Kisten. Diese Anzahl entstammt seiner langjährigen Erfahrung, da er festgestellt hat, dass an gewöhnlichen Tagen der Absatz unabhängig von der Marke ca. 10 Kisten pro Tag beträgt.

    Aufgabe:

    Beurteilen Sie das Vorgehen von Herrn Schlaumann nach dem UWG! Recherchieren Sie bei Ihren Ausführungen auch nach der Vorschrift, auf die Sie sich bei Ihrer Entscheidung stützen!
12. Erläutern Sie, was man unter dem „Problem der Marktabgrenzung" versteht! Verdeutlichen Sie das Problem anhand eines Beispiels!

13. Beurteilen Sie bei nachfolgenden Fällen, ob ein Eingreifen im Sinne der
    ① Kartellrechtsregelungen,
    ② Fusionskontrolle,
    ③ Missbrauchsaufsicht,
    ④ Bekämpfung unlauteren Wettbewerbs

    erforderlich ist!

    Form:

    Verwenden Sie eine ⑨, wenn keine wettbewerbsbeschränkende Verhaltensweise vorliegt und somit auch kein staatliches Eingreifen notwendig ist!

13.1	Unternehmen wollen ihre Abnehmer verpflichten, die gelieferten Waren nur einer ganz bestimmten Verwendung zuzuführen.	
13.2	Das Reisebüro Ballermann GmbH verspricht Kunden einen kostenlosen Urlaub auf Mallorca, wenn es ihnen gelingt, zehn Reisen nach dem „Schneeballsystem" zu verkaufen.	
13.3	Eine deutsche Großbank möchte 50 % der Kapitalanteile einer anderen Privatbank erwerben.	
13.4	Mehrere kleine mittelständische Bauunternehmen führen gemeinsam den Bau eines großen Einkaufszentrums durch.	
13.5	Einige Finanzdienstleister mit einem Marktanteil von insgesamt 35 % wollen sich im Rahmen einer Zusammenarbeit auf bestimmte Produkte spezialisieren.	
13.6	Eine Fastfood-Kette wirbt mit dem Slogan: „Unsere Pommes schmecken doppelt so gut wie die der Konkurrenz."	

14. Entscheiden Sie, welche der folgenden Erläuterungen zur Bekämpfung unlauteren Wettbewerbs richtig ist!
    ① Die Bekämpfung unlauteren Wettbewerbs dient nur dem Schutz der Verbraucher.
    ② Die Fälle, wann unlauterer Wettbewerb vorliegt, sind im UWG genauestens festgelegt.
    ③ Irreführende Angaben zum Ursprung des Produkts sind nicht verboten.
    ④ Umworbene Waren muss der Anbieter in ausreichender Stückzahl vorrätig haben; in der Regel reicht ein Vorrat für einen Tag.
    ⑤ Werden über die Werbung Geschenke versprochen, so müssen die Bedingungen für deren Inanspruchnahme genau angegeben werden.

6 Schülerinnen und Schüler reflektieren fortlaufend die aktuellen Entwicklungen des Marktes, setzen sich kritisch damit auseinander und präsentieren ihre Ergebnisse

Lernsituation 27: Auszubildende der Kundenbank AG diskutieren über den Unterricht im Fach Wirtschafts- und Sozialkunde

Leonie, Marie, Paul und Henry, allesamt Auszubildende der Kundenbank AG, besuchen derzeit die Berufsschule. Im Fach Wirtschafts- und Sozialkunde haben sie in den letzten Wochen sehr ausführlich das Thema Markt behandelt. In der Pause kommt es zwischen den vier Auszubildenden zu einem Gespräch, in dem sich Henry darüber aufregt, dass er langsam keine Lust mehr auf dieses Thema hat. Ständig geht es um irgendwelche Angebots- und Nachfragekurven, die sich in einem Koordinatensystem nach links und rechts und sonst wohin verschieben und dann irgendeinen Preis bilden zu dem irgendeine Menge x verkauft wird. Henry endet seine Kritik mit den Worten: *„Ich will Bankkaufmann werden, Kunden beraten, Geschäfte abschließen und hatte nicht vor, mich im Kosmos des Koordinatensystems mit linearen Funktionen zu beschäftigen. Dann hätte ich auch in der Klasse 7 bleiben können."*

Marie zeigt Verständnis für die Sichtweise von Henry und sieht selbst auch wenig Sinn in der Ausführlichkeit, mit der der Lehrer dieses Thema behandelt. Sie ist der Meinung, dass man das ja mal machen kann, aber sich über Wochen damit zu beschäftigen, findet sie auch mittlerweile absolut übertrieben. Da hätten in ihren Augen die Inhalte im Fach Wirtschafts- und Sozialkunde in der Unterstufe schon sehr viel mehr Sinn gemacht. *„Da konnte ich echt total viel mit anfangen und habe auch in der Kundenbank gemerkt, dass ich das tatsächlich für meinen Beruf gebrauchen kann. Tja, da war Wirtschafts- und Sozialkunde sogar mein Lieblingsfach. Aber das hat sich jetzt schlagartig geändert."*

Jetzt schaltet sich Paul in das Gespräch ein und entgegnet, dass er das vollkommen anders sieht. Die in den letzten Wochen besprochenen Inhalte seien hochgradig wichtig für das Berufsleben im Berufsfeld Bankkaufmann/-frau. Insbesondere dann, wenn man als Kundenberater tätig sein möchte, sei es unabdingbar, sich mit verschiedenen Märkten und deren Veränderung im Zeitablauf auseinanderzusetzen. Dabei sei es vollkommen gleichgültig, ob man seinen Schwerpunkt bei der Kundenbank AG später im Aktiv- oder Passivgeschäft, im Privat- oder Firmenkundengeschäft sieht. Schließlich sagt Paul: *„Wenn wir da nicht fit auf dem Gebiet sind und die Funktionsweise der Märkte im Detail nicht verstanden haben, dann ist es um die Beratungsqualität aber ganz schlecht bestellt."*

Henry und Marie schütteln bei den Ausführungen von Paul den Kopf, blicken dann beide zu Leonie und fordern sie auf, sich doch auch mal zu dem Thema zu äußern. Leonie sagt: *„Ich kann euch beide verstehen. Eure Abneigung zu dem Thema liegt nach meiner Einschätzung tatsächlich an dem im Unterricht fehlenden Praxisbezug. Die Aussagen von Paul sind vollkommen richtig. Geht ihr nach der Ausbildung in die Anlageberatung, dann müsst ihr euch doch beispielsweise mit den Aktienmärkten, dem Geldmarkt, dem Immobilienmarkt, den Rohstoffmärkten oder den Märkten für Edelmetalle beschäftigen. Schließlich wollen die Kunden doch ihr Geld bei euch anlegen, in der*

Hoffnung, dass sie eine gute Rendite erzielen. Das gelingt aber nur, wenn ich zum Zeitpunkt der Geldanlage nicht nur über die aktuelle Lage dieser Märkte informiert bin, sondern auch seriöse Einschätzungen zu den künftigen Entwicklungen dieser Märkte selbst gedanklich durchdringen und entsprechend einordnen kann. Sehr ihr eure berufliche Zukunft hingegen eher im Aktivgeschäft, dann gilt es auch da, Entwicklungen auf Zinsmärkten, den Märkten für Investitionsgüter oder dem Immobilienmarkt fachgerecht beurteilen zu können. Das hätte man im Unterricht viel besser herausstellen können. Dazu hätte der Lehrer einerseits die Beispiele im Unterricht deutlicher auf unseren Beruf beziehen sollen. Andererseits hätte er aber auch uns Auszubildende dazu bringen müssen, dass wir uns fortlaufend über aktuelle Entwicklungen auf diesen Märkten informieren, uns kritisch damit auseinandersetzen und solche Ergebnisse in regelmäßigen Abständen präsentieren. Das einfachste Beispiel ist doch der Immobilienmarkt. Da hätte man die aktuelle Situation mit den steigenden Preisen wunderbar anhand der Nachfrageverschiebung praxisnah erklären können."

Henry entgegnet: *„Was, du forderst also mehr Hausaufgaben in Form von Referaten? Und dann behauptest du zudem, dass dieses Verschieben von irgendwelchen Kurven was mit der Realität zu tun hat. Sag mal, geht´s noch?"* Daraufhin entgegnet Marie: *„Leonie hat Recht. Mit hätte das bestimmt geholfen, das Thema an der ein oder anderen Stelle durch den Praxisbezug besser zu verstehen. Und wir hätten auch möglicherweise nicht eine solch negative Einstellung zu dem Thema entwickelt, welches nach meiner jetzigen Einschätzung tatsächlich von fundamentaler Bedeutung für meinen späteren Beruf ist."*

Kompetenzorientierte Arbeitsaufträge:

1. Leonie ist der Auffassung, dass die Fachinhalte zum Thema Markt durch konkreten Bezug auf bestimmte Märkte gedanklich besser nachvollzogen werden können. Stellen Sie die von Leonie angesprochene Entwicklung auf dem Immobilienmarkt in der Bundesrepublik Deutschland grafisch und verbal dar!

2. **Referate/Präsentationen**

   Bilden Sie innerhalb der Klasse Kleingruppen, die sich jeweils mit einem jener Märkte auseinandersetzen, die für das Berufsbild Bankkaufmann/-frau von Bedeutung sind! Dabei informieren Sie sich umfassend über die aktuellen Entwicklungen auf dem von Ihnen ausgewählten Markt, setzen sich kritisch damit auseinander und präsentieren die Ergebnisse mittels digitaler Medien. Im Anschluss sollten die Entwicklungen dieser Märkte in regelmäßigen Abständen in Form von Kurzreferaten Ihrerseits immer wieder erfolgen!

Kompetenztraining

47 1. Lösen Sie die beiden nachfolgenden Situationen grafisch, indem Sie die Geschehnisse in ein Preis-Mengen-Diagramm einzeichnen! Achten sie dabei bitte auf eine vollständige Beschriftung Ihrer Skizze!

1.1 Infolge einer Krise im Euroraum kommt es zu verstärkten Goldkäufen. Das Angebot des Edelmetalls kann nicht ausgeweitet werden. DOWNLOAD

1.2 Auf dem deutschen Holzmarkt stagnieren seit Jahren die Preise für Brenn- und Bauholz. Durch einen starken Orkan in großen Teilen der Bundesrepublik Deutschland werden über 200 000 Hektar Waldfläche entwurzelt. Das Holz muss – nicht zuletzt wegen der schlechten Lagerfähigkeit dieses Rohstoffs – umgehend aufgearbeitet und verkauft werden. DOWNLOAD

2. Ein Orkan richtete in den Waldstücken von vier Forstwirten erheblichen Schaden an. Nur noch als Brennholz verwertbar sind 4 000 Kubikmeter aus dem Wald des Forstwirts A, 5 000 Kubikmeter aus dem Wald des Forstwirts B, 500 Kubikmeter aus dem Wald des Forstwirts C und 6 000 Kubikmeter aus dem Wald des Forstwirts D.

Aufgabe:

Interpretieren Sie das in den Diagrammen dargestellte Marktverhalten der vier Forstwirte!

Forstwirt A

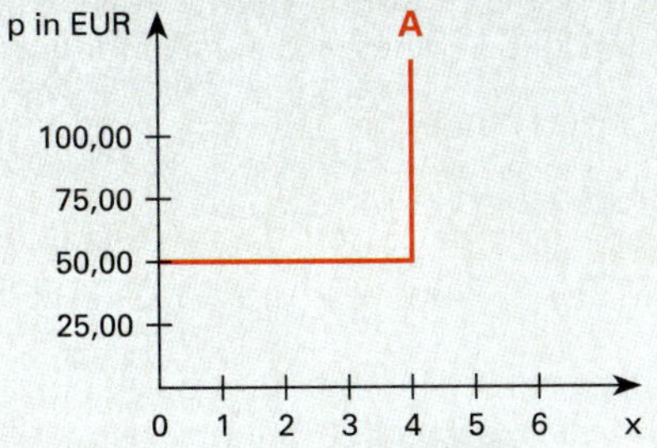

Forstwirt B

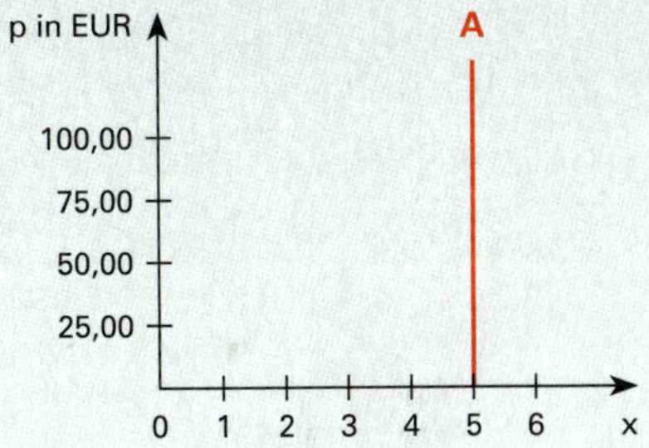

Forstwirt C

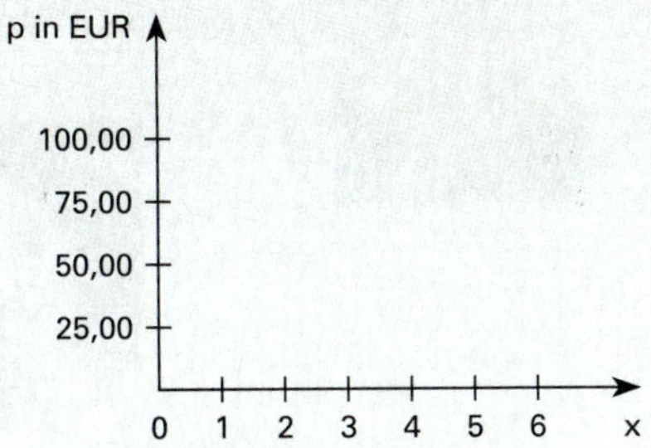

Forstwirt D

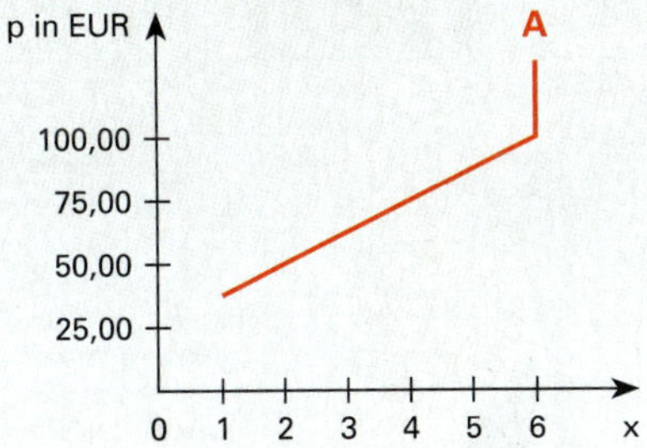

x = Brennholz in 1 000 Kubikmeter
A = Angebotskurve

Lernfeld 10 Gesamtwirtschaftliche Einflüsse analysieren und beurteilen

1 Ziele der Wirtschaftspolitik anhand des Stabilitätsgesetzes und in dessen Erweiterungen beschreiben und mögliche Zielkonflikte ableiten

Lernsituation 28: Vier Auszubildende der Kundenbank AG unterhalten sich über Parteiziele vor einer Bundestagswahl

Sibel, Jennifer, Sarah und Meike – allesamt Auszubildende der Kundenbank AG – sind eine typische Mädchenclique, die viel Zeit miteinander verbringt. Alle vier sind im letzten Jahr volljährig geworden und dürfen nun erstmals bei der in Kürze stattfindenden Bundestagswahl wählen. Als sogenannte Erstwählerinnen wollen sie auf jeden Fall an der Wahl teilnehmen und außerdem nicht irgendeiner Partei ihre Stimme geben, nur weil deren Kandidat oder Kandidatin sympathisch wirkt. Vielmehr haben sie sich fest vorgenommen, sich in den Parteiprogrammen genauer darüber zu informieren, wofür die einzelnen Parteien wirklich stehen und welche Ziele sie konkret verfolgen.

Kundenbank AG

An einem Wochenende treffen sich die vier Freundinnen mal wieder in ihrem Lieblingscafé, um den Tag in gemütlicher Runde langsam ausklingen zu lassen. Im Laufe der schon länger andauernden Unterhaltung werden auch die in Kürze anstehenden Wahlen zum Gesprächsthema. Dabei tauschen sich die vier Freundinnen darüber aus, was ihnen bei den Parteien besonders gefällt.

Jennifer:
„Mir gefällt bei der Partei besonders, dass sie sich für höhere Zinsen und einen stabilen Euro einsetzen will. Dann lohnt sich private Altersvorsorge auch endlich wieder."

Sarah:
„An der Partei begeistert mich, wie durch mehr Klimaschutz die Zukunft unseres Planeten in den Mittelpunkt gestellt wird."

Meike:
„Die Partei fordert eine Politik für mehr Wirtschaftswachstum und somit auch mehr Ausbildungs- und Arbeitsplätze. Das sichert auch unsere berufliche Zukunft bei der Kundenbank AG."

Sibel:
„In einem Parteiprogramm wird besonderer Wert auf die Bekämpfung der Arbeitslosigkeit und mehr soziale Gerechtigkeit gelegt."

Kompetenzorientierte Arbeitsaufträge:

1. In der Situation wird erkennbar, dass zumindest zwei der angesprochenen Parteiziele miteinander in Konflikt stehen. Erklären Sie, um welche Ziele es sich handelt, und beschreiben Sie anschließend anhand eines eigenständig gewählten Beispiels diesen Zielkonflikt!

2. Erläutern Sie, was man unter „sozialer Gerechtigkeit" versteht! Recherchieren Sie mittels digitaler Medien dabei auch kritisch die Frage, inwiefern tatsächlich alle Parteien das Gleiche meinen, wenn sie von mehr sozialer Gerechtigkeit sprechen!

3. Nennen Sie die vier Ziele nach dem Stabilitätsgesetz und erläutern Sie jeweils deren politisch akzeptierten Zielerreichungsgrad!

4. **Maßnahmenplan**

   Zeichnen Sie das „magische Sechseck der Wirtschaftspolitik" und entwickeln Sie für jedes einzelne Ziel des „magischen Sechsecks" jeweils zwei mögliche wirtschaftspolitische Maßnahmen, die zu einem höheren Zielerreichungsgrad beitragen könnten! Erstellen Sie hierzu eine Übersicht in Form eines Maßnahmenplans!

5. **Referate/Präsentationen: Gesamtwirtschaftliche Entwicklungen und deren Auswirkungen auf private und berufliche Situationen**

   Bilden Sie innerhalb der Klasse Kleingruppen, die sich jeweils mit unterschiedlichen gesamtwirtschaftlichen Entwicklungen (Wirtschaftswachstum, Preisniveaustabilität, hoher Beschäftigungsstand, außenwirtschaftliches Gleichgewicht, Umweltschutz, gerechte Einkommens- und Vermögensverteilung) auseinandersetzen. Dabei informieren Sie sich umfassend über die aktuelle Entwicklung zu der von Ihnen ausgewählten Thematik, setzen sich mit deren Folgen für die Kreditwirtschaft, die Kunden sowie Ihre private und berufliche Situation auseinander und präsentieren diese Ergebnisse. Im Anschluss sollten die Entwicklungen in regelmäßigen Abständen in Form von Kurzreferaten durch ein Mitglied der jeweiligen Gruppe immer wieder vorgestellt werden, um so Ergebnisse von Beratungsgesprächen besser reflektieren und fortlaufend mit den aktuellen wirtschaftspolitischen Informationen vergleichen zu können.

6. Erstellen Sie mittels digitaler Medien eine kreative und möglichst kompakte Übersicht zu den Zielen der Wirtschaftspolitik zur Vorbereitung auf die nächste Klausur!

1.1 Begriff Wirtschaftspolitik

Die Wirtschaftspolitik versucht Antworten auf die Fragen zu finden:

- **Welche** Ziele sind realisierbar und
- **wie** lassen sich die festgelegten Ziele erreichen?

Am Anfang der Wirtschaftspolitik steht ein **Ziel,** das realisiert werden soll. Die **Festlegung** solcher Ziele und Normen, also dessen, was sein sollte, lässt sich **wissenschaftlich** allgemeingültig **nicht** vornehmen.

Da man folglich über die Ziele der Wirtschaftspolitik **unterschiedlicher Meinung** sein kann, sollte deren Festlegung bzw. Formulierung letztlich über politisch legitimierte Organe im Sinne eines gesamtgesellschaftlichen Konsenses[1] erfolgen. Die anzustrebenden Ziele sind im Wesentlichen politisch durch die **Träger der Wirtschaftspolitik,** etwa durch das Parlament, zu bestimmen.

1 **Konsens:** Zustimmung, Einwilligung, Übereinstimmungen der Meinungen.

Unter **Wirtschaftspolitik** versteht man die Beeinflussung der Wirtschaft durch **politische Maßnahmen,** mit denen der **Staat regelnd** und **gestaltend** in die Wirtschaft eingreift.

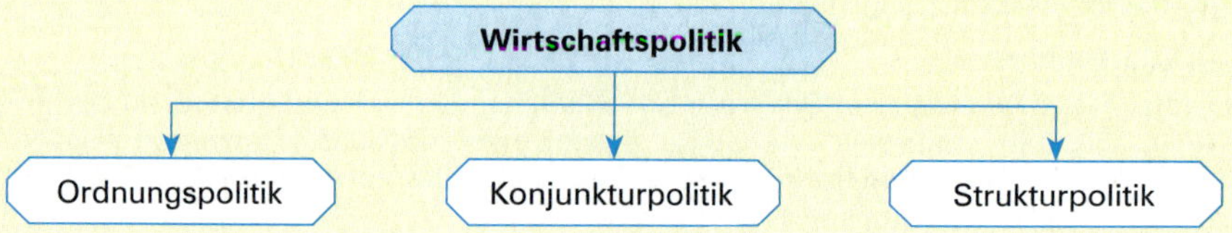

Wirtschaftspolitik umfasst alle Maßnahmen staatlicher Instanzen

- zur Gestaltung der Wirtschaftsordnung (**Ordnungspolitik**).

Beispiele:

Wettbewerbsordnung, Gewerbeordnung, Eigentumsordnung.

- zur Beeinflussung der Struktur (**Strukturpolitik**).

Beispiele:

Steuererleichterungen und Subventionen zur Modernisierung bzw. Anpassung einzelner Industrien oder Branchen, finanzielle Förderung von Forschung, Verbesserung der Infrastruktur.

- zum Ablauf des arbeitsteiligen Wirtschaftsprozesses (**Prozesspolitik**).

Beispiele:

Arbeitsmarktpolitik, Konjunkturpolitik (Fiskalpolitik) und Geldpolitik.

Die Wirtschaftspolitik kann sich auf die gesamte Volkswirtschaft (**allgemeine Wirtschaftspolitik**) oder auf Teilbereiche (**spezielle Wirtschaftspolitik**) erstrecken.

1.2 Wirtschaftspolitische Ziele und ihre Zielbeziehungen

1.2.1 Ziele des Stabilitätsgesetzes sowie deren Messgrößen und Zielerreichungsgrade

(1) Überblick

- **Politik** ist **zielgerichtetes** Handeln. Der Staat muss sich also Ziele setzen, nach denen er seine Wirtschaftspolitik ausrichtet.
- Das **Grundgesetz** mit seinen Forderungen nach **größtmöglicher Freiheit** und **sozialer Gerechtigkeit** setzt hierzu nur „Eckpfeiler".

Nach § 1 des Gesetzes zur Förderung der Stabilität und des Wachstums der Wirtschaft vom 8. Juni 1967 (**„Stabilitätsgesetz"**) haben Bund und Länder bei ihren wirtschafts- und finanzpolitischen Maßnahmen die Erfordernisse des gesamtwirtschaftlichen Gleichgewichts zu beachten.

Gesamtwirtschaftliches Gleichgewicht liegt vor, wenn **alle** Produktionsfaktoren **vollbeschäftigt** sind und sich **alle** Märkte (z. B. Arbeits-, Kredit-, Gütermärkte) **ausgleichen.**

Aus diesem **Oberziel** leitet das Stabilitätsgesetz **vier Unterziele (magisches Viereck)** ab:

- Stabilität des Preisniveaus,
- hoher Beschäftigungsstand,
- außenwirtschaftliches Gleichgewicht und
- stetiges und angemessenes Wirtschaftswachstum.

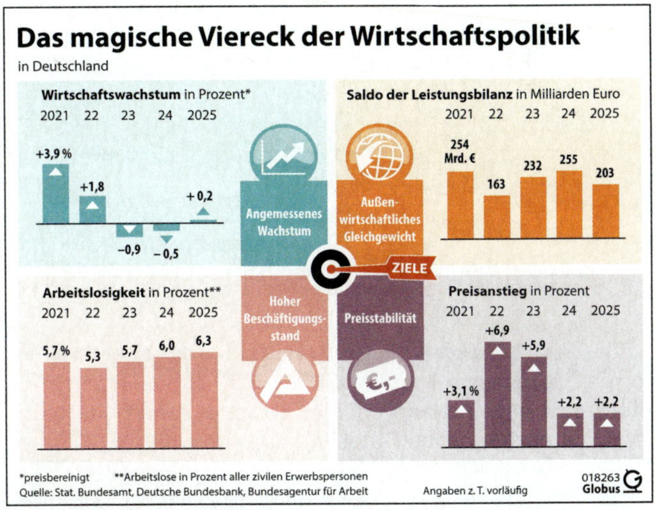

Die wichtigsten Ziele der deutschen Wirtschaftspolitik wurden vor mehr als einem halben Jahrhundert gesetzlich verankert. Sie heißen: stetiges und angemessenes Wirtschaftswachstum, hoher Beschäftigungsstand, Preisstabilität und außenwirtschaftliches Gleichgewicht. So steht es im sogenannten Stabilitätsgesetz von 1967. Diese vier Ziele gleichzeitig zu erreichen, ist schwierig und erfordert wohl magische Fähigkeiten (daher auch die Bezeichnung „Magisches Viereck"). Im Jahr 2025 wurden nicht alle Ziele erreicht. Die Arbeitslosenquote stieg auf 6,3 % (im Jahresdurchschnitt waren 2,9 Mio. Frauen und Männer arbeitslos). Das Ziel eines außenwirtschaftlichen Gleichgewichts wurde mit einem Leistungsbilanzüberschuss von rund 203 Mrd. EUR verfehlt. Die Verbraucherpreise stiegen um durchschnittlich 2,2 %. Das Bruttoinlandsprodukt stieg um 0,2 %.

Die vier genannten Ziele sind **quantitative Ziele,** weil sie sich in Zahlen erfassen lassen. Zwei weitere wichtige, nicht ausdrücklich im Stabilitätsgesetz erwähnte **qualitative Ziele** sind:

- sozial verträgliche Einkommens- und Vermögensverteilung und
- Erhaltung der natürlichen Lebensgrundlagen (Umweltschutz).

Werden die **quantitativen** und **qualitativen** Ziele gleichzeitig verfolgt, so spricht man von einem **magischen Sechseck.**

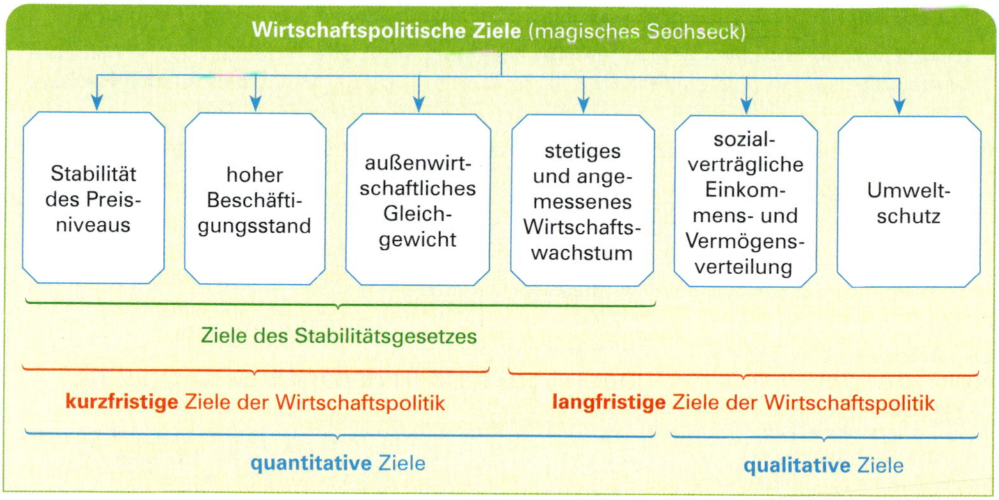

(2) Hoher Beschäftigungsstand[1]

Die **Beschäftigung** zeigt den Grad der **Kapazitätsausnutzung** einer Volkswirtschaft an.

Die Beschäftigungslage in einer Volkswirtschaft beurteilt man meist an den Arbeitslosenzahlen und den offenen Stellen.

Vollbeschäftigung	Sie ist gegeben, wenn die **Arbeitslosenquote** (Anteil der Arbeitslosen an den beschäftigten Erwerbspersonen) **nicht mehr als rund 2 %** beträgt.
Überbeschäftigung	Sie liegt vor, wenn die Zahl der offenen Stellen erheblich über der Zahl der Arbeitslosen liegt.
Unterbeschäftigung	Sie ist gegeben, wenn die Arbeitslosenquote höher als rund 2 % ist und die Zahl der offenen Stellen niedriger als die Arbeitslosenzahl ist.

Eine einheitliche Berechnungsformel für die **Arbeitslosenquote** gibt es nicht. Die **Bundesagentur für Arbeit** verwendet in Anlehnung an die Berechnung der EU-Arbeitslosenquote folgende Berechnungsmethode:

$$\text{ALQ} = \frac{\text{Arbeitslosenzahl} \cdot 100}{\text{Anzahl der Erwerbspersonen}}$$

1 Vgl. hierzu Kapitel 3.3.

Unter-, Über- und Vollbeschäftigung

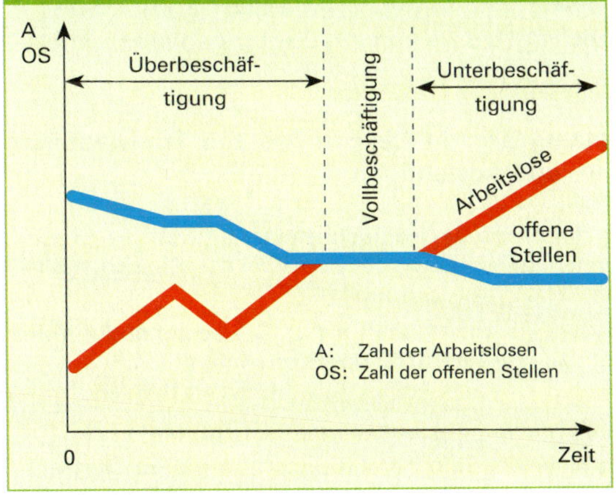

Unter **Erwerbspersonen** sind die **selbstständigen** und die **unselbstständigen** Erwerbspersonen **zuzüglich der Arbeitslosen** zu verstehen. Demnach besteht die Zahl der **abhängigen** Erwerbspersonen aus den abhängig Beschäftigten **und** den Arbeitslosen.

Eine der wichtigsten Aufgaben der Wirtschaftspolitik ist die Sicherung eines **hohen Beschäftigungsstands.**

(3) Stabilität des Preisniveaus[1]

Eine (absolute) **Stabilität des Preisniveaus** (Geldwertstabilität) liegt vor, wenn sich das **Preisniveau** überhaupt nicht verändert.

Auch bei **absoluter** Preisstabilität können sich die Preise der einzelnen Güter verändern. Bedingung ist jedoch, dass Preissteigerungen einzelner Wirtschaftsgüter durch die Preissenkungen anderer Wirtschaftsgüter ausgeglichen werden.

Die Wirtschaftspolitik konnte oder wollte bisher nur in seltenen Fällen eine absolute Preisstabilität erreichen. Aus diesem Grund wird heute eine **relative** Preisstabilität gefordert. Nach der **Definition der Europäischen Zentralbank (EZB)** ist Preisstabilität gegeben, wenn die Preissteigerungsrate im **Durchschnitt** mehrerer Jahre **nahe 2 %** liegt.

Inflationsraten,[2] die über der genannten Zielvorstellung liegen, bringen erhebliche Nachteile mit sich. Die Sparer werden dann geschädigt, wenn die **Realverzinsung** negativ ist. Das ist dann der Fall, wenn die Inflationsraten (Preissteigerungsraten) höher als die Sparzinsen sind.

Als Folge kann sich der Sparer für seine Ersparnisse wegen der Preissteigerungen immer **weniger** kaufen. Sein Geld verliert an **Kaufkraft.**

Hingegen werden die Schuldner und die Besitzer von Realvermögen (z.B. von Grundstücken, Gold, Betriebsvermögen und Anteilsrechten wie z.B. Aktien) bevorzugt. Steigt das inländische Preisniveau schneller als das ausländische, geht der Export zurück, da die inländischen Produkte für ausländische Käufer zu teuer werden. Diese Entwicklung gefährdet Arbeitsplätze.

1 **Preisniveau:** gewogener Durchschnitt aller Güterpreise. Vgl. Kapitel 3.2.

2 **Inflationsraten:** Preissteigerungsraten (prozentuale durchschnittliche Preissteigerungen in Bezug auf das Vorjahr). Unter Inflation (lat. Aufblähung) versteht man eine lang anhaltende Steigerung des Preisniveaus.

(4) Außenwirtschaftliches Gleichgewicht[1]

Ein **außenwirtschaftliches Gleichgewicht** liegt vor, wenn die **Zahlungsbilanz** mittelfristig ausgeglichen ist.

Die Zahlungsbilanz ist die **Gegenüberstellung** aller in Geld messbaren **Transaktionen** (Bewegungen, Übertragungen) **zwischen In- und Ausland.**

Exportüberschüsse 	■ Exportüberschüsse führen zu **Devisenüberschüssen,**[2] weil die Exporteure die eingenommenen Devisen in der Regel bei den Banken in Binnenwährung umtauschen. ■ Der Geldumlauf in der Binnenwirtschaft steigt. Bei bestehender Vollbeschäftigung steigt das Preisniveau **(„importierte Inflation").**[3]
Importüberschüsse 	■ Die Importeure zahlen die Importe entweder in Binnen- oder in Fremdwährung. Wird in Binnenwährung gezahlt, tauschen die im Devisenausland ansässigen Exporteure ihre Erlöse in ihre eigene Währung um. Wird in Fremdwährung gezahlt, müssen die Importeure die benötigten Devisen im eigenen Währungsgebiet kaufen. ■ In beiden Fällen **schrumpft der Devisenvorrat** der Binnenwirtschaft: Die Zahlungsbilanz wird passiv. Die abnehmende Geldmenge bremst zwar den Preisauftrieb, gefährdet aber die Arbeitsplätze.

(5) Stetiges und angemessenes Wirtschaftswachstum[4]

Ein **stetiges Wirtschaftswachstum** liegt vor, wenn das Wachstum des **realen** Bruttoinlandsprodukts keine oder nur geringe Konjunkturschwankungen[5] aufweist.

Das Wirtschaftswachstum ist in allen Wirtschaftsordnungen ein wesentliches Ziel der Wirtschaftspolitik, denn nur dann, wenn die Produktion wirtschaftlicher Güter schneller als die Bevölkerung wächst, kann der **materielle Lebensstandard** pro Kopf der Bevölkerung **erhöht** werden. Wirtschaftliches Wachstum ist umso wichtiger, je geringer der Entwicklungsstand und damit der Lebensstandard einer Volkswirtschaft ist.

Schwieriger ist der Begriff des **angemessenen Wirtschaftswachstums** zu bestimmen, denn was unter „angemessen" zu verstehen ist, kann nur politisch entschieden werden. Derzeit würde ein jährliches Wirtschaftswachstum von **3 %** im Bundesdurchschnitt als großer wirtschaftspolitischer Erfolg gewertet werden.

1 Vgl. hierzu Kapitel 3.4.

2 **Devisen:** Zahlungsmittel (z. B. Schecks und Überweisungen) in Fremdwährung.

3 Weil bei Exportüberschüssen der Geldumlauf im eigenen Währungsgebiet steigt und dort zugleich das Güterangebot sinkt, spricht man auch vom **doppelt inflationären Effekt** der **Exportüberschüsse**.

4 Vgl. hierzu Kapitel 3.1.

5 **Konjunktur:** Schwankungen der wirtschaftlichen Aktivitäten, vor allem der Beschäftigung.

(6) Mögliche Zielkonflikte[1] (magisches Viereck)

Die Forderung, dass die Wirtschaftspolitik gleichzeitig einen hohen Beschäftigungsstand, Preisstabilität (Geldwertstabilität), außenwirtschaftliches Gleichgewicht sowie stetiges und angemessenes Wirtschaftswachstum anzustreben habe, ist leicht zu erheben, aber schwierig zu erfüllen. Je nach Ausgangslage besteht Zielharmonie[2] oder ein Zielkonflikt.

- Von **Zielharmonie** spricht man, wenn bestimmte wirtschaftspolitische Maßnahmen der Erreichung mehrerer Ziele dienlich sind.
- Ein **Zielkonflikt** liegt vor, wenn die Ergreifung einer bestimmten Maßnahme die Wirtschaft zwar einem Ziel näher bringt, sie dafür aber von anderen Zielen entfernt.
- **Zielindifferenz**[3] ist gegeben, wenn durch die Verfolgung eines wirtschaftspolitischen Ziels die Verfolgung anderer wirtschaftspolitischer Ziele weder gefährdet noch gefördert wird.

Es ist ersichtlich, dass in der Regel die gleichzeitige Verfolgung der genannten Ziele nicht möglich ist. Man spricht daher vom **„magischen Viereck"**. Nur ein Magier, also ein Zauberer, könnte gleichzeitig Vollbeschäftigung, Preisstabilität, außenwirtschaftliches Gleichgewicht sowie stetiges und angemessenes Wirtschaftswachstum erreichen.

Beispiel für eine mögliche Konfliktsituation:

Ist eine Wirtschaft **unterbeschäftigt,** liegt in der Regel folgende Situation vor: Die Zahl der Arbeitslosen übersteigt die Anzahl der offenen Stellen; der Preisauftrieb ist gedämpft, sofern die Gewerkschaften trotz Unterbeschäftigung keine überhöhten Lohnforderungen durchsetzen. Die Investitionsneigung der Unternehmen ist gering, weil der entsprechende Absatz fehlt. Die Steuereinnahmen des Staates reichen nicht aus, um die Staatsausgaben zu finanzieren. Angenommen nun, die Wirtschaft soll mithilfe von Exportförderungsmaßnahmen (z. B. Exportsubventionen, Abwertung) belebt werden. War die Zahlungsbilanz bisher ausgeglichen, kann somit das Ziel des außenwirtschaftlichen Gleichgewichts *nicht* angestrebt werden. Das Ziel der Preisstabilität hingegen ist in dieser Situation nicht gefährdet, weil die unterbeschäftigte Wirtschaft zunächst zu konstanten Preisen anbieten kann.

1.2.2 Sozial verträgliche Einkommens- und Vermögensverteilung

Das wirtschafts- und sozialpolitische Ziel einer sozial verträglichen Einkommens- und Vermögensverteilung läuft darauf hinaus, die Einkommen und Vermögen in Zukunft **gleichmäßiger** unter die großen sozialen Gruppen der Arbeitnehmer einerseits und der Selbstständigen („Unternehmer") einschließlich der sonstigen Vermögensbesitzer andererseits zu verteilen. Bezüglich der Einkommenspolitik des Staates bedeutet das, die **Lohnquote** (Anteil der Arbeitnehmer am Gesamteinkommen) zu erhöhen.

Die Verfolgung des Ziels einer sozial verträglichen Einkommensverteilung ist für die Regierung der Bundesrepublik Deutschland deswegen schwierig, weil **Tarifautonomie** besteht, d. h., weil die Sozialpartner (Tarifpartner) das Recht haben, die Arbeitsentgelte selbststän-

1 **Konflikt** (lat.): Zusammenstoß, Widerstreit, Zwiespalt.

2 **Harmonie** (griech.-lat.): Übereinstimmung, Einklang.

3 **Indifferenz** (lat.): „Keinen Unterschied haben"; indifferent: unbestimmt, unentschieden, gleichgültig, teilnahmslos.

dig und **ohne staatliche Einmischung** zu vereinbaren. Dennoch verbleiben dem Staat eine Reihe von **wirtschafts- und sozialpolitischen Maßnahmen** vor allem vermögenspolitischer Art. Hierzu gehören die

- Einführung eines **gesetzlichen Mindestlohns,**
- der **Kombilohn** (bei niedrigen Löhnen stockt der Staat den Lohn auf) und
- **Sparförderungsmaßnahmen.**

Wie viel Geld steht einer Haushaltsgemeinschaft, die aus mindestens einer Person besteht, in Deutschland monatlich zur Verfügung? Nach einer Auswertung von NIQ Geomarketing kamen im Jahr 2025 mehr als die Hälfte der Haushalte (rund 60 %) mit Lohn oder Gehalt, Rente, Mieteinnahmen und ähnlichen Einkünften zusammen auf mindestens 2500 Euro netto. Den höchsten Anteil gab es mit rund 15 % in der Einkommensklasse 3 000,00 EUR bis unter 4 000,00 EUR. Der Anteil der Haushalte mit einem Einkommen von 7 000,00 EUR und mehr lag bei gut 6 %. Mit weniger als 1 000,00 EUR im Monat mussten dagegen gut 7 % der Haushalte auskommen.

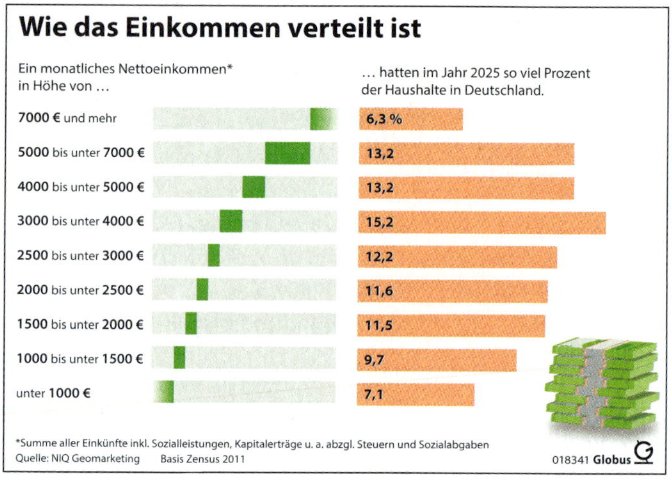

Hinzu kommt die **Steuerpolitik,** mit deren Hilfe die **Einkommen umverteilt** werden: Hohe Einkommen werden überproportional hoch, niedrigere Einkommen nur gering oder überhaupt nicht direkt besteuert **(Steuerprogression).**

1.2.3 Erhaltung der natürlichen Lebensgrundlagen

Das wirtschafts- und sozialpolitische Ziel, die Umwelt lebenswert zu erhalten und/oder zu verbessern, ist ein **qualitatives Ziel.**

Wird in den Zielkatalog einer **sozialen Marktwirtschaft** das Ziel des Umweltschutzes aufgenommen, müssen – ebenso wie dies zur Erreichung sozialer Ziele erforderlich ist – **staatliche Eingriffe** erfolgen, die die Marktbedingungen so verändern, dass **Nachfrage** und **Angebot** in der gewünschten Weise gelenkt werden. **Marktkonforme**[1] **Maßnahmen** müssen hierbei die Regel, **marktkonträre**[2] **Maßnahmen** die Ausnahme bilden.

1 **Konform** sein: In Einklang stehen mit etwas; marktkonforme Maßnahmen sind also solche, die mit der Idee der Marktwirtschaft in Einklang stehen. Näheres hierzu in Lernfeld 6, Kapitel 4.1.

2 **Konträr**: entgegengesetzt. Näheres hierzu in Lernfeld 6, Kapitel 4.2.

Art der Maßnahme	Erläuterungen	Beispiele
marktkonforme Maßnahmen **Ziel:** **Anreize** zu umweltschonendem Verhalten geben, **ohne den Preismechanismus** des Marktes **außer Kraft zu setzen.**	Hier versucht der Staat umweltschädliche Maßnahmen und Produkte mithilfe von Steuern, Abgaben und Zöllen (**„Ökosteuern“**, CO_2-Steuer) so stark zu belasten, dass in absehbarer Zeit sowohl Nachfrage als auch Angebot reagieren werden. Umgekehrt sollen alle als umweltschonend erkannten Maßnahmen und Produkte so stark entlastet (erforderlichenfalls auch subventioniert) werden, sodass sich Nachfrage und Produktion in die gewünschte Richtung bewegen.	■ Mögliche Einführung von „Öko-Produktsteuern“, z. B. für Batterien, tropisches Holz, Waschmittel und Streusalz. ■ Erhebung von Müllvermeidungssteuern für Einwegflaschen, Getränkedosen, Kunststoffbehälter und -flaschen, Aluminiumfolien und für Werbezwecke verwendetes Papier. ■ Rücknahmeverpflichtung für umweltbelastende Produkte, nachdem ihre Nutzungsdauer abgelaufen ist (z. B. Kühlschränke, Autos, Batterien).
marktkonträre Maßnahmen **Ziel:** Zu umweltschonendem Verhalten **zwingen, indem der Preismechanismus** des Marktes **aufgehoben wird.**	Marktkonträre Maßnahmen sind **Verbote**[1] und die Vorgabe von **Grenzwerten.** Das Problem der Vorgabe von Grenzwerten ist, dass sie auch noch unterboten werden können, die Wirtschaftssubjekte aber nicht einsehen, dass sie die Kosten für eine weitere Verringerung von Schadstoffen tragen sollen, wenn dies nicht gesetzlich vorgeschrieben ist.	■ Umweltschädliche Produkte, auf die vollständig verzichtet werden kann, müssen verboten werden (z. B. Kosmetika mit Mikroplastik, Wattestäbchen, Rührstäbchen, Trinkhalme und Einwegbesteck aus Plastik). ■ Einzelschadstoffe, die mit technischen Mitteln auf einen bestimmten Stand reduziert werden können, sind mithilfe von Grenzwerten zu verringern (z. B. Schadstoffe in Autoabgasen).

1.2.4 Wechselwirkungen wirtschaftspolitischer Maßnahmen

Beispiel:

Angenommen, die Regierung eines Landes setzt die Einkommensteuersätze herauf, um die Staatseinnahmen zu erhöhen. Die Rechnung dieses Ursache-Wirkungsdenkens („höhere Steuersätze bringen dem Staat mehr Geld“) geht nicht auf: Die Steuereinnahmen steigen nicht. Sie nehmen sogar ab, weil die Konsumenten weniger Geld zur Verfügung haben, sodass die Konsumausgaben sinken. Die Beschäftigung im Handel in der Konsumgüterindustrie geht zurück. Letztere wiederum stellt ihre Investitionsvorhaben zurück, sodass die Kapazitätsauslastung in der Investitionsgüterindustrie sinkt. Die Steuererhöhung hat das Gegenteil dessen bewirkt, was sie eigentlich wollte.

Das Beispiel zeigt, dass die Wirkungen wirtschaftspolitischer Maßnahmen meistens nicht richtig beurteilt werden können, wenn einfache „lineare“ Denkmuster zugrunde gelegt werden. Das Denken in „Wenn-dann-Beziehungen“ (Ursache-Wirkungsbeziehungen) führt deswegen zu ungenauen, manchmal sogar falschen Ergebnissen, weil neben den **unmit-**

1 Dies gilt jedoch **nicht** für den Fall, dass **alternative Möglichkeiten** (z. B. Technologien) zur Verfügung stehen.

telbaren (direkten) Beziehungen eines Systems[1] auch die **mittelbaren (indirekten)** Beziehungen, die außerdem **zeitverzögert** eintreten können, berücksichtigt werden müssen. Außerdem sind **Rückkopplungen,** d.h. in diesem Falle also Rückwirkungen bestimmter staatlicher Maßnahmen, zu berücksichtigen.

Darüber hinaus können sich staatliche Eingriffe auf die gesamte Wirtschaft (das In- und Ausland) auswirken. Beispiele sind die Auswirkungen von Zollerhöhungen oder -senkungen auf den Außenhandel und die Beschäftigung, von Umweltschutzmaßnahmen auf die Investitionstätigkeit inländischer und ausländischer Investoren oder der Zulassung oder Nichtzulassung von genmanipulierten[2] Futter- und Nahrungsmitteln auf die in- und ausländische Landwirtschaft und die Gesundheit der Bevölkerung.

Kompetenztraining

48

1. Nennen und beschreiben Sie den Zielkatalog des „magischen Vierecks"!
2. Erläutern Sie, warum diese Zielkombinationen (Aufgabe 1) als „magisch" bezeichnet werden!
3. Nennen Sie die Anzahl der möglichen Konfliktfelder, die es bei der gleichzeitigen Verfolgung von z.B. fünf oder sieben wirtschaftspolitischen Zielen gibt!
4. Die im Kapitel 1.2 genannten wirtschaftspolitischen Ziele sind Oberziele. Wählen Sie drei dieser Ziele aus und stellen Sie dar, welche Zwischen- und Unterziele sich aus diesen Oberzielen ableiten lassen!
5. Bearbeiten Sie folgende Aufgaben:
   - 5.1 Das Oberziel der Wirtschaftspolitik von Deutschland ist nach § 1 StabG das „gesamtwirtschaftliche Gleichgewicht". Erläutern Sie, was hierunter zu verstehen ist!
   - 5.2 Nennen Sie die quantitativen Ziele des § 1 StabG!
   - 5.3 Erläutern Sie, warum die Vollbeschäftigung ein wichtiges Ziel der Wirtschaftspolitik ist!
   - 5.4 Erläutern Sie, unter welchen Bedingungen Vollbeschäftigung vorliegt!
   - 5.5 Erklären Sie das wirtschaftspolitische Ziel „Preisniveaustabilität"!
   - 5.6 Begründen Sie, warum der Staat für außenwirtschaftliches Gleichgewicht sorgen sollte!
   - 5.7 Erläutern Sie, welche möglichen Zielkonflikte zwischen den Zielen „hoher Beschäftigungsstand", „Stabilität des Preisniveaus" und „außenwirtschaftliches Gleichgewicht" bestehen können!
   - 5.8 Erklären Sie, was unter stetigem Wirtschaftswachstum zu verstehen ist!
   - 5.9 Nennen Sie neben dem Ziel des stetigen Wirtschaftswachstums noch weitere langfristige Ziele der Wirtschaftspolitik!

1 **System** (griech.): ein aus zahlreichen Elementen (Einzelteilen) zusammengesetztes Ganzes, bei dem jedes einzelne Element mit jedem anderen mittelbar oder unmittelbar zusammenhängt. Ein einfaches Beispiel für ein System ist das Mobile. Gleichgültig, welches Einzelteil auch angestoßen wird, es werden sich – oft auf nicht vorhersehbare Weise – alle anderen Elemente bewegen und mit einer gewissen Zeitverzögerung auch auf die Bewegung des ursprünglich angestoßenen Teils Einfluss nehmen.

2 **Gen** (griech.): Erbfaktor. Genmanipulation: künstliche Veränderung der Erbfaktoren.

5.10 Erläutern Sie, welche Zielkonflikte sich zwischen dem Ziel des stetigen Wirtschaftswachstums einerseits und den kurzfristigen Zielen der Stabilität des Preisniveaus, des hohen Beschäftigungsstands und des außenwirtschaftlichen Gleichgewichts andererseits ergeben können!

5.11 Die möglichen Zielkonflikte erfordern, dass der Staat wirtschaftspolitische Kompromisse schließen muss. Erläutern Sie diese Aussage!

5.12 Erläutern Sie, warum in Deutschland trotz Wirtschaftswachstum das Ziel eines möglichst hohen Beschäftigungsstands seit Jahren unerreichbar scheint!

6. Ökosteuern und -abgaben, Verbote und die Vorgabe von Grenzwerten sollen zu einem umweltverträglichen Wirtschaften beitragen.

Beispiele:

a) Erhebung einer Abwasserabgabe, die mit zunehmendem Reinheitsgrad der Abwässer sinkt.
b) Abschaffung der Kraftfahrzeugsteuer und Erhöhung der Mineralölsteuer.
c) Verbot von Flugreisen zu Urlaubszwecken.
d) Begrenzung der zulässigen Rußzahlen bei Kamin- und Kachelöfen.
e) Fahrverbot für Kraftfahrzeuge mit Dieselmotoren in Innenstädten.
f) Höhere Stromsteuer auf Strom aus Gaskraftwerken.
g) Vorgabe von Abgasgrenzwerten (z. B. für Kraftwerke, Autos).
h) Subventionen für den Einbau von Wärmepumpen.
i) Steuererleichterung für Elektrofahrzeuge.
j) Herstellungsverbot von Rindfleisch und Milchprodukten.
k) Einführung eines Pfandsystems für Konservendosen.
l) Importverbot für genmanipulierte Lebensmittel.

Aufgaben:

6.1 Begründen Sie, welche der genannten Maßnahmen als marktkonform und welche als marktkonträr zu bezeichnen sind!

6.2 Angebot und Nachfrage nach einem umweltschädlichen Gut A verhalten sich normal. Das Gut A wird mit einer Ökosteuer belegt. Stellen Sie mithilfe der Angebots- und Nachfragekurve dar, wie sich Preis und Absatzmenge des Gutes A verändern!

6.3 Erklären Sie, wie sich die Ökosteuer auf das Produkt A auf die Nachfrage nach dem Substitutionsgut (Ersatzgut) B auswirken könnte!

6.4 Bilden Sie zwei eigene Beispiele für den unter 6.3 beschriebenen Substitutionseffekt!

7. Beschreiben Sie, welche Zusammenhänge die nachfolgenden Abbildungen ausdrücken!

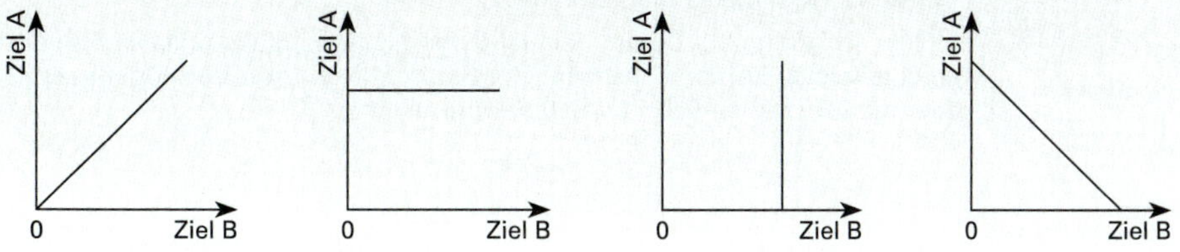

8. Überprüfen Sie die nachfolgenden Aussagen zur Wirtschaftspolitik! Welche zwei der folgenden Aussagen zur Wirtschaftspolitik sind falsch? Ist nur eine Aussage falsch, so tragen Sie in das zweite Kästchen bitte eine ⑨ ein!

① Am Anfang der Wirtschaftspolitik steht ein Ziel, das realisiert werden soll. Die Festlegung solcher Ziele und Normen, also dessen, was sein sollte, lässt sich wissenschaftlich allgemeingültig vornehmen.

② Unter Wirtschaftspolitik versteht man die Beeinflussung der Wirtschaft durch politische Maßnahmen, mit denen der Staat regelnd und gestaltend in die Wirtschaft eingreift.

③ Zu der Ordnungspolitik zählt u. a. die Wettbewerbsordnung, Gewerbeordnung und die Eigentumsordnung.

④ Wirtschaftspolitik umfasst u. a. alle Maßnahmen staatlicher Instanzen zum Ablauf des arbeitsteiligen Wirtschaftsprozesses. Zur Prozesspolitik gehören z. B. die Arbeitsmarktpolitik, Konjunkturpolitik und Geldpolitik.

⑤ Die anzustrebenden Ziele sind im Wesentlichen politisch durch die Träger der Wirtschaftspolitik, etwa durch das Parlament, zu bestimmen.

⑥ Die Wirtschaftspolitik kann sich auf die gesamte Volkswirtschaft (allgemeine Wirtschaftspolitik) oder auf Teilbereiche (spezielle Wirtschaftspolitik) erstrecken.

⑦ Die Wirtschaftspolitik versucht Antworten auf die Fragen zu finden: Welche Ziele sind realisierbar und wie lassen sich die festgelegten Ziele erreichen?

9. Politik ist zielgerichtetes Handeln. Der Staat muss sich also Ziele setzen, nach denen er seine Wirtschaftspolitik ausrichtet.

Aufgabe:

Überprüfen Sie, welche zwei der folgenden Aussagen zu den Zielen der Wirtschaftspolitik falsch sind! Ist nur eine Aussage falsch, so tragen Sie in das zweite Kästchen bitte eine ⑨ ein!

① Nach § 1 des Gesetzes zur Förderung der Stabilität und des Wachstums der Wirtschaft haben Bund und Länder bei ihren wirtschafts- und finanzpolitischen Maßnahmen die Erfordernisse des gesamtwirtschaftlichen Gleichgewichts zu beachten.

② Ein gesamtwirtschaftliches Gleichgewicht liegt vor, wenn alle Produktionsfaktoren vollbeschäftigt sind und sich alle Märkte ausgleichen.

③ Die Stabilität des Preisniveaus, ein hoher Beschäftigungsstand, ein außenwirtschaftliches Gleichgewicht sowie ein stetiges und angemessenes Wirtschaftswachstum bilden das magische Viereck und sind sogenannte quantitative Ziele.

④ Eine sozialverträgliche Einkommens- und Vermögensverteilung und die Erhaltung der natürlichen Lebensgrundlagen sind nicht ausdrücklich im Stabilitätsgesetz erwähnt und zählen zu den quantitativen Zielen.

⑤ Werden die quantitativen und die qualitativen Ziele gleichzeitig verfolgt, so spricht man von einem magischen Sechseck.

⑥ Zu den langfristigen Zielen der Wirtschaftspolitik zählen das außenwirtschaftliche Gleichgewicht, die sozial verträgliche Einkommens- und Vermögensverteilung sowie die Erhaltung der natürlichen Lebensgrundlagen.

2 Beziehungen der Sektoren des Wirtschaftskreislaufs untereinander erläutern sowie deren Geld- und Güterströme berechnen

Lernsituation 29: Die Solartech Müller KG präsentiert sich auf der Ausbildungsmesse der Kundenbank AG

Die Kundenbank AG hat für Schülerinnen und Schüler von Oberstufenklassen aus der Region eine Ausbildungsmesse organisiert, auf der die Firmenkunden der Kundenbank AG die jungen Menschen für ihr Unterehmen begeistern möchten. Mit dabei ist auch die Solartech Müller KG, deren Geschäftsführer Roman Kunz sein Unternehmen vor dem Plenum präsentiert.

Dabei führt er zunächst an, wie wichtig es für die Zukunft des Unternehmens sei, auch in den nächsten Jahren hinreichend motivierte und gut ausgebildete Fachkräfte zu bekommen. Nicht umsonst investiere das Unternehmen sehr viel Geld in die Ausbildung der Mitarbeiter, da ohne sie der Erfolg der vergangenen Jahre so nicht möglich gewesen wäre. Herr Kunz lässt nicht unerwähnt, dass die Mitarbeiter des Unternehmens übertariflich bezahlt werden und zudem eine erfolgsabhängige Prämie erhalten.

Weiterhin führt Herr Kunz an, dass auch dem Staat eine wesentliche Rolle für den künftigen Erfolg des Unternehmens zukommt. Nur wenn die Regierung auch in Zukunft die Solarenergie fördere, könnten die Absatzerfolge auf dem heutigen Niveau gefestigt werden. Ohne diese staatlichen Förderungen würden viele Abnehmer von einer Investition in Solarparks absehen, da diese sich dann nicht mehr für sie lohnen würde. Auch die Rolle des Staates als Geldgeber lässt Herr Kunz nicht außen vor, da der Staat dem Unternehmen unter bestimmten Voraussetzungen zinsgünstige Investitionsdarlehen oder gar Subventionen zukommen lässt.

Als wichtige Partner bezeichnet Herr Kunz die Banken, die das Unternehmen seit der Existenzgründung vor etwa zehn Jahren begleitet haben. Herr Kunz weist vor allem darauf hin, dass es dem Unternehmen ohne die Finanzierung durch die Banken gar nicht möglich gewesen wäre, derartige Investitionen durchzuführen, geschweige denn die seit Gründung stark verbesserte Auftragslage zu bewältigen. Schließlich habe das Unternehmen durch die Absatzsteigerungen der letzten Jahre nicht nur neu investieren müssen, auch der vermehrte Material- und Lohnaufwand musste finanziell bewältigt werden. Zudem musste das Unternehmen neue Fertigungshallen pachten, um die eingehenden Aufträge zeitnah zu bearbeiten.

Sorge macht Herrn Kunz die zunehmende Konkurrenz aus dem Ausland, die bei der Herstellung von Solaranlagen nicht nur technisch aufholt, sondern vor allem mit niedrigeren Preisen den Wettbewerb auf den Märkten anheizt. Dies habe bereits dazu geführt, dass einige kleinere Konkurrenten der Solartech Müller KG im Inland aus dem Markt gedrängt wurden, was nicht zuletzt zum Verlust der Arbeitsplätze geführt hat. Dies belaste nicht nur die Sozialversicherung, sondern führe auch zu geringeren Steuereinnahmen des Staates. Herr Kunz weist zudem darauf hin, dass durch die Schließung dieser heimischen Betriebe auch die Existenz einer Vielzahl von Zulieferbetrieben massiv betroffen ist. Abschließend führt er jedoch auch an, dass die Solartech Müller KG mittlerweile wichtige Zulieferer im Ausland hat, die zuverlässig und pünktlich wichtige Komponenten zu sehr günstigen Preisen liefern.

Kompetenzorientierte Arbeitsaufträge:

1. Bestimmen Sie, welche Wirtschaftssubjekte in der vorangestellten Lernsituation aufgeführt sind!
2. Erläutern Sie beispielhaft die in der Lernsituation aufgezeigten Beziehungen der Wirtschaftssubjekte untereinander!
3. Beschreiben Sie an zwei Beispielen, wie sich veränderte Aktivitäten eines Wirtschaftssubjektes auf die monetären und realen Ströme im Wirtschaftskreislauf auswirken!
4. Recherchieren und diskutieren Sie die Grenzen der Erklärungsbedürftigkeit von ökonomischen Modellen in Bezug auf realwirtschaftliche Prozesse!

2.1 Der einfache Wirtschaftskreislauf

Das Zusammenspiel der Wirtschaftseinheiten in einer Volkswirtschaft lässt sich durch eine Kreislaufdarstellung abbilden.

- Beim **einfachen Wirtschaftskreislauf** wird unterstellt, dass in dieser Wirtschaft nur **Haushalte** und **Unternehmen** am Wirtschaftsleben teilnehmen.
- Die **ökonomischen** Beziehungen zum **Staat** oder zum **Ausland** bleiben bei dieser Betrachtung **außen vor.**

Sämtliche Ersteller von Gütern und Dienstleistungen in einer Volkswirtschaft werden in dem **Sektor „Unternehmen"** zusammengefasst, während sämtliche Verbraucher den **Sektor „Private Haushalte"** bilden.

Zur Erstellung von Gütern und Dienstleistungen werden von den Unternehmen Arbeitskräfte, Boden und Kapital benötigt. Diese sogenannten **Produktionsfaktoren** kaufen sie von den privaten Haushalten. Die „Kaufpreise" fließen diesen z. B. in Form von Arbeitseinkommen, Pachten, Mieten, Zinsen oder Dividenden zu. Die privaten Haushalte geben wiederum – im einfachsten Falle – ihre Einkommen **vollständig** zum Kauf von Gütern und Dienstleistungen aus.

Aus diesen Vorgängen lässt sich unmittelbar ableiten, dass innerhalb des Wirtschaftskreislaufes zwei unterschiedliche Ströme fließen: der **Geldkreislauf** und der **Güterkreislauf.**

Betrachtet man beide Ströme, stellt man fest, dass Geld- und Güterstrom **entgegengesetzt** verlaufen. **Wertmäßig** sind sie jedoch **gleich.**

Geldkreislauf	■ Die Unternehmen zahlen an die Haushalte Entgelte für die Bereitstellung der Produktionsfaktoren. ■ Dieses Geld fließt den Unternehmen durch den Verkauf von Gütern und Dienstleistungen an die Haushalte wieder zu.
Güterkreislauf	■ Die Haushalte stellen den Unternehmen Produktionsfaktoren zur Verfügung. ■ Die Unternehmen liefern an die Haushalte die von ihnen produzierten bzw. bereitgestellten Güter und Dienstleistungen.

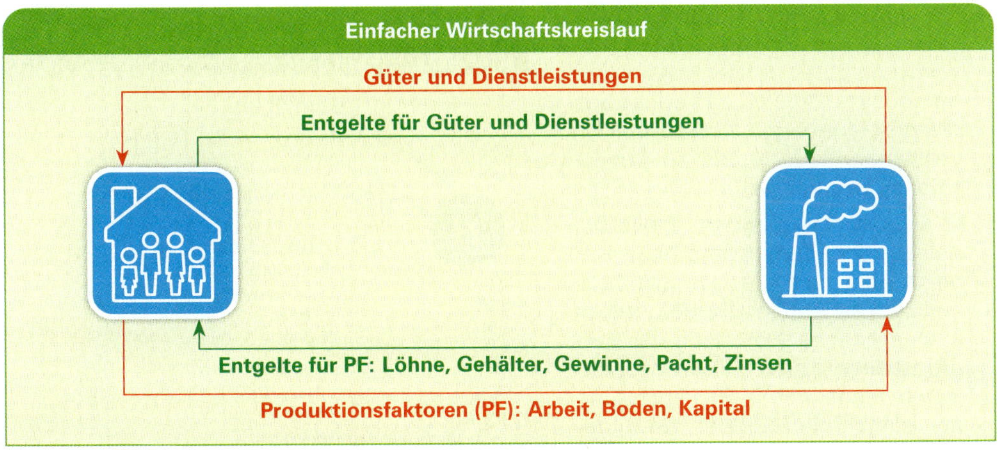

2.2 Der erweiterte Wirtschaftskreislauf

Das einfache Modell zeigt eine Wirtschaft, in der die privaten Haushalte ihr gesamtes Einkommen je Zeitabschnitt (Periode, z. B. ein Jahr) verbrauchen. Eine Wirtschaft aber, die **alles verbraucht,** was sie erzeugt, kann **nicht wachsen.** Sie ist **stationär.** Soll eine Wirtschaft wachsen, d. h. mehr als bisher produzieren, müssen ihre Produktionsanlagen erweitert bzw. neue Produktionsanlagen geschaffen werden.

Eine **wachsende** Wirtschaft, also eine Wirtschaft, die von Jahr zu Jahr mehr erzeugt, bezeichnet man als **evolutorische**[1] (sich entwickelnde) Wirtschaft.

Wird das Modell des „einfachen Wirtschaftskreislaufs" um den **Sektor „Banken"** (Kreditinstitute) erweitert und wird der **Sektor Unternehmen** in die **Investitionsgüterindustrie** und in die **Konsumgüterindustrie** (einschließlich Handel) aufgeteilt, treten zu den bisher genannten gesamtwirtschaftlichen Strömen folgende hinzu:

1. Die privaten Haushalte **sparen (S)** einen Teil ihrer Einkommen und führen die gesparten Mittel den Banken (Kreditinstituten) zu.
2. Die Banken stellen die Mittel den Unternehmen zur Verfügung, die ihre Produktionsanlagen erweitern und/oder ihre Vorräte aufstocken, also **investieren (I).**

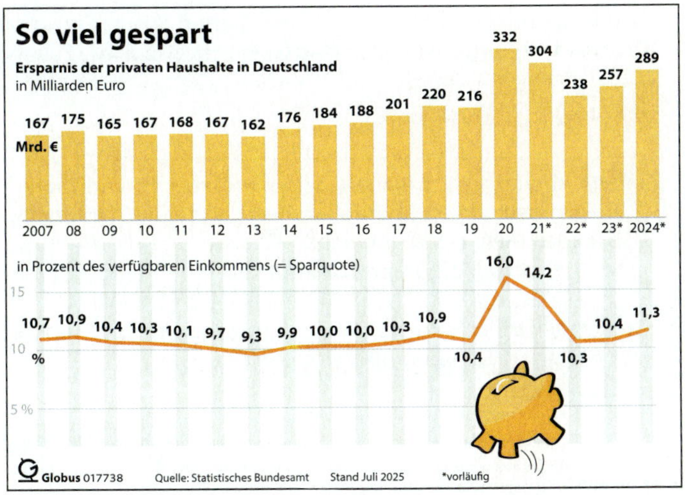

1 **Evolution** (lat.): Entwicklung.

3. Die Investitionsgüterindustrie verkauft die von ihr hergestellten **Investitionsgüter** an die Konsumgüterindustrie. Die Verkaufserlöse aus diesen Lieferungen fließen der Investitionsgüterindustrie zu **(Investitionsgütermärkte)**.

In der nebenstehenden Abbildung wurden die Güterströme nicht eingezeichnet, um die Übersichtlichkeit zu wahren. Im Übrigen stellen auch die Dienstleistungen der **Kreditinstitute** „Güter" im wirtschaftlichen Sinne dar (z. B. Verwaltung der eingelegten Gelder, Kreditgewährung). Der Ausgleich von Kreditangebot und Kreditnachfrage vollzieht sich auf den **Finanzmärkten**.

Der um den Sektor „Banken" erweiterte Wirtschaftskreislauf

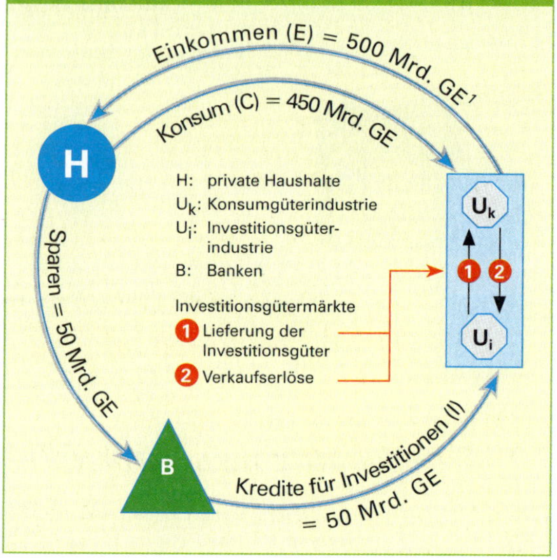

2.3 Der vollständige Wirtschaftskreislauf

(1) Der Sektor Staat

Eine Volkswirtschaft ohne **Staat** ist nicht denkbar. Dem Staat fällt unter anderem die Aufgabe zu, mit wirtschafts- und gesellschaftspolitischen Maßnahmen den **Wirtschaftsablauf** zu **steuern.**

In der Bundesrepublik Deutschland fließen durch den staatlichen Sektor[2] **knapp 50 %** des Bruttoinlandsprodukts, also des Gesamtwerts aller erzeugten Güter.[3]

(2) Der Sektor Ausland

Eine moderne Wirtschaft ohne **außenwirtschaftliche Beziehungen** (geschlossene Volkswirtschaft) ist ebenfalls kaum vorstellbar. Unterschiedliche **Rohstoffvorkommen,** unterschiedliches **technisches Wissen** und die **Ansprüche** der Bevölkerung zwingen dazu, Güter einzuführen (zu importieren) und auszuführen (zu exportieren).

Der binnenwirtschaftliche Wirtschaftskreislauf wird um den **außenwirtschaftlichen** Kreislauf **erweitert** (offene Volkswirtschaft).

1 GE: Geldeinheiten (z. B. EUR, US-$, £, Rubel).

2 Zum Sektor „Staat" gehören vor allem der Bund, die Länder, die Kreise, die Gemeinden und die Sozialversicherungsträger.

3 Das **Bruttoinlandsprodukt** ist der in Geld gemessene Wert der Gesamterzeugung einer Volkswirtschaft einschließlich des durch die Produktion verursachten Wertverlusts der Produktionsanlagen (Abschreibungen).

Zu den bereits bekannten Kreislaufströmen treten nunmehr noch folgende Geldströme (auf die Darstellung entsprechender Güterströme wird verzichtet) hinzu:

1. Ein Teil der Einkommen der privaten Haushalte und Unternehmen wird vom **Staat** (den **öffentlichen Haushalten**) in Form von **Steuern** und anderen gesetzlichen **Abgaben** (z. B. Sozialversicherungsbeiträge) einbehalten.
2. Die Staatseinnahmen werden wieder ausgegeben. Sie fließen zum Teil den privaten Haushalten in Form von **Gehältern** und **Löhnen** für die Staatsbediensteten zu. Ein weiterer Teil wird für die Vergabe von **Staatsaufträgen** an die Unternehmen verwendet, die dadurch **Umsatzerlöse** erzielen. Für besonders förderungswürdige Zwecke erhalten die Unternehmen (oft auch Private) Geldbeträge, die nicht mehr zurückgezahlt werden müssen **(Subventionen).**
3. Die Unternehmen verkaufen Dienstleistungen und Sachgüter an das **Ausland (Export).** Hierfür erhalten sie Geldeinnahmen oder Forderungen. Ihre Umsatzerlöse nehmen zu. Eine Wirtschaft mit **Außenhandelsbeziehungen** heißt **„offene Wirtschaft"**.
4. Umgekehrt kaufen die Unternehmen Dienstleistungen und Sachgüter von ausländischen Unternehmen und/oder Staatsbetrieben **(Import).** Ein entsprechender Geldstrom fließt ins Ausland.
5. Teile der Einkommen der privaten Haushalte sowie der Gewinne der Unternehmen werden **gespart** und bei den Banken angelegt. Diese gewähren den privaten Haushalten Konsumkredite und den Unternehmen **Investitionskredite.**

Der vollständige Wirtschaftskreislauf

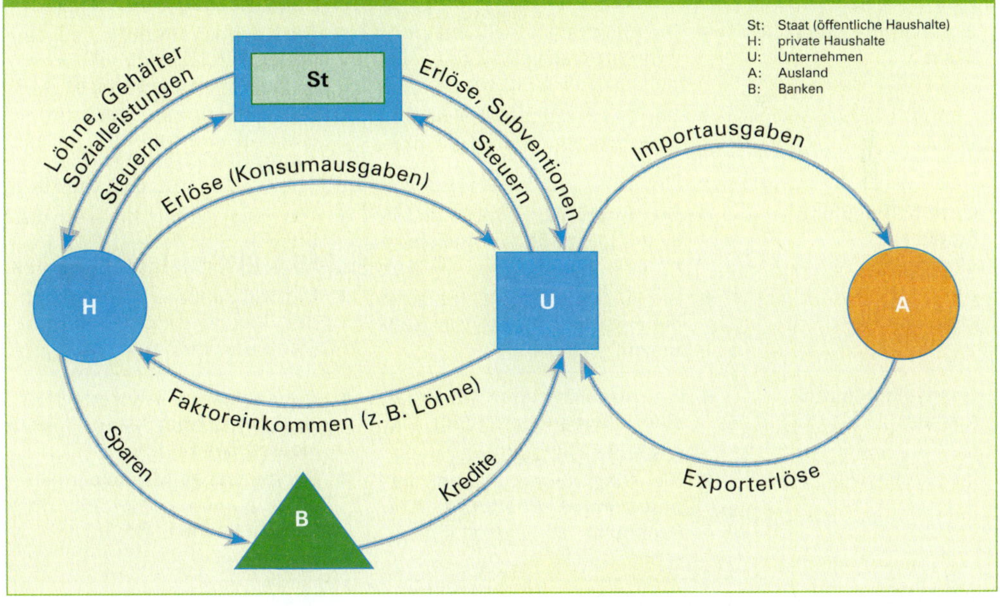

Zu den **Auswirkungen auf die monetären und realen Ströme** im vollständigen Wirtschaftskreislauf sind in nachfolgender Tabelle Beispiele aufgeführt.

Beziehung zwischen	Geldkreislauf	Güterkreislauf
Haushalt und Staat	■ Der Auszubildende Carsten Clever bezahlt von seinem Weihnachtsgeld die Kfz-Steuer. ■ Familie Müller erhält Kindergeld.	■ Nils Bach arbeitet als Lehrer an einer staatlichen Schule. ■ Die Stadt München baut eine neue Spielstraße.
Haushalt und Banken	■ Der vermögende Daniel Geissen erhält eine Zinsgutschrift für sein Sparguthaben. ■ Der Angestellte Ralf Schupp zahlt an seine Bank Kontoführungsgebühren.	■ Der Immobilienbesitzer Ben Becker vermietet sein Geschäftshaus an die Kundenbank AG. ■ Die Kundenbank AG verkauft einem Münzsammler eine Goldmünze.
Haushalt und Ausland	■ Dem in Luxemburg arbeitenden Egon Kling wird sein Gehalt an die Kundenbank AG überwiesen. ■ Die preisbewusste Tanja Spar bezahlt ihren in Italien gekauften Kleinwagen.	■ Der Spekulant Bodo Bostellani legt einen Teil seines Vermögens in den USA an. ■ Ein kalifornischer Winzer versendet eine Kiste Wein an einen deutschen Weinliebhaber.
Unternehmen und Staat	■ Die Hinkelstein AG überweist ihre Körperschaftsteuer an das zuständige Finanzamt. ■ Der Staat tätigt Subventionszahlungen an deutsche Unternehmen.	■ Die Hochbau GmbH erstellt ein neues Berufsschulgebäude im Auftrag eines Landkreises. ■ Die städtische Müllabfuhr entsorgt den Müll der Ballast GmbH.
Unternehmen und Banken	■ Die Computer GmbH erhält eine Gutschrift für gelieferte Hardware. ■ Die Kundenbank AG belastet die Fritz Verzug AG mit Sollzinsen.	■ Die Paper GmbH beliefert die örtliche Sparkasse mit Büromaterial. ■ Die Kundenbank AG verkauft der Second-Hand KG ausrangierte Büromöbel.
Unternehmen und Ausland	■ Die Maschinenbau AG erhält eine Dividendenzahlung auf ausländische Aktien. ■ Die Mannheimer Möbel Import GmbH überweist eine Rechnung an einen italienischen Zulieferer.	■ Die Konstanzer Wassertechnik OHG entsendet einen Ingenieur in den Sudan. ■ Ein deutsches Maschinenbauunternehmen mietet ein Betriebsgebäude in Portugal.

2.4 Kritik am Modell des Wirtschaftskreislaufs

In dem Modell wird unterstellt, dass sich die realen und monetären Ströme entsprechen. Dies gilt allerdings nur dann, wenn die Haushalte ihr **gesamtes** Einkommen (Y = yield) konsumieren. In der Realität haben die Haushalte bezüglich der **Verwendung** ihres Einkommens **zwei** Möglichkeiten: **Konsum** (C = consumption) oder Konsumverzicht in Form von **Sparen** (S = save). Konsumverzicht bedeutet zunächst einmal, dass verfügbare Einkommensteile nicht für Konsum verwendet werden. Bezüglich der Einkommensverwendung privater Haushalte gilt also:

$$Y = C + S \text{ (Einkommensverwendungsgleichung)}$$

Durch den geringeren Konsum der Haushalte werden Produktionskapazitäten nicht in Anspruch genommen, die nunmehr statt für die Herstellung von Konsumgütern für die Produktion von **Produktionsgütern** genutzt werden können. Das so **gebildete Sachkapital** steht den Unternehmen im Rahmen des Produktionsprozesses **langfristig** zur Verfügung (Investition). Hierdurch erhöhen sich die volkswirtschaftlichen Produktionskapazitäten, was letztlich mit einem **Anstieg des „volkswirtschaftlichen Vermögens“** gleichzusetzen ist. Unternehmen können also entweder Konsum- oder Produktionsgüter herstellen. Für die Entstehung von Einkommen gilt also:

$$Y = C + I \text{ (Einkommensentstehungsgleichung)}$$

Da sich beide Wertströme in ihrer Größe entsprechen, kann man sie gleichsetzen und nach mathematischen Grundregeln wie folgt umformen:

$$C + I = C + S$$
$$I = S$$

In dem Modell des einfachen Wirtschaftskreislaufs fehlt also dieser Prozess des Vermögenszuwachses (Geldvermögen bei den Haushalten, Realvermögen bei den Unternehmen) innerhalb einer Volkswirtschaft, der sich auch auf einem „Vermögensänderungskonto“ darstellen lässt.

Vermögensänderungskonto

Investitionen	**Ersparnis**

Kompetenztraining

49 1. 1.1 Stellen Sie die Beziehungen zwischen den Sektoren „Unternehmen" und „Haushalte" in einer Skizze dar! Beachten Sie dabei, dass es Geld- und Güterströme gibt!

DOWNLOAD

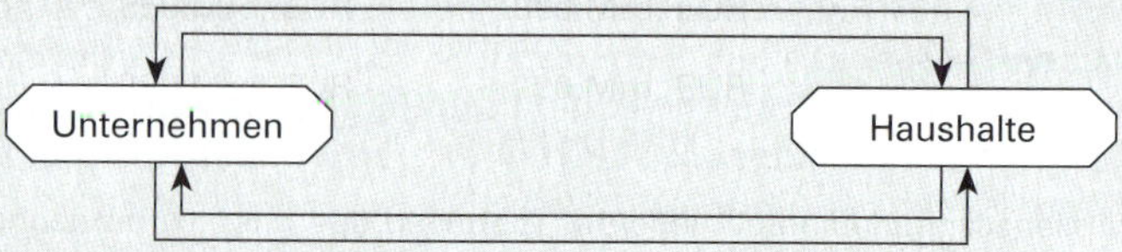

1.2 Beschreiben Sie, wie sich Güter- und Geldkreislauf zueinander verhalten!

1.3 Beurteilen Sie, welcher der beiden Kreisläufe wertmäßig größer ist!

1.4 Erläutern Sie, welche Annahmen über das Konsumverhalten der Haushalte in diesem Modell gemacht werden!

1.5 Geben Sie Auskunft, welche Arten von Unternehmen bei der Erstellung von Gütern und Dienstleistungen unterschieden werden können!

2. Der Wirtschaftskreislauf ist ein Modell, das die Beziehungen der Teilnehmer einer Volkswirtschaft darstellt. Zu einigen Kreislaufströmen sind nachfolgend Beispiele aufgeführt.

Aufgaben:

Nennen Sie die Beziehung zwischen den Wirtschaftssubjekten (z. B. Haushalt und Staat) und entscheiden Sie, ob die Beziehung in Form eines Geld- oder Güterstroms besteht.

2.1 Die Familie Ümür erhält für ihre beiden Kinder jeden Monat eine Kindergeldzahlung.

2.2 Manfred Koslowski arbeitet als Hausmeister an einem beruflichen Gymnasium für Wirtschaft und Verwaltung.

2.3 Die Bürowelt Meier KG liefert dem Finanzamt Freiburg neue Rechner und Monitore.

2.4 Einem Bundesligaverein werden aus Sicherheitsgründen bei den Heimspielen regelmäßig Polizisten unentgeltlich zur Verfügung gestellt.

2.5 Ein deutscher Bundesligaprofi und Nationalspieler spielt für einen Verein im Breisgau.

2.6 Die Stahlwerke Ditzingen AG überweist die Körperschaftsteuer an das Finanzamt.

2.7 Jennifer, Schülerin des beruflichen Gymnasiums, arbeitet am Wochenende in einem Discounter und räumt dort Regale ein.

3. Die Beziehungen der Wirtschaftssubjekte werden modellhaft als Wirtschaftskreislauf dargestellt. Dieser Wirtschaftskreislauf zeigt die Güter- und Geldströme zwischen den beteiligten Wirtschaftssubjekten. Der Geldkreislauf einer offenen Volkswirtschaft mit staatlicher Aktivität weist folgende Werte aus (Angaben in Mrd. EUR):

Einkommen der privaten Haushalte vom Staat	700
Einkommen der privaten Haushalte von den Unternehmen	1 700
Ersparnisse der privaten Haushalte	240
Einnahmen des Staates von privaten Haushalten	850
Einnahmen des Staates von den Unternehmen	650
Exporte der Unternehmen	500

Aufgaben:

3.1 Erläutern Sie, worin sich die offene von der geschlossenen Volkswirtschaft unterscheidet!

3.2 Berechnen Sie die Konsumausgaben der privaten Haushalte!

3.3 Ermitteln Sie die von den Unternehmen in Anspruch genommenen Kredite!

3.4 Ermitteln Sie die Importausgaben der Unternehmen bei ausgeglichener Handelsbilanz!

3.5 Nennen Sie drei Formen von Einkommen, die den privaten Haushalten von den Unternehmen zufließen!

3.6 Nennen Sie vier Formen von Einnahmen des Staates von privaten Haushalten und von Unternehmen!

3.7 Nennen Sie zwei Formen von Transferzahlungen des Staates an die privaten Haushalte!

4. Der Wirtschaftskreislauf einer Volkswirtschaft weist folgende Werte aus: DOWNLOAD

- Einkommen der privaten Haushalte vom Staat (Lohn, Gehälter, Sozialleistungen) 300 Mrd. GE
- Von den Unternehmen bezogene Einkommen der privaten Haushalte 700 Mrd. GE
- Sparen der privaten Haushalte 200 Mrd. GE
- Von den privaten Haushalten an den Staat abgeführte Steuern und Sozialabgaben 250 Mrd. GE
- Von den Unternehmen an den Staat abgeführte Steuern, Abgaben und Gebühren 150 Mrd. GE
- Vom Staat von den Unternehmen gekaufte Sachgüter und Dienstleistungen 100 Mrd. GE
- Von den Unternehmen in Anspruch genommene Kredite der Banken 200 Mrd. GE
- Die Ex- und Importe der Unternehmen gleichen sich aus und betragen je 80 Mrd. GE

Aufgaben:

4.1 Zeichnen Sie einen vollständigen Wirtschaftskreislauf und tragen Sie die Geldströme ein.

4.2 Berechnen Sie die Höhe der Konsumausgaben der privaten Haushalte und zeichnen Sie diesen Geldstrom in Ihr Kreislaufschema ein!

5. In einer Volkswirtschaft finden im Geldkreislauf im Laufe eines Kalenderjahres nachfolgende Vorgänge zwischen Haushalten, Unternehmen, Staat, Banken und Ausland statt. Die Angaben sind jeweils in Milliarden Geldeinheiten (Mrd. GE) aufgeführt:

- Von den Unternehmen bezogene Einkommen der privaten Haushalte 1 400
- Der Staat erhält Subventionszuschüsse aus dem Ausland 100
- Der Staat zahlt Zinsen an die Banken 50
- Von den Haushalten an den Staat abgeführte Abgaben, Steuern und Gebühren 500
- Die privaten Haushalte erzielen Einkünfte aus dem Ausland 300
- Von den Unternehmen in Anspruch genommene Kredite 400
- Die Ex- und Importe der Unternehmen betragen jeweils 160
- Die privaten Haushalte sparen bei den Banken 400
- Der Staat kauft von den Unternehmen Sachgüter und Dienstleistungen 200
- Die privaten Haushalte beziehen Güter und Dienstleistungen aus dem Ausland 200
- Die Unternehmen führen Steuern und Abgaben an den Staat ab 300
- Die Banken zahlen Steuern und Abgaben an den Staat 40
- Die privaten Haushalte erhalten vom Staat Einkommen und Sozialleistungen 600
- Der Staat überweist Entwicklungshilfezahlungen an das Ausland 200
- Konsumausgaben der Haushalte fließen den Unternehmen zu ?

Aufgabe:

Berechnen Sie das Defizit des Staatshaushalts, das dieser auf dem ausländischen Kapitalmarkt finanzieren muss! Mrd. GE

6. In einer Fernsehsendung stellt der Moderator das Zusammenspiel der Wirtschaftseinheiten einer Volkswirtschaft anhand des Wirtschaftskreislaufs dar.

   Aufgabe:

   Prüfen Sie, welche der nachfolgenden Erklärungen jedoch infrage zu stellen ist! Tragen Sie die entsprechende Ziffer in den nebenstehenden Kasten ein!

   ① Der Wirtschaftskreislauf spiegelt die Realität des Wirtschaftslebens nicht in vollem Umfang wider.

   ② Der Geldstrom verläuft im Vergleich zum Güterstrom immer entgegengesetzt.

   ③ Der Wirtschaftskreislauf ist eine modellhafte Abbildung und stellt die ökonomischen Beziehungen zwischen den Wirtschaftssektoren dar.

   ④ Im erweiterten Wirtschaftskreislauf konsumieren die Haushalte nicht ihr gesamtes Einkommen.

   ⑤ Im erweiterten Wirtschaftskreislauf stellen die Haushalte auch dem Staat Produktionsfaktoren zur Verfügung.

7. Der einfache Wirtschaftskreislauf bildet das Zusammenwirken der Sektoren Haushalte und Unternehmen ab.

   Aufgabe:

   Entscheiden Sie, welche der folgenden Aussagen zum einfachen Wirtschaftskreislauf falsch ist! Sind alle Aussagen richtig, tragen Sie eine ⑨ ein!

   ① Die privaten Haushalte stellen den Unternehmen ihre Arbeitskraft, ihr Kapital oder auch Boden zur Verfügung.

   ② Für die geleistete Arbeit und die den Unternehmen zur Verfügung gestellten sonstigen Produktionsfaktoren erhalten die privaten Haushalte Einkommen in Form von Löhnen, Gehältern, Gewinnen, Mieten, Zinsen oder Pachten.

   ③ Dem realen Strom bzw. Güterstrom steht ein monetärer Strom gegenüber. Geld- und Güterstrom laufen in die gleiche Richtung.

   ④ Der Markt, auf dem Konsumgüter angeboten und nachgefragt werden, heißt Konsumgütermarkt.

   ⑤ Der in Geld gemessene Wert der an die privaten Haushalte verkauften Güter stellt für die Unternehmen Verkaufserlöse dar.

   ⑥ Bei dem einfachen Wirtschaftskreislauf gibt es keinen Staat, keine Kreditinstitute und auch keine Außenhandelsbeziehungen.

8. Entscheiden Sie, welche der folgenden Aussagen zum vollständigen Wirtschaftskreislauf falsch ist! Sind alle Aussagen richtig, tragen Sie eine ⑨ ein!

   ① Eine wachsende Wirtschaft, also eine Wirtschaft, die von Jahr zu Jahr mehr erzeugt, bezeichnet man als evolutorische Wirtschaft.

   ② Die privaten Haushalte sparen einen Teil ihrer Einkommen und führen die gesparten Mittel den Banken zu.

   ③ Die Banken stellen die Mittel den Unternehmen zur Verfügung, die ihre Produktionsanlagen erweitern und/oder ihre Vorräte aufstocken, also investieren.

   ④ Die Investitionsgüterindustrie verkauft die von ihnen hergestellten Investitionsgüter an die Konsumgüterindustrie. Die Verkaufserlöse aus diesen Lieferungen fließen der Investitionsgüterindustrie zu.

   ⑤ Der Ausgleich von Kreditangebot und Kreditnachfrage vollzieht sich auf den Kapital- bzw. Finanzmärkten.

3 Mithilfe statistischer Daten mögliche Störungen des gesamtwirtschaftlichen Gleichgewichts ermitteln und deren Ursachen analysieren

3.1 Bruttoinlandsprodukt definieren und zu seiner Funktion als Wohlstandsindikator Stellung nehmen

Lernsituation 30: Artikel zum Thema Glück statt Wachstum

Lesen Sie folgenden Artikel!

Glück statt Wachstum – Die Grenzen der wirtschaftlichen Produktivität

Im Kapitalismus ist das Bruttoinlandsprodukt das Maß aller Dinge. Und obwohl die sogenannte Erste Welt nach wie vor reicher und produktiver ist als die Dritte, sind die Menschen hier nicht glücklich. Woran liegt das?

Bereits in den 1970ern erkannte der Club of Rome die Grenzen des Wachstums. Wirtschaftliche Produktivität sei kein alleiniger Gradmesser von Lebensqualität und Wohlstand – wichtig seien auch andere Dinge wie Gesundheit, Bildung, das persönliche Umfeld oder eine ökologische Umwelt.

Durch die unsichtbare Hand, die Selbstregulierung des Marktes, werde gleichzeitig auch das allgemeine, gesellschaftliche Glück erhöht – so wollte es der Begründer der modernen Marktökonomie, Adam Smith. Viele unsichtbare Hände stürzten gut 230 Jahre später die Welt in die Krise. Die Wirtschaft wuchs wild, die Finanzwelt wucherte – bis zum Overkill. Wachstum, so das Mantra, soll nun sogar wieder aus der Krise führen. „Wir haben das fast aus dem Auge verloren, kulturell und kollektiv, dass eigentlich Glück der Indikator ist und nicht Wachstum", sagt der Soziologe Hartmut Rosa. […] Längst gehe es bei unserer Produktion nicht mehr darum, Mangel zu beheben. Das einzige, was steige, sei das Tempo. „Inzwischen ist Wachstum zu einem derart unerbittlichen Zwang geworden, dass es uns alle wie in ein Hamsterrad setzt, das uns jedes Jahr zwingt, ein bisschen schneller zu laufen, ein bisschen höher die Wettbewerbsfähigkeit zu steigern", so Rosa. […]

Je höher das Bruttosozialprodukt, desto mehr Wohlstand – diese Rechnung geht für moderne Industriestaaten nicht mehr auf. Hier läuft die Suche nach neuen Gradmessern für Lebensqualität, zum Beispiel dem Bruttoinlands-Glück. Den jüngsten Vorstoß wagten die Nobelpreisträger Joseph Stiglitz und Amartya Sen. […] „Arbeit etwa hat einen Einfluss auf unser Wohlbefinden, der jenseits des Einkommens liegt. Gesundheit, Bildung, Sicherheit und soziale Beziehungen machen Lebensqualität aus, aber werden nicht vom Bruttosozialprodukt erfasst", so Stiglitz.

Das statistische Maß ist blind gegen Leid und Wohl. Es zeigt die Welt im Zerrspiegel: Ganz gleich, ob eine Ölpest Arbeit schafft, Staus den Benzinverbrauch steigern oder Katastrophen Aufräumarbeiten bedingen, das Bruttosozialprodukt wird dadurch gesteigert. Wie aber lassen sich Wohl- und Missstand überhaupt bestimmen? „Der Bettler, der sich am Wegesrand sonnt", schrieb Adam Smith, „hat eine Zufriedenheit, für welche die Könige kämpfen müssen." Das kleine Land Bhutan, ökonomisch betrachtet nicht der Rede wert, ist beim Bruttosozialglück Vorreiter. Das kleine Königtum im Himalaya misst seit gut 40 Jahren Lebensqualität: Spirituelle Wohlfahrt zählt wie auch Fertigkeiten im Handwerk. Kann uns Bhutan Vorbild sein?

[…] Was wir sehen wollen, berechnen wir. Ein realistisches Maß für Wohlstand würde abwägen, mit welchen Umwelt- und Sozial-Kosten wir unsere Produktivität bezahlen. […] „Die Krise hat vor Augen geführt, wie wichtig unsere Bedenken sind", sagt Joseph Stiglitz. „Das Finanzwesen ist das Mittel einer produktiven Wirtschaft und kein Selbstzweck. Die Wirtschaft soll unserem Wohlergehen dienen – auch sie ist nicht Selbstzweck." Politik müsste Wirtschaft zum Allgemeinwohl verpflichten. So könnte der durchaus vorhandene Reichtum gerechter verteilt werden. Keine Gesellschaft kann gedeihen und glücklich sein, in der der weitaus größte Teil ihrer Mitglieder arm und elend ist.

Quelle: www.3sat.de/kulturzeit/themen/141024/index.html, 2012/3sat, Donya Ravasani.

Kompetenzorientierte Arbeitsaufträge:

1. Notieren Sie sich zunächst die Begriffe in dem vorangestellten Text, die Ihnen unverständlich erscheinen, recherchieren Sie diese anschließend im Internet und halten Sie die Ergebnisse schriftlich fest!
2. Nennen Sie fünf allgemeine Bestimmungsfaktoren für den Wohlstand eines Landes!
3. Erstellen Sie eine Liste mit Argumenten, warum im Falle von Wirtschaftswachstum in Deutschland nicht alle Einwohner gleichermaßen davon profitieren! Gehen Sie dabei insbesondere auf mögliche Ursachen für diese Ungleichverteilung ein!
4. **Forderungskatalog**

   Entwickeln Sie abseits der Umverteilung von Einkommen mögliche Lösungsansätze zur dauerhaften Beseitigung solcher Ungleichverteilungen! Erstellen Sie hierzu einen Forderungskatalog!
5. Erläutern Sie anhand von drei Beispielen, inwiefern Wirtschaftswachstum hierzulande auch negative Auswirkungen für die Bevölkerung haben kann!
6. Veranschaulichen Sie anhand eines konkreten Beispiels, wie sich Wirtschaftswachstum und Umweltschutz miteinander verbinden lassen!
7. Erläutern Sie, auf welchen Wegen das Bruttoinlandsprodukt ermittelt wird und welche Fragen dabei im Zentrum der jeweiligen Ermittlung stehen!
8. **Unterrichtsvorschlag zum Reflektieren des persönlichen Glücks mittels Kartenabfrage**

8.1 Notieren Sie in Einzelarbeit, was Sie ganz persönlich aktuell glücklich macht bzw. was Sie sich für Ihre Zukunft wünschen, um glücklich zu leben!

8.2 Überlegen Sie anschließend, was konkret Sie in Zukunft tun können, um die von Ihnen notierten Voraussetzungen für Ihr persönliches Glück zu erreichen!

8.3 Präsentieren Sie Ihre Ergebnisse anschließend vor der Klasse! Dabei sollten von allen Schülerinnen und Schülern zumindest Stichworte auf Karteikarten visualisiert werden!

8.4 Ordnen Sie danach diese Karten nach thematischen Schwerpunkten! Dabei sollten Karten zu gleichen Teilaspekten untereinander, Karten zu unterschiedlichen Aspekten nebeneinander angeordnet werden! Karten mit gleichen Begriffen sollten aussortiert werden!

8.5 Versuchen Sie anschließend zu unterschiedlichen Aspekten Überschriften zu finden, welche die Teilaspekte „zusammenfassen"!

8.6 Diskutieren Sie schließlich im Klassenverband, inwiefern Ihre Wünsche bzw. Aspekte von Glück mit den in diesem Lernbereich vorgestellten Wohlstandsindikatoren übereinstimmen!

3.1.1 Begriff des Wirtschaftswachstums

Unter **Wirtschaftswachstum** versteht man die **Erhöhung** des innerhalb einer Periode (gewöhnlich für ein Jahr) erzielten **Bruttoinlandsprodukts**, also die Zunahme der produzierten Menge an **Gütern und Dienstleistungen** innerhalb einer Volkswirtschaft.

Wenn die Menge der zur Verfügung stehenden Güter und Dienstleistungen zunimmt, so bedeutet Wirtschaftswachstum zugleich eine **Steigerung des Wohlstandes** einer Volkswirtschaft.

Erhöht (verringert) sich das Bruttoinlandsprodukt innerhalb einer Periode im Vergleich zur Vorperiode, so spricht man von positivem (negativem) Wirtschaftswachstum, bleibt es hingegen gleich, bezeichnet man diesen Zustand als **„Nullwachstum“.**

Grundsätzlich lassen sich **zwei Arten** von **Wirtschaftswachstum** unterscheiden:

Arten	Erläuterungen
quantitatives Wachstum	Ist die **rein mengenmäßige Erhöhung** des Bruttoinlandsprodukts.
qualitatives Wachstum	Ist die **Verbesserung der Umwelt- und Lebensbedingungen.** Das qualitative Wachstum findet seinen Ausdruck z.B. in der Entwicklung **sparsamer und umweltschonender** Produktionsverfahren, größerer Freizeit oder qualifizierteren Ausbildungen.

Das Wachstum einer Volkswirtschaft wird durch den **Bestand und die Auslastung der Produktionsfaktoren** bestimmt. Daraus lässt sich das gesamtwirtschaftliche Produktionspotenzial ermitteln. Wird dieses Potenzial nicht voll ausgenutzt, so wird auf mögliches Wachstum **verzichtet.**

Das Stabilitätsgesetz stellt **zwei Anforderungen** an das Wirtschaftswachstum:

- **Stetigkeit** des Wirtschaftswachstums bedeutet ein **störungsfreies** und **kontinuierliches** Wachstum ohne größere Schwankungen. Die Stetigkeit des Wachstums wird beeinträchtigt durch Beschleunigungs- und Verzögerungswirkungen von Konjunkturschwankungen.
- **Angemessenheit:** Derzeit wird ein jährliches Wirtschaftswachstum von 3 % als Erfolg angesehen.

3.1.2 Indikatoren zur Messung von Wirtschaftswachstum

(1) Bruttoinlandsprodukt (BIP) und Bruttonationaleinkommen (BNE)

Die wirtschaftliche Leistung einer Volkswirtschaft und deren Veränderung (Wirtschaftswachstum) wird von Statistischen Ämtern gemessen und in den Größen **Bruttoinlandsprodukt** (BIP) und **Bruttonationaleinkommen** (BNE) ausgedrückt.

Messung des Wirtschaftswachstums

Bruttoinlandsprodukt (BIP)	Bruttonationaleinkommen (BNE)
Das **BIP** misst die Produktion von Waren und Dienstleistungen in einem **bestimmten Gebiet** (Inland, Arbeitsort) für einen **bestimmten Zeitraum,** meist ein Jahr, **unabhängig** davon, ob diejenigen, von denen die Produktionsfaktoren bereitgestellt werden (Erwerbstätige, Kapitaleigner), ihren ständigen Wohnsitz in diesem Gebiet haben oder nicht.	Das **BNE** bezieht sich auf die Güter, die mithilfe der Produktionsfaktoren der **Einwohner** eines bestimmten Gebietes (Inland, Wohnort) produziert wurden, **unabhängig** davon, ob diese Leistung **im Inland oder in der übrigen Welt erbracht wurde.** Das BNE zeigt daher stärker die **Einkommen,** die den **Bewohnern eines bestimmten Gebietes** während einer bestimmten Periode zufließen.

Der **Unterschied** zwischen beiden Größen ist der **Saldo der Primäreinkommen** aus der übrigen Welt.

Um vom **Bruttoinlandsprodukt** zum **Bruttonationaleinkommen** zu gelangen, muss man vom Bruttoinlandsprodukt all jene Leistungen **subtrahieren,** die **Ausländer** im **Inland** erstellt haben, und all jene Leistungen **addieren,** die **Inländer** im **Ausland** erbracht haben.

Beispiel:

In Lummerland beträgt das Bruttoinlandsprodukt 300 Mrd. GE. Davon wurden 10 Mrd. GE von Ausländern erbracht, also von Menschen, die ihren ständigen Wohnsitz außerhalb von Lummerland haben. Gleichzeitig haben Staatsbürger von Lummerland im Ausland Leistungen erbracht im Gesamtwert von 15 Mrd. GE.

Das Bruttonationaleinkommen von Lummerland berechnet sich wie folgt:

	300 Mrd. GE Bruttoinlandsprodukt
–	10 Mrd. GE (Leistungen von Ausländern, die in Lummerland erbracht wurden)
+	15 Mrd. GE (Leistungen von Lummerländern, die im Ausland erbracht wurden)
=	305 Mrd. GE Bruttonationaleinkommen

Da die Leistungen der Staatsbürger von Lummerland größer sind als die Leistungen der Ausländer in Lummerland, ist das Bruttonationaleinkommen von Lummerland größer als das Bruttoinlandsprodukt. Der Saldo der Primäreinkommen beträgt 5 Mrd. GE und ergibt sich aus der Differenz der beiden Korrekturbeträge (15. Mrd. GE – 10 Mrd. GE = 5 Mrd. GE).

(2) Reales und nominales Bruttoinlandsprodukt

Ein steigendes Bruttoinlandsprodukt bedeutet noch nicht, dass die Volkswirtschaft tatsächlich im angezeigten Umfang mehr produziert hat. Das Wachstum kann vielmehr ganz oder teilweise auf **gestiegene Preise** zurückzuführen sein. Das zu jeweiligen (im Betrachtungsjahr aktuellen) Preisen bewertete Bruttoinlandsprodukt bezeichnet man als **nominales Bruttoinlandsprodukt.** Zur Ermittlung des nominalen Bruttoinlandsproduktes werden die produzierten Güter und Dienstleistungen eines Jahres mit den tatsächlich gezahlten Preisen multipliziert und die Einzelergebnisse dann addiert.

Beispiel:

In einer Volkswirtschaft werden im Jahr 01 von einem Sportwagenhersteller 20 exklusive Fahrzeuge hergestellt und zu einem Preis von 1 Mio. EUR pro Stück verkauft. Im Jahr 02 werden vom gleichen Modell 15 Wagen hergestellt und zu einem Preis von 2 Mio. EUR pro Stück verkauft. Obwohl 5 Autos weniger hergestellt wurden, hat sich das nominale Bruttoinlandsprodukt – einzig wegen der gestiegenen Preise – um 10 Mio. EUR erhöht.

Will man die **tatsächliche** Mehrleistung einer Volkswirtschaft im Vergleich zum Vorjahr ermitteln, muss man das **reale** (preisbereinigte) **Bruttoinlandsprodukt** berechnen. Dies geschieht im Kern dadurch, dass man aus dem nominalen Bruttoinlandsprodukt die **Preissteigerungen herausrechnet.**

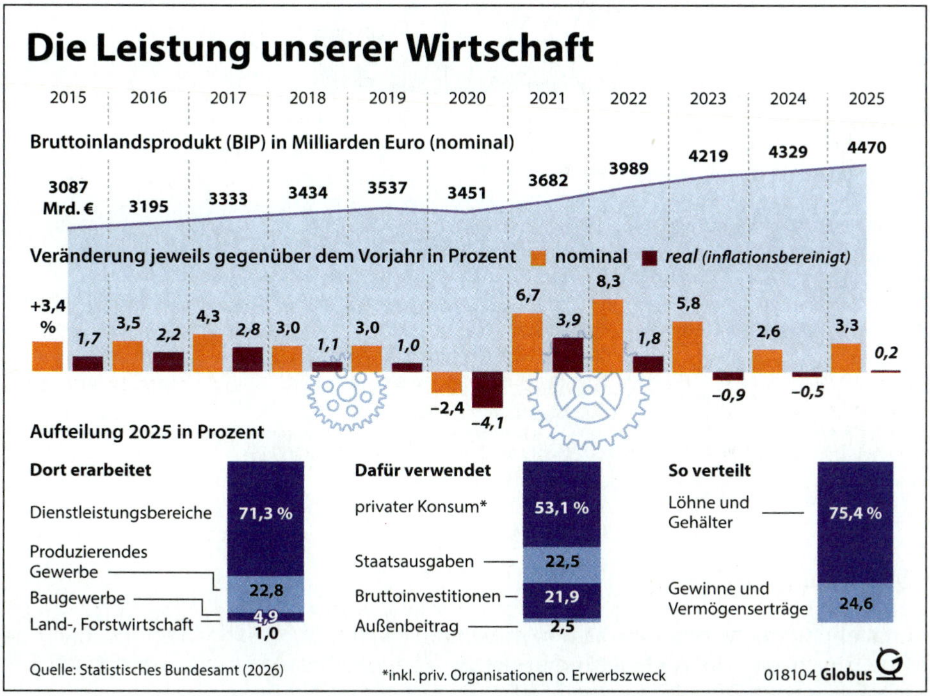

3.1.3 Entstehung, Verwendung und Verteilung des Bruttoinlandsprodukts

(1) Grundlagen

Das Bruttoinlandsprodukt kann Antworten auf folgende drei Fragen geben:

- **Entstehungsrechnung:** **Wo** ist das Bruttoinlandsprodukt **entstanden?**
- **Verwendungsrechnung:** **Wie** wird das Bruttoinlandsprodukt **verwendet?**
- **Verteilungsrechnung:** **Wie** werden die bei der Entstehung des Bruttoinlandsprodukts erzielten Einkommen **verteilt?**

Vielfach wirkt es für Außenstehende verwunderlich, dass alle **drei Berechnungsarten** zu dem stets **gleichen Ergebnis** führen, jedoch ganz unterschiedliche Fragestellungen beantworten. Nachfolgendes Beispiel soll dabei helfen, dieses Phänomen zu verstehen.

Beispiel:

Angenommen, in dem kleinen Inselstaat Lummerland sei das einzige dort hergestellte Produkt Reis. Es gibt keine Produktions- und Importabgaben und keine Abschreibungen. Unterstellen wir weiter, dass im Jahr 01 insgesamt 1 000 kg Reis produziert wurden, wobei 700 kg durch den Anbau von Reis auf Feldern geerntet und 300 kg industriell – quasi im Reagenzglas – produziert wurden. Von dem produzierten Reis hat man 100 kg ins benachbarte Kartoffelland exportiert, 150 kg hat der Staat für seine Bediensteten aufgekauft und zubereitet und 180 kg wurden von dem einzigen Unternehmen in Lummerland einbehalten und in deren Kantine verarbeitet bzw. eingelagert. Die restlichen 570 kg Reis haben die privaten Haushalte aufgekauft. Aus der Statistik lässt sich ablesen, dass die Produktionsmenge den zwei Arbeiterfamilien und der einen Unternehmerfamilie im Verhältnis 600 kg zu 400 kg zugeflossen sind. Führt man nunmehr die drei Berechnungen durch, ergibt sich stets das gleiche Ergebnis:

Entstehungsrechnung (Wo ist der Reis entstanden?)	**Verwendungsrechnung** (Wie wurde der Reis verwendet?)	**Verteilungsrechnung** (Wie wurde der Reis verteilt?)
700 kg Land- und Forstwirtschaft 300 kg produzierendes Gewerbe 1 000 kg Bruttoinlandsprodukt	100 kg Export (Außenbeitrag) 150 kg staatlicher Konsum 180 kg Bruttoinvestitionen 570 kg privater Konsum 1 000 kg Bruttoinlandsprodukt	600 kg Arbeitnehmerhaushalte 400 kg Unternehmerhaushalte 1 000 kg Bruttoinlandsprodukt

(2) Entstehungsrechnung

Die Entstehungsrechnung erfasst die wirtschaftliche Leistung einer Periode nach ihren Quellen, d.h. nach den **Wirtschaftsbereichen** (Produktionsansatz). Die Wirtschaftsbereiche, die Güter produzieren, werden in drei Gruppen untergliedert:

primärer Sektor	Land- und Forstwirtschaft, Fischerei
sekundärer Sektor	Produzierendes Gewerbe
tertiärer Sektor	Dienstleistungen mit den Bereichen ■ Handel, Gastgewerbe und Verkehr ■ Finanzierung, Vermietung und Unternehmensdienstleister ■ Öffentliche und private Dienstleister

Die Summe der wirtschaftlichen Leistungen der einzelnen Wirtschaftsbereiche (Produktionswert – Vorleistungen) ergibt die **Bruttowertschöpfung.**

Werden anschließend die Gütersteuern hinzugezählt und die Gütersubventionen abgezogen, so erhält man das **Bruttoinlandsprodukt.**

Um den **tatsächlichen Wertzuwachs/Wertverlust** der Wirtschaftsbereiche feststellen zu können, muss der **Wertverlust (Abschreibungen),** der durch die Nutzung der Produktionsmittel entstanden ist, abgezogen werden **(Nettowertschöpfung).**

Nettowertschöpfung = Bruttowertschöpfung − Abschreibungen

Entstehung des Bruttoinlandsprodukts in der Bundesrepublik Deutschland 2025
(in Mrd. EUR)[2]

+	Produzierendes Gewerbe ohne Baugewerbe	922,9
+	Handel, Verkehr und Gastgewerbe	673,4
+	Grundstücks- und Wohnungswesen	392,5
+	Öffentl. Dienstleister, Erziehung, Gesundheit	826,5
+	Sonstige[3]	1 225,3
=	Bruttowertschöpfung	4 040,5*
+	Gütersteuern	Saldo[1] + 430,0
−	Gütersubventionen	
=	Bruttoinlandsprodukt	4 470,5
−	Abschreibungen	918,7
=	Nettoinlandsprodukt	3 551,8

* Rundungsdifferenz

Werden die Abschreibungen vom Bruttoinlandsprodukt abgezogen, so erhält man das **Nettoinlandsprodukt.**

Nettoinlandsprodukt = Bruttoinlandsprodukt − Abschreibungen

Die **Entstehungsrechnung** macht den **Anteil** der **einzelnen Wirtschaftsbereiche** am Bruttoinlandsprodukt deutlich.

Beispiel:

Die wirtschaftliche Leistung des Wirtschaftsbereichs „Handel, Verkehr und Gastgewerbe" betrug im Jahr 2025 673,4 Mrd. EUR (16,7 %) bei einer Bruttowertschöpfung von 4 040,5 Mrd. EUR.

(3) Verwendungsrechnung

Die Verwendungsrechnung gibt darüber Auskunft, **wofür die Güter verwendet** wurden. Es wird untersucht, ob die Waren und Dienstleistungen z. B. als Konsumausgaben, als Investitionen in Unternehmen oder im Außenbeitrag (Export – Import) Verwendung gefunden haben.

Beispiel:

Ein Pkw kann in einem privaten Haushalt genutzt werden, er könnte in Form einer Investition in einem Unternehmen zum Einsatz kommen oder er kann in das Ausland exportiert werden.

1 Quelle: https://www.destatis.de/DE/Themen/Wirtschaft/Volkswirtschaftliche-Gesamtrechnungen-Inlandsprodukt/_Grafik/_Statisch/bip-entstehung-verwendung-verteilung.png?__blob=poster&v=36 [Zugriff am 15.01.2026], eigene Berechnungen.

2 Die Position Sonstiges umfasst Land- und Forstwirtschaft, Baugewerbe sowie Finanzierung, Vermietung und Unternehmensdienstleister.

3 Der Saldo zwischen den Gütersteuern und den -subventionen heißt **Nettoproduktionsabgabe.**

Berechnung des Anteils der produzierten Güter nach ihrer Verwendung:

Beispiel:

Die privaten Konsumausgaben betrugen im Jahr 2025 2374,0 Mrd. EUR bei einem Bruttoinlandsprodukt von 4470,5 Mrd. EUR.

Aufgabe:

Berechnen Sie den Anteil des Bruttoinlandsprodukts, der für private Konsumausgaben im Jahr 2025 verwendet wurde!

Verwendung des Bruttoinlandsprodukts in der Bundesrepublik Deutschland 2025 (in Mrd. EUR) (Auszug)

	Private Konsumausgaben	2374,0
+	Konsumausgaben des Staates	1007,9
+	Bruttoinvestitionen	978,2
+	Außenbeitrag (Exporte minus Importe)	110,4
=	Bruttoinlandsprodukt	4470,5

Quelle: https://www.destatis.de [Zugriff vom 15.01.2026]; eigene Berechnungen.

Lösung:

4470,5 Mrd. EUR sind 100 %
2374,0 Mrd. EUR sind x %

$$x = 100 \cdot \frac{2374,0}{4470,5} = \underline{\underline{53,1\,\%}}$$

Ergebnis:

Vom Bruttoinlandsprodukt wurden im Jahr 2025 für private Konsumausgaben 53,1 % verwende.

Die **Verwendungsrechnung** zeigt, wofür die Güter des Bruttoinlandsprodukts verwendet werden.

(4) Verteilungsrechnung

Begriffe

Hier wird für eine Periode Auskunft darüber gegeben, **wie sich die erzielten Einkommen** auf das **Arbeitnehmerentgelt** (Lohn, Gehalt) und das **Unternehmer- und Vermögenseinkommen** (z.B. Zinsen, Gewinne, Dividende, Miet- und Pachterträge) aufteilen. Addiert man die beiden Einkommensgruppen, so erhält man das **Volkseinkommen.**

Arbeitnehmerentgelt (Inland) + Unternehmens- und Vermögenseinkommen = Volkseinkommen

Berechnung der Lohn- und Gewinnquote

Der **prozentuale Anteil** des **Arbeitnehmerentgelts** am Volkseinkommen wird als **Lohnquote** bezeichnet. Sie stellt jedoch die materielle Einkommenslage der Arbeitnehmer schlechter dar als sie ist, weil in Deutschland rund die Hälfte **aller Vermögenseinkommen** den Arbeitnehmern zufließen.

Die Berechnung der **Lohnquote** erfolgt nach folgender Formel:

$$\text{Lohnquote} = \frac{\text{Arbeitnehmerentgelt} \cdot 100}{\text{Volkseinkommen}}$$

Verteilung des Volkseinkommens in der Bundesrepublik Deutschland 2025 (in Mrd. EUR) (Auszug)

	Arbeitnehmerentgelt (Inländer)	2479,8
+	Unternehmens- und Vermögenseinkommen	809,0
=	Volkseinkommen	3288,8
...		
	Das Bruttoinlandsprodukt 2025 beträgt	4470,5

Quelle: https://www.destatis.de [Zugriff vom 15.01.2026]; eigene Berechnungen.

Beispiel:

Das Arbeitnehmerentgelt betrug im Jahr 2025 2479,8 Mrd. EUR, die Unternehmens- und Vermögenseinkommen 809,0 Mrd. EUR bei einem Volkseinkommen von 3288,8 Mrd. EUR.

Aufgabe:

Berechnen Sie für das Jahr 2025 die Lohnquote und die Gewinnquote!

Für das Jahr 2025 ergibt sich folgende Lohnquote:

$$\text{Lohnquote} = \frac{2479{,}8 \cdot 100}{3288{,}8} = \underline{\underline{75{,}4\,\%}}$$

Den prozentualen Anteil der **Unternehmens- und Vermögenseinkommen** am Volkseinkommen bezeichnet man als **Gewinnquote.**

$$\text{Gewinnquote} = \frac{\text{Unternehmens- und Vermögenseinkommen} \cdot 100}{\text{Volkseinkommen}}$$

Für das Jahr 2025 ergibt sich folgende Gewinnquote:

$$\text{Gewinnquote} = \frac{809{,}0 \cdot 100}{3288{,}8} = \underline{\underline{24{,}6\,\%}}$$

Die **Verteilungsrechnung** zeigt die **Aufteilung** des Volkseinkommens auf die **beiden Einkommensarten** Arbeitnehmerentgelt sowie Unternehmens- und Vermögenseinkommen.

Schematische Darstellung des deutschen Bruttonationaleinkommens 2025

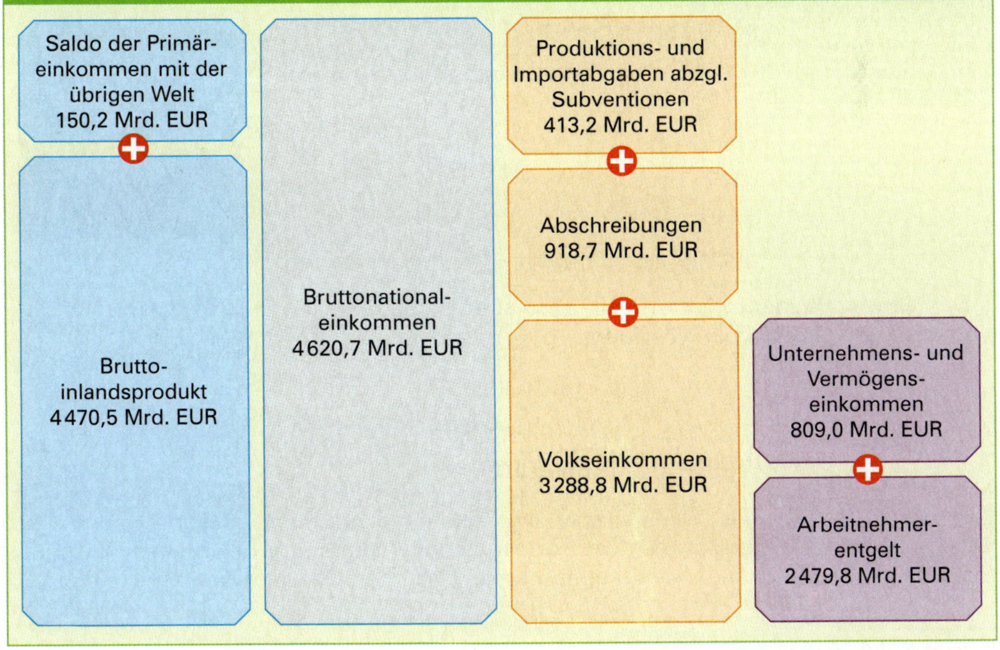

Quelle: https://www.destatis.de [Zugriff vom 15.01.2026]; eigene Berechnungen..

3.1.4 Kritik am Bruttoinlandsprodukt als Wohlstandsindikator[1]

Kritikpunkte	Erläuterungen und Beispiele
Das Bruttoinlandsprodukt wird **teilweise zu hoch** angesetzt.	Teile der **sozialen Kosten,** die nicht berücksichtigt werden sollten, werden in das Bruttoinlandsprodukt eingerechnet, z. B. Behandlungskosten von Unfallopfern und Berufskrankheiten, Reparaturen an Maschinen, Neuanschaffungen von Maschinen und Fahrzeugen, die aufgrund von Unfällen erforderlich werden. 
Das Bruttoinlandsprodukt wird **teilweise zu niedrig** angesetzt.	 ■ Vorgänge der **Schattenwirtschaft** werden nur als Schätzgröße berücksichtigt, z. B. Schwarzarbeit, Beschäftigung illegaler Einwanderer, Lieferung von Waren und Dienstleistungen ohne Rechnung. ■ **Soziale Leistungen** werden nicht hinzugerechnet, z. B. die Kindererziehung, die Ausbildungsleistung der Unternehmen, die Arbeitsleistungen im privaten Haushalt. ■ **Eigenleistungen** und **ehrenamtliche Leistungen** werden nicht hinzugerechnet, z. B. selbstgebackene Pizza, selbst renoviertes Zimmer, Jugendtrainer in einer unteren Amateurliga, Einsätze der freiwilligen Feuerwehr.
Das Bruttoinlandsprodukt erfasst nur **zahlenmäßig erfassbare (quantitative)** Größen.	Nicht erfasst werden **qualitative** Größen, z. B. Lebensqualität, Qualität der medizinischen Versorgung, Qualität des Arbeitslebens. 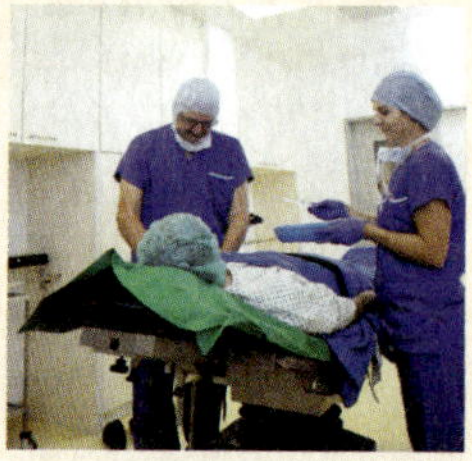

Das **Bruttoinlandsprodukt** ist ein **Wohlstandsmaßstab,** der nur die **zahlenmäßig erfassbaren Größen** berücksichtigt.

3.1.5 Alternative Wohlstandsindikatoren

Das durch Mehr- oder Wenigerrechnung bereinigte Bruttonationaleinkommen bzw. Bruttoinlandsprodukt bleibt nach wie vor ein **eindimensionaler Wohlstandsmaßstab,** da lediglich quantitativ (zahlenmäßig) erfassbare Größen berücksichtigt werden können.

1 **Indikator:** Merkmal.

Qualitative Dimensionen, die sogenannte **Lebensqualität** (Gesamtheit aller Lebensumstände in einer Gesellschaft), werden nicht berücksichtigt. Die Lebensqualität kann nur mithilfe **sozialer** oder **ökologischer Indikatoren** beschrieben werden, die sich meist einer Bewertung in Geld entziehen. Soziale und ökologische Indikatoren sind qualitative Größen, die wesentliche Tatbestände der Gesellschaft wiedergeben.

Beispiele:

- Die Qualität der medizinischen Versorgung lässt sich z. B. ablesen an der Geburtensterblichkeit, der Müttersterblichkeit, der Zahl der Krankenbetten oder an den Wartezeiten zwischen dem Auftreten einer Krankheit und der Aufnahme in ein Krankenhaus.
- Die Qualität des Arbeitslebens spiegelt sich z. B. in den Arbeitslosenzahlen, in der Zahl der offenen Stellen oder in der Zahl der Arbeitsunfälle und Berufskrankheiten wider.

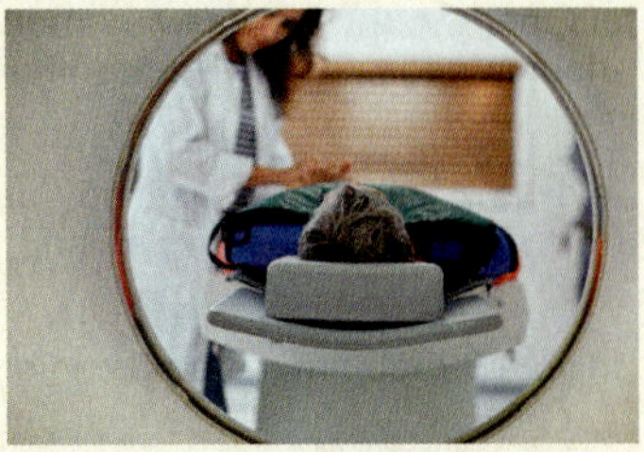

Zu den Indikatoren, die soziale und ökologische Aspekte berücksichtigen, zählen z. B. der Wohlstandsmaßstab Net Economic Welfare (NEW) oder der Human Development Index (HDI).

Neben diesen Indikatoren wird seit einigen Jahren auch das **Glück** als **Wohlstandsindikator** in entsprechenden Studien weltweit regelmäßig gemessen.

Wie (un)glücklich ist die Welt?

Der World Happiness Report 2025 misst, wie zufrieden die Menschen in 147 Ländern sind. Bewertet wurden u. a.: Bruttoinlandsprodukt pro Kopf, soziale Unterstützung, wahrgenommene Korruption.
Bewertung auf einer Skala von 0 (sehr unzufrieden) bis 10 (sehr zufrieden)

1	Finnland	7,7
2	Dänemark	7,5
3	Island	7,5
4	Schweden	7,3
5	Niederlande	7,3
6	Costa Rica	7,3
7	Norwegen	7,3
8	Israel	7,2
9	Luxemburg	7,1
10	Mexiko	7,0
...		
138	Lesotho	3,8
139	Komoren	3,8
140	Jemen	3,6
141	DR Kongo	3,5
142	Botswana	3,4
143	Simbabwe	3,4
144	Malawi	3,3
145	Libanon	3,2
146	Sierra Leone	3,0
147	Afghanistan	1,4

Indexwerte gerundet
jeweils rund 1000 Befragte pro Land
Bewertung = Durchschnitt der Jahre 2022 bis 2024
Quelle: Wellbeing Research Centre

017482 Globus

Kompetenztraining

50 1. Nutzen Sie zur Lösung der nachfolgenden Aufgabenstellung das folgende Material zur Entstehung und Verwendung des Inlandsprodukts sowie zur Verteilung des Volkseinkommens!

Position	Jahr 01	Jahr 02
	Index 20.. = 100	
Preisbereinigt, verkettet		
I. Entstehung des Inlandsprodukts		
Produzierendes Gewerbe (ohne Baugewerbe)	108,1	110,4
Baugewerbe	104,0	103,8
Handel, Verkehr, Gastgewerbe	105,2	106,9
Information und Kommunikation	125,5	129,1
Erbringung von Finanz- und Versicherungsdienstleistungen	99,8	98,8
Grundstücks- und Wohnungswesen	103,6	105,0
Unternehmensdienstleister	106,6	109,6
Öffentliche Dienstleister, Erziehung und Gesundheit	103,7	105,0
Sonstige Dienstleister	98,5	98,9
Bruttowertschöpfung	106,0	107,7
Bruttoinlandsprodukt	106,1	107,9
...	...	...

Position	Jahr 01	Jahr 02
	Index 20.. = 100	
In jeweiligen Preisen (Mrd EUR)		
III. Verwendung des Inlandsprodukts		
Private Konsumausgaben	1 592,2	1 632,7
Konsumausgaben des Staates	564,0	589,2
Ausrüstungen	189,8	197,3
Bauten	291,8	297,2
Sonstige Anlagen	103,5	108,5
Vorratsveränderungen	– 22,0	– 35,2
Inländische Verwendung	2 719,3	2 789,7
Außenbeitrag		
Exporte	1 333,2	1 419,0
Importe	1 136,8	1 182,0
Bruttoinlandsprodukt	2 915,7	3 026,6
IV. Preise (20.. = 100)		
Privater Konsum	105,9	106,6
Bruttoinlandsprodukt	106,6	108,8
Terms of Trade	99,7	102,5
V. Verteilung des Volkseinkommens		
Arbeitnehmerentgelt	1 485,3	1 542,8
Unternehmens- und Vermögenseinkommen	690,9	722,3
Volkseinkommen	2 176,2	2 265,1
Nachr.: Bruttonationaleinkommen	2 982,4	3 093,8

Aufgaben:

1.1 Ermitteln Sie, um wie viel Prozent das nominale Bruttoinlandsprodukt von Jahr 01 auf Jahr 02 gestiegen ist; runden Sie das Ergebnis auf eine Stelle hinter dem Komma!

1.2 Berechnen Sie die prozentuale Veränderung des realen Bruttoinlandsprodukts von Jahr 01 auf Jahr 02 (Ergebnis auf eine Stelle nach dem Komma runden)!

1.3 Ermitteln Sie den Außenbeitrag für das Jahr 02 in Mrd. Euro!

1.4 Berechnen Sie die prozentuale Veränderung des nominalen Außenbeitrags im Vergleich zum Jahr 01!

1.5 Berechnen Sie die Lohnquote für das Jahr 02 (Ergebnis auf eine Stelle nach dem Komma runden)!

1.6 Ermitteln Sie, wie hoch die Bruttoinvestitionen im Jahr 02 waren! Die Bruttoinvestitionen setzen sich zusammen aus Bauten, Ausrüstungen, sonstigen Anlagen und Vorratsveränderungen.

2. Erläutern Sie, welche Anforderungen das Stabilitätsgesetz an das gesamtwirtschaftliche Ziel Wirtschaftswachstum stellt!

3. Stellen Sie fest, welche Leistung **nicht** in die Bruttoinlandsproduktberechnung eingeht!

   ① Ein Gartenbaubetrieb schneidet vor einem Altenwohnheim gegen Entgelt den Rasen.

   ② Eine im Haushalt sozialversicherungspflichtig beschäftigte Person backt einen Kuchen.

   ③ Ein Arzt untersucht bei einem Hausbesuch einen Kranken.

   ④ Eine österreichische Krankenpflegerin fährt jeden Morgen nach Konstanz am Bodensee, um dort in einem Krankenhaus zu arbeiten.

   ⑤ Der städtische Straßendienst reinigt die Bürgersteige.

   ⑥ Die Bürger einer Gemeinde reinigen wöchentlich einmal den Bürgersteig selbst.

   ⑦ Ein ehemaliger Fußball-Nationalspieler trainiert einen Zweitligisten.

4. Die wirtschaftliche Leistung einer Volkswirtschaft und deren Veränderung (Wirtschaftswachstum) wird von statistischen Ämtern gemessen und in den Größen Bruttoinlandsprodukt (BIP) und Bruttonationaleinkommen (BNE) ausgedrückt.

   Aufgaben:

   4.1 Grenzen Sie das Bruttoinlandsprodukt gegenüber dem Bruttonationaleinkommen im Hinblick darauf ab, was jeweils erfasst wird!

   4.2 Entscheiden Sie in den nachfolgenden Fällen, welche der beiden Größen im Inland und im Ausland durch die beschriebenen Vorgänge ansteigt!

   4.2.1 Gebietsfremde mit erstem Wohnsitz in den Niederlanden arbeiten in Deutschland.

   4.2.2 Deutsche vermieten ihre Ferienwohnungen an der portugiesischen Küste. Die Mieteinkünfte fließen nach Deutschland.

   4.2.3 Amerikanische Investmentgesellschaften beteiligen sich an deutschen Unternehmen aus dem Bereich der Umwelttechnologie. Aus diesen Beteiligungen fließen ihnen Kapitalerträge zu.

5. Das statistische Amt eines Landes veröffentlichte die folgenden Zahlen (in Mrd. EUR).

Konsumausgaben des Staates	750
Bruttoinvestitionen	850
Abschreibungen	620
Produktionsabgaben an den Staat abzüglich Subventionen	480
Konsumausgaben der privaten Haushalte	2750
Exporte	840
Importe	780
Saldo der Primäreinkommen aus der übrigen Welt	(+) 48

   Aufgaben:

   5.1 Ermitteln Sie das Bruttoinlandsprodukt!

   5.2 Berechnen Sie das Volkseinkommen!

   5.3 Erläutern Sie mittels eines Beispiels, wie es zu dem Unterschied zwischen Bruttonationaleinkommen und Bruttoinlandsprodukt kommen konnte!

   5.4 Beurteilen Sie, ob eine sinkende Lohnquote bei gleichbleibendem Volkseinkommen zwangsläufig zu einer Verschlechterung des Lebensstandards der abhängig Beschäftigten geführt haben muss!

   5.5 Nennen Sie neben dem Bruttoinlandsprodukt zwei weitere nicht ökonomische Größen für die Beurteilung des Wohlstandes eines Landes!

5.6 Beschreiben Sie die Entwicklung einer Volkswirtschaft für die beiden nachfolgenden Fälle:

Jahr	Abschreibungen	Bruttoinvestitionen
01	850 Mrd. EUR	890 Mrd. EUR
02	780 Mrd. EUR	720 Mrd. EUR

6. Das Bruttoinlandsprodukt kann – je nachdem, welcher Untersuchungsaspekt im Vordergrund steht – auf drei unterschiedlichen Wegen berechnet werden. Die Ergebnisse dieser Berechnung stellen eine wichtige Basis für wirtschaftspolitische Entscheidungen der Bundesregierung dar.

Aufgaben:

6.1 Erläutern Sie, worüber die Entstehungsrechnung und die Verwendungsrechnung des Bruttoinlandsprodukts Auskunft geben und verdeutlichen Sie jeweils anhand eines Beispieles, in welchen Bereichen der Wirtschaftspolitik diese Rechnung als Grundlage für wirtschaftspolitische Entscheidungen herangezogen werden!

6.2 Erklären Sie, was man im Rahmen der Entstehungsrechnung unter der „Bruttowertschöpfung" eines Unternehmens versteht!

7. An einem vereinfachten Modell soll gezeigt werden, wie sich eine Steigerung des Wirtschaftswachstums ergibt. Ausgangspunkt sei ein Volkseinkommen von 300 Mrd. EUR in der Periode I. Das Volkseinkommen soll zu 80 % konsumiert werden (240 Mrd. EUR), die restlichen 20 % werden gespart (60 Mrd. EUR). Die Ersparnisse werden zu $^1/_6$ = 10 Mrd. EUR den Investoren direkt zugeführt, die restlichen $^5/_6$ sollen bei Kreditinstituten gespart werden.

Die Investoren beurteilen die zukünftige Wirtschaftsentwicklung positiv und treffen Investitionsentscheidungen in Höhe von 80 Mrd. EUR. 70 Mrd. EUR sollen durch Kreditaufnahme bei Kreditinstituten finanziert werden.

DOWNLOAD

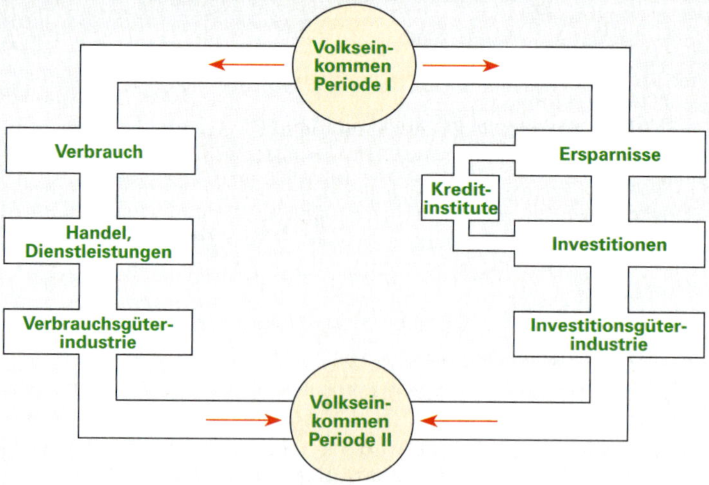

Aufgaben:

7.1 Tragen Sie die Wertangaben in das Schaubild ein!

7.2 Beurteilen Sie, ob eine Gleichheit zwischen den Sparentscheidungen der Haushalte und den Investitionsentscheidungen der Unternehmer besteht!

7.3 Erläutern Sie, welche Möglichkeiten es gibt, die evtl. bestehende Lücke zwischen den Ersparnissen und den Investitionen zu schließen!

7.4 Ermitteln Sie, welches Volkseinkommen sich in diesem Beispiel in der Periode II ergibt!

7.5 Berechnen Sie, wie hoch das Wirtschaftswachstum in diesem Fall war!

7.6 Prüfen Sie, wie sich das Volkseinkommen in der Periode II entwickelt hätte, wenn die Investoren nur zu Investitionen von 50 Mrd. EUR bereit gewesen wären!

7.7 Erläutern Sie, wer jeweils die Spar- und Investitionsentscheidungen in einer Marktwirtschaft trifft!

7.8 In der politischen Diskussion wird die Forderung nach einer Investitionslenkung vorgebracht. Erläutern Sie, was darunter zu verstehen ist und beurteilen Sie eine solche Maßnahme!

8. Kennzeichnen Sie das Ergebnis nachfolgender Werte mit einer

①, wenn es sich um das Nettonationaleinkommen,
②, wenn es sich um das Volkseinkommen,
③, wenn es sich um das Bruttonationaleinkommen,
④, wenn es sich um das Bruttoinlandsprodukt,
⑤, wenn es sich um keinen der vorgenannten Werte handelt.

8.1	Konsum + Bruttoinvestition + Außenbeitrag	
8.2	Konsum + Bruttoinvestition + Außenbeitrag + Saldo der Primäreinkommen aus der übrigen Welt	
8.3	Arbeitnehmerentgelt + Unternehmens- und Vermögenseinkommen	
8.4	Arbeitnehmerentgelt + Unternehmens- und Vermögenseinkommen + Produktions- und Importabgaben	
8.5	Konsum+ Bruttoinvestition + Außenbeitrag + Saldo der Primäreinkommen aus der übrigen Welt – Abschreibungen	
8.6	Bruttowertschöpfung + Gütersteuern abzüglich Gütersubventionen	

9. Entscheiden Sie, welche der nachfolgenden Aussagen zur volkswirtschaftlichen Gesamtrechnung falsch ist!

① Die volkswirtschaftliche Gesamtrechnung ist eine wichtige Basis zur Beurteilung des Wirtschaftswachstums.

② Im Rahmen der volkswirtschaftlichen Gesamtrechnung spielt das qualitative Wachstum keine Rolle.

③ Zur Ermittlung der Bruttowertschöpfung müssen zu dem Produktionswert die Vorleistungen addiert werden.

④ Die Differenz zwischen dem Bruttoinlandsprodukt und dem Bruttonationaleinkommen ist der Saldo der Primäreinkommen aus der übrigen Welt.

⑤ Der Außenbeitrag ergibt sich aus dem Saldo der Exporte und Importe von Waren und Dienstleistungen.

3.2 Preisindex als Indikator zur Messung von Preisniveaustabilität erläutern sowie Inflation und Deflation als Abweichung beurteilen

Lernsituation 31: Ein Kunde der Kundenbank AG regt sich über die negative Realverzinsung auf

Sinan ist als Auszubildender der Kundenbank AG derzeit im Bereich der Geld- und Vermögensanlage, speziell dem Private Banking, eingesetzt. Sein Mentor, der Kundenberater Thomas Bauer, teilt Sinan mit, dass er gleich an einem Kundengespräch teilnehmen kann. Angekündigt hat sich der Kunde Ludger Hansmann, der seit über 30 Jahren Kunde der Kundenbank AG ist und über die Jahre mehr als 550 000,00 EUR angespart hat.

Herr Bauer weist Sinan darauf hin, dass er kein einfaches Beratungsgespräch erwartet. Schließlich hatte Herr Hansmann bei der Kundenbank AG vor zehn Jahren ein spezielles Sparprodukt abgeschlossen, was die Kundenbank AG seinerzeit zur Kundenbindung, aber auch zur Gewinnung von Neukunden auf den Markt gebracht hatte. Bei diesem sogenannten „Gipfelsparplan" konnten die Kunden Laufzeiten zwischen fünf und zehn Jahren auswählen. Die Verzinsung des Anlagebetrages stieg über die Jahre hinweg von 1,5 % auf bis zu 3,25 % für Verträge mit einer Laufzeit von fünfzehn Jahren.

Insgesamt hatte Herr Hansmann seinerzeit 150 000,00 EUR in diesem Vertrag angelegt. Der Kundenberater Bauer sagt zu Sinan: *„Eigentlich empfinde ich Herrn Hansmann als einen sehr angenehmen Kunden. Allerdings kann er als studierter Diplom-Kaufmann und Abteilungsleiter bei der Rheinländer Maschinenbau GmbH sehr gut rechnen und unglaublich strukturiert denken. Diese Umstände machen solche Beratungsgespräche für mich nicht gerade einfacher."*

Nachdem Herr Hansmann eingetroffen ist und einige Neuigkeiten ausgetauscht wurden, kommt der Kunde zum eigentlichen Thema und sagt: *„So, Herr Bauer, jetzt bin ich aber mal gespannt, welchen Vorschlag Sie mir für die Wiederanlage meines fälligen Gipfelsparens unterbreiten werden. Und denken Sie bitte wie immer daran, dass ich für meine Ersparnisse sehr hart gearbeitet habe und nicht bereit bin, irgendwelche Risiken einzugehen, die dazu führen könnten, dass sich die Anlagesumme verkleinert. Also am liebsten wäre mir, Sie bieten mir wieder ein Gipfelsparen mit den bisherigen Konditionen an."*

Der Kundenberater Bauer macht deutlich, dass er das Risikoprofil der Geldanlage von Herrn Hansmann bestens kennt und es in der derzeitigen Zinslandschaft unmöglich sei, ihm ein Produkt anzubieten, das auch nur ansatzweise an die Rendite des Gipfelsparens heranreicht. Das Produkt als solches habe die Kundenbank AG auch schon länger aus dem Programm genommen. Momentan könne er Herrn Hansmann bei seinem Risikoprofil nur zwei Produkte anbieten, und zwar:

- das „Top-Sparen", ein Produkt der Kundenbank AG, das sich bei einer Laufzeit von 2 Jahren mit 0,25 % verzinst, und
- einen Rentenfonds, der in den letzten drei Jahren nach Abzug aller Kosten und Gebühren durchschnittlich 2,55 % Rendite erbracht hat.

Herr Hansmann entgegnet: *„Sie, Herr Bauer, können ja nichts dafür, dass es so weit gekommen ist. Ich habe schon irgendwie damit gerechnet, dass sie mir nicht wirklich eine aus meiner Sicht gute Anlagemöglichkeit bieten können. Das Top-Sparen bringt ja unter dem Strich nichts, denn mein Geld verliert bei dieser Anlage kontinuierlich an Wert. Im Vergleich dazu klingt der Rentenfonds nicht schlecht. Berücksichtigt man aber den Ausgabeaufschlag sowie den Rückgang der Zinsen* *in der letzten Zeit, bleibt wahrscheinlich so gut wie nichts mehr übrig – und das bei einem höheren Risiko. Und wenn es nicht läuft, dann schichten sie die Fonds noch ein- bis zweimal um und schon läuft es für mich schlechter als für die Kundenbank. Auf jeden Fall ist bei beiden Vorschlägen unter Berücksichtigung des Verbraucherpreisindexes die Realverzinsung negativ. Tja, für die sparsamen und sicherheitsorientierten Kunden haben die Banken und Sparkassen – anders als in der Vergangenheit – heutzutage keine wirklichen Lösungen mehr anzubieten. Die Zeiten, in denen sie für Kunden, die 150 000,00 EUR bei ihnen auf einem Sparvertrag oder Festgeld anlegen wollten, einen roten Teppich ausgerollt hätten, sind wohl endgültig vorbei. Wahrscheinlich ist es deshalb sinnvoller, das Geld in mein Einfamilienhaus für energetische Sanierungen oder in eine Eigentumswohnung zur Fremdvermietung zu investieren, statt meiner Bank zu überlassen."*

Herr Hansmann bedankt sich bei Herrn Bauer und verlässt die Kundenbank AG.

Nachdem der Kunde das Beratungszimmer verlassen hat, sagt Sinan: *„Ich dachte, der Herr Hansmann kann rechnen. Wie um Himmels willen kommt er denn bei positiven Guthabenzinsen auf eine negative Realverzinsung? Und was hat ein Verbraucherpreisindex damit zu tun?"*

Kompetenzorientierte Arbeitsaufträge:

1. Beschreiben Sie, was die EZB unter Preisniveaustabilität versteht!
2. Erläutern Sie, was man unter dem Verbraucherpreisindex versteht und wie sich eine Realverzinsung berechnet!
3. Formulieren Sie für eine Werbebroschüre „Vorsorgesparen für junge Kunden" einen verständlichen Text zum Thema Geldillussion!
4. Beurteilen Sie, inwiefern Banken und Sparkassen im Rahmen der Anlageberatung die Inflation in Zeiten der Niedrigzinsphase weniger als ein Problem, sondern vielmehr als Chance für ein verändertes Anlageverhalten nutzen könnten!
5. **Leserbrief**

   Formulieren Sie – z. B. für eine Schülerzeitung – einen Leserbrief, in dem Sie darauf aufmerksam machen, dass die Niedrigzinsphase die Sparer benachteiligt und die private Altersvorsorge für die junge Generation sehr schwierig macht!
6. **Mindmap**

   Erstellen Sie eine Mindmap zu diesem Kapitel als Vorbereitung auf die nächste Klausur!

3.2.1 Begriff Stabilität des Preisniveaus

Preisniveaustabilität bedeutet, dass **im Durchschnitt** die Preise in einer Volkswirtschaft und somit die **Kaufkraft** des Geldes **gleichbleiben** sollen.

Eine Geldwertverschlechterung (Inflation) bzw. Geldwertverbesserung (Deflation) wäre dann vermieden, wenn die Einzelpreise aller Produkte **konstant** bleiben. Da allerdings eine **marktwirtschaftlich ausgerichtete** Volkswirtschaft gerade davon lebt, dass sich Preise im Zeitablauf **verändern,** und zwar sowohl nach **oben,** wenn die Güter „knapp" werden, als auch nach **unten,** wenn die Unternehmen zur Verbesserung ihrer Wettbewerbsposition die Preise senken, kann es bei der Forderung nach Preisniveaustabilität daher nur um eine **Stabilität eines durchschnittlichen Preisniveaus** gehen. Schließlich können Preissteigerungen bei einigen Gütern durch Preissenkungen bei anderen Gütern ausgeglichen werden.

Nach wie vor herrscht in der wirtschaftswissenschaftlichen Diskussion Einigkeit darüber, dass das gesamtwirtschaftliche Ziel der Preisniveaustabilität auch dann erreicht ist, wenn ein **gewisser Anstieg** der Preise zu verzeichnen ist. Die Meinungen darüber, wie hoch ein solcher Preisanstieg sein darf, gehen allerdings auseinander.

Mit Blick auf die Verantwortlichkeit für die Erreichung dieses Ziels soll im weiteren Verlauf dem **Zielverständnis der Europäischen Zentralbank (EZB)** gefolgt werden.

Nach der **EZB** ist Preisstabilität gegeben, wenn die **Preissteigerungsrate** im **Durchschnitt** mehrerer Jahre **nahe 2 %** liegt.

Diese **Definition** macht sehr deutlich, dass eine **Deflation** in **keiner** Weise mit dem Ziel Preisniveaustabilität vereinbar ist, da sie ja mit dieser Formulierung komplett ausgeschlossen wird.

3.2.2 Preisindex für die Lebenshaltung ermitteln

Der **Verbraucherpreisindex**[1] misst die **durchschnittliche Preisentwicklung** aller Waren und Dienstleistungen, die **private Haushalte** für **Konsumzwecke** kaufen.

Bei der Berechnung des Verbraucherpreisindexes geht man von einem **Warenkorb** aus, der sämtliche von privaten Haushalten gekaufte Waren und Dienstleistungen widerspiegelt.

Derzeit umfasst der Warenkorb ca. **700 Sachgüter und Dienstleistungen.** Der Warenkorb wird laufend aktualisiert, damit immer diejenigen Güter in die Preisbeobachtung eingehen, welche von den privaten Haushalten aktuell gekauft werden.

Beispiele für den Warenkorb:

- Nahrungsmittel
- Bekleidung
- Kraftfahrzeuge
- Mieten
- Haarschnitt
- Girokonto
- Getränke
- Strom
- Gas
- Wasser
- Möbel
- Haushaltsgeräte
- Medikamente

Der Verbraucherpreisindex wird vom **Statistischen Bundesamt** in Wiesbaden erstellt.

Der **Verbraucherpreisindex** ist der **wichtigste Maßstab zur Beurteilung der Geldwertentwicklung** in Deutschland.

1 **Indizes:** Mehrzahl von Index; ein Index ist wörtlich ein „Anzeiger". Der Preisindex zeigt also Preisveränderungen an. Wichtige Preisindizes sind z. B.: Index der Einkaufspreise landwirtschaftlicher Betriebsmittel, Index der Grundstoffpreise, Index der Großhandelsverkaufspreise und der Index der Einzelhandelspreise.

Quelle: https://www.destatis.de/DE/ZahlenFakten/GesamtwirtschaftUmwe…

3.2.3 Ermittlung des Verbraucherpreisindexes

Ausgangspunkt für die Ermittlung des Verbraucherpreisindexes ist der Warenkorb. Da nicht alle Güter das gleiche Gewicht im Warenkorb besitzen, erstellt das Statistische Bundesamt ein **„Wägungsschema"**.

Die Inflationsrate zeigt an, wie die Preise für Waren und Dienstleistungen, die ein typischer Haushalt in Deutschland kauft, im Zeitablauf steigen.

Mehrere Hunderttausend **Einzelpreise** der am häufigsten gekauften Produkte/Dienstleistungen werden jeden Monat … ▶ in repräsentativen **Stichproben** in knapp 100 Städten und Gemeinden ermittelt. ▶ Die Preise werden im **Geschäft** und im **Internet** erfasst sowie teils automatisiert gesammelt. ▶ Diese werden zu **700 Güterarten** zusammengefasst. ▶ Sie bilden den immer **gleich zusammengesetzten Warenkorb**.

Aus den Preisänderungen wird ein **gewichteter Mittelwert (Inflationsrate)** gebildet: Je größer der Anteil eines Produktes an den Gesamtausgaben des Haushalts ist, umso größer ist auch sein Gewicht im Warenkorb (Beispiel: Miete und Wohnungskosten machen allein 25,9 % aus).

Das Wägungsschema legt die **Anteile** (in Prozent) fest, welche die einzelnen Waren und Dienstleistungen an einem Warenkorb (100 %) haben.

Beispiel:

Werden die Nahrungsmittel mit 10 % im Wägungsschema gewichtet, so besagt dies, dass von den Gesamtausgaben der privaten Haushalte 10 % auf den Kauf von Nahrungsmitteln entfallen.

Beispiel:

Um den Vorgang der Preisindexermittlung deutlich zu machen, wird ein sehr vereinfachtes Wägungsschema zugrunde gelegt (5 statt 600 Positionen):

Warenkorb	Wägungsschema Jahr 00		Preise			
			01		02	
1. Nahrungsmittel	615,00 GE	41 %	615,00 GE		615,00 GE	
2. Kleidung	600,00 GE	40 %	600,00 GE		660,00 GE	
3. Wohnung	150,00 GE	10 %	200,00 GE		200,00 GE	
4. Brennstoffe	60,00 GE	4 %	60,00 GE		60,00 GE	
5. Dienstleistungen	75,00 GE	5 %	75,00 GE		75,00 GE	
Gesamtausgaben	1 500,00 GE	100 %	1 550,00 GE	103,3 %	1 610,00 GE	107,3 %

Erläuterungen: Berechnung des Verbraucherpreisindexes im Jahr 01

Das Basisjahr 00 wird mit 100 Punkten angesetzt. Die angenommene Verteuerung der Wohnungsausgaben um 50,00 GE im Jahr 01 (= $33\,^1/_3$ %) bewirkt bei Konstanz aller anderen Preise eine Erhöhung der Lebenshaltungskosten um 3,3 auf 103,3 Punkte.

1 500,00 GE (00) ≙ 100 Punkte
1 550,00 GE (01) ≙ x Punkte

$$x = \frac{100 \cdot 1550}{1500} = 103{,}3 \text{ Punkte}$$

Insgesamt gilt, dass Preissteigerungen bei bestimmten Waren und Dienstleistungen sich auf den Verbraucherpreisindex umso **stärker** auswirken, je **größer** ihr prozentualer Anteil (ihr „Gewicht") an den Gesamtausgaben eines durchschnittlichen Haushalts ist.

Das Wägungsschema für den Verbraucherpreisindex wird nur **alle fünf Jahre aktualisiert.**[1]

Gewichtung im Verbraucherpreisindex
Wägungsschema zum Basisjahr 2020 in %

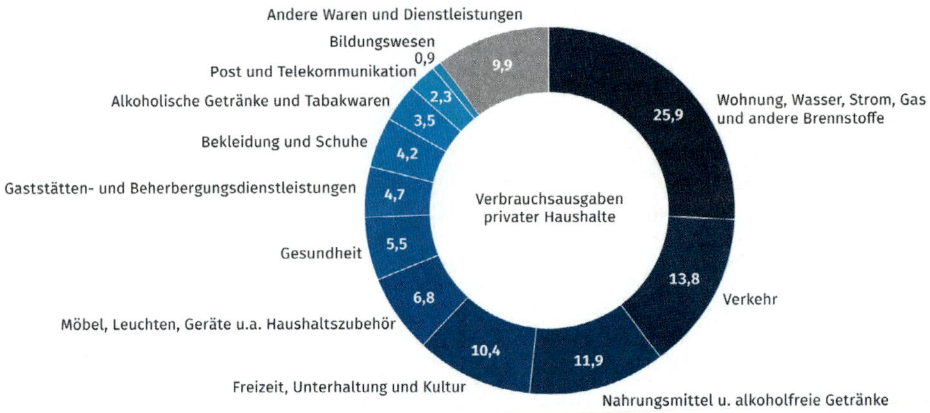

Quelle: https://www.destatis.de/DE/Themen/Wirtschaft/Preise/Verbraucherpreisindex/_inhalt.html#sprg229224 [Zugriff am 01.07.2026]

3.2.4 Zusammenhang zwischen Inflationsrate, Kaufkraft und Reallohn sowie Realzins beschreiben

(1) Beziehungen zwischen Änderung des Preisniveaus und der Kaufkraft des Geldes

Die **Kaufkraft des Geldes** ist die Gütermenge, die mit einer Geldeinheit erworben werden kann.

Zur Messung der Kaufkraft wird der **Verbraucherpreisindex** herangezogen.

- **Sinkt der Verbraucherpreisindex,** hat sich die **Kaufkraft des Geldes erhöht.** Für **eine Geldeinheit** können **mehr Güter** als zu einem früheren Zeitpunkt gekauft werden.
- **Steigt der Verbraucherpreisindex,** hat sich die **Kaufkraft des Geldes verringert.** Für **eine Geldeinheit** können **weniger Güter** als zu einem früheren Zeitpunkt gekauft werden.

- **Geldwert und Preisniveau** verhalten sich **umgekehrt.**
- **Steigt das Preisniveau** (der Verbraucherpreisindex), **sinkt die Kaufkraft des Geldes** und umgekehrt.

1 Die letzte Umstellung des Wägungsschemas auf neuere Verbrauchsverhältnisse erfolgte im Januar 2023. Basisjahr ist das Jahr 2020. Die Verbraucherpreisindizes werden rückwirkend ab Januar 2020 berechnet.

(2) Begriffe Inflation und Inflationsrate

- **Inflation**[1] ist ein ständiger allgemeiner **Anstieg der Preise,** der zu einer **Minderung der Kaufkraft des Geldes** führt.
- Maßstab zur **Messung der Inflationsrate** ist der **Verbraucherpreisindex.**

Ist der Wertverlust zu **groß,** nimmt das **Vertrauen** in die entsprechende Währung **ab** und ihr Wert sinkt weiter. Die Folge ist die „Flucht" in

- **Sachwerte** (z. B. Häuser, Wohnungen, Aktien),
- eine **Ersatzwährung** (z. B. Gold),
- den **Tauschhandel.**

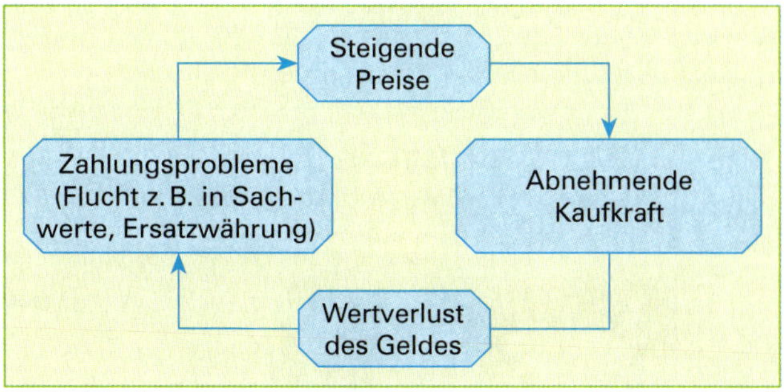

(3) Nominallohn, Reallohn und Geldillusion

Was der Arbeitnehmer am Monatsende **ausbezahlt erhält (Nettolohn),** nennt man **Nominallohn.**[2] Setzt man den Nominallohn ins Verhältnis zum Preisniveau, erhält man den **Reallohn.**[3] Er gibt die **Gütermenge** an, die mit dem betreffendem Nominallohn gekauft werden kann.

Der **Reallohn** berücksichtigt die **Kaufkraft des Einkommens.**

Im Allgemeinen neigt man dazu, den Wert des Geldes **nominal** zu bewerten. Dies ist besonders verheerend in Zeiten hoher Inflation, wo der nominale Wert des Geldes immer schneller abweicht von dem realen Wert.

Unter **Geldillusion** versteht man die **Unfähigkeit** des Einzelnen, zwischen dem **nominalen** und dem **realen** Wert des Geldes zu unterscheiden.

Dies führt dazu, dass man beispielsweise heutige Rentenansprüche oder Geldvermögen für die Zukunft in seiner Vorstellung viel zu hoch bewertet.

Beispiele:

- Eine 22-jährige Kundin schließt bei der Kundenbank AG einen Riester-Vertrag für die private Altersvorsorge ab, aus dem ihr ab dem 67. Lebensjahr voraussichtlich 500,00 EUR Rente monatlich zufließen werden. Unterstellt man eine Inflationsrate von 2 % für den Zeitraum von 45 Jahren, so berechnet sich die Kaufkraft dieser Rente wie folgt: $500 : 1{,}02^{45} = 205{,}10$ EUR. Der Kundin bleibt also eine Kaufkraft von weniger als der Hälfte des Nominalbetrages.

1 **Inflation:** wörtlich „das Sichaufblähen"; Geldentwertung durch Erhöhung des Preisniveaus. Vgl. hierzu auch die Ausführungen in Kapitel 5.3.

2 **„Nominal"** kommt von „nominell", d. h. dem Namen nach, dem Nennwert nach.

3 **Real:** wirklich.

Berücksichtigt man noch die Versteuerung dieser Rente mit einem Steuersatz von z. B. nur 20 %, so bleiben ihr netto 400,00 EUR und die Kaufkraft dieser Rente fällt noch geringer aus, und zwar: $400 : 1{,}02^{45} = 164{,}08$ EUR. Somit steht ihr weniger als ein Drittel des Nominalwertes der Rente zur Verfügung.

- Bei einer Inflation von durchschnittlich 4 % hat ein Geldbetrag von 10 000,00 EUR heute in 20 Jahren nur noch einen realen Wert vpon 4 500,00 EUR.

Wie sich diese Größen in den letzten 30 Jahren in der Bundesrepublik Deutschland entwickelt haben, verdeutlicht die folgende Grafik.

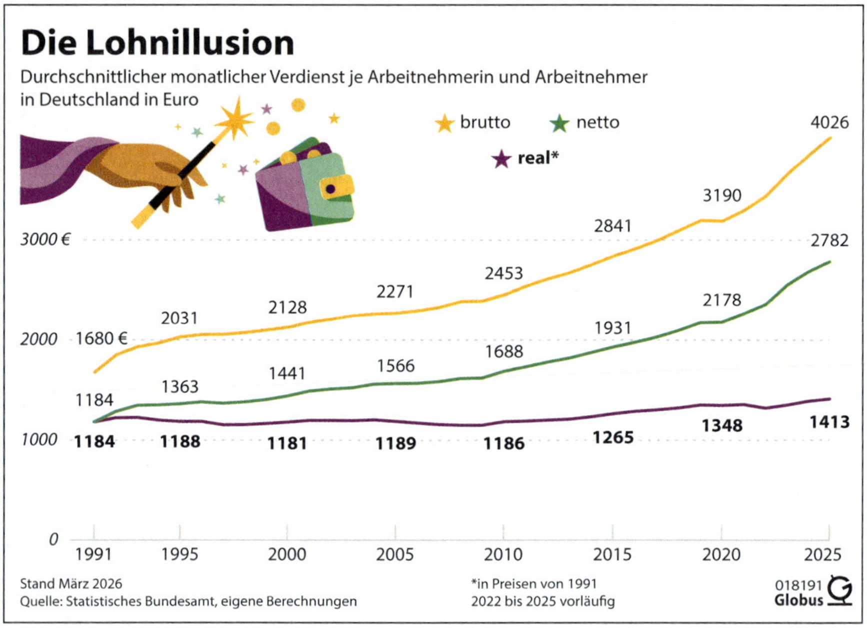

Der **Nominallohn** sagt nichts darüber aus, wie viel sich ein Arbeitnehmer dafür kaufen kann.

- Steigen die Nominallöhne **stärker** als die Preise, nimmt der Lebensstandard zu.

  Der **Reallohn** ist **gestiegen.**

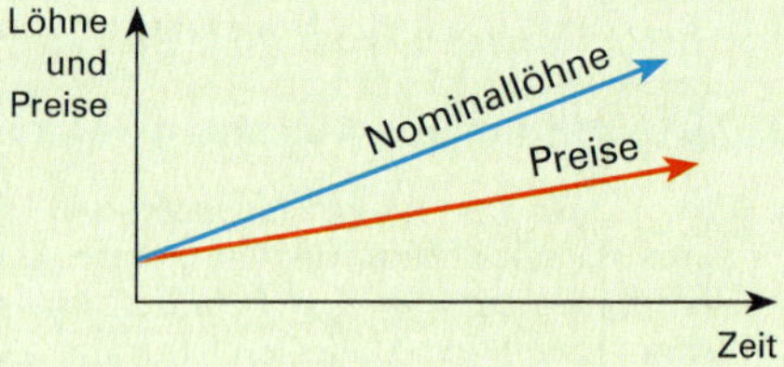

- Steigen die Nominallöhne **schwächer** als die Preise, nimmt der Lebensstandard ab.

  Der **Reallohn** ist **gesunken.**

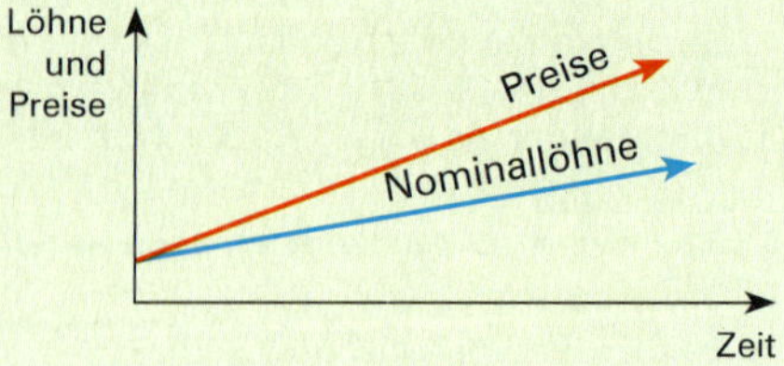

- Steigen die Nominallöhne **genauso** stark wie die Preise, bleibt der Lebensstandard gleich.

  Der **Reallohn** ist **konstant geblieben.**

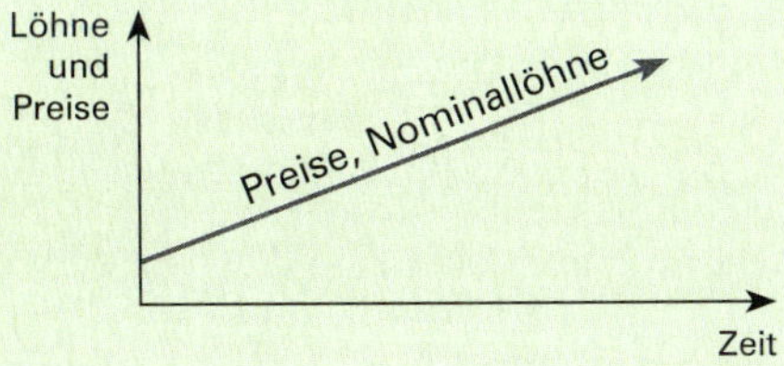

(4) Realzinsberechnung

Werden Zinszahlungen durch die Inflation entwertet, werden die Empfänger von Zinserträgen benachteiligt. Korrigiert man den **Nominalzins** um die Höhe der Inflationsrate, erhält man den **Realzins,** der im Fall einer über dem fest vereinbarten Nominalzins liegenden Inflationsrate sogar negativ ausfallen kann. Hierdurch wird die **Wertaufbewahrungsfunktion** des Geldes erheblich beeinträchtigt.

Beispiel:

Die 20-jährige Henrike legt zu Beginn des Jahres 2000,00 EUR auf einem Sparkonto mit einem Zinssatz von 0,2 % an. Am Jahresende möchte sie sich dann von diesem Geld nebst Zinsen einige seit Längerem gehegte Wünsche erfüllen.

Im Dezember desselben Jahres hört sie in den Nachrichten zufällig, dass sich die Inflationsrate in diesem Jahr auf einem Niveau von durchschnittlich 2,5 % eingependelt hat, d.h., die Güter und Dienstleistungen sind im Durchschnitt um ca. 2,5 % im Vergleich zum Vorjahr teurer geworden. Zwar wurde Henrikes Sparguthaben in diesem Zeitraum von der Bank mit „nominal" 0,2 % verzinst; gleichzeitig jedoch hat der Wert ihres Geldes durch die Inflation um 2,5 % abgenommen. Insgesamt betrachtet haben sich ihre Ersparnisse also „real" mit – 2,3 % verzinst.

Allgemein lässt sich sagen, dass sich Henrike wahrscheinlich besser gestanden hätte, ihr Geld zu Beginn des Jahres auszugeben, da sie zu diesem Zeitpunkt wahrscheinlich für 2000,00 EUR mehr Güter hätte kaufen können als gegen Ende des Jahres für die nebst Zinsen nunmehr vorhandenen 2004,00 EUR.

Kompetenztraining

51 1. Der Professor Theo Rettisch lehrt Volkswirtschaftslehre und ist immer bemüht, die wissenschaftlichen Theorien auch praktisch umzusetzen. Seine Tochter Leonie, die zurzeit noch eine Fachoberschule besucht, ist ebenfalls an ökonomischen Fragen sehr interessiert. Damit die jährlichen Verhandlungen zwischen Vater und Tochter bezüglich der Taschengelderhöhung etwas problemloser verlaufen, haben beide Folgendes vereinbart:

Leonie erhält eine Erhöhung ihres Taschengeldes in der Höhe der gestiegenen Preise der Güter und Dienstleistungen in ihrem „Warenkorb", d.h. der Güter und Dienstleistungen, die sie monatlich konsumiert. Sie erhält diese Erhöhung jedoch nicht automatisch, sondern sie muss jedes Jahr „berichten", um wie viel Prozent ihre Ausgaben gestiegen sind.

Dabei bedient sie sich folgenden Schemas:

DOWNLOAD

„Warenkorb" von Leonie	Preis je Einheit im Basisjahr P_0	Menge im Basisjahr Q_0	Wert im Basisjahr $P_0 \cdot Q_0$	Preis je Einheit im Berichtsjahr 1 P_1	Wert im Berichtsjahr 1 $P_1 \cdot Q_0$	Preis je Einheit im Berichtsjahr 2 P_2	Wert im Berichtsjahr 2 $P_2 \cdot Q_0$
Zeitschriften	7,50	2		8,00		8,20	
Schokolade	1,00	20		1,10		1,20	
Handy	1,50	30		1,40		1,60	
Kosmetik	1,00	30		1,10		1,20	
Kino	6,00	2		6,00		6,50	
Wert des „Warenkorbs"							
Verbraucherpreisindex		100					
Preissteigerung/ Taschengelderhöhung		–					

Quelle: In Anlehnung an Geld & Geldpolitik, Deutsche Bundesbank, Frankfurt am Main 2006.

Formel zur Berechnung des Verbraucherpreisindexes: $\frac{\sum P_n \cdot Q_0}{\sum P_0 \cdot Q_0} \cdot 100$ n = jeweiliges Berichtsjahr

Aufgaben:

1.1 Ermitteln Sie den Wert des „Warenkorbs" von Leonie und somit die Höhe des Taschengeldes im Basisjahr!

1.2 Angenommen, die Mengen in Leonies „Warenkorb" verändern sich nicht, d.h., dass Leonie in den beiden Berichtsjahren die gleiche Menge der Güter und Dienstleistungen konsumiert wie im Basisjahr. Ermitteln Sie den Wert des „Warenkorbs" für Leonies Berichtsjahre 1 und 2!

1.3 Ermitteln Sie den Verbraucherpreisindex für das Berichtsjahr 1!

1.4 Berechnen Sie die Preissteigerung bzw. Taschengelderhöhung für das Berichtsjahr 1 gegenüber dem Basisjahr!

1.5 Ermitteln Sie den Verbraucherpreisindex für das Berichtsjahr 2!

1.6 Berechnen Sie die Preissteigerung bzw. Taschengelderhöhung für das Berichtsjahr 2 gegenüber dem Berichtsjahr 1!

1.7 Berechnen Sie die Veränderung der Kaufkraft für das Berichtsjahr 2 gegenüber dem Berichtsjahr 1!

2. Erklären Sie die Begriffe Kaufkraft des Geldes und Preisniveau!

3. Stellen Sie dar, in welchem Verhältnis Preisniveau und Kaufkraft zueinander stehen!

4. Unterscheiden Sie die Begriffe Real- und Nominallohn!

5. Nennen Sie die Bedingungen, unter denen die Reallöhne steigen, gleich bleiben oder sinken!

6. Nehmen wir der Einfachheit halber an, dass ein repräsentativer Warenkorb für Jugendliche 50 Softdrinks und zwei Jeans umfasst. Im Jahr 01 beträgt der Preis eines Softdrinks 1,00 EUR und der Preis einer Jeans 80,00 EUR. Im Jahr 02 steigt der Preis für Softdrinks auf 1,20 EUR und der Preis einer Jeans auf 85,00 EUR.

   Aufgabe:

   Ermitteln Sie, um wie viel der Preis dieses Warenkorbs gestiegen ist! Berechnen Sie die absolute und relative Preissteigerung!

7. Angenommen, der Preis eines Gutes steigt von 20,00 EUR im Jahr 01 auf 22,50 EUR im Jahr 02.

Aufgaben:

7.1 Berechnen Sie den Preisindex der Lebenshaltung für den Fall, dass zur Messung des Verbraucherpreisindexes nur dieses Gut herangezogen wird!

7.2 Ermitteln Sie aus den obigen Zahlen die Höhe des Kaufkraftverlustes!

7.3 Angenommen, die Preise steigen im Jahr 03 nochmals um 8,5 %. Berechnen Sie, um wie viel Prozent sich die Kaufkraft insgesamt in den Jahren 02 und 03 gegenüber dem Basisjahr verringert hat!

7.4 Erläutern Sie kurz zwei Möglichkeiten zur Einflussnahme des Staates auf die Entwicklung der Preissteigerungsrate!

7.5 Stellen Sie kurz den Zusammenhang zwischen Deflation und Arbeitslosigkeit in einer Wirkungskette dar!

8. **Kartenabfrage**

Überlegen Sie, welche Güter und Dienstleistungen bei einer neuerlichen Umstellung des Warenkorbes Berücksichtigung finden müssten, wenn die neuesten Veränderungen miteinbezogen würden! Clustern Sie die von Ihnen gesammelten Ideen nach den zwölf Klassen der Güter und Dienstleistungen!

9. Innerhalb eines Jahres veränderte sich das frei verfügbare Einkommen eines Bankkaufmanns von 1 600,00 EUR auf 1 680,00 EUR; seine Sparquote hingegen sank im gleichen Zeitraum von 12,0 % auf 11,8 %. Gleichzeitig stieg der Verbraucherpreisindex im Vergleich zum Vorjahr von 105,0 auf 107,0.

Aufgabe:

Entscheiden Sie, welche der nachfolgenden Auskünfte richtig ist!

① Im Beobachtungszeitraum ist die Kaufkraft des verfügbaren Einkommens um 3,0 % gestiegen.

② Die Reallohnerhöhung beträgt 5,0 %.

③ Die Konsumausgaben dieses Haushalts sind real gesunken.

④ Die Kaufkraft des Geldes hat im Beobachtungszeitraum um 1,87 % abgenommen.

⑤ Eine Entwertung des Geldvermögens hat im Beobachtungszeitraum nicht stattgefunden.

10. Im Rahmen eines Anlagegesprächs konfrontiert Sie ein Kunde mit der Fragestellung, inwiefern die Inflationsrisiken bei der Geldanlage eine Rolle spielen und ob diese durch entsprechende Anlagestrategien gemildert werden können.

Aufgabe:

Entscheiden Sie, welche Auskunft Sie ihm auf keinen Fall erteilen!

① Solange der vereinbarte Nominalzins die aktuelle Inflationsrate übersteigt, nimmt das reale Geldvermögen nicht ab, da in diesem Fall immer noch ein positiver Realzins erzielt wird.

② Selbst bei einer schleichenden Inflation ist der Realzins niedriger als der Nominalzins.

③ Bei einer Inflationsrate, die über dem vereinbarten Zinssatz für eine Forderung liegt, ist der Gläubiger grundsätzlich der Benachteiligte.

④ In Zeiten steigender Inflation sollten Geldanlagen in festverzinsliche Wertpapiere einer Anlage in Aktien grundsätzlich vorgezogen werden.

⑤ Auch in Zeiten einer schleichenden Inflation kann es durchaus zu einem negativen Realzins bei Geldanlagen kommen, was mit Vermögensverlusten verbunden ist.

3.3 Indikator Arbeitslosigkeit: Ursachen beschreiben sowie beschäftigungspolitische Maßnahmen diskutieren

Lernsituation 32: Dominic macht sich Sorgen um seinen arbeitslosen Vater

Lasse und Dominic sind Auszubildende bei der Kundenbank AG. Seit einigen Tagen wirkt Dominic ziemlich bedrückt, sodass ihn Lasse in der Mittagspause zu einem Kaffee einlädt und ihn nach den Gründen hierfür fragt.

Nach anfänglichem Zögern erzählt Dominic, dass sein Vater über dreißig Jahre als Abteilungsleiter bei einem Automobilzulieferer gearbeitet hat, der aber mangels Aufträgen den hiesigen Standort vor acht Monaten geschlossen und alle Mitarbeiter entlassen hat. Nunmehr hätte sein Vater in den letzten Monaten gefühlt hundert Bewerbungen geschrieben, aber bisher keinen Job gefunden, der seiner Qualifikation bzw. seiner bisherigen Position entspricht.

Kundenbank AG

Die vielen Absagen und die zunehmende Aussichtslosigkeit hätten seinen Vater irgendwie stark verändert. Er sei früher so voller Elan und für jeden Spaß zu haben gewesen und jetzt ist er kaum noch wiederzuerkennen. Er hat sich mehr und mehr zurückgezogen und sitzt eigentlich den ganzen Tag über in seinem Arbeitszimmer. Und Besuch möchte er auch keinen mehr einladen. Tja, und dann habe ich mal gegoogelt, weil ich mir Sorgen um meinen Vater mache und habe diesen Artikel gefunden.

Arbeitslosigkeit erhöht die Depressionsgefahr

Arbeitslosigkeit: Ein großer Einschnitt ins Leben

Nicht für alle dieser Menschen ist die Arbeitslosigkeit gleich schlimm. Die staatliche Unterstützung ist unterschiedlich und es gibt Menschen, die die Zuversicht nicht verlieren, die in der Arbeitslosigkeit auch die Chance für einen Neuanfang sehen. Für ganz viele Betroffene ist sie aber ein großer Einschnitt. Oft sind psychische Erkrankungen wie eine Depression die Folge.

Arbeitslose häufiger von einer Depression betroffen

Die Arbeit ist also ein Hauptpfeiler des menschlichen Daseins. Und entsprechend dramatisch können die Folgen sein, wenn dieser Pfeiler wegbricht, oft von einem Tag auf den anderen. So haben Studien ergeben, dass Arbeitslose häufiger von psychischen Krankheiten wie einer Depression betroffen sind als Erwerbstätige. [. . .]

Arbeit als Mittelpunkt des Lebens

Ein Grund für die Probleme, die Arbeitslosigkeit mit sich bringt, ist in unserer Einstellung zur Arbeit zu suchen. Arbeit muss heute nicht Pflicht sein und einzig dem Broterwerb dienen. Sie kann mit Leidenschaft erfüllt werden, sie kann Spaß und Freude machen. Sie kann spannend und herausfordernd sein. Arbeitszeitmodelle ermöglichen heute mehr Flexibilität. Und Unternehmen sind heute sehr oft auch ein Teil des sozialen Lebens der Beschäftigten. [. . .]

Wenn das soziale Umfeld wegbricht

Auch die Anforderung, dass Betroffene für eine neue Stelle bereit sein sollten, ihren Wohnort zu wechseln, wirkt sich negativ auf die psychische Gesundheit aus. Vor allem, wenn man eine Familie hat, ist das ein großes Problem. Bei jedem Umzug verliert man sein soziales Umfeld und muss sich ein neues aufbauen. Dabei ist ein gutes soziales Netz wichtig für Arbeitslose. Es kann ihnen helfen, eine neue Arbeit zu finden.

Ablehnung schwächt das Selbstwertgefühl

Der psychischen Gesundheit ebenfalls nicht förderlich ist die Anforderung, möglichst viele Bewerbungen in einem definierten Zeitraum zu verschicken. Werden die Vorgaben nicht eingehalten, droht eine Leistungskürzung. Viele erfolglose Bewerbungen gefährden die psychologische Gesundheit. Jede Ablehnung oder Absage gilt als Misserfolg und schwächt das Selbstwertgefühl. [. . .]

Textquelle (angelehnt): Myhandicap.de, Text: Patrick Gunti – 04/2012.

Kompetenzorientierte Arbeitsaufträge:

1. Markieren Sie zunächst die Begriffe, deren Verständnis Ihnen Probleme bereitet. Recherchieren Sie – eventuell unter Zuhilfenahme des Internets – anschließend die Bedeutung dieser Begriffe!
2. Erläutern Sie die Gefahr der Arbeitslosigkeit, die im Mittelpunkt des vorangestellten Artikels steht!
3. Erläutern Sie den Stellenwert der Arbeit in unserer modernen Gesellschaft! Gehen Sie anschließend auch darauf ein, welchen Stellenwert Arbeit in Ihrem künftigen Leben einnehmen soll!
4. Führen Sie an, welche Kriterien eine Arbeitsstelle nach Ihren Vorstellungen erfüllen müsste, damit Sie Ihren künftigen Beruf über viele Jahre hinweg mit Spaß und Freude ausüben könnten!
5. Analysieren Sie für sich persönlich, wie sich die Ausübung eines Berufes, mit dem Sie nicht glücklich wären, auf Ihr persönliches Leben auswirken würde!
6. Erläutern Sie drei Entstehungsarten der Arbeitslosigkeit!
7. **Arbeitsvorschlag mit regionalem Bezug: Maßnahmenplan**

   Eine kleine Gruppe aus der Klasse sollte in Form eines Referates die wichtigsten Informationen über den Arbeitsmarkt in Ihrer Region vorbereiten! Im Fokus der Präsentation sollte neben den üblichen Arbeitsmarktdaten (Anzahl der Arbeitslosen, Arbeitslosenquote, Entwicklung des Arbeitsmarktes in den vergangenen Jahren/Monaten) vor allem stehen, welcher Personenkreis und welche Berufsgruppen besonders von der Arbeitslosigkeit in Ihrer Region betroffen sind. Hilfreich bei der Vorbereitung wären nicht nur Informationsunterlagen der örtlichen Agentur für Arbeit, auch andere Institutionen (z. B. IHK, Gewerkschaften, Verbände) könnten Ihre Arbeit unterstützen.

   Diskutieren Sie im Anschluss an die Präsentation als Klassengemeinschaft darüber, welche Maßnahmen konkret dazu beitragen könnten, die Arbeitslosigkeit in Ihrer Region zu verringern!

   Tragen Sie die Maßnahmen in Form eines Maßnahmenplanes zusammen! Nutzen Sie dabei folgende Übersicht als Vorlage!

DOWNLOAD

Maßnahmenplan zur Bekämpfung der Arbeitslosigkeit in unserer Region			
Ausgangslage			
■ Anzahl der Arbeitslosen:			
■ Arbeitslosenquote in der Region:			
■ Anzahl der offenen Stellen in der Region:			
■ Weitere wichtige Arbeitsmarktdaten der Region:			
Maßnahmen	**Erhoffte Wirkungen**	**Mögliche Probleme**	**Träger der Aktivität**
■ ■ ■			

3.3.1 Offene und verdeckte Arbeitslosigkeit

Als **arbeitslos** gilt, wer trotz **Arbeitsfähigkeit** und **Arbeitswilligkeit** nicht in einem Beschäftigungsverhältnis steht.

Die Bundesagentur für Arbeit rechnet zu den **Arbeitslosen** alle Personen, die das 15., aber noch nicht das 65. Lebensjahr[1] vollendet haben, die beschäftigungslos sind oder nur eine kurzzeitige Beschäftigung (zur Zeit weniger als 15 Stunden je Woche) ausüben und ein versicherungspflichtiges, mindestens 15 Wochenstunden umfassendes Beschäftigungsverhältnis suchen.

Da die Arbeitslosigkeit amtlich registriert ist, spricht man von **offener Arbeitslosigkeit.**

Neben der registrierten Arbeitslosigkeit gibt es auch noch eine nicht registrierte Arbeitslosigkeit **(verdeckte Arbeitslosigkeit)**. Hierzu zählen z. B.:

- Arbeitnehmer, die die Stelle wechseln und zwischen den beiden Arbeitsstellen einen kurzen Zeitraum überbrücken, ohne sich arbeitslos zu melden.
- Frauen bzw. Männer, die nach der Elternzeit weiterhin zu Hause bleiben, um für die Kinder da zu sein und sich dabei nicht arbeitslos melden.
- Personen, die an einer Fortbildungsmaßnahme teilnehmen, Kurzarbeiter, Personen in Umschulungen oder in „Arbeitsgelegenheiten mit Mehraufwandsentschädigung" (arbeitsmarktpolitische Maßnahme).

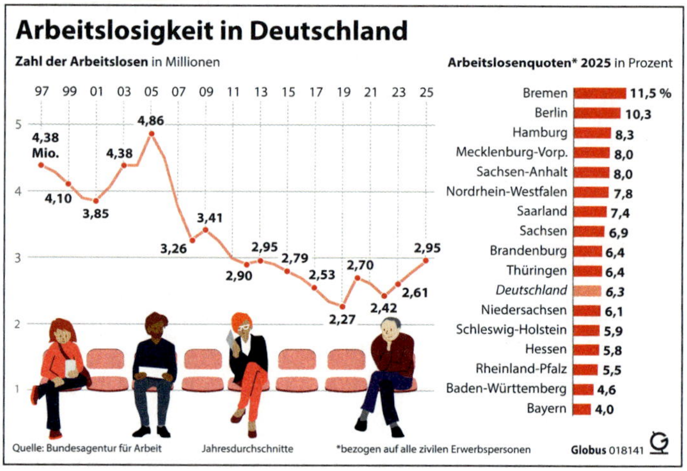

Die Arbeitslosigkeit in Deutschland ist im Jahr 2025 gestiegen. Waren im Jahresdurchschnitt 2024 noch 2,79 Mio. Frauen und Männer arbeitslos gemeldet, waren es im Jahr 2025 mit 2,95 Mio. rund 161 000 mehr. Die Arbeitslosenquote stieg von 6,0 % (2024) auf 6,3 % (2025). In Westdeutschland waren im Jahresdurchschnitt 2025 2,3 Mio. Menschen arbeitslos gemeldet, was einer Quote von 5,9 % entsprach. In Ostdeutschland waren es rund 678 000. Damit lag die ostdeutsche Jahresarbeitslosenquote bei 7,8 %. Die höchsten Arbeitslosenquoten hatten Bremen und Berlin mit 11,5 bzw. 10,3 %. Die niedrigsten Quoten hatten Baden-Württemberg und Bayern mit 4,6 bzw. 4,0 %.

1 In dem Gesetz zur Anpassung der Regelaltersgrenze an die demografische Entwicklung und zur Stärkung der Finanzierung der gesetzlichen Rentenversicherung wurde eine sukzessive Anhebung der Regelaltersgrenze von 65 auf 67 Jahre beschlossen. Beginnend im Jahr **2012** wird die Altersgrenze zunächst sukzessive um **einen** Monat pro Geburtsjahrgang und dann ab **2024** sukzessive um **zwei** Monate pro Geburtsjahrgang bis zur Regelaltersgrenze von 67 Jahren angehoben. Für alle ab 1964 Geborenen gilt die Regelaltersgrenze von 67 Jahren.

Die Datenaufbereitungsverfahren und Veröffentlichungen der Statistik sind auf die feste Altersgrenze von 65 Jahren ausgelegt und werden – wo nötig – an die oben beschriebene flexible Altersgrenze angepasst. In allen betroffenen Statistiken werden Personen bis zur neuen flexiblen Regelaltersgrenze erfasst. Anpassungen sind insbesondere für die Arbeitslosenstatistik notwendig.

3.3.2 Indikatoren zur Messung der Arbeitslosigkeit

(1) Berechnung der Arbeitslosenquote (ALQ)

Im Allgemeinen misst man die **Beschäftigungslage** in einer Volkswirtschaft an der **Zahl der Arbeitslosen** und der **Arbeitslosenquote.**

Bei der Arbeitslosenquote werden hierzulande zwei verschiedene Werte gemessen:

1. der Anteil der **„registrierten Arbeitslosen"** (Erwerbslosen) an der „Gesamtzahl der **unselbstständigen** Erwerbspersonen in Prozent".

$$\text{ALQ} = \frac{\text{Zahl der Arbeitslosen} \cdot 100}{\text{Anzahl der unselbstständigen Erwerbspersonen}}$$

2. der Anteil der **„registrierten Arbeitslosen"** an der „Gesamtzahl **aller** Erwerbspersonen in Prozent".

$$\text{ALQ} = \frac{\text{Zahl der Arbeitslosen} \cdot 100}{\text{Anzahl aller Erwerbspersonen}}$$

Hinweis:

Die Erwerbspersonen setzen sich zusammen aus den **Erwerbstätigen** und den **Erwerbslosen.**

(2) Weitere arbeitsmarktpolitische Messgrößen

Neben diesen beiden wohl wichtigsten Größen werden von der Agentur für Arbeit im Rahmen der monatlichen Berichte zur **Lage auf dem Arbeitsmarkt** noch weitere arbeitsmarktpolitische Größen veröffentlicht, die für die **Messung** und die **Beurteilung** der Entwicklung der Arbeitslosigkeit von großer Bedeutung sind.

1. Zahl der Erwerbstätigen und sozialversicherungspflichtig Beschäftigten

Diese arbeitsmarktpolitische Messgröße ist bedeutsam für die **Beurteilung** der Entwicklung der Arbeitslosigkeit.

Beispiel:

- **Periode 1:** Die Zahl der Erwerbstätigen sinkt um 50000 Personen, die Zahl der Arbeitslosen steigt um 50000 Personen.
- **Periode 2:** Die Zahl der Erwerbstätigen steigt um 20000 Personen, die Zahl der Arbeitslosen steigt um 50000 Personen.

Während in beiden Perioden die Arbeitslosenzahl in gleicher Größenordnung gestiegen ist, war die Entwicklung auf dem Arbeitsmarkt in Periode 2 insgesamt sehr viel positiver. Wie dieses Beispiel verdeutlicht, sind Zahlen zur Entwicklung der Erwerbspersonen und Beschäftigung also entscheidend, um die Entwicklung der Arbeitslosenzahlen zu bewerten.

2.	Konjunkturell bedingte Kurzarbeit
	Hierunter versteht man die **Herabsetzung** der **betrieblichen Arbeitszeit** bei entsprechender **Kürzung** des **Arbeitsentgelts.** Diese Maßnahme wird eingeleitet, um betriebsbedingte Entlassungen zu vermeiden, indem durch vorübergehende Arbeitsstreckung die geringe Auslastung auf die vorhandenen Arbeitnehmer verteilt wird.
3.	**Gemeldete offene Stellen**
	Gemeldete Stellen sind **Beschäftigungsmöglichkeiten**, die der Arbeitsagentur oder den Trägern der Grundsicherung für Arbeitsuchende zur Besetzung gemeldet wurden mit einer vorgesehenen Beschäftigungsdauer von mehr als 7 Kalendertagen.

3.3.3 Formen der Arbeitslosigkeit

(1) Friktionelle[1] Arbeitslosigkeit

Durch **Wechsel des Arbeitsplatzes** und durch die oft zeitaufwendige Suche nach einer angemessenen Beschäftigung bleibt auch in Zeiten der Vollbeschäftigung eine niedrige Arbeitslosenquote erhalten. Die Tatsache, dass Leute eine Arbeit aufgegeben und eine andere noch nicht aufgenommen haben, führt sozusagen zu „Reibungsverlusten“ auf dem Arbeitsmarkt.

(2) Nachfrageschwankungen

Kurz- und mittelfristige Nachfrageschwankungen können die Zahl der Arbeitslosen erhöhen oder verringern. Kurzfristige Nachfrageschwankungen sind i.d.R. saisonal,[2] mittelfristige i.d.R. konjunkturell bedingt. Man unterscheidet deshalb auch zwischen **saisonaler** (saisoneller) und **konjunktureller Arbeitslosigkeit.**

saisonale Arbeitslosigkeit	Als saisonale Arbeitslosigkeit werden die durch den Wechsel der Jahreszeiten hervorgerufenen Beschäftigungsrückgänge bezeichnet. Wirtschaftszweige, die unter saisonaler Arbeitslosigkeit leiden, sind z.B. das Baugewerbe, die Landwirtschaft oder das Hotel- und Gaststättengewerbe. Um die wahre Entwicklung auf dem Arbeitsmarkt beurteilen zu können, müssen die Arbeitslosenzahlen um die saisonal bedingten Einflüsse bereinigt werden.
konjunkturelle Arbeitslosigkeit	Die konjunkturelle Arbeitslosigkeit wird durch die Beschäftigungsschwankungen im Verlauf eines Konjunkturzyklus verursacht. Sie ist, soweit sie auf „normale“ konjunkturelle Ausschläge zurückzuführen ist, wirtschaftspolitisch verhältnismäßig unproblematisch, weil sie im Laufe eines Konjunkturaufschwungs mehr oder weniger „automatisch“ abgebaut wird.

(3) Strukturelle Arbeitslosigkeit

Die auf den wirtschaftlichen und technischen Wandel zurückzuführende Arbeitslosigkeit bezeichnet man als **strukturelle Arbeitslosigkeit.**

1 **Friktio** (lat.): Reibung.

2 **Saison** (frz.): Hauptbetriebszeit.

Betroffen sind vor allem die Beschäftigten solcher Branchen (Wirtschaftszweige),

- die an wirtschaftlicher **Bedeutung verlieren,**
- die neue und **arbeitssparende Techniken** einführen und
- die **langfristige Anpassungsschwierigkeiten** erleiden.

Die strukturelle Arbeitslosigkeit ist im Gegensatz zur saisonalen oder konjunkturellen Arbeitslosigkeit **langfristig** und wird auch im wirtschaftlichen Aufschwung nicht oder nur geringfügig abgebaut **(Sockelarbeitslosigkeit).** Der Arbeitsmarkt befindet sich **dauerhaft** im **Ungleichgewicht.** Das Arbeitsangebot ist größer als die Arbeitsnachfrage.

Die Sockelarbeitslosigkeit ist dadurch gekennzeichnet, dass sie sich von Konjunkturrückgang zu Konjunkturrückgang – so jedenfalls die bisherige Entwicklung – verstärkt. Dies ist u.a. damit zu erklären, dass bei hoher Arbeitslosigkeit die Arbeitgeber bei der Einstellung neuer Arbeitskräfte immer anspruchsvoller werden. Die **Wiederbeschäftigungschancen** für **weniger qualifizierte** Personen werden entsprechend geringer. Die Folge ist, dass sich bei diesen Personen die Zeit der Arbeitslosigkeit verlängert **(Langzeitarbeitslosigkeit).**

3.3.4 Beschäftigungspolitische Maßnahmen (Beispiele)

3.3.4.1 Bekämpfung der konjunkturellen Arbeitslosigkeit

Maßnahmen	Beispiele
staatliche Maßnahmen	■ **Erhöhung der Staatsausgaben** bzw. **Senkung der Staatseinnahmen** z.B. durch Steuersenkungen.[1] ■ **Auflegen von Beschäftigungsprogrammen.** Hierbei handelt es sich um einmalige Ausgaben für solche Wirtschaftszweige, von denen starke nachfragewirksame Impulse[2] auf die Gesamtwirtschaft ausgehen. Eine solche „Schlüsselindustrie" ist z.B. die Bauwirtschaft. Die Wirkung solcher zusätzlichen „Konjunkturspritzen" ist jedoch zweifelhaft. Kritiker meinen, dass sie allenfalls ein Strohfeuer auslösen. Sie sind sogar von Nachteil, wenn der Staat verschuldet ist.
Maßnahmen der Europäischen Zentralbank	■ Die **Europäische Zentralbank**[3] hat das alleinige Recht zur Ausgabe von Banknoten und kann damit, in Verbindung mit anderen Maßnahmen die **Geldmenge steuern.**[4] ■ Erhöht sie die Geldmenge und/oder senkt sie die Zinssätze, schafft sie die Voraussetzungen zur **Erhöhung der gesamtwirtschaftlichen Nachfrage.** Eine erhöhte Nachfrage stärkt die Konjunktur, wodurch neue Arbeitsplätze geschaffen werden können. ■ Mithilfe der **Geldpolitik** kann die Europäische Zentralbank den **Verlauf der Konjunktur beeinflussen** und damit **indirekt** die **Höhe der Arbeitslosigkeit.**

Eine **konjunkturelle Arbeitslosigkeit** kann mithilfe der **Fiskalpolitik des Staates** und der **Geldpolitik der Europäischen Zentralbank** durch eine **Erhöhung der gesamtwirtschaftlichen Nachfrage** bekämpft werden.

1 Dies sind Maßnahmen der Fiskalpolitik. Vgl. hierzu Kapitel 4.1.4.

2 **Impuls** (lat.): Anstoß, Anreiz.

3 Vgl. hierzu die Ausführungen in Kapitel 5.6.

4 Vgl. hierzu die Ausführungen in Kapitel 5.2.2.2.

3.3.4.2 Bekämpfung der strukturellen Arbeitslosigkeit

(1) Lohnnebenkosten senken

Die Abgaben zur Sozialversicherung sind an die Lohnzahlung gebunden. Die Arbeitskosten werden durch steigende Sozialversicherungsabgaben verteuert, was dazu führen kann, dass menschliche Arbeit durch Maschinen ersetzt wird. Der Staat kann dazu beitragen, die Arbeitskosten zu senken, indem er dafür sorgt, dass die gesetzlichen Sozialversicherungsbeiträge der Arbeitgeber gesenkt werden.

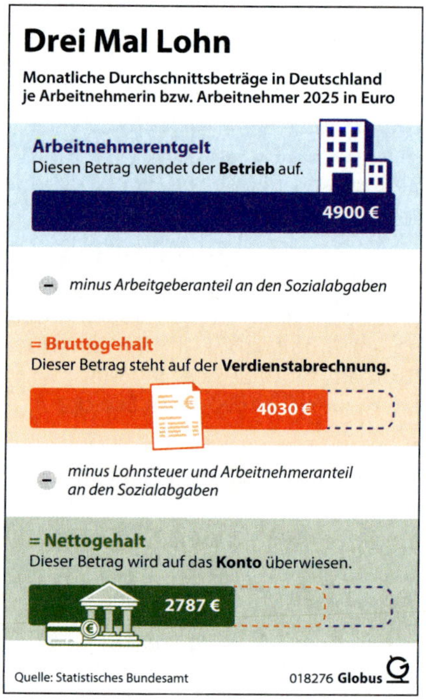

(2) Arbeitsförderungsmaßnahmen ergreifen

Liegen die Marktlöhne **unter dem Niveau der sozialen Grundsicherung,** können **an die Arbeitgeber Lohnkostenzuschüsse** aus den staatlichen Kassen bezahlt werden **(Kombilohn).**[1] Man erwartet aufgrund der sinkenden Lohnkosten eine Zunahme der Nachfrage nach Arbeitskräften.

Eine weitere Form des Kombilohns ist die unmittelbare **Aufstockung von Niedriglöhnen** mit Mitteln aus öffentlichen Kassen: Wenn das Einkommen von Erwerbstätigen nicht ausreicht, ihren Grundbedarf zu decken, haben sie Anspruch auf Bürgergeld bis zur Höhe der Grundsicherung.[2]

Durch eine **aktive Arbeitsmarktpolitik** versucht die Bundesagentur für Arbeit Arbeitslosigkeit zu verhindern, z. B. durch Zahlung von Kurzarbeitergeld, Förderung der beruflichen Fortbildung, Umschulungsmaßnahmen, Berufsberatung, Zahlung eines Gründungszuschusses für Existenzgründungen.

(3) Arbeitsmarkthemmnisse beseitigen

Um den Eintritt von Arbeitslosen in den Arbeitsmarkt zu erleichtern, ist es hilfreich, wenn **Tarifverträge** so gestaltet werden, dass

- bei der Lohnhöhe die jeweilige Beschäftigungslage der Betriebe berücksichtigt wird,
- die arbeits- und sozialrechtlichen Vorschriften gelockert werden,
- flexible Arbeitszeiten möglich sind,
- Qualifizierungsmaßnahmen für Langzeitarbeitslose verstärkt werden,
- der finanzielle Abstand zwischen staatlichen Sozialleistungen und Arbeitslohn so erweitert wird, dass sich eine Beschäftigung bei niedrigerem Einkommen lohnt usw.

1 **Kombilöhne:** Abkürzung von Kombinationslohn.
Kombination (lat.): Zusammenstellung.

2 Die betroffenen Personen werden als „Aufstocker" bezeichnet.

(4) Investitionen in Bildung tätigen, um Arbeitslosigkeit zu vermeiden

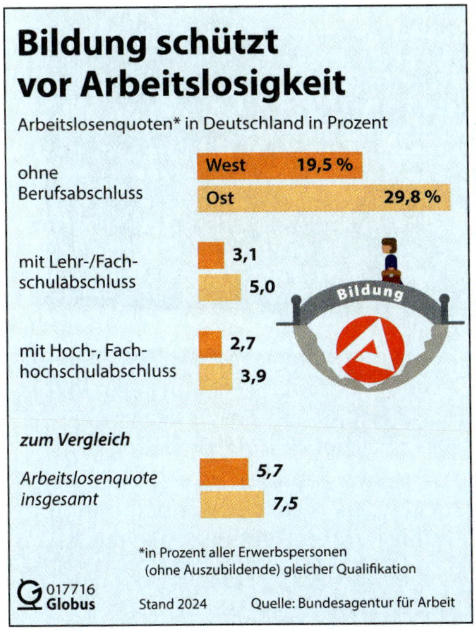

Wie Studien mittlerweile belegen, besteht bei Personen mit **geringer Qualifikation** ein wesentlich **höheres Risiko,** arbeitslos zu werden, als bei Personen mit weiterführender Ausbildung. Bei Jugendlichen ist das Risiko der Arbeitslosigkeit aufgrund mangelnder Bildung sogar um ein Vielfaches höher, als bei Erwachsenen. So verwundert es nicht, dass der Bildungspolitik im Zusammenhang mit der Bekämpfung der Arbeitslosigkeit eine besondere Rolle zufällt.

Bildungskosten sind keine Kosten, sondern eine **Investition** in die Zukunft, die sich für den Einzelnen, für die Unternehmen, für den Staat und die Sozialkassen rechnet.

Wenn Deutschland seine Investitionen in Bildung nicht entsprechend erhöht, wird es schwierig, die künftigen Herausforderungen erfolgreich zu bewältigen. Aufgrund des demografischen Wandels tut sich schon heute in bestimmten Berufsfeldern eine große Lücke an qualifizierten Fachkräften auf, die man zur Sicherung des derzeitigen Wachstums- und Wohlstandsniveaus dringend bräuchte. Hinzu kommt, dass eine alternde und demografisch schrumpfende Gesellschaft wie die deutsche künftig über immer weniger Erwerbstätige verfügt, die zugleich aber immer mehr Menschen versorgen muss.

Dieses Problem wird man nur dann lösen können, wenn es der Politik gelingt, alle Erwerbsfähigen durch möglichst hohe Qualifikationen zu höherer Wertschöpfung zu befähigen. Zudem müssen bildungspolitische Weichenstellungen vorgenommen werden, die für einen breiten Nachschub an Hochqualifizierten – weit über das heutige Niveau hinaus – sorgen. Andernfalls wird man international **nicht wettbewerbsfähig** sein und weder Innovationen hervorbringen noch jenes Wachstum erzielen, das Deutschland zur Finanzierung seiner bisherigen staatlichen Leistungen braucht.

Bildung ist vergleichbar mit einem schweren Tanker, der sich nicht von heute auf morgen in eine andere Richtung manövrieren lässt: Was heute investiert wird, zahlt sich erst Jahre später für die Gesellschaft aus.

3.3.5 Aktuelle Entwicklungen auf dem Arbeitsmarkt: Der digitale Wandel

Der digitale Wandel ist in vollem Gange. Die technologischen Entwicklungen sind rasant und verändern die Art, wie wir uns informieren, wie wir kommunizieren, wie wir konsumieren – kurz: wie wir leben.

Durch die **Digitalisierung** werden Maschinen in der Lage sein, viele **menschliche Aufgaben** zu **übernehmen** – jedoch zu **geringeren Kosten.**

Treiber sind eine Vielzahl von **innovativen Technologien** in unterschiedlichen Bereichen wie Datenverarbeitung, Internet, Sensorik, Robotik, 3D-Druck, additive Fertigung etc., die in ihrer Kombination zu einer **weitergehenden Automatisierung** von Fertigungsprozessen und einer Verschiebung von Tätigkeiten führen. Die sogenannte **vierte industrielle Revolution** bringt eine große Vielfalt an Neuerungen. Intelligente Roboter, **innovative Fertigungsmethoden** und **neue Job-Profile** sind das Markenzeichen dieser einschneidenden Entwicklung. Die zunehmend **vernetzte, digitale Produktion** eröffnet neue Möglichkeiten und riesige Chancen für die deutsche Wirtschaft.

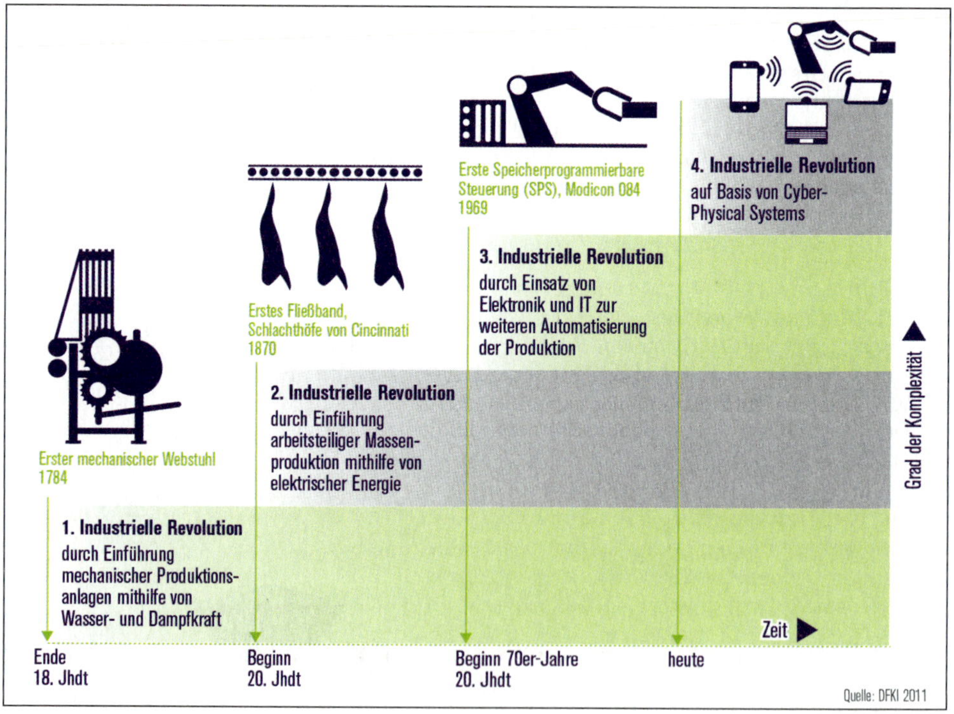

Quelle: https://www.bmbf.de/files/Umsetzungsempfehlungen_Industrie4_0.pdf, S. 17 [Zugriff am 15. 10. 2019].

So erobert eine neue Generation der **Roboter** die Fabrikhallen: Intelligente Maschinen, die Hand in Hand mit dem Menschen arbeiten und stetig dazulernen. Neue **intelligente Produktionstechniken** erobern die Fabrikhallen, wie beispielsweise der 3D-Druck, der neue Produkte mit neuen Eigenschaften ermöglicht und somit den Kreislauf von Konzeption, Prototypentwicklung und Produktion beschleunigt. Bei der weltweit größten Industrieschau, der Hannover Messe, stehen diese Entwicklungen seit mehreren Jahren im Mittelpunkt des Interesses.

In der Frage, ob Roboter und Maschinen bald dem Menschen die Arbeit wegnehmen, sind sich viele Experten in der Verneinung dieser Frage einig. Allerdings werden sich die **Berufsbilder** und Anforderungen an die Mitarbeiter von Morgen sehr stark **verändern.**

Die **Künstliche Intelligenz (KI)** ist spätestens mit **ChatGPT** im Alltag der Menschen angekommen und wird die Arbeitswelt künftig in hohem Maße verändern. Während einige Berufsbilder sich durch KI wandeln, werden andere vielleicht sogar wegfallen. Immer mehr Studien untersuchen die Auswirkungen der KI auf den Arbeitsmarkt bzw. auf einzelne Berufe.

KI-Potenzial

So verteilt sich die Möglichkeit, KI für Tätigkeiten einzusetzen:

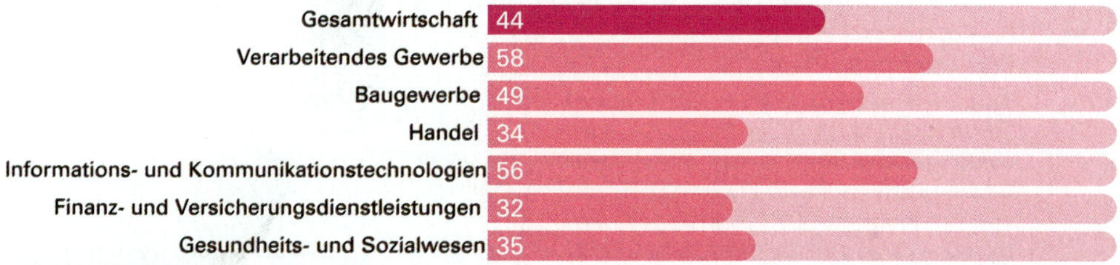

Quelle: Bundesministerium für Arbeit und Soziales, Sozialpolitik, Magazin für Schülerinnen und Schüler, Ausgabe 2025/2026, S. 13.

Inwieweit sich ein bestimmter Beruf automatisieren lässt, kann man mithilfe des sogenannten Job-Futuromat – www.job-futuromat.iab.de – herausfinden:

Werden digitale Technologien Ihren Job verändern?

Roboter und Bots übernehmen Ihren Job und Sie sind raus? Ganz so einfach ist es nicht. **Tatsächlich verschwinden Berufe eher selten, aber sie verändern sich:** Manche Tätigkeiten werden automatisiert. Andere Tätigkeiten werden weiterhin von Menschen erledigt, selbst wenn sie automatisierbar sind. Neue Tätigkeiten kommen hinzu, vor allem, um die neuen Technologien einsetzen zu können. Dieser Wandel wirft natürlich Fragen auf. Und er bietet neue Chancen!
Testen Sie jetzt, ob und wie digitale Technologien die Arbeitswelt verändern könnten.

Bankkaufmann/-frau

Quelle: https://job-futuromat.iab.de/ [Zugriff vom 17.06.2026].

Kompetenztraining

52 1. Erklären Sie die Begriffe friktionelle, konjunkturelle und strukturelle Arbeitslosigkeit!

2. Erläutern Sie, warum die Sockelarbeitslosigkeit von Konjunkturzyklus zu Konjunkturzyklus zunimmt!

3. 3.1 Recherchieren Sie mittels digitaler Medien, welche Personengruppen in der Arbeitslosenstatistik nicht registriert werden!

   3.2 Erläutern Sie, welche Konsequenzen sich daraus ergeben!

4. Beschreiben Sie die Folgen der Arbeitslosigkeit für die Volkswirtschaft als Ganzes!

5. Stellen Sie die Beziehungen zwischen Schwarzarbeit und Arbeitslosigkeit dar!

6. **Internetrecherche**

   „Durch die Deregulierung des Arbeitsmarktes kann die Zahl der Arbeitslosen gesenkt werden."

   Aufgabe:

   Recherchieren Sie den Begriff Deregulierung des Arbeitsmarktes und beschreiben Sie die Auswirkungen einer solchen Forderung auf den Arbeitsmarkt!

7. **Pro- und Kontra-Diskussion**

   Wie die nebenstehende Abbildung verdeutlicht, gibt es in 22 EU-Staaten einen gesetzlichen – also vom Staat festgesetzten – Mindestlohn. Er reicht von Bulgarien mit 620,00 EUR pro Monat bis zu Luxemburg mit 2 704,00 EUR Stundenlohn.

   Aufgabe:

   Diskutieren Sie mögliche Gründe, die für bzw. gegen einen allgemeinen, für alle Arbeitsverhältnisse gültigen, durch Gesetz verordneten Mindestlohnes sprechen!

   Ziehen Sie abschließend ein persönliches Fazit!

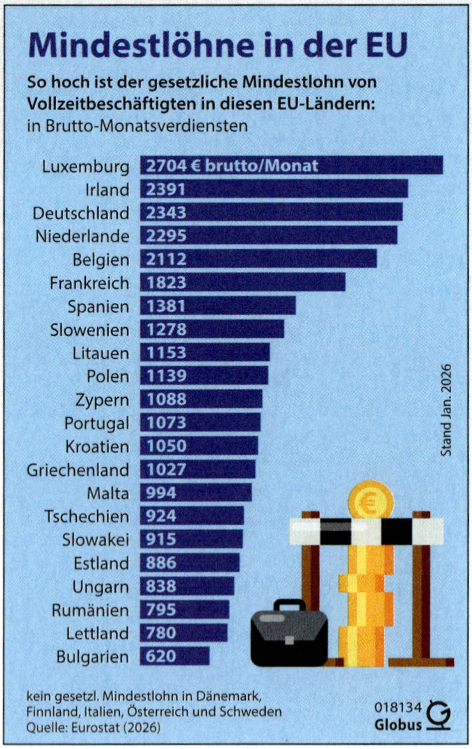

8. Über die aktuelle Situation am Arbeitsmarkt wird die Bevölkerung in der Bundesrepublik Deutschland jeden Monat nachrichtlich informiert.

   Aufgabe:

   Erläutern Sie, welche Angaben in den Veröffentlichungen zur Arbeitslosenstatistik von der Bundesagentur für Arbeit in Nürnberg jeden Monat gemeldet werden!

9. Die Bundesagentur für Arbeit veröffentlicht nachfolgende Daten der Arbeitsmarktstatistik:

	1. Jahr	2. Jahr	3. Jahr
Erwerbspersonen in Tsd.	39587	39704	39645
Arbeitnehmer in Tsd.	32251	31883	31937
Arbeitslose in Tsd.	3498	3907	3710
Offene Stellen in Tsd.	327	337	422

Aufgaben:

9.1 Ermitteln Sie die Arbeitslosenquoten auf der Basis der Erwerbspersonen für das 2. und 3. Jahr!

9.2 Ermitteln Sie, um wie viel Prozentpunkte die Arbeitslosenquote vom 3. Jahr gegenüber dem 1. Jahr gestiegen ist!

9.3 Begründen Sie, warum sich trotz der gestiegenen Zahl der Arbeitslosen die Anzahl der offenen Stellen erhöht hat und diese nicht durch Neueinstellungen von Arbeitslosen besetzt werden konnten!

10. 10.1 Beschreiben Sie die nachfolgende Karikatur!

10.2 Erklären Sie, welcher Zielkonflikt in der Karikatur dargestellt wird!

11. Die Künstliche Intelligenz (KI) ist spätestens mit ChatGPT im Alltag der Menschen angekommen und wird künftig auch die Arbeitswelt stark verändern. Während manche Jobs sich durch KI stark wandeln, werden andere vielleicht sogar wegfallen. Immer mehr Studien untersuchen die Auswirkungen der KI auf den Arbeitsmarkt. So hat eine Studie der Investmentbank Goldman Sachs ergeben, dass in den nächsten Jahren zwei Drittel der derzeitigen Arbeitsplätze einem gewissen Grad an KI-Automatisierung ausgesetzt sind und bis zu einem Viertel der derzeitigen Arbeit komplett durch KI ersetzt werde.

Insgesamt unterscheiden die Studien dabei Jobs mit dem höchsten Risiko und Jobs mit dem niedrigsten Risiko der Veränderung durch KI.

Jobs mit höchstem Risiko	Jobs mit dem niedrigsten Risiko
Buchhalter	Anlagenmechaniker für Sanitär-, Heizungs- und Klimatechnik
Bauzeichner	Dachdecker
Designer (kommerzielle und industrielle)	Dienstpersonal im Hotelgewerbe
Dolmetscher	Elektriker
Informatik-Ingenieure	Feuerwehrmann
Journalisten	Friseur
Kreditsachbearbeiter	Garten- und Landschaftsbau
Lehrkräfte für Fremdsprachen	Hausmeister
Lektoren	Kinderpflegerin
Mathematiker	Klempner
Programmierer	Koch
Sachbearbeiter	Kranken- und Altenpfleger
Schriftsteller	Land- und Forstwirte
Steuerberater	Mechatroniker
Wirtschaftsprüfer	

Im Berufsfeld Bankkaufmann/-frau schätzt der Job-Futuromat des Instituts für Arbeitsmarkt- und Berufsforschung den Grad der Automatisierbarkeit auf 88 %. Anders formuliert sind – Stand heute – sieben von acht Kernaufgaben dieses Berufes automatisierbar, was einen enormen Stellenabbau nach sich ziehen würde (vgl. https://job-futuromat.iab.de/#top).

Aufgaben:

11.1 Geben Sie an, welche persönlichen Entscheidungen und Schlussfolgerungen sich für Sie daraus ergeben!

11.2 **Pro- und Kontra-Diskussion**

Die Diskussion um ein bedingungsloses Grundeinkommen, d.h. ein Einkommen, das eine politische Gemeinschaft bedingungslos jedem ihrer Mitglieder gewährt, dringt mehr und mehr in das Bewusstsein der Gesellschaft. Erstellen Sie zu diesem Thema eine Gegenüberstellung mit Pro- und Kontra-Argumenten und entscheiden Sie begründet, ob Sie ein bedingungsloses Grundeinkommen einführen würden oder nicht!

11.3 **Leserbrief**

Formulieren Sie anschließend für Ihren Standpunkt einen Leserbrief!

12. Im Rahmen der politischen Diskussion zur Bekämpfung der Arbeitslosigkeit werden unterschiedliche Maßnahmen vorgeschlagen, wobei die jeweiligen Wirkungen dieser Instrumente im Mittelpunkt des Interesses stehen.

Aufgabe:

Entscheiden Sie, welche der nachfolgenden Standpunkte Sie für fragwürdig halten!

① Die Ausweitung der Staatsnachfrage im Falle einer Rezession kann den weiteren Abbau von Arbeitsplätzen verhindern.

② Durch Investitionszuschüsse können für Unternehmen Anreize zur Expansion und somit zu Neueinstellungen geschaffen werden.

③ Durch ein gesetzlich vorgeschriebenes Überstundenverbot können in gleichem Umfang Arbeitsplätze geschaffen werden, wie Überstunden abgebaut werden.

④ Durch zusätzliche Umschulungsmaßnahmen wird es Arbeitslosen ermöglicht, sich für den Arbeitsmarkt zu qualifizieren.

⑤ Moderate Tarifabschlüsse können dazu beitragen, dass der Substitutionsprozess zwischen Arbeit und Kapital langsamer verläuft.

13. Die Regierung diskutiert mögliche Änderungen in der Rentengesetzgebung. Entscheiden Sie, welches der nachfolgenden Argumente Sie für falsch halten!

① Durch die Senkung des Renteneintrittsalters können Arbeitslose eingestellt werden.

② Die Finanzierung dieser neuen Arbeitsplätze wird von der Arbeitslosenversicherung auf die Rentenversicherung verlagert.

③ Durch die gesetzliche Möglichkeit der Altersteilzeit können zusätzliche Arbeitsplätze geschaffen werden.

④ Eine Erhöhung des Rentenbeitrages führt zu einer Erhöhung der Kosten für den Produktionsfaktor Arbeit und kann somit das Problem der Arbeitslosigkeit zusätzlich verschärfen.

⑤ Die Einführung der Altersteilzeit dient der Bekämpfung der strukturellen Arbeitslosigkeit.

3.4 Den Saldo der Leistungsbilanz als Indikator für ein außenwirtschaftliches Gleichgewicht verstehen sowie Ursachen und Wirkungen von Ungleichgewichten analysieren

Lernsituation 33: Der Werkzeugbau Trotzmann KG drohen wegen des Leistungsbilanzüberschusses der Bundesrepublik Deutschland erhebliche Exporteinbußen

Zilan ist Auszubildende der Kundenbank AG und aktuell im Firmenkundengeschäft eingesetzt. Am heutigen Tag ist sie mit der Kundenberaterin Anja Vogelsberger auf dem Weg zu einem Gespräch mit der Werkzeugbau Trotzmann KG, einem mittelständischen Unternehmen mit ca. 400 Mitarbeitern und einem Jahresumsatz von knapp 180 Millionen Euro.

Kundenbank AG

Vor dem Treffen erzählt Frau Vogelsberger, dass das Unternehmen bald sein 125-jähriges Jubiläum feiert und seinerzeit mit der Herstellung von Schmiedewerkzeugen in einem kleinen Schuppen als Einmannbetrieb begonnen hat. In den letzten 60 Jahren sei das Unternehmen dann sukzessive zu einem Weltmarktführer mit dem Ruf eines Hidden Champion angewachsen. Mit den präzisionsgeschliffenen Abkant-, Stanz- und Spezialwerkzeugen gilt das Unternehmen vor allem auf dem asiatischen und amerikanischen Markt als Vorreiter auf diesem Gebiet. Mit jeder innovativen Neuentwicklung wurden ständig neue Märkte erobert und Konkurrenten verdrängt. Insbesondere bezüglich der Zuverlässigkeit, Haltbarkeit, Leistung und Präzision genießen die Produkte des Unternehmens einen exzellenten Ruf.

Anlass des heutigen Besuchs ist die Besprechung der Entwicklung des letzten Geschäftsjahres sowie der gegenwärtigen Geschäftsentwicklung. Frau Vogelsberger weist Zilan darauf hin, dass die Umsatzzuweisungen auf dem Konto bei der Kundenbank AG in den letzten Wochen im Vergleich zu den Vorjahren rückläufig gewesen sind und einige Meldungen in der Wirtschaftspresse sie als Betreuerin durchaus etwas beunruhigen.

Nachdem der Geschäftsführer Dr. Ing. Jan-Heinrich Trotzmann Frau Vogelsberger und Zilan begrüßt und etwas Small Talk geführt hat, kommt Frau Vogelsberger zur Sache und fragt nach der geschäftlichen Entwicklung des Unternehmens. Herr Dr. Trotzmann erläutert, dass man mit dem letzten Geschäftsjahr trotz eines weltweit schwierigen Umfeldes durchaus sehr zufrieden gewesen sei und eines der erfolgreichsten Jahre des Unternehmens im Exportgeschäft verzeichnen konnte. Die Entwicklung im laufenden Geschäftsjahr hingegen sei weniger erfreulich und für die Zukunft sieht er durchaus größere Probleme auf das Unternehmen zukommen. Auf Rückfrage durch Frau Vogelsberger nach den Gründen für diesen Abwärtstrend sagt Herr Dr. Trotzmann: *„Nach wie vor sind unsere innovativen präzisionsgeschliffenen Werkzeuge weltweit einmalig. Allerdings werden Sie ja über die Presse bzw. diverse Nachrichtensendungen in der jüngeren Vergangenheit mitbekommen haben, dass sowohl die Chinesen als auch die Amerikaner den positiven Saldo der Leistungsbilanz der Bundesrepublik Deutschland massiv kritisiert haben. Beide Staaten sind mit knapp 35 % ein wesentliches Standbein für unseren Absatzerfolg. Sie sehen sich aber im Handel benachteiligt und erwägen deshalb, hohe Sonderzölle auf deutsche Produkte einzuführen."*

Frau Vogelsberger weist darauf hin, dass ja auch viele Experten der Meinung sind, dass Deutschland mit dem Leistungsbilanzüberschuss größere finanzielle Forderungen gegenüber dem Ausland aufbaut als das Ausland gegenüber Deutschland. Da viele andere mehr Waren und Dienstleistungen aus Deutschland beziehen, fließt mehr Kapital nach Deutschland als umgekehrt – unterm Strich steigen damit die Schulden der anderen Länder gegenüber der Bundesrepublik Deutschland. Sogar die Europäische Union habe diese Entwicklung der deutschen Leistungsbilanz zuletzt immer wieder kritisiert.

Herr Dr. Trotzmann sagt: *„Tja, und diesen Gegenwind bekommen wir jetzt zu spüren. Die angedrohten Schutzzölle zeigen Wirkung und unsere Kunden kaufen aus dem politischen Druck heraus zunehmend einheimische Produkte. So schnell überträgt sich Weltpolitik ganz konkret auf unser Unternehmen und gefährdet möglicherweise Arbeitsplätze. Nicht zuletzt deshalb sage ich den jungen Mitarbeitern und Auszubildenden immer wieder, wie wichtig es gerade im Zeitalter der Globalisierung ist, sich fortwährend mit den aktuellen politischen und wirtschaftlichen Entwicklungen auseinanderzusetzen. Ich gehe mal davon aus, dass das bei den angehenden Bankkaufleuten eine Selbstverständlichkeit ist, oder liege ich da falsch, Frau Vogelsberger?"*

Frau Vogelsberger antwortet: *„Ich denke nicht. Die Auszubildenden wissen, dass dieser Beruf hohe Anforderungen an sie stellt. Sie sind sich dessen sicher bewusst und interessieren sich für alle wirtschaftlichen Entwicklungen sehr."*

Als Frau Vogelsberger dabei zu Zilan blickt, reagiert diese etwas verlegen und läuft leicht rot an.

Kompetenzorientierte Arbeitsaufträge:

1. Erläutern Sie kurz, was man unter einer Leistungsbilanz versteht!
2. Analysieren Sie mögliche Ursachen und Wirkungen von Ungleichgewichten im Außenhandel!

3. **Präsentation**

Recherchieren und analysieren Sie die aktuelle Zahlungsbilanz der Bundesrepublik Deutschland. Stellen Sie dabei insbesondere auffällige Entwicklungen der einzelnen Teilbilanzen im Vergleich zu den Vorjahren dar und informieren Sie sich in diesem Zusammenhang über aktuelle Kritik bzw. protektionistische Maßnahmen!

4. Erstellen Sie mittels digitaler Medien eine kreative und möglichst kompakte Übersicht zum Thema Zahlungsbilanz zur Vorbereitung auf die nächste Klausur!

3.4.1 Begriff der Zahlungsbilanz

Die **Zahlungsbilanz** eines Landes ist eine **systematische Zusammenfassung** aller ökonomischen Transaktionen zwischen Inländern und Ausländern während eines bestimmten Zeitraumes, in der Regel eines Jahres.

Zu den **Inländern** zählen alle Wirtschaftseinheiten mit ständigem Wohnsitz oder Aufenthalt im Inland.

Da in der Zahlungsbilanz **keine Bestände,** sondern nur **Stromgrößen** (Veränderungen) erfasst werden, lässt sich grundsätzlich nicht die Höhe der einzelnen Bestände (im Sinne einer Bestandsbilanz), sondern nur die **Veränderungen** innerhalb einer abgeschlossenen Periode **(Bewegungsbilanz)** erkennen.

Wesentliche **Aufgabe der Zahlungsbilanz** ist die Bereitstellung der Datenbasis für

- die **Geld- und Währungspolitik** und die übrige Wirtschaftspolitik sowie
- wesentliche Bestandteile der **Volkswirtschaftlichen Gesamtrechnungen.**

In der Regel kann es sich kein Land **auf Dauer** leisten, dass sich die inländischen Wirtschaftseinheiten zunehmend gegenüber dem Ausland **verschulden.** Um also die Vorteile der internationalen Arbeitsteilung zu nutzen, müssen sich die Außenwirtschaftsbeziehungen **langfristig** etwa **gleichgewichtig** entwickeln.

Der **Saldo der Leistungsbilanz** gilt allgemein als **Maßstab** für das **außenwirtschaftliche Gleichgewicht.** Das **Ziel** gilt theoretisch als **erreicht,** wenn der **Saldo** gleich **null** ist.

3.4.2 Gliederung der Zahlungsbilanz

Je nach **Art der Transaktionen** wird die **Zahlungsbilanz der Bundesrepublik Deutschland** in verschiedene **Teilbilanzen,** die nach **wirtschaftlichen Gesichtspunkten** gebildet werden, untergliedert.

Zum **Inland** zählt das Wirtschaftsgebiet der Bundesrepublik Deutschland. Zum **Ausland** zählen alle anderen Länder.

Wichtige Teilbilanzen sind die **Leistungsbilanz, Vermögensübertragungen** und die **Kapitalbilanz.**

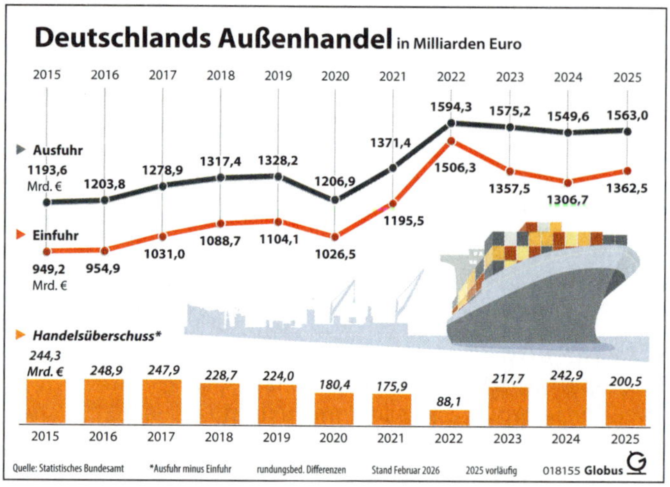

Die Exporte Deutschlands sind im Jahr 2025 leicht gestiegen. Sie erreichten einen Wert von 1 563 Mrd. EUR. Nach vorläufigen Angaben des Statistischen Bundesamtes waren das 0,9 % mehr als im Vorjahr. Die Einfuhren stiegen um 4,3 % auf 1 362,5 Mrd. EUR. Da die Einfuhren stärker zunahmen als die Ausfuhren, verringerte sich der Außenhandelsüberschuss. Er betrug 200,5 Mrd. EUR (2024: 242,9 Mrd. EUR). Mit einem Gesamtwert von 146,2 Mrd. EUR ging der größte Teil der deutschen Exporte erneut in die USA. Auf den Plätzen zwei und drei folgten Frankreich und die Niederlande. Die wichtigsten Exportgüter waren Kraftwagen und Kraftwagenteile.

Teilbilanzen	Erläuterungen
I. Leistungsbilanz	Die Leistungsbilanz erfasst die Übertragungen mit dem Ausland, die Einfluss auf Einkommen und Verbrauch haben. Die Leistungsbilanz umfasst: ■ den **Außenhandel** (Warenausfuhr und -einfuhr), einschließlich der **Ergänzungen zum Warenverkehr** sowie den Transithandel. Übersteigen die Exporte die Importe, spricht man von einer **aktiven Handelsbilanz**. Sind hingegen die Importe größer als die Exporte, liegt eine **passive Handelsbilanz** vor.

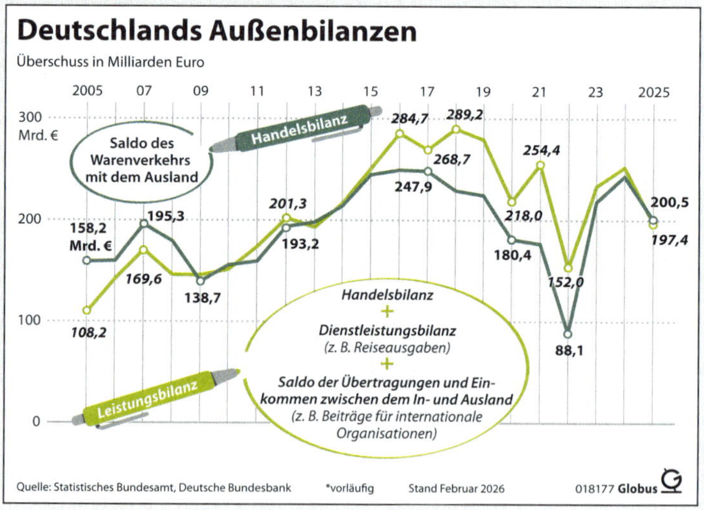

Teilbilanzen	Erläuterungen
	■ die **Dienstleistungen,** also die Export- und Importwerte verschiedenartiger immaterieller Güter. Hierzu zählen der touristische Reiseverkehr (Ausgaben von Inländern im Ausland stellen Dienstleistungsimporte dar, wohingegen Ausgaben von Ausländern im Inland zu den Dienstleistungsexporten zählen), Transporte, Lohnfertigungsentgelt und Reparaturen, Telekommunikation, die Finanzdienstleistungen, Patente und Lizenzen sowie Regierungsleistungen. Die Dienstleistungsbilanz ist **aktiv,** wenn die Exporte die Importe übersteigen; im umgekehrten Fall handelt es sich um eine passive Dienstleistungsbilanz. Die traditionell **passive** Dienstleistungsbilanz der Bundesrepublik Deutschland ist in erster Linie auf den negativen Saldo im Reiseverkehr zurückzuführen. ! Der **Saldo** aus **Außenhandel** einschließlich der Ergänzungen zum Warenhandel und **Dienstleistungen** wird als **Außenbeitrag** (zum BIP) bezeichnet. ■ die **Primäreinkommen:** Hierbei handelt es sich hauptsächlich um die Erfassung der Einkommen aus unselbstständiger Arbeit und der Kapitalerträge sowie Produktions- und Importabgaben, Subventionen und Pacht- bzw. Mieteinkommen, die Inländern aus dem Ausland bzw. die Ausländern aus dem Inland zufließen. ■ die laufenden Übertragungen – auch als **Sekundäreinkommen** bezeichnet – sind Geld- und Sachleistungen, denen keine unmittelbaren Gegenleistungen gegenüberstehen. Hierunter fallen beispielsweise Beiträge an internationale Organisationen, private Renten- und Unterstützungszahlungen an Ausländer, staatliche Entwicklungshilfe, Überweisungen der Gastarbeiter an ihre Familien im Ausland.
II. Vermögensänderungsbilanz	Erfasst werden u. a. Vermögensübertragungen, die als **„einmalig"** betrachtet werden können (z. B. Schuldenerlasse, Erbschaften, Schenkungen, Erbschaft- und Schenkungsteuer, Vermögensmitnahmen von Aus- bzw. Einwanderern). Hier wird auch der Kauf/Verkauf von **immateriellen nicht produzierten** Vermögensgütern erfasst, wie z. B. Patente, aktivierter Firmenwert (Goodwill) beim Kauf eines Unternehmens.
III. Kapitalbilanz	Die **Kapitalbilanz einschließlich der Veränderungen der Währungsreserven der Bundesbank** enthält alle Transaktionen,[1] bei denen sich grenzüberschreitende Finanzdispositionen (z. B. Guthaben, Wertpapiere oder Beteiligungen) verändern. ■ **Deutsche Kapitalanlagen im Ausland** (Kapitalausfuhr) führen zu **Forderungen** an das Ausland. ■ **Kapitalanlagen von Ausländern im Inland** (Kapitaleinfuhr) führen zu **Verbindlichkeiten** des Inlandes gegenüber dem Ausland.
IV. Saldo der statistisch nicht aufgliederbaren Transaktionen	Dieser **Restposten** ist erforderlich, um die Zahlungsbilanz statistisch auszugleichen. Hier werden also Beträge aufgenommen, die **statistisch nicht erfasst** werden können, wie etwa sogenannte „Koffergeschäfte", Transaktionen mit Bargeld, Überweisungen unterhalb der Meldegrenze. Des Weiteren werden über diese Bilanz **statistische Ermittlungsfehler** ausgeglichen.

1 **Trans** (lat.): über; **agere** (lat.): führen, Übertragungen.

Die Teilbilanzen der Zahlungsbilanz im Überblick

Leistungsbilanz				Vermögensänderungsbilanz	Kapitalbilanz							Saldo der statistisch nicht aufgliederbaren Transaktionen
							übriger Kapitalverkehr					
Warenhandel (fob/fob)	Dienstleistungen (fob/fob)	Primäreinkommen	Sekundäreinkommen		Direktinvestitionen	Wertpapieranlagen und Finanzderivate	monetäre Finanzinstitute (ohne Bundesbank)	Unternehmen und Privatpersonen	Staat	Bundesbank	Währungsreserven	
Ausfuhr + Einfuhr –	Einnahmen + Ausgaben –	Einnahmen + Ausgaben –	Einnahmen + Ausgaben –	Einnahmen + Ausgaben –	Zunahme der Forderungen und Abnahme der Verbindlichkeiten gegenüber dem Ausland + Abnahme der Forderungen und Zunahme der Verbindlichkeiten gegenüber dem Ausland –							+ oder –
■ Warenexporte ■ Warenimporte ■ Ergänzungen zum Außenhandel	■ Reiseverkehr ■ Transporte ■ Finanzdienstleistungen ■ Lizenzen ■ Lohnveredelung	■ Arbeitnehmerentgelt ■ Zinsen ■ Dividenden ■ Mieten ■ Pachten ■ Produktions- und Importabgaben	■ Beiträge an internationale Organisationen ■ private Renten- und Unterstützungszahlungen ■ Heimatüberweisungen	■ Schuldenerlasse ■ Erbschaften ■ Schenkungen ■ Vermögensmitnahmen von Aus- und Einwanderern ■ nicht produziertes Sachvermögen (z. B. Markenrechte, Emissionszertifikate)	■ Zunahme bzw. Abnahme inländischer Kapitalanlagen im Ausland ■ Zunahme bzw. Abnahme der ausländischen Kapitalanlagen im Inland							■ Restposten ■ Koffergeschäfte ■ Überweisungen unterhalb der Meldegrenze
Außenbeitrag zum BIP												
Außenbeitrag zum BNE												

3.4.3 Zahlungsbilanzungleichgewichte

3.4.3.1 Ursachen für Zahlungsbilanzungleichgewichte

Wie bereits erwähnt, ist eine Zahlungsbilanz wegen des Prinzips der doppelten Buchführung **formal immer ausgeglichen,** sodass man sich bei der Beurteilung des Zielerreichungsgrades auf die Analyse verschiedener Teilbilanzen stützt.

Generell erscheint es wirtschaftspolitisch sinnvoll, sich **nicht einseitig** an nur einer Teilbilanz zu orientieren, sondern den außenwirtschaftlichen Informationsgehalt der Zahlungsbilanz durch „kombinierte" Analysen mehrerer Aspekte zu erhöhen.

Um durch **wirtschaftspolitische Maßnahmen** die Umsetzung des Ziels des außenwirtschaftlichen Gleichgewichts innerhalb der Teilbilanzen anzustreben, muss man zunächst die **Gründe** für ein solches **Ungleichgewicht** analysieren.

Zu den wichtigsten **Ursachen für Störungen** des **Zahlungsbilanzgleichgewichtes** zählen:

- **Strukturunterschiede** bei der Ausstattung mit **Produktionsfaktoren** (z. B. Boden: Importabhängigkeit rohstoffarmer Länder, Kapital: Unterschiede bei der **Produktionstechnologie,** Arbeit: Unterschiede in Bezug auf berufliches Wissen und Können).
- Unterschiede im **Preisniveau** zwischen In- und Ausland führen in aller Regel zu einem Importüberschuss und somit zu einem Zahlungsbilanzdefizit (wenn das Preisniveau im Ausland niedriger ist als im Inland) bzw. zu einem Exportüberschuss und somit zu einem Zahlungsbilanzüberschuss (wenn das Preisniveau im Ausland höher ist als im Inland).
- Unterschiede beim **Zinsniveau** zwischen In- und Ausland führen zu entsprechenden Kapitalwanderungsbewegungen: Ein im Vergleich zum Ausland höheres Zinsniveau im Inland zieht ausländisches Kapital an, wohingegen ein im Vergleich zum Ausland niedrigeres Zinsniveau im Inland dazu beiträgt, dass inländisches Kapital verstärkt ins Ausland fließt.
- **Politische Entscheidungen** z. B. Ex- oder Importverbote, Handelsbeschränkungen für die Ein- oder Ausfuhr von Waren oder Dienstleistungen, steuerpolitische Maßnahmen (z. B. Umsatzsteuerbefreiung von Exporten), unentgeltliche Leistungen an das Ausland (z. B. Entwicklungshilfe).

3.4.3.2 Folgen von Zahlungsbilanzungleichgewichten

Ungleichgewichte – beispielsweise bei der Leistungsbilanz – bleiben **dauerhaft** betrachtet nicht ohne Folgen für eine Volkswirtschaft.

Die Folgen, die sich aus Zahlungsbilanzungleichgewichten ergeben können, zeigt nachfolgende Übersicht:

Zahlungsbilanzüberschuss	Zahlungsbilanzdefizit
■ **Inländischer Geldumlauf steigt** wegen der Devisenankäufe durch die Zentralbank (Währungsreserven der Zentralbank steigen an). ■ **Zinsniveau** im Inland **fällt** (bedingt durch steigende Geldmenge).	■ **Inländischer Geldumlauf verringert** sich aufgrund der für den Import erforderlichen Devisenverkäufe der Zentralbank an die Wirtschaftssubjekte (Währungsreserven der Zentralbank nehmen ab). ■ **Zinsniveau** im Inland **steigt** (bedingt durch sinkende Geldmenge).

Zahlungsbilanzüberschuss	Zahlungsbilanzdefizit
■ **Beschäftigung nimmt zu,** was allerdings eine starke Abhängigkeit der inländischen Beschäftigung vom Ausland zur Folge hat. ■ Bei Vollbeschäftigung kommt es zu **Preissteigerungen** („importierte Inflation“). ■ **Anstieg außenpolitischen Drucks,** wenn die Exporte aus konjunkturellen Gründen bei den ausländischen Handelspartnern unerwünscht sind.	■ Ein durch hohe Importe bedingtes Zahlungsbilanzdefizit führt zu einem **Rückgang** der **Beschäftigung.** ■ Rückgang der Preissteigerungsraten; dies führt zu **deflatorischen** Tendenzen auf vollkommenen Märkten. ■ Zunehmende **Verschuldung** gegenüber dem Ausland.

3.4.3.3 Maßnahmen zur Beeinflussung des Außenhandels

Wegen der negativen Folgen von Zahlungsbilanzungleichgewichten auf die anderen gesamtwirtschaftlichen Ziele, kommt den wirtschaftspolitischen Maßnahmen zur Behebung dieser Ungleichgewichte große Bedeutung zu.

Dabei lassen sich grundsätzlich zwei Kategorien von Maßnahmen unterscheiden:

- **währungspolitische** Maßnahmen (in Abhängigkeit vom System der Wechselkurse),
- **sonstige** Maßnahmen.

(1) Währungspolitische Maßnahmen

Zahlungsbilanzüberschüsse bzw. -defizite führen aufgrund eines erhöhten Devisenangebots bzw. einer erhöhten Devisennachfrage zu Wechselkursschwankungen.

Bei **flexiblen** Wechselkursen kann es theoretisch aufgrund der Kursschwankungen zu einem **automatischen Ausgleich** der Zahlungsbilanz kommen. So führt beispielsweise bei einem Zahlungsbilanzüberschuss (Zahlungsbilanzdefizit) das damit einhergehende steigende (sinkende) Devisenangebot tendenziell zu einem sinkenden (steigenden) Devisenkurs. Hierdurch verteuern (verbilligen) sich die Exporte, wohingegen die Importe billiger (teurer) werden. Als Folge dieses **„Wechselkursmechanismus“** tendiert die Zahlungsbilanz zum Ausgleich, da durch die „Aufwertung“ der inländischen Währung die Exporte (Importe) nunmehr zurückgehen, wohingegen die Importe (Exporte) zunehmen.

(2) Sonstige wirtschaftspolitische Maßnahmen

Zahlungsbilanzüberschuss	Zahlungsbilanzdefizit
Bei einem Zahlungsbilanzüberschuss besteht die Aufgabe der Wirtschaftspolitik darin, die **Exporte** zu **drosseln** und gleichzeitig die **Importe** zu **erhöhen.** 1. **Expansive** Wirtschaftspolitik (Erhöhung der inländischen Nachfrage): Einleitung **nachfragesteigernder Maßnahmen** im Inland zur Senkung des Exportes bzw. Steigerung des Importes.	Bei einem Zahlungsbilanzdefizit besteht die Aufgabe der Wirtschaftspolitik darin, die **Exporte** zu **erhöhen** und gleichzeitig die **Importe** zu **drosseln.** 1. **Kontraktive** Wirtschaftspolitik (Dämpfung der inländischen Nachfrage): Exportchancen steigen bzw. Importe gehen zurück, wenn das **inländische Preisniveau sinkt.**

Zahlungsbilanzüberschuss	Zahlungsbilanzdefizit
2. **Preispolitische Maßnahmen** durch Zoll- oder Subventionspolitik zur Behebung eventuell bestehender Unterschiede im Preisniveau zwischen In- und Ausland: ■ **Zollpolitik**: Grundsätzlich stehen zwei Möglichkeiten zur Verfügung: – Senkung der Importzölle zur Verbilligung der Importe, – Anhebung der Exportzölle zur Verteuerung der Exportwaren. ■ **Subventionspolitik**: Zur Drosselung des Exports könnten beispielsweise bisher gezahlte „Exportsubventionen" abgebaut oder eingestellt werden.	2. **Preispolitische Maßnahmen** durch Zoll- oder Subventionspolitik zur Behebung eventuell bestehender Unterschiede im Preisniveau zwischen In- und Ausland: ■ **Zollpolitik**: Zur Beseitigung des Handelsbilanzdefizits bieten sich an: – Anhebung der Importzölle zur Verteuerung der Importwaren, – Senkung bzw. Abschaffung eventuell vorhandener Exportzölle. ■ **Subventionspolitik**: z. B. Zahlung einer Exportsubvention zur Belebung des Exports (Möglichkeit subventionierter Dumpingpreise).
3. **Mengenpolitische Maßnahmen**: ■ Festlegung von **Exportkontingenten** zur mengen- oder wertmäßigen Begrenzung des Exports; ■ **Exportverbote**: Sie übertreffen die Kontingentierung hinsichtlich ihrer Wirkung und unterbinden den Handel völlig.	3. **Mengenpolitische Maßnahmen**: ■ Festlegung von **Importkontingenten** zur mengen- oder wertmäßigen Begrenzung des Imports; ■ **Importverbote**, z. B. Boykott ausländischer Erzeugnisse oder als Folge eines Handelsembargos.
4. **Sonstige administrative** Maßnahmen: z. B. ■ staatliche Bevorzugung ausländischer Produkte zur Belebung der Importtätigkeit; ■ Einstellung staatlicher Ausfuhrgarantien und -bürgschaften: Durch diese Maßnahme erhöhen sich die Risiken für Exporteure, was zu einem Exportrückgang führen kann.	4. **Sonstige administrative** Maßnahmen: z. B. ■ Festlegung von technischen Normen, Gesundheits-, Umweltschutz- oder Sicherheitsstandards zur „Diskriminierung" ausländischer Produkte; ■ staatliche Bevorzugung inländischer Produkte zur Drosselung des Imports; ■ staatliche Ausfuhrgarantien und -bürgschaften zur Reduzierung der Risiken für Exporteure.

Sollte ein **Zahlungsbilanzdefizit** ursächlich auf **Strukturunterschiede** bei der Ausstattung mit Produktionsfaktoren zurückzuführen sein, könnte dieses Ungleichgewicht durch eine **gezielte staatliche Förderung** zum Abbau dieser Strukturunterschiede auf lange Sicht behoben werden. Hierzu zählen beispielsweise die staatliche Förderung qualifizierter Aus- und Weiterbildungsmaßnahmen für den Produktionsfaktor Arbeit oder staatliche Maßnahmen zur Förderung des technischen Fortschritts beim Realkapital.

Kompetenztraining

53 1. Die Zahlungsbilanz einer Landes weist folgende Werte aus (in Mrd. GE):

Position	Jahr 1	Jahr 2
Handelsbilanz		
– Export	650	780
– Import	635	685
Dienstleistungen		
– Export	90	100
– Import	165	160
Primäreinkommen		
– Export	115	123
– Import	120	118
Sekundäreinkommen		
– Leistungen vom Ausland	32	36
– Leistungen an das Ausland	45	58
Vermögensänderungsbilanz	– 2	1
Saldo der Kapitalbilanz	74	– 9

Aufgaben:

1.1 Berechnen Sie den Außenbeitrag zum Bruttoinlandsprodukt für das Jahr 2!

1.2 Berechnen Sie den Saldo der Leistungsbilanz für das Jahr 2!

1.3 Entscheiden Sie, welche Erklärung auf den Negativsaldo der Sekundäreinkommen zutrifft!

① Kapitalanlagen von Ausländern im Inland.
② Mehrausgaben von Inländern für Reisen ins Ausland.
③ Zinszahlungen an das Ausland für Kapitalanlagen im Inland.
④ Hohe Mitgliedsbeiträge an internationale Organisationen.
⑤ Es wandern viele Inländer mit ihrem Vermögen ins Ausland aus.

☐

1.4 Entscheiden Sie, welche Erklärung für den Negativsaldo der Kapitalbilanz im Jahr 2 zutreffen könnte!

① Die Zinsen im Inland sind höher als die Zinsen im Ausland.
② Der Euro wird an den Devisenmärkten stark nachgefragt, der Kurs steigt seit Monaten kontinuierlich.
③ Die Steuern auf Zinsen im Inland werden gesenkt.
④ Die Eurokrise spitzt sich weiter zu, die Ratingagenturen stufen die Euroländer weiter ab.
⑤ Die Zinsen im Ausland sind niedriger als die Zinsen im Inland.

☐

2. Die Zahlungsbilanz eines Landes weist unter anderem folgende Werte aus (in Mrd. GE):

Importe von Waren:	240
Sekundäreinkommen:	– 195
Primäreinkommen:	270
Vermögensänderungen:	105
Außenbeitrag zum Bruttoinlandsprodukt:	480
Ausgaben aus Primäreinkommen:	330
Exporte von Dienstleistungen:	210
Saldo der Kapitalbilanz:	165
Importe von Dienstleistungen:	300

Aufgaben:

2.1 Berechnen Sie die Höhe des Warenexports!

2.2 Ermitteln Sie den Saldo der Leistungsbilanz!

3. Die Zusammensetzung von Dienstleistungen und Primäreinkommen ist aus folgender Tabelle im Einzelnen ersichtlich:

4. Dienstleistungen und Primäreinkommen der Bundesrepublik Deutschland (Salden)

Mio €

Zeit	Dienstleistungen								Primäreinkommen		
		darunter:									
	Insgesamt	Transportleistungen	Reiseverkehr 1)	Finanzdienstleistungen	Gebühren für die Nutzung von geistigem Eigentum	Telekommunikations-, EDV- und Informationsdienstleistungen	Sonstige unternehmensbezogene Dienstleistungen	Regierungsleistungen 2)	Arbeitnehmerentgelt	Vermögenseinkommen	Sonstiges Primäreinkommen 3)
2021	+ 3 833	– 5 966	– 24 323	+ 8 648	+ 32 149	– 9 354	– 9 557	+ 3 295	+ 5 294	+ 120 632	– 3 065
2022 r)	– 33 722	– 10 517	– 55 371	+ 9 114	+ 29 490	– 11 399	– 9 767	+ 3 867	+ 5 645	+ 138 778	– 5 458
2023 r)	– 60 939	– 10 473	– 71 800	+ 9 423	+ 21 658	– 11 265	– 15 426	+ 3 402	+ 5 872	+ 132 883	– 4 332
2024 r)	– 70 658	– 8 359	– 77 381	+ 11 284	+ 18 378	– 10 522	– 18 959	+ 3 491	+ 6 018	+ 152 802	– 461
2025 r)	– 73 520	– 10 410	– 78 037	+ 10 643	+ 17 882	– 9 742	– 18 600	+ 1 247	+ 6 170	+ 156 074	– 1 470
2024 2.Vj. r)	– 19 955	– 1 965	– 21 022	+ 2 845	+ 4 958	– 2 224	– 6 006	+ 750	+ 1 352	+ 24 814	– 1 139
3.Vj. r)	– 27 558	– 2 255	– 27 191	+ 2 654	+ 4 247	– 3 414	– 5 142	+ 867	+ 1 076	+ 43 500	– 1 383
4.Vj. r)	– 12 052	– 2 280	– 16 249	+ 2 911	+ 4 530	– 1 316	– 3 545	+ 898	+ 1 746	+ 45 797	+ 2 797
2025 1.Vj. r)	– 13 676	– 2 268	– 15 189	+ 2 801	+ 5 293	– 3 559	– 4 466	+ 915	+ 1 852	+ 39 029	– 1 289
2.Vj. r)	– 19 640	– 2 555	– 21 490	+ 2 698	+ 5 066	– 1 949	– 5 766	+ 727	+ 1 402	+ 25 388	– 1 429
3.Vj. r)	– 25 305	– 2 788	– 24 592	+ 2 604	+ 3 145	– 2 320	– 5 408	+ 406	+ 1 097	+ 44 093	– 1 505
4.Vj. r)	– 14 898	– 2 799	– 16 767	+ 2 540	+ 4 379	– 1 914	– 2 960	– 801	+ 1 818	+ 47 563	+ 2 753
2025 März r)	– 3 420	– 818	– 5 988	+ 979	+ 2 589	– 271	– 1 393	+ 296	+ 619	+ 14 632	– 436
April r)	– 6 571	– 656	– 7 017	+ 869	+ 2 071	– 1 140	– 2 254	+ 300	+ 467	+ 13 737	– 489
Mai r)	– 5 932	– 772	– 6 674	+ 1 015	+ 1 502	– 808	– 1 573	+ 249	+ 467	– 2 305	– 459
Juni r)	– 7 138	– 1 127	– 7 798	+ 814	+ 1 493	– 1	– 1 939	+ 179	+ 467	+ 13 957	– 481
Juli r)	– 9 540	– 881	– 6 816	+ 970	+ 526	– 1 593	– 2 736	– 138	+ 366	+ 15 878	– 512
Aug. r)	– 9 793	– 728	– 10 058	+ 703	+ 842	– 871	– 986	+ 262	+ 366	+ 14 522	– 489
Sept. r)	– 5 973	– 1 178	– 7 718	+ 931	+ 1 777	+ 144	– 1 686	+ 281	+ 366	+ 13 694	– 505
Okt. r)	– 8 438	– 949	– 9 276	+ 637	+ 2 535	– 1 606	– 825	– 75	+ 552	+ 13 734	+ 947
Nov. r)	– 4 405	– 936	– 5 548	+ 893	+ 1 383	– 269	– 1 144	– 56	+ 549	+ 15 741	+ 856
Dez. r)	– 2 055	– 915	– 1 943	+ 1 009	+ 461	– 39	– 991	– 670	+ 717	+ 18 088	+ 950
2026 Jan. p)	– 4 591	– 631	– 4 693	+ 1 012	+ 1 706	– 1 131	– 1 959	– 245	+ 620	+ 13 777	– 534

1 Seit 2001 werden auf der Ausgabenseite die Stichprobenergebnisse einer Haushaltsbefragung genutzt. **2** Einnahmen und Ausgaben öffentlicher Stellen für Dienstleistungen, soweit sie nicht unter anderen Positionen ausgewiesen sind; einschl. Einnahmen ausländischer militärischer Dienststellen. **3** Enthält unter anderem Pacht, Produktions- und Importabgaben an die EU sowie Subventionen von der EU.

Quelle: Monatsbericht der Deutschen Bundesbank, März 2026, S. 78*.

Aufgaben:

3.1 Prüfen Sie, welcher Posten der Dienstleistungsbilanz die höchsten Ausgaben erfordert!

3.2 Beurteilen Sie die Tatsache, dass die Position Gebühren für die Nutzung von geistigem Eigentum durchgängig positiv ist!

3.3 Erläutern Sie die Ursache dafür, dass die Vermögenseinkommen fast durchgängig positiv sind!

4. Die Leistungsbilanz einer Volkswirtschaft hat sich im Jahr 2 gegenüber dem Jahr 1 wie nebenstehend entwickelt (Angaben in Mio. EUR):

Leistungsbilanz	Jahr 1	Jahr 2
1. Warenhandel	+ 110318	+ 123762
2. Dienstleistungen	– 56928	– 61796
3. Primäreinkommen	– 3022	– 16123
4. Sekundäreinkommen	– 52801	– 53250

Aufgaben:

4.1 Ermitteln Sie die Salden der Leistungsbilanz für die beiden Jahre!

4.2 Beurteilen Sie die Änderungen in der Leistungsbilanz des Jahres 2 gegenüber dem Jahr 1!

4.3 Erläutern Sie Möglichkeiten, wie Leistungsbilanzdefizite finanziert werden können!

5. Beurteilen Sie, welche der nachstehenden Transaktionen mit dem Ausland Auswirkungen auf die

① Außenhandelsbilanz,
② Dienstleistungsbilanz,
③ Primäreinkommen,
④ Sekundäreinkommen,
⑤ Vermögensänderungsbilanz oder
⑥ Kapitalbilanz haben!

Tragen Sie eine ⑨ ein, wenn eine Zuordnung nicht möglich ist!

5.1	Deutsche Urlauber übernachten im Schwarzwald.	
5.2	Deutsche Auswanderer nehmen ihr Vermögen mit nach Kanada.	
5.3	Ein türkischer Gastarbeiter verschenkt einen Teil seines Vermögens an eine türkische Stiftung zum Erhalt einer bedeutsamen Moschee in Istanbul.	
5.4	Deutsche Urlauber mieten einen Pkw in den USA.	
5.5	Deutsche Unternehmen kaufen für ihre Produktion Rohstoffe im Ausland.	
5.6	Ein für sechs Wochen in Usbekistan arbeitender Inländer erhält eine Gehaltszahlung von seinem dortigen Arbeitgeber.	
5.7	Deutsche Automobilhersteller exportieren für ca. 250 Mio. EUR Pkw nach Südafrika.	
5.8	Die Bundesregierung überweist den vereinbarten Beitrag an die NATO.	
5.9	Rückzahlung eines im Ausland aufgenommenen Kredits durch die Bundesregierung.	
5.10	Die Bundesrepublik Deutschland verzichtet im Rahmen der Entwicklungshilfe auf die Rückzahlung eines diesem Land gewährten Kredits.	

6. **Vernetzungsdiagramm**

Gehen Sie davon aus, dass die Exporte aus dem Euro- in den Dollarraum sehr stark ansteigen. Stellen Sie auf der Basis nachfolgender Vorlage eines Vernetzungsdiagramms mögliche Ursache-Wirkungs-Beziehungen dar, indem Sie die einzelnen Felder an den Pfeilen mit einem Plus- oder Minuszeichen versehen.

- **Pluszeichen:** gleich gerichtete (verstärkende) Wirkung. Es gilt: je mehr (höher) – desto mehr (höher); je weniger (niedriger) – desto weniger (niedriger).
- **Minuszeichen:** entgegengesetzte (abschwächende) Wirkung. Es gilt: je mehr (höher) – desto weniger (niedriger) bzw. je weniger (niedriger) – desto mehr (höher).

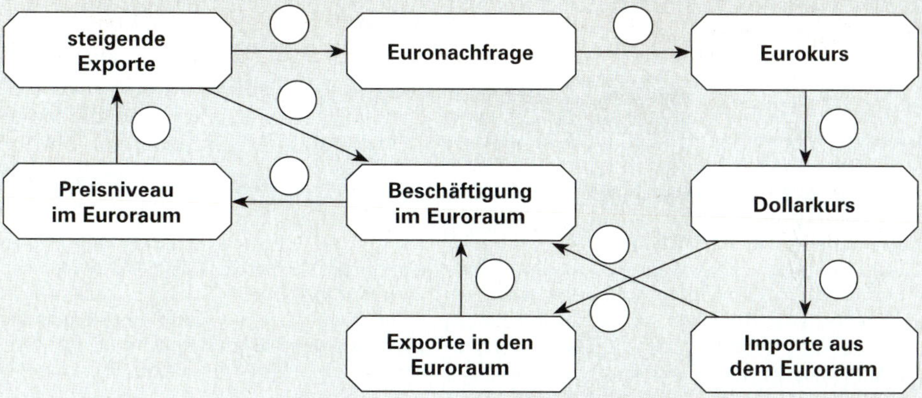

DOWNLOAD

7. Entscheiden Sie, welche der nachfolgenden Maßnahmen zur Beseitigung eines Zahlungsbilanzdefizits geeignet ist. Ist keine Maßnahme geeignet, so tragen Sie bitte eine ⑨ ein!

① Die deutsche Regierung beschließt, durch eine expansive Wirtschaftspolitik die Inlandsnachfrage zu beleben.

② Exportsubventionen werden aufgrund der desolaten Haushaltslage ersatzlos gestrichen.

③ Die Bestimmungen für die Einfuhr von Lebensmitteln werden gelockert.

④ Der Staat fragt im Gegensatz zu bisherigen Gewohnheiten verstärkt Rüstungsgüter inländischer Produzenten nach.

⑤ Der Staat verhängt ein Exportembargo gegen einen afrikanischen Staat.

8. Entscheiden Sie, welche der nachfolgenden Maßnahmen zur Beseitigung eines Zahlungsbilanzüberschusses geeignet ist. Ist keine Maßnahme geeignet, so tragen Sie bitte eine ⑨ ein!

① Senkung der Importzölle.

② Zahlung von Exportsubventionen, um inländische Unternehmen vor zunehmenden Dumpingpreisen am Weltmarkt zu schützen.

③ Die inländische Zentralbank erhöht die Zinsen, daraufhin geht die Inlandsnachfrage spürbar zurück.

④ Zur Aufbesserung der Staatsfinanzen werden die Importzölle angehoben.

⑤ Der Staat erhöht die Umsatzsteuer.

3.5 Zielbeziehungen als Ausgangspunkt für Störungen des gesamtwirtschaftlichen Gleichgewichts ermitteln und deren Ursachen analysieren

Lernsituation 34: Ein Kunde der Kundenbank AG möchte abseits gesamtwirtschaftlicher Entwicklungen eine positive Realverzinsung erzielen

Fortsetzung der Lernsituation 31

Als der Auszubildende Sinan morgens zur Arbeit bei der Kundenbank AG erscheint, wartet sein Mentor Thomas Bauer schon ganz aufgeregt auf ihn. Kaum hat Sinan das Büro des Anlageberaters betreten, legt dieser schon freudestrahlend los: *„Sinan, Sie werden kaum glauben, wer sich für heute Morgen angesagt hat. Ich hoffe, Sie erinnern sich noch an unseren Kunden Hansmann, der vor etwa vier Wochen sein Geld hier abziehen und wegen drohender negativer Realverzinsung anderweitig ausgeben wollte. Tja, und genau dieser Herr Hansmann hat mich gestern Abend noch sehr spät kontaktiert und einen Termin für heute mit mir vereinbart. Und natürlich möchte er sich dringend über die Anlage der fälligen 150 000,00 EUR mit uns unterhalten. Dabei hat er bereits angedeutet, dass ihn das Thema Aktien sehr interessiert. Ich persönlich freue mich auf dieses Gespräch. Denn sich mit Herrn Hansmann zu unterhalten, bedeutet immer eine sehr intensive und spannende Auseinandersetzung mit dem Thema Wirtschaft. Ich denke, dass sie da so einiges lernen können."*

Sinan zeigt sich sogleich begeistert und ist der festen Überzeugung, dass er nach zwei Jahren Ausbildung bei der Kundenbank AG mit viel Erkenntniszugewinn und all dem Wissen aus der Berufsschule hier locker mithalten kann. Kurze Zeit später trifft Herr Hansmann ein. Nach einer kurzen Kontaktphase sagt Herr Hansmann: *„So, Herr Bauer. Von meinem Vorhaben, das Geld anderweitig zu investieren, bin ich mittlerweile abgerückt. Eine Eigentumswohnung kaufen und vermieten mit dem Risiko hier einen Mieter zu erwischen, mit dem man vielleicht nur Ärger hat, ist nicht so wirklich das, was ich mir antun möchte. Zudem ist mir deutlich geworden, dass Sie doch damit Recht hatten, dass konservative Anlagen im Zeitalter der Nullzinspolitik der EZB und einem negativen Realzins wohl nicht wirklich zielführend sind. Und wenn ich ganz ehrlich bin, habe ich mich schon seit meinem Studium für das Thema Aktien total begeistern können, mich aber wegen eventueller Verluste nie getraut, da einzusteigen. Jetzt, wo mein Haus abbezahlt und meine Kinder ihr Studium abgeschlossen haben, kann ich mit Blick auf mein finanzielles Polster durchaus etwas mehr Risiko gehen. Gleichzeitig verbinde ich meine stets vorhandene Leidenschaft für die Themen Wirtschaft und Aktien gewinnbringend miteinander."*

Herr Bauer begrüßt ausdrücklich diese Haltung von Herrn Hansmann und fragt auch gleich nach, ob er denn schon weitergehende Vorstellungen bezüglich einer konkreten Anlage entwickelt hat. Herr Hansmann führt aus, dass er praktisch in den letzten vier Wochen nichts anderes in seiner Freizeit gemacht habe, als sich intensiv mit dem Thema zu beschäftigen. Er prognostiziert, dass mit Blick auf die zukünftig wohl steigende Inflationsrate die Aktienkurse weiter anziehen. Allerdings würden nach seiner Einschätzung davon nicht alle Aktien profitieren. Mit besonderem Interesse hätte er unter anderem die Beiersdorf- und Siemens-Aktien verfolgt. Insbesondere die erwarteten Einsparungen im Personalbereich durch den in beiden Unternehmen angekündigten massiven Stellenabbau würden bei den Investmentbänkern die Kurserwartungen in die Höhe schnellen lassen.

Im Gegensatz dazu sieht Herr Hansmann die Automobilwerte weniger positiv. Dort dürften die ebenfalls angekündigten Entlassungen kaum zu Kurssteigerungen führen. Die Inflation und auch die steigende Arbeitslosigkeit sowie die sich am Horizont durch eine rückläufige Entwicklung des Bruttoinlandsproduktes abzeichnende Eintrübung der Konjunktur schaden nach Ansicht von Herrn Hansmann den deutschen Automobilherstellern eher. Hinzu kommt noch, dass wegen des hohen Leistungsbilanzüberschusses der Bundesrepublik Deutschland die Staatschefs der USA und Chinas schon deutliche Drohungen bezüglich Schutzzöllen in Richtung der deutschen Autobauer von sich gegeben hätten. Interessant seien bei einer Rezession hingegen nach seiner Einschätzung Lebensmittelkonzerne und Unternehmen im Gesundheitsbereich sowie Immobilienkonzerne. Herr Hansmann fügt noch an, dass er eigentlich sehr gerne in amerikanische Aktien investieren würde. Davon möchte er jedoch aktuell absehen, da die Analysten wegen der in den USA steigenden Zinsen trotz einer dort anziehenden Konjunktur eher mit einer Kurskorrektur nach unten rechnen.

Schließlich sagt Herr Hansmann: *„Nun ist es ja an der Zeit, dass Sie, Herr Bauer, mal vor dem Hintergrund der aktuellen und zukünftigen Wirtschaftsdaten die Sicht der Experten der Kundenbank AG darlegen. Da bin ich mal sehr gespannt, wie Ihre Analysten die gesamtwirtschaftliche Lage und das Zusammenspiel einzelner Indikatorentwicklungen einschätzen bzw. welche Auswirkungen sie auf das Kursgeschehen erwarten. Vielleicht liege ich ja als Außenstehender mit meinen Vermutungen gar nicht so verkehrt."*

Sinan, der die ganze Zeit beeindruckt zugehört hat, stellt fest, dass er den Ausführungen von Herrn Hansmann nicht wirklich folgen konnte. Jetzt wird ihm erstmalig so richtig bewusst, wie komplex die Zusammenhänge einzelner Wirtschaftsziele sind und welch tief gehendes Verständnis man als Kundenberater auf diesem Gebiet haben muss, um sich auf Augenhöhe mit dieser Zielgruppe von Kunden unterhalten und erfolgreich beraten zu können. Der Traum vom angehenden Investmentbänker erscheint ihm plötzlich in weite Ferne gerückt.

Kompetenzorientierte Arbeitsaufträge:

1. Analysieren Sie die von Herrn Hansmann angesprochene Problematik der positiven Leistungsbilanz der Bundesrepublik Deutschland für exportorientierte Unternehmen!
2. **Recherche**

   Recherchieren und beurteilen Sie, inwiefern die von Herrn Hansmann angeführten Zusammenhänge zwischen wirtschaftlichen Entwicklungen einerseits und der Entwicklung von Aktienkursen andererseits in der Vergangenheit so zutrafen!
3. Beurteilen Sie die Bedenken von Sinan, dass man in dem Marktsegment der vermögenden Individualkunden stets mit den aktuellen wirtschaftlichen Entwicklungen vertraut sein sollte!

3.5.1 Ursache-Wirkungs-Denken und dynamische Komplexität

Ob Euro- und Wirtschaftskrise, Klimawandel oder demografische Entwicklungen, die Herausforderungen unserer Zeit zeichnen sich durch sogenannte **„dynamische Komplexität"** aus. Neben dem simplen **Ursache-Wirkungs-Denken (lineares Denken),** das sich an scheinbar unabhängigen (getrennten) Einzelproblemen orientiert, brauchen wir heute den Blick für dynamische Strukturen – hin zu einem Verständnis komplexer Systeme und ihres Verhaltens.

Lineares Denken betrachtet Beziehungen in nur **eine** Richtung und zieht nur einzelne Ursachen und Wirkungen in Betracht. Im Gegensatz hierzu geht es der **Methode des vernetzten Denkens** darum, auch die **indirekten** Beziehungen und deren **Rückwirkungen** zu berücksichtigen und das ganze System (Netz) von Ursache-Wirkungs-Beziehungen zu verstehen.

Das vernetzte Denken gewinnt in der heutigen Zeit vor allem durch die steigende Komplexität immer weiter an Bedeutung. Im Fokus dieser Methode steht allerdings nicht die Problemlösung.

Ziel der Methode des vernetzten Denkens ist es, **Probleme** in komplexen Systemen umfassend zu **identifizieren,** zu **diagnostizieren** und dadurch die **Entwicklung von Lösungen** zu erleichtern.

Die Forderung, dass die Wirtschaftspolitik gleichzeitig Vollbeschäftigung, Preisniveaustabilität (Geldwertstabilität), außenwirtschaftliches Gleichgewicht und stetiges Wirtschaftswachstum anzustreben habe, ist leicht zu erheben, aber schwierig zu erfüllen. Je nach Ausgangslage besteht **Zielharmonie** oder **Zielkonflikt.**

Die **gleichzeitige Verfolgung und Erreichung** aller genannten Ziele ist mit Blick auf deren **wechselseitige Abhängigkeiten unmöglich.** Vor dem Hintergrund dieses Zielkonflikts bezeichnet man diese vier Ziele auch als **„magisches Viereck",** da es wohl der „Fähigkeiten eines Magiers" bedarf, alle vier Ziele mit einem 100 %igen Realisierungsgrad zu erreichen.

3.5.2 Zielharmonie

Von **Zielharmonie** spricht man, wenn bestimmte wirtschaftspolitische **Maßnahmen** der Erreichung **mehrerer** Ziele dienlich sind.

Beispiel:

Unternehmen investieren nicht, um Arbeitsplätze zu schaffen. Unternehmen investieren nur, wenn es sich für sie lohnt, wenn also die Geschäftserwartungen gut sind und sie Gewinne erwarten können. Es gibt also eine enge Verknüpfung von Konjunkturlage, Investitionsklima und Arbeitsplätzen. Läuft es mit der Wirtschaft reibungslos und sind zufriedenstellende

Überschüsse zu erwarten, dann stecken die Unternehmen auch mehr Geld in neue Maschinen, Anlagen und Gebäude. Dann wächst – allerdings mit einer gewissen zeitlichen Verzögerung – auch die Zahl der Arbeitsplätze. In der Flaute dagegen, wenn die Betriebe sparen und ihre Investitionslust schwindet, gehen in der Regel auch Arbeitsplätze verloren.

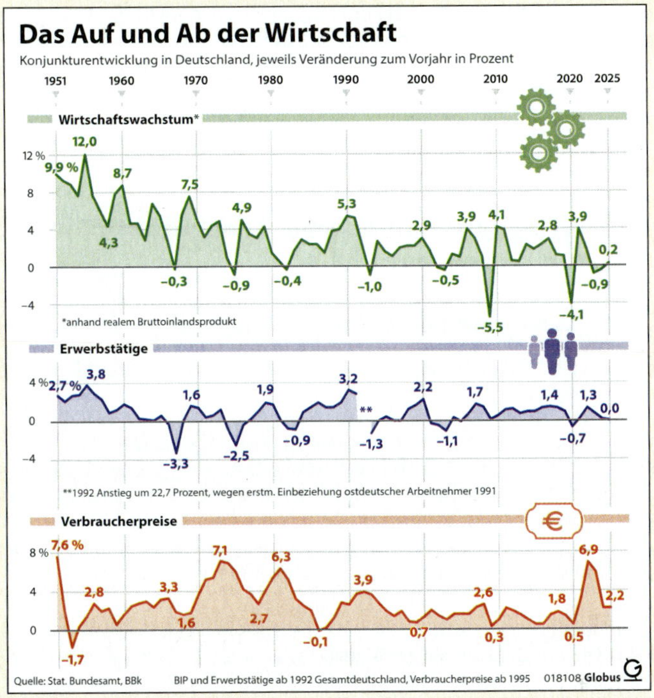

3.5.3 Zielkonflikte als Ausgangspunkt gesamtwirtschaftlicher Störungen

Ein **Zielkonflikt** liegt vor, wenn die Ergreifung einer bestimmten **Maßnahme** die Wirtschaft zwar **einem** Ziel näher bringt, sie dafür aber von anderen Zielen entfernt.

Die Realität hat gezeigt, dass es bei der Verfolgung eines noch nicht realisierten Ziels häufig zu unerwünschten Veränderungen bei den anderen Zielen kommt. Beispielhaft sollen im Folgenden einige Zielkonflikte zwischen den wirtschaftspolitischen Zielen dargestellt werden.

Fall 1: Eine Volkswirtschaft ist unterbeschäftigt	
Ausgangssituation	Die Zahl der Arbeitslosen übersteigt die Anzahl der offenen Stellen. Der Preisauftrieb ist gedämpft. Die Investitionsneigung der Unternehmen ist gering, weil der entsprechende Absatz fehlt. Die Steuereinnahmen des Staates reichen nicht aus, um die Staatsausgaben zu finanzieren. Die Zahlungsbilanz ist ausgeglichen.

Fall 1: Eine Volkswirtschaft ist unterbeschäftigt	
wirtschaftspolitische Maßnahme	Die Wirtschaft soll mithilfe von **Exportförderungsmaßnahmen** (z. B. Exportsubventionen) belebt werden.
Auswirkungen auf die wirtschaftspolitischen Ziele	Das Ziel der **Vollbeschäftigung** wird **gefördert.** Das Ziel der **Preisniveaustabilität** ist **nicht gefährdet,** weil die unterbeschäftigte Wirtschaft zunächst zu konstanten Preisen anbieten kann. Durch die Exportförderung entsteht jedoch ein Exportüberschuss und damit ein Zahlungsbilanzungleichgewicht, d. h., das Ziel des **außenwirtschaftlichen Gleichgewichts wird verletzt.**

Fall 2: Eine Volkswirtschaft ist vollbeschäftigt	
Ausgangssituation	Das Preisniveau steigt verhältnismäßig schnell. Die Staatseinnahmen decken die Ausgaben, sodass auch die Parlamente ausgabefreudig sind. Es bestehen Zahlungsbilanzüberschüsse.
wirtschaftspolitische Maßnahme	Die Inflationsrate soll durch **Ausgabenkürzungen des Staates** gesenkt werden.
Auswirkungen auf die wirtschaftspolitischen Ziele	Das Ziel **Preisniveaustabilität** wird **gefördert.** Durch die Ausgabenkürzungen des Staates nimmt die Nachfrage ab und die Beschäftigung geht zurück. Durch die Politik der Preisniveaustabilisierung wird die **Vollbeschäftigung gefährdet.** Durch die Preisniveaustabilität kann es außerdem zu Exportüberschüssen kommen, sodass das Ziel des **außenwirtschaftlichen Gleichgewichts nicht erreicht** werden kann.

Fall 3: Soziale Schieflage der Einkommens- und Vermögensverteilung	
Ausgangssituation	Die Kräfte des Marktes haben zu einer ungerechten Einkommens- und Vermögensverteilung geführt.
wirtschaftspolitische Maßnahme	Einführung eines Steuertarifs, der besser verdienende Einkommensbezieher stärker belastet.
Auswirkungen auf die wirtschaftspolitischen Ziele	Eine Änderung der Einkommens- und Vermögensverteilung ist dann am leichtesten erreichbar, wenn die Volkswirtschaft regelmäßig wächst. Dann nämlich können die Zuwächse an Vermögen und Einkommen zugunsten der Arbeitnehmer verlagert (umverteilt) werden, ohne dass die Investitionstätigkeit leidet. In einer stagnierenden Wirtschaft bei Unterbeschäftigung führen die Lohnerhöhungen lediglich zu einer Erhöhung der Stückkosten in allen Bereichen, was zu weiteren Preissteigerungen beiträgt. Zwar mag eine Lohnerhöhung bei der Konsumgüterindustrie zu höheren Umsätzen (bei steigenden Preisen) beitragen, in der Investitionsgüterindustrie wird sich jedoch der Konsumzuwachs kaum als höhere Nachfrage nach Investitionsgütern bemerkbar machen, solange die Konsumgüterindustrie selbst unterbeschäftigt ist; denn kein Unternehmen wird Erweiterungsinvestitionen vornehmen, wenn seine Kapazität ohnehin nicht ausgelastet ist. Zwischen den Zielen **„Wachstum“, „Preisniveaustabilität“** und **„sozial verträgliche Einkommens- und Vermögensverteilung“** können somit **erhebliche Zielkonflikte** bestehen.

Fall 4: Steigende Umweltverschmutzung	
Ausgangssituation	Mit dem industriellen Wachstum steigt auch der Verschmutzungsgrad. Die Folgen sind verkürzte Lebenserwartung, Zerstörung der Erholungsgebiete, Vernichtung des ökologischen Gleichgewichts und Rückgang der land-, fisch- und forstwirtschaftlichen Produktion.
wirtschaftspolitische Maßnahme	Der Energieverbrauch wird mit einer speziellen Ökosteuer verteuert. Produktionsabfälle müssen fachgerecht entsorgt werden. Der Staat legt Grenzwerte für Schadstoffe in Lebensmitteln, Kosmetika, Autoabgasen usw. fest.
Auswirkungen auf die wirtschaftspolitischen Ziele	Zwischen dem wirtschaftspolitischen Ziel der **„Erhaltung einer lebenswerten Umwelt"** und dem **Wachstumsziel** besteht somit ein **unauflöslicher Zielkonflikt,** soweit sich das Wachstum auf die materielle Produktion bezieht. Wird hingegen das **Wachstum gebremst,** um die Umwelt zu schonen, geraten das **Vollbeschäftigungsziel** und eventuell das **außenwirtschaftliche Gleichgewicht in Gefahr.**

Schlussfolgerungen aus Fall 1 bis Fall 4: Es wird deutlich, dass alle wirtschafts- und sozialpolitischen Ziele miteinander zusammenhängen **(magisches Sechseck):**[1]

Vernetztes Denken im magischen Sechseck der Wirtschaftspolitik

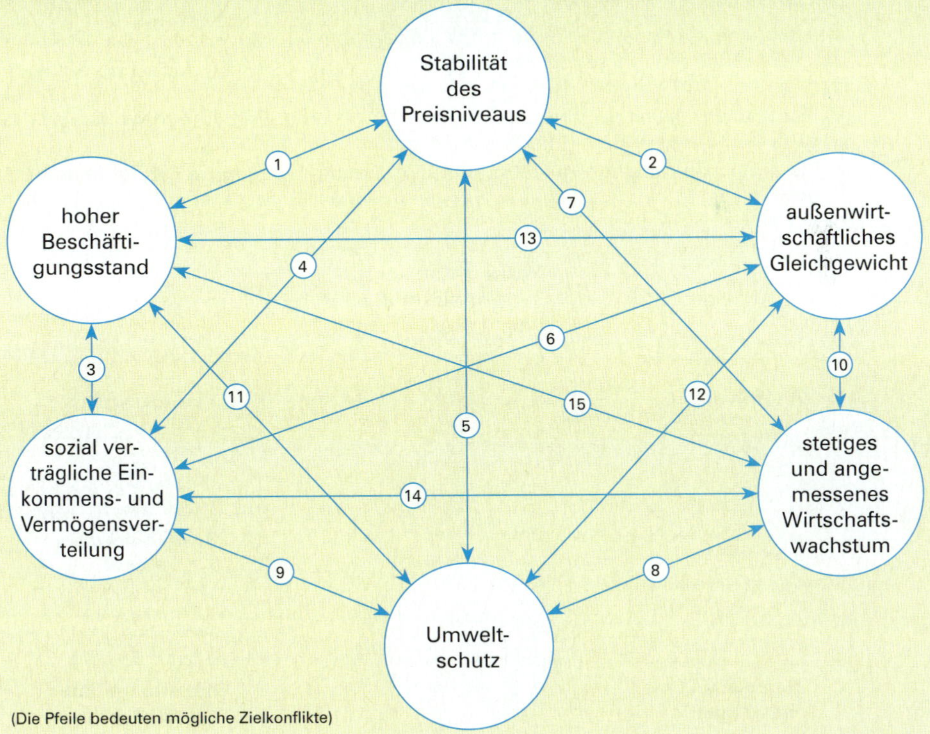

(Die Pfeile bedeuten mögliche Zielkonflikte)

1 Diese Konfliktbeziehungen bestehen nur, wenn gleichzeitig alle sechs Ziele verfolgt werden. Werden nur einzelne Zielpaare betrachtet, ist auch Zielharmonie möglich, z. B. zwischen hohem Beschäftigungsstand und stetigem Wirtschaftswachstum.

Kompetenztraining

54 1. Betrachten Sie die folgende Karikatur!

Aufgaben:

1.1 Arbeiten Sie die in der Karikatur angesprochenen wirtschaftspolitischen Ziele heraus.

1.2 Begründen Sie, in welcher Beziehung die Ziele zueinander stehen.

2. **Vernetzungsdiagramm**

Unterstellen wir, dass die führenden Wirtschaftsforschungsinstitute der Bundesrepublik Deutschland für die nächsten Jahre – sowohl national als auch weltweit – eine sehr positive Konjunkturentwicklung prognostizieren und erste Anzeichen in diese Richtung bereits zum jetzigen Zeitpunkt deutlich erkennbar sind.

Die nachfolgende Vorlage eines Vernetzungsdiagramms zeigt neun mögliche Ursache-Wirkungs-Beziehungen! Versehen Sie die Pfeile mit einem Plus- oder Minuszeichen, wobei gilt:

- **Pluszeichen**: gleich gerichtete (verstärkende) Wirkung. Es gilt: je mehr (höher) – desto mehr (höher); je weniger (niedriger) – desto weniger (niedriger).
- **Minuszeichen**: entgegengesetzte (abschwächende) Wirkung. Es gilt: je mehr (höher) – desto weniger (niedriger) bzw. je weniger (niedriger) – desto mehr (höher).

DOWNLOAD

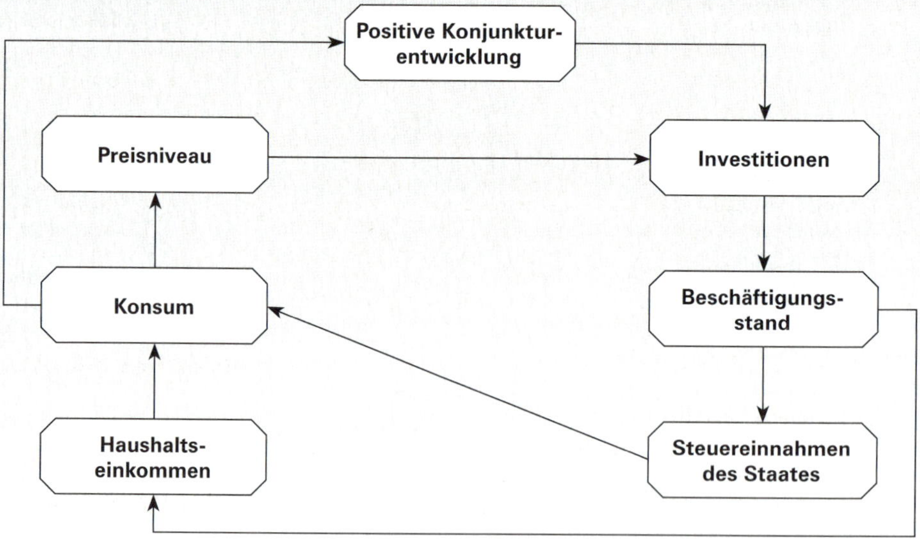

4 Konjunkturelle und strukturelle Beweggründe möglicher Ungleichgewichte aus wirtschaftlicher und gesellschaftlicher Sicht aufzeigen und wirtschaftspolitische Konsequenzen mittels Kausalketten erörtern

Lernsituation 35: Auszubildende der Kundenbank AG fürchten mit Blick auf die konjunkturelle und strukturelle Entwicklung um ihre Übernahme

Jennifer und Nils besuchen als Auszubildende der Kundenbank AG derzeit die Oberstufe der Berufsschule. Neben der in wenigen Wochen stattfindenden Abschlussprüfung Teil 2 ist vor allem eine mögliche Übernahme im Anschluss an die Ausbildung das beherrschende Thema der letzten Wochen, zumal in der jüngeren Vergangenheit – anders als früher – wegen des Strukturwandels in der Finanzbranche nicht alle Bankkaufleute nach der Abschlussprüfung unbefristet übernommen wurden.

Vor Unterrichtsbeginn treffen sich beide zufällig in der Cafeteria der Schule. Nach einem kurzen belanglosen Gespräch kommen sie auf den gestrigen Unterrichtstag zu sprechen. Nils ist immer noch stocksauer auf einen Lehrer, der nach einer Auseinandersetzung mit der Klasse wegen des – aus seiner Sicht mal wieder unerträglichen – Lärmpegels auf die wenig erfreulichen Perspektiven der Schüler hingewiesen hat. Konkret führte der Lehrer an, dass mit Blick auf die Strukturkrise im Bankensektor sowie die Konjunkturprognosen die Anzahl der Übernahmen von Auszubildenden zukünftig stark zurückgehen würde. Die Folge sei, dass die meisten hier in der Klasse bei den bisher gezeigten Leistungen wohl eher Stammkunden bei der Agentur für Arbeit würden.

Kundenbank AG

Jennifer versucht Nils zu beruhigen und deutet an, dass der Lehrer halt ziemlich genervt war. Nils aber lässt sich nicht beruhigen. Schließlich habe er gestern Abend noch mit seinen Eltern über den Vorfall gesprochen und selbst sein Vater, Bankkaufmann von Beruf, hätte angedeutet, dass dieser Lehrer, zumindest was die Konjunkturprognosen betrifft, wohl Recht hätte.

In diesem Moment setzt sich ihr Mitschüler Arne an den Tisch. Er grinst über das ganze Gesicht und deutet an, dass die Äußerungen ihres Lehrers von gestern teilweise nur hohles Gequatsche seien. Vor allem die Sache mit den besagten Konjunkturprognosen wäre nichts als heiße Luft. Da müsse man nur mal ein wenig im Internet stöbern und schon hätte man in der Beziehung Klarheit.

Um seine Äußerung zu untermauern, legt Arne demonstrativ ein Papier mit folgendem Text auf den Tisch:

Wirtschaftsforscher prognostizieren Aufschwung

Die Konjunktur wird wachsen. – Führende Institute sagen der deutschen Wirtschaft gute Zeiten voraus – auch dank der Politik.

Die deutsche Wirtschaft wird in den kommenden beiden Jahren spürbar wachsen. Zu dieser Voraussage kommen führende Forschungsinstitute: Sowohl das Münchner Ifo-Institut als auch das Kieler IfW und das IWH aus Halle prognostizieren ein wachsendes Bruttoinlandsprodukt. Im Jahr darauf treiben höhere Investitionen des Staates und sinkende Steuern das Wachstum in die Höhe, erwarten Ifo und IfW.

„Die deutsche Wirtschaft stabilisiert sich", sagte der Ifo-Konjunkturchef und sieht den Grund vor allem in der Finanzpolitik der Bundesregierung: „Sie schiebt die Konjunktur an: über Entlastungen bei Steuern und Sozialbeiträgen, über eine Ausweitung staatlicher Transfers und über eine Zunahme der öffentlichen Konsum- und Investitionsausgaben".

Pro Jahr seien dies jeweils knapp 25 Milliarden Euro, die das Wachstum um etwa einen Viertel Prozentpunkt anheben würden.

Das größte Konjunkturrisiko bleibt laut des Vizepräsidenten des Instituts für Wirtschaftsforschung Halle (IWH) eine erneute Zuspitzung der Handelskonflikte zwischen den USA und China oder der Europäischen Union. Er sieht auch ein Risiko speziell für die deutsche Konjunktur: der Strukturwandel in der Automobilindustrie. Dieser würde mehr gut bezahlte Arbeitsplätze kosten und mehr Unternehmen aus dem Markt drängen als bislang angenommen. „Der Kaufkraftrückgang, der mit einer Krise des Automobilsektors verbunden wäre, könnte die gesamtwirtschaftliche Nachfrage in Deutschland spürbar dämpfen", warnt das IWH.

Quelle: in Anlehnung an: www.zeit.de

Kompetenzorientierte Arbeitsaufträge:

1. Erläutern Sie, welche Folgen aus den Konjunkturindikatoren abgeleitet werden können und welchen Stellenwert sie für Unternehmen wie für die Politik haben!

2. **Projekt mit regionalem Bezug: Maßnahmenkatalog**

   Durch die örtlichen Industrie- und Handelskammern sowie lokalen Verbände werden regionale Konjunkturdaten und Konjunkturerwartungen ermittelt und veröffentlicht. Recherchieren Sie zunächst, welche Institutionen in Ihrer Region derartige Konjunkturdaten erheben und veröffentlichen. Informieren Sie sich anschließend bei diesen Stellen über die aktuellsten Datensätze und stellen Sie diese für eine Präsentation vor Ihrer Klasse zusammen!

   Entwickeln Sie anschließend auf der Basis dieser Daten gemeinschaftlich qualifizierte Empfehlungen zu Investitionsentscheidungen örtlich ansässiger Unternehmen sowie für wirtschaftspolitische Maßnahmen in Ihrer Region!

3. **Recherche**

   In der jüngeren Vergangenheit hat der Staat Banken durch entsprechende Finanzspritzen gerettet. Recherchieren Sie mittels digitaler Medien mögliche Ursachen, die den Staat dazu bewegt haben könnten, ausgerechnet diese Branche in Krisenzeiten zu stützen!

4. Erläutern Sie anhand eines selbst gewählten Beispiels, was man unter Konjunkturpolitik versteht! Gehen Sie dabei auch auf den Begriff „Konjunkturpaket" ein!

5. Angenommen, der Staat würde die Automobilindustrie mit einem wirtschaftspolitischen Maßnahmenbündel stützen. Beurteilen Sie, welche positiven Wirkungen mit solchen Maßnahmen verbunden sein könnten! Gehen Sie dabei insbesondere auf Aspekte wie Beschäftigung, Sozialversicherung und Bundeshaushalt ein.

6. **Pressemitteilung**

   Die Kundenbank AG möchte ihr Filialnetz weiter ausdünnen. Formulieren Sie hierzu eine Pressemitteilung, in der die geplanten Maßnahmen nach außen gut verkauft werden!

4.1 Konjunkturelle Ursachen möglicher Ungleichgewichte aufzeigen und wirtschaftspolitische Maßnahmen erörtern

4.1.1 Begriff Konjunktur und der idealtypische Konjunkturverlauf

- Die **Konjunktur** gibt Auskunft über die **wirtschaftliche Lage** eines Landes.
- Die wirtschaftliche Lage eines Landes verläuft in Wellenbewegungen, die als **Konjunkturschwankungen** bezeichnet werden.

Die nachfolgende Grafik stellt einen **idealtypischen**[1] **Konjunkturzyklus**[2] dar:

Idealtypischer Konjunkturzyklus

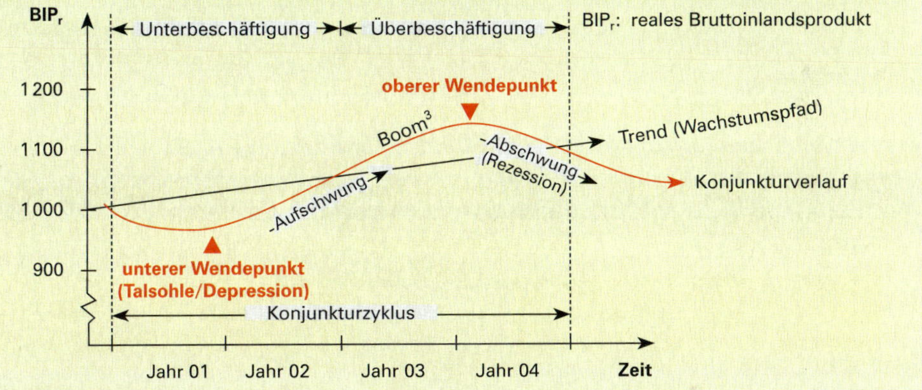

Erläuterungen:

Überblick über die Konjunkturphasen

Konjunkturphasen	Produktion	Arbeitslosigkeit	Lohnentwicklung	Zinsen	Preisentwicklung
unterer Wendepunkt (Talsohle)	auf niedrigem Niveau	hoch	mäßige Lohnerhöhungen	niedrig	geringere Preissteigerungsraten
Aufschwung	steigend	noch hoch	mäßige Lohnerhöhungen	noch niedrig	geringere Preissteigerungsraten

1 **Idealtypisch** (griech.-lat.): ein nur in der Vorstellung vorkommendes Modell bestimmter sich ähnelnder oder sich wiederholender Ereignisse oder Merkmale. So gab es z. B. bei den verschiedenen Konjunkturzyklen der Bundesrepublik Deutschland stets Aufschwünge, Hochkonjunkturen, Abschwünge (Rezessionen) und Tiefpunkte (untere Wendepunkte), die sich jedoch im Hinblick auf ihre Verläufe (Stärke, Dauer) unterschieden.

2 **Zyklus** (lat.): regelmäßig wiederkehrende Erscheinung, regelmäßige Folge. Zyklisch: regelmäßig wiederkehrend.

3 **Boom** (engl.): kräftiger Aufschwung. Wachstumsrate positiv, aber abnehmend.

Überblick über die Konjunkturphasen					
Konjunktur-phasen	**Produktion**	**Arbeits-losigkeit**	**Lohn-entwicklung**	**Zinsen**	**Preis-entwicklung**
Boom (Hochkonjunktur, Überkonjunktur, Überbeschäftigung)	bei Konsumgütern noch steigend; bei Investitionsgütern stagnierend[1] oder sinkend	sinkend	kräftige Lohnerhöhungen	steigend	hohe Preissteigerungsraten
oberer Wendepunkt (Konjunkturgipfel)	bei Konsumgütern stagnierend; bei Investitionsgütern sinkend	gleichbleibend	kräftige Lohnerhöhungen	hoch	hohe Preissteigerungsraten
Abschwung (Rezession, Niedergang)[2]	sinkend	steigend	mäßige Lohnerhöhungen	langsam sinkend	abnehmende Preissteigerungsraten

Den **tatsächlichen Konjunkturverlauf in Deutschland** zeigt die nachfolgende Grafik:

Konjunkturzyklen in der Wirklichkeit

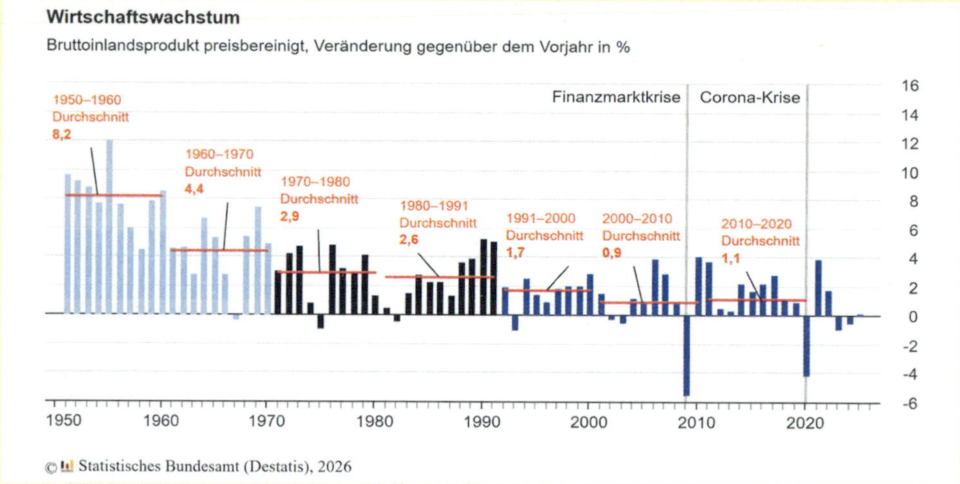

Methodische Hinweise zur Grafik: Die Ergebnisse von 1950 bis 1970 (Früheres Bundesgebiet) sind wegen konzeptioneller und definitorischer Unterschiede nicht voll mit den Ergebnissen von 1970 bis 1991 (Früheres Bundesgebiet) und den Angaben ab 1991 (Deutschland) vergleichbar. Die preisbereinigten Ergebnisse von 1950 bis 1970 (Früheres Bundesgebiet) sind in Preisen von 1991 berechnet. Die Ergebnisse von 1970 bis 1991 (Früheres Bundesgebiet) sowie die Angaben ab 1991 (Deutschland) werden in Preisen des jeweiligen Vorjahres als Kettenindex nachgewiesen. Bei der VGR-Revision 2019 wurden zudem nur die Ergebnisse für Deutschland bis 1991 zurückgerechnet; Angaben vor 1991 sind unverändert geblieben.

Quelle: https://www.destatis.de/DE/Themen/Wirtschaft/Volkswirtschaftliche-Gesamtrechnungen-Inlandsprodukt/BIP-Langfristig.html [Zugriff vom 15.01.2026].

1 **Stagnierend**: stocken, sich stauen; Stagnation: Stillstand.

2 Ein lang anhaltender wirtschaftlicher Tiefstand wird als **Depression** (wörtl. Niedergeschlagenheit, traurige Stimmung) bezeichnet. Die Depression ist keine konjunkturelle Erscheinung, sondern Ausdruck einer tief greifenden strukturellen **Krise**.

4 Konjunkturelle und strukturelle Beweggründe möglicher Ungleichgewichte aus wirtschaftlicher und gesellschaftlicher Sicht aufzeigen und wirtschaftspolitische Konsequenzen mittels Kausalketten erörtern

Erläuterungen:

- Die vorangestellte Grafik zeigt, dass die wirtschaftliche Entwicklung in Deutschland durch **zyklische Schwankungen** gekennzeichnet ist, deren Abfolge und Stärke sich an der von Preiseinflüssen bereinigten Veränderung des Bruttoinlandsprodukts ablesen lässt.
- Langfristig folgte die Wirtschaftsentwicklung in Deutschland einem **aufsteigenden Trend:** Durch alle Zyklen hindurch setzte sich das **reale** Wachstum der Wirtschaftsleistung fort. Allerdings wurden die **Wachstumswellen** immer **flacher,** die wirtschaftliche Dynamik[1] immer **schwächer.** Auch gab es von Mal zu Mal **tiefere** Konjunktureinbrüche am Ende eines Zyklus.

4.1.2 Konjunkturindikatoren zur Prognose der wirtschaftlichen Entwicklung

Konjunkturindikatoren sind **Daten,** die den Konjunkturverlauf **messen** und/oder Voraussagen (Prognosen) für künftige Entwicklungen zulassen.

Nachfolgend werden wichtige Konjunkturindikatoren genannt und deren Auswirkungen auf die konjunkturellen Phasen beschrieben.

Konjunkturindikatoren (Beispiele)	**Mögliche Auswirkungen auf die Konjunktur**
Entwicklung der Arbeitslosenquote und offenen Stellen	■ Eine **steigende Arbeitslosenquote** und **sinkende offene Stellen** zeigen an, dass die Wirtschaft unterbeschäftigt ist. Die Unternehmen werden sich bei den **Investitionen zurückhalten,** weil sie eine stagnierende oder gar zurückgehende Konsumgüternachfrage erwarten. ■ Die umgekehrte Reaktion tritt ein, wenn die Bundesagentur für Arbeit eine **steigende Zahl offener Stellen** meldet bzw. wenn die **Arbeitslosenquote zurückgeht.**
Kapazitätsauslastung und Auftragsbestände	■ **Steigende Auftragsbestände** kündigen einen **Konjunkturaufschwung** an. Die Auslastung der Kapazität folgt der Entwicklung der Auftragsbestände. ■ **Rückläufige Auftragsbestände** kündigen einen **Konjunkturabschwung** an.
Bruttoinlandsprodukt	■ Das Bruttoinlandsprodukt informiert über die aktuelle Entwicklung der Gesamtleistung einer Volkswirtschaft. Ist das **Bruttoinlandsprodukt** gegenüber der Vorperiode **gestiegen (gefallen),** zeigt dies eine **Konjunkturbelebung** (einen **Konjunkturrückgang**) an. ■ Schwankungen und Trends des Bruttoinlandsprodukts geben gute Hinweise auf den Verlauf der Konjunktur.
Geschäftsklimaindex	■ Er wird durch die **monatliche Befragung** von Unternehmen nach der **Einschätzung ihrer Geschäftslage** sowie ihren **Erwartungen für die nächsten Monate** ermittelt. Die Ergebnisse der Befragung ermöglichen eine Voraussage über die zu erwartende konjunkturelle Entwicklung in Deutschland. ■ Ein **steigender Geschäftsklimaindex** lässt eine **Wirtschaftsbelebung,** ein **fallender Geschäftsklimaindex** eine **rückläufige Entwicklung** erwarten.

1 **Dynamik:** Triebkraft.

Die Indikatoren lassen sich auch hinsichtlich der **zeitlichen Erkennbarkeit** der jeweiligen Konjunkturphase unterscheiden.

Indikator	Erläuterungen	Beispiele
Frühindikatoren	Sie sollen anzeigen, wie sich die Konjunktur in den **kommenden Monaten** entwickeln wird.	■ Entwicklung der Aktienmärkte ■ Auftragseingänge der verarbeitenden Industrie ■ Baugenehmigungen im Hochbau ■ Geschäftsklimaindex ■ Konsumklimaindex
Präsenzindikatoren	Sie beschreiben den **augenblicklichen** Stand der Konjunktur.	■ Kapazitätsauslastung ■ aktuelle Konsumdaten ■ Kurzarbeit ■ Lagerbestände
Spätindikatoren	Sie hinken dem eigentlichen Konjunkturverlauf **hinterher**.	■ Steuereinnahmen des Staates ■ Insolvenzen ■ Arbeitslosenquote ■ Preisindizes ■ Zinsniveauentwicklung

Beispiel:

Diese Indikatoren lassen sich gut mit einer **Achterbahn** vergleichen, die mit **drei Waggons** über die **Konjunkturwellen** gleitet. Während sich beispielsweise in dem vorderen Waggon, in dem die Frühindikatoren sitzen, schon die Stimmen laut erheben und die Aufregung spürbar steigt, weil man den Abgrund vor sich sieht, ist es in dem zweiten Waggon noch relativ ruhig. Schließlich sitzen da die Präsenzindikatoren und verfallen keineswegs in Panik, da sie noch in der leichten Steigung des Booms unterwegs sind. Im dritten Waggon hingegen befindet man sich noch im Anstieg und die Spätindikatoren feiern nach wie vor ganz entspannt die Euphorie des Aufschwungs.

4.1.3 Die Finanzpolitik als Instrument zur Stabilisierung von Konjunktur und Wachstum

4.1.3.1 Ziele und Aufgaben der Finanzpolitik

Der Staat (Bund, Länder und Gemeinden) übernimmt vielfältige **Aufgaben,** die allesamt Ausgaben verursachen und somit von ihm finanziert werden müssen.

Zur **Verwirklichung dieser Aufgaben und Ziele** bedient sich die Finanzpolitik von Bund, Ländern und Gemeinden der **staatlichen Einnahmen und entscheidet über staatliche Ausgaben.**

Beispiel:

Die Finanzpolitik entscheidet, welche Haushaltspositionen aus konjunkturellen Gründen geändert werden, wie die angebotenen öffentlichen Güter zu finanzieren sind, wer die Finanzierungslasten übernimmt und wie über Steuern und Transfers Einkommen umverteilt werden.

Aufgaben und Ziele	Beispiele
innere und äußere Sicherheit	■ Polizei ■ Bundeswehr
Bildung	■ Kindertagesstätten (Kitas) ■ Schulen ■ Universitäten
Infrastruktur	■ Straßen ■ Autobahnen ■ Brücken ■ Straßenbeleuchtung
Gesundheitswesen	■ Krankenhäuser ■ Rettungswachen
soziale Absicherung der Bürger	■ Bürgergeld ■ BAföG ■ Kindergeld ■ Rente
Stabilisierung von Konjunktur und Wachstum	■ Subventionen ■ Konjunkturpakete ■ Investitionsprogramme

- **Finanzpolitik** umfasst alle **Maßnahmen** des Staates, mit denen über die Veränderung der öffentlichen Einnahmen und Ausgaben die wirtschaftliche Entwicklung beeinflusst werden soll.
- Dazu zählen insbesondere die **Fiskalpolitik,** die **Konjunkturpolitik,** die **Wachstumspolitik,** die **Strukturpolitik** und die **Sozialpolitik.**

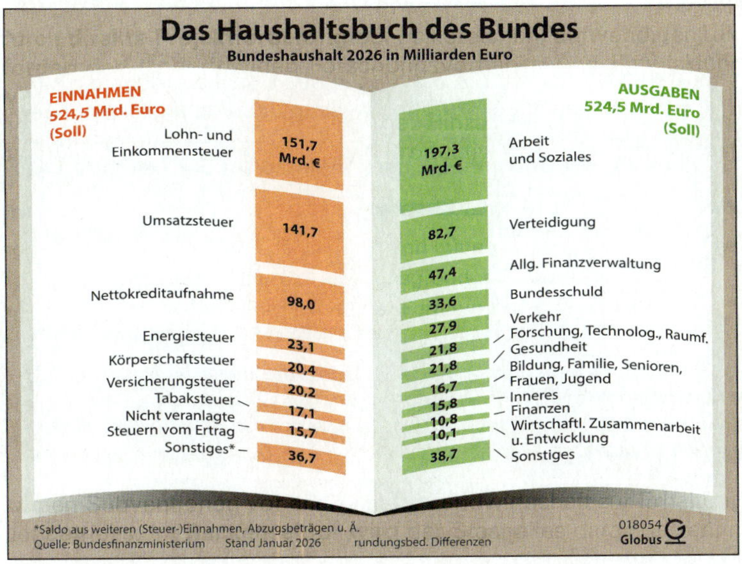

Zur Finanzierung werden im Rahmen der Finanzpolitik seitens des Staates **Abgaben** in Form von Steuern, Gebühren und Beiträgen erhoben. Diese müssen dem Grundgesetz folgend **gerecht, transparent** und **praktikabel** sein.

Abgrenzung der Steuern von Gebühren und Beiträgen

ABGABEN

Steuern	Gebühren	Beiträge
Kein direkter Zusammenhang zwischen Steuerzahlung und staatlicher Bereitstellung von Leistungen. Kein Anspruch auf konkrete Gegenleistung. **Beispiele:** ■ Einkommensteuer ■ Umsatzsteuer ■ Kfz-Steuer	Unmittelbarer Zusammenhang von konkreter Leistung und Gegenleistung. **Beispiele:** **Verwaltungsgebühren:** Ausstellung eines Personalausweises oder Führerscheins. **Benutzungsgebühren:** ■ Parkgebühren ■ Müllgebühren	Staat stellt eine Leistung grundsätzlich bereit, ein Leistungsangebot liegt vor. Zahlung ist unabhängig von Inanspruchnahme der Leistung durch den Beitragszahler. **Beispiele:** ■ Krankenkassenbeitrag ■ Kurtaxe ■ Rundfunkgebühren

Quelle: In Anlehnung an: Universität Bremen, Forschungsstelle Finanzpolitik.

4.1.3.2 Steuersystem und Finanzausgleich

(1) Steuersystem

Zu den **wichtigsten Einnahmequellen** des Staates zählen die **Steuern,** mit denen er seine Leistungen finanzieren und somit die Staatsausgaben decken möchte. Durch die Steuerpolitik greift der Staat in vielfältiger Art und Weise in unser alltägliches Leben ein.

- Grundsätzlich kann der Staat mit Steuern **Einfluss auf das Verhalten** seiner Bürger nehmen.
- In der Regel handelt es sich bei diesen sogenannten **Lenkungsteuern** um **Verbrauchsteuern.**

Beispiel:

Über Verbrauchsteuern, zu denen etwa die Tabaksteuer auf Zigaretten oder auch die Alkoholsteuer zählt, kann der Staat ein unerwünschtes Verhalten finanziell belasten.

Durch die Tabaksteuer werden Tabakwaren teurer. Der Staat möchte, dass Jugendliche möglichst auf das Rauchen verzichten.

Umgekehrt gibt es bei manchen Steuerarten Vergünstigungen, um die Steuerzahler zu einem bestimmten Verhalten zu motivieren.

Beispiel:

So werden Lebensmittel, Zeitungen und Bücher mit einem ermäßigten Steuersatz besteuert, damit auch Menschen, die über wenig Geld verfügen, sich diese Dinge des täglichen Lebens leisten können.

Durch die Ausgestaltung der Steuerpolitik, konkret durch die **Einführung, Abschaffung, Erhöhung** oder **Senkung** der Steuersätze, kann der Staat finanz-, wirtschafts- sowie sozial- und verteilungspolitische Zwecke verfolgen.

Da Deutschland ein **föderal** aufgebauter Staat ist, übernehmen die unterschiedlichen Ebenen Bund, Länder und Gemeinden auch unterschiedliche Aufgaben.

Quelle: Stiftung Jugend und Bildung in Zusammenarbeit mit dem Bundesministerium der Finanzen (BMF), Berlin, Steuern & Finanzen, August 2017.

Vor diesem Hintergrund wird in der sogenannten **Finanzverfassung** festgelegt, wie die Steuern auf diese drei Ebenen verteilt werden.

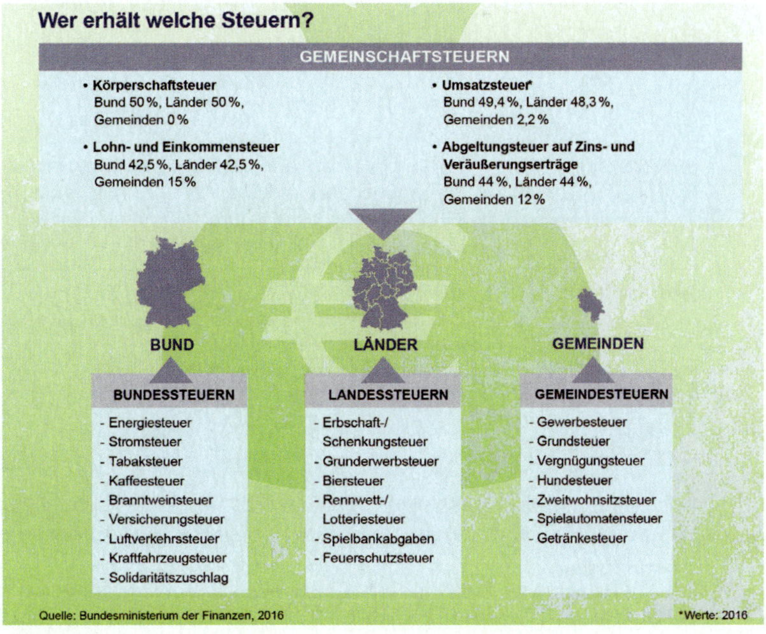

Quelle: Stiftung Jugend und Bildung in Zusammenarbeit mit dem Bundesministerium der Finanzen (BMF), Berlin, Steuern & Finanzen, August 2017.

Neben der Frage nach dem Empfänger der Steuern lassen sich diese nach weiteren Gesichtspunkten unterteilen:

Steuerarten nach den Erhebungsformen	Erläuterungen	Beispiele
direkte Steuern	Sind von dem zu tragen, der sie bezahlen soll. Steuerzahler und Steuerträger sind identisch. **Steuerzahler** (Steuersubjekt) ist der gesetzlich zur Bezahlung der Steuer Verpflichtete. **Steuerträger** ist derjenige, der die Steuerlast – nach allen Überwälzungsvorgängen – endgültig trägt.	■ Einkommensteuer ■ Gewerbesteuer ■ Kirchensteuer ■ Kraftfahrzeugsteuer
indirekte Steuern	Werden durch Hineinrechnen in den Preis überwälzt. Steuerzahler und Steuerträger sind verschieden.	■ Umsatzsteuer ■ Mineralölsteuer ■ Biersteuer ■ Tabaksteuer

Steuerarten nach dem Steuergegenstand	Erläuterungen	Beispiele	
Besitzsteuern ■ Personalsteuern ■ Realsteuern	Werden auf das Einkommen und das Vermögen erhoben.	**Personalsteuern:** ■ Einkommensteuer ■ Lohnsteuer ■ Kirchensteuer ■ Kapitalertragsteuer ■ Körperschaftsteuer ■ Schenkungsteuer ■ Erbschaftsteuer	**Realsteuern:** ■ Grundsteuer ■ Gewerbesteuer
Verkehrsteuern	Fallen bei einem wirtschaftlich-rechtlichen Verkehrsvorgang an.	■ Umsatzsteuer ■ Grunderwerbsteuer	■ Versicherungsteuer ■ Kraftfahrzeugsteuer
Verbrauchsteuern	Werden abhängig vom Verbrauch erhoben. Besteuert werden in der Hauptsache Genuss- und Nahrungsmittel.	■ Biersteuer ■ Kaffeesteuer	■ Getränkesteuer ■ Tabaksteuer

(2) Finanzausgleich

Da die einzelnen Bundesländer sehr unterschiedliche Voraussetzungen für Steuereinnahmen haben, bedürfen diese verschiedenartigen Ausgangslagen eines Ausgleichs.

Um **gleichwertige Lebensverhältnisse** für alle in Deutschland zu schaffen, gibt es den **Bund-Länder-Finanzausgleich.**

Beispiel:

So gibt es einerseits Bundesländer, in denen sich zahlreiche Unternehmen und gut verdienende Familien angesiedelt haben, wohingegen andererseits einige Bundesländer über sehr wenig Industrie und den Wegzug junger Familien klagen. Die führt insgesamt zu sehr unterschiedlichen Steuereinnahmen.

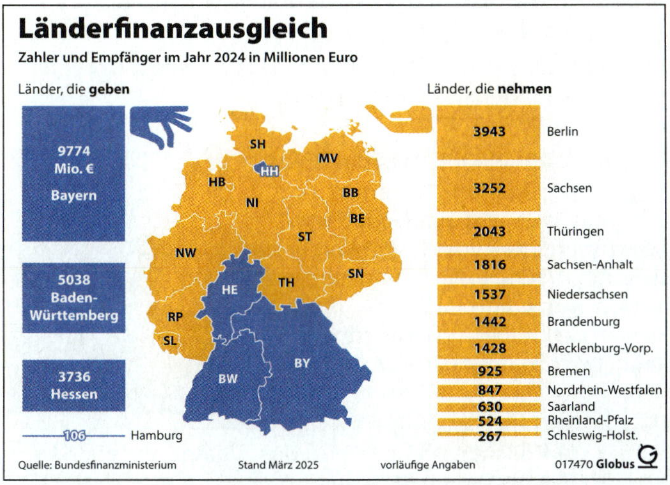

18,7 Mrd. EUR wurden im vergangenen Jahr über den Länderfinanzausgleich umverteilt: zwischen den 16 Bundesländern, von „reich" zu „arm". Allerdings gab es nur wenige Reiche, nämlich vier Geberländer, und viele Arme, nämlich zwölf Nehmerländer. Größter Zahler war 2024 erneut das Land Bayern mit rund 9,8 Mrd. EUR – das war gut die Hälfte der bundesweit umverteilten Mittel. Es folgten Baden-Württemberg mit 5,0 Mrd. EUR und Hessen mit 3,7 Mrd. EUR. Hamburg zahlte im vergangenen Jahr 106 Mio. EUR in den Topf für den sogenannten horizontalen Finanzausgleich. Bei diesem wird das Steueraufkommen, das den Ländern insgesamt zusteht, auf die Länder verteilt. Das meiste Geld erhielt erneut Berlin mit rund 3,9 Mrd. EUR, das waren 21,1 % der umverteilten Mittel. An zweiter Stelle der Empfängerländer stand Sachsen mit 3,3 Mrd. EUR. Das Nehmerland mit der geringsten erhaltenen Summe war Schleswig-Holstein (rund 0,3 Mrd. EUR).

Während es sich bei dem Bund-Länder-Finanzausgleich um eine Form des **vertikalen** Finanzausgleichs handelt, ist die Verteilung von Finanzmitteln **zwischen** den **Ländern** oder zwischen den Gemeinden eine Form des **horizontalen** Finanzausgleichs.

4.1.4 Maßnahmen zur Beeinflussung der Konjunktur darstellen

4.1.4.1 Begriff Konjunkturpolitik

Konjunkturschwankungen erklären sich dadurch, dass die gesamtwirtschaftliche Nachfrage im Vergleich zum gesamtwirtschaftlichen Angebot mal zu gering (Talsohle) und mal zu hoch (Boom) ist. Die konjunkturpolitischen Maßnahmen sollen dem **entgegenwirken** und die zyklischen Schwankungen möglichst beseitigen. Dazu können sowohl **nachfrageorientierte** als auch **angebotsorientierte Maßnahmen** ergriffen werden.

Konjunkturpolitik umfasst die Summe **wirtschaftspolitischer Maßnahmen,** die darauf ausgerichtet sind, die **Konjunktur zu glätten** und ein möglichst gleichmäßiges, **positives Wirtschaftswachstum** zu erreichen.

4.1.4.2 Nachfrageorientierte Konjunkturpolitik (Fiskalismus)

(1) Grundlagen

Die **nachfrageorientierte Konjunkturpolitik** beruht auf der Annahme, dass allein der **Staat** die Konjunktur positiv beeinflussen kann.

- Bei einem **Abschwung** soll der Staat die **Ausgaben erhöhen** (mehr Nachfrage schaffen), um damit die Wirtschaft anzukurbeln.
- Bei einer **Überhitzung der Konjunktur** soll der Staat die **Ausgaben senken** (weniger Nachfrage schaffen), um damit die Konjunktur zu dämpfen.

Die nachfrageorientierte Konjunkturpolitik verlangt, dass der Staat bei konjunkturellen Schwankungen dem **Konjunkturverlauf entgegengerichtet** handelt. Diese sogenannte **„antizyklische Fiskalpolitik"**[1] ist die konsequente Anwendung des von John Maynard Keynes[2] verbreiteten Gedankenguts. Nach Keynes und seinen Anhängern ist die **Einnahmen- und Ausgabenpolitik** der Regierung (d.h. die Politik des Fiskus = Fiskalpolitik) das **Hauptmittel,** mit dem man erfolgreich lenkend in den Konjunkturverlauf eingreifen kann **(Fiskalismus).**

Die **Fiskalpolitik** umfasst alle **finanzpolitischen** Maßnahmen des Staates, die zur **Stabilisierung der Konjunktur und des Wachstums** beitragen.

(2) Maßnahmen zur Beeinflussung der Konjunktur

Die Fiskalpolitik kann die Nachfrager in zweierlei Hinsicht beeinflussen:

- **direkt** über die **Erhöhung oder Senkung der Staatsnachfrage** für Waren und Dienstleistungen.
- **indirekt,** indem auf die private Nachfrage durch **Steueränderungen** eingewirkt wird.

Die **Maßnahmen** zielen in erster Linie darauf ab, dass die **Investitionen** wieder **steigen.**

Die **Bedeutung der Investitionen** für das wirtschaftliche Wachstum ist deswegen so groß, weil zusätzliche Investitionen

- **zusätzliches Einkommen** schaffen (Einkommenseffekt) und
- die **Kapazität** der Volkswirtschaft **erweitert** wird (Kapazitätseffekt).

---

1 Unter **„Fiskus"** versteht man heute den Staat schlechthin, insoweit er es mit den Staatseinnahmen (vor allem Steuern), den Staatsausgaben oder dem Staatsvermögen zu tun hat („Einheit von Fiskus und Staat"). Das Wort „Fiskus" kommt aus dem Lateinischen und bedeutet Korb, Geldkorb, Kasse. Fiskalpolitik ist somit Wirtschaftspolitik mit Geldmitteln aus der „Staatskasse".

Antizyklisch: einen bestehenden Konjunkturzustand entgegenwirkend.

2 **John Maynard Keynes,** britischer Volkswirtschaftler (1883–1946), legte in seinem Hauptwerk „Die allgemeine Theorie der Beschäftigung, des Zinses und des Geldes" die Grundlagen der Fiskalpolitik.

Bedeutung von Investitionen in einer Volkswirtschaft

privatwirtschaftliche Investitionen

Beispiele:

Anschaffung von Maschinen, Lkws, Betriebsausstattung, Lizenzen/Patenten

Bau von Gebäuden (z. B. Fabriken, Lagerhallen), Kauf von Grundstücken

öffentliche Investitionen

Beispiele:

Ausbau der Infrastruktur (z. B. Verkehrswege, Sportstätten)

Investitionen in Bildung, Forschung und Gesundheit

Wirtschaftswachstum ist nur über zusätzliche Investitionen möglich!

Der Staat kann die Investitionstätigkeit fördern, indem er zusätzliche Aufträge erteilt, Forschungsvorhaben mitfinanziert oder gefährdeten Wirtschaftsbereichen Subventionen (Zuschüsse) zahlt, damit sich diese auf die Produktion von Gütern umstellen können, nach denen auch in Zukunft voraussichtlich Bedarf besteht.

(3) Erhöhung oder Senkung der Staatseinnahmen (Staatsnachfrage)

Die Staatsausgaben zur direkten Beeinflussung der Nachfrage sind so zu verändern, dass sie dem **Konjunkturverlauf entgegengerichtet** sind. Welche Maßnahmen in Abhängigkeit der konjunkturellen Lage zu ergreifen sind, zeigt die nachfolgende Übersicht:

	Private Nachfrage	Staatliche Nachfrage
konjunktureller Aufschwung		**Kürzung von Staatsausgaben** (z. B. Einstellungs- und Beförderungsstopp im öffentlichen Dienst, Verringerung der Staatsausgaben für öffentliche Investitionen). Die nachfragewirksame Geldmenge wird geringer, der Preisauftrieb wird gedämpft. 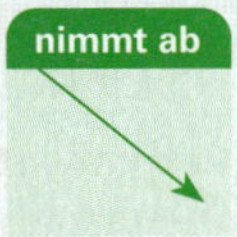 Der Staat erwartet, dass aufgrund dieser Maßnahme die **Nachfrage nach Konsum- und Investitionsgütern sinkt.**

	Private Nachfrage	Staatliche Nachfrage
konjunktureller Abschwung	nimmt ab	**Ausweitung von Staatsausgaben.** Die nachgefragte Geldmenge wird höher, der Preisauftrieb verstärkt sich. (nimmt zu) Der Staat erwartet, dass aufgrund dieser Maßnahmen die **Nachfrage nach Konsum- und Investitionsgütern steigt** und so die Arbeitslosigkeit abgebaut wird. **Beispiele:** ■ Auflegen eines öffentlichen Ausgabenprogramms. Fragt der Staat z. B. mehr Bauleistungen nach, erhöht sich die Beschäftigung in der Bauindustrie. Diese wiederum kann mehr Baumaterialien, mehr Maschinen, mehr Kraftfahrzeuge und mehr Arbeitskräfte nachfragen (Multiplikatorwirkung zusätzlicher Staatsausgaben). ■ Einführung einer Abwrackprämie z. B. für Autos; Subventionen an die Landwirtschaft. ■ Senkung der Einkommensteuer zur Erhöhung der Konsumausgaben. ■ Gewährung von Zuschüssen für die energetische Sanierung von Immobilien. ■ Zahlung von Prämien für die Anschaffung eines Elektroautos.

(4) Erhöhung oder Senkung der Einkommensteuer

Bei der Veränderung der Steuern zur Beeinflussung des privaten Konsums und der privaten Investitionen stehen dem Staat grundsätzlich zwei Möglichkeiten zur Verfügung: Erhöhung der Einkommensteuer oder Senkung der Einkommensteuer.

	Private Nachfrage	Änderung der Steuern durch den Staat
konjunktureller Aufschwung	nimmt zu	**Erhöhung der Einkommen- und Körperschaftsteuer**[1] **Ziel: Drosselung** des privaten Konsums und der privaten Investitionen. Die nachfragewirksame Geldmenge wird geringer, der Preisauftrieb wird gedämpft.
konjunktureller Abschwung	nimmt ab	**Senkung der Einkommen- und Körperschaftsteuer** **Ziel: Belebung** des privaten Konsums und der privaten Investitionen. Die nachfragewirksame Geldmenge wird höher, der Preisauftrieb verstärkt sich.

1 Die **Körperschaftsteuer** ist die Einkommensteuer der Kapitalgesellschaften (z. B. der GmbH).

Inwiefern die vorgestellten **Maßnahmen** tatsächlich zur **Drosselung** bzw. **Belebung** des privaten Konsums und der privaten Investitionen führen, ist von **vielen Faktoren** abhängig. So ist durchaus vorstellbar, dass die durch **Steuersenkungen** geschaffene Ausweitung des verfügbaren Einkommens zu großen Teilen **nicht** für **Konsumzwecke** verwendet, sondern angespart wird.

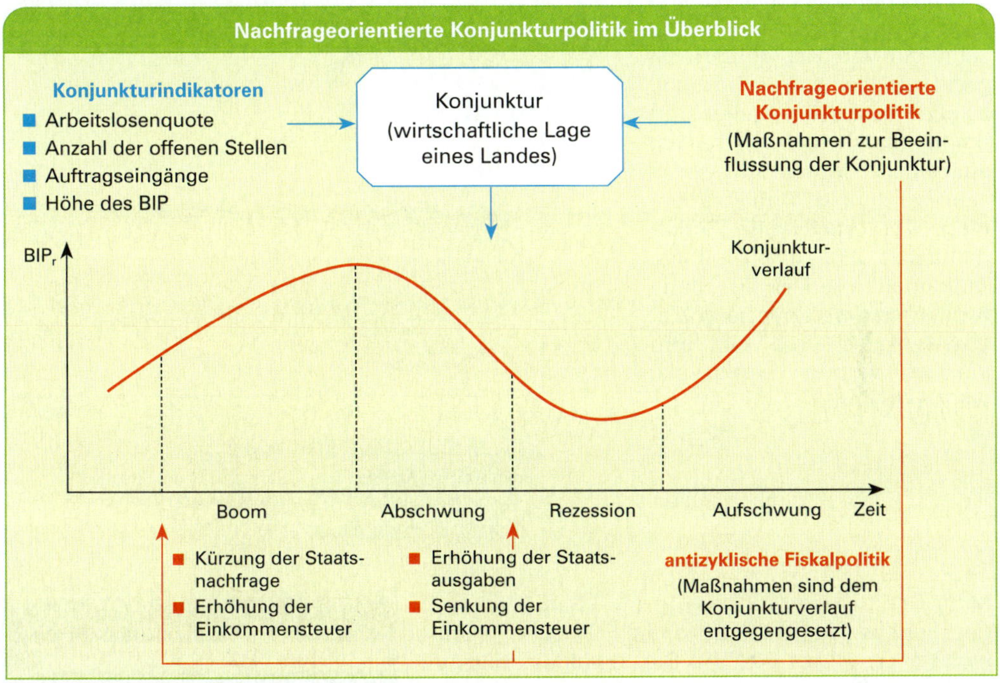

(5) Grenzen der nachfrageorientierten Wirtschaftspolitik

Eine wirkungsvolle staatliche Konjunkturpolitik setzt auch die Bewältigung einer Reihe von **Abstimmungsproblemen** voraus.

Beispiele für Abstimmungsprobleme:

- Bund, Länder und – wenn möglich – die Gemeinden müssen „am gleichen Strang" ziehen, d. h. die der jeweiligen konjunkturellen Situation entsprechenden Maßnahmen ergreifen.
- **Zeitliche** Abstimmungsprobleme müssen gelöst werden: Konjunkturförderungs- bzw. -dämpfungsmaßnahmen dürfen nicht zu spät erfolgen. Häufig ist es in der Praxis jedoch so, dass von der Beschlussfassung bis zur Verwirklichung geraume Zeit verstreicht, sodass konjunkturfördernde Maßnahmen erst dann wirksam werden, wenn man sie eigentlich nicht mehr bräuchte oder konjunkturdämpfende Maßnahmen erst dann greifen, wenn sich die Konjunktur bereits im Abschwung befindet.

Die Möglichkeiten der staatlichen Konjunkturförderung sind von der **Ausgabenseite** her **begrenzt.** Werden in Zeiten der Hochkonjunktur bestehende Schulden nicht ausreichend abgebaut, nehmen die Staatsschulden von Konjunkturrückgang zu Konjunkturrückgang zu. Die staatliche Konjunkturpolitik besteht dann nur noch aus einem immer umfangreicher werdenden **Deficit-Spending.** Der **wachsende Schuldendienst** (Zins- und Tilgungszahlungen) verkleinert dann zunehmend die finanzielle Manövriermasse,[1] die zur Konjunkturförderung eingesetzt werden könnte.

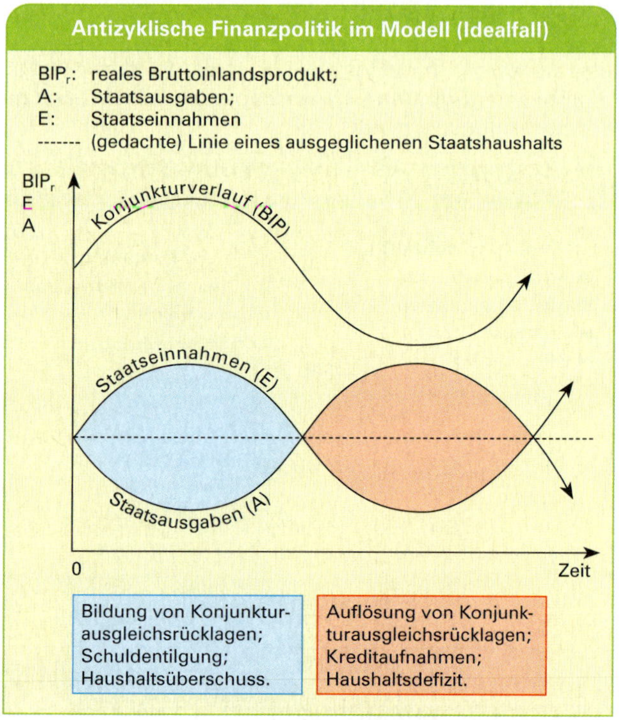

Mitte des Jahres 2026 zeigte die **„Schuldenuhr"** des Bundes knapp 2,8 Billionen EUR an – je Einwohner ca. 33 462,00 EUR. Die Schulden müssen zurückgezahlt werden, und bis dahin fallen Jahr für Jahr Zinsen an. Mitte 2026 waren dies 1 601,00 EUR pro Sekunde. Dieses Geld fehlt an anderer Stelle des Bundeshaushalts, beispielsweise für Bildung und Investitionen. Und weil die heute Erwachsenen den **Schuldenberg** aller Voraussicht nach nicht abtragen werden, bleibt er als Hypothek für die **nächste Generation.**

Quelle: www.steuerzahler.de (aktualisiert).

(6) Kritik am Fiskalismus

Am Fiskalismus wird aus mehreren Gründen Kritik geübt:

- Konjunktursteuerungsmaßnahmen der Regierungen erfolgen in aller Regel zu spät. Wird im **Aufschwung** gebremst, tritt die dämpfende Wirkung erst ein, wenn der Abschwung bereits im Gang ist. Die Konjunkturdämpfungsmaßnahmen verschärfen somit noch die Rezession. Wird im **Abschwung** die Konjunktur gefördert, treten die anregenden Wirkungen erst dann ein, wenn der Aufschwung bereits eingesetzt hat. Die Konjunkturförderungsmaßnahmen verstärken somit den Boom und die Inflation.

1 **Manövrieren** (frz.): geschickt zu Werke gehen; finanzielle Manövriermasse sind Geldmittel, die der Staat frei je nach Bedarf einsetzen kann.

- Für die Regierungen ist es leichter, die öffentlichen Ausgaben zu erhöhen, als sie einzuschränken. Die Folge ist, dass die im Abschwung entstandene **Staatsverschuldung** nicht mehr oder nicht in vollem Umfang abgebaut wird. Auf diese Weise steigt nicht nur die Staatsverschuldung von Konjunkturzyklus zu Konjunkturzyklus, sondern auch die Zinslast.
- Die erforderlichen Kreditaufnahmen durch die verschuldeten öffentlichen Haushalte erhöhen die Gesamtkreditnachfrage und damit das **Zinsniveau.** Die Investitionsneigung der Unternehmen nimmt ab, die Arbeitslosigkeit nimmt zu.

Die fiskalistische Theorie beeinflusste nach 1949 stark die Inhalte des „Stabilitätsgesetzes".

4.1.4.3 Angebotsorientierte Wirtschaftspolitik (Monetarismus)[1]

(1) Grundlagen

Die These der **Monetaristen** ist, dass die Arbeitslosigkeit durch den Staat (genauer: durch die Regierungen) selbst verschuldet wird. Der **Staat** muss sich deshalb bei Eingriffen in den Wirtschaftsablauf **zurückhalten,** für bessere wirtschaftliche **Rahmenbedingungen** sorgen und den Abbau der Arbeitslosigkeit den Selbstheilungskräften des Marktes überlassen.

Die **monetaristische Theorie** geht davon aus, dass eine **enge Beziehung** zwischen der Beschäftigung (der Entwicklung des realen Bruttoinlandsprodukts) einerseits und der Geldmenge andererseits besteht:

- **Steigt** die **Geldmenge,** wird über die zusätzlich finanzierte Nachfrage die Wirtschaft angekurbelt; das **Bruttoinlandsprodukt steigt,** die Arbeitslosigkeit nimmt längerfristig ab.
- Wird das **Geldmengenwachstum gestoppt,** kann die mögliche zusätzliche Nachfrage nicht finanziert werden; die **Güterproduktion** stagniert oder **geht zurück.** Die Arbeitslosigkeit nimmt zu.

Aus diesen beiden Thesen folgt, dass eine **Verstetigung des Geldmengenwachstums** auch zu einer **Verstetigung des Wirtschaftswachstums** führen muss. Die führende Rolle in der Wirtschaftspolitik muss also die **Zentralbank** eines Landes bzw. eines Währungsgebiets haben.

(2) Maßnahmen zur Beeinflussung der Konjunktur

Die Geldpolitik der Notenbank wird ergänzt durch eine **angebotsorientierte Wirtschaftspolitik** der Regierung: Um die Beschäftigung zu erhöhen, müssen die **Kosten der Unternehmen** (der Anbieter) **gesenkt** werden. Die Löhne und die Lohnnebenkosten (vor allem Sozialversicherungsbeiträge) dürfen **nicht** im selben Maße wie die Produktivität steigen.

Einzelmaßnahmen bzw. -forderungen sind z. B.:

- **Senkung der Kostensteuern** und **Verbesserung der Abschreibungsmöglichkeiten.**[2]
- **Verminderung der Staatsausgaben,** um den Staat zurückzudrängen und den privaten Wirtschaftssubjekten sowie den Marktkräften wieder mehr Spielraum zu verschaffen.

1 Hauptvertreter des Monetarismus ist der amerikanische Nobelpreisträger **Milton Friedmann.**

2 Diese Forderung geht auf den amerikanischen Wirtschaftswissenschaftler **Arthur B. Laffer** zurück, der die These vertritt, dass es zwei unterschiedlich hohe Steuersätze gibt, bei denen das gleich hohe Steueraufkommen erzielt wird. Wird eine bestimmte Steuersatzhöhe überschritten, geht sogar das Steueraufkommen zurück, weil die Leistungsbereitschaft der Steuerpflichtigen abnimmt, Steuerflucht (z. B. durch Kapitalflucht) einsetzt und Schwarzarbeit zu einer blühenden „Schattenwirtschaft" führt. Steuersenkungen sind angebracht.

- **Deregulierung** (z. B. im Bereich des Arbeits-, Sozial-, Wettbewerbs- und Umweltrechts).
- **Beseitigung von Investitionshemmnissen** (hierzu zählen u. a. hohe Gewinnbesteuerung; Barrieren bei der Einführung neuer, wachstumsträchtiger Technologien; bürokratische Hemmnisse).
- **Privatisierung** staatlicher Unternehmen und Öffnung staatlicher Monopole zur Förderung des Wettbewerbs.
- **Stärkung des Subsidiaritätsprinzips** und Abbau des Versorgungsstaates.

(3) Wirkungen der angebotsorientierten Wirtschaftspolitik

Die **Wirkungen der angebotsorientierten Wirtschaftspolitik** lassen sich mithilfe der gesamtwirtschaftlichen Angebotskurve und der gesamtwirtschaftlichen Nachfragekurve darstellen:

1. Es wird unterstellt, dass sich das gesamtwirtschaftliche Angebot **normal** verhält. **Kostensenkungen** führen zu **steigender Beschäftigung** und (falls die Nachfrage unverändert bleibt) zu **sinkendem Preisniveau.**

   So einfach wie das Modell ist die Wirklichkeit nicht. Häufig werden die Anbieter aufgrund von Kostensenkungen ihre **Preise** nicht **senken,** sondern ihre **Gewinne erhöhen.** Ob dies zu einer Steigerung der Investitionsgüternachfrage führt, hängt von den Zukunftserwartungen der Anbieter ab.

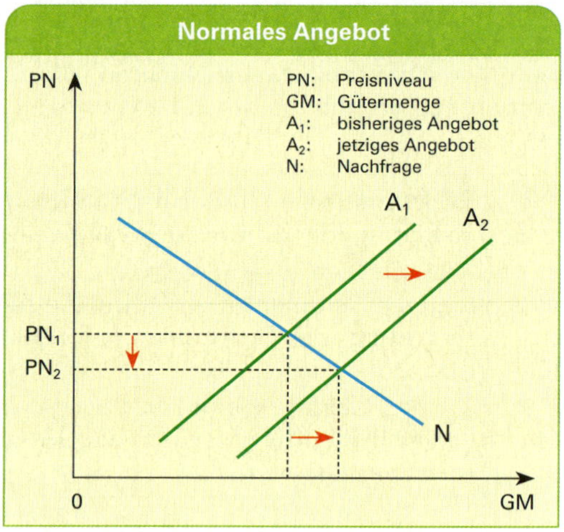

2. Es wird unterstellt, dass sich das gesamtwirtschaftliche Angebot **anomal** aufgrund des Gesetzes der Massenproduktion verhält. **Kostensenkungen** führen ebenfalls zu **steigender Beschäftigung** und zu **sinkendem Preisniveau,** und zwar auch dann, wenn die Nachfrage steigen sollte.

   Auch in diesem Modell ist unterstellt, dass die Anbieter die Kostensenkungen an die Nachfrager weitergeben. Tun sie das nicht, ist das Ergebnis das gleiche wie im obigen Fall 1: Eine wirtschaftliche Belebung erfolgt nur, wenn die gestiegenen Gewinne für zusätzliche Investitionen verwendet werden, die gesamtwirtschaftliche Güternachfrage also zunimmt.

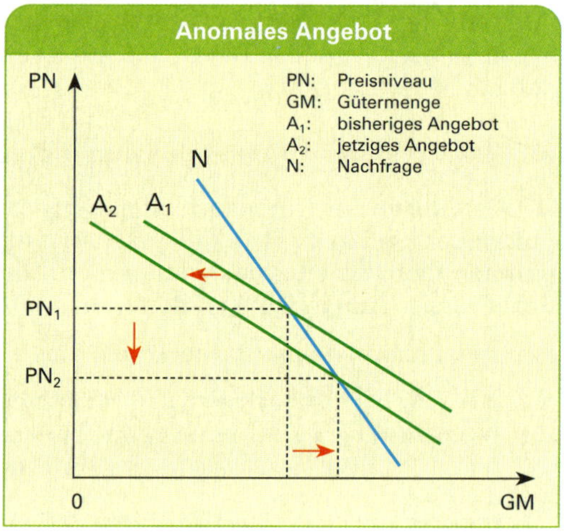

(4) Kritik am Monetarismus

An der monetaristischen Theorie sowie an der angebotsorientierten Wirtschaftspolitik wird z. B. aus folgenden Gründen Kritik geübt:

- Der Monetarismus in Verbindung mit der angebotsorientierten Wirtschaftspolitik bevorzuge – so wird gesagt – **einseitig** die **Anbieter**. Die monetaristische Wirtschaftspolitik sei daher unsozial.
- Der Monetarismus geht davon aus, dass eine **Vermehrung der Geldmenge** in jedem Fall das **Wirtschaftswachstum** (das Angebot) fördert. Dies muss jedoch nicht der Fall sein. Schlägt sich die Geldmengenerhöhung nicht in einem erhöhten Angebot nieder (z. B. weil die Unternehmen **nicht** in ausreichendem Maße **Zusatzinvestitionen** vornehmen wollen oder können), führt die Geldmengenvermehrung lediglich zur **Inflation.**
- Der Monetarismus in Verbindung mit der angebotsorientierten Wirtschaftspolitik zeigt erst auf mittlere Sicht Auswirkungen.
  Dies aber führt zu Protesten politischer Parteien und Gewerkschaften, denen sich die Regierungen aufgrund der kurzen Wahlperioden (i. d. R. 4 Jahre) nicht entziehen können.

4.1.4.4 Nachfrage- und angebotsorientierte Wirtschaftspolitik im Vergleich

Einen Überblick zu den wesentlichen Unterschieden zwischen dem Konzept der Nachfragepolitik und dem Konzept der Angebotspolitik zeigt die folgende Übersicht.

Wirtschaftspolitische Konzepte

Nachfragepolitik: Keynesianische Nachfragesteuerung		Angebotspolitik: Angebotsorientierung mit Geldmengensteuerung
kurzfristige Beseitigung von Gleichgewichtsstörungen (= Symptombekämpfung)	**Ziele**	mittel- bis längerfristige Beseitigung gleichgewichtsstörender Auslösefaktoren (= Ursachenbekämpfung)
Stärkung der gesamtwirtschaftlichen Nachfrage durch Konsumsteigerung	**Ansatzpunkte**	• Stärkung des gesamtwirtschaftlichen Angebots durch Verbesserung der Produktionsbedingungen • Verstetigung des gesamtwirtschaftlichen Spielraums durch Geldmengensteuerung
• Stärkung der Massenkaufkraft durch Lohnerhöhung und/oder höhere staatliche Zuschüsse für bzw. geringere Abgaben der Privathaushalte • Erhöhung des Staatskonsums durch öffentliche Ausgabenprogramme • Ausweitung des öffentlichen Sektors • stärkere Regulierung • Schaffung verbrauchsfördernder Rahmenbedingungen	**Maßnahmen**	• Erhöhung der Unternehmensrentabilität durch Kostendämpfung (Lohnmäßigung und/oder Verringerung der Unternehmensteuerbelastung) • Verringerung des effizienzschwachen Staatskonsums • Ausweitung des privaten Sektors • Investitionsförderung • Deregulierung • Abbau von Subventionen • Schaffung leistungsanreizender, innovationsfördernder Rahmenbedingungen

Quelle: Bundesverband deutscher Banken, Achim Pollert, u. a.: Das Lexikon der Wirtschaft, Bonn 2004, S. 158

Quelle: Informationen zur politischen Bildung, H. 294, S. 44.

4.1.4.5 Bekämpfung gesamtwirtschaftlicher Ungleichgewichte durch das Zusammenspiel von Staat und Zentralbank

Idealerweise wird die **Konjunkturpolitik** des Staates **unterstützt** durch die **Geldpolitik**[1] der Zentralbank. Greifen die Maßnahmen beider Akteure ineinander, so **erhöht** sich der **Wirkungsgrad** dieser Politik und gesamtwirtschaftliche Ungleichgewichte können noch **effizienter** beseitigt werden. Wie ein solches Zusammenwirken von Fiskal- und Geldpolitik zur Konjunkturförderung bzw. -dämpfung aussehen kann, verdeutlichen die nachfolgenden beiden Übersichten.

(1) Maßnahmen des Staates und der Zentralbank zur Konjunkturförderung

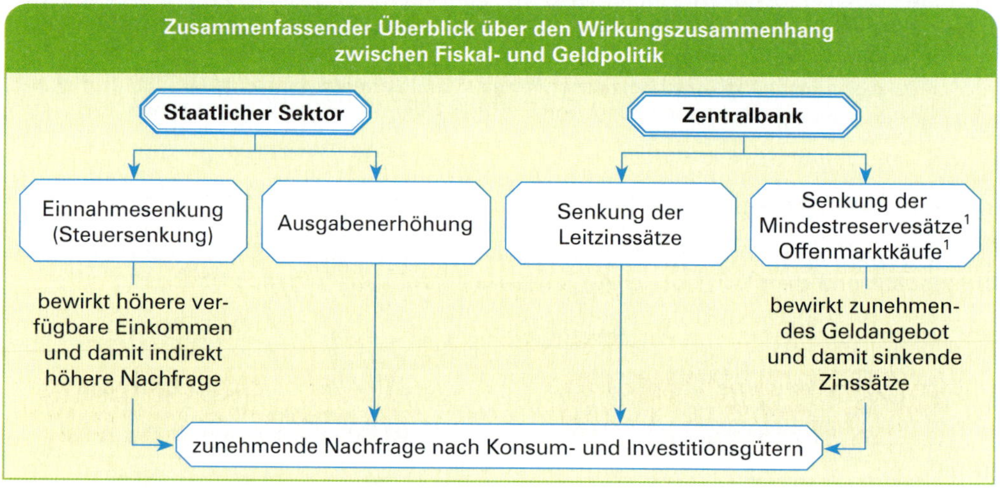

(2) Maßnahmen des Staates und der Zentralbank zur Konjunkturdämpfung

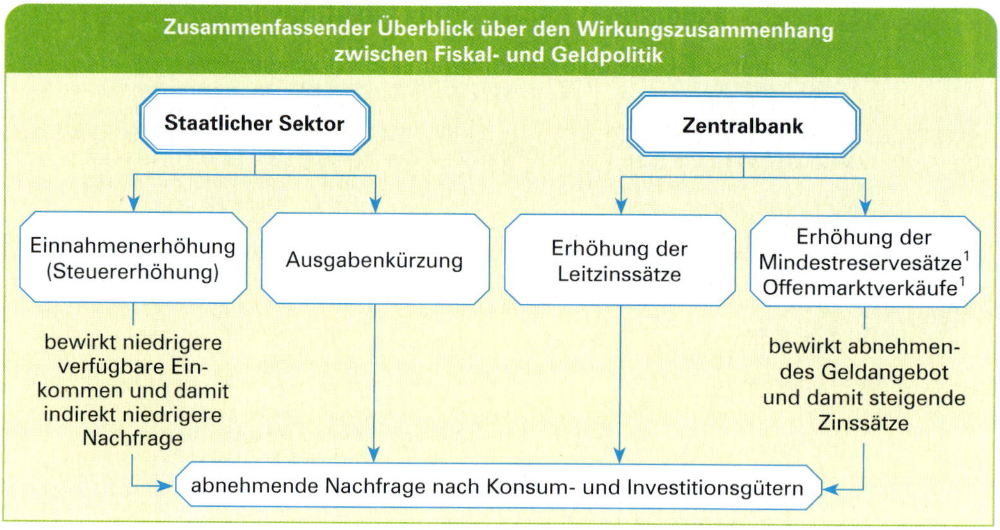

1 Vgl. hierzu Kapitel 5.

2 Soweit das Stabilitätsziel nicht gefährdet wird. Zu den geldpolitischen Instrumenten siehe Kapitel 5.9.

4.2 Strukturelle Ursachen möglicher Ungleichgewichte aufzeigen und wirtschaftspolitische Maßnahmen erörtern

4.2.1 Erscheinungsformen des ökonomischen Wandels

Unter einem **Strukturwandel im ökonomischen Sinne** versteht man allgemein **die mit der marktwirtschaftlichen Dynamik verbundenen** mehr oder weniger stetigen **Veränderungen** der wertmäßigen Beiträge der einzelnen Wirtschaftszweige und Wirtschaftssektoren zum Sozialprodukt.

So nimmt der Beitrag zum gesamtwirtschaftlichen Produktionsergebnis einzelner **Wirtschaftsbereiche** wie der Land- und Forstwirtschaft dabei verhältnismäßig ab, während der Anteil anderer Wirtschaftssektoren, z. B. des Dienstleistungsbereichs, zunimmt. Beschleunigt und verstärkt wird der Strukturwandel durch **neue Techniken und Technologien** sowie den zunehmenden internationalen Wettbewerb.

Den **Strukturwandel** kann man

- auf die **Zusammensetzung der Produktion** eines Landes (Produktionsstruktur) nach Wirtschaftszweigen (**sektorale** Struktur) beziehen,
- auf **Regionen oder Wirtschaftsräume** (**regionale** Struktur) oder
- auf die entsprechenden **Änderungen der Aufteilung der Beschäftigten** (Erwerbsstruktur, Beschäftigungsstruktur) nach Sektoren, Regionen, Qualifikation oder Alter.

Strukturveränderungen erfordern ständige **Anpassungsprozesse** und vorausschauende Maßnahmen der **Strukturpolitik,** um z. B. Wachstumsverluste oder strukturelle Arbeitslosigkeit zu verhindern bzw. abzumildern.

4.2.2 Auswirkungen des ökonomischen Wandels

Der **ökonomische** Strukturwandel kann sowohl zu volkswirtschaftlichen Produktivitäts- und Wachstumssteigerungen führen, gleichzeitig aber auch ökonomische Anpassungsprobleme und **soziale Härten** besonders in Schrumpfungsbereichen (z. B. Landwirtschaft, Stahlindustrie, Bankensektor) mit sich bringen, die strukturpolitisches staatliches Handeln erforderlich machen können. So kommt es zu **hartnäckigen Ungleichgewichten** auf den sektoralen und regionalen **Arbeitsmärkten.**

Des Weiteren führt der Strukturwandel auf den Gütermärkten häufig zu **lang andauernden Überkapazitäten** infolge einer zu zögerlichen Umstellung der Produktion (z. B. im Kohlebergbau) sowie auch vereinzelt zu **Produktionsengpässen** bei zu schneller Produktionsverlagerung seitens der Unternehmen.

In den Fällen, in denen keine **Impulse des Marktes** das Erfordernis von Umstellungen rechtzeitig signalisieren oder das strukturwandelbedingte Marktgeschehen zu einem **langwierigen** und sozial zu **schmerzhaften Anpassungsprozess** führen würde, versucht häufig der **Staat,** die Anpassungsprozesse mittels Anpassungshilfen (z. B. Beihilfen zu Umschulungen oder Produktionsumstellungen) abzukürzen. Mitunter **bremst** der Staat auch den

Strukturwandel, um den Anpassungszeitraum für die Wirtschaftssubjekte zu strecken, was jedoch in der Regel mit Wachstumseinbußen und somit Wohlfahrtsverlusten einhergeht.

Beispiel:

Der Strukturwandel im Banken- und Sparkassensektor hat zu massiven Veränderungen innerhalb dieser Branche geführt. So ist die Zahl der Bank- und Sparkassenfilialen in Deutschland seit dem Jahr 1995 von ca. 68 000 auf unter 18 000 gesunken, die Zahl der Beschäftigten von 778 000 auf ca. 554 000. Gleichzeitig hat sich in dem Zeitraum die Zahl der Ausbildungsplätze von 49 000 pro Jahr auf ca. 25 000 mehr als halbiert.

Der Strukturwandel im Bankensektor hat vielfältige Ursachen und begann in den 90er-Jahren mit der Automatisierung des Zahlungsverkehrs, der flächendeckenden Einführung von Geldautomaten, Kontoauszugsdruckern sowie Selbstbedienungsterminals und des Onlinebankings. Der zunehmende und intensive Wettbewerb, das anhaltende Niedrigzinsumfeld und die verschärfte Regulierung im Bankensektor setzen die Erträge der Kreditinstitute massiv unter Druck. Dies führt vor allem bei Volksbanken und Sparkassen zu einer bis heute andauernden Fusionswelle, bei der die Kosteneinsparungen durch entsprechenden Personalabbau vorangetrieben werden.

Hinzu kommt der fortschreitende digitale Strukturwandel, der neue Wettbewerber auf den Plan bringt und außerdem zu verändertem Kundenverhalten führt. Onlineakteure jeglicher Größenordnung aus dem In- und Ausland offerieren dank digitaler Technologien Konten und Depots sowie viele Dienstleistungen und Finanzprodukte schneller, kostengünstiger und für Verbraucher bequemer und rund um die Uhr verfügbar. Sowohl wenig beratungsintensive Produkte und einfache Finanzdienstleistungen als auch zunehmend anspruchsvollere Finanzprodukte wie Immobilienfinanzierungen und Vermögensanlage durch von künstlicher Intelligenz gemanagte Fonds werden von den digitalen Mitbewerbern spürbar billiger als von traditionellen Banken angeboten. Gleichzeitig werden diese Leistungen unter anderem von Stiftung Finanztest bezüglich des Preis-Leistungs-Verhältnisses durchaus positiv bewertet.

4.2.3 Strukturpolitik zur Förderung von Strukturveränderungen bzw. zur Strukturerhaltung bewerten

4.2.3.1 Begriff und Formen der Strukturpolitik

Die **Strukturpolitik** ist ein Oberbegriff für die Gesamtheit der Maßnahmen zur **Gestaltung der Struktur** einer Volkswirtschaft.

Strukturpolitik wird in regionaler und sektoraler Form umgesetzt:

regionale Strukturpolitik	Regionale Strukturpolitik will das wirtschaftliche Wachstum in bestimmten **strukturschwachen Regionen** beeinflussen. Ziel einer solchen Politik ist es z. B., dass sich in dieser Region durch entsprechende **Anreize** (Subventionen, niedrige Gewerbesteuersätze etc.) mehr **Industrie ansiedelt** und neue **Arbeitsplätze** entstehen.
sektorale Strukturpolitik	Sektorale Strukturpolitik hat das Ziel, das Wachstum einzelner **Sektoren** der Volkswirtschaft oder, innerhalb eines Sektors, das Wachstum einzelner **Branchen** zu fördern bzw. Schrumpfungsprozesse zu verlangsamen. Die Förderung einzelner Branchen der Industrie wird auch als **Industriepolitik** bezeichnet. Des Weiteren sollen im Rahmen der sektoralen Strukturpolitik bestimmte zukunftsträchtige Technologien und Wirtschaftszweige bewusst gefördert werden.

Mögliche **Ansatzpunkte der Strukturpolitik** können demzufolge **einzelne Wirtschaftssubjekte,** bestimmte **Branchen** oder ganze **Regionen** sein.

4.2.3.2 Ziele der Strukturpolitik

(1) Sozialverträgliche Gestaltung des Strukturwandels

Der Staat sollte den Strukturwandel nicht behindern, aber bruchartige Entwicklungen mit unzumutbaren **sozialen Härten vermeiden** helfen, indem er beispielsweise die Anpassung an veränderte Wettbewerbsbedingungen fördert. **Anpassungshilfen** zielen dabei auf die Veränderung bestehender Strukturen und sollten nach einiger Zeit entbehrlich werden.

(2) Forschungs- und Technologieförderung

Sie erfolgt durch **direkte Projektförderung** bei risikoreichen, aufwendigen, die Privatwirtschaft **überfordernden** längerfristigen Forschungsvorhaben und Entwicklungen oder in besonders wichtigen **branchenübergreifenden** Schlüsseltechnologien sowie in Bereichen der staatlichen Daseins- und Zukunftsvorsorge. Hinzu kommt die Stärkung der technischen Leistungskraft der Unternehmen durch Produktivitäts- und Wachstumshilfen.

Beispiele:

- Förderung der Innovationstätigkeit von kleinen und mittelständischen Unternehmen,
- Förderung technologieorientierter Unternehmensgründungen,
- Förderung der Anwendung von Robotern in der Fertigungstechnik.

(3) Erhaltung existenzbedrohter, aber sanierungsfähiger Unternehmen oder ganzer Wirtschaftsbereiche in Ausnahmefällen

In Betracht kämen Subventionen vor allem in der Landwirtschaft zur Erhaltung des bäuerlichen Familienbetriebs. Im **Bankensektor** wird der Staat alles daran setzen, marode Kreditinstitute zu retten, um einen **„Bankenrun“**[1] zu verhindern bzw. das **Vertrauen** in diesen Sektor nicht zu erschüttern. Bei Erhaltungssubventionen muss jedoch das Subsidiaritätsprinzip beachtet werden. Bei möglichst geringem Aufwand sollten die Subventionen **Hilfen zur Selbsthilfe** sein.

4.2.4 Die Strukturpolitik der Bundesrepublik Deutschland

(1) Sektorale Strukturpolitik

In der Bundesrepublik Deutschland haben in der Vergangenheit alle Bundesregierungen seit 1949 Strukturpolitik betrieben. So wurden im Rahmen der **sektoralen Förderung** anfangs vor allem

- der Landwirtschaft,
- dem Wohnungsbau,
- dem Bergbau und Verkehr,
- der Stahlindustrie sowie
- der Stromerzeugung

entsprechende Förderungen zuteil.

(2) Regionale Strukturpolitik

Förderungsmaßnahmen sollen **vorrangig** in Gebieten vorgenommen werden, „in denen die **Wirtschaftskraft erheblich unter** dem **Bundesdurchschnitt** liegt“ oder in denen **Wirtschaftszweige vorherrschen,** „die vom Strukturwandel in einer Weise betroffen oder **bedroht sind,** dass negative Auswirkungen [...] in erheblichem Umfang eingetreten oder absehbar sind“ (§ 1 Abs. 2 GRWG).

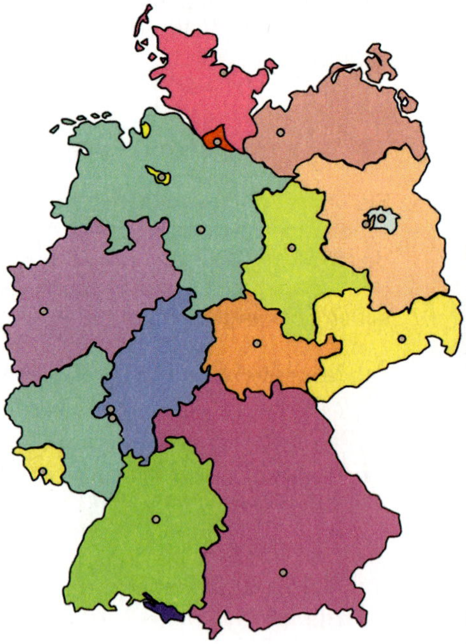

Hinweis:

Wichtigste Instrumente der Strukturpolitik seitens des Bundes sind, abgesehen von Infrastrukturmaßnahmen, Subventionen (Finanzhilfen und Steuerermäßigungen) an Unternehmen. Die sektorale Wirtschaftsstruktur kann außerdem durch die Abschottung der nationalen Märkte (Protektionismus) durch Zölle, Einfuhrkontingente, Selbstbeschränkungsabkommen oder administrative Handelsbeschränkungen beeinflusst werden.

1 Bei einem Bankenrun handelt es sich um einen Ansturm von Kunden, die aus Angst um ihre Einlagen diese schnellstmöglich abheben möchten. Die betreffende Bank müsste bei dem Ansturm mangels Bargeldreserve die Geldausgabe stoppen, was jedoch entsprechende Tumulte der Kundschaft und einen Ansturm bei weiteren Banken und Sparkassen nach sich ziehen würde.

4 Konjunkturelle und strukturelle Beweggründe möglicher Ungleichgewichte aus wirtschaftlicher und gesellschaftlicher Sicht aufzeigen und wirtschaftspolitische Konsequenzen mittels Kausalketten erörtern

Wachstums- und strukturpolitische Maßnahmen

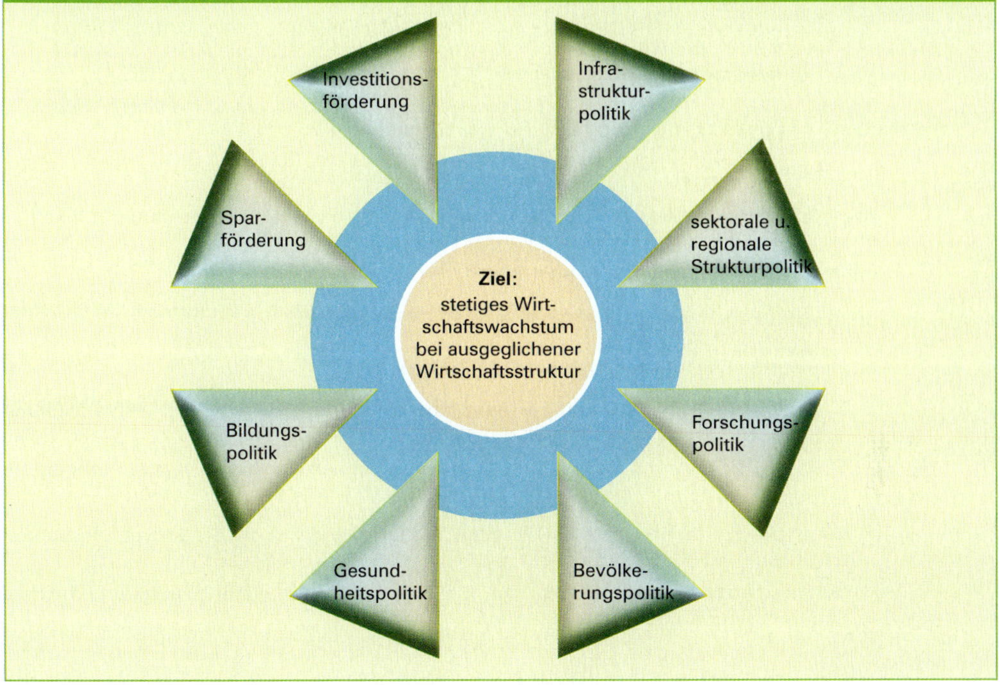

Kompetenztraining

55 1. Im Anschluss an das Fußballtraining sitzt Paul, Auszubildender bei der Kundenbank AG, mit Freunden, dem Mechatroniker Kevin Hansen und dem selbstständigen Schreinermeister Oskar Eder, im Vereinslokal.

Dabei ergibt sich folgendes Gespräch:

Hansen: *„Anna, bring mir doch noch ein Bier!"*

Anna: *„Ja, gleich!"*

Paul: *„Das Bier ist ja auch wieder teurer geworden. Wegen einer Erhöhung der Biersteuer, sagt man!"*

Eder: *„Ach, hör mir auf mit den Steuern. Gestern hat mein Steuerberater die Bilanz für das vergangene Jahr fertiggestellt. Ich werde noch Einkommen- und Gewerbesteuer nachzahlen müssen. Die Vorauszahlungen waren zu niedrig."*

Hansen: *„Wer Steuern nachzahlen muss, hat auch gut verdient. Wenn ich mir meine Lohnabrechnung betrachte, wird mir ganz übel. Lohnsteuer, Kirchensteuer, Sozialversicherungsabgaben! Da bleibt fast nichts mehr übrig!"*

Paul: *„Nun übertreib mal nicht. Schließlich wird jeder entsprechend seinem Einkommen versteuert. Schlimm ist nur, dass ich für meine Ausbildungsvergütung auch schon zur Kasse gebeten werde. Es ist schon schlimm genug, dass ich für mein Auto Kraftfahrzeugsteuer, für das Benzin Mineralölsteuer und für meine Zigaretten Tabaksteuer zahlen muss!"*

Hansen: *„Na ja, der Staat nimmt's eben von den Armen! So, jetzt muss ich gehen. Morgen früh um sieben muss ich wieder auf der Arbeit sein.*
Anna, zahlen!"

Anna: *„16,50 EUR. Hier ist der Beleg!"*

Anna übergibt den Beleg mit dem Vermerk: Einschließlich 19 % Mehrwertsteuer (Umsatzsteuer).

Hansen: *„17,00 EUR. Stimmt. Guten Abend noch!"*

Aufgaben:

1.1 Nennen Sie die im Gespräch erwähnten Steuern!

1.2 Nach dem Steuergegenstand werden Steuern in Besitz-, Verkehr- und Verbrauchsteuern unterschieden.

Ordnen Sie die in dem Gespräch erwähnten Steuerarten nach dem Steuergegenstand!

1.3 Wenn die Steuer unmittelbar vom Steuerschuldner, der auch letztendlich die Steuer tragen soll, erhoben wird, spricht man von einer **direkten Steuer.**

Von **indirekten Steuern** spricht man, wenn der Steuerschuldner die Steuer auf einen anderen Steuerträger überwälzen soll.

Ordnen Sie die in dem Gespräch erwähnten Steuerarten den beiden Erhebungsarten zu!

1.4 Bestimmen Sie, wer bei den folgenden Steuern Steuerschuldner und wer Steuerträger ist!

Steuerart	Steuerschuldner	Steuerträger
Grunderwerbsteuer		
Erbschaftsteuer		
Biersteuer		
Körperschaftsteuer		
Lotteriesteuer		

2. Arbeiten Sie aus nebenstehender Abbildung heraus, welche Möglichkeit staatlicher Konjunkturpolitik veranschaulicht wird!

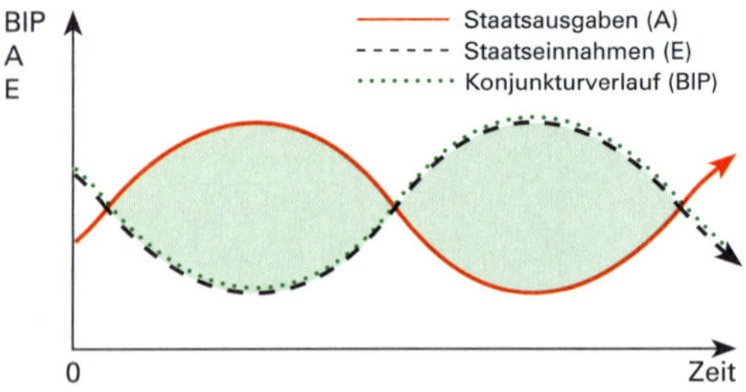

BIP: Bruttoinlandsprodukt
A: Ausgaben
E: Einnahmen

3. Der Versuch des Staates (der Regierung), durch Steuer- und Ausgabenpolitik den Konjunkturverlauf zu beeinflussen, wird als Fiskalpolitik bezeichnet. Die Fiskalpolitik sollte „antizyklisch" sein.

Aufgaben:

3.1 Begründen Sie die Forderung nach einer antizyklischen Fiskalpolitik (Finanzpolitik)!

3.2 Die antizyklische Fiskalpolitik setzt i. d. R. voraus, dass der Staat „Deficit-Spending" betreibt, wenn er die Konjunktur ankurbeln möchte. Erläutern Sie diese Aussage!

3.3 Während der Hochkonjunktur soll der Staat Konjunkturausgleichsrücklagen bilden oder Staatsschulden vorzeitig tilgen (zurückzahlen). Beschreiben Sie die Auswirkungen auf den Konjunkturverlauf, die diese Rücklagenpolitik haben kann! Begründen Sie Ihre Feststellungen!

4. Entscheiden Sie, welche der nachstehenden wirtschafts- und geldpolitischen Maßnahmen primär „angebotsorientiert" und welche vorwiegend „nachfrageorientiert" sind:

4.1 Ausrichtung des Geldmengenwachstums am langfristigen realen Wirtschaftswachstum, um die Inflationsraten zurückzuführen.

4.2 Senkung der Steuerlastquote (prozentualer Anteil der Steuern am Einkommen der Wirtschaftssubjekte), besonders der Investoren.

4.3 Staatliches Beschäftigungsprogramm, um die Arbeitslosigkeit zu bekämpfen.

4.4 Abbau administrativer Hemmnisse (z. B. Vorschriften im Baubereich, Ladenschlusszeiten, Kündigungsvorschriften).

4.5 Kürzung von Subventionen.

4.6 Tilgung von Staatsschulden, um das Zinsniveau nicht in die Höhe zu treiben.

4.7 Senkung der Einkommen- und Körperschaftsteuer.

4.8 Staatliche Unterstützung bei Existenzgründungen.

4.9 Erhöhung der Umsatzsteuer.

4.10 Aufstockung der staatlichen Mittel für Bildung und Forschung.

5. Angenommen, die Regierung senkt im Rahmen ihrer antizyklischen Fiskalpolitik die Staatsausgaben. Die Staatseinnahmen sollen unverändert bleiben.

Aufgaben:

5.1 Prüfen Sie, wie sich die Ausgabenkürzung auf Beschäftigung und Preisniveau auswirkt, wenn unterstellt wird, dass sich das gesamtwirtschaftliche Angebot normal verhält!

5.2 Begründen Sie, wie sich die Ausgabenkürzung auf Beschäftigung und Preisniveau auswirkt, wenn unterstellt wird, dass sich das gesamtwirtschaftliche Angebot anomal verhält!

5.3 Erläutern Sie, welche Gründe für die Annahme sprechen, dass sich das gesamtwirtschaftliche Angebot normal bzw. anormal verhält!

6. In einem Industrieland herrscht hohe Arbeitslosigkeit. Die Regierung möchte das Wirtschaftswachstum anregen und die Arbeitslosigkeit verringern. Sie beschließt daher, die Ausgaben für Bildung, Forschung und Entwicklung erheblich aufzustocken. Um die zusätzlichen Ausgaben zu finanzieren, erhöht sie die Umsatzsteuer um 18,75 %. Der bisherige Umsatzsteuersatz betrug 16 %.

Aufgaben:

6.1 Prüfen Sie, ob die genannten Maßnahmen der Regierung ziel- und systemkonform sind!

6.2 Ermitteln Sie, um wie viel Prozentpunkte der Umsatzsteuersatz erhöht wurde!

7. Im Land A wurde seit Jahren eine Defizitpolitik betrieben, d. h., die Staatsschulden stiegen von Haushaltsperiode zu Haushaltsperiode. Inzwischen befindet sich das Land in finanziellen Schwierigkeiten, sodass es weitere Kredite nur noch zu hohen Zinsen erhalten kann.

Aufgaben:

7.1 Erläutern Sie, warum es für die Regierung schwierig ist, die Staatsverschuldung wieder abzubauen!

7.2 Entscheiden Sie, gegen welche finanzwirtschaftliche Grundregel, die sich auch im deutschen Stabilitätsgesetz findet, das Land A verstoßen hat!

7.3 Die Regierung beschließt, zunächst einmal das Staatsdefizit von 10 % auf 6 % abzubauen.

7.3.1 Erklären Sie die Begriffe Staatsdefizit und Staatsverschuldung!

7.3.2 Erläutern Sie, wie sich die Senkung des Staatsdefizits auf den Schuldenstand des Landes auswirkt!

7.4 Die Regierung beschließt ein drastisches Sparprogramm, das z. B. Lohnkürzungen im öffentlichen Dienst, Rentenkürzungen, Erhöhung des Rentenalters, Steuererhöhungen und die Verschiebung staatlicher Investitionsvorhaben umfasst. Begründen Sie, welche Folgen das Sparprogramm auf die Konjunktur hat!

7.5 Eine Tageszeitung schreibt: „Die Regierung des Landes A befindet sich in einem Dilemma: Entweder verfolgt sie ihre Sparpolitik weiter und das Land steht vor Streiks, Protestaktionen und vor einer schweren Rezession. Oder sie nimmt weiterhin teure Kredite auf, um die alten Schulden zu bezahlen." Beschreiben Sie, in welchem wirtschaftspolitischen Zielkonflikt sich das Land A befindet!

7.6 Das Land B hat hingegen einen ausgeglichenen Staatshaushalt. Während der vergangenen Hochkonjunktur hat es eine Konjunkturausgleichsrücklage angelegt.

7.6.1 Nennen Sie drei mögliche Maßnahmen, wie die Konjunktur „angekurbelt" werden kann!

7.6.2 Prüfen und begründen Sie, mit welchem weiteren wirtschaftspolitischen Ziel Zielharmonie besteht!

8. **Projektvorschlag:**

Sammeln Sie über einen längeren Zeitraum Zeitungsartikel oder Artikel aus dem Internet zu aktuellen wirtschaftspolitischen Entscheidungen der Bundesregierung mit folgender Aufgabenstellung:

8.1 Beurteilen Sie, inwieweit die getroffenen Entscheidungen der Bundesregierung den Zielen nachhaltigen Wachstums und der Sicherung des Marktmechanismus Rechnung tragen!

8.2 Analysieren Sie die möglichen Auswirkungen der getroffenen Entscheidungen auf Konjunktur und Wachstum!

Stellen Sie anschließend Ihre Ergebnisse in Form einer Präsentation Ihrer Lerngruppe vor!

9. Entscheiden Sie, welches der nachfolgenden fiskalpolitischen Maßnahmebündel in einer Abschwungphase am ehesten zur Stabilität von Konjunktur und Wachstum beitragen kann!

① Ausweitung der Staatsausgaben bei gleichzeitiger Erhöhung der Steuersätze zur Finanzierung der Mehrausgaben.

② Senkung der Einkommen- und Körperschaftsteuer bei gleichzeitiger Einschränkung der steuerlichen Abschreibungsmöglichkeiten zur Schaffung von mehr Steuergerechtigkeit.

③ Einführung von Investitionsprämien, deren Finanzierung durch entsprechende Kürzung bei den Sozialtransfers sichergestellt wird.

④ Senkung der Abschreibungs- und Steuersätze.

⑤ Ausweitung der öffentlichen Aufträge und gleichzeitige Absenkung der Steuersätze.

10. Entscheiden Sie, welches der nachfolgenden fiskalpolitischen Maßnahmebündel in einer Aufschwungphase am ehesten zur Stabilität von Konjunktur und Wachstum beitragen kann!

① Reduzierung von Straßenbaumaßnahmen, Verringerung von Abschreibungsmöglichkeiten und Erhöhung von Verbrauchsteuern.

② Senkung der Staatsausgaben bei gleichzeitiger Senkung der Einkommen- und Körperschaftsteuer.

③ Abschaffung von Sonderabschreibungsmöglichkeiten und Auflösen der Konjunkturausgleichsrücklage.

④ Kürzung von Sozialtransfers und Investition der hierdurch eingesparten Gelder in den Ausbau der Infrastruktur.

⑤ Kreditaufnahme zur Ausweitung der Staatsausgaben, um somit die private Nachfrage vom Markt zu verdrängen.

11. **Kausalkette**

Skizzieren Sie mögliche Auswirkungen einer Steuersenkung auf die Einnahmen der Sozialversicherung! Nutzen Sie hierzu nachfolgendes Schema! Tragen Sie in die Felder folgende Begriffe ein:

- Konjunktur,
- Einkommen,
- Arbeitslosigkeit,
- Konsum und
- Einnahmen der Sozialversicherung.

Verwenden Sie außerdem jeweils einen der folgenden Pfeile:

↓ sinkt,

↑ steigt,

→ bleibt unverändert.

DOWNLOAD

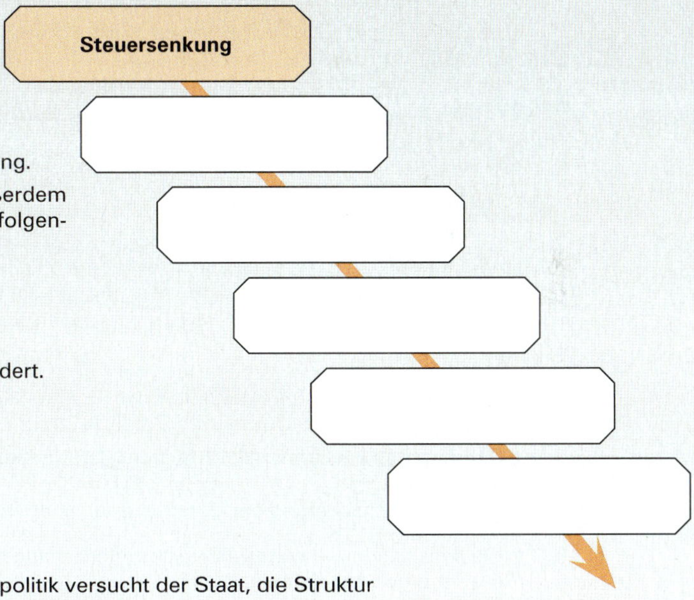

56

1. Mittels der Strukturpolitik versucht der Staat, die Struktur einer Volkswirtschaft zu gestalten.

Aufgaben:

1.1 Erläutern Sie die Formen der Strukturpolitik!

1.2 Beschreiben Sie die Ziele der Strukturpolitik!

2. In vielen Volkswirtschaften werden Subventionen des Staates nicht nur an Unternehmen, sondern auch an Privathaushalte gezahlt.

Recherchieren Sie mittels digitaler Medien nach vier Beispielen für derartige Subventionen in der Bundesrepublik Deutschland!

3. **Vernetzungsdiagramm**

Stellen Sie auf Basis nachfolgender Vorlage eines Vernetzungsdiagramms mögliche Ursache-Wirkungs-Beziehungen dar, indem Sie die einzelnen Felder an den Pfeilen mit einem Plus- oder Minuszeichen versehen.

- **Pluszeichen:** gleich gerichtete (verstärkende) Wirkung. Es gilt: je mehr (höher) – desto mehr (höher); je weniger (niedriger) – desto weniger (niedriger).
- **Minuszeichen:** entgegengesetzte (abschwächende) Wirkung. Es gilt: je mehr (höher) – desto weniger (niedriger) bzw. je weniger (niedriger) – desto mehr (höher).

DOWNLOAD

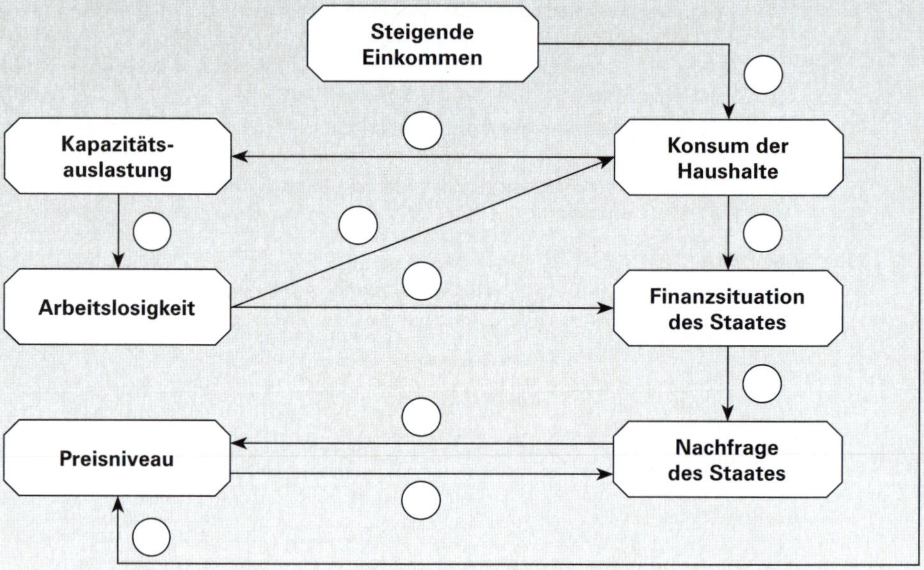

4. Notieren Sie aufgrund der nachfolgenden Sachdarstellungen, in welcher Phase des Konjunkturzyklus sich die Volkswirtschaft befindet! Tragen Sie eine

① für Aufschwung,
② für Hochkonjunktur,
③ für Rezession und
④ für Depression ein!

Sollte keine eindeutige Zuordnung möglich sein, tragen Sie eine ⑨ ein!

4.1	Das Zinsniveau ist im Vergleich zu den letzten Jahren auf einem Tiefststand.	
4.2	Die Investitionsneigung der Unternehmen nimmt spürbar zu.	
4.3	Die Arbeitslosigkeit nähert sich einem Höchststand, die Investitionstätigkeit der Unternehmen ist extrem gering.	
4.4	Bei den Tarifverhandlungen sind die Gewerkschaften in diesem Jahr eindeutig in der stärkeren Verhandlungsposition.	
4.5	Im Vergleich zu der jüngeren Vergangenheit geht die Kapazitätsauslastung zurück.	
4.6	Die hohe Zahl der Arbeitslosen geht langsam zurück.	
4.7	Die Preise für Güter und Dienstleistungen steigen deutlich.	

4.8	Die Kreditinstitute stellen auch in diesem Jahr wieder viele Ausbildungsplätze zur Verfügung.	
4.9	Die Kreditinstitute klagen über die geringen Zuwächse im Kreditgeschäft für Firmenkunden sowie über das steigende Volumen von Kreditausfällen in diesem Bereich.	
4.10	Das Konjunkturbarometer zeigt eine optimistische Stimmung bei den Unternehmen an, die im Wesentlichen auf dem spürbaren Anstieg der Nachfrage basiert.	

5. 5.1 Beschreiben Sie die Bedeutung von Konjunkturindikatoren! Unterscheiden Sie in diesem Zusammenhang Früh-, Präsenz- und Spätindikatoren und nennen Sie jeweils drei Beispiele!

   5.2 Erklären Sie, inwiefern die Entwicklung der Arbeitslosenquote als Konjunkturindikator genutzt werden kann!

6. In den folgenden Situationen sind mithilfe wichtiger Konjunkturindikatoren bestimmte konjunkturelle Situationen beschrieben.

   6.1 „Der Preisindex für die Lebenshaltung ist im vergangenen Halbjahr gesunken. Das reale Bruttoinlandsprodukt nahm um 0,5 % ab. Zugleich stieg die Arbeitslosenquote von 9,5 auf 9,8 % an. Die Kreditinstitute waren flüssig, das Zinsniveau war demzufolge niedriger als zuletzt. [...]“

   6.2 „Aufgrund zunehmender Exportüberschüsse stieg im vergangenen Halbjahr das reale Bruttoinlandsprodukt um 2 %, während sich die Zahl der Arbeitslosen kaum veränderte. Die Löhne und Gehälter stiegen leicht an. Die Preissteigerungsraten hielten sich in Grenzen (+1,8 %). Die Zinsen sind nach wie vor vergleichsweise niedrig. [...]“

   6.3 „Die Europäische Zentralbank erhöhte den Leitzinssatz von 3 auf 3,5 %. Die Inflationsrate hat die 3 %-Grenze überschritten. Das Arbeitnehmerentgelt nahm brutto um 8 %, die Gewinne um 5 % zu. Die Zinssätze für Kredite sind deutlich gestiegen. [...]“

   Aufgabe:

   Ordnen Sie diese Situationen den entsprechenden Konjunkturphasen zu!

7. Betrachten Sie nachfolgende Übersicht zur Entwicklung verschiedener Konjunkturindikatoren!

Indikatoren	1	2	3	4	5	6	7
Arbeitslosenquote	steigt	sinkt	steigt	sinkt	steigt	sinkt	steigt
Konsumklima	sinkt	steigt	sinkt	steigt	steigt	steigt	sinkt
Zinsen	steigen	sinken	sinken	steigen	sinken	steigen	sinken
Insolvenzen	steigen	steigen	sinken	steigen	sinken	sinken	steigen
Aktienkurse	sinken	steigen	steigen	sinken	steigen	steigen	sinken
Kurzarbeit	sinkt	steigt	sinkt	steigt	sinkt	sinkt	steigt
Lagerbestände	steigen	sinken	sinken	steigen	sinken	sinken	steigen
Baugenehmigungen	steigen	sinken	sinken	steigen	sinken	steigen	sinken
Sparquote	steigt	sinkt	sinkt	steigt	steigt	sinkt	steigt

   Aufgaben:

   7.1 Welche Kombination lässt auf einen Aufschwung schließen? Trifft keine Kombination zu, so tragen Sie bitte eine ⑨ ein!

   7.2 Welche Kombination lässt auf einen Abschwung schließen? Trifft keine Kombination zu, so tragen Sie bitte eine ⑨ ein!

5 Aufgaben der Zentralbanken sowie Funktion und Wirkung ihres Instrumentariums für die Gesamtwirtschaft und den Bankensektor erklären

Lernsituation 36: Eine Auszubildende der Kundenbank AG beschäftigt sich mit den Geldsorgen ihrer besten Freundin

Lisa, eine Auszubildende der Kundenbank AG, erwartet den Besuch ihrer besten Freundin Kathrin, die eine Ausbildung zur Friseurin absolviert. Im Vorfeld des Besuchs hat Kathrin bereits angedeutet, dass sie dringend mit Lisa über ein Problem sprechen müsse.

Nachdem es sich die beiden Freundinnen bei einer Tasse Latte Macchiato gemütlich gemacht haben, erzählt Kathrin, was sie so bedrückt. Seit sie vor einem Jahr die Ausbildung zur Friseurin begonnen hat, ist sie zu Hause ausgezogen und wohnt nun in einer Ein-Zimmer-Wohnung zur Miete. Mit der Ausbildungsvergütung, dem Trinkgeld der Kunden sowie dem Kindergeld, das ihre Eltern ihr auszahlen, war der Schritt in die „eigenen vier Wände" damals möglich, was Kathrin seit dieser Zeit auch sehr genießt.

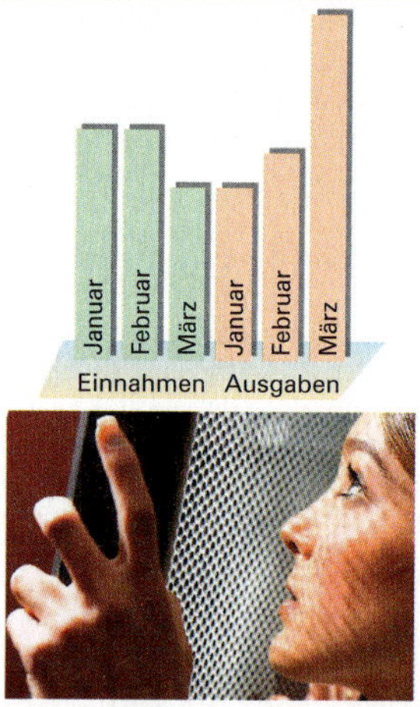

Doch in den letzten Monaten wächst ihr die finanzielle Belastung mehr und mehr über den Kopf. Kathrin führt dies vor allem auf die enormen Preissteigerungen bei Strom, Gas, Sprit für ihren Roller und bei den sonstigen Nebenkosten des Lebensunterhalts zurück. Nunmehr habe auch noch ihr Vermieter angekündigt, dass er die Kaltmiete ab nächsten Monat um 20,00 EUR anheben wird. Kathrin bestreitet auch nicht, dass sie in den letzten Monaten nicht immer so genau auf ihre Ausgaben beim Shoppen oder Ausgehen geachtet hat. Auch das neue Smartphone und der in diesem Zusammenhang abgeschlossene Vertrag habe sicher mit dazu beigetragen, dass ihr Girokonto mehr und mehr ins Soll geraten sei. Die finanzielle Schieflage hat sich zudem dadurch verschärft, dass bei den meisten Kunden das „Geld nicht mehr so locker sitzt", ihre Einnahmen aus Trinkgeldern somit deutlich zurückgegangen sind.

Abschließend betont Kathrin, dass sie sich immer größere Sorgen um ihre Zukunft macht. Als Friseurin ist das monatliche Einkommen auch nach der Ausbildung relativ gering und ihr stellt sich zunehmend die Frage, wie sie sich mit einem solchen Gehalt dauerhaft eine Wohnung oder gar ein Auto leisten kann, zumal in ihren Augen ja alles immer teurer wird. An einen Urlaub oder andere Annehmlichkeiten sei da ja später wohl gar nicht zu denken. Erstmals sei ihr nun richtig bewusst, wie sehr doch das Einkommen und somit das für die Lebensgestaltung zur Verfügung stehende Geld einem Menschen enorme Sorgen bereiten können und sie frage sich ernsthaft, wie das alles weitergehen soll.

Lisa versteht die Probleme ihrer Freundin nur allzu gut und erzählt, dass ihre Eltern auch seit einiger Zeit heftig über das Thema Geld diskutieren. Das Ganze habe nunmehr dazu geführt, dass ihre Eltern sich entschlossen haben, die Stadtwohnung zu kündigen und gemeinsam mit ihr aufs Land zu ziehen, wo man ein Einfamilienhaus kaufen möchte. Der wesentliche Grund hierfür sei – soweit sie es verstanden habe – die Angst davor, dass die Ersparnisse wegen des negativen Realzinses eines Tages nichts mehr wert seien. Ihr Vater habe in den letzten Tagen immer wieder von seinen Großeltern erzählt, deren Geld auch quasi über Nacht für wertlos erklärt wurde.

Lisa berichtet, dass sich ihr Vater mehr und mehr darüber aufregt, dass die Menschen in unserer heutigen Zeit trotz dieser Erfahrungen aus der Vergangenheit immer noch der Illusion unterliegen, dass Geld immer seinen Wert behalte. Mit Blick auf die ganze öffentliche Diskussion zur Eurokrise und die in den Euroländern ansteigenden Staatsschulden wollen Lisas Eltern nun das über Jahre angesparte Geld gegen ein bebautes Grundstück eintauschen. Da der Kaufpreis und die anstehende Renovierung der Immobilie die Ersparnisse jedoch übersteigen, wollen Lisas Eltern sogar noch einen entsprechenden Kredit zur Finanzierung des Einfamilienhauses aufnehmen. Ihr Vater würde an der Stelle immer wieder betonen, dass die Verschuldung wegen einer Immobilie für ihn kein allzu großes Problem darstelle, zumal sich der deutsche Staat ja auch seit vielen Jahrzehnten mehr und mehr verschulde. Und was der Staat kann, das könne er schließlich allemal.

Kompetenzorientierte Arbeitsaufträge:

1. Bestimmen Sie die in der Lernsituation genannten Akteure und Betroffenen der Verschuldung!
2. Erläutern Sie mögliche Gründe für die zunehmende Verschuldung von Kathrin!
3. **Stellungnahme**

   Erarbeiten Sie in Form einer Stellungnahme die Tragweite einer zunehmenden Verschuldung von Kathrin und entwickeln Sie mögliche Auswege aus der individuellen Schuldenfalle!
4. Zählen Sie mögliche Funktionen auf, die Geld erfüllen muss!
5. **Übersichtsmatrix**

   Erstellen Sie mithilfe eines Textverarbeitungsprogramms (z.B. Word) eine Übersichtsmatrix zur Abgrenzung von Inflation und Deflation, indem Sie folgende Kriterien gegenüberstellen:

   - Begriff
   - Arten
   - Ursachen
   - Folgen

   Präsentieren Sie Ihre Ergebnissse anschließend im Plenum!
6. **Thesenpapier zu den Auswirkungen von Geldwertschwankungen auf Unternehmen**

   In der vorangestellten Lernsituation werden mögliche Auswirkungen von Geldwertschwankungen auf private Haushalte in den Vordergrund gestellt. Recherchieren und sammeln Sie mittels digitaler Medien mögliche Auswirkungen von Geldwertschwankungen auf die Unternehmen! Unterscheiden Sie dabei zwischen inflationären und deflationären Schwankungen. Stellen Sie die Ergebnisse Ihrer Recherche in Form eines Thesenpapiers zusammen und präsentieren Sie diese vor der Klasse!

5.1 Entstehung, Arten und Funktionen des Geldes

5.1.1 Geschichtliche Entwicklung des Geldes und der Geldarten

Ist von „Geld" die Rede, so meint man zunächst zu wissen, was das ist. Soll man aber den Begriff Geld **definieren,** so stößt man auf Schwierigkeiten. Nicht anders ergeht es den Wissenschaftlern, die immer wieder aufs Neue daran gehen, das Wesen des Geldes zu deuten. Begriff und Aufgabe des Geldes kann man nur verstehen, wenn man sich über seine **Entstehungsgründe** Gedanken macht.

(1) Tauschlose Wirtschaft

In früheren Zeiten, als die Menschen noch in sogenannten „geschlossenen Hauswirtschaften" lebten, gab es **keinen** oder nur geringen **Gütertausch**. Die geschlossene Hauswirtschaft war daher Produktions- und Verbrauchsstätte zugleich. In der Regel war daher ein **Tauschmittel** („Geld") **nicht erforderlich.**

(2) Naturaltauschwirtschaft

In **reiner** Form wird es diese **tauschlose** Wirtschaft jedoch **nicht** gegeben haben. Die einzelnen Großfamilien konnten sich sicher manche Dinge nicht oder nicht in ausreichendem Maß selbst beschaffen (z. B. Rohstoffe wie Salz, Metall, Bernstein). Andere Güter wird man in Mengen hergestellt haben, die den eigenen Bedarf überstiegen. Es war also möglich,

Ware gegen **Ware**

zu tauschen. Dieser **unmittelbare** (direkte) Tausch war jedoch **umständlich** und **zeitraubend.**

(3) Warengeldwirtschaft

Der größte Nachteil der Naturaltauschwirtschaft war, dass es kein Gut gab, das **allgemein** als Tauschmittel anerkannt wurde. Es war daher ein großer Fortschritt in der wirtschaftlich-gesellschaftlichen Entwicklung, als sich die Menschen in bestimmten Regionen auf ein **einziges Tauschgut** einigten.

Ein von allen Tauschpartnern anerkanntes **Zwischentauschgut** bezeichnet man als **Geld.**

Die Warengeldwirtschaft ist die **erste Stufe** der **Geldwirtschaft.** An die Stelle des unmittelbaren Tauschs tritt der **mittelbare** (indirekte) Tausch:

Ware gegen **Geld** – **Geld** gegen **Ware**

Als allgemeines Tauschmittel (Geld) fanden anfänglich Waren mit verhältnismäßig **langer Lebensdauer** Verwendung, die notfalls zugleich der unmittelbaren Bedürfnisbefriedigung dienen konnten (Warengeld als **Nutzgeld**).

Solches Nutzgeld waren beispielsweise Vieh (heutige Bezeichnungen für Geldeinheiten wie pecus, pecunia = Vieh lassen darauf schließen),[1] Pfeilspitzen oder Spieße (z. B. Obolus[2] = Bratspieß oder Drachme[3] = eine Handvoll Spieße).

1 Auch heute noch wird das aus dem Lateinischen stammende Wort „pekuniär" im Sinne von geldlich verwendet.

2 Wenn jemand „seinen Obolus" (gr.) entrichtet, hat er einen kleinen Beitrag bezahlt. Ein Obolus war im alten Griechenland eine kleine Silber-, später Kupfermünze.

3 Die Drachme war eine griechische Münze.

(4) Wägegeldwirtschaft

Die Verwendung des **Metalls** (Barren, Stäbe) als allgemeines Tauschmittel war zwar ein Fortschritt, brachte jedoch beim Zahlungsvorgang einige Mühe mit sich. Die Metallstücke mussten abgeschlagen, auf ihren Feinheitsgehalt geprüft und gewogen werden. (Die Bezeichnung Rubel[1] deutet darauf hin: Rubel = abgeschlagenes Stück.)

(5) Münzgeldwirtschaft

Es waren im 7. Jh. v. Chr. die **Lyder,**[2] die die Münze erfanden. Die von den Metallstäben oder -barren abgeschlagenen **Scheiben** wurden mit einer **Prägung** versehen, mit der der **König** den **Feingehalt** und das **Gewicht** garantierte. Manche Münznamen erinnern an diese Entwicklungsstufe des Geldes, z.B. Gulden[3] (= gülden, aus Gold), Sou[4] (lat. Solidus, d.h. aus solidem Gold) oder Pfund[5] bzw. Livre[6] (= Angabe des Gewichts des Metalls).

Münzen, deren Metallwert dem aufgeprägten Wert (= Nennwert, Nominalwert) entsprachen, heißen **Kurantmünzen.** Damit auch Güter geringeren Wertes mit Geld bezahlt werden konnten, gab es sogenannte **Scheidemünzen,** deren Nennwert **über** dem Metallwert lag. Beim heute gültigen Münzgeld liegt der Nennwert regelmäßig über dem Metallwert (unterwertig ausgeprägte Münzen).

(6) Papiergeldwirtschaft

Weil den Kaufleuten des Mittelalters die Aufbewahrung des Geldes in ihren Häusern zu unsicher war, entstanden Kaufmannsbanken, die **Edelmetallbeträge** gegen **Quittung** („Noten“) in Verwahrung nahmen. Bald gewöhnte man sich daran, diese Scheine selbst zu übertragen und nicht das bare Geld. Im Prinzip war damit das **Papiergeld** (die Banknote) entstanden.

(7) Giralgeldwirtschaft

Seit mehr als 100 Jahren gewinnt das **Giralgeld** zunehmend an Bedeutung. Es existiert nur auf den **Girokonten** der Kreditinstitute.

> Obwohl Giralgeld **kein gesetzliches Zahlungsmittel** ist, wird es normalerweise allgemein als Zahlungsmittel akzeptiert. Giralgeld kann **jederzeit** in **Bargeld** umgewandelt werden.

1 Der Rubel ist die Währungseinheit Russlands und einiger Nachfolgestaaten der früheren Sowjetunion.

2 Das Reich der Lyder befand sich im 6. und 7. Jahrhundert v. Chr. an der Westküste Kleinasiens. Der letzte Lyderkönig hieß Krösus. Die Lyder waren ein Handelsvolk. Ihr Gold fanden sie im goldführenden Fluss Paktolos.

3 Der Gulden (abgekürzt hfl) war bis zur Einführung des Euro die Währungseinheit der Niederlande.

4 Der Sou ist das französische 5-Centimes-Stück. (1 französischer Franc = 100 Centimes.)

5 Das englische Pfund (£) ist die Währungseinheit Großbritanniens.

6 Livre (frz.): Pfund (alte Währungseinheit Frankreichs).

(8) Elektronisches Geld

Eine Weiterentwicklung stellt das „elektronische Geld" (E-Geld) dar. Hierzu zählen z. B. Guthaben auf einer Geldkarte.

(9) Krypto-Assets

Bei den Krypto-Assets handelt es sich um eine **scheinbar** neue Kategorie von Geld, die häufig auch als „Krypto-Währungen" oder „Krypto-Geld" bezeichnet werden.

> Krypto-Assets sind **privat erzeugte digitale** Zahlungsmittel die in **Computernetzwerken** geschaffen werden. Sie sind **keine** Währung im eigentlichen Sinne und basieren auf **Verschlüsselungstechniken** (digitalen Signaturen).

Die ursprüngliche Idee von Krypto-Assets war, ein Zahlungsmittel zu schaffen, das von **staatlichen Institutionen** und Geschäftsbanken **unabhängig** ist. Somit sollte die staatliche Einflussnahme auf das Geldwesen zurückgedrängt und **grenzüberschreitende** Bezahlvorgänge **schneller** und **günstiger** durchgeführt werden können. Allerdings gibt es **keine gesetzliche** Grundlage und keine **staatliche Regulierung,** die die **Stabilität** und **Akzeptanz** gewährleistet. Ein Anspruch darauf, dass jemand eine Zahlung mit einem Krypto-Asset akzeptieren muss, besteht nicht. Da es zudem nur **wenig Akzeptanzstellen** gibt, **Preise selten** in Krypto-Assets ausgezeichnet sind und diese auch noch **starken Wertschwankungen** unterliegen, erfüllen sie die **Geldfunktionen** nur sehr **eingeschränkt.**

Der **Verwendungsbereich** von Krypto-Währungen in der **Finanzwelt** geht weit über die Nutzung als digitales Zahlungsmittel hinaus. Vielmehr dienen sie seit einigen Jahren als Instrument der **spekulativen Finanzanlage,** mit denen sich über Kauf- und Verkaufstransaktionen reale Gewinne generieren lassen.

5.1.2 Geldmengenbegriffe der Europäischen Zentralbank

Die Europäische Zentralbank (EZB) unterscheidet folgende Geldarten:

(1) Bargeld

Hierunter fallen Münzen und Banknoten.

Münzen	Die in Deutschland umlaufenden Euro-Münzen sind durchweg **Scheidemünzen,** weil ihr Materialwert niedriger als ihr Nennwert ist (unterwertig ausgeprägte Münzen). Die deutschen Euro-Münzen werden im Auftrag der Bundesregierung von den staatlichen Prägeanstalten geprägt und von der Deutschen Bundesbank in Umlauf gebracht.[1]
Banknoten	Das alleinige Recht zur Ausgabe von Banknoten besitzt die Europäische Zentralbank.

1 Im Gegensatz zu den Euro-Banknoten besitzen die **Euro-Münzen** eine Seite mit **nationalen Motiven** (z. B. die deutschen Euro-Münzen das Brandenburger Tor oder den Bundesadler).

(2) Täglich fällige Einlagen (Sichteinlagen)

Die Summe aus **Bargeldumlauf** und **täglich fälligen Einlagen** bezeichnet die EZB mit dem Symbol M1. Die Geldmenge M1[1] ist das am engsten gefasste monetäre Aggregat.[2]

M1 = Bargeldumlauf + täglich fällige Einlagen

Indem man zur Geldmenge M1 die **kurzfristigen Einlagen,** d.h. die Einlagen mit vereinbarter Laufzeit von bis zu zwei Jahren und die Einlagen mit vereinbarter Kündigungsfrist von bis zu drei Monaten hinzuzählt, erhält man die Geldmenge M2.

M2 = M1 + kurzfristige Einlagen

Die weit gefasste Geldmenge M3 ergibt sich, indem man zu M2 bestimmte **marktfähige Verbindlichkeiten des Bankensektors**[3] (z.B. Schuldverschreibungen mit einer Laufzeit von weniger als zwei Jahren, Geldmarktpapiere wie z.B. Bankakzepte und Repogeschäfte)[4] hinzurechnet.

M3 = M2 + sonstige marktfähige Verbindlichkeiten des Bankensektors

5.1.3 Währung und Währungsarten

Der Begriff Währung bedeutet „Gewährleistung". Gewährleistet (garantiert) werden soll der Wert des Geldes eines Staates.

Die **gesetzliche Regelung** des **Geldwesens** eines Staates oder einer Wirtschafts- und Währungsunion bezeichnet man als **Währung.**

Je nach dem **Stoff,** aus dem eine Währung besteht bzw. an den die umlaufende Geldmenge gebunden ist, spricht man von **gebundener** oder von **freier (manipulierter[5]) Währung.**

gebundene Währungen	Sie sind an ein Währungsmetall gebunden (z.B. Gold oder Silber).
freie Währungen	Hier ist die Bindung an einen Stoff (z.B. Gold) aufgehoben. Es handelt sich also um eine **reine Papierwährung.** Die Geldmengenvermehrung bzw. -verminderung ist durch die Notenbank frei manipulierbar. Eine freie Währung wird deshalb auch als **manipulierte** Währung bezeichnet.

1 **M** von money (engl.): Geld.

2 **Aggregieren** (lat.): zusammenfassen, zusammenzählen. **Aggregat:** Zusammenfassung. **Monetär** (lat.): geldlich, geldmäßig, in Geld ausgedrückt.

3 Der Fachausdruck für Bankensektor heißt Sektor der Monetären Finanzinstitute (MFI-Sektor). Er umfasst vor allem die nationalen Zentralbanken, die EZB, Kreditinstitute und andere Finanzinstitute.

4 Die Kreditinstitute können sich beim ESZB (Europäisches System der Zentralbanken) finanzielle Mittel beschaffen, indem sie beleihungsfähige Wertpapiere an das ESZB für eine bestimmte Zeit verkaufen. Diese Geschäfte bezeichnet man als Pensions- oder Repogeschäfte. **Repo** ist die Abkürzung für Repurchase (engl. Rückkauf). Das „o" am Ende hat sich wegen der Aussprache durchgesetzt. Vgl. Kapitel 5.9.2.1.

5 **Manipulieren:** handhaben, verändern.

5.1.4 Funktionen (Aufgaben) des Geldes

(1) Grundfunktionen des Geldes

Geld ist alles, was die Funktionen des Geldes erfüllt. Die wesentlichen Funktionen des Geldes sind in der nachstehenden Abbildung wiedergegeben:

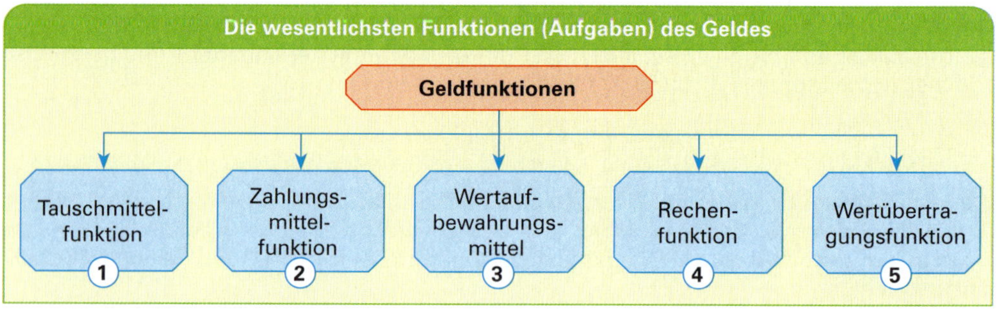

(1) **Geld ist allgemeines Tauschmittel.** Als allgemein anerkanntes Tauschmittel ermöglicht es, den *indirekten* Tausch vorzunehmen, also Güter zu kaufen und zu verkaufen.

(2) **Geld ist Zahlungsmittel.** Auch andere Vorgänge als Tauschgeschäfte können mit Geld bewerkstelligt werden. So kann man mit Geld einen Kredit gewähren, Schulden tilgen, Steuern zahlen oder einen Strafzettel begleichen.

(3) **Geld ist Wertaufbewahrungsmittel.** Geld muss man nicht sofort ausgeben, sondern man kann es „aufbewahren", also sparen. Diese Funktion hat das Geld natürlich nur dann, wenn sein Wert nicht durch Inflation aufgezehrt wird.

(4) **Geld als Recheneinheit.** Das Geld ist der Maßstab (der Wertmesser) für die verschiedenartigsten Güter. Mithilfe der in Geld ausgedrückten Preise können diese addiert werden. Nur so ist es beispielsweise möglich, Bilanzen und Gewinn- und Verlustrechnungen zu erstellen, die Wirtschaftlichkeit und Rentabilität eines Betriebs zu errechnen.

(5) **Geld ist Wertübertragungsmittel.** Das Geld macht es möglich, Vermögenswerte zu übertragen, ohne dass körperliche Gegenstände übereignet werden müssen. So kann man Geld verschenken oder vererben.

(2) Gesetzliches Zahlungsmittel

In den Ländern des Euroraums sind die **Euro-Banknoten** gesetzliches Zahlungsmittel. Obwohl die **Euro-Münzen** von den nationalen Regierungen geprägt und von den nationalen Zentralbanken in Umlauf gebracht werden, sind auch sie in allen Euroländern gesetzliches Zahlungsmittel. Allerdings ist außer den ausgebenden Behörden niemand verpflichtet, mehr als **fünfzig Münzen** im Gesamtbetrag von **100,00 EUR** bei einer einzelnen Zahlung anzunehmen. Man sagt deswegen auch, dass Münzen **„beschränkt** gesetzliche Zahlungsmittel" sind.

Kompetenztraining

57

1. Berichten Sie kurz über die geschichtliche Entwicklung des Geldes und der Geldarten!
2. Unterscheiden Sie die Begriffe Bargeld und Giralgeld!
3. Erklären Sie die Geldmengenaggregate M1, M2 und M3!
4. Definieren Sie den Begriff Währung!
5. Erklären Sie, was unter einer manipulierten Währung zu verstehen ist!
6. Günter Schmölders[1] sagte einmal sinngemäß: „Geld ist, was gilt, wo es gilt und so viel wie es gilt." Interpretieren Sie diesen Ausspruch!
7. Die einzelnen Geldfunktionen können nicht isoliert betrachtet werden. Jede Geldtransaktion erfüllt mehrere oder gar alle Aufgaben des Geldes zugleich.

   Aufgabe:

   Kreuzen Sie an, welche der nachfolgend genannten Geldfunktionen in den unten stehenden Beispielen jeweils erfüllt werden!

   ① Tauschmittelfunktion
   ② Zahlungsmittelfunktion
   ③ Wertaufbewahrungsfunktion
   ④ Rechenfunktion
   ⑤ Wertübertragungsfunktion

DOWNLOAD

Nr.	Beispiele	Funktionen				
		①	②	③	④	⑤
7.1	Barkauf eines Gartengrills im Baumarkt.					
7.2	Dennis nimmt einen Bankkredit in Anspruch und hebt den Betrag in bar ab.					
7.3	Die Witwe Bolte steckt monatlich 150,00 EUR in ihr Sparschwein.					
7.4	Der Malermeister Maier erstellt einen Kostenvoranschlag.					
7.5	Onkel Dagobert schenkt seinem Neffen 100,00 EUR zum Geburtstag.					

1 Günter Schmölders, geb. 1903, bedeutender Finanzwirtschaftler und Volkswirt, schrieb u.a. über Psychologie des Geldes (1966), Geldpolitik (2. Aufl. 1968) und Finanzpsychologie (2. Aufl. 1970).

5.2 Geldschöpfungsmöglichkeiten von der Europäischen Zentralbank und den Geschäftsbanken analysieren

5.2.1 Geldschöpfung und -vernichtung

In den heutigen Volkswirtschaften ist nur die **Zentralbank,** in der Europäischen Wirtschafts- und Währungsunion (WWU)[1] nur die Europäische Zentralbank (EZB),[2] ermächtigt, **Banknoten in Umlauf** zu bringen, also Notengeld zu **schöpfen.**

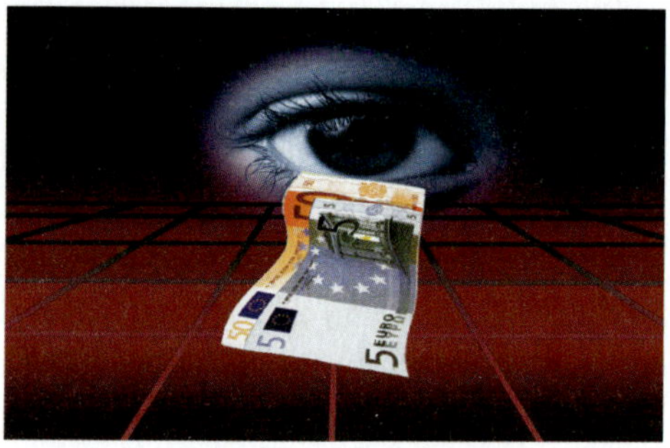

Die im Auftrag der Regierungen geprägten und von den nationalen Zentralbanken in Umlauf gesetzten **Münzen** stellen wertmäßig nur einen **geringen Bruchteil** des gesamten **Geldumlaufs** dar. Die Mitgliedstaaten der WWU als „Geldproduzenten" fallen somit kaum ins Gewicht. Das Erstaunlichste ist, dass auch die **Geschäftsbanken** Geld schöpfen können, zwar keine Banknoten, wohl aber **Giralgeld.**

5.2.2 Mechanismen der Geldschöpfung

Im Rahmen der Geldschöpfung lassen sich **in Abhängigkeit von dem Geldproduzenten** und der **Art** der durchgeführten Geldproduktion verschiedene **Formen** unterscheiden:

- **Münzgeldschöpfung** der **Bundesregierung,**
- **Geldschöpfung** durch die **EZB** und die Deutsche Bundesbank,
- **Geldschöpfung** durch **Kreditinstitute.**

5.2.2.1 Münzgeldschöpfung der Bundesregierung

Das **alleinige** Recht zur Prägung von Münzen (**Münzregal**) liegt beim **Bund.**

Die in der Bundesrepublik Deutschland umlaufenden **Euro-Münzen** sind allesamt **Scheidemünzen,** da ihr **Materialwert niedriger** ist als ihr **Nennwert.**

Die von den **Münzprägeanstalten** im Auftrag der Bundesregierung hergestellten Münzen kommen dadurch in Umlauf, dass die Bundesregierung diese Münzen **zum Nennwert** an die Deutsche Bundesbank verkauft. Der beim Verkauf der Münzen aus der **Differenz** zwischen den **Produktionskosten** und dem **Nennwert** anfallende **Münzgewinn** steht der **Bundesregierung** zu.

1 Zur WWU siehe Kapitel 5.5.

2 Zur EZB siehe Kapitel 5.6.

- Die von der Bundesbank aufgekauften Münzen werden als Vermögenswerte in der Bilanz des Europäischen Systems der Zentralbanken (ESZB) **aktiviert,**
- wohingegen die aus dem Verkauf der Münzen entstandenen **Verbindlichkeiten** gegenüber der Bundesregierung auf der **Passivseite** der Bilanz ausgewiesen werden.

Durch den aus dem Münzverkauf resultierenden Anstieg der Forderungen eines Mitgliedes des Nicht-MFI-Sektors (Staat) gegenüber einem Mitglied des MFI-Sektors kommt es zu einer **Ausweitung der Geldmenge.**

- Der **Verkauf von Münzgeld** durch die Bundesregierung an die **Deutsche Bundesbank** ist also eine Form der **Geldproduktion.**
- Der **Umfang der Münzausgabe** und somit indirekt auch der Geldschöpfung bedarf allerdings der **Genehmigung durch die EZB.**

5.2.2.2 Geldschöpfung durch die EZB und die Deutsche Bundesbank

Hauptaufgabe der EZB ist die Sicherung der Preisniveaustabilität. Allerdings kann die EZB nicht **direkt** in die Preisbildung auf den Märkten eingreifen.

Beispiel:

Steigen die Preise für Kraftstoff sehr stark, kommt es zwangsläufig zu einem Anstieg der Inflation. Die EZB kann jedoch die Tankstellen nicht dazu zwingen, die Preise wieder zu senken, um das Ziel der Preisniveaustabilität zu erreichen.

Die EZB kann im Rahmen der Geldpolitik nur **indirekt** in die Preisbildung auf Märkten eingreifen, indem sie die den Gütern und Dienstleistungen entgegenstehende **Geldmenge** steuert.

Im Zentrum der Geldpolitik der EZB steht die Steuerung der **nachfragewirksamen** Geldmenge zur Kontrolle des Preisniveauanstiegs (Inflationsbekämpfung) – hier genauer die Steuerung der Zentralbankgeldmenge.

Kauft die EZB **Wertpapiere** oder **Devisen** an bzw. räumt diese den Kreditinstituten **Kredite** ein (**Aktivseite** der EZB-Bilanz), so bezahlt die **Notenbank** mit selbst geschaffenem Geld **(Passivseite).** Dies entspricht einer Erhöhung der Sichtguthaben der Kreditinstitute bei der EZB. Diese „Monetisierung" von Aktiva (Aktivgeschäft der Zentralbank) entspricht einer **Verlängerung** der Notenbankbilanz. Die Geldmenge ist somit **gestiegen.**

Man spricht in diesem Zusammenhang von der Schaffung von **Zentralbankgeld:**

= Bargeldbestand der Nichtbanken + Guthaben der Geschäftsbanken bei der Notenbank.[1]

Die Geschäftsbanken können nun z. B. durch **Barverfügungen** über ihre Sichteinlagen bei der Zentralbank den **Umlauf der Banknoten** erhöhen. Dieser Vorgang ist unerheblich für die Betrachtung der Geldmenge im monetären System, es handelt sich lediglich um einen **Passivtausch.**

Die Deutsche Bundesbank hat das **alleinige** Recht, Banknoten auszugeben, wobei der **Ausgabeumfang** durch die EZB genehmigt werden muss.

Die **Banknoten** in den **Tresorräumen** der Bundesbank in Frankfurt sind so lange nur „bedrucktes Papier", bis sie z. B. durch die **Bargeldabhebungen** der Banken bei den Hauptverwaltungen und Filialen der Deutschen Bundesbank in Umlauf gebracht werden.

Hinweis:

Erst **nachdem** die Ausgabe der Banknoten erfolgt ist, werden sie in der Bilanz des Eurosystems unter der Position 1 „Banknotenumlauf" **passiviert.**

Die Deutsche Bundesbank übernimmt nicht nur die Aufgabe, Fälschungen aus dem Verkehr zu ziehen; sie ersetzt auch **beschädigte Banknoten.** Für stark beschädigte Geldscheine **muss** die Deutsche Bundesbank dem Inhaber Ersatz leisten. Voraussetzung ist, dass der Inhaber entweder Teile der Banknote vorlegt, die insgesamt **größer** sind als die **Hälfte, oder** dass er nachweisen kann, dass der Rest der Note, von der er nur die Hälfte oder einen noch kleineren Teil vorlegen kann, vernichtet ist.

5.2.2.3 Geldschöpfung durch Kreditinstitute

(1) Grundlegendes

Die **Notenbank** kann nur **unmittelbar** die **Zentralbankgeldmenge** steuern und nur **indirekt** die **nachfragewirksame** Geldmenge beeinflussen („Politik des **langen** Hebels").

War die bisherige Darstellung im Prozess der Geldschöpfung nur auf die Notenbank beschränkt, so tritt nun ein weiterer wichtiger Akteur im Rahmen des **Geldangebotsprozesses** hinzu – der **Geschäftsbankensektor** (MFIs).

Der **Nichtbankensektor** (Privatleute, Unternehmen, Staat) verkörpert gleichsam die Gegenseite – die **Geldnachfrage** (Nicht-MFIs).

Kontrollgröße der EZB bezüglich der Geldmengensteigerung (Preisniveaustabilität) ist das Geldmengenaggregat **M3.** Die Veränderung dieser Größe wird im Folgenden anhand des **Teilaggregats** M1 betrachtet.

Vereinfacht beschrieben umfasst die **Geldmenge M1** den Bargeldbestand und die Sichteinlagen der innerhalb der Eurozone ansässigen Nichtbanken bei Banken der Eurozone.

1 Der Kassenbestand der Geschäftsbanken ist ebenfalls Zentralbankgeld, wird aber aus Vereinfachungsgründen hier nicht näher betrachtet – die Nachfragewirksamkeit ist nur bedingt gegeben.

- Eine **Zunahme** der **Sichtguthaben der Nichtbanken** bei Banken führt zu einer **Erweiterung der Geldmenge M1.**
- Man spricht in diesem Zusammenhang auch von der **Giralgeldschöpfung** (Buchgeldschöpfung) im **engeren** Sinne.

(2) Aktive Schaffung von Geschäftsbankengeld

- **Aktive Geldschöpfung** liegt vor, wenn **Aktiva des Nichtbankensektors** durch Kreditinstitute „monetisiert" werden.
- Aktive Geldschöpfung führt zu einer **Erhöhung** der Geldmenge.

Dieser Vorgang entspricht weitgehend dem Prozess der Schöpfung von Zentralbankgeld.

Beispiele	Erläuterung zur aktiven Geldschöpfung
■ Die Rheinbank AG erhöht im Firmenkundenbereich die Kontokorrentlinie der Blechwerke AG um 50 000,00 EUR. Die neue Kreditlinie wird voll in Anspruch genommen.	In beiden Fällen **erhöhen** sich die **Sichteinlagen** der Kunden bei ihrer Bank um 50 000,00 EUR, über die per Scheck, Lastschrift oder Überweisung verfügt werden könnte. Die **Geldmenge** hat sich folglich insgesamt um 100 000,00 EUR **erhöht.** In beiden Fällen erfolgte die Schaffung des Geschäftsbankengeldes durch eine **Ausdehnung** des **Aktivgeschäftes** der betroffenen Banken.
■ Die Volksbank Wittgenstein e. G. kauft von einem Privatmann Schuldverschreibungen der Wittgensteiner Eisenwerke AG mit einer Laufzeit von 5 Jahren im Werte von 50 000,00 EUR an.	

Die **Rückzahlung eines Kredites** oder der **Kauf eines Wertpapiers** durch eine **Nichtbank** von einem Kreditinstitut führt dagegen zu einer **Vernichtung** von Geschäftsbankengeld.

(3) Der Prozess der multiplen Geldschöpfung

Für Kreditinstitute besteht noch eine weitere zusätzliche Möglichkeit Giralgeld zu schöpfen. Dies kann deshalb geschehen, weil die Kunden der Kreditinstitute erfahrungsgemäß **nur über einen Teil** ihrer Einlagen **bar verfügen,** sodass ein Großteil dieser Einlagen nicht als Kassenreserve gehalten werden muss.

Die einzelnen Kreditinstitute können vielmehr davon ausgehen, dass ihre Zahlungsbereitschaft auch dann noch ausreichend gewährleistet ist, wenn sie diese **Liquiditätsüberschüsse** – auch Überschussreserve genannt – an andere Kunden ausleihen.

Beispiel:

Bezahlt der Kreditnehmer mit den ihm zur Verfügung gestellten Mitteln per Überweisung eine Rechnung, so führt dieser Zahlungseingang bei dem Kreditinstitut des Zahlungsempfängers zu einer neuen Einlage, die ihrerseits wiederum unter Berücksichtigung einer bestimmten Liquiditätsreserve zur Schaffung von neuem Giralgeld verwendet werden kann.

Die **Liquiditätsreserve** eines Kreditinstituts setzt sich zusammen aus der **Mindestreserve,** dem **Bargeldbestand** sowie den **Guthaben** bei der Deutschen Bundesbank.

Beispiel:

Ein Kunde zahlt 100,00 EUR bar auf sein laufendes Konto bei einem Kreditinstitut ein. Es sei angenommen, dass die Kreditinstitute eine Liquiditätsreserve von 20 % (einschließlich Mindestreserve) bereithalten müssen. Die Überschussreserve beträgt somit 80 %.

Weiterhin sei unterstellt, dass genügend Kreditnachfrage herrscht und dass die Kreditnehmer nur bargeldlos über die ihnen gewährten Kredite verfügen.

Wenn jeder Kreditnehmer den ihm eingeräumten Kredit zur Bezahlung von Rechnungen bei seinen Gläubigern verwendet, die ihre Konten bei anderen Kreditinstituten unterhalten, ergibt sich folgendes Bild:

Kredit-institut	Sichteinlage	Erhöhung der Reservehaltung	Überschussreserve = neue Kreditgewährung
A	100,00 EUR	20,00 EUR	80,00 EUR
B	80,00 EUR	16,00 EUR	64,00 EUR
C	64,00 EUR	12,80 EUR	51,20 EUR
D	51,20 EUR	10,24 EUR	40,96 EUR
⋮	⋮	⋮	⋮
Summen	500,00 EUR	100,00 EUR	400,00 EUR

Wenn sich dieser Vorgang der Kreditgewährung unendlich oft wiederholt, dann könnten 400,00 EUR zusätzliches Giralgeld geschaffen werden. Der Bestand an Buchgeld wäre in unserem Beispiel 500,00 EUR, d. h. fünfmal größer als zu Beginn des Geldschöpfungsvorgangs.

Die **zusätzlich mögliche Giralgeldschöpfung** des Bankensystems lässt sich auch nach der Formel errechnen:

$$dM = dZ \cdot \frac{1}{1 - q}$$

Erläuterungen:

dM = zusätzliche Giralgeldschöpfung bzw. Giralgeldvernichtung bei negativer Veränderung der Überschussreserve

dZ = Überschussreserve

$q = \frac{\text{Überschussreserve}}{\text{Bareinlage}}$

Beispiel:

Für das obige Beispiel wird die zusätzlich mögliche Giralgeldschöpfung wie folgt berechnet:

$$dM = 80 \cdot \frac{1}{1 - \frac{80}{100}} = 80 \cdot \frac{1}{1 - \frac{4}{5}} = 80 \cdot 5 = 400{,}00 \text{ EUR}$$

Der Nenner des Bruches (1 – q) zeigt den Liquiditätsreservesatz an (20 % = 1 – $^4/_5$), sodass

der **Kreditschöpfungsmultiplikator** $\frac{1}{R}$

gleichzusetzen ist mit dem **Kehrwert des Liquiditätsreservesatzes.**

Die **maximale Kreditschöpfungsmöglichkeit** lässt sich demzufolge auch wie folgt berechnen:

$$dM = dZ \cdot \frac{1}{R} \qquad dM = \frac{dZ}{R}$$

Beispiel:

Für das vorangesellte Beispiel ergibt sich: $dM = \frac{80}{0{,}2}$ $dM = 400{,}00$ EUR

Allgemein gilt:

- **Erhöht** sich der **Reservesatz,** so **verringert** sich der **Kreditschöpfungsspielraum** der Kreditinstitute.
- **Verringert** sich der **Reservesatz,** so **erhöht** sich der **Kreditschöpfungsspielraum.**

Kompetenztraining

58

1. Beschreiben Sie die Münzgeldschöpfung der Bundesregierung!
2. Erläutern Sie den rechtlichen Hintergrund zur Ausgabe von Banknoten!
3. Begründen Sie, warum das bloße Drucken von Banknoten noch keine Geldschöpfung darstellt!
4. Nennen Sie die Annahmen, welche bei aktiver Giralgeldschöpfung der Kreditinstitute gemacht werden!
5. Ein Kunde zahlt bei seiner Bank 2000,00 EUR auf sein Girokonto ein. Die Liquiditätsreserve betrage 40 %.

   Aufgaben:

   5.1 Tragen Sie die Kreditschöpfungsmöglichkeit der ersten fünf Kreditinstitute in das nachfolgende Schema ein!

   5.2 Errechnen Sie die Summe der zusätzlich möglichen Kreditschöpfung des Bankensystems!

Kredit-institut	Sichteinlage	Erhöhung der Reservehaltung	Überschussreserve = neue Kreditgewährung
A B C D E ⋮			
Summen			

DOWNLOAD

6. Die Überschussreserve eines Kreditinstituts wird durch Barabhebung eines Kunden um 5000,00 EUR vermindert. Berechnen Sie, wie sich dadurch der Kreditgewährungsspielraum des Bankensystems verändert, wenn eine Reserve von 50 % gehalten wird!

5.3 Inflation

5.3.1 Begriff der Inflation

Unter **Inflation** versteht man ein **anhaltendes Steigen** des Preisniveaus.

Steigen hin und wieder die Preise einzelner Güter bzw. Gütergruppen, so liegt noch keine Inflation vor.

Es ist **für eine Marktwirtschaft charakteristisch,** dass sich die Preise der einzelnen Güter im Zeitablauf in Abhängigkeit von ihrem **Knappheitsgrad** ändern.

Beispiele:

① Fällt die Spargelernte in Deutschland eher schlecht aus, so ist deutscher Spargel ein knappes Gut und der Preis dürfte entsprechend hoch sein.

Ist hingegen im Folgejahr die Spargelernte besonders gut ausgefallen, so ist genügend Spargel auf dem Markt verfügbar und der Preis für deutschen Spargel dürfte – im Vergleich zum Vorjahr – entsprechend niedrig ausfallen.

② Steigt die Nachfrage nach Neuwagen einer bestimmten Marke, ohne dass die Produktionskapazitäten zeitnah angepasst werden können, sind diese Fahrzeuge knapp. Somit dürften die Preise für diese Neuwagen tendenziell eher steigen.

Hat der Hersteller hingegen Überkapazitäten aufgebaut, sodass die produzierte Menge größer ist, als die nachgefragte Menge, dürfte das Preisniveau für diese Neuwagen eher sinken, zumindest sind höhere Preisnachlässe bei Neuwagenbestellungen vorstellbar.

Eine Einschränkung dieser Flexibilität dahingehend, dass **überwiegend Preiserhöhungen** auftreten, wohingegen Preissenkungen (äußerst) selten zu verzeichnen sind, führt zu einem **Absinken der Kaufkraft** des Geldes und somit zu einer **Geldentwertung.**

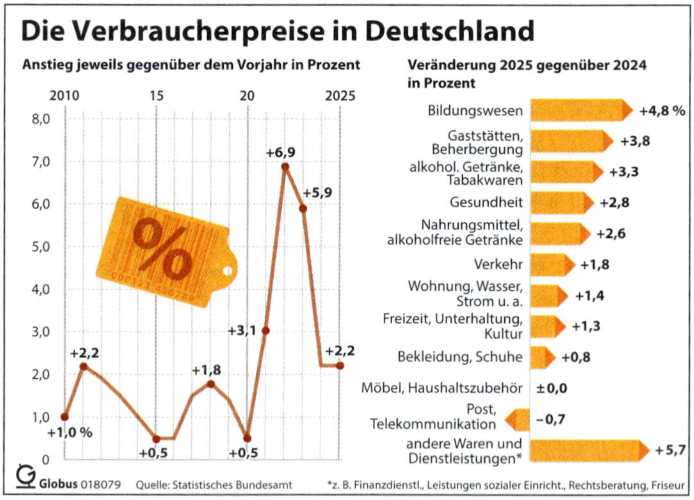

Die Verbraucherpreise in Deutschland sind im Jahr 2025 um 2,2 % gestiegen. Damit ist die Inflationsrate stabil geblieben. Bereits im Jahr 2024 hatte sie bei 2,2 % gelegen, nachdem sie in den Jahren 2022 und 2023 mit 6,9 % bzw. 5,9 % deutlich höher gewesen war. Trotz der Abschwächung in den Jahren 2024 und 2025 lag die Teuerungsrate aber immer noch deutlich über dem Niveau der Jahre vor der Coronapandemie. Ohne die sogenannte Kerninflation, also ohne die Teuerungsrate von Nahrungsmitteln und Energie, hätte die Inflation bei 2,8 % gelegen. Dies zeigt, dass die Preissteigerungen in den anderen Güterbereichen im Jahr 2025 weiterhin hoch waren. Mit 4,8 % bzw. 3,8 % gab es 2025 hohe Preissteigerungen in den Kategorien Bildungswesen und Gaststätten/Beherbergung.

5.3.2 Arten der Inflation

Die Inflation als Störung der Stabilität des Preisniveaus lässt sich – je nach zugrunde gelegtem Kriterium – in **verschiedene Arten** einteilen.

Kriterien	Erläuterungen
Erkennbarkeit der Geldentwertung	Unter dem Gesichtspunkt der Erkennbarkeit der Inflation lassen sich **zwei** Arten unterscheiden: ■ **Offene Inflation:** Bei einer offenen Inflation sind die Preissteigerungen für jedermann erkennbar. ■ **Versteckte Inflation:** Durch staatlichen Preisstopp wird der Preissteigerungsprozess „zurückgestaut" und die Geldentwertung statistisch nicht erfasst.
Geschwindigkeit der Geldentwertung	Je nach Ausmaß der über einen längeren Zeitraum anhaltenden Preisniveausteigerung lassen sich drei Inflationsarten unterscheiden, wobei die Übergänge – in Abhängigkeit der gewählten quantitativen Grenzen – fließend sind: ■ **Schleichende Inflation:** Steigt das Preisniveau in **geringem** Umfang (z. B. um bzw. leicht über 2 % jährlich), so liegt eine schleichende Inflation vor. ■ **Trabende Inflation:** Fällt die Erhöhung des Preisniveaus „mäßig" aus (ca. 3–5 %), spricht man von einer trabenden Inflation. ■ **Galoppierende Inflation:** Diese Art der Inflation ist durch hohe Preissteigerungsraten (mehr als 6 %) gekennzeichnet. Liegt die Preissteigerungsrate über 50 %, handelt es sich um eine **Hyperinflation.**  *1923: Nach der verheerenden Inflation spielen Kinder mit wertlos gewordenen Geldbündeln.*
subjektive Wahrnehmung	■ **Offizielle Inflation:** Hierunter versteht man die Inflationsarten, die von den statistischen Ämtern (z. B. dem Statistischen Bundesamt oder von Eurostat) ermittelt und veröffentlicht werden. ■ **Gefühlte Inflation:** Mit diesem Begriff wird zum Ausdruck gebracht, dass die Verbraucher in bestimmten Situationen die Preissteigerungen als viel stärker empfinden als die amtlichen Statistiken ausweisen. Dies liegt vor allen Dingen daran, dass zahlreiche Waren und Dienstleistungen, die im täglichen Leben gekauft werden (müssen), in den offiziellen „Warenkörben" nur eine geringe Bedeutung (Gewichtung) haben.

Beispiel: Gefühlte Inflation

Unterstellen wir, dass sich in dem Warenkorb sowohl eine Waschmaschine (Kaufpreis 1 050,00 EUR) als auch eine Tafel Schokolade befinden (Kaufpreis 1,00 EUR). Gehen wir weiterhin davon aus, dass die Waschmaschine ca. zehn Jahre hält, ein Kauf also nur alle zehn Jahre stattfindet. Verteilt man den Kaufpreis auf die zehn Jahre, so ergibt sich ein Kaufpreis für das Produkt Waschmaschine von 105,00 EUR pro Jahr. Dies entspricht pro Woche einem Betrag von ca. 2,00 EUR und somit etwa dem Gegenwert von zwei Tafeln Schokolade, die – so sei unterstellt – auch tatsächlich zweimal wöchentlich im Einkaufswagen landet. Auch wenn die Kaufabstände zwischen den beiden Produkten weit auseinanderfallen, so ist der Wert von beiden Gütern auf die Woche gerechnet gleich hoch.

Annahme: Der Preis für Schokolade steigt um 10 %, der Preis für eine Waschmaschine hingegen sinkt um 10 % und alle anderen Preise der im Warenkorb vertretenen Güter und Dienstleistungen bleiben unverändert. Insgesamt hat

sich das Preisniveau also nicht verändert. Aus Verbrauchersicht hingegen liegt nachweislich „gefühlt" eine Inflation vor.

Begründung: Die Preiserhöhung der Schokolade wird von den Verbrauchern eher wahrgenommen, da dieses Produkt in sehr kurzen Zeitabständen immer wieder gekauft und somit die Preiserhöhung bewusst wahrgenommen wird. Die Preissenkung der Waschmaschine hingegen ist den Verbrauchern ob der langen Zeiträume zwischen dem Kauf zweier Waschmaschinen in der Regel nicht präsent. Dies führt letztlich dazu, dass die Verbraucher wegen der Preiserhöhung von Schokolade wieder einmal das Gefühl haben, dass „alles" teurer, aber nichts billiger wird. So geht die Tatsache, dass diese Preiserhöhung für Schokolade durch den Preisrückgang für Waschmaschinen wettgemacht wird, unter. Als Folge ist die „gefühlte" Inflation höher als die tatsächliche Inflation.

5.3.3 Ursachen der Inflation

Die ersten **Impulse** bei einer Inflation können entweder von der **Nachfrage-** oder der **Angebotsseite** ausgehen.

Ursachen der Inflation

nachfrageinduzierte Inflation	angebotsinduzierte Inflation
■ Konsuminflation ■ Staatsinflation ■ Investitionsinflation ■ importierte Inflation	■ Kosteninflation ■ Gewinninflation ■ Steuerinflation

(1) Nachfrageinduzierte Inflation

Bei der **nachfrageinduzierten Inflation** wird die Preissteigerung durch eine **überhöhte** Nachfrage im Verhältnis zum Güterangebot ausgelöst.

Den durch die Nachfrageausweitung (Rechtsverschiebung der Nachfragekurve von N_1 nach N_2) im Verhältnis zum Güterangebot entstehenden Nachfrageüberhang bezeichnet man als **inflatorische Lücke.**

Inflatorische Lücke

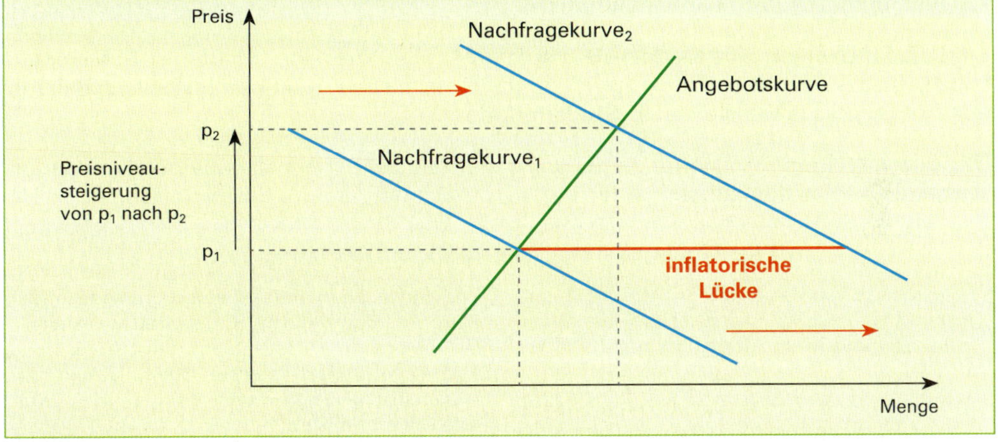

Erläuterungen:

Der Nachfrageüberhang kann bei nicht ausgelasteten Kapazitäten erst **zeitlich verzögert** ausgeglichen bzw. bei Vollbeschäftigung der volkswirtschaftlichen Produktionsfaktoren real nicht befriedigt werden. Es kommt zu einer „inflatorischen Lücke". Somit erfolgt ein Ausgleich über eine Preisniveauerhöhung von p_1 nach p_2. Eine derartige Konstellation führt somit zu steigenden Preisen.

Die Ausweitung der Nachfrage ist nur möglich, wenn sich **die „nachfragewirksame" Geldmenge erhöht.** Dies kann bei einer Nachfragesteigerung von Haushalten **(Konsuminflation)** beispielsweise durch eine höhere Kreditaufnahme oder eine Verschiebung in der Einkommensverwendung zulasten des Sparens und zugunsten des Konsums geschehen. Außer von den Haushalten kann der **Nachfrageschub** allerdings auch vom **Staat (Staatsinflation),** den **Unternehmen (Investitionsinflation)** oder dem **Ausland** ausgehen. Übersteigen also die Exporte eines Landes dessen Importe, so spricht man von einer **importierten Inflation.**

Wie stark die Erhöhung des Preisniveaus im Einzelfall ausfällt, ist vor allem abhängig von der **Stärke** der Nachfrageausweitung und von dem **Auslastungsgrad** der volkswirtschaftlichen Kapazitäten.

Je **größer** der **Nachfrageschub** und je stärker die Auslastung der Kapazität, umso **höher** die **Preisniveausteigerung.**

(2) Angebotsinduzierte Inflation

Bei der angebotsinduzierten Inflation wird die Preissteigerung durch eine **über dem Produktivitätszuwachs hinausgehende Erhöhung der Kosten** bzw. aufgrund von Marktmacht durchgesetzte **überhöhte Gewinne** ausgelöst.

Bei dieser Form der Inflation gehen die ersten Impulse **statt von der Nachfrage- von der Angebotsseite** aus. Die Anbieter gleichen über die Preiserhöhungen entweder vorangegangene Kostensteigerungen aus **(Kosteninflation)** oder versuchen – entsprechende Marktmacht vorausgesetzt – mittels der Preissteigerung eine Verbesserung der Gewinnsituation durchzusetzen **(Gewinninflation).**

Sind die Erhöhungen des Marktpreises auf den Anstieg indirekter Steuern (z. B. Mineralölsteuer, Tabaksteuer, Biersteuer) zurückzuführen, bezeichnet man den hieraus resultierenden Anstieg des Preisniveaus als **Steuerinflation.**

Diese **„versteckten"** Preiserhöhungen, bei denen Hersteller bei **gleichbleibenden** oder gar **steigendem** Preis die **Füllmenge verringern,** bezeichnet man als **Shrinkflation.**

Milka Alpenmilch ist „Mogelpackung des Jahres 2025"

So eindeutig war das Urteil der Verbraucherinnen und Verbraucher noch nie: Die Milka Alpenmilch Schokolade ist „Mogelpackung des Jahres 2025". [...]

Mit eindeutigem Ergebnis haben Verbraucherinnen und Verbraucher die *Milka Alpenmilch* Schokolade zur „Mogelpackung des Jahres 2025" gewählt. Zwei Drittel der abgegebenen Stimmen (66,7 %) entfielen auf die Schokoladentafel des Konzerns Mondelez. Noch nie in der zwölfjährigen Geschichte der Wahl erreichte ein Produkt einen derart hohen Stimmenanteil. [...]

Weniger Inhalt zum höheren Preis

Die Schokoladentafel *Alpenmilch der Marke Milka* wurde Anfang des Jahres 2025 unmerklich dünner und gleichzeitig teurer: Die Füllmenge pro Tafel sank von 100 auf 90 Gramm, während der Preis von 1,49 EUR auf 1,99 EUR stieg. Das entspricht einer Preiserhöhung von über 48 %. Die reduzierte Füllmenge ist im Supermarkt kaum erkennbar, da die Verpackung nahezu unverändert geblieben ist. [...]

Wir finden: Die Politik ist gefordert, endlich für echte Preiswahrheit im Supermarkt zu sorgen. Die notwendige Transparenz entsteht bislang überwiegend durch unsere Arbeit, durch das systematische Erfassen und Veröffentlichen von versteckten Preiserhöhungen in unserer Mogelpackungsliste. [...]

Deutschland hinkt beim Schutz vor Shrinkflation bislang hinterher: In mehreren anderen Ländern gibt es bereits verbindliche Vorgaben, um versteckte Preiserhöhungen einzudämmen. In Österreich und Frankreich sind Händler verpflichtet, entsprechende Hinweise am Regal zu platzieren. In Brasilien müssen Unternehmen sogar direkt auf der Verpackung über verringerte Inhalte informieren. [...]

Im vergangenen Jahr haben wir unsere Mogelpackungsliste um 77 neue Produkte erweitert – die zweithöchste Zahl seit Beginn der Erhebungen. Häufig betroffen waren Süßwaren, Fertigprodukte und Müsli. [...]

Quelle: Verbraucherzentrale Hamburg. https://www.vzhh.de/themen/mogelpackungen/mogelpackung-des-jahres/milka-alpenmilch-ist-mogelpackung-des-jahres-2025 [Zugriff am 02.04.2026].

5.3.4 Folgen der Inflation

Die Folgen lang anhaltender Preissteigerungen führen im Allgemeinen zu **Wachstums- und Wohlstandsverlusten**.

Folgen	Erläuterungen
Fehlallokation der Produktionsfaktoren	Die sich ändernden Preise können **nicht** mehr als präzise **Knappheitsmesser** fungieren, wodurch sich die Lenkung der volkswirtschaftlichen Güterproduktion verschlechtert.
Einkommensverluste	Während sich die Preise der Güter fortlaufend erhöhen, bleiben die Arbeitseinkommen und Transferzahlungen (z. B. Rente, Arbeitslosengeld, Wohngeld, BAföG) über einen längeren Zeitraum konstant. Dies führt zu einem **Kaufkraftverlust** bei den Beziehern derartiger Geldleistungen, da sie sich aufgrund der Preissteigerungen immer geringere Gütermengen kaufen können. 
Zinsverluste	Die Empfänger von Zinserträgen werden benachteiligt, da die Zinszahlungen zunehmend durch die Inflation entwertet werden (vgl. hierzu Kap. 2.2.4).
Vermögensverluste	Durch die Inflation verliert Geldvermögen immer mehr an Wert. Dies führt häufig zu einer **„Flucht in die Sachwerte"**, d. h., die Wirtschaftssubjekte sind bestrebt, „schlechtes" Vermögen (Geldvermögen) in „gutes" Vermögen (Sachvermögen) umzutauschen.

Zu den dramatischen Folgen einer Inflation äußerte vor vielen Jahrzehnten schon Thomas Mann – einer von Deutschlands berühmtesten Schriftstellern – wie folgt:

„Eine echte Inflation ist die schlimmste der Revolutionen. [. . .] Denn die Enteignung und Neuverteilung des Besitzes, welche eine Inflation im Gefolge hat, geschieht ohne jedes System und ohne jede Gerechtigkeit. Da gilt nichts mehr als ein zynisches ‚Rette sich wer kann!' Aber bloß die Allermächtigsten und neben ihnen die Findigsten und Frechsten, [. . .], können sich retten. Es verliert die Masse derer, die der hergebrachten Ordnung vertraute; [. . .]. Ein solches Erlebnis ist Gift für die Moral einer Nation. Es geht ein gerader Weg von dem Wahnsinn der deutschen Inflation zum Wahnsinn des Dritten Reiches."

Quelle: Thomas Mann: Über mich selbst. Autobiographische Schriften [Erstveröffentlichung 1942]. Frankfurt am Main, S. 370.

Neben den Verlierern gibt es somit auch **Gewinner der Inflation.** Hierzu zählen in erster Linie **Sachvermögensbesitzer,** deren Position sich aufgrund der „Flucht in die Sachwerte" verbessert. Hiermit unmittelbar verbunden sind sogenannte **Umverteilungseffekte,** von denen in erster Linie Selbstständige und Unternehmen profitieren.

Zu den Nutznießern der Inflation zählen des Weiteren auch **Schuldner.** Sie profitieren von der Inflation, da nach dem Prinzip „Euro ist gleich Euro" die Schulden mit „schlechterem"

Geld zurückgezahlt werden können. Zum Zeitpunkt der Rückzahlung haben diese Euros im Vergleich zum Zeitpunkt der Kreditvergabe an **Kaufkraft verloren,** der **reale Wert** des Geldes ist somit gesunken. Wurde jedoch ein variabler Zins vereinbart, müssen sie mit Zinserhöhungen rechnen, über die der Gläubiger die Geldentwertung auszugleichen versucht.

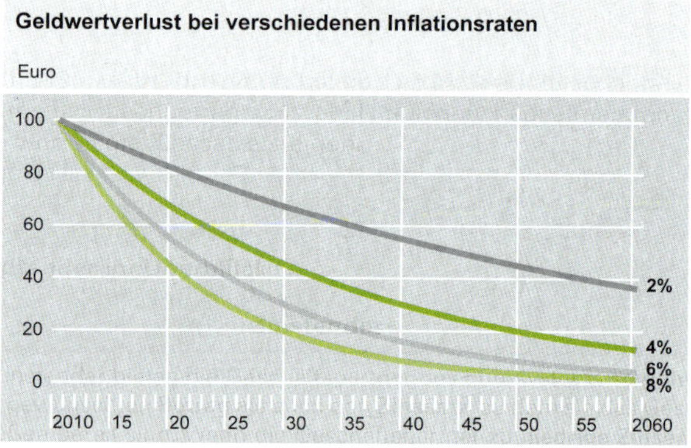

Quelle: Deutsche Bundesbank, Geld und Geldpolitik (Frühjahr 2017), S. 153.

5.4 Deflation

(1) Begriff der Deflation

Unter **Deflation** versteht man ein **anhaltendes Sinken** des Preisniveaus über mehrere Jahre hinweg, verbunden mit zunehmender Unterbeschäftigung.

Die Deflation darf nicht mit der sogenannten **Disinflation** (auch Desinflation genannt) verwechselt werden. Disinflation liegt vor, wenn die Inflationsraten (Preissteigerungsraten) über mehrere Perioden (z. B. Jahre) hinweg sinken.

(2) Arten der Deflation

Deflationen können in **zwei Haupttypen** unterschieden werden:

Deflation im traditionellen Sinne	Die Deflation ist der **Gegensatz zur Inflation.** Voraussetzung für diese Deflationsart ist, dass die Preise (Güterpreise, Arbeitsentgelte, Zinssätze) auf den Güter-, Arbeits- und Kapitalmärkten auch „nach unten" flexibel (beweglich) sind, sodass bei zurückgehender Nachfrage oder bei überhängendem Angebot die Preise sinken **können.**
Deflation im modernen Sinne (heutige Deflation)	Hauptmerkmal dieses Deflationstyps ist ein **ständiges Sinken der Beschäftigung.** Nachfragerückgänge bzw. Angebotsüberhänge bewirken auf den Märkten keine wesentlichen Preisrückgänge, weil sogenannte **institutionelle Starrheiten** bestehen. Zu den institutionellen Starrheiten zählen z. B. ■ tariflich oder gesetzlich festgelegte Mindestlöhne, ■ einkommensunabhängige Steuern (z. B. Grundsteuer, Kraftfahrzeugsteuer), ■ langfristig vereinbarte Miet- und Pachtzinsen, langfristige Lieferverträge mit Festpreisen, ■ national oder supranational festgelegte Mindestpreise (z. B. für landwirtschaftliche Produkte).

(3) Ursachen der Deflation

Die deflatorische Lücke kann durch verschiedene Faktoren ausgelöst werden.

Ursachen	Erläuterungen
Rückgang der Binnennachfrage	Bei den inländischen Wirtschaftssubjekten geht die **Kaufbereitschaft** bzw. die **Investitionsneigung** spürbar **zurück.** Ein Grund für dieses Verhalten von Haushalten, Unternehmen und Staat könnten pessimistische **Zukunftserwartungen** sein, die dazu führen, dass sie sich beim Konsum bzw. bei Investitionen zurückhalten.
Rückgang der Auslandsnachfrage	Ein Absinken der Auslandsnachfrage könnte beispielsweise ursächlich auf dortige Wachstumsverlangsamungen zurückzuführen sein.
Erhöhung des Güterangebots	Der im Vergleich zur gesamtwirtschaftlichen kaufkräftigen Nachfrage bestehende Überhang des Güterangebots kann dadurch entstehen, dass verstärkt Güter aus dem Ausland im Inland zu niedrigeren Preisen angeboten werden. Insbesondere Konjunkturkrisen im Ausland – wie in den letzten Jahren in Asien zu beobachten – tragen verstärkt dazu bei, dass Länder dieser Region den Weltmarkt mit Billigprodukten überschwemmen.
Überkapazitäten	In vielen Bereichen (z.B. Automobil- und Computerindustrie) wurden in der jüngeren Vergangenheit die Kapazitäten weltweit stark ausgeweitet. Dies hat dazu geführt, dass in diesen Sektoren das Angebot schneller wächst als die Nachfrage. Diese Nachfragelücke sorgt für eine Verschärfung des Wettbewerbs der Anbieter untereinander, die ihrerseits versuchen, die bestehende Nachfragelücke durch Preissenkungen zu schließen.

(4) Folgen der Deflation

Die Auswirkungen einer Deflation können für eine Volkswirtschaft verheerend sein, insbesondere wenn sie zu einer **Deflationsspirale** führen.

Über einen längeren Zeitraum andauernde Preisrückgänge führen bei den Unternehmen zu **sinkenden Gewinnen.** Können die Anbieter diesen Preisverfall nicht durch entsprechende Kostensenkungen auffangen, geraten sie alsbald in die Verlustzone und werden über kurz oder lang vom Markt verdrängt. Als Folge dieser Entwicklung **steigt die Arbeitslosigkeit,** der Konsum und die Investitionen gehen zurück, sodass die **Nachfragelücke** weiter **zunimmt.**

Dieser Effekt wird zudem verstärkt, wenn aufgrund des Kostendrucks der Unternehmen die Löhne weiter sinken. Zwar bleiben in diesem Fall die Arbeitsplätze (zunächst) erhalten, das **Kaufkraftniveau sinkt** jedoch weiter. Um Konsumanreize zu schaffen, müssten die Anbieter ihre Preise allerdings nochmals senken, was einen weiteren Anstieg der Deflation zur Folge hat.

Auch das Vermögen bleibt von der Deflation nicht verschont. So **sinken** wegen der zurückgehenden Unternehmensgewinne beispielsweise die **Aktienkurse.** Auch das sonstige **Sachvermögen** verliert aufgrund des anhaltenden **Preisverfalls** zusehends an Wert. Die **Verlierer** der Deflation sind somit die **Eigentümer** von **Sachvermögen.**

Nutznießer der Deflation sind die Besitzer von **Geldvermögen** und die Gläubiger, da sich der Realwert ihrer Geldforderungen erhöht.

Kompetenztraining

59 1. 1.1 Erklären Sie den Begriff der Inflation!

1.2 Nennen Sie zwei Ursachen der Inflation und bilden Sie hierzu jeweils ein Beispiel!

1.3 Nennen Sie jeweils einen Inflationsgewinner und einen Inflationsverlierer und begründen Sie Ihre Entscheidung!

1.4 Stellen Sie dar, wie sich eine Inflation auf die Einkommens- und Vermögensverteilung auswirkt!

2. 2.1 Erklären Sie den Begriff Deflation!

2.2 Beschreiben Sie die Auswirkungen einer Deflation!

2.3 Nennen Sie jeweils einen Deflationsgewinner und einen Deflationsverlierer und begründen Sie Ihre Entscheidung!

2.4 Nennen Sie zwei Möglichkeiten, wie der Einzelne auf einen sinkenden Geldwert reagieren kann!

3. Bestimmen Sie, ob bei folgenden Situationen die Inflation nachfragebedingte oder angebotsbedingte Ursachen hat! Gehen Sie davon aus, dass die Zentralbank zusätzlich benötigtes Geld zur Verfügung stellt!

DOWNLOAD

Situationen	Ursachen der Inflation
3.1 Der Staat erhöht die Ausgaben. Er finanziert diese bei gleichbleibenden Steuereinnahmen durch Kreditaufnahme bei der Zentralbank.	
3.2 Die Gewerkschaften setzen Lohnerhöhungen über den Produktivitätszuwachs hinaus durch. Die Unternehmen überwälzen die Mehrkosten auf ihre Kunden.	
3.3 Die Öl exportierenden Länder schließen sich zu einem Kartell zusammen und erhöhen ihre Rohölabgabepreise um 25 %.	
3.4 Die Exporte steigen stärker als die Importe.	
3.5 Inländische Unternehmen treffen in erheblichem Umfang Preisabsprachen mit dem Ziel erhöhter Gewinne.	

4. Erläutern Sie, welche Auswirkungen eine Inflation in der Regel auf folgende Gruppen hat!

4.1 Lohn- und Gehaltsempfänger,

4.2 Sparer,

4.3 Rentner und Pensionäre,

4.4 Unternehmer,

4.5 Eigentümer von Grundstücken,

4.6 Schuldner.

5. Angenommen, in einer im Gleichgewicht befindlichen Volkswirtschaft würde der Staat mit einer ausgeprägten Ausgabeneinschränkung beginnen.

Aufgaben:

5.1 Beschreiben Sie, welche Auswirkungen auf das Preisniveau zu erwarten wären, falls alle anderen Nachfrager ihre Ausgaben nicht verändern würden!

5.2 Erläutern Sie, welche Folgen sich für die Unternehmen ergäben!

5.3 Begründen Sie, welche Konsequenzen für die Arbeitnehmer zu erwarten wären!

6. Überprüfen Sie die nachfolgenden Aussagen zur Inflation! Welche zwei der folgenden Aussagen sind falsch? Ist nur eine Aussage falsch, so tragen Sie in das zweite Kästchen bitte eine ⑨ ein!

① Unter Inflation versteht man ein anhaltendes Steigen des Preisniveaus.

② Für eine marktwirtschaftliche Ordnung ist es charakteristisch, dass sich die Preise der einzelnen Güter im Zeitablauf in Abhängigkeit von ihrem Knappheitsgrad ändern.

③ Liegt die Preissteigerungsrate im Durchschnitt über dem Zins für kurzfristige Geldanlagen, so liegt eine Hyperinflation vor.

④ Inflationen haben in der Realität meistens nur eine einzige Ursache. Deshalb muss man die in der Wirklichkeit vorkommenden Inflationen nicht genau analysieren.

⑤ Die Wirkungen der Inflation sind im Wesentlichen als negativ zu beurteilen. Die wohl schlimmste Form ist die Hyperinflation.

⑥ Inflation löst eine Flucht in die Sachwerte aus. Die Angst vor weiterer Geldentwertung führt in der Anfangsphase der Inflation zu steigender Nachfrage, was wiederum die Inflation anheizt.

⑦ Durch die Inflation werden die Gläubiger benachteiligt, weil der reale Wert des verliehenen Geldes im Laufe der Zeit sinkt.

7. Beurteilen Sie die Auswirkungen der nachfolgenden Situationsbeschreibungen auf die Preisniveaustabilität! Tragen Sie eine der folgenden Ziffern ein:

① für inflatorische Auswirkungen,

② für deflatorische Auswirkungen,

③ wenn weder eine inflatorische noch eine deflatorische Wirkung auftritt!

Sollte keine eindeutige Zuordnung möglich sein, tragen Sie eine ⑨ ein!

7.1	Aufgrund pessimistischer Zukunftserwartungen erhöhen die privaten Haushalte ihre Sparquote deutlich.	
7.2	Der zunehmende Wettbewerb im Bereich der Kommunikation und Information zwingt die Anbieter zu deutlichen Preiszugeständnissen.	
7.3	Um die Konjunktur anzukurbeln, verdoppelt der Staat seine Ausgaben im laufenden Kalenderjahr.	
7.4	Aufgrund ihrer Marktmacht versuchen viele Unternehmen, die Gewinnspanne bei gleichbleibender Kostenstruktur auszuweiten.	
7.5	Aufgrund optimistischer Einschätzungen investieren die Unternehmen mehr, als gesamtwirtschaftlich gespart wird.	
7.6	Die Tarifabschlüsse des vergangenen Jahres entsprechen dem Produktivitätsfortschritt.	
7.7	Es kommt zu einer Vermögensentwertung in der Bundesrepublik Deutschland.	
7.8	Aufgrund der über alle Branchen hinweg schlechten Gewinnsituation vieler Unternehmen fallen die Aktienkurse.	
7.9	Die Exporte übersteigen die Importe und führen zu einem Nachfrageboom bei ausgelasteten Kapazitäten.	

8. Entscheiden Sie in den nachfolgenden Fällen, ob die folgenden Wirkungen
   ① nur auf die Inflation,
   ② nur auf die Deflation,
   ③ sowohl auf die Inflation als auch auf die Deflation,
   ④ weder auf die Inflation noch auf die Deflation

   zutreffen!

   Tragen Sie eine ⑨ ein, wenn keine Zuordnung möglich ist!

8.1	Diese Form der Geldwertveränderung wird nach der Definition der EZB grundsätzlich nicht angestrebt.	
8.2	Es kommt zu einer Entwertung von Vermögen.	
8.3	Die Schuldner werden bessergestellt, die Gläubiger hingegen schlechter.	
8.4	Die Kaufkraft des Geldes verändert sich.	
8.5	Die privaten Haushalte erhöhen ihre Sparquote, höherwertige Anschaffungen werden in der Erwartung weiterer Preissenkungen zurückgestellt.	
8.6	Die Form der Geldentwertung kennt keine Verlierer.	
8.7	Es kommt zu einer Flucht in die Sachwerte.	
8.8	Mit dieser Form der Veränderung des Geldwertes sind Umverteilungseffekte verbunden.	

9. Überprüfen Sie die nachfolgenden Aussagen zur Deflation! Welche zwei der folgenden Aussagen sind falsch? Ist nur eine Aussage falsch, so tragen Sie in das zweite Kästchen bitte ein ⑨ ein!

   ① Unter Deflation versteht man ein anhaltendes Sinken des Preisniveaus über mehrere Jahre hinweg, verbunden mit zunehmender Überbeschäftigung.

   ② Hauptmerkmal der Deflation im traditionellen Sinne ist das ständige Sinken des Preisniveaus. Sie ist der Gegensatz zur Inflation.

   ③ Eine mögliche Ursache für eine Deflation sind Kürzungen von Staatsausgaben, um die in den Vorjahren entstandenen Haushaltsdefizite auszugleichen.

   ④ Auch Bankenzusammenbrüche wegen zu hoher und oft zu spekulativer und unkontrollierter Kreditgewährung können eine Deflation auslösen.

   ⑤ Die Eigentümer von Geldvermögen werden begünstigt, weil der reale Wert ihrer Forderungen steigt. Voraussetzung ist, dass ihre Schuldner überhaupt in der Lage sind, ihre Verbindlichkeiten zu bedienen, also Zinsen und Tilgung zu zahlen.

   ⑥ Die Eigentümer von Aktien werden begünstigt, weil der in Geld gemessene Wert ihres Aktienvermögens steigt.

   ⑦ Die Steuereinnahmen des Staates nehmen ab. Hat sich der Staat in wirtschaftlich guten Zeiten zu hoch verschuldet, muss er seine Ausgaben kürzen, um den Haushalt ausgleichen zu können.

   ⑧ Die Einnahmen der Sozialversicherungsträger gehen zurück, sodass diese ihre Beitragssätze erhöhen müssen.

Lernsituation 37: Auszubildende der Kundenbank AG hoffen auf Helikoptergeld von der EZB

Die Auszubildenden der Kundenbank AG besuchen aktuell die Oberstufe in der Berufsschule. Heute betritt ihre Lehrerin wie immer gut gelaunt den Klassenraum.

Nach einer kurzen Begrüßung sagt sie zur Klasse gerichtet: *„So, liebe Schülerinnen und Schüler. Ab sofort habt ihr bitte zu jeder Tageszeit den Himmel im Auge. Und sobald ihr Hubschraubergeräusche hört, heißt es „Aufgepasst"! Denn wenn Sie jetzt nicht schnell genug zur Stelle sind, dann werden Sie den Geldregen wohl verpassen. Ich glaube nicht, dass Sie einen Helm tragen müssen. Die EZB wird sich da wohl nicht lumpen lassen und es nach meiner Einschätzung ganz bestimmt Scheine regnen lassen und kein Münzgeld. Wie gesagt, allein schon, weil die Verletzungsgefahr für die Bevölkerung in den Euroländern zu groß wäre. Und wenn Sie jetzt der Meinung sind, dass Ihrer Lehrerin nicht mehr zu helfen ist oder sie vor dem Unterricht gefährliche Substanzen zu sich genommen hat, dann antworte ich mit den Worten: Weit gefehlt!"*

Die Schülerinnen und Schüler sehen sich entsetzt an und sind sprachlos über die Worte der Lehrerin. Doch ehe sie sich dazu äußern können, teilt sie nachfolgenden Text aus.

Wenn selbst Zinssenkungen nicht mehr helfen:

Ist es nun an der Zeit für extremere Maßnahmen – zum Beispiel Geld, das aus Helikoptern aufs Volks herabrechnet?

Heute ist EZB-Chefin Christine Lagarde an der Reihe. Kann sie die Märkte nachhaltig beruhigen? Noch tiefere Zinsen, noch umfangreichere Anleihekäufe stehen laut Experten zur Diskussion, um die Folgen des Coronavirus auf die Wirtschaft der Eurozone abzumildern.

Schon jetzt unken Marktbeobachter, dass auch diese Schritte womöglich nicht ausreichen könnten, um der darbenden Konjunktur auf die Sprünge zu helfen. Die deutsche Wirtschaft dürfte nach Ansicht führender Ökonomen im ersten Halbjahr in die Rezession rutschen. Ist die Zeit also reif für drastischere Maßnahmen?

Plötzlich „salonfähig"

Tatsächlich liegt seit Jahrzehnten ein Vorschlag des Nobelpreisträgers Milton Friedman (1912–2006) unangetastet in den Schubladen der Zentralbanker: das Helikoptergeld. So bezeichnete Friedman Geld, das die Zentralbank eines Landes aus dem Nichts erschafft und danach an die Bürger verschenkt, es also wie aus Helikoptern aufs Volk herabregnen lässt.

Heute ist Friedmans Idee für viele Ökonomen mehr als nur eine bloße Gedankenspielerei. Das Konzept des Helikoptergeldes könnte „salonfähig" werden, glaubt der Ökonom und ehemalige Rektor der Hochschule der Deutschen Bundesbank Dietrich Schönwitz. Lagarde-Vorgänger Mario Draghi hatte bereits vor einiger Zeit die Helikoptergeld-Idee als „sehr interessant" bezeichnet.

Letzter Punkt auf der To-do-Liste

Der Grund für das plötzliche Interesse an Friedmans Konzept liegt auf der Hand: Die Geldpolitik hat fast alle ihre Optionen ausgeschöpft. „Der damalige Fed-Chef Ben Bernanke hat in den

1990er-Jahren einmal eine To-do-Liste für die Bank of Japan erstellt mit Maßnahmen, die diese noch ergreifen könnte, um die Konjunktur anzukurbeln", erklärt Commerzbank-Analyst Ulrich Leuchtmann im Gespräch mit boerse.ARD.de. „Seit der Finanzkrise haben die globalen Notenbanken diese Liste komplett abgearbeitet – bis auf den letzten Punkt: Helikoptergeld."

Trotz unkonventioneller Maßnahmen wie massiven Staatsanleihenkäufen (im Fachjargon Quantitative Easing, QE, genannt), milliardenschweren Kreditprogrammen für Banken (TLTRO) und Negativzinsen konnte etwa die EZB die Inflation in der Eurozone nicht einmal in die Nähe ihres Ziels von zwei Prozent bringen.

Eine Frage der Verzweiflung

Die Gretchenfrage lautet: Ist die Verzweiflung der Notenbanker schon groß genug, dass sie die extremste Waffe der Geldpolitik ziehen?

Quelle: boerse.ard.de [Zugriff vom 19.03.2020].

Kompetenzorientierte Arbeitsaufträge:

1. Notieren Sie zunächst die Begriffe, deren Verständnis Ihnen Probleme bereitet. Recherchieren Sie mittels digitaler Medien anschließend die Bedeutung dieser Begriffe und halten Sie die Ergebnisse schriftlich fest!
2. Beschreiben Sie den Zusammenhang von Geldmenge und Inflation!
3. Erläutern Sie, was die EZB unter Preisniveaustabilität versteht!
4. Erklären Sie die EZB als Institution und beschreiben Sie kurz deren Funktionen! Grenzen Sie dabei auch die Begriffe EZB und ESZB voneinander ab!
5. Nennen und beschreiben Sie die Instrumente der Geldmengensteuerung!
6. Beschreiben und beurteilen Sie anhand eines konkreten Beispiels den situativen Einsatz eines geldpolitischen Instruments in Abhängigkeit der Wirtschaftslage!

7. **Übersichtsmatrix**

   Erarbeiten Sie selbstständig – eventuell in Kleingruppen unterteilt (für einzelne Instrumente jeweils eine Gruppe) – die mit dem Einsatz geldpolitischer Instrumente verfolgten Ziele. Diskutieren Sie dabei auch die Problematik einer einheitlichen Geldpolitik und leiten Sie mögliche Strategien zu ihrem Einsatz in unterschiedlichen volkswirtschaftlichen Situationen ab!

8. **Pressemitteilung**

   Verfassen Sie für die Kundenbank AG eine Pressemitteilung zu der Niedrigzinspolitik der EZB!

9. **Unterrichtsvorschlag Referat/Präsentation**

   Sammeln Sie zunächst zu der aktuellen Geldpolitik journalistische Texte! Strukturieren Sie diese anschließend für ein Referat, indem Sie vor allem auf die derzeitig gültigen Beschlüsse zur Geldpolitik sowie die hierzu angeführten Begründungen durch den EZB-Rat eingehen!

5.5 Europäische Wirtschafts- und Währungsunion (WWU)

Die Schaffung der Wirtschafts- und Währungsunion (WWU)[1] wurde 1991 von den Staats- und Regierungschefs der EU-Länder in **Maastricht** beschlossen. Der Maastricht-Vertrag trat 1992 in Kraft.

Die Teilnehmer hätten nach dem Maastricht-Vertrag folgenden Kriterien (auch **„Maastricht-Kriterien"** oder **„Konvergenzkriterien"**[2] genannt) genügen sollen:

- Preisanstieg **höchstens 1,5 Prozentpunkte** über dem Preisanstieg der drei stabilsten Länderwährungen.
- Haushaltsdefizit **höchstens 3 %** der Wirtschaftsleistung.
- Staatsverschuldung **nicht höher als 60 %** der Wirtschaftsleistung.
- Langfristiger Zinssatz **höchstens 2 Prozentpunkte** über dem durchschnittlichen Zinssatz der drei preisstabilsten Länder.

Am 1. Januar 2002 wurden die **Banknoten und Münzen der Euro-Währung** eingeführt. Damit verloren die nationalen Noten und Münzen in den WWU-Ländern ihre Gültigkeit.[3]

Das Gebiet der EU-Länder, die den Euro als Währung eingeführt haben, bezeichnet man als **Eurozone.** Die Eurozone umfasst darüber hinaus auch drei Staaten mit sogenannten Währungsvereinbarungen mit den EU-Mitgliedern. Hierzu zählen: Monaco, San Marino und der Vatikan. **Zusätzlich** wird der Euro in folgenden Ländern als **gültiges Zahlungsmittel** akzeptiert, obwohl dort formal eine andere Währung gilt: Andorra, Kosovo und Montenegro.

Quelle: https://www.destatis.de/Europa/DE/Staat/EU-Staaten/_EU_EZ_Zeitverlauf.html?nn=217324 [Statistisches Bundesamt, 13.04.2026].

---

1 **WWU:** Wirtschafts- und Währungsunion; WWU-Länder: Mitgliedsländer des Euro-Währungsraums („Eurolands"). Die Europäische Währungsunion wird auch mit EWWU oder EWU abgekürzt.

2 **Konvergenz:** Annäherung.

3 Auch über diesen Zeitpunkt hinaus tauschen die Hauptverwaltungen der Deutschen Bundesbank die DM-Banknoten und -Münzen in Euro um.

5.6 Europäische Zentralbank (EZB)

Verantwortlich für die Geldpolitik (Steuerung der Geldmenge und der Zinssätze) in den Mitgliedstaaten der Europäischen **W**irtschafts- und **W**ährungs**u**nion **(WWU)** ist die **E**uropäische **Z**entral**b**ank **(EZB).** Die Organe der EZB sind das Direktorium, der EZB-Rat und der Erweiterte EZB-Rat.

Direktorium	Das Direktorium (siehe nachstehendes Bild)[1] besteht aus dem Präsidenten, dem Vizepräsidenten und vier weiteren Mitgliedern. Dem Direktorium obliegt die Geschäftsführung, d. h., ■ es führt die vom EZB-Rat beschlossene Geldpolitik aus, ■ verwaltet die Währungsreserven der Mitgliedstaaten, ■ führt Devisengeschäfte[2] (Geschäfte in Fremdwährung) durch und ■ sorgt für funktionierende Zahlungssysteme.  Quelle: EZB (www.ecb.int)
EZB-Rat	Der Europäische Zentralbankrat (EZB-Rat) setzt sich aus dem **Direktorium** und den Präsidenten der **nationalen Notenbanken** der WWU-Mitgliedstaaten zusammen. Der EZB-Rat trifft mit **einfacher Stimmenmehrheit** die geldpolitischen Entscheidungen und erlässt Weisungen und Leitlinien für die Zentralbanken der Teilnehmer.
erweiterter EZB-Rat	Dem Erweiterten EZB-Rat gehören der **EZB-Rat** und die **Zentralbank-Präsidenten** der Staaten der Europäischen Union (EU) an, die (noch) nicht Mitglieder der WWU sind.

Damit die EZB ihre Aufgaben erfüllen kann, ist sie mit einer **dreifach gesicherten Unabhängigkeit** (Autonomie) ausgestattet:

1. Sie ist **institutionell unabhängig.** Weder die EZB noch eine nationale Zentralbank noch ein Mitglied ihrer Beschlussorgane darf Weisungen von EU-Organen oder von den Regierungen der Mitgliedstaaten einholen oder entgegennehmen.
2. Sie ist **personell unabhängig.** Der Präsident und die übrigen geschäftsführenden Direktoren der EZB werden von den Regierungen, vertreten durch die Staats- bzw. Regierungschefs der Mitgliedstaaten, für i. d. R. acht Jahre gewählt.
3. Sie ist **operativ unabhängig.** Die EZB entscheidet autonom über ihre geldpolitischen Maßnahmen.

1 Von links nach rechts: Piero Cipollone, Isabel Schnabel, Luis de Guindos (Vizepräsident der EZB), Christine Lagarde (Präsidentin der EZB), Philip R. Lane, Frank Elderson.

2 **Devisen** (lat., frz.): Zahlungsmittel in Fremdwährung.

5.7 Europäisches System der Zentralbanken (ESZB) und Eurosystem

(1) Begriffe ESZB und Eurosystem

Das **E**uropäische **S**ystem der **Z**entral**b**anken **(ESZB)** besteht aus der **Europäischen Zentralbank** und den **nationalen Zentralbanken der Mitgliedstaaten der Europäischen Union** – unabhängig davon, ob sie den Euro eingeführt haben oder nicht. Vorrangiges Ziel des ESZB ist die **Preisniveaustabilität** [Art. 105 EGV].

Das **Eurosystem** setzt sich aus der EZB und den EU-Ländern zusammen, die bereits den Euro eingeführt haben.

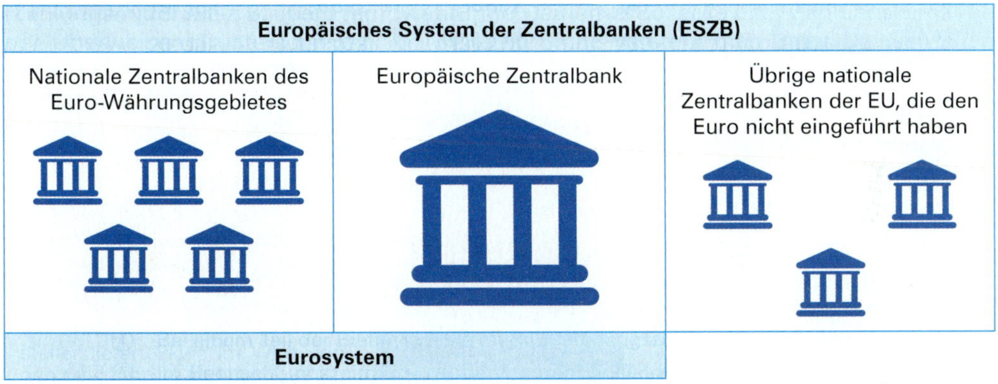

Öffentliche Haushalte dürfen vom **ESZB nicht finanziert** werden. Das ESZB **unterstützt** die **allgemeine Wirtschaftspolitik** der Mitgliedsländer, soweit dies **ohne Beeinträchtigung der Preisniveaustabilität möglich** ist.

Um ihr oberstes Ziel der Preisniveaustabilität zu erreichen, stehen der EZB verschiedene **Strategien** zur Verfügung.

(2) Quantitätsgleichung (Fishersche Gleichung)

Die Strategie der Geldmengensteuerung knüpft an die sogenannte **Quantitätstheorie** an, wonach die Notenbank die Geldmenge genau in dem Maße ausweitet, wie sich das Produktionspotenzial und der Trend der Umlaufgeschwindigkeit entwickeln, wobei noch ein **Zuschlag für** die mit dem Ziel der Preisstabilität **zu vereinbarende Inflationsrate** vorgenommen wird. Die Basis für diese Theorie bildet die sogenannte **Quantitätsgleichung (Fishersche Gleichung).** Danach entspricht das Produkt aus Geldmenge (M) und Umlaufgeschwindigkeit (V) dem Produkt aus Preisniveau (P) und realem Sozialprodukt (Y).

Quantitätsgleichung: $M \cdot V = P \cdot Y$ bzw. $G \cdot U = H \cdot P$

Die **Umlaufgeschwindigkeit** gibt an, wie oft die Geldmenge in einer Periode umgeschlagen wird.

Beispiel:

In einer Volkswirtschaft besteht die Geldmenge aus 200 Geldeinheiten. Diese werden innerhalb eines Jahres 1,5-mal ausgegeben. Das reale Sozialprodukt besteht aus 100 Gütereinheiten, die vollständig verkauft werden. Wie viel Umsatz wäre möglich?

Bei dieser Umlaufgeschwindigkeit von 1,5 wären in dieser Periode Umsätze in Höhe von $200 \cdot 1{,}5 = 300$ Geldeinheiten möglich. Die Anbieter könnten eine Gütereinheit für 3,00 Geldeinheiten verkaufen.

Nehmen wir an, in der nächsten Periode werde die Produktionsmenge um 5 % erhöht. Die Geldmenge und die Umlaufgeschwindigkeit sollen unverändert bleiben.

Zu welchem Preis wäre eine Gütereinheit jetzt absetzbar?

$$300 : 105 = 2{,}8571 \text{ Geldeinheiten}$$

Die Unternehmer müssten Preisabschläge hinnehmen. Das Preisniveau würde sinken. Es käme zu einem deflatorischen Prozess.

Will man das Preisniveau stabil halten, so hätten entweder die Geldmenge oder die Umlaufgeschwindigkeit erhöht werden müssen. Bei konstanter Umlaufgeschwindigkeit und konstantem Preisniveau ergäbe sich für die Geldmenge folgende Veränderung:

$$M = \frac{105 \cdot 3{,}00}{1{,}5}$$

$$M = 210 \text{ Geldeinheiten}$$

Die Geldmenge müsste in diesem Fall von 200 auf 210 Geldeinheiten oder um 5 % erhöht werden. Dann bliebe das bisherige Preisniveau erhalten:

$$210 \cdot 1{,}5 = 105 \cdot 3{,}00$$
$$315 = 315$$

Eine Gütereinheit könnte weiterhin zum Preis von 3,00 Geldeinheiten verkauft werden.

(3) Zwei-Säulen-Strategie[1]

Um mögliche Gefahren für die Preisstabilität rechtzeitig feststellen zu können, untersucht der EZB-Rat regelmäßig die wirtschaftliche Lage von zwei Seiten her. An erster Stelle steht eine breit angelegte **wirtschaftliche Analyse** zur Ermittlung der kurz- und mittelfristigen Risiken für die Preisstabilität. Die sich daraus ergebenden Inflationsanzeichen werden in einem zweiten Schritt anhand der **monetären Analyse** aus mittel- und langfristiger Perspektive ermittelt.

Vorrangiges Ziel: Preisstabilität

Geldpolitische Strategie des Eurosystems

Symmetrisches Inflationsziel von mittelfristig 2 %

Der EZB-Rat trifft geldpolitische Entscheidungen auf Grundlage einer Bewertung aller relevanten Faktoren.

Wirtschaftliche Analyse

- Wirtschaftliche Entwicklungen, Schocks und strukturelle Trends (wie Klimawandel und Globalisierung)
- Risiken für Wirtschaft und Preisstabilität

Monetäre und finanzielle Analyse

- Geldpolitischer Transmissionsmechanismus
- Informationen zu Preisrisiken aus Geldmengen, Krediten und finanziellen Größen
- Aspekte der Finanzstabilität

Der integrierte Analyserahmen berücksichtigt wechselseitige Abhängigkeiten zwischen beiden Analysen.

Quelle: Deutsche Bundesbank (Hrsg.): Geld und Geldpolitik, Frankfurt a. M. 2024, S. 165.

1 **Strategie** (gr.-lat.): genauer Plan des eigenen Vorgehens, um ein militärisches, politisches, wirtschaftliches oder ein anderes Ziel zu erreichen, indem man diejenigen Faktoren, die in die eigene Aktion hineinspielen könnten, von vornherein einzukalkulieren versucht. Wenn von strategischen Zielen die Rede ist, sind meistens langfristig zu erreichende Ziele gemeint.

Ein wichtiger Bestandteil dieser Analyse ist die Bewertung der Geldmengenentwicklung.[1] Richtschnur zur längerfristigen Beurteilung des Geldmengenwachstums ist der sogenannte Referenzwert.[2] Er wird in Prozent der Geldmenge M3 ausgedrückt.[3]

Beispiel:

Erwartet die EZB ein jährliches reales Wirtschaftswachstum von 3 % und eine jährliche Preissteigerungsrate (Inflationsrate) von 1,5 %, legt der EZB-Rat einen Referenzwert von 4,5 % für das jährliche Wachstum der Geldmenge M3 fest.

5.8 Deutsche Bundesbank

Die währungspolitischen Entscheidungen des EZB-Rats werden in der Bundesrepublik Deutschland durch die Deutsche Bundesbank verwirklicht.

- Die **Deutsche Bundesbank** ist wie die übrigen nationalen Zentralbanken der EU **integraler Bestandteil**[4] **des ESZB.** Sie wirkt an der **Erfüllung seiner Aufgaben** mit dem vorrangigen Ziel mit, die Preisniveaustabilität zu gewährleisten.
- Sie **verwaltet** die **Währungsreserven der Bundesrepublik Deutschland,** sorgt für die **bankmäßige Abwicklung des Zahlungsverkehrs** im Inland und mit dem Ausland und trägt zur **Stabilität der Zahlungs- und Verrechnungssysteme** bei [§ 3 BBankG].

Kompetenztraining

60

1. Die Unabhängigkeit der EZB ist eine wesentliche Grundlage für die Erfüllung ihrer Aufgaben.

   Aufgaben:

   1.1 Erläutern Sie kurz, warum die Unabhängigkeit der EZB eine wichtige Voraussetzung für die erfolgreiche Arbeit der Notenbank ist!

   1.2 Erläutern Sie, warum der Ankauf von Staatsanleihen kriselnder Euro-Staaten die Unabhängigkeit der EZB beeinträchtigen könnte!

2. Beschreiben Sie kurz die Aufgaben des Eurosystems!
3. Erläutern Sie, inwiefern der Erweiterte Rat der EZB eine Brückenfunktion erfüllt!
4. **Referat**

   Untersuchen Sie, welche EU-Staaten bis dato noch nicht den Euro als offizielle Währung eingeführt haben. Gehen Sie in Ihrem Referat insbesondere auf die unterschiedlichen Ursachen ein, welche für die Nichteinführung des Euro genannt werden.
5. **Vorbereitung einer Exkursion**

   Bereiten Sie einen Besuch des Geldmuseums der Deutschen Bundesbank vor!

---

1 Zum Begriff Geldmenge siehe Kapitel 5.1.2.

2 **Referenz** (frz. référence, engl. reference): Empfehlung, Referenzwert: empfohlener Wert.

3 Zur Geldmenge M3 siehe Kapitel 5.1.2.

4 **Integraler Bestandteil**: vollständig eingegliederter Bestandteil.

5.9 Geldpolitische Instrumente der Europäischen Zentralbank

Mithilfe der Geldpolitik kann die Europäische Zentralbank nicht nur die **Entwicklung des Preisniveaus,** sondern auch die **Konjunktur** beeinflussen.

Im Folgenden werden die wichtigsten Mittel, die als geldpolitische Instrumente bezeichnet werden, dargestellt.

5.9.1 Mindestreservepolitik

Mindestreserven sind Geldbeträge, die die Kreditinstitute gegen eine geringe Verzinsung oder auch unverzinslich bei der **Europäischen Zentralbank** einzahlen **müssen.**[1]

Zum Verständnis des Zusammenhangs genügt es, wenn wir die Mindestreserven für Sichteinlagen betrachten. Dabei ist es wichtig zu wissen, dass die Kreditinstitute zwar kein Bargeld (Münz- und Notengeld), wohl aber Giralgeld schaffen (schöpfen) können, weil sie **mehr** Geld ausleihen können als sie Einlagen besitzen. Der Grund: Es ist kaum zu erwarten, dass **alle** Bankkunden **gleichzeitig** ihr Geld abheben wollen. Es genügt vielmehr, wenn die Banken eine verhältnismäßig geringe Bargeldsumme zur Auszahlung bereithalten.

Beispiel:

Angenommen, ein Bankkunde zahlt auf sein Girokonto 10 000,00 EUR ein. Der Mindestreservesatz der EZB beträgt 1 %. Ferner pflegt die Bank 20 % der Sichteinlagen als Barreserve (Kassenreserve für Auszahlungszwecke) zu halten. Die Bank – nennen wir sie Bank A – kann nunmehr 7 900,00 EUR ausleihen, falls sich ein Kreditnachfrager findet.

Erhöht die EZB den Mindestreservesatz auf beispielsweise 2 %, muss die Bank A bei einer Einlage von 10 000,00 EUR eine Barreserve von 2 000,00 EUR und eine Mindestreserve von 200,00 EUR halten, sodass sich ihre Giralgeldschöpfungsmöglichkeit auf 7 800,00 EUR vermindert.

Aus dem Beispiel folgt:

- Je **höher** die Mindestreservesätze, desto **geringer** sind die Geldschöpfungsmöglichkeiten der Kreditinstitute.
- Je **niedriger** die Mindestreservesätze, desto **höher** sind die Geldschöpfungsmöglichkeiten der Kreditinstitute.

1 Zurzeit beträgt der Mindestreservesatz für täglich fällige Einlagen mit vereinbarter Laufzeit und Kündigungsfrist von bis zu zwei Jahren, Schuldverschreibungen und Geldmarktpapiere 1 %, für Verbindlichkeiten mit vereinbarter Laufzeit und Kündigungsfrist von über zwei Jahren, Repogeschäfte und Schuldverschreibungen 0 %.

Somit lässt sich Folgendes festhalten:

Mindestreservesätze	
Erhöhung: Ist die Wirtschaft vollbeschäftigt und besteht Inflationsgefahr, erhöht die EZB die Mindestreservesätze. Die Kreditinstitute können **weniger** Giralgeld anbieten. Kaufwünsche der Wirtschaftssubjekte können nur in geringerem Umfang erfüllt werden. Die Nachfrage nach Sachgütern und Dienstleistungen wird gebremst, die Inflationsgefahr verringert.	**Senkung**: Ist die Wirtschaft unterbeschäftigt und herrscht Preisstabilität, senkt die EZB die Mindestreservesätze. Die Kreditinstitute können mehr Giralgeld anbieten. Kaufwünsche der Wirtschaftssubjekte können erfüllt werden. Die Nachfrage nach Gütern wird gefördert. Die EZB hofft, dass die Wirtschaft angekurbelt wird.

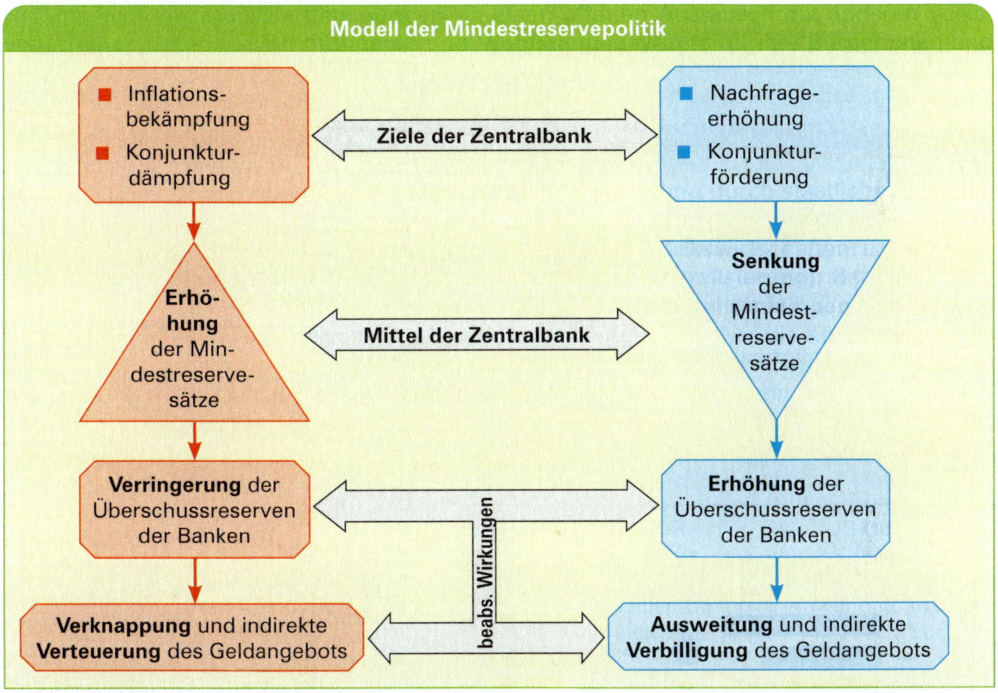

5.9.2 Offenmarktpolitik

Offenmarktgeschäfte werden eingesetzt, um **Zinssätze** und **Liquidität** (die Geldmenge) am Markt zu steuern und um Signale zu setzen.

5.9.2.1 Instrumente der Offenmarktpolitik

Es stehen z.B. folgende Arten von Instrumenten zur Durchführung von Offenmarktgeschäften zur Verfügung:

- definitive Käufe bzw. Verkäufe von Wertpapieren,
- befristete Transaktionen.

(1) Definitive Käufe und Verkäufe von Wertpapieren

Der definitive[1] Kauf oder Verkauf von Wertpapieren ist ein mögliches Instrument einer Zentralbank zur Beeinflussung der Geldmenge und des Zinsniveaus. Sie finden unregelmäßig, d. h. bei Bedarf statt.

- **Verkauf von Wertpapieren.** Ist die Wirtschaft vollbeschäftigt und besteht **Inflationsgefahr,** verkauft die Zentralbank Wertpapiere am offenen Markt. Kreditinstitute **kaufen** diese verzinslichen Wertpapiere, sodass sie **weniger** Geld für **Kreditgewährung** zur Verfügung haben. Dem Kreditmarkt wird **Liquidität entzogen.** Zusätzliche Nachfrage kann nicht finanziert werden. Es ist zu erwarten, dass die inflationäre Entwicklung gebremst wird.
- **Kauf von Wertpapieren.** Ist die Wirtschaft unterbeschäftigt, kauft die Zentralbank Wertpapiere am offenen Markt. Dem Kreditmarkt wird **Liquidität zugeführt.** Zusätzliche Kreditnachfrage kann also finanziert werden.

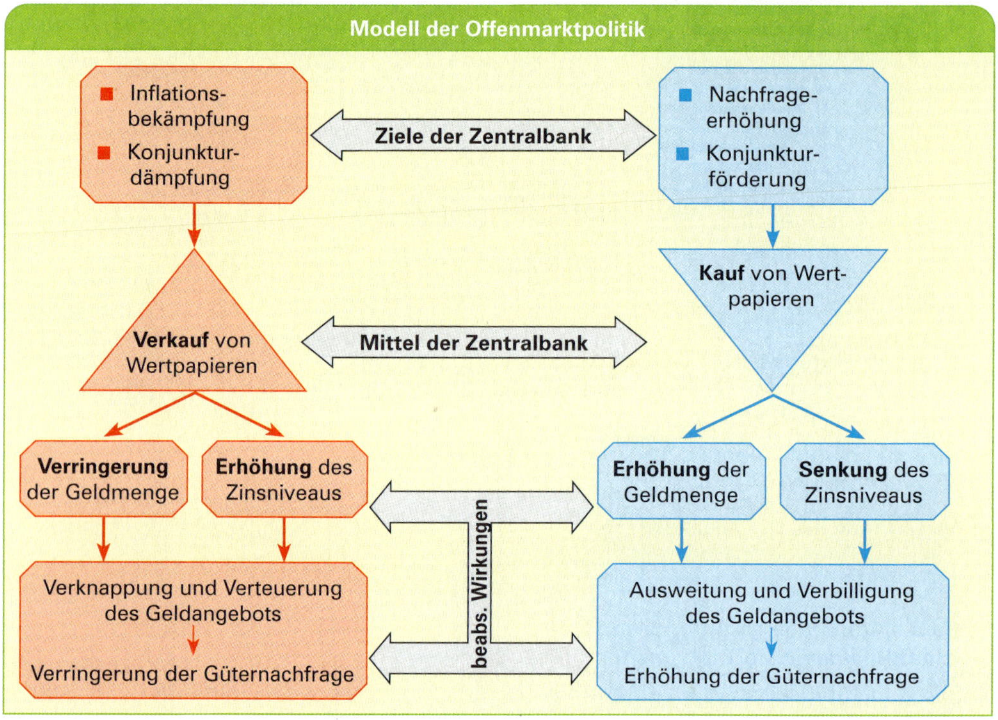

(2) Befristete Transaktionen

Alle Transaktionen, bei denen das Eurosystem den Geschäftspartnern Liquidität zur Verfügung stellt (Offenmarktgeschäfte und Übernachtkredite), müssen durch **ausreichende Sicherheiten** gedeckt sein. Das Eurosystem hat einen einheitlichen Rahmen für notenbankfähige Sicherheiten geschaffen.

1 **Definitiv** (lat.): wörtl. bestimmt. Hier: Ein endgültiger Kauf ohne Nebenbedingungen wie z. B. Rücknahmevereinbarungen.

Dementsprechend werden alle liquiditätszuführenden Operationen des Eurosystems mit Sicherheiten unterlegt, die die Geschäftspartner zur Verfügung stellen, indem sie entweder das **Eigentum** an diesen Vermögenswerten übertragen (bei endgültigen Käufen oder Käufen mit Rückkaufsvereinbarungen) oder sie als **Pfand,** Abtretung oder sonstiges umfassendes Sicherungsrecht einsetzen (bei besicherten Krediten).

Befristete Transaktionen als

Pensionsgeschäfte	**Pfandkredite**
= **Ankauf** refinanzierungsfähiger Sicherheiten mit **Rückkaufsvereinbarung**	= **Kredit** gegen **Verpfändung** refinanzierungsfähiger Sicherheiten

Die in der **Praxis** von den Kreditinstituten **überwiegend** zur Refinanzierung für **befristete** Transaktionen eingesetzten **Wertpapiere** befinden sich meist in einem **Dispositionsdepot** bei der Deutschen Bundesbank. Dieses Depot wird in der Regel bei der **Clearstream Banking AG** unterhalten.

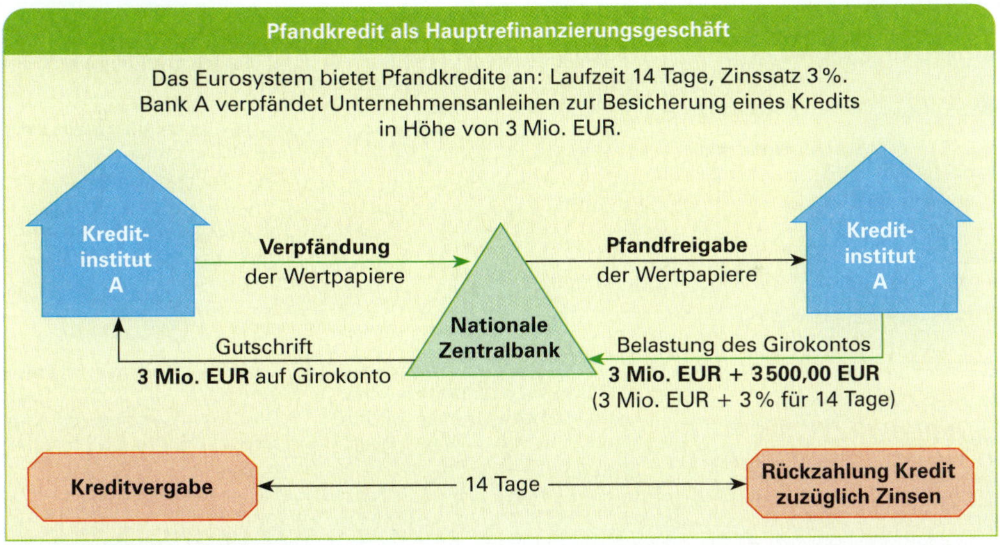

Für die **Zinsberechnung** bei Geschäften mit Geschäftsbanken verwendet die EZB in der Regel die **Eurozinsmethode** (act/360).

Die Kreditvergabe erfolgt im Wege sogenannter **Standardtender.**[1] Das Eurosystem kann Standardtender entweder als **Mengen- oder Zinstender** ausschreiben, wobei der Zinstender in Abhängigkeit von den Zuteilungsmodalitäten als **holländisches oder amerikanisches Zuteilungsverfahren** ausgestaltet sein kann.

Durch das Herauf- bzw. Heruntersetzen des **Mindestbietungssatzes** (Pensionssatzes) wird das gesamte Zinsniveau beeinflusst.

1 Das Wort **Tender** hängt mit dem englischen Wort „to tend" (Kurzform von „to attend") und dem lateinischen Wort attendere (vgl. franz. attendre) zusammen. Es bedeutet so viel wie aufpassen, Sorge tragen für etwas, auf etwas achten.

Beispiel:

Steigt der Zins für kurzfristige Kredite von 6 % auf 8 % und verharrt der Zinssatz für langfristige Kredite noch auf beispielsweise 7 %, so werden kurzfristige Kredite durch langfristige ersetzt, d. h., langfristige Kredite werden so lange nachgefragt, bis auch auf den Kapitalmärkten die Zinssätze steigen.

Standardtender im Überbliick

Mengentender

Bei dem Mengentender wird der **Zinssatz** von der EZB **im Voraus festgelegt**. Die teilnehmenden **Geschäftspartner** bieten den Betrag, den sie zu diesem Festsatz übernehmen möchten.

Nach Vorliegen der Angebote teilt die EZB den Geschäftspartnern dann denjenigen Betrag zu, der ihren liquiditätspolitischen Vorstellungen entspricht. Übersteigt die Summe der Einzelgebote der Kreditinstitute die Vorstellungen der EZB, erfolgt eine gleichmäßige Quotierung aller Angebote.

Beispiel:

Die EZB möchte dem Markt insgesamt 10 Mrd. EUR Liquidität zur Verfügung stellen.

Zinsvorgabe: 2,50 %

Gebote:

Geschäftspartner A:	4,0 Mrd. EUR
Geschäftspartner B:	7,0 Mrd. EUR
Geschäftspartner C:	2,0 Mrd. EUR
Geschäftspartner D:	4,0 Mrd. EUR
Geschäftspartner E:	3,0 Mrd. EUR
Gesamt:	**20,0 Mrd. EUR**

Quotierung: 50 %

Geschäftspartner A:	2,0 Mrd. EUR
Geschäftspartner B:	3,5 Mrd. EUR
Geschäftspartner C:	1,0 Mrd. EUR
Geschäftspartner D:	2,0 Mrd. EUR
Geschäftspartner E:	1,5 Mrd. EUR
Gesamt:	**10,0 Mrd. EUR**

Zinstender

Bei dem Zinstender bieten die Geschäftspartner des Eurosystems **sowohl** den von ihnen gewünschten **Betrag** als auch den **Zinssatz,** zu dem sie das Geschäft abzuschließen bereit sind. Wenn die Geschäftspartner **zu niedrige Zinsen** bieten, laufen sie Gefahr, bei der **Zuteilung leer auszugehen.** Umgekehrt haben sie bei **hohen Zinsgeboten** die Chance, **volle Zuteilung** des gewünschten Betrages zu erhalten. Die EZB setzt **intern** allerdings einen **Gesamtkreditbetrag** als Höchstgrenze fest. Gebote zu dem gerade noch zum Zuge gekommenen Zinssatz (marginaler Zinssatz) werden auch hier – falls erforderlich – quotiert.

Als **marginaler Zinssatz** wird der Satz bezeichnet, zu dem der Markt geräumt wird. Es handelt sich immer um den **letzten** Zins, zu dem noch **zugeteilt** wurde (hier: 3,50 %).

holländisches Verfahren

Die **Zuteilung** bei diesem Verfahren erfolgt zu einem **Einheitszinssatz**.

Dieser Zuteilungssatz ist der niedrigste akzeptierte Bietungssatz, für alle zum Zuge kommenden Gebote.

Beispiel:

Die EZB gibt einen Mindestbietungssatz von 3,00 % bekannt. Der Gesamtkreditbetrag wird **intern** auf 15 Mrd. EUR festgelegt.

Gebote:

Geschäftspartner A:	4,0 Mrd. EUR zu 4,00 %
Geschäftspartner B:	6,0 Mrd. EUR zu 3,75 %
Geschäftspartner C:	3,0 Mrd. EUR zu 3,60 %
Geschäftspartner D:	2,0 Mrd. EUR zu 3,50 %
Geschäftspartner E:	2,0 Mrd. EUR zu 3,50 %
Geschäftspartner F:	3,0 Mrd. EUR zu 3,20 %
Gesamt:	**20,0 Mrd. EUR**

Zuteilung erfolgt einheitlich zu 3,50 %:

Geschäftspartner A:	4,0 Mrd. EUR
Geschäftspartner B:	6,0 Mrd. EUR
Geschäftspartner C:	3,0 Mrd. EUR
Geschäftspartner D:	1,0 Mrd. EUR
Geschäftspartner E:	1,0 Mrd. EUR
Gesamt:	**15,0 Mrd. EUR**

Bei den Geschäftspartnern D und E erfolgt eine Quotierung mit 50 %.

amerikanisches Verfahren

Bei diesem Zuteilungsverfahren entspricht der **Zuteilungszinssatz** dem **individuellen Bietungssatz** des jeweiligen Geschäftspartners.

Vor allem die **Hauptrefinanzierungsgeschäfte** werden nach dem **amerikanischen** Zinstenderverfahren durchgeführt.

Beispiel:

Die EZB gibt einen Mindestbietungssatz von 3,00 % bekannt. Der Gesamtkreditbetrag wird **intern** auf 15 Mrd. EUR festgelegt.

Gebote:

Geschäftspartner A:	4,0 Mrd. EUR zu 4,00 %
Geschäftspartner B:	6,0 Mrd. EUR zu 3,75 %
Geschäftspartner C:	3,0 Mrd. EUR zu 3,60 %
Geschäftspartner D:	2,0 Mrd. EUR zu 3,50 %
Geschäftspartner E:	2,0 Mrd. EUR zu 3,50 %
Geschäftspartner F:	3,0 Mrd. EUR zu 3,20 %
Gesamt:	**20,0 Mrd. EUR**

Zuteilung erfolgt nach den individuellen Geboten:

Geschäftspartner A:	4,0 Mrd. EUR zu 4,00 %
Geschäftspartner B:	6,0 Mrd. EUR zu 3,75 %
Geschäftspartner C:	3,0 Mrd. EUR zu 3,60 %
Geschäftspartner D:	1,0 Mrd. EUR zu 3,50 %
Geschäftspartner E:	1,0 Mrd. EUR zu 3,50 %
Gesamt:	**15,0 Mrd. EUR**

Bei den Geschäftspartnern D und E erfolgt eine Quotierung mit 50 %.

5.9.2.2 Kategorien der Offenmarktpolitik

(1) Hauptrefinanzierungsinstrument

Die Hauptrefinanzierungsoperationen sind liquiditätszuführende Transaktionen, die **regelmäßig jede Woche** durchgeführt werden. Sie haben i.d.R. eine **Laufzeit von einer Woche.** Danach müssen die Kredite zurückgezahlt werden.

Der von der EZB festgelegte Zinssatz für die Hauptrefinanzierung **(Refi-Satz)** ist der entscheidende Leitzins in der WWU. Von **Leitzins** spricht man deshalb, weil sich nach ihm alle übrigen Zinssätze richten.

(2) Längerfristige Refinanzierungsgeschäfte

Bei den längerfristigen Refinanzierungsgeschäften handelt es sich um **regelmäßige** Refinanzierungsgeschäfte mit **dreimonatiger** Laufzeit.

Längerfristige Refinanzierungsgeschäfte werden regelmäßig **monatlich** von den **nationalen** Zentralbanken durchgeführt.

5.9.3 Ständige Fazilitäten[1]

Ständige Fazilitäten umfassen

- **Kreditbereitstellungen** des Eurosystems, die von den Kreditinstituten jederzeit bei Bedarf in Anspruch genommen werden können **(Spitzenrefinanzierungsfazilität),** und
- die Bereitschaft des Eurosystems, **Einlagen** der Kreditinstitute entgegenzunehmen **(Einlagenfazilität).**

(1) Spitzenrefinanzierungsfazilität

Die Spitzenrefinanzierungsfazilität dient der **Abdeckung** von am Tagesende bestehenden (i.d.R. durch den Zahlungsverkehr entstandenen) **Sollsalden** der Kreditinstitute. Die Kreditgewährung erfolgt **„über Nacht"** gegen refinanzierungsfähige Sicherheiten (z.B. Wertpapiere, Wechsel). Der Zinssatz wird von der EZB festgelegt und bildet die **Obergrenze des Tagesgeldzinssatzes.**[2]

1 **Fazilität** (lat.): Möglichkeit. Fazilität (eigentlich „Kreditfazilität") bedeutet die Möglichkeit, einen Kredit aufnehmen zu können. Einlagenfazilität ist die Möglichkeit, Geld bei einer Zentralbank anlegen zu können.

2 Zinssatz, der für täglich fälliges Geld zu zahlen ist.

(2) Einlagenfazilität

Die Einlagenfazilität ist gewissermaßen das Gegenteil der Spitzenrefinanzierungsfazilität, denn hier ermöglicht das Eurosystem den Kreditinstituten, **Übernachtliquidität** (in der Regel durch den Zahlungsverkehr entstandene Habensalden) bei den nationalen Zentralbanken anzulegen. Die Einlagen werden zu einem im Voraus festgelegten Zinssatz verzinst, der im Allgemeinen die **Untergrenze des Tagesgeldzinssatzes** bildet.

Die Spanne zwischen der Zinssatz-Obergrenze für Übernacht-Kredite und der Zinssatz-Untergrenze für Übernacht-Einlagen wird als **Zinsband,** als **Zinskorridor** oder als **Zinskorsett** bezeichnet.

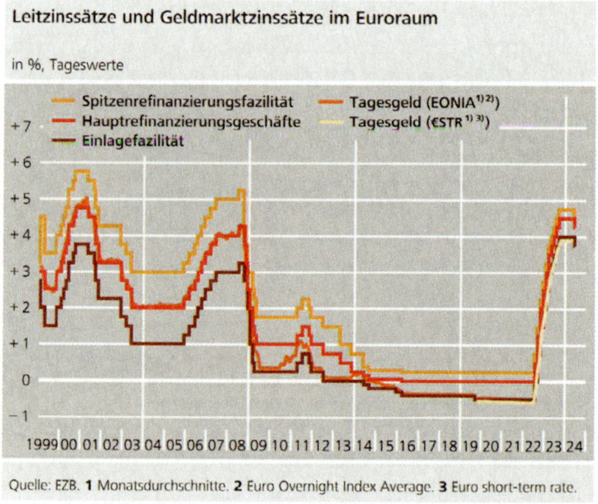

Quelle: EZB. **1** Monatsdurchschnitte. **2** Euro Overnight Index Average. **3** Euro short-term rate.

Quelle: Deutsche Bundesbank, Geld und Geldpolitik, Frankfurt 2024, S. 175.

5.9.4 Zusammenfassender Überblick der Geldpolitik der EZB

Quelle: In Anlehnung an: www.ecb.int

5.10 Stellenwert des Euro im weltwirtschaftlichen Kontext

5.10.1 Grundlegendes

Mit Einführung des Euro hat sich diese Währung – neben dem US-Dollar – zu der wohl **wichtigsten** Währung weltweit entwickelt. Dies wird auch dadurch deutlich, dass viele Industrieländer weltweit den Euro als Währungsreserve halten, da sie den Euro als **sicher** einstufen. Allerdings ist der Euro in den letzten Jahren vor allem durch die **hohe Verschuldung** einiger Euroländer und daraus resultierender Entscheidungen der Europäischen Zentralbank (EZB) international sehr stark unter Druck geraten.

5.10.2 Die Eurokrise und der ESM

Der Euro ist in der jüngeren Vergangenheit wegen der **Verschuldungskrise** einiger Mitgliedstaaten, die ihren Zahlungsverpflichtungen zur Bedienung der aufgenommenen Kredite ohne Unterstützung Dritter nicht mehr nachkommen konnten, stark unter Druck geraten.

Am 1. November 1993 trat der Vertrag über die Europäische Union, der sogenannte Vertrag von Maastricht, in Kraft. Die EU war gegründet. Mit dem Maastricht-Vertrag gab sich die EU Fiskalregeln, die sie später durch den Stabilitäts- und Wachstumspakt ergänzte. Eine dieser Regeln ist die Defizitschwelle von 3 %, die die Mitgliedsstaaten nicht überschreiten sollen. Was genau heißt das? Die Staatsausgaben sollen die Staatseinnahmen um nicht mehr als 3 % des Bruttoinlandsproduktes (BIP) übersteigen. Ziel dieser Regel sind solide Staatsfinanzen. Überschreitet ein Land diese Schwelle bzw. läuft es Gefahr sie zu überschreiten, kann ein Defizitverfahren gegen dieses Land eingeleitet werden. Mit dem Verfahren werden vom betroffenen Land Korrekturmaßnahmen gegen das überhöhte Defizit eingefordert. Staaten des Euroraums können mit Sanktionen belegt werden, wenn sie nicht handeln. Im Jahr 2025 lagen zehn EU-Staaten über der Defizitschwelle von 3 % ihres BIP. Spitzenreiter war Rumänien mit 7,9 %. Deutschland lag mit 2,7 % nur knapp unter der Schwelle. Fünf EU-Länder konnten hingegen einen Überschuss für sich verbuchen. Am größten war dieser in Zypern mit 3,4 %. Das EU-Defizit über alle Länder hinweg betrug 3,1 %.

Ausgangspunkt war die **Immobilienkrise (Subprime-Krise)** in den Vereinigten Staaten, die schließlich im Jahr 2008 zum Zusammenbruch der amerikanischen Großbank Lehman Brothers führte. Dadurch kamen weltweit zahlreiche große Banken und Versicherungen in Zahlungsschwierigkeiten und mussten von den Staaten durch Fremd- und Eigenkapitalspritzen gerettet werden. Die **Finanzkrise** führte zu einer **Wirtschaftskrise,** diese wiederum zu einer **Staatsschulden-** und der hieraus folgenden **Eurokrise,** die in der Europäischen Wirtschafts- und Währungsunion einige Schwachstellen offenlegte.

Schwachstellen der Wirtschafts- und Währungsunion waren bzw. sind insbesondere:

- eine **übermäßige Verschuldung** einiger Mitgliedstaaten der Eurozone,
- eine **unzureichende wirtschaftspolitische Koordination und Überwachung** zum Erkennen von Ungleichgewichten,
- **unzureichende Regeln** für Finanzprodukte und
- ein **fehlender Mechanismus,** der die Stabilität der Euroländer wahrt und einem Mitgliedstaat Schutz und Nothilfe anbieten kann.

Als Auslöser dieser Staatsschuldenkrise im Euroraum gilt **Griechenland,** welches nach einer neuen Regierungsbildung das tatsächliche Ausmaß seiner bisher **verschleierten** Haushaltsdefizite und seines Schuldenstandes offenlegte und dann die EU und den Internationalen Währungsfonds (IWF) um Hilfe bat, um seine **Staatsinsolvenz** abzuwenden. Nach Griechenland gestaltete es sich aber auch für Irland und Portugal sowie in vergleichsweise geringerem Maße für Italien und Spanien zunehmend schwieriger, ihre Staatsverschuldung am Kapitalmarkt zu refinanzieren.

Als Konsequenz aus dieser Staatsschuldenkrise beschloss der Europäische Rat einen **Europäischen Stabilitätsmechanismus (ESM)** zum **Schutz des Euro** einzurichten. Der ESM wurde von allen 19 Euroländern gegründet und kann im Krisenfall **Finanzhilfen** an solche Euroländer vergeben, die schwerwiegende Finanzierungsprobleme haben bzw. denen derartige Probleme drohen.

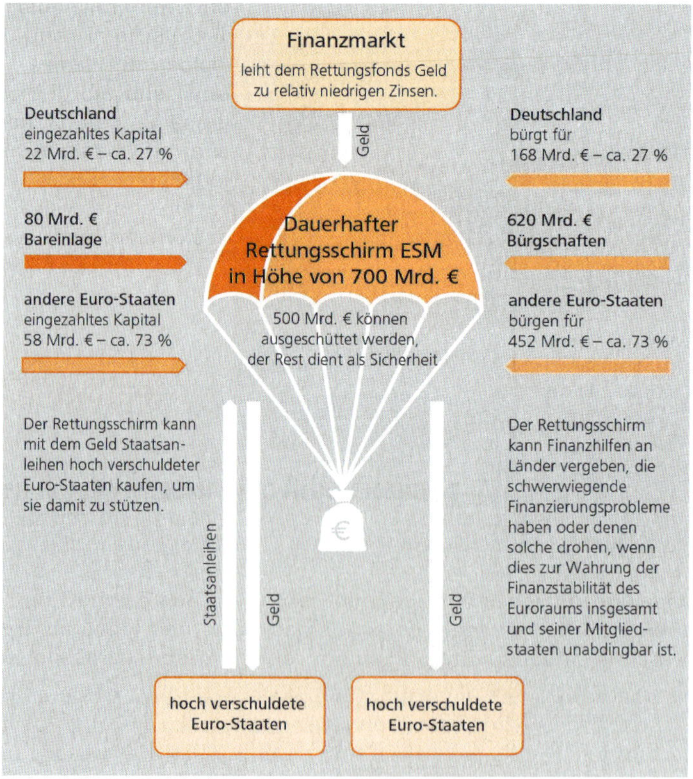

Quelle: Deutsche Bundesbank, Geld und Geldpolitik, Frankfurt 2024, S. 110.

Kompetenztraining

61 1. 1.1 Erläutern Sie die Begriffe Mindestreservesatz und Mindestreservepolitik!

1.2 Beurteilen Sie die Wirkungen steigender bzw. sinkender Mindestreservesätze!

1.3 Begründen Sie, in welchen wirtschaftlichen Gesamtsituationen die EZB die Mindestreservesätze

1.3.1 erhöhen und

1.3.2 senken wird!

1.4 Angenommen, die EZB erhöht die Zins- und Mindestreservesätze. Die Unternehmen gehen deshalb dazu über, Anleihen zu emittieren, um sich Kredite zu beschaffen. Erläutern Sie, wie die EZB diese Maßnahmen der Wirtschaft durchkreuzen kann!

2. Angenommen, eine Zentralbank möchte 12 Mrd. GE zuteilen. Es bieten die Bankengruppen A 4,5 Mrd. GE, B 4,2 Mrd. GE, C 5,1 Mrd. GE, D 2,7 Mrd. GE und E 1,5 Mrd. GE.

Es wird ein Tenderverfahren angewandt.

Aufgaben:

2.1 Angenommen, es wird der Mengentender eingesetzt. Ermitteln Sie, wie viel Kredit jede Bankengruppe erhält!

2.2 Angenommen, es wird das holländische Tenderverfahren eingesetzt. Die Bankengruppen bieten folgende Zinssätze: Bankengruppe A 3,80 %, Bankengruppe B 3,75 %, Bankengruppe C 3,70 %, Bankengruppe D 3,65 % und Bankengruppe E 3,60 %. DOWNLOAD

Stellen Sie fest, welche Bankengruppen zum Zuge kommen und wie hoch der jeweilige Zuteilungsbetrag ist!

2.3 Erläutern Sie, worin sich das holländische Tenderverfahren vom amerikanischen unterscheidet!

2.4 Führen Sie an, wie der Oberbegriff über die in den Aufgaben 2.2 und 2.3 genannten Tenderverfahren lautet!

3. Nennen Sie die Maßnahmen, die die EZB in folgenden Fällen ergreifen sollte! Begründen Sie Ihre Antworten und gehen Sie auf mögliche Zielkonflikte ein!

3.1 Die Wirtschaft befindet sich im Zustand der Unterbeschäftigung (Arbeitslosigkeit). Die Inflationsrate ist gering.

3.2 Die Wirtschaft befindet sich im Zustand der Überbeschäftigung mit hohen Preissteigerungsraten.

3.3 Die Importe übersteigen die Exporte. Die Inflationsrate ist hoch. Die Wirtschaft ist unterbeschäftigt.

3.4 In den USA sind die Zinssätze niedrig, in der WWU im Verhältnis dazu hoch. Die Inflationsrate in der WWU ist nach Ansicht der EZB zu hoch.

4. Die EZB beschließt, dem Markt Liquidität in Höhe von 200 Mio. EUR über eine befristete Transaktion in Form eines Mengentenders zuzuführen. Die Zinsvorgabe beträgt 2,5 %. Daraufhin gehen bei der EZB folgende Gebote ein:

Geschäftspartner A:	136 Mio. EUR	Geschäftspartner D:	140 Mio. EUR
Geschäftspartner B:	120 Mio. EUR	Geschäftspartner E:	180 Mio. EUR
Geschäftspartner C:	160 Mio. EUR	Geschäftspartner F:	64 Mio. EUR

Aufgabe:

Ermitteln Sie die Zuteilungsbeträge für die einzelnen Geschäftspartner!

5. Die EZB beschließt, dem Markt Liquidität in Form eines Zinstenders zur Verfügung zu stellen. Als Mindestbietungssatz gibt sie 3,10 % bekannt.

Folgende Gebote in Mio. EUR gehen ein:

Zinssatz	A-Bank	B-Bank	C-Bank	Gebote insgesamt
3,20				
3,18			10	10
3,17		80	20	100
3,15		100	40	140
3,14	50	120	50	220
3,12	60	150	70	280
3.11	**80**	**200**	**100**	**380**
insgesamt	**190**	**650**	**290**	**1 130**

Die EZB beschließt, ein Volumen von 610 Mio. EUR zuzuteilen.

Aufgaben:

5.1 Führen Sie die Zuteilung nach dem holländischen Verfahren durch!

DOWNLOAD

5.2 Nehmen Sie die Zuteilung nach dem amerikanischen Verfahren vor!

5.3 Ermitteln Sie für die Zuteilung nach dem amerikanischen Verfahren

5.3.1 den marginalen Zinssatz!

DOWNLOAD

5.3.2 den gewichteten Durchschnittszinssatz (auf drei Nachkommastellen runden)!

5.4 Angenommen die EZB stellt der Kundenbank AG im Rahmen eines längerfristigen Refinanzierungsgeschäftes einen Pfandkredit in Höhe von 12,5 Mio. EUR zur Verfügung. Im Rahmen des Zinstenders hatte die Kundenbank AG für diesen Betrag einen Zinssatz von 2,35 % geboten. Der Mindestbietungssatz der EZB für diesen Zinstender lag bei 2,15 %, der marginale Zinssatz bei 2,25 %.

Aufgaben:

5.4.1 Ermitteln Sie die Höhe der Belastung des Bundesbankkontos der Kundenbank AG am Tag der Rückzahlung, sofern die Zuteilung im Rahmen eines holländischen Verfahrens erfolgte!

5.4.2 Ermitteln Sie die Höhe der Belastung des Bundesbankkontos der Kundenbank AG am Tag der Rückzahlung, sofern die Zuteilung im Rahmen eines amerikanischen Verfahrens erfolgte!

6. Lesen Sie zunächst nachfolgende Geschichte!

Es war einmal ein höchst ehrenwerter und seriöser englischer Gentleman, der seinen Sommerurlaub regelmäßig auf einer netten kleinen Insel im Ägäischen Meer verbrachte. Er war dort Stammgast und seine Kreditwürdigkeit war bei den Inselbewohnern über jeden Zweifel erhaben. Die Inselbewohner hatten keinerlei Einwände dagegen, dass er alles per Scheck bezahlte. Man hatte ja aufgrund der langjährigen Erfahrung die Gewissheit, dass diese Schecks stets gedeckt waren. Der Engländer war auf der Insel schließlich allen so wohlbekannt und genoss ein so großes Vertrauen, dass die Inselbewohner sich sogar untereinander mit diesen Schecks bezahlten. Wenn z. B. der Restaurantbesitzer einen Teil seiner Zahlungen an den Lebensmittelhändler mit einem Scheck, den er für ein Essen erhalten hatte, leisten wollte, war das dem Lebensmittelhändler nur recht. Er konnte dann mit dem Scheck seine Benzinrechnung begleichen, und auf diese Art und Weise zirkulierten die Schecks des Engländers auf der ganzen Insel. Das ging dann sogar so weit, dass sie nie die Londoner Bank des Engländers zur Einlösung erreichten.

Quelle: Maurice Levi, Ökonomie ohne Rätsel, Birkhäuser Verlag, Basel 1982.

Aufgabe:

Erläutern Sie, wer denn nun eigentlich die Ferien des Engländers bezahlt hat!

7. Ermitteln Sie mithilfe der Quantitätsgleichung anhand nachfolgender Daten die Veränderung des Preisniveaus in Prozent:

	Jahr 01	Jahr 02
Geldmenge in Geldeinheiten (GE)	250 GE	260 GE
Umlaufgeschwindigkeit	16	18
Handelsvolumen	4000	3744

8. In dem kleinen Land „Nirwo" versorgen sich die Menschen selbst. Das einzige dort gehandelte Gut ist Reis. Im Jahr 00 wurden 600 000 dt Reis angeboten und verkauft. Die Umlaufgeschwindigkeit des Geldes in diesem Land ist konstant 2, weil die Menschen nur zum Zeitpunkt der Frühjahrs- und zum Zeitpunkt der Herbsternte auf Vorrat kaufen. Als Geld dienen Kupfermünzen mit dem Nennwert 1. Das Kupfer wird in den nahe liegenden Bergen gefördert und unmittelbar darauf zu Münzen verarbeitet, sodass die Geldmenge je nach Umfang der Funde ständig zunimmt. Für eine gewisse Geldwertstabilität sorgt allerdings der Brauch, dass man den Toten einen Teil ihres Barvermögens ins Grab legt und nie wieder zutage fördert. Im Jahre 00 waren 450 000 Münzen im Umlauf. Die nachfragewirksame Geldmenge betrug also 900 000 Geldeinheiten, weil die 450 000 Münzen zweimal zum Kauf von je 300 000 dt Reis ausgegeben wurden.

Im Jahr 01 wurden wiederum 600 000 dt Reis gehandelt. Es wurden aber zusätzlich 50 000 Münzen geprägt, von denen allerdings 5 000 Münzen den zwischenzeitlich Verstorbenen als Grabbeigabe dienten.

Aufgaben:

8.1 Berechnen Sie mittels der Fisherschen Verkehrsgleichung das Preisniveau für eine dt Reis im Jahr 00 sowie im Jahr 01!

8.2 Ermitteln Sie die Inflationsrate des Landes „Nirwo" im Jahr 01 gegenüber dem Jahr 00!

9. **Vernetzungsdiagramm**

Im Jahr 2016 senkte die EZB den Leitzins auf ein historisches Tief. Als Begründung wurde u. a. angeführt, dass die Zinssenkung zur Abschwächung einer drohenden Rezession diene. Die EZB wollte eine bessere Versorgung des Bankensystems mit Liquidität in Form zinsgünstiger Kredite sicherstellen.

Vervollständigen Sie vor diesem Hintergrund nachfolgend beabsichtigte Ursache-Wirkungs-Zusammenhänge, indem Sie

- die Wirkungsrichtung „Je mehr – desto mehr" bzw. „Je weniger – desto weniger" an der jeweiligen Pfeilspitze mit einem (+) kennzeichnen und
- die Wirkungsrichtung „Je mehr – desto weniger" bzw. „Je weniger – desto mehr" an der jeweiligen Pfeilspitze mit einem (–) kennzeichnen!

Begründen Sie die Wirkungszusammenhänge der Größen Produktion, Preisniveau und Beschäftigung!

DOWNLOAD

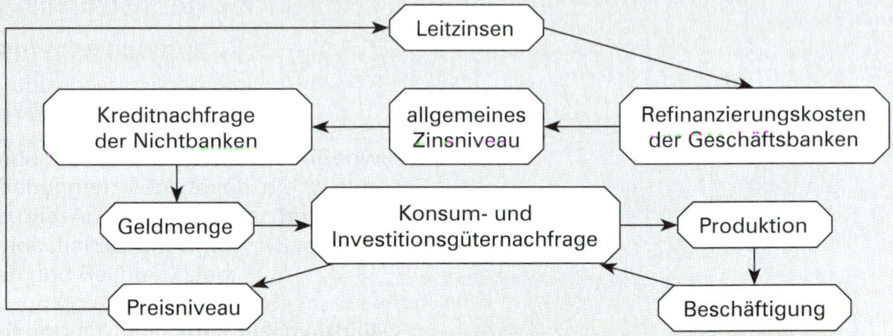

10. Angenommen, eine Zentralbank wirft einen bestimmten Geldbetrag von einem Hubschrauber ab (sogenanntes „helicopter money“, d.h., jeder bekommt den gleichen Geldbetrag) und erhöht damit die in Umlauf befindliche Geldmenge in der Volkswirtschaft.

Aufgabe:

Erläutern Sie, was die Konsequenzen auf kurze Sicht und was die langfristigen Auswirkungen wären!

11. In nebenstehender Pressemitteilung gibt die EZB Folgendes bekannt:

Welche der folgenden Aussagen zu dieser Senkung des Leitzinssatzes ist zutreffend? Trifft keine Aussage zu, so tragen Sie bitte ein ⑨ ein!

> **Pressemitteilung:**
>
> Die EZB hat sich aufgrund der jüngsten Entwicklungen am Markt dazu entschlossen, den Zinssatz für Hauptrefinanzierungsgeschäfte um 25 Basispunkte zu reduzieren. Somit verändert sich der Zinssatz von 1,25 % auf nnunmehr 1,0 %.

Diese Maßnahme der EZB

① trägt dazu bei, die Wirtschaftspolitik der Euroländer zu unterstützen und den Trend zum Boom hin abzubremsen.

② fördert im derzeitigen Aufschwung die Neigung der privaten Haushalte, mehr zu sparen.

③ zielt vor allem darauf ab, den Export trotz der hohen Inflation anzukurbeln.

④ hat zum Ziel, die starke Inflation bei zu hohem Wirtschaftswachstum zu bekämpfen.

⑤ soll dazu führen, dass sich die Kreditkonditionen der Geschäftspartner aus Sicht ihrer Kreditnehmer verschlechtern.

⑥ soll zur Belebung der Konjunktur in den Euroländern beitragen.

☐

12. In einer Pressemitteilung gibt die EZB folgende Ergebnisse für Hauptrefinanzierungsgeschäfte bekannt:

Gutschriftstag	Gebote in Mio. EUR	Zuteilung in Mio. EUR	Anzahl der Teilnehmer	Mengentender Zinssatz in %	Laufzeit (Tage)
7. Juni	126 756	126 756	231	1,25	7
14. Juni	131 890	131 890	235	1,25	7
28. Juni	134 678	134 678	237	1,25	7
5. Juli	136 986	136 986	241	1,00	7
12. Juli	139 451	139 451	243	1,00	7
19. Juli	136 892	136 892	241	1,00	7
26. Juli	131 278	131 278	239	1,00	7

Aufgabe:

Entscheiden Sie, welche der folgenden Aussagen zu der Pressemitteilung zutreffend ist! Trifft keine Aussage zu, so tragen Sie bitte eine ⑨ ein!

① Das durchschnittlich pro Teilnehmer zugeteilte Volumen stieg im Betrachtungszeitraum kontinuierlich an.

② Die im Beobachtungszeitraum erkennbare Zinssenkung lässt auf eine in dem Zeitraum steigende Inflationsrate schließen.

③ Im Juli wurde dem Bankensektor kontinuierlich Liquidität entzogen.

④ Bei einem Teil der Bieter musste im Beobachtungszeitraum eine Quotierung erfolgen.

⑤ Im Beobachtungszeitraum wurde von dem holländischen auf das amerikanische Zuteilungsverfahren umgestellt.

⑥ Alle Geschäftspartner zahlten im Beobachtungszeitraum für die ihnen zur Verfügung gestellte Liquidität einen einheitlichen Festzinssatz von 1,25 % bzw. 1,0 % über dem Basiszinssatz.

13. Die führenden Wirtschaftsforschungsinstitute in Europa weisen in ihren neuesten Gutachten zur Einschätzung der zukünftigen wirtschaftlichen Entwicklung auf die Gefahr einer Abschwächung der Konjunkturentwicklung hin. Die Europäische Zentralbank (EZB) beabsichtigt, dieser Entwicklung entgegenzuwirken, zumal es aktuell keine Anzeichen für eine Inflation gibt.

Aufgabe:

Prüfen Sie, in welcher Zeile die Kombination geldpolitischer Maßnahmen der EZB aufgeführt ist, die mit Blick auf die zukünftige Entwicklung sinnvoll erscheint! Tragen Sie eine ⑨ ein, wenn keine der aufgeführten Kombinationen sinnvoll erscheint!

Zinssätze	Mindestreservesätze	Wertpapiere im Rahmen der Offenmarktgeschäfte
① erhöhen	erhöhen	kaufen
② erhöhen	senken	kaufen
③ senken	erhöhen	verkaufen
④ senken	erhöhen	kaufen
⑤ senken	senken	kaufen

6 Außenwirtschaftliche Aspekte der Wirtschaftspolitik und ihre Konsequenzen aufzeigen sowie Währungsgewinne und -verluste für Anlage- und Kreditentscheidung nutzen

6.1 Globalisierung als Ausgangspunkt für die wachsende Bedeutung des Devisenhandels verstehen

Lernsituation 38: Auszubildende der Kundenbank AG diskutieren über Missstände der Globalisierung

Katharina, Christine, Marvin und Thorsten sind seit über zwei Jahren Auszubildende der Kundenbank AG und haben sich seither öfter am Wochenende getroffen, um gemeinsam etwas zu unternehmen. An einem Freitag in der Mittagspause sitzen alle vier in der Cafeteria der Kundenbank AG zusammen und überlegen, dass es mal wieder an der Zeit sei, sich für einen Abend zu verabreden. Marvin schlägt vor, am Samstag ins Kino zu gehen. Während Christine und Thorsten den Vorschlag für eine gute Idee halten, winkt Katharina ab und sagt, dass sie leider schon etwas anderes für diesen Abend geplant habe und an einem Treffen von Globalisierungsgegnern teilnehmen möchte.

Christine scheint daraufhin ziemlich genervt und wirft Katharina vor, sich in letzter Zeit total merkwürdig zu verhalten. Erst habe sie ihr Smartphone eines weltweit führenden Herstellers verkauft, weil sie nicht länger ein Gerät benutzen möchte, zu dessen Herstellung angeblich Menschen in anderen Ländern ausgebeutet und die Umwelt dort verschmutzt würden. Dann hätte sie sich neulich in der Pizzeria total aufgeregt, nur weil Marvin sich eine Thunfischpizza bestellt hatte. Kurze Zeit später beim Shoppen in der Stadt, wäre sie nur durch ständiges Rumzicken aufgefallen, obwohl sie doch selbst jahrelang in diesen Läden ihre Klamotten gekauft hätte. Aber nein, unser „Gutmensch" Katharina geht ja jetzt in „Dritte-Welt-Läden" und trägt Baumwollklamotten aus angeblich fairem und nachhaltigem Anbau, provoziert Christine weiter.

Katharina fühlt sich angegriffen, reagiert aber erstaunlich sachlich. Sie sagt, dass sie die ganze Aufregung und diese Vorwürfe durchaus verstehen könne und ihren Freunden wohl eine Erklärung schuldig sei. Nach intensiver Beschäftigung mit den Folgen der Globalisierung habe sie für sich beschlossen, ihr persönliches Konsumverhalten möglichst konsequent zu verändern, um die Welt vielleicht doch ein ganz klein wenig besser zu machen.

Jetzt mischt sich Thorsten in das Gespräch ein und sagt, dass er es ziemlich beeindruckend findet, dass Katharina für sich eine solch konsequente Verhaltensänderung an den Tag legt.

Kompetenzorientierte Arbeitsaufträge:

1. **Übersichtsmatrix**

   Erstellen Sie eine Übersichtsmatrix, indem Sie zunächst zehn Güter Ihres täglichen Bedarfs notieren, die importiert sind! Im Anschluss daran notieren Sie zehn Güter, von denen Sie mit absoluter Gewissheit sagen können, dass diese nicht importiert werden, auch nicht die Rohstoffe zu deren Fertigung! Ziehen Sie ein Fazit, welche der beiden Aufgaben für Sie einfacher zu lösen war!

2. Notieren Sie zehn Importgüter, auf die Sie trotz negativer Auswirkungen auf Mensch und Umwelt keineswegs bereit wären zu verzichten!

3. **Leserbrief**

   Formulieren Sie für eine Schülerzeitung einen Leserbrief, der sich kritisch mit den Effekten der Globalisierung im Spannungsfeld von Ökonomie, Ökologie und Ethik auseinandersetzt!

4. **Maßnahmenplan**

   Die Globalisierung bringt viele Herausforderungen mit sich, die es zukünftig zu lösen gilt. Sammeln Sie zunächst im Klassenverband derartige Herausforderungen und entwickeln Sie anschließend modellhaft mögliche Maßnahmen zur aktiven Bewältigung dieser realen Herausforderungen!

6.1.1 Entwicklung der Globalisierung

Globalisierung im wirtschaftlichen Sinne bedeutet die zunehmende **erdweite Verflechtung von Volkswirtschaften.**

Bis 1990 sprach man in diesem Zusammenhang noch von der **Internationalisierung** der Märkte. Erst danach setzte sich der viel umfassendere Begriff „Globalisierung“ [1] durch.

Die Globalisierung ist keine „Erfindung der Neuzeit“, sondern ein über viele Jahrhunderte **andauernder Prozess.** Allenfalls die Geschwindigkeit, in der dieser Prozess abläuft, hat sich stark verändert, sodass es nicht verwundert, wenn aktuell der Begriff der **„Turbo-Globalisierung“** verwandt wird.

6.1.2 Bedeutung der Globalisierung

Die zunehmend **liberalisierte** und **digitalisierte** Weltwirtschaft mit ihren **offenen nationalen Märkten** erlaubt **Handelsverflechtungen der Volkswirtschaften** in einem bisher nicht gekannten Ausmaß.

Wie stark die **Verflechtungen des internationalen Handels** mittlerweile sind, veranschaulicht nachfolgende Übersicht.

1 Vgl. zu diesem Kapitel auch: Informationen zur politischen Bildung Nr. 280, 3. Quartal 2003 (Themenheft Globalisierung).

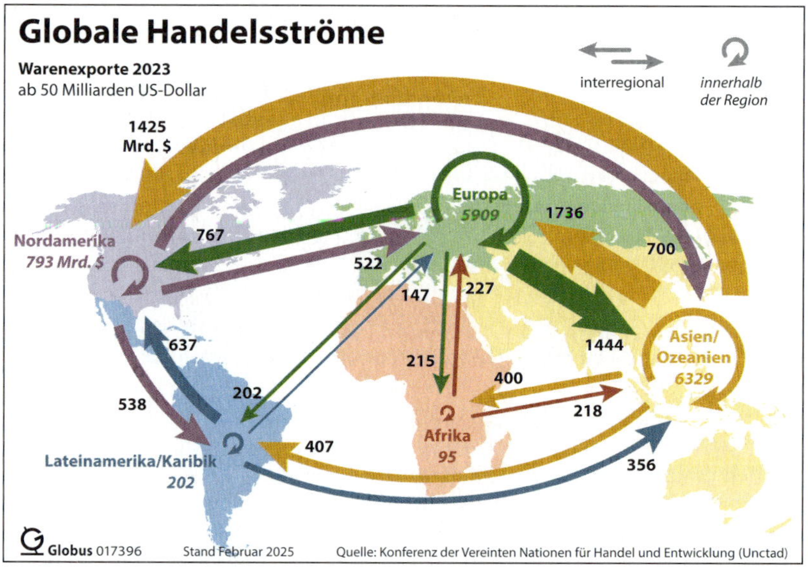

Im Jahr 2023 wurden weltweit Waren im Wert von 23,6 Billionen US-Dollar exportiert. Das waren 4,9 % weniger als im Jahr zuvor. Das geht aus Zahlen der Konferenz der Vereinten Nationen für Handel und Entwicklung (United Nations Conference on Trade and Development – UNCTAD) hervor. Den größten Anteil am Welthandel haben die Länder Asiens (einschließlich Ozeanien). Sie exportierten Waren im Wert von 10,3 Billionen Dollar, davon 6,3 Billionen Dollar innerhalb des asiatischen Raums. Damit erreichten sie einen Anteil von 43,8 % am Welthandel. Größte Exportnation war China mit Waren im Wert von rund 3,4 Billionen Dollar, gefolgt von den USA (2,0 Billionen Dollar) und Deutschland (1,7 Billionen Dollar).

Der Welthandel wird von den **reichen Industrieländern dominiert** – allein die Europäische Union hat einen Anteil von mehr als einem Drittel. Die Handelsströme zwischen den großen Regionen der Erde spiegeln dies wider. Aus Asien kommen die Waren vor allem aus China, Japan und den sogenannten „Tigerstaaten". Afrikanische und südamerikanische Länder haben zusammen nur einen geringen Anteil an den Weltexporten.

Die ärmeren Länder kämpfen deshalb seit Jahren für größere Exportchancen. Nach wie vor gibt es noch zu **viele Handelshemmnisse** für Entwicklungs- und Schwellenländer.

Die Öffnung der Grenzen veranlasst die Unternehmen, die sich ergebenden **Standortvorteile** in den verschiedenen Ländern der Erde durch Handelsbeziehungen, Informationsaustausch, Unternehmenszusammenschlüsse und sonstige Aktivitäten aller Art zunutze zu machen.

Beispiel:

Ein Automobilkonzern, der Forschungs- und Entwicklungsstandorte in Deutschland, den USA und Japan besitzt, kann die Entwicklungszeit für einen neuen Motor auf ein Drittel verkürzen, da aufgrund der Zeitverschiebung ohne Schichtarbeit rund um die Uhr geforscht und getestet werden kann. Bevor der deutsche Kollege Feierabend macht, stellt er sein Arbeitsergebnis seinem amerikanischen Kollegen via Internet zur Verfügung, dieser wiederum dem japanischen Kollegen usw.

6.1.3 Beschleuniger der Globalisierung

Bei der Globalisierung handelt es sich um einen **Prozess,** der auf mehreren, unterschiedlich starken **Triebkräften** beruht, die diesen Entwicklungsverlauf **beschleunigten.**

(1) Wohlstandsgewinne

Eine der wohl wichtigsten Antriebsfedern der Globalisierung ist das **wirtschaftliche Interesse** der beteiligten Volkswirtschaften. Bereits im 19. Jahrhundert entwickelte sich die theoretische Einsicht und sehr bald auch praktische Erfahrung, dass Staaten, die sich wirtschaftlich nicht abschotten, sondern in einen offenen Austausch mit anderen Volkswirtschaften treten, davon profitieren und **Wohlstandsgewinne** für ihre Bürgerinnen und Bürger erzielen.

(2) Liberalisierung

Begünstigt wurde die zunehmende internationale Verflechtung durch staatliche Entscheidungen, den Außenhandel zu liberalisieren. So konnten vor allem wirtschaftlich starke Staaten sukzessive durchsetzen, dass **Schutzwälle** um Volkswirtschaften schrittweise **abgetragen** wurden und werden **(außenwirtschaftliche Liberalisierung).** Bei vielen Produkten haben nationale **Zölle** und mengenmäßige **Importbeschränkungen** ihre Schutzfunktion für die jeweils heimische Produktion längst eingebüßt. War die Konkurrenz eines Unternehmens anfangs vorwiegend **innerhalb** staatlicher Grenzen zu suchen, so suchen die Unternehmen heutzutage rund um den Globus ihre Absatzchancen.

(3) Grenzüberschreitender Kapitalverkehr

Der Fluss des Geldes ist von nahezu allen staatlichen Fesseln befreit worden, sodass in der heutigen Zeit vom **internationalen Kapitalmarkt** gesprochen werden kann. Kapital findet sich überall dort ein, wo es entweder als Investition in ein Unternehmen oder auf den Finanzmärkten anderer Staaten eine gute **Rendite** verspricht. Eine Folge ist, dass über 90 % der Gelder, die täglich um die Welt zirkulieren, **nichts** mehr mit der Bezahlung von Gütern und Dienstleistungen zu tun hat. Vielmehr ist Geld selbst zur Ware für **Devisenspekulationen** geworden. Dabei fließen mitunter riesige Geldströme in Länder, in denen sie vorübergehend einen hohen Gewinn versprechen, um bei wechselnder Lage ebenso schnell wieder abgezogen zu werden – ungeachtet der **finanzpolitischen Zerrüttungen**, die dann entstehen können.

(4) „Digitale Revolution"

Nachdrücklich beschleunigt wurde der Prozess der Marktöffnung für Waren, Dienstleistungen und Geld durch die **„digitale Revolution"**, also durch Methoden zur Gewinnung, Übertragung und Speicherung von **Informationen.**

Diese Entwicklungen ermöglichten, die Welt mit einem dichten **Kommunikationsnetz** zu überspannen, das nahezu jeden Punkt dieser Erde in oft nur **Bruchteilen von Sekunden** erreichbar werden lässt. Die schnelle Übertragung der Daten über das **Internet** schafft neben der entstehenden Konkurrenz nicht nur einen großen **Weltfinanzmarkt** mit gegenseitiger Abhängigkeit. Vielmehr entsteht dadurch auch die Notwendigkeit einer stabilen Datenübertragungsinfrastruktur und ständiger Innovationen in diesem Bereich.

Für Unternehmen eröffnet das digitale Zeitalter neue Absatzchancen. Ein Unternehmen kann sich durch die weltweite Vernetzung global **neue Zielgruppen** erschließen, den Bekanntheitsgrad seiner Marke und das Image verstärken. Die **Welt** wird zu **einem** großen **Markt- und Handelsplatz** ohne unnötige Beschränkungen und Schranken.

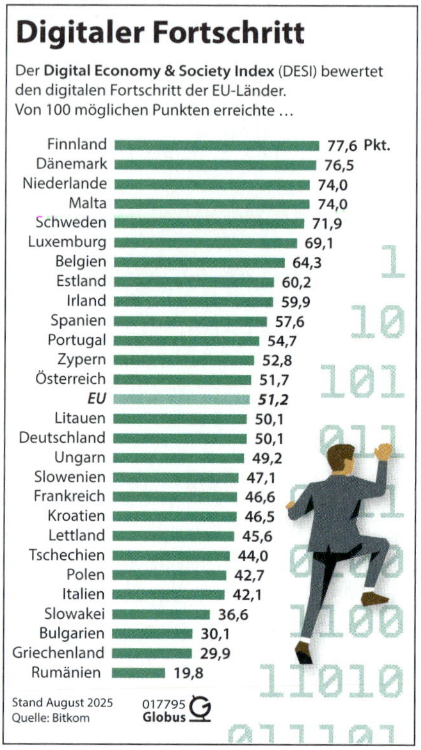

(5) Verbesserte Verkehrstechnologie

Der **Ausbau der Verkehrsinfrastruktur** für den Gütertransport ist ein zentraler Punkt, um globalisierten Handel und ein **Zusammenwachsen** über die Kontinente hinweg überhaupt erst für alle Beteiligten zu ermöglichen.

Als weitere Beschleuniger der Globalisierung gelten **sinkende Transportkosten** und die zunehmende **Vereinheitlichung technischer Normen.**

Eine ganz besondere Rolle kommt in diesem Zusammenhang der **Containerschifffahrt** zu.

Während der Verkehr gewerblicher Güter **innerhalb** eines Landes in erster Linie noch über die **Straße** und im geringeren Maße über die **Schiene** erfolgt, verläuft der **internationale** Verkehr in erster Linie über die Wasserstraßen mittels **Containerschiffen.** Ohne den Container wäre unsere heutige globalisierte Welt nicht denkbar, denn weit über **90 %** des Welthandels laufen derzeit über Wasserstraßen, wobei sich das Handelsvolumen seit dem Jahr 1960 um den Faktor 20 vergrößert hat. Man hat ausgerechnet, dass wenn man die **Containerverkehre** weltweit **aufhalten** würde, die Regale bzw. Lager der Kaufhäuser, Supermärkte und Onlineshops nach **drei Wochen** weitgehend **leer** seien. Zu verdanken ist dies in erster Linie der **erhöhten Transportkapazität** der Containerschiffe, was dazu führt, dass der Containertransport per Schiff unschlagbar **kostengünstig** ist. Niedrige Stücktransportkosten gerade bei Massenware machen das Transportmodell noch attraktiver.

6.1.4 Chancen und Risiken der Globalisierung

Kaum ein Thema wird hinsichtlich seiner Auswirkungen kontroverser diskutiert: Im Zeitalter der Globalisierung und der zusammenwachsenden Märkte eröffnen sich einerseits große Chancen; andererseits müssen aber auch die Risiken ernst genommen werden.

Chancen	Risiken
■ Nutzung der Kostenvorteile anderer Volkswirtschaften. ■ Günstige Einkaufspreise durch weltweite Konkurrenz der Anbieter. ■ Risikostreuung durch weltweites Engagement der multinationalen Konzerne („Global Players"). ■ Verbesserung des Lebensstandards in den Entwicklungsländern durch Know-how-Transfer. ■ Verringerung der Kriegsgefahr wegen der gestiegenen wirtschaftlichen Abhängigkeiten. ■ Steigende Toleranz gegenüber anderen Kulturen und Mentalitäten durch den intensiven Austausch von Waren und Dienstleistungen.	■ Vergrößerung der Umweltprobleme durch eine verstärkte Wirtschaftstätigkeit und höheren Konsum. ■ Gefahr einer ruinösen Konkurrenz zwischen den einzelnen Volkswirtschaften. ■ Menschen können mit der Geschwindigkeit des Strukturwandels nicht mithalten. ■ Gefahr zunehmender Arbeitslosigkeit in Hochlohnländern. ■ Sinkende Sozialstandards in den bisherigen Industrieländern durch den zunehmenden Kostendruck. ■ Fremde Kultureinflüsse können zu Identitätsängsten führen (Gefahr des Terrorismus). ■ Weltweit operierende Konzerne untergraben die Macht der Nationalstaaten.

Gerade diese Nachteile der Globalisierung sind der Nährboden von **globalisierungskritischen** Gruppen und Bewegungen, die sich seit den Neunzigerjahren des vorangegangenen Jahrhunderts auf internationalen Konferenzen mit globaler Thematik zunehmend Gehör verschaffen.

Beispiel:

Eines der prominentesten Beispiele für globalisierungskritische Gruppen ist die Organisation **Attac** (frz.: Association pour une taxation des transactions financières pour l'aide aux citoyens – Vereinigung zur Besteuerung von Finanztransaktionen im Interesse der Bürgerinnen und Bürger).

attac

Kompetenztraining

62 1.

Die Baumwolle wird in Kasachstan oder Indien geerntet und anschließend in die Türkei versandt.

In der Türkei wird die Baumwolle zu Garn gesponnen.

In Taiwan wird die Baumwolle mit chemischer Indigofarbe aus Deutschland gefärbt.

Aus dem gefärbten Garn werden in Polen die Stoffe gewebt.

Innenfutter und die kleinen Schildchen mit den Wasch- und Bügelhinweisen kommen aus Frankreich, Knöpfe und Nieten aus Italien.

Alle „Zutaten" werden auf die Philippinen geflogen und dort zusammengenäht.

In Griechenland erfolgt die Endverarbeitung mit Birusstein.

Die Jeans werden in Deutschland verkauft, getragen und schließlich in der Altkleidersammlung einer karitativen Organisation gegeben.

Quelle: www.globalisierung-online.de.

Aufgaben:

1.1 Ermitteln Sie mittels digitaler Medien, wie viele km für die Herstellung einer Jeans wohl zurückgelegt werden!

1.2 Diskutieren Sie in der Klasse über den Sinn dieser globalen Arbeitsteilung!

2. Die Wirtschaftsbeziehungen zwischen den Industrieländern und der sogenannten Dritten Welt werden nicht selten wie folgt beschrieben: „Der Reichtum der Industrienationen resultiert im Wesentlichen aus dem Handel dieser Länder mit den Volkswirtschaften der Dritten Welt."

Aufgaben:

2.1 Nehmen Sie zu dieser Behauptung in Bezug auf Deutschland kritisch Stellung!

2.2 Des Weiteren wird behauptet, dass Entwicklungshilfezahlungen einseitige Geschenke der Geber- an die Empfängerländer seien. Erläutern Sie anhand von vier Beispielen, dass derartige Zahlungen durchaus auch für die Geberländer positive Auswirkungen haben können!

3. **Projektvorschlag**

Alle zwei Jahre findet der Schulwettbewerb des Bundespräsidenten zu dem Thema „Alle für eine Welt – Eine Welt für alle" statt.

Sammeln Sie mittels Brainstorming mögliche Ideen für ein Projekt Ihrer Schule! Diskutieren Sie auf der Basis Ihrer Vorschläge anschließend, ob Ihre Schule gerade mit Blick auf die von Ihnen gewonnenen kreativen Ideen an dem Wettbewerb teilnehmen möchte! Um dieses arbeits- und zeitintensive Projekt umzusetzen, sollten möglichst mehrere Klassen eingebunden werden!

Selbstverständlich können Sie sich schon im Vorfeld Gedanken darüber machen, wie Sie ein mögliches Preisgeld einsetzen möchten, da dies Ihr Projekt eventuell sogar mit unterstützt.

Hinweis: Die Unterlagen zu diesem Wettbewerb, insbesondere die Teilnahmebedingungen kann man sich als Broschüre zusenden lassen oder über das Internet herunterladen (www.eineweltfueralle.de)!

4. Entscheiden Sie, welche der nachfolgenden Aussagen zur Globalisierung falsch ist. Sind alle Aussagen richtig, tragen Sie bitte ein ⑨ in das Kästchen ein!

   ① Der Welthandel wird vor allem von den Industrienationen dominiert. Die afrikanischen und südamerikanischen Staaten haben zusammen nur einen geringen Anteil an den Weltexporten. [ ]

   ② Eine der wichtigsten Säulen der Globalisierung ist die Containerschifffahrt, denn mehr als 90 % des Welthandels laufen über die Wasserstraßen. Würde man die Containerschifffahrt für ca. drei Wochen anhalten, wären die Regale und Lager der Kaufhäuser, Supermärkte oder Onlinehändler weitgehend leer.

   ③ Begünstigt wurde der Prozess auch durch die zunehmende Liberalisierung des Welthandels, indem immer mehr Staaten bestehende Handelsbarrieren gegenüber dem Ausland abbauten und somit ihre Grenzen für den Welthandel öffneten.

   ④ Ein weiterer wichtiger Faktor ist der grenzüberschreitende Kapitalverkehr. Heutzutage kann das Kapital quasi in Lichtgeschwindigkeit um den Erdball geschickt werden, um beispielsweise Rechnungen des globalen Handels zu begleichen oder Beteiligungen einzugehen. Nach Expertenschätzungen sind ca. 90 % des weltweit zirkulierenden Geldes für die Bezahlung von Gütern und Dienstleistungen gedacht.

   ⑤ Die ärmeren Länder kämpfen immer noch für größere Exportchancen, da es nach wie vor immer noch viele Handelshemmnisse für Entwicklungs- und Schwellenländer gibt.

   ⑥ Die Globalisierung leistet durch den intensiven Austausch von Waren und Dienstleistungen einen Beitrag für mehr Toleranz gegenüber anderen Kulturen und Mentalitäten.

6.2 Die internationale Arbeitsteilung und Funktionsweise von Devisenmärkten analysieren und Auswirkungen auf Haushalte und Unternehmen ableiten

Lernsituation 39: Ein Kundengespräch über die Konsequenzen von Währungsgewinnen und -verlusten für Anlage- und Kreditentscheidungen

Fortsetzung der Lernsituationen 31 und 34

Wieder einmal hat sich der Kunde Ludger Hansmann kurzfristig bei der Kundenbank AG angekündigt. Es geht heute unter anderem um eine 2,75-%-ige USD-Anleihe in Höhe von nominell 120 000,00 USD, die Herr Hansmann vor exakt 10 Jahren gekauft hat und die heute fällig ist. Herr Hansmann möchte unter Einbeziehung der Währungsgewinne bzw. -verluste wissen, welche Rendite er während der Laufzeit erzielt hat.

Kundenbank AG

Die Zinszahlungen erfolgten während der Laufzeit übrigens auf ein USD-Konto und sollen jetzt ebenfalls verkauft werden.

Nach einem kurzen Small Talk sagt Herr Hansmann: *„Mensch, Herr Bauer! Da hatte ich aber mal wieder die richtige Spürnase vor 10 Jahren. Mit dem Rentenpapier in USD habe ich so gut wie alles richtig gemacht. Und das koste ich ehrlich gesagt auch voll und ganz aus. Erst gestern hatte ich ein langes Gespräch mit meinem Vorgesetzten, dem Geschäftsführer der Rheinländer Eisenwerke GmbH, zu diesem Thema. Vielleicht erinnern Sie sich noch vage. Wir hatten vor exakt zehn Jahren eine größere Investition in unserm Betrieb durchgeführt. Ich habe mich damals sehr dafür ausgesprochen, den Kredit bei Ihnen hier zu 5,15 % aufzunehmen. Aber besagter Geschäftsführer Herr Dr. Dümpelmeier war der festen Überzeugung, dass die Zinsentwicklung in den USA etwas günstiger und zudem der Kurs des Dollar in den nächsten Jahren sinken wird und wir dann bei der Rückzahlung der USD davon profitieren. Also hat er sich durchgesetzt und ein endfälliges Darlehen zu 4,75 % in den USA aufgenommen.*

Ich habe ihm versucht zu verdeutlichen, dass der Vorteil der etwas niedrigeren Zinsen in den USA durch die wahrscheinlich negative Entwicklung des Euro gegenüber dem US-Dollar mehr als aufgebraucht würde. Aber Herr Dr. Dümpelmeier blieb bei seiner Entscheidung. Darüber hatte ich mich seinerzeit so aufgeregt, dass ich mir privat die USD-Anleihe ja ganz bewusst gekauft hatte. Ich wollte meinem Chef damit beweisen, dass ich mit meiner Einschätzung richtig liege. Tja, und jetzt ist Kassensturz angesagt. Während meine Anleihe trotz der im Vergleich zu Deutschland niedrigeren Nominalzinsen in den USA eine ordentliche Rendite erwirtschaftet hat, muss Herr Dr. Dümpelmeier nunmehr den Gesellschaftern erklären, wie es durch die jetzt anstehende Rückzahlung des Dollarkredites zu einem solchen Verlust kommen konnte.

Die Kreditsumme entsprach damals exakt dem Gegenwert der Investition in Höhe von 5 Mio. EUR.

Vorgestern haben mich bereits die Gesellschafter zu sich einbestellt. Die Gesellschafter konnten sich noch gut daran erinnern, dass ich die Entscheidung damals anders getroffen hätte. Deshalb haben sie mich also gefragt, ob ich mir vorstellen könnte, künftig den Posten des Geschäftsführers zu übernehmen, da sie schon seit geraumer Zeit mit einigen Entscheidungen von Herrn Dr. Dümpelmeier sehr unzufrieden sind. In dem Gespräch haben die Gesellschafter immer wieder betont, dass gerade in einem Unternehmen wie unserem mit einem Exportanteil von etwas mehr als 50 % der Geschäftsführer die Entwicklung der Devisenmärkte stets im Auge haben muss. Täglich stellt sich die Frage, in welchen Währungen der Ein- und Verkauf fakturiert werden soll. Und gerade im Maschinenbau mit langen Vorlaufzeiten können Entwicklungen auf dem Devisenmarkt die ganze Kalkulation zunichtemachen. Insbesondere im Zeitalter der Globalisierung müssen auch mittelständische Unternehmen hier mit viel Fachwissen ausgestattet sein. Schließlich können und wollen wir auch nicht jedes Geschäft durch teure Kurssicherungsgeschäfte unterlegen. Und in dieser Frage haben die Gesellschafter sehr großes Vertrauen in meine Person."

Herr Hansmann endet mit den Worten: *„Da kann mal sehen, wie sehr die Entwicklung auf dem Devisenmarkt zwischen Wohl und Wehe entscheidet und wie unterschiedlich sich eine Entwicklung in eine Richtung auf Anlage- und Kreditentscheidungen auswirken. So wie es aussieht kann ich jetzt sogar doppelt von dieser Entwicklung profitieren. Doch bevor der nächste Karriereschritt kommt, möchte ich jetzt unbedingt wissen, wie stark ich privat von dieser Anlageentscheidung profitiert habe. Also Herr Bauer, jetzt lassen Sie mal die Katze aus dem Sack!"*

Kompetenzorientierte Arbeitsaufträge:

1. Berechnen Sie die Rendite der fälligen USD-Anleihe. Hinsichtlich der Geld- und Briefkurse liegen folgende Daten vor:

06.10.2010:	Geldkurs: 1,3800	Briefkurs: 1,3860
06.10.2020:	Geldkurs: 1,1083	Briefkurs: 1.1143

   Die Anleihe wurde seinerzeit zu 99,25 % emittiert und wird heute zu pari zurückgezahlt.

   Gehen Sie bei Ihrer Berechnung wie folgt vor:

   1. Schritt: Ermittlung des Anlagebetrages in EUR
   2. Schritt: Ermittlung des Gesamtbetrages in EUR nach Verkauf der USD inklusive Zinsen
   3. Schritt: Ermittlung des Zins- und Währungsgewinns in EUR für die 10 Jahre Anlagedauer
   4. Schritt: Ermittlung der Rendite

2. Ermitteln Sie den Kursverlust für die Rheinländer Maschinenbau GmbH, der aus der Aufnahme und Rückzahlung des USD-Kredits resultiert! Unterstellen Sie für den Vergleich und die Verlustermittlung, dass die Kredite nebst Zinseszinsen zurückgezahlt werden.

   Gehen Sie bei Ihrer Berechnung wie folgt vor:

   1. Schritt: Berechnung des Rückzahlungsbetrages bei einem Kredit in EUR
   2. Schritt: Berechnung des Rückzahlungsbetrages bei einem Kredit in USD
   3. Schritt: Ermittlung des Verlustes aus dem Kreditgeschäft

3. **Arbeitsvorschlag mit regionalem Bezug/Präsentation**

   Bereiten Sie in einer kleineren Arbeitsgruppe ein Referat vor, das sich mit der Bedeutung des Außenhandels konkret für Ihre Region auseinandersetzt! Ein wichtiger Ansprechpartner für dieses Referat sollte u.a. die örtliche Industrie- und Handelskammer sein. Dort erfahren Sie nicht nur die Exportquote der ansässigen Industrie, sondern auch die wichtigsten Exportgüter und die bedeutsamsten Abnehmerländer. Für die Vorbereitung des Referats wäre es darüber hinaus aber auch hilfreich, sich konkret in einem oder mehreren Unternehmen über die Rolle des Außenhandels zu informieren.

4. **Pro- und Kontra-Diskussion**

   Diskutieren Sie mögliche Chancen und Risiken des internationalen Handels und ziehen Sie abschließend ein persönliches Fazit!

5. Beschreiben Sie, inwiefern unterschiedliche Wechselkurse von Währungen für den Import bzw. Export von Bedeutung sind!

6. Erläutern Sie die Chancen und Risiken, die sich aus Wechselkursschwankungen ergeben!

7. Grenzen Sie die unterschiedlichen Wechselkursmechanismen voneinander ab!

8. **Mindmap**

   Fertigen Sie eine Mindmap zu diesem Kapitel als Prüfungsvorbereitung an!

6.2.1 Gründe für die internationale Arbeitsteilung

Länder mit Außenhandel (gegenseitigem Warenaustausch) betreiben **internationale Arbeitsteilung.** Wichtige **Außenhandelsmotive** sind:

- Güter, die eine Volkswirtschaft **nicht oder nicht in ausreichendem Maß** selbst produzieren kann, werden eingeführt (importiert), in der Bundesrepublik Deutschland z. B. Südfrüchte, Mineralstoffe. Die Gegenleistung besteht in der Ausfuhr (im Export) von Halb- und Fertigerzeugnissen, die die Handelspartner nicht selbst oder nicht in der gewünschten Qualität herstellen können (oder wollen).
- Güter, die eine Volkswirtschaft nur mit **höheren Kosten** als andere Volkswirtschaften herstellen kann, werden **importiert.** Die auf diese Weise eingesparten Produktionsfaktoren können zur Herstellung **anderer** Güter eingesetzt werden, die möglicherweise **kostengünstiger** als im Ausland produziert werden können.
- Nicht nur bei absoluten, sondern auch bei **relativen (komparativen[1]) Kostenvorteilen** kann die internationale Arbeitsteilung für die beteiligten Länder von Vorteil sein.

Grundsätzlich ist der **Handel zwischen zwei Ländern** immer **vorteilhaft,** wenn bei beiden Handelspartnern **unterschiedliche Produktionskostenstrukturen** existieren.[2]

Nach der **Theorie der komparativen Kostenvorteile** sind internationaler Handel und internationale Arbeitsteilung selbst für solche Länder von Vorteil, die **alle** Güter nur zu **höheren** Kosten erzeugen können als das Ausland. Sie müssen sich nur auf die Produktion jener Güter spezialisieren, die sie vergleichsweise (komparativ) am günstigsten herstellen können.

6.2.2 Risiken der internationalen Arbeitsteilung

(1) Import- und Exportabhängigkeit vom Außenhandel

Aus der Sicht von **Deutschland** sowie der Mitgliedsländer der **Europäischen Union (EU)** umfasst der Außenhandel den gewerbsmäßigen Güteraustausch (Sachgüter, Dienstleistungen, Rechte) mit **Drittländern** (Länder, die nicht der EU angehören) sowie den Transithandel.

1 **Komparativ** (lat.): vergleichsweise, relativierend.

2 Den Nutzenentgang durch einen Verzicht auf eine Alternativanlage bezeichnet man als **Opportunitätskosten.**

Beispiel 1: Importabhängigkeit

Deutschland ist ein rohstoffarmes Land und deshalb auf die Einfuhr zahlreicher Rohstoffe angewiesen (z. B. Erdöl, Erdgas, Metalle). Auch werden Nahrungsmittel importiert, die in Deutschland nicht, nicht in ausreichender Menge und/oder nicht in der gewünschten Qualität produziert werden können (z. B. Kaffee, Kakao). Wichtige Importgüter sind auch Halb- und Fertigwaren, die in den Lieferländern kostengünstiger erzeugt werden können (z. B. Maschinenteile und Unterhaltungselektronik).

Deutschland ist offen für Waren aus aller Welt, insbesondere für solche, die es hierzulande entweder gar nicht oder nur in geringen Mengen gibt oder die in anderen Ländern günstiger produziert werden können. Im Jahr 2024 importierte Deutschland nach vorläufigen Ergebnissen Waren im Wert von insgesamt 1 308 Mrd. EUR. An erster Stelle standen Kraftwagen und Kraftwagenteile mit 142 Mrd. EUR, wie das Statistische Bundesamt ermittelte. Auf dem zweiten Platz folgten Datenverarbeitungsgeräte, elektrische und optische Erzeugnisse mit 135 Mrd. EUR. Gemessen am Warenwert kamen die meisten importierten Güter aus China. An zweiter und dritter Stelle folgten die Niederlande und die USA.

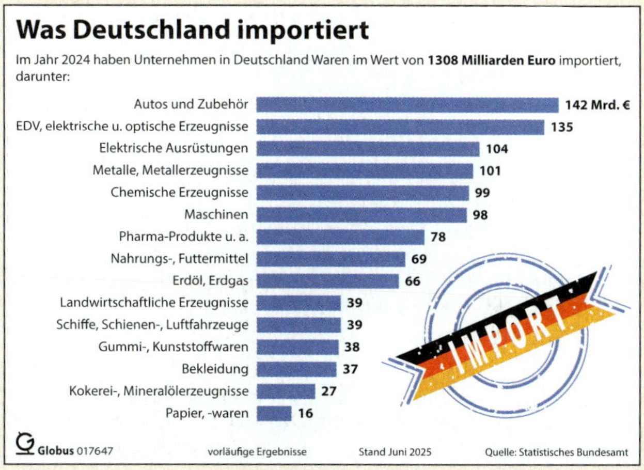

Beispiel 2: Exportabhängigkeit

Die Beschäftigung (und damit der Lebensstandard) in der Bundesrepublik Deutschland hängt zu rund einem Drittel von der Ausfuhr ab.

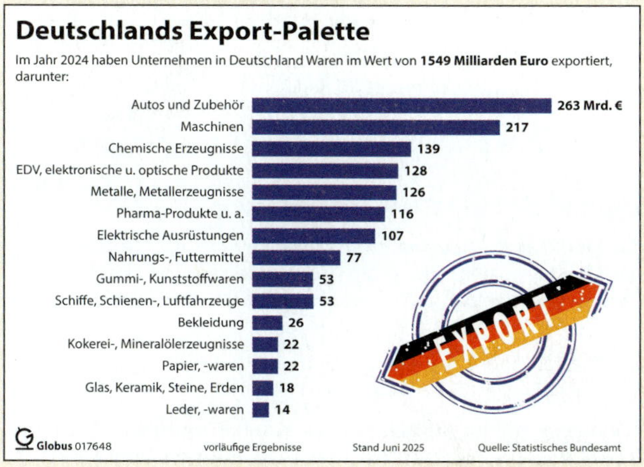

Im Jahr 2024 waren Autos und Maschinen die Exportschlager Deutschlands. Zusammen machten sie knapp ein Drittel aller Ausfuhren aus. Mit einem Anteil von 17 % lagen Autos und Autoteile an erster Stelle, Maschinen folgten mit 14 % auf Platz zwei. Insgesamt erreichten die Exportgüter „Made in Germany“ nach vorläufigen Ergebnissen einen Wert von 1 549 Mrd. EUR. Die wichtigsten Abnehmer waren die USA, Frankreich und die Niederlande. Diese drei Länder importierten 2024 Waren im Wert von 161, 115 bzw. 109 Mrd. EUR aus Deutschland. Den größten Handelsüberschuss erzielte Deutschland mit den USA. Dorthin verkauften deutsche Unternehmen im Jahr 2024 für rund 70 Mrd. EUR mehr Waren, als von den USA nach Deutschland geliefert wurden.

(2) Weitere Probleme der Abhängigkeit vom Außenhandel

Import- und Exportabhängigkeit können zu **wirtschaftlicher** und **politischer Abhängigkeit** eines Landes bzw. eines Währungsgebiets führen.

- Die wirtschaftliche Abhängigkeit zeigt sich z. B. in der **konjunkturellen Verbundenheit** der am Welthandel beteiligten Staaten. Konjunkturelle Einbrüche bei den führenden Industrieländern bewirken aufgrund des Nachfragerückgangs zwangsläufig Beschäftigungsrückgänge bei den Handelspartnern.
- Ebenso wie die Konjunkturrückgänge können auch **Inflationen importiert** werden.
- Weiterhin zeigt die Geschichte der **Entwicklungsländer,** dass die einseitige, durch die ehemaligen Kolonialmächte geförderte **Spezialisierung** auf die Förderung von Rohstoffen und die Erzeugung von Agrarprodukten **(„Plantagenwirtschaft")** ein den Industrieländern vergleichbares **Wachstum verhindert.**
- Eng mit der wirtschaftlichen Abhängigkeit ist die **politische Abhängigkeit** verflochten. So sind z. B. Länder, die auf Rohstoffzufuhren angewiesen sind, wirtschaftlich und politisch erpressbar. Die Rohstoff exportierenden Länder können beispielsweise versuchen, durch Preis- und/oder Mengendiktate politische Entscheidungen in den Abnehmerländern zu beeinflussen.

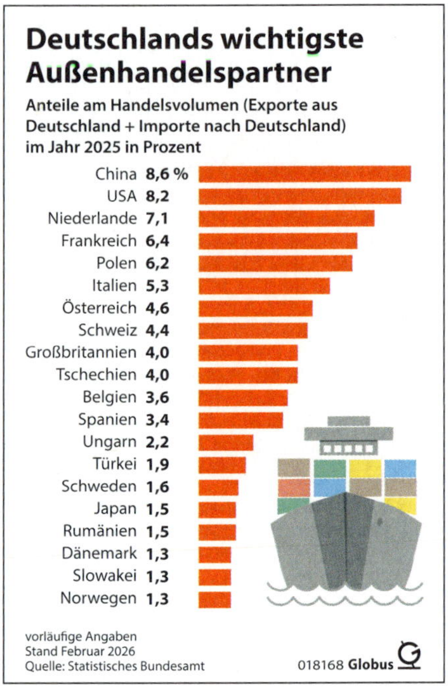

- Die Globalisierung bringt zwar **Kostenvorteile,** hat aber den Nachteil, dass aufgrund der Verlagerung von Produktionsstätten ins Ausland **Arbeitsplätze verloren** gehen können.

Der sogenannte **Arbeitsplatzexport** kann z. B. folgende Gründe haben:

- Die **soziale und politische Stabilität** des Auslands wird höher eingeschätzt als die inländische.
- Die **Umweltvorschriften** (Umweltstandards)[1] sind im Ausland weniger streng als im Inland.
- Das Ausland fördert Gewerbeansiedlungen durch **Steuererleichterungen** und/oder **Subventionen.** Das Problem ist, dass der Staat den Unternehmen, die mit der Auslagerung von Produktionsstätten drohen, seinerseits **Steuererleichterungen** gewährt und/oder **Subventionen** zahlt.
- Im Ausland ist die **„Regulierungsdichte"**[2] (z. B. Bauvorschriften, Zulassungsverfahren, Behördenwege) geringer als im Inland.
- Die **Arbeitskosten** sind im Ausland **niedriger** als im Inland. Für die Konkurrenzfähigkeit ist allerdings nicht allein die absolute Höhe der Arbeitskosten maßgebend. Vielmehr muss die **Arbeitsproduktivität** berücksichtigt werden. Diese drückt aus, welche Gütermenge eine Arbeitskraft je Zeiteinheit (z. B. je Arbeitsstunde) erzeugt.

1 **Standard** (engl.): Maßstab, Norm, Absprachenniveau.

2 **Regulierung** (lat.): Regeln aufstellen, Regeln erlassen (z. B. durch Gesetze, Rechtsverordnungen, Verwaltungsvorschriften, Gemeindesatzungen, Gerichtsurteile).

Beispiel:

Im Land A betragen die Arbeitskosten im Durchschnitt 15,00 EUR, im Land B hingegen 18,00 EUR je Arbeitsstunde (h). Unter sonst gleichen Bedingungen erzeugt das Land A 400 Mio. t, das Land B 500 Mio. t eines Gutes. Es ergibt sich folgende Vergleichsrechnung:

Länder	Arbeitskräfte	Arbeitskosten insgesamt in EUR	Erzeugte Waren	Preis je t in EUR	Erzeugter Warenkorb in EUR	Arbeitsstunden je Arbeitskraft je Jahr	Arbeitsstunden insgesamt
A	20 Mio.	600 Mrd.	400 Mio. t	2000	800 Mrd.	2000	40 Mrd.
B	20 Mio.	720 Mrd.	500 Mio. t	2000	1000 Mrd.	2000	40 Mrd.

Länder	Arbeitskosten je Stunde	Arbeitsproduktivität (mengenmäßig)	Arbeitsproduktivität (wertmäßig)	Arbeitskostenanteil je t und in % vom Verkaufspreis
A	15,00 EUR	$\frac{400 \text{ Mio. t}}{40 \text{ Mrd. h}} = 0{,}01 \text{ t/h}$	$\frac{800 \text{ Mrd. EUR}}{40 \text{ Mrd. h}} = 20 \text{ EUR/h}$	1500 EUR = 75 %
B	18,00 EUR	$\frac{500 \text{ Mio. t}}{40 \text{ Mrd. h}} = 0{,}0125 \text{ t/h}$	$\frac{1000 \text{ Mrd. EUR}}{40 \text{ Mrd. h}} = 25 \text{ EUR/h}$	1440 EUR = 72 %

Folgerung: Das Land B hat einen Wettbewerbsvorteil, obwohl seine absoluten Arbeitskosten (18,00 EUR je Arbeitsstunde) höher sind als die des Landes A. Der Grund: Die Arbeitsproduktivität des Landes B ist höher als die des Landes A.

Kompetenztraining

63 1. Erläutern Sie, welche Bedeutung der Außenhandel für den Lebensstandard einer Volkswirtschaft wie Deutschland hat! Begründen Sie Ihre Antwort!

2. Erklären Sie kurz die Struktur des Außenhandels von Deutschland! Begründen Sie seine Zusammensetzung!

3. Erläutern Sie, warum z. B. ein Rückgang des Exports im Maschinenbau auch in anderen Wirtschaftszweigen zu Produktionsrückgängen führen könnte!

4. Die Bundesrepublik Deutschland ist derzeit auf Platz drei der größten Exporteure der Welt. Im öffentlichen Bewusstsein wird dabei jedoch zumeist übersehen, dass Deutschland auch eine sehr starke Importnation ist (siehe nebenstehende Abbildung).

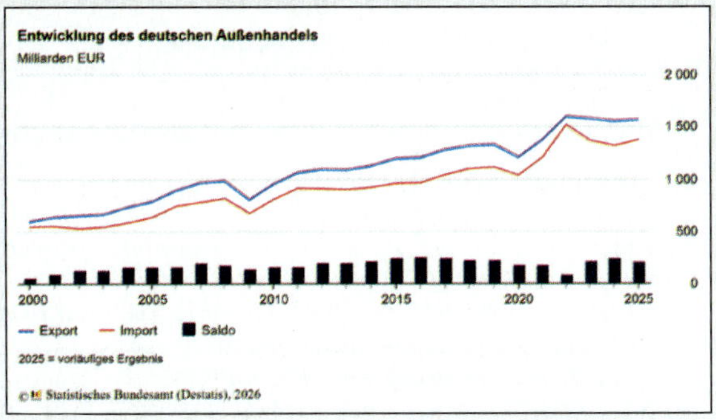

Aufgaben:

4.1 Recherchieren Sie wichtige Einfuhrgüter Deutschlands und aus welchen Ländern die Importwaren in erster Linie kommen! Nutzen Sie als Informationsquelle z. B. die Internetseite des Statistischen Bundesamtes (www.destatis.de)!

4.2 Erläutern Sie mögliche Gründe für den hohen Import der Bundesrepublik Deutschland!

6.2.3 Funktionsweise von Devisenmärkten analysieren sowie die Auswirkungen von Wechselkursänderungen auf Haushalte und Unternehmen ableiten

6.2.3.1 Außenwert des Geldes

Nahezu alle Länder der Erde unterhalten außenwirtschaftliche Beziehungen, von denen die wichtigsten der **Export** (die Ausfuhr) und der **Import** (die Einfuhr) von wirtschaftlichen Gütern (Sachgütern, Dienstleistungen und Rechten) sind.

Der **Wechselkurs** ist das **Austauschverhältnis** zwischen **zwei Währungen**. Er drückt den **Außenwert** des Geldes aus. Ist eine **Fremdwährung „teuer"**, ist der **Außenwert** des eigenen Geldes **gering**. Ist eine **Fremdwährung „billig"**, ist der **Außenwert** des eigenen Geldes **groß.**

Dies stellen Sie z. B. dann fest, wenn Sie eine Auslandsreise planen. So kann es sein, dass der „Preis" (der Kurs) für Schweizer Franken schon wieder gestiegen ist. Andererseits lesen Sie in der Zeitung, dass der US-Dollar im Wert abnahm. Es ergeben sich somit zwei Grundfragen:

- 1. Warum schwanken die Wechselkurse (Umtauschkurse der Währungen) ständig?
- 2. Welche Auswirkungen haben Kursschwankungen für die Wirtschaft, für die Arbeitsplätze, für uns selbst?

- Der **Binnenwert des Geldes** stellt sich in seinem Austauschverhältnis zu anderen Wirtschaftsgütern, also im **Preis** bzw. im **Preisniveau** dar.
- Der **Außenwert des Geldes** ist hingegen das Austauschverhältnis zwischen zwei **Währungen,** also der **Wechselkurs.**

Beispiel:

Die 18-jährige Jana, Absolventin der Berufsfachschule, plant im nächsten Jahr nach der Abschlussprüfung mit ihrer besten Freundin Lisa eine zweiwöchige Reise nach New York. Beide freuen sich nicht nur auf die vielen Sehenswürdigkeiten dieser Stadt, sondern vor allem auch auf die geplanten Shoppingtouren in der Mode-Metropole. Hierfür hat Jana bereits fleißig gespart und mit dem Geld ihrer Eltern und Großeltern für einen erfolgreichen Schulabschluss stehen ihr voraussichtlich 1 000,00 EUR zur Verfügung.

Wie viel sich Jana allerdings hierfür in New York tatsächlich leisten kann, ist neben den Preisen vor Ort auch abhängig von dem Austauschverhältnis zwischen dem Euro und dem US-Dollar (USD) im nächsten Jahr.

Unterstellen wir folgende unterschiedliche Wechselkurse:

1. 1 EUR = 1,150 USD
2. 1 EUR = 1,575 USD.

Im ersten Fall würde Jana im nächsten Jahr bei einem Umtausch ihrer 1 000,00 EUR also 1 150,00 USD erhalten; im zweiten Fall hingegen deutlich mehr, nämlich 1 575,00 USD.

Für Jana wäre also im kommenden Jahr der Wechselkurs in Höhe von 1,575 USD sehr vorteilhaft. Bei diesem Austauschverhältnis würde Jana wesentlich mehr USD für ihre Ersparnisse bekommen und könnte sich wesentlich mehr in New York leisten.

6.2.3.2 Bestimmungsfaktoren der Wechselkurse

(1) Devisenangebot (Nachfrage nach Binnenwährung)

Die Exporteure erhalten für den Verkauf ihrer Güter Fremdwährung, d.h. Devisen. Dabei wird zwischen **Sorten** (Münzen und Banknoten einer Fremdwährung) und **Devisen i.e.S.** (Zahlungsmittel wie z.B. über Fremdwährungen lautende Schecks oder Zahlungseingänge per Überweisung) unterschieden. Im weiteren Sinne versteht man unter Devisen auch die Münzen und Noten einer Fremdwährung. Wir verwenden im Folgenden den **Devisenbegriff i.w.S.**

Je **größer der wertmäßige Export** in das Devisenausland ist, desto **größer** ist folglich das **Devisenangebot.** Dem **Devisenangebot** entspricht die **Nachfrage nach Binnenwährung.**

Beispiel:

Ein deutscher Automobilhersteller liefert Pkws im Wert von 250 Mio. USD in die USA. Den Erlös muss er in Euro umtauschen, um seinen Verpflichtungen (z.B. Lohn- und Steuerzahlungen in Deutschland) nachkommen zu können. Er fragt also Binnenwährung (EUR) gegen Devisen (USD) nach.

Ein wichtiger **Bestimmungsgrund** des **Devisenangebots** bzw. der **Nachfrage nach Binnenwährung** ist der **Export.**

Mancher fragt sich nun, ob das oben Gesagte auch dann gilt, wenn die Exporteure in Binnenwährung (die deutschen Exporteure also in Euro) fakturieren (fakturieren heißt „in Rechnung stellen"). Die Antwort heißt „Ja", denn die in Fremdwährungsgebieten ansässigen Importeure besitzen im Normalfall keine Euro, sondern ihre eigene Währung (z.B. Schweizer Franken). Sie müssen also dann Euro nachfragen (Schweizer Franken anbieten), um die in Euro fakturierten Rechnungen zu begleichen.

(2) Devisennachfrage (Angebot von Binnenwährung)

Je **größer der wertmäßige Import** ist, desto **größer** ist die **Devisennachfrage.** Der **Devisennachfrage** entspricht das Angebot von **Binnenwährung.**

Ein wichtiger **Bestimmungsgrund** der **Devisennachfrage** bzw. des **Angebots von Binnenwährung** ist der **Import.**

Das Gleiche gilt, wenn ein in einem Fremdwährungsgebiet ansässiger Lieferer (z.B. ein Schweizer Hersteller) seine Lieferungen in Euro fakturiert. Dann **bietet** er in seinem Land Euro gegen Schweizer Franken **an,** d.h., er **fragt** Schweizer Franken **nach.**

(3) Kursbildung

Bei **Sorten** (ausländisches Bargeld) und **Devisen** (Forderungsrechte in Fremdwährung) erfolgt eine **Mengennotierung,** bei der der Kurs angibt, **wie viel Einheiten einer Fremdwährung** (z. B. USD) man für **eine** Einheit der **Binnenwährung** (z. B. Euro) erhält bzw. bezahlen muss (x Fremdwährungseinheiten = 1 EUR).

Beispiel:

Der Kurs für Schweizer Franken wird mit 1,20 angegeben. Das bedeutet, dass 1,20 Schweizer Franken einem Euro entsprechen.

Devisen- und Sortenkurse für 1 Euro

5.1.2026		Devisen[1]		Bankschalter	
		Geld	Brief	Verkauf	Ankauf
Australien	A $	1,7445	1,7447	1,6614	1,8558
Dänemark	dkr	7,4499	7,4899	7,0955	7,9365
Großbrit.	£	0,8656	0,8696	0,8292	0,9218
Hongkong	HK $	9,1141	9,1143	8,4851	10,2985
Japan	Yen	182,6800	183,1600	173,3853	194,0646
Kanada	kan $	1,6019	1,6139	1,5256	1,7114
Neuseeland	NZ $	2,0242	2,0244	1,9205	2,1604
Norwegen	nkr	11,7546	11,8026	11,1969	12,6933
Polen	Zloty	4,2110	4,2123	3,9538	4,5579
Schweden	skr	10,7522	10,8002	10,2170	11,4655
Schweiz	sfr	0,9266	0,9306	0,8875	0,9806
Singapur	S $	1,5038	1,5040	1,4128	1,6171
Südafrika	Rand	19,2017	19,2150	17,7807	22,1793
Tschechien	Krone	24,1841	24,1861	22,8601	26,2078
USA	US-$	1,1651	1,1711	1,1156	1,2331

[1] Frankfurter Sortenkurse aus Sicht des Bankkunden, die Bezeichnungen Verkauf und Ankauf entsprechen dem Geld und Brief bei anderen Instituten.

Quelle: Handelsblatt vom 6. Januar 2026 Nr. 3 (Auszug).

- Die Kreditinstitute nehmen den Kauf bzw. den Verkauf von Devisen und Noten **nicht kostenlos** vor. Die Hereinnahme von **Devisen** erfolgt zum sogenannten **Geldkurs,** der Verkauf zum höheren **Briefkurs.**
- Die Hereinnahme von **Noten** wird zum **Ankaufskurs,** der Verkauf zum höheren **Verkaufskurs** vorgenommen.

Die Differenz zwischen den höheren Brief- bzw. Verkaufskursen und den niedrigeren Geld- bzw. Ankaufskursen dient den Kreditinstituten der **Kostendeckung** und Gewinnerzielung.

Wie beim Gütermarkt gehen wir von einer normalen Nachfrage nach Binnenwährung (Devisenangebot) und von einem normalen Angebot von Binnenwährung (Devisennachfrage) aus.

- Mit **steigenden Kursen** der **Binnenwährung**
  - **verteuern** sich deren Produkte **für** das **Ausland,** wodurch die **Nachfrage** nach der **Binnenwährung** am Devisenmarkt aus dem Ausland **sinkt.**
  - **verbilligen** sich die Produkte **aus** dem Ausland, wodurch die **Nachfrage** nach **ausländischer** Währung am Devisenmarkt **steigt.**
- Mit **sinkenden Kursen** der **Binnenwährung**
  - **verbilligen** sich deren Produkte **für** das **Ausland,** wodurch die **Nachfrage** nach der **Binnenwährung** am Devisenmarkt aus dem Ausland **steigt.**
  - **verteuern** sich die Produkte **aus** dem **Ausland,** wodurch die **Nachfrage** nach **ausländischer** Währung am Devisenmarkt **sinkt.**

Die Gründe sind u. a. folgende:

- **Steigt der Kurs,** wird die Binnenwährung für die Handelspartner teurer (z. B. 1,30 USD für 1,00 EUR, jetzt 1,35 USD für 1,00 EUR). Die Folge ist, dass der **Export abnimmt** und weniger Devisen erlöst werden. Die Nachfrage nach Binnenwährung sinkt, weil weniger Devisen erlöst werden.

- **Sinkt der Kurs,** wird die Binnenwährung für die Handelspartner billiger. Der **Export nimmt zu.** Die Nachfrage nach Binnenwährung steigt, weil mehr Devisen erlöst werden.
- **Steigt der Kurs,** bedeutet das für die Importeure (und letztlich auch für die Verbraucher), dass die Fremdwährung billiger wird (bisher 1,30 USD für 1,00 EUR, jetzt 1,35 USD für 1,00 EUR). Die Folge ist, dass jetzt **mehr importiert** wird. Die Nachfrage nach Devisen steigt, d. h., es wird mehr Inlandswährung angeboten.
- **Sinkt der Kurs,** wird die Fremdwährung für die Importeure (und letztlich auch für die Verbraucher) teurer. Der **Import nimmt ab.** Die Nachfrage nach Devisen sinkt, d. h., es wird weniger Inlandswährung angeboten.

(4) Gleichgewichtskurs

Der **Gleichgewichtskurs** ist der Kurs, der Devisenangebot (Nachfrage nach Binnenwährung) und Devisennachfrage (Angebot von Binnenwährung) zum Ausgleich bringt.

Beim Gleichgewichtskurs kommen auf dem Devisenmarkt alle **Anbieter** zum Zuge, die **mindestens** zu diesem Kurs Binnenwährung verkaufen wollen, und alle **Nachfrager,** die **höchstens** zu diesem Kurs Binnenwährung zu kaufen bereit sind. (Anbieter von Binnenwährung = Nachfrager nach Devisen; Nachfrager nach Binnenwährung = Anbieter von Devisen.)

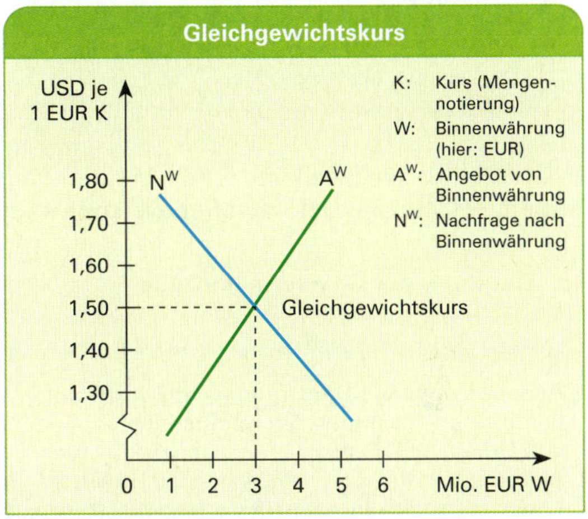

Wie auf jedem Markt verschieben sich Währungsangebot und Währungsnachfrage ständig. Diese Verschiebungen haben vielerlei Gründe.

Beispielhaft seien genannt:

- **Unterschiedliche Inflationsraten in den einzelnen Währungsgebieten.** In Währungsgebieten mit hohen Inflationsraten verschlechtern sich i. d. R. die Exportchancen, sodass sich die Nachfragekurve nach Binnenwährung „nach links" verschiebt.
- **Spekulative Gründe**. Internationale Geldanleger (z. B. Kreditinstitute, Investmentfonds) rechnen damit, dass der Kurs einer Währung sinkt. Die Nachfrage nach dieser Währung, d. h. das Angebot von Binnenwährung, nimmt zu. Die Angebotskurve verschiebt sich nach „rechts".

Beispiel:

Ein Geldanleger rechnet damit, dass der Kurs des USD sinkt. Angenommen, er kauft 100 000,00 USD zum Kurs von 1,10 je 1,00 EUR. Dann muss der Anleger 90 909,09 EUR bezahlen. Sinkt der Kurs des USD auf 1,00 je 1,00 EUR, erhält der Geldanleger für seine USD 100 000,00 EUR.

6.2.3.3 Verschiedene Wechselkurssysteme

Das **Wechselkurssystem** bestimmt, **wie** sich das **Austauschverhältnis der Währungen** untereinander – also der Wechselkurs – bildet.

Grundsätzlich lassen sich **drei Wechselkurssysteme** unterscheiden:

- das System **freier** Wechselkurse,
- das System **relativ fester** Wechselkurse sowie
- das System **fester** Wechselkurse.

(1) System der freien (flexiblen) Wechselkurse

Bei dem **System der freien (flexiblen) Wechselkurse** bilden sich die Wechselkurse durch Angebot und Nachfrage frei am Markt **(„Floating")**.

Änderungen von Devisenangebot und Nachfrage werden z. B. hervorgerufen durch:

- Ex- und Importgeschäfte von Waren und Dienstleistungen (inklusive Auslandsreiseverkehr),
- grenzüberschreitende Kapitalanlagen und Investitionen,
- Devisenspekulationen oder
- unentgeltliche Übertragungen.

Wie sich der Wechselkurs durch Verschiebungen von Devisenangebot und -nachfrage ändert, soll anhand der nachfolgenden Beispiele verdeutlicht werden.

- **Zunahme der Devisennachfrage**

Beispiel:

Angenommen, die Nachfrage nach Euro steigt durch einen den Import **übersteigenden** Export von Gütern aus Deutschland in die USA (**aktive** Außenhandelsbilanz). Als Folge dieser Situation fragen die amerikanischen Importeure verstärkt Euro nach, um die auf **Euro** lautenden Rechnungen begleichen zu können (vorausgesetzt die Exporteure sind in der starken Position, die Rechnung zum Ausschluss von Währungsrisiken in Euro zu fakturieren).

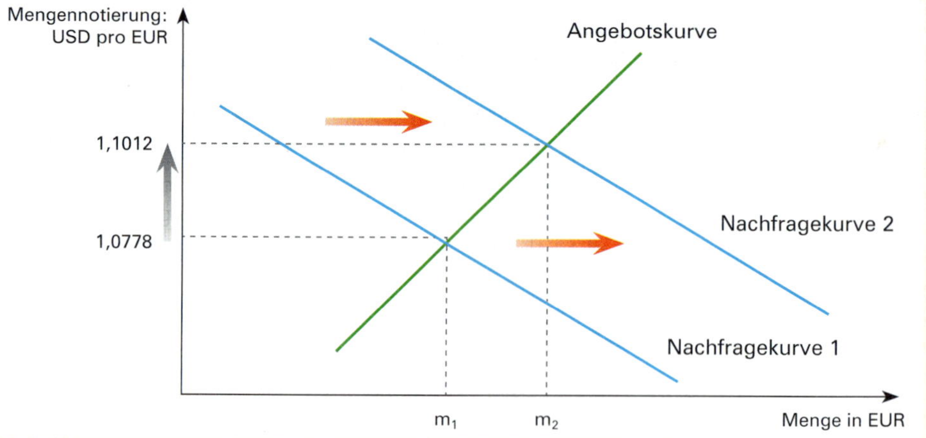

Erläuterungen:

- Wie aus der Abbildung ersichtlich, führt die **Zunahme der Devisennachfrage** nach Euro und die damit verbundene **Rechtsverschiebung** der **Nachfragekurve** (von N_1 nach N_2) zu einem **Kursanstieg** des Euro (der Währung des **exportierenden** Landes) im Vergleich zum USD.
- Der **Wert des Euro** ist im Vergleich zum Wert des US-Dollar **angestiegen**. Erhielt man vor der Ausweitung der Nachfrage nach Euro noch 1,0778 USD, so hat sich durch die Nachfrageverschiebung das Austauschverhältnis zugunsten des Euro auf 1,1012 USD **erhöht**. Die **ausländischen Importeure** müssen also für die gleiche Gütermenge **mehr Dollar** ausgeben, wodurch sich der Import für sie verteuert.

- Der Prozess der **Erhöhung des Preises der einheimischen Währung** (hier: EUR) gegenüber ausländischen Währungseinheiten (hier: USD) wird als **Aufwertung** bezeichnet.
- Die **Aufwertung der inländischen Währung** gegenüber der ausländischen Währung **bedeutet** gleichzeitig eine **Abwertung der ausländischen Währung** gegenüber der inländischen Währung.

Die wichtigsten **Folgen der Aufwertung**:

Für das „aufwertende" Land („Euroland")	Für das „abwertende" Land (USA)
■ **Verteuerung** der **Exportgüter** und damit Rückgang des Exports. ■ **Verbilligung** der **Importgüter** und somit Importanstieg.	■ **Verteuerung** der **Importgüter** und damit Rückgang des Imports. ■ **Verbilligung** der **Exportgüter** und somit Exportanstieg.
Beispiel: Ein deutscher Importeur kauft eine Maschine in den USA zum Preis von 500 000,00 USD. Vor der **Euro-Aufwertung** musste er hierfür 500 000 USD : 1,0778 USD/EUR = 463 907,96 EUR zahlen; nach der Euro-Aufwertung kostet ihn die gleiche Maschine nur noch 500 000 USD : 1,1012 USD/EUR = 454 050,13 EUR.	**Beispiel:** Ein amerikanischer Importeur kauft eine Maschine aus Deutschland zum Preis von 250 000,00 EUR. Vor der **US-Dollar-Abwertung** musste er hierfür 250 000,00 EUR · 1,0778 USD/EUR = 269 450,00 USD zahlen; nach der US-Dollar-Abwertung kostet ihn die gleiche Maschine 250 000,00 EUR · 1,1012 USD/EUR = 275 300,00 USD.
Konsequenzen: Export geht zurück, Import steigt, Tendenz zum Gleichgewicht zwischen Ex- und Import (Außenhandelsbilanzüberschuss sinkt).	**Konsequenzen:** Import geht zurück, Export steigt, Tendenz zum Gleichgewicht zwischen Ex- und Import (Außenhandelsbilanzdefizit sinkt).

Zunahme des Devisenangebots

Beispiel:

Im **umgekehrten Fall,** wenn also deutsche Unternehmen mehr Güter aus den USA importieren als in die USA exportieren, der Import den Export also **übersteigt** (**passive** Außenhandelsbilanz), bieten die inländischen Unternehmen als Folge dieser Entwicklung in großem Maße Euro an, um US-Dollar zur Begleichung der in Dollar fakturierten Rechnungen zu erwerben.

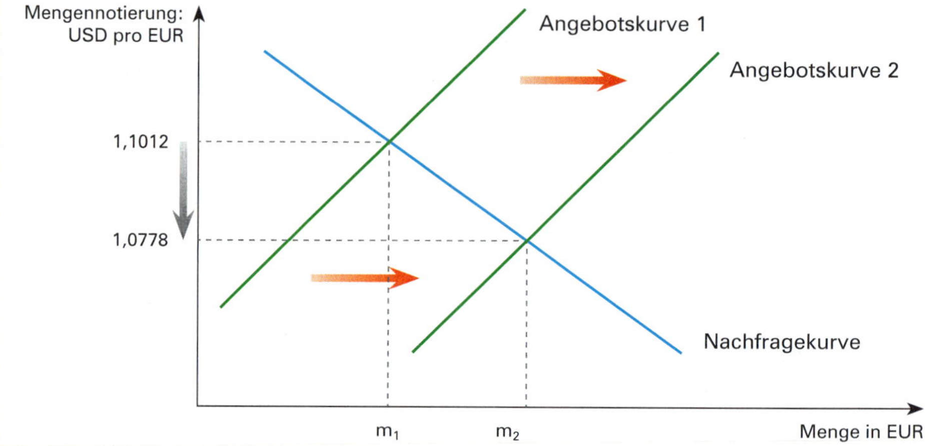

Erläuterungen:

- Wie aus der Abbildung ersichtlich, führt diese **Zunahme des Angebots** an Euro zu einer **Rechtsverschiebung** der **Angebotskurve** (von A_1 nach A_2) und somit zu einem **Kursrückgang** des Euro (der Währung des importierenden Landes) im Vergleich zum US-Dollar.
- Der **Wert des Euro** ist im Vergleich zum US-Dollar **gefallen.** Erhielt man vor der Ausweitung der Angebots an Euro noch 1,1012 USD, so hat sich durch die Angebotsverschiebung das Austauschverhältnis zulasten des Euro auf 1,0778 USD **verschlechtert.** Die **inländischen Importeure** müssen also für die gleiche Gütermenge mehr Euro ausgeben, wodurch sich der Import für sie verteuert.

- Der Prozess der **Herabsetzung des Preises der einheimischen Währung** (hier: Euro) gegenüber ausländischen Währungseinheiten (hier: US-Dollar) wird auch als **Abwertung** bezeichnet.
- Die **Abwertung der inländischen Währung** gegenüber der ausländischen Währung **bedeutet** gleichzeitig eine **Aufwertung der ausländischen Währung** gegenüber der inländischen Währung.

Die wichtigsten **Folgen der Abwertung:**

Für das „abwertende" Land („Euroland")

- **Verbilligung** der **Exportgüter** und damit Anstieg des Exports.
- **Verteuerung** der **Importgüter** und somit Importrückgang.

Beispiel:

Ein deutscher Importeur kauft eine Maschine in den USA zum Preis von 500 000,00 USD. Vor der **Euro-Abwertung** musste er hierfür 500 000 USD : 1,1012 USD/EUR = 454 050,13 EUR zahlen; nach der Euro-Abwertung kostet ihn die gleiche Maschine 500 000 USD : 1,0778 USD/EUR = 463 907,96 EUR.

Konsequenzen: Export steigt, Import geht zurück, Tendenz zum Gleichgewicht zwischen Ex- und Import (Außenhandelsbilanzdefizit sinkt).

Für das „aufwertende" Land (USA)

- **Verbilligung** der **Importgüter** und damit Anstieg des Imports.
- **Verteuerung** der **Exportgüter** und somit Exportrückgang.

Beispiel:

Ein amerikanischer Importeur kauft eine Maschine aus Deutschland zum Preis von 250 000,00 EUR. Vor der **US-Dollar-Aufwertung** musste er hierfür 250 000 EUR · 1,1012 USD/EUR = 275 300,00 USD zahlen; nach der US-Dollar-Aufwertung kostet ihn die gleiche Maschine nur noch 250 000 EUR · 1,0778 USD/EUR = 269 450,00 USD.

Konsequenzen: Export geht zurück, Import steigt, Tendenz zum Gleichgewicht zwischen Ex- und Import (Außenhandelsbilanzüberschuss sinkt).

Bedeutung des Systems flexibler Wechselkurse

Welche Folgen die Aufwertung bzw. Abwertung von Währungen auf die **Verbraucherpreise** haben, verdeutlicht nachfolgende Abbildung.

Folgen von Wechselkursveränderungen für die Verbraucherpreise
(schematische und stark vereinfachte Darstellung)

	Aufwertung	Abwertung
Importpreise	↓	↑
Exportpreise	↑	↓
Güternachfrage im Inland	↓	↑
Preisentwicklung (Annahme: gleichbleibendes Angebot)	↓	↑

Quelle: Deutsche Bundesbank, Geld und Geldpolitik, Frankfurt 2019.

(2) System relativ fester (stabiler) Wechselkurse

Begriff und Wirkungsweise

Das **System relativ[1] fester Wechselkurse** lässt bestimmte **Schwankungsbreiten** der Kurse zu.

Wenn im Folgenden von festen (gebundenen) Wechselkursen die Rede ist, sind **immer die relativ festen** Wechselkurse gemeint. Das Wesen der relativ festen Wechselkurse besteht darin, dass die Regierungen sogenannte **Paritäten** (Leitkurse) miteinander vereinbaren, wobei die Kurse nach oben und unten mit einem bestimmten Prozentsatz (z. B. je 2,5 %) vom Leitkurs abweichen dürfen. Die zugelassene Schwankungsbreite (z. B. 5 %) wird als **Bandbreite** oder auch als **„Zielzone"** bezeichnet.

Beispiel:

Angenommen, zwischen dem Land A und dem Land B wurde eine **Parität (Leitkurs)** von 2 : 1 vereinbart. Dies bedeutet, dass man für 2 GE der Währung A 1 GE der Währung B erhält. Bei einer Bandbreite von 2,5 % darf der Kurs dann höchstens auf 2,05 steigen und nicht weniger als auf 1,95 sinken.

Würde der Kurs aufgrund gestiegener Nachfrage nach Währung B oder aufgrund gesunkenen Angebots von Währung B *über* 2,05 steigen, müsste die Zentralbank des Landes B eingreifen (intervenieren), indem sie Devisen von Land A kauft (Devisen von Land B verkauft), um den Kurs zu senken. Die obere Grenze der Bandbreite heißt deswegen **oberer Interventionspunkt.**

Droht hingegen der Kurs *unter* 1,95 zu fallen, weil die Nachfrage nach Devisen von Land B abgenommen oder das Angebot von Devisen von Land B zugenommen hat, muss die Zentralbank des Landes B eingreifen (intervenieren), d. h. Devisen von Land B aus ihren Devisenvorräten verkaufen (Devisen von Land B kaufen), um den Kurs zu heben. Die untere Grenze der Bandbreite wird deshalb als **unterer Interventionspunkt** bezeichnet.

Mögliche Kursentwicklung aus der Sicht des Landes B bei relativ festen Wechselkursen („Währungsschlange")

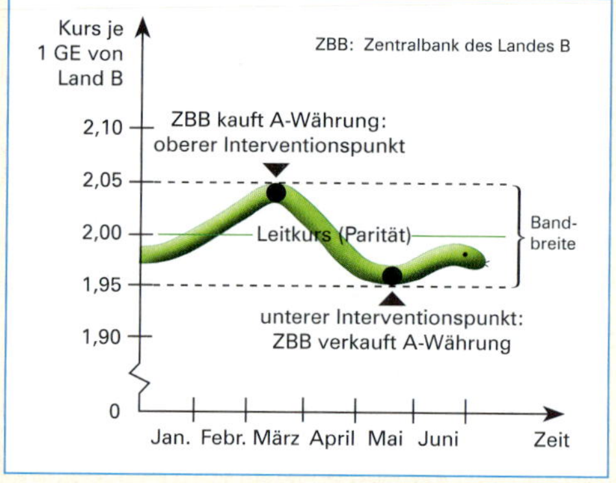

Bedeutung des Systems relativ fester Wechselkurse

Der Vorteil fester Devisenkurse ist, dass der Wirtschaft **sichere Kalkulationsgrundlagen** geboten werden. Die Gefahr eines plötzlichen Kursverfalls oder eines unerwarteten Kursanstiegs ist weitgehend gebannt.

Die Nachteile dürfen jedoch nicht übersehen werden. So kann z. B. eine Zentralbank nur so lange Devisen verkaufen, um den Kurs nicht unter den unteren Interventionspunkt fallen zu lassen, wie sie über Devisen verfügt. Sind ihre **Devisenvorräte erschöpft,** muss der Leitkurs (die Parität) **herabgesetzt,** d. h. die eigene Währung **abgewertet** werden. Die

1 **Relativ:** verhältnismäßig.

neue Parität muss mindestens so hoch sein wie der Kurs, der sich bei freien Wechselkursen ergeben würde. Währungen, die laufend abgewertet werden müssen, heißen **weiche Währungen.**[1]

Wechselkursmechanismus II (WKM II)

Der **W**echsel**k**urs**m**echanismus II (WKM II) ist die **Fortsetzung des WKM I** zwischen der WWU und den Mitgliedsländern der Europäischen Union, die noch nicht der WWU angehören wollen bzw. aufgenommen werden können. **„Ankerwährung"**[2] ist der **Euro.**

Wichtige Regelungen für den WKM II sind:[3]

- Die **Teilnahme** ist **freiwillig.**
- Die **Leitkurse** der Outs[4] werden auf den Euro **festgelegt.**
- Derzeit nimmt mit **Dänemark** nur ein Land am WKM II teil.
- Sind **Interventionen** an den Interventionspunkten erforderlich, sollen diese grundsätzlich **automatisch und unbegrenzt** erfolgen. Die Interventionen dienen der Verteidigung der Wechselkurse.
- Die EZB kann **Interventionen aussetzen,** wenn diese das Hauptziel der EZB, nämlich die **Geldwertstabilität, gefährden können.**

(3) System absolut fester Wechselkurse

Bei dem **System absolut fester Wechselkurse** erfolgt die Verrechnung von Lieferungen und Leistungen über von den **Regierungen** festgelegten Verrechnungseinheiten.

Da der Wechselkurs **nicht** den **Marktverhältnissen entspricht,** sind die ausländischen Exporteure zumeist **nicht bereit,** Güter und Dienstleistungen gegen diese Währung zu **verkaufen.** Dieser Umstand zwingt die Länder mit festen Wechselkursen dazu, die knappen Devisen zu bewirtschaften **(Devisenbewirtschaftung).** Die für den Import in Ländern mit derartigem Wechselkurssystem (z. B. in einigen Staaten Schwarzafrikas) benötigten Devisen werden meist auf Antrag zugeteilt.

1 **Weiche Währungen**: schwache Währungen. Der Begriff „weiche Währung" wurde seit 1973 auch auf floatende Währungen übertragen, nämlich auf Währungen, deren Außenwert laufend sinkt.

2 **Ankerwährung**: Währung, zu der Fremdwährungen in einem absolut oder relativ festen Umtauschverhältnis stehen, mit der sie also mehr oder weniger fest „verankert" sind.

3 Stand: Seit 1. Januar 2026.

4 **Outs** (engl.): Außenstehende.

(4) Zusammenfassender Überblick über internationale Währungsordnungen

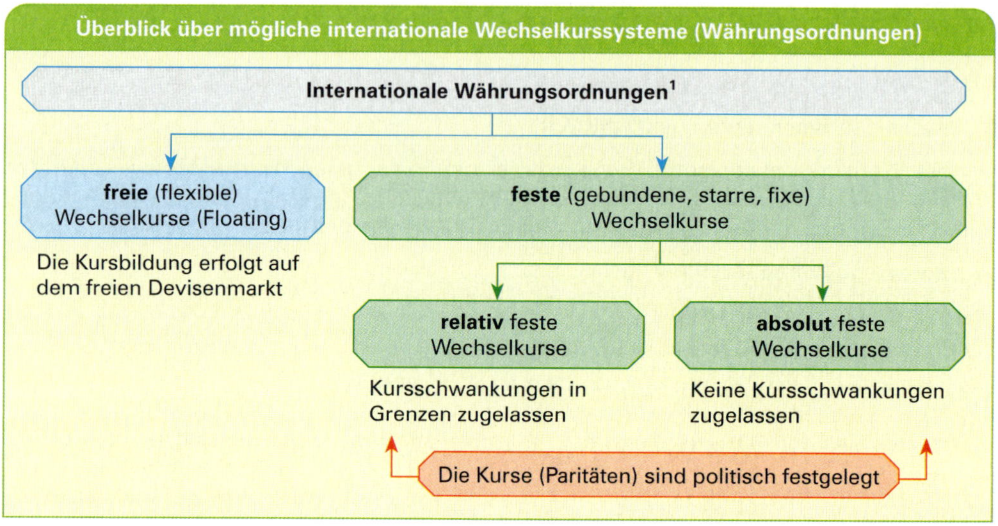

Kompetenztraining

64

1. Definieren Sie kurz die Begriffe absolut feste und relativ feste Wechselkurse!

2. Die nebenstehende Abbildung zeigt die Situation auf einem Devisenmarkt bei relativ festen Wechselkursen.

   Aufgaben:

   2.1 Entscheiden Sie, wie die Kurse K_0, K_1, K_2 und K_3 bezeichnet werden!

   2.2 Definieren Sie die unter 2.1 genannten Begriffe!

   2.3 Prüfen Sie, ob die Zentralbank eingreifen muss! Begründen Sie Ihre Antwort!

   Die Abkürzungen bedeuten:
   K: Kurs (Mengennotierung); A^W: Angebot von Binnenwährung;
   N^W: Nachfrage nach Binnenwährung; W: Binnenwährung.

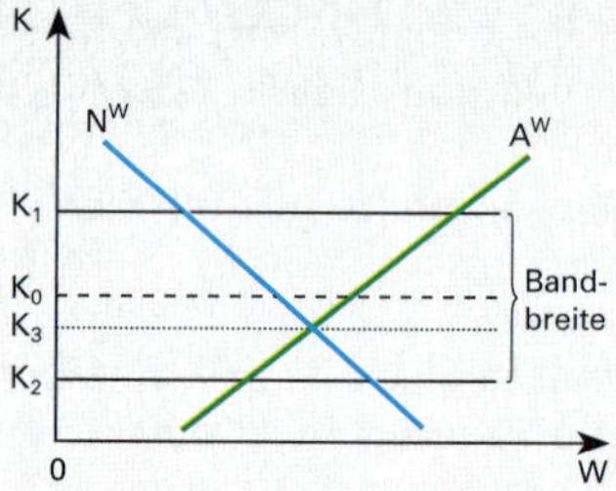

3. Die nebenstehende Abbildung zeigt die Situation auf einem Devisenmarkt bei relativ festen Wechselkursen.

   Aufgaben:

   3.1 Entscheiden Sie, wie die Kurse K_0, K_1, K_2 und K_3 bezeichnet werden!

   3.2 Prüfen Sie, ob die Zentralbank eingreifen muss! Begründen Sie Ihre Entscheidung!

   3.3 Erläutern Sie, welche Folgen sich langfristig für die Binnenwirtschaft ergeben!

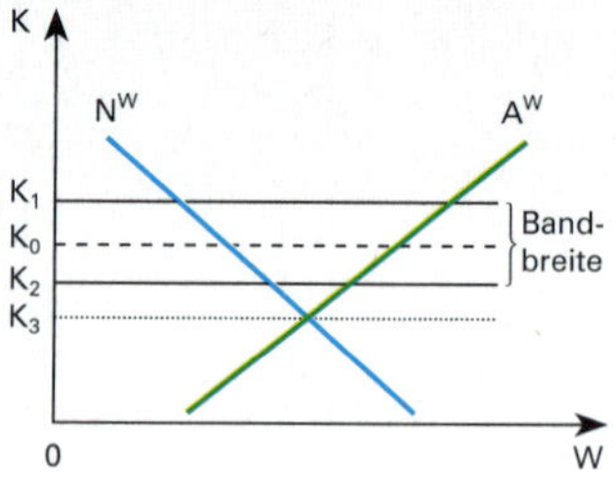

1 **Währungsordnungen** (Wechselkurssysteme) werden auch als Wechselkursregime bezeichnet. Regime (frz.) bedeutet in diesem Zusammenhang „herrschende Ordnung".

4. Die nebenstehende Abbildung zeigt die Situation auf einem Devisenmarkt bei relativ festen Wechselkursen.

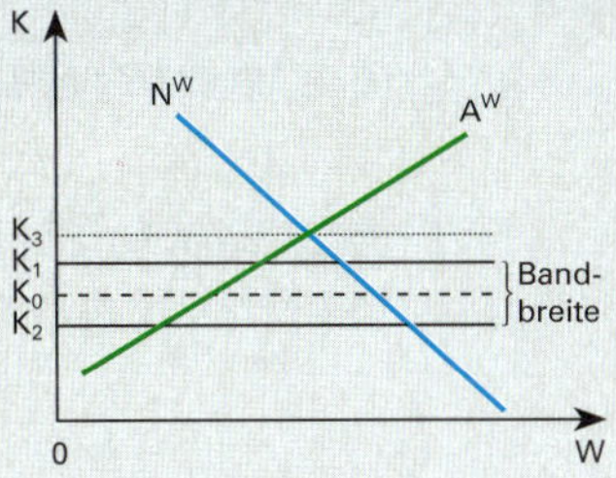

Aufgaben:

4.1 Entscheiden Sie, wie die Kurse K_0, K_1, K_2 und K_3 bezeichnet werden!

4.2 Prüfen Sie, ob die Zentralbank eingreifen muss! Begründen Sie Ihre Entscheidung!

4.3 Erläutern Sie, welche Folgen sich langfristig für die Binnenwirtschaft ergeben!

5. Angenommen, der Kurs der norwegischen Krone sinkt von 9,00 auf 8,50 NOK je 1,00 EUR. Ein Spekulant kauft für 250 000,00 EUR norwegische Kronen zum Kurs von 9,00 EUR und verkauft diese zum Kurs von 8,50.

Aufgabe:

Berechnen Sie das Spekulationsergebnis!

6. Überprüfen Sie, ob Sie sich in der Vielfalt der Kursangaben zurechtfinden! Runden Sie das jeweilige Ergebnis auf zwei Stellen nach dem Komma! (Bankgebühren bleiben außer Betracht.)

Aufgaben:

6.1 Ein in Deutschland ansässiger Importeur möchte eine Eingangsrechnung über 98 000,00 USD bezahlen. Der Geldkurs des USD beträgt 1,02, der Briefkurs 1,03 (Mengennotierung). Berechnen Sie, mit wie viel Euro ihn seine Bank belastet!

6.2 Eine deutsche Maschinenfabrik liefert Maschinen für 240 000,00 USD in die USA. Berechnen Sie, welchen Betrag in Euro die Bank der Maschinenfabrik gutschreibt, wenn der Geldkurs des Dollars 1,015 und der Briefkurs 1,022 betragen (Mengennotierung)!

6.3 Die Maschinenfabrik verkauft auch Maschinen in die Schweiz. Dem Schweizer Importeur wurde eine Maschine mit 235 000,00 EUR in Rechnung gestellt. Er bezahlte mit 347 800,00 CHF. Der Geldkurs beträgt 1,48 und der Briefkurs 1,50 (Mengennotierung). Prüfen Sie nach, ob die Überweisung in Ordnung ist!

6.4 Ein deutsches Importunternehmen kauft in Großbritannien Herrenanzüge zum Preis von 278 000,00 GBP. Der britische Exporteur wünscht Zahlung durch Banküberweisung in englischen Pfund (GBP). Berechnen Sie, mit wie viel Euro die Bank das deutsche Importunternehmen belastet! Das englische Pfund notiert mit 0,6025 (Geld) bzw. 0,6065 (Brief).

6.5 Frau Erika Winterhalder will in der Schweiz Urlaub machen und sich in Deutschland mit dem nötigen Bargeld versehen. (Größere Beträge will sie mit ihrer Kreditkarte bezahlen.) Am Bankschalter liest sie „CHF Verkauf 61,00 CHF, Ankauf 63,20 CHF." Ermitteln Sie, wie viel Schweizer Franken sie für 250,00 EUR erhält!

6.6 Von ihrer Schweizreise bringt Frau Winterhalder noch 120,00 CHF zurück nach Deutschland. Inzwischen hat sich der Kurs verändert. Am Bankschalter steht zu

Bankübliche Abkürzungen für Devisen	
AUD	Australische Dollar
CAD	Kanadische Dollar
CHF	Schweizer Franken
DKK	Dänische Krone
EUR (€)	Euro
GBP (£)	Englisches Pfund
JPY	Japanische Yen
NOK	Norwegische Krone
TRL	Türkische Lira
USD ($)	US-Dollar

lesen: „CHF Verkauf 1,055 CHF, Ankauf 1,065 CHF". Berechnen Sie, wie viel Euro Frau Winterhalder für die 120,00 CHF erhält!

7. 7.1 Erklären Sie den Begriff „Floating"!

   7.2 Nennen Sie drei Gründe für einen im Verhältnis zum USD steigenden Euro!

   7.3 Flexible Wechselkurse führen bei Ungleichgewichten von Export und Import mittelfristig zu einem Gleichgewicht dieser beiden Größen. Nehmen Sie an, der Export von Deutschland in die USA (Fakturierung in Euro) sei größer als der Import (Fakturierung in USD). Erläutern Sie die mittelfristige Wirkung bei flexiblen Wechselkursen aus dem Blickwinkel Deutschlands auf

7.3.1 Euronachfrage,	7.3.3 Eurokurs,	7.3.5 Exporte und
7.3.2 Dollarangebot,	7.3.4 Dollarkurs,	7.3.6 Importe!

   7.4 Erläutern Sie kurz ein Argument für und gegen das System flexibler Wechselkurse!

   7.5 Angenommen, auf dem Devisenmarkt steigt der Wechselkurs für 1,00 EUR von 1,3100 USD auf 1,5585 USD. Ein in Deutschland gefertigter Sportwagen kostet in der Bundesrepublik Deutschland 59 900,00 EUR. Berechnen Sie, zu welchem USD-Preis dieser Pkw vor und nach der Wechselkursänderung in den USA angeboten werden kann, wenn sich die Gewinnspanne des Anbieters nicht ändern soll! Transportkosten, Zölle etc. bleiben bei der Betrachtung außen vor.

8. **Kausalkette**

   In der folgenden Grafik werden die Beziehungen zwischen Preisniveau, Import und Export bei flexiblen Wechselkursen dargestellt. Skizzieren Sie die voraussichtliche Wirkung mittels Pfeilen. Benutzen Sie hierzu Pfeile, die anzeigen: steigt, sinkt oder bleibt unverändert!

DOWNLOAD

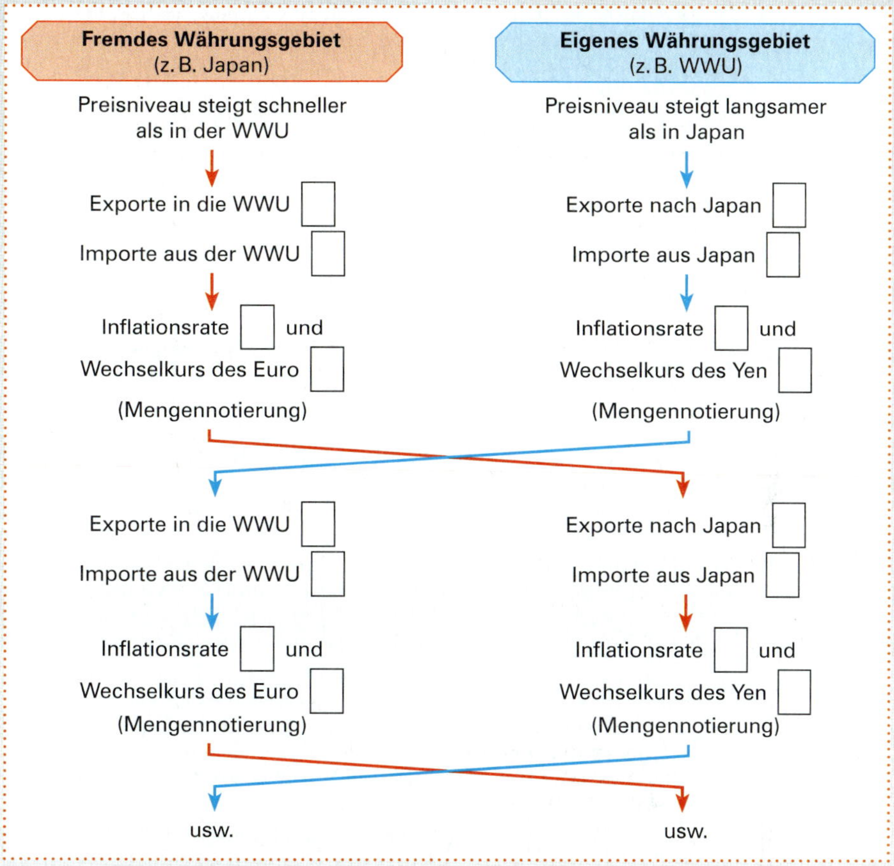

9. Der Wechselkurs drückt den Außenwert des Geldes aus. Prüfen Sie, welche der nachfolgenden Aussagen falsch ist! Sind alle Aussagen richtig, tragen Sie bitte eine ⑨ ein!

① Der Binnenwert des Geldes stellt sich in seinem Austauschverhältnis zu anderen Wirtschaftsgütern dar. Der Außenwert des Geldes ist hingegen das Austauschverhältnis zwischen zwei Währungen, also der Wechselkurs.

② Ist eine Fremdwährung teurer, ist der Außenwert des eigenen Geldes gering. Ist eine Fremdwährung billig, ist der Außenwert des eigenen Geldes groß.

③ Je größer der wertmäßige Export in das Devisenausland ist, desto größer ist folglich das Devisenangebot. Dem Devisenangebot entspricht die Nachfrage nach Binnenwährung.

④ Ein wichtiger Bestimmungsgrund des Devisenangebots bzw. der Nachfrage nach Binnenwährung ist der Export.

⑤ Ein wichtiger Bestimmungsgrund der Devisennachfrage bzw. des Angebots von Binnenwährung ist der Import.

⑥ Bei Sorten und Devisen erfolgt eine Mengennotierung, bei der der Kurs angibt, welche Menge der Binnenwährung man ausgeben muss, um eine Einheit der gewünschten ausländischen Währung zu erhalten.

⑦ Die Kreditinstitute nehmen den Kauf bzw. den Verkauf von Devisen und Noten nicht kostenlos vor. Die Hereinnahme von Devisen erfolgt zum sogenannten Briefkurs, der Verkauf zum höheren Geldkurs.

10. Der Wechselkurs des USD im Vergleich zum Euro entwickelt sich an den Devisenmärkten im ersten Quartal eines Jahres wie folgt:

Januar: 1,2875 €/USD Februar: 1,2945 €/USD März: 1,3185 €/USD

Aktueller Kurs: 1,3215 €/USD

Aufgabe:

Entscheiden Sie, welche Auswirkungen diese Kursentwicklung für die deutsche Automobilindustrie hat!

① Wenn die deutsche Automobilindustrie ihre Fahrzeuge auf dem Weltmarkt ausschließlich in Euro anbietet, hat diese Kursentwicklung keinerlei Auswirkungen auf die Nachfrage nach deutschen Autos in den USA. ☐

② Der Euro wurde während des Betrachtungszeitraumes im Verhältnis zum USD stetig abgewertet. Eine solche Abwertung des Euro verteuert den Import deutscher Autos für die amerikanischen Kunden, die Nachfrage nach deutschen Autos sinkt. Dies hat zur Folge, dass sich die wirtschaftliche Situation der deutschen Automobilhersteller verschlechtert.

③ Der Euro wurde während des Betrachtungszeitraumes im Verhältnis zum USD stetig abgewertet. Eine solche Abwertung des Euro verbilligt den Import deutscher Autos für die amerikanischen Kunden, die Nachfrage nach deutschen Autos steigt. Dies hat zur Folge, dass sich die wirtschaftliche Situation der deutschen Automobilhersteller verbessert.

④ Der Euro wurde während des Betrachtungszeitraumes im Verhältnis zum USD stetig aufgewertet. Eine solche Aufwertung des Euro verbilligt den Import deutscher Autos für die amerikanischen Kunden, die Nachfrage nach deutschen Autos steigt. Dies hat zur Folge, dass sich die wirtschaftliche Situation der deutschen Automobilhersteller verbessert.

⑤ Der Euro wurde während des Betrachtungszeitraumes im Verhältnis zum USD stetig aufgewertet. Eine solche Aufwertung des Euro verteuert den Import deutscher Autos für die amerikanischen Kunden, die Nachfrage nach deutschen Autos sinkt. Dies hat zur Folge, dass sich die wirtschaftliche Situation der deutschen Automobilhersteller verschlechtert.

Methoden zur Erstellung von Handlungsergebnissen

Im nachfolgenden Kapitel werden exemplarisch ausgewählte Methoden erläutert, die für die **Erstellung von Handlungsergebnissen** notwendig sind. Dabei liegt das Augenmerk neben einer **Kurzbeschreibung** vor allem auf solchen **Hinweisen,** die für mögliche **Bewertungsansätze** der einzelnen Handlungsergebnisse für die Beteiligten von besonderer Bedeutung sein könnten.

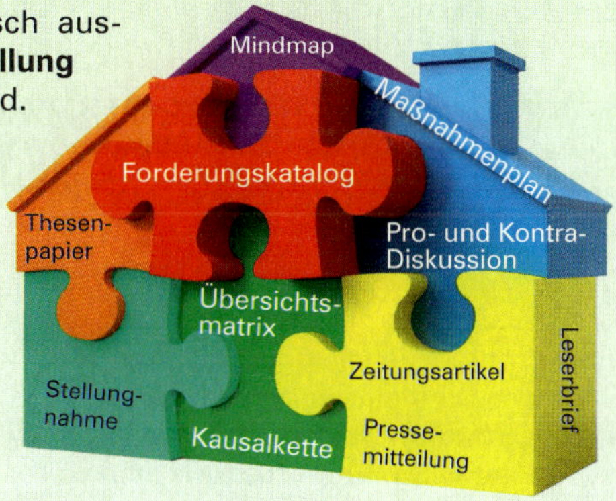

1 Mindmap

Diese bereits im Altertum eingesetzte Arbeitstechnik wurde in den 70er-Jahren von dem Engländer Buzon aufgegriffen und weiterentwickelt. Mindmapping – also das Anfertigen einer **„geistigen Landkarte"** bzw. das Aufzeichnen von „Gedankenbildern" – ist eine

- Technik, um **Gedanken, Ideen** oder **Sachverhalte** aufzuschreiben,
- Arbeitsmethode, die **sprachliches und bildhaftes Denken verbindet,** nutzt und fördert,
- Möglichkeit, um die Arbeit und Kommunikation in einer Gruppe zu **verbessern** und zu erleichtern.

Zunächst wird das zu bearbeitende Problem bzw. Thema **knapp** und **präzise** in die **Mitte** eines **Flipcharts** oder eines Abschnitts einer Tapetenrolle geschrieben und eingekreist. Danach werden themenbezogene Einfälle der Schülerinnen und Schüler entweder durch Zuruf oder innerhalb einer Partner- oder Gruppenarbeit um dieses Thema herumgeschrieben, wobei folgende **Regeln** zu beachten sind:

- Die Teilnehmer sollen **Schlüsselbegriffe formulieren,** wobei – möglichst durch unterschiedliche Farben hervorgehoben – Oberbegriffe bzw. Teilbereiche auf „Hauptästen" und Unterbegriffe auf „Nebenästen" zu notieren sind.
- Jedem „Ast" sollte nur **ein** Schlüsselwort zugeordnet werden.
- Es darf während der Ideensammlung **keinerlei Bewertung und Kritik** an den vorgebrachten Ideen geübt werden.
- Es sollen **möglichst viele** Ideen gesammelt werden. Quantität geht vor Qualität.

Beispiel:

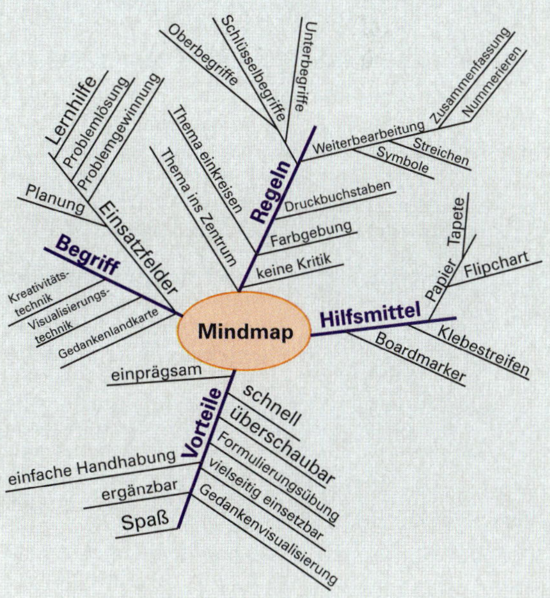

Erst im Anschluss an die Ideensammlung können unwichtige „Äste" gestrichen, Verbindungen zwischen Ästen hergestellt, Äste – falls erforderlich – nummeriert oder farbige Symbole bzw. Zeichen eingesetzt werden.

Bei der Sortierung ist darauf zu achten, dass die **Haupt- und Nebenäste thematisch sinnvoll** und **hierarchisch** vom **Allgemeinen zum Speziellen** anzuordnen sind. Insgesamt sollte die **Übersichtlichkeit** gewährleistet und die Nachvollziehbarkeit der **Gedankenketten** erkennbar sein.

Diese schnell erlernbare Kreativitätstechnik zeichnet sich insbesondere durch ihre **vielseitigen Einsatzmöglichkeiten** aus, da sie sowohl in Planungs- als auch Problemlösungs- oder Problemsicherungsphasen genutzt werden kann. Zudem fördert diese einprägsame Form der Darstellung das **vernetzte Denken,** macht Zusammenhänge überschaubar und ist als **„Handlungsergebnis"** der Lerngruppe im Rahmen des behandelten Themas jederzeit gegenwärtig und ergänzungsfähig.

2 Übersichtsmatrix

Nicht selten sind Themenbereiche sehr **komplex** und die einzelnen Aspekte auf vielfältige Weise miteinander verflochten. Eine **tabellarisch** bzw. **listenartig strukturierte Darstellung** solcher Sachverhalte im Sinne einer **übersichtlichen Aufbereitung** kann somit ein wichtiges Hilfsmittel sein. So ermöglicht sie dem Betrachter einen umfassenden Überblick und erleichtert zudem eine eventuell anstehende Entscheidung.

Bei der Erstellung einer Übersichtsmatrix ist darauf zu achten, dass die Spalten und Zeilen **korrekt** und **präzise** mit sinnvoll aufeinander abgestimmten Kriterien bzw. Aspekten beschrieben sind, sodass die einzelnen **Matrixfelder** sich **sachlogisch** in den **Gesamtkontext** einsortieren.

Beispiel:

Die Mittel, die dem Menschen Nutzen stiften, heißen Güter. Es werden verschiedene Güterarten unterschieden.

Aufgabe: Stellen Sie Konsum- und Produktionsgüter in einer Übersichtsmatrix dar, indem Sie diese erläutern und mit jeweils vier Beispielen aus dem Alltagsleben unterlegen!

Güterarten	Erläuterungen	Beispiele
Konsumgüter	Güter, die der unmittelbaren Bedürfnisbefriedigung dienen, nennt man Konsumgüter (konsumieren: verzehren). Man spricht deshalb auch von **Gegenwartsgütern.**	■ Laptop, ■ Smartphone, ■ Motorroller, ■ eine Kiste Mineralwasser.
Produktionsgüter	Güter, die zur Herstellung (Produktion) von Wirtschaftsgütern benötigt werden, heißen Produktionsgüter. Weil die Produktionsgüter letztlich der Erzeugung von Konsumgütern dienen sollen, heißen sie auch **Zukunftsgüter.**	■ Rohstoffe, ■ Fabrikgebäude, ■ Maschinen, ■ maschinelle Anlagen.

3 Forderungskatalog

- Ein **Forderungskatalog** ist eine **zusammenfassende Aufzählung** (Verzeichnis) von **begründeten** und **realistischen** Forderungen, die eine **Anspruchsgruppe** gegenüber einem **Adressaten** formuliert.
- **Ziel** ist es, den Adressaten zum **Handeln,** konkret zur Umsetzung der an ihn adressierten Forderungen, zu bewegen.

Bei der Erstellung eines Forderungskatalogs sollte folgende **Vorgehensweise** beachtet werden:

- **Ausgangssituation** als Basis für das gewünschte Ziel **präzise darstellen.** Dabei sollte möglichst auf **verlässliche** und **seriöse** Quellen geachtet werden.
- **Allgemein gilt:** Auf **Fakten** beruhende Forderungen haben eine größere Chance, vom Adressaten akzeptiert zu werden.
- Der **Adressat** für den Forderungskatalog sollte **ebenso präzise benannt** werden wie der **Fordernde.**
- **Sammlung von Forderungen** (z. B. mittels Brainstorming), die sich aus der Analyse der Ausgangssituation ableiten lassen. Die Forderungen sollten anschließend **knapp und klar** formuliert werden. Dies führt nicht zuletzt auch dazu, dass sie den Adressaten auch **ansprechen** und ihn noch **konkreter** auffordern, zu handeln.
- Die Forderungen sollten in **sachlogischer Reihenfolge** sortiert werden. Zum besseren Verständnis sind die einzelnen Forderungen **kurz** zu **erläutern** und – dort wo erforderlich – zu **begründen.**
- Zur besseren Übersichtlichkeit sind die Forderungen zu **nummerieren** und entsprechende **Absätze** einzubauen.

Beispiel:

Ausgangssituation: Anlässlich der Bundestagswahl fordert der Vorstand der Deutschen Gesellschaft für die Vereinten Nationen e. V. (DGVN), die deutsche UN-Politik entlang von zehn Prioritäten auszurichten.

Aufgabe: Die DGVN fordert **alle Parteien sowie alle Kandidatinnen und Kandidaten zum Deutschen Bundestag** auf, diese Empfehlungen aufzunehmen und zu den Leitlinien ihrer Regierungs- und Parlamentsarbeit zu machen.

Forderungskatalog

Anlass: Die Welt ist aus den Fugen geraten. In diesen turbulenten Zeiten müssen die Vereinten Nationen eine zentrale Rolle in der internationalen Politik spielen. Nur die Vereinten Nationen bieten den nötigen universellen Rahmen, um wachsenden weltpolitischen Problemen gemeinsam zu begegnen. Konflikte mit grenzüberschreitenden Auswirkungen, Menschenrechtsverletzungen, Klimawandel oder steigende soziale Ungleichheit innerhalb und zwischen Staaten können nicht im nationalen Alleingang oder von kleinen Staatenkoalitionen gelöst werden.

1. Mit den Vereinten Nationen die globalen Herausforderungen bewältigen.
2. Völkerrecht einhalten und normativen Rahmen stärken.
3. Konflikte nicht verwalten, sondern aktiv verhindern.
4. Personell und finanziell engagiert zu UN-Friedensmissionen beitragen.
5. Transformation für mehr Nachhaltigkeit: Agenda 2030 umsetzen.

6. Klimawandel aufhalten: Temperaturanstieg auf 1,5 °C begrenzen und Betroffene unterstützen.
7. Entwicklungszusammenarbeit an Agenda 2030 anpassen, multilaterale Zusammenarbeit ausbauen.
8. UN-Organisationen stetig und verlässlich im Bereich Flucht und Migration unterstützen.
9. Frauenrechte fördern und Gendergerechtigkeit verwirklichen.
10. Perspektiven für junge Menschen durch Bildung und Partizipation schaffen.

Hinweis: Aus Platzgründen wurde auf die Erläuterungen und Begründungen zu den einzelnen Forderungen verzichtet. Diese können in der Originalquelle eingesehen werden.

Quelle: https://dgvn.de/politik/forderungskatalog-2017 [Zugriff am 24.09.2019].

4 Maßnahmenplan

Der **Maßnahmenplan** gilt als **universelles Werkzeug,** um vorab definierte Ziele mithilfe von **konkreten Aktivitäten** zu erreichen.

Letztlich ist ein Maßnahmenplan eine **Art To-do-Liste,** die festlegt:

- welche **Aktivität,**
- in welcher **Reihenfolge,**
- mit welchem **Aufwand,**
- von **wem,**
- bis zu welchem **Zeitpunkt**

ausgeführt wird.

Mittels Maßnahmenplan lässt sich **zielorientiert** arbeiten bzw. der Ablauf eines Projekts detailliert planen. Ein klassischer Maßnahmenplan wird wegen der besseren Übersichtlichkeit als **einfache Tabelle** erstellt, die alle geplanten Aktivitäten **übersichtlich** und **strukturiert** darstellt.

Bei der Erstellung eines vollständigen Maßnahmenplans sollten folgende **Schritte** beachtet werden:

	Fünf Schritte zum Maßnahmenplan
1	Thema/Bezug zur Ausgangssituation herstellen
2	Zielsetzung (mit Zeithorizont) formulieren
3	(Realistische) Maßnahmen/Aktionen (mit Zeitvorgaben) formulieren und auf mögliche Probleme bzw. Hindernisse hinweisen
4	Zuständigkeiten sowie Reihenfolge der geplanten Maßnahmen festlegen
5	Erhoffte Wirkungen der geplanten Maßnahmen und Aktionen formulieren und Kontrollverantwortlichkeiten festlegen

Hinweis: Schritte 3 bis 5 können mittels einer Tabelle visualisiert werden (siehe nachfolgendes Beispiel).

Maßnahmen oder Ansätze für zukünftige Maßnahmen werden häufig in Workshops oder Team-Meetings zumeist mittels **Brainstorming** entwickelt. Von großer Bedeutung für den Erfolg eines Maßnahmenplans ist die **Verbindlichkeit der Beteiligten** in der Umsetzung und die **Zielstrebigkeit** der für die Umsetzung verantwortlichen Personen. Bleiben Verstöße gegen die vereinbarte Umsetzung ohne Folge oder werden Zeitüberschreitungen die Regel, verliert der Maßnahmenplan seine Verbindlichkeit und wird ein inhaltsleeres Dokument.

Beispiel:

Ausgangssituation: Mit dem Begriff „Industrie 4.0" wird die vierte Entwicklungsstufe der Industrialisierung beschrieben. Damit verbunden sind große Herausforderungen für die deutsche Volkswirtschaft, insbesondere für die künftige Arbeitswelt, die digitale Infrastruktur und das Bildungssystem. So setzen einerseits zunehmend automatisierte Produktionsprozesse in vielen Bereichen Arbeitskräfte frei, wohingegen diese Veränderungen gleichzeitig neue Qualifikationen von den Mitarbeitern von morgen verlangen.

Zielsetzung: Die deutsche Volkswirtschaft soll für die Aufgaben und Herausforderungen im Zuge der Digitalisierung der Arbeitswelt fit gemacht werden.

Aufgabe: Erstellen Sie einen Maßnahmenplan für die Bundesregierung, in dem Sie exemplarisch drei notwendige Maßnahmen zur Bewältigung dieser für den Wohlstand des Landes wichtigen Zukunftsaufgabe formulieren!

Maßnahmenplan

Maßnahme	Zeitvorgabe	mögliche Probleme/ Hindernisse	Zuständigkeit	erhoffte Wirkung
1. Die erforderlichen Kompetenzen für die Mitarbeiter in der Arbeitswelt der Zukunft müssen klar definiert werden.	Innerhalb der nächsten 12 Monate sollten die wichtigsten Kernkompetenzen berufsübergreifend formuliert werden.	Zum jetzigen Zeitpunkt lassen sich ohne tiefgreifende Studien solche Kompetenzen nicht klar definieren bzw. ändern sich diese im Zeitablauf.	Arbeitgeberverbände in Zusammenarbeit mit technischen Hochschulen.	Mittels eines Katalogs von Kompetenzen können die Lehrpläne für die Aus- und Weiterbildungsangebote entsprechend angepasst werden, um so die Arbeitskräfte für die Anforderungen der Zukunft fit zu machen.
2. In ganz Deutschland sollte die digitale Infrastruktur ausgebaut und auf den neuesten Stand gebracht werden, um somit schnelles Internet für alle als eine Art Grundrecht zu gewährleisten.	Innerhalb von fünf Jahren sollte ein Versorgungsgrad von ca. 90 % erreicht sein.	Der Ausbau der digitalen Infrastruktur kann mangels finanzieller oder personeller Ressourcen nicht im vorgesehenen Zeitraum realisiert werden.	Bundesministerium für Wirtschaft, Energie und Digitalisierung.	Alle Unternehmen, Institutionen, Bildungseinrichtungen und privaten Haushalte können an der digitalen Entwicklung und den damit einhergehenden Veränderungen teilhaben.
3. Die durch die Industrie 4.0 freigesetzten Mitarbeiter müssen über Weiterqualifizierung in den Arbeitsmarkt wieder integriert werden.	Fortlaufender Prozess. Die Zeitvorgabe bezieht sich hier vielmehr auf einen Zeitraum von maximal 12 Monaten, innerhalb dem ein freigesetzter Mitarbeiter im Durchschnitt wieder dem Arbeitsmarkt zugeführt wird.	Es treten vor allem bei älteren Arbeitnehmern und solchen mit sehr niedrigem Bildungsstand Hindernisse bei der Weiterqualifizierung auf. Nicht alle weiterqualifizierten Arbeitnehmer lassen sich im Anschluss nahtlos in Arbeit vermitteln.	Bundesministerium für Arbeit und Soziales in Zusammenarbeit mit der Bundesagentur für Arbeit.	Durch diese Maßnahme soll der mit der Industrie 4.0 einhergehende Anstieg der Arbeitslosigkeit im besten Fall vermieden werden.

5 Stellungnahme

Bei einer **Stellungnahme** handelt es sich um eine **Meinungsäußerung** zu einem bestimmten Sachverhalt bzw. Problem, die darauf abzielt, auf der Basis individueller **Wertmaßstäbe** zu einem begründeten eigenen **Werturteil** in Bezug auf die zugrunde liegende Fragestellung zu kommen.

Die Stellungnahme sollte **adressatenbezogen** sein und auf **bloße Behauptungen verzichten** sowie durch **Argumente** – dort wo möglich – mit **konkreten Fakten** (z. B. Zahlen, Studien) **unterlegt** werden.

Um dieses Ziel strukturiert anzusteuern, sollte eine Stellungnahme stets folgendem **sachlogischen Aufbau** folgen:

1 Einleitung

Hier wird zunächst das Thema bzw. die zentrale These des Autors für den Empfänger (Leser) kurz und möglichst präzise dargestellt.

2 Hauptteil

In diesem Teil der Stellungnahme findet die Auseinandersetzung mit einer vorgegebenen Meinung, der Klärung eines Sachverhalts oder eines strittigen Problems statt. Im Zuge dieser Kontroverse werden:

- die Zielkonflikte bzw. das Für und Wider benannt,
- die Wirkungen und Folgen des Sachverhaltes bzw. der Alternativen überprüft,
- die Chancen und Risiken in angemessener Anzahl differenziert dargestellt und
- eventuell neue Lösungsansätze entwickelt.

3 Schlussteil

Hier findet eine kritische Überprüfung der vorgegebenen Beweisführung statt. Dabei wird der eigene Standpunkt mit den maßgeblichen Abwägungen zusammenfassend dargelegt und begründet, wobei das stärkste Argument möglichst an den Schluss gestellt werden sollte. Das Fazit umfasst drei Elemente, und zwar:

- das abschließende Urteil (Entscheidung/Empfehlung),
- eine Untermauerung des Urteils (der Entscheidung/Empfehlung) und
- die Entkräftung der Gegenargumente.

6 Veröffentlichung

Die Veröffentlichung kann in verschiedenen Ausprägungen als **Handlungsergebnis** im Rahmen einer Aufgabenstellung gefordert sein.

Im Wesentlichen sollten die konkreten Anforderungen an derartige Veröffentlichungen **fächerübergreifend** im **Deutschunterricht** ausführlich besprochen werden. Vor diesem Hintergrund werden nachfolgend lediglich **einige Wesensmerkmale** der drei gängigen Formen einer Veröffentlichung dargestellt.[1]

1 Vgl. hierzu: https://bildungsportal-niedersachsen.de/index.php?eID=dumpFile&t=f&f=21679&token=b3d3563ea0fdd92a7d75160bd52acf10d1887d4e [Zugriff: 01.07.2026].

(1) Zeitungsartikel

Der **Zeitungsartikel** ist eine logisch strukturierte Informationsvermittlung, die je nach Aufgabenstellung für einen vorgegebenen Adressatenkreis in sachlichem oder kommentierendem Sprachstil verfasst wird, um diesen zu einem konkreten Thema kurz, prägnant und präzise zu informieren und für die Thematik zu interessieren.

(2) Pressemitteilung

Die **Pressemitteilung** beantwortet als Sachtext in aller Kürze und sehr präzise die wichtigsten **W-Fragen** (Wer? Was? Wann? Wo? Wie? Warum?) für die als Zielgruppe ausgewählten Adressaten. Die Pressemitteilung ist ein wichtiges Instrument der Kommunikationspolitik für Unternehmen, Institutionen und Behörden. Allgemein gilt, dass die **Überschrift** sehr aussagekräftig sein sollte und die wichtigsten **Fakten an den Anfang** der Pressemitteilung gestellt werden. Zudem sollten die **Presse-Kontaktdaten des Unternehmens** angegeben werden, d.h. der Name des Unternehmens samt Anschrift, Ansprechpartner mit Telefonnummer und E-Mail-Adresse sowie ggf. die Internetseite.

(3) Leserbrief

Der **Leserbrief** ist eine schriftliche Reaktion auf einen veröffentlichten Beitrag (z.B. Zeitung) und dient der kurzen, sachbezogenen Darstellung einer persönlichen Meinung. Er ermöglicht dem Absender somit, den eigenen Standpunkt einer breiten Öffentlichkeit vorzustellen bzw. seine eigene Position darzulegen. Der Leserbrief zeigt zumeist eine ablehnende oder zustimmende Reaktion auf einen Artikel (meist Zeitung oder Zeitschrift) und bezieht somit Stellung zum Inhalt des Beitrags. Allerdings ist es auch denkbar, dass der Absender ausschließlich den Stil des Artikels würdigt oder auch kritisiert und sich weniger auf den eigentlichen Inhalt bezieht. Möglich ist zudem ein Leserbrief als Reaktion zu einem veröffentlichten Leserbrief.

Bei der Erstellung eines Leserbriefes sollten folgende **Regeln** beachtet werden:

- Stellen Sie deutlich klar, auf welchen Teil des jeweiligen Artikels Sie sich beziehen und benennen Sie konkret, welchen Inhalt, welche Aussage bzw. welchen Fehler Sie beanstanden.
- Verweisen Sie außerdem darauf, welche Rolle Sie selbst einnehmen. Sind Sie ein Experte auf dem jeweiligen Gebiet oder sind Sie unter Umständen selbst von der Thematik betroffen?
- Formulieren Sie die eigenen Argumente logisch und sachlich korrekt und belegen Sie diese mit eindeutigen Beispielen bzw. Fakten. Dies erhöht die Chance, dass das Ganze abgedruckt wird und wirkt auch für Außenstehende nachvollziehbarer.

7 Thesenpapier

Eine **These** ist ein möglichst kurz und prägnant formulierter **Behauptungssatz,** der zumeist eine **eigene Meinung** wiedergibt und **begründet** bzw. **belegt** werden muss. Hieraus folgt, dass allgemein bekannte Tatsachen keine Thesen darstellen.

Im Wesentlichen dient ein Thesenpapier als Grundlage für eine Diskussion, indem es in die Thematik einführt bzw. zu Gegenäußerungen einlädt.

Bei der Erstellung eines Thesenpapiers sollten folgende **Schritte** beachtet werden:

1 Thema formulieren

Ein Thesenpapier sollte neben dem **Namen des Verfassers** auch das **Thema** bzw. die den Thesen zugrundeliegende **Fragestellung** an den Anfang stellen.

2 Thesen formulieren und sortieren

- Die dann folgenden Thesen bestehen aus **kurz** und **präzise** formulierten Aussagen und sollten nach Möglichkeit nur aus jeweils **einem Satz** bestehen und der besseren Übersichtlichkeit halber **durchnummeriert** werden.
- Die Thesen sollten allesamt den Kern der Frage bzw. der Problemstellung treffen und deren Argumente sowohl interessant als auch überzeugend sein.
- Schließlich sollten die Thesen in einer **logischen Reihenfolge** sortiert sein, um so die Zusammenhänge besser zu verdeutlichen.

3 Schlusskommentar

Am Ende des Thesenpapiers kann ein **Schlusskommentar** einfügt werden, der die Position des Verfassers und/oder ein Fazit aus den Thesen enthält.

Beispiel:

Ausgangssituation: Die Begriffe „Industrie 4.0" und „Digitalisierung der Arbeitswelt" lösen in der Bevölkerung, bei verschiedenen Experten und nicht zuletzt auch in einigen Kreisen der Politik große Zukunftsängste aus.

Aufgabe: Erstellen Sie ein Thesenpapier, dass in dieser Entwicklung mehr die Chancen als die Risiken für unsere Volkswirtschaft in den Vordergrund rückt!

Digitalisierung wirkt sich auf die Bundesrepublik Deutschland positiv aus

1. Die Digitalisierung schafft Arbeitsplätze, da neue Technologien neue Produkte und Dienstleistungen ermöglichen und somit auch neue Berufe.
2. Die mit der Digitalisierung einhergehende Automatisierung sichert Jobs, denn in traditionellen Branchen tragen Effizienzgewinne durch eine stärkere Automatisierung dazu bei, Produkte und Dienstleistungen billiger zu machen und die Nachfrage nach ihnen zu erhöhen.
3. Das Tempo des technologischen Wandels wird überschätzt, denn Innovationen brauchen viel Zeit, um breitflächig eingesetzt zu werden und wirken zu können.
4. Gerade in Deutschland ergänzen sich Demografie und Digitalisierung vorteilhaft, denn perspektivisch haben wir nicht zu viele, sondern zu wenige und gleichzeitig auch ältere Arbeitskräfte.
5. Die Digitalisierung steigert vor allem den Druck für gering qualifizierte Arbeitnehmer, da sie nicht die Gesamtzahl der geleisteten Arbeitsstunden, wohl aber die von niedriger qualifizierten Arbeitnehmern reduziert.
6. Die Bildungsfrage wird in der künftigen Arbeitswelt noch bedeutsamer, denn sie entscheidet letztlich darüber, ob der Einzelne mit den Entwicklungen mithalten kann.

8 Pro- und Kontra-Diskussion

Im Kern handelt es sich bei der Pro- und Kontra-Diskussion um eine **prägnante** und **präzise** begründete **Gegenüberstellung** möglicher Argumente mit abschließender Bewertung (Fazit).

Bei der Erstellung einer Pro- und Kontra-Diskussion sollte folgende **Vorgehensweise** beachtet werden:

- Pro- und Kontra-Argumente **sammeln und formulieren.** Die Argumente sollten nicht aus der Luft gegriffen sein, sondern in dem angeführten Kontext durchaus **realistisch** sein.
- Pro- und Kontra-Argumente **strukturiert** darstellen, z. B. mittels einer Tabelle.
- Ein **abschließendes Fazit** am Ende der Pro- und Kontra-Diskussion besteht aus **drei Elementen:**
  1. dem abschließenden **Urteil** (Entscheidung/Empfehlung),
  2. der **Untermauerung** des Urteils bzw. der Empfehlung mit entsprechend stichhaltigen Begründungen und
  3. der **Entkräftung** möglicher Gegenargumente.

Beispiel:

Ausgangssituation: Um den Sozialstaat und somit den Bundeshaushalt zu entlasten und die Systeme der sozialen Sicherung mit Blick auf den demografischen Wandel vor dem Kollaps zu bewahren, sollen die einzelnen Leistungen deutlich reduziert werden. Im Gegenzug sollen die hieraus resultierenden Steuer- und Abgabenentlastungen von jedem Einzelnen individuell für eine entsprechende private Absicherung von Lebensrisiken genutzt und somit vorhandene Versorgungslücken geschlossen werden.

Aufgabe: Diskutieren Sie, ob ein derartiger Umbau des Sozialstaats sinnvoll ist!

Argumente für den Abbau des Sozialstaats	Argumente gegen den Abbau des Sozialstaats
■ Mit Blick auf den demografischen Wandel muss der Sozialstaat von immer weniger Zahlern finanziert werden. ■ Die Ausgaben werden durch die zunehmende Überalterung der Bevölkerung explodieren. ■ Die hohen Sozialleistungen könnten einen Anreiz für Zuwanderung darstellen. ■ Der Einzelne hat viel mehr Freiheit über die Verwendung seiner Mittel selbst zu entscheiden. ■ …	■ Viele wären aufgrund ihres geringen Einkommens nicht in der Lage, die eigenen Lebensrisiken hinreichend abzusichern. ■ Ein Absinken der Sozialleistungen könnte in einigen Bevölkerungsgruppen zu einem starken Anstieg von Armut führen. ■ Ein höheres Armutsrisiko könnte den sozialen Frieden stören und zu Massenprotesten oder Unruhen führen. ■ Es besteht die Gefahr, dass der Einzelne die Absicherung der Lebensrisiken wegen Minderschätzung dieser Bedürfnisse nicht selbst vornimmt und somit in einigen Fällen ohne Absicherung dasteht. ■ …
Fazit: Individuelle Lösungen.	

9 Wirkungs- und Kausalkette

Den Ausgangspunkt einer Wirkungskette bildet ein **ursächliches Ereignis** (Auslöser), welches eine **Abfolge** (Kette) von weiteren **möglichen Ereignissen** nach sich zieht. Nicht zuletzt deshalb spricht man in diesem Zusammenhang auch von einer „Kausalkette", wenn jede **Wirkung** selbst wieder **Ursache** eines sich hieran anschließenden Ereignisses wird.

Denkbar ist auch, dass die Wirkungskette in Form eines **Kreislaufs** verläuft. Zu einem solchen „Zyklusdiagramm" kommt es immer dann, wenn das letzte Ereignis der Wirkungskette wieder in dem ursprünglichen Auslöser endet.

Bei der Erstellung einer Wirkungskette (Kausalkette) sollte folgende **Darstellungsweise** beachtet werden:

- Um im Rahmen einer Aufgabenstellung ein sinnvolles Ergebnis zu gewährleisten, sollte neben der eigentlichen Ursache (Auslöser) ein möglicher **Richtungspunkt** als Ende der Kausalkette vorgegeben werden.
- Die einzelnen Wirkungen werden mit entsprechenden **Pfeilen** verbunden und dokumentieren den Übergang zur nächsten Folge (Ereignis) bzw. zur nächsten Handlung.
- Die Symbole können durch **erklärende Wörter** ergänzt werden (wenn, dann, daraus folgt, unter der Voraussetzung usw.).
- Bei der Darstellung einer Wirkungskette kann zudem unterschieden werden, ob es sich um eine **mögliche** oder **zwingende** Wirkung handelt.

Beispiel:

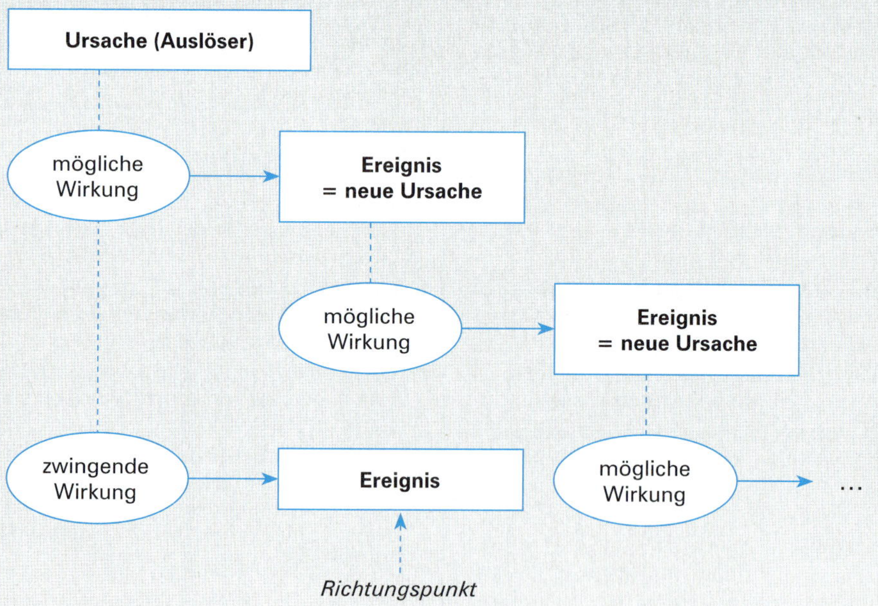

Quelle: In Anlehnung an: http://www.riepel.net/methoden/Wirkungskette.pdf [Zugriff am 24.09.2019].

10 Rollenspiel

Bei dem Rollenspiel wird auf der Grundlage einer mehr oder weniger präzise vorgegebenen **Situationsbeschreibung** versucht, die Realität nachzuspielen, wobei sich die Teilnehmer auf kreative und konstruktive Art und Weise in die von ihnen übernommene Rolle hineinversetzen und die Wirklichkeit aus ihrer rollenspezifischen Perspektive heraus nachvollziehen und gestalten. Im Spielverlauf versuchen die Teilnehmer, ihre jeweilige Interessenlage im Rahmen einer Diskussion zu artikulieren und – mehr oder weniger kompromissbereit – durchzusetzen. Je nachdem wie stark die vorgegebene Situation strukturiert und angeleitet ist, unterscheidet man zwischen gelenktem und spontanem Rollenspiel.

Die Einsatzmöglichkeiten des Rollenspiels sind sehr vielfältig. So lassen sich beispielsweise je nach verfolgter Intention Rollenspiele als

- reine **Simulationsspiele,**
- **Konfliktspiele** oder
- **Entscheidungsspiele** durchführen.

Das Rollenspiel eignet sich zudem in besonderer Weise als **Training** für das in der neuen Ausbildungsordnung für Bankkaufleute im Rahmen der **Abschlussprüfung** im Prüfungsfach Kundenberatung durchzuführende **Beratungsgespräch,** in dem der Prüfling zeigen muss, dass er Kundengespräche systematisch und situationsbezogen gestalten kann.

Vorgehensweise:

- **Spielvorbereitung:** In dieser Phase wird die Handlungssituation vorgestellt, die Zielsetzung besprochen, die Rollenverteilung mittels mehr oder weniger präziser Rollenbeschreibung vorgenommen und eventuelle **Beobachtungsaufträge** an die „Zuschauer" vergeben. Um die Wirklichkeit so gut als möglich zu simulieren, bietet sich an, entsprechende Requisiten zu beschaffen. Zudem erleichtert der Einsatz einer Videokamera die Auswertung des Rollenspiels.
- **Spieldurchführung.**
- **Spielauswertung:** Im Rahmen der Auswertung sollten sowohl die Beobachter als auch die Teilnehmer des Rollenspiels ihre Eindrücke und Erfahrungen schildern. Eine Bewertung der schauspielerischen Fähigkeiten steht im Rahmen der Auswertung **nicht** zur Diskussion.

Arbeitsauftrag:

Führen Sie auf der Grundlage nachfolgender Ausgangssituation ein Rollenspiel durch!

Spielkarte:

Ein Vorstand der Kundenbank AG bittet seinen Marktbereichsleiter "Privatkundengeschäft", den Leiter der Marketingabteilung sowie zwei Mitarbeiter aus der Kundenberatung zu einer Krisensitzung.

Einziger Tagesordnungspunkt ist die aufgrund der negativen Geschäftsentwicklung dringend erforderliche Einleitung einer "Absatzoffensive" im Bereich der Bausparverträge und Fonds, wobei mögliche neue Produktvarianten, verstärkte Marketingaktivitäten und verbesserte Beratungsangebote diskutiert werden sollen.

11 Präsentation

Die Präsentation – z. B. für Referate – wird ausführlich im Lernfeld 1, Kapitel 7 behandelt.

Stichwortverzeichnis

E

F

T

Z

Bilderverzeichnis

S. 3: #1970 – www.colourbox.de • **S. 3**: Kzenon – www.colourbox.de • **S. 62**: GurZZZa – www.colourbox.de • **S. 76**: all right reserved • **S. 96**: dpa-Globus 017610 • **S. 98**: Kadmy – Fotolia.com • **S. 112**: dpa-Globus 018136 • **S. 113**: contrastwerkstatt – Fotolia.com • **S. 115**: lev dolgachov • **S. 116**: Picture-Factory – Fotolia.com • **S. 123**: Syda Produktion – www.colourbox.de • **S. 123**: Syda Produktion – www.colourbox.de • **S. 124**: Bildagentur-online/Klassen • **S. 126**: #6685 – www.colourbox.de • **S. 152**: • **S. 169**: benkruse.net • **S. 182**: Marco2811 – Fotolia.com • **S. 182**: Picture-Factory – Fotolia.com • **S. 192**: dpa-Globus 4857 • **S. 198**: Bundesverband Deutsche Tafel e.V., Foto: Wolfgang Borrs • **S. 200**: dpa-Globus 12855 • **S. 203**: dpa-Globus 017758 • **S. 203**: Copyright © TONO BALAGUER. All rights reserved • **S. 206**: dpa-Globus 018057 • **S. 208**: dpa-Globus 018442 • **S. 209**: dpa-Globus 017813 • **S. 223**: dpa-Globus 018092 • **S. 230**: dpa-Globus 018196 • **S. 242**: oneinchpunch – stock.adobe.com • **S. 250**: lev dolgachov • **S. 252**: #85 – www.colourbox.de • **S. 255**: contrastwerkstatt – Fotolia.com • **S. 258**: Jeanette Dietl – Fotolia.com • **S. 266**: Copyright: Paulus Rusyanto • **S. 267**: Freepik Company S.L. - www.freepik.com • **S. 270**: Freepik Company S.L. - www.freepik.com • **S. 281**: Dmytro Sheremeta • **S. 290**: Rawpixel Ltd. • **S. 290**: Kzenon – www.colourbox.de • **S. 290**: Direk Donmon • **S. 292**: Dmytro Vietrov – www.colourbox.de • **S. 292**: M. Schlutter – adpic.de • **S. 293**: dpa-Globus 017982 • **S. 299**: pixel-shot.com (Leonid Yastremskiy) • **S. 306**: www.colourbox.de • **S. 311**: dpa-Globus 017461 • **S. 316**: Dragos Condrea • **S. 345**: #81285 – www.colourbox.de • **S. 345**: #81285 – www.colourbox.de • **S. 346**: Herasimenka Yury • **S. 364**: Bundeskartellamt • **S. 373**: Petr Ciz – Fotolia.com • **S. 376**: Christian Schwier– fotolia.com • **S. 376**: CandyBox Images – Fotolia.com • **S. 376**: www.adpic.de • **S. 379**: dpa-Globus 018263 • **S. 384**: dpa-Globus 018341 • **S. 391**: dpa-Globus 017738 • **S. 400**: Syda Produktion – www.colourbox.de • **S. 403**: dpa-Globus 18104 • **S. 409**: dpa-Globus 017482 • **S. 420**: dpa-Globus 018191 • **S. 426**: dpa-Globus 018141 • **S. 430**: dpa-Globus 018276 • **S. 431**: dpa-Globus 018011 • **S. 431**: dpa-Globus 017716 • **S. 434**: dpa-Globus 018134 • **S. 437**: pressmaster - www.colourbox.de • **S. 440**: dpa-Globus 018155 • **S. 453**: dpa-Globus 018108 • **S. 458**: Colin • **S. 463**: dpa-Globus 018054 • **S. 467**: dpa-Globus 017470 • **S. 478**: Frank11 – www.colourbox.de • **S. 502**: dpa-Globus 018079 • **S. 527**: dpa-Globus 018371 • **S. 534**: • **S. 536**: dpa-Globus 017396 • **S. 537**: dpa-Globus 017733 • **S. 538**: dpa-Globus 017795 • **S. 540**: siraphol siricharattakul • **S. 540**: Stephan Pietzko • **S. 544**: © STEVE ALLEN • **S. 545**: dpa-Globus 017647 • **S. 545**: dpa-Globus 017648 •